黑河年鉴 2019

HEIHE YEARBOOK

中 共 黑 河 市 委 主管

中共黑河市委史志研究室 主办

方志出版社

Publishing House of Local Records

图书在版编目（CIP）数据

黑河年鉴．2019 / 中共黑河市委史志研究室编．
—北京：方志出版社．2020．5
ISBN 978-7-5144-4204-5

Ⅰ．①黑… Ⅱ．①中… Ⅲ．①黑河—2019—年鉴
Ⅳ．①Z523.53

中国版本图书馆CIP数据核字（2020）第079381号

黑河年鉴 2019

编　　者：中共黑河市委史志研究室
责任编辑：梅中英
出 版 者：方志出版社
地址　北京市朝阳区潘家园东里9号（国家方志馆4层）
邮编　100021
网址　http://www.fzph.org
发　　行：方志出版社图书经销中心
电话（010）67110500
经　　销：各地新华书店
印　　刷：南京顺和印刷有限责任公司
开　　本：889 × 1194　　1/16
印　　张：19.5
字　　数：830千字
版　　次：2020年5月第1版　　2020年5月第1次印刷
印　　数：0001 ~ 1000册
ISBN 978-7-5144-4204-5　　定价：280.00元

编辑说明

一、《黑河年鉴》以马克思列宁主义、毛泽东思想、邓小平理论、“三个代表”重要思想、科学发展观、习近平新时代中国特色社会主义思想为指导，坚持辩证唯物主义和历史唯物主义的立场、观点和方法，求真务实，全面、客观、系统地记述年度发展情况。

二、《黑河年鉴》是由中共黑河市委主管，中、省、市直各单位共同参与，中共黑河市委史志研究室负责编纂的年度资料性文献，是具有权威性、综合性、实效性、资料性的工具书。

三、《黑河年鉴》从2000年开始编纂，每年出版一卷，本卷为第19卷，全面记述黑河市2018年经济和社会发展的基本情况和重大事件，记述时限为1月1日至12月31日。根据《黑河市机构改革方案》，部分单位涉及撤并转，本卷年鉴内容的下限为2018年12月19日，新组建单位的概况等在本卷不做记述。凡在文中直书月、日的，均指2018年内的日期，涉及其他年份的均表明年份。

四、《黑河年鉴（2019）》除特载采用综合性文章外，其余均采用规范性记述，按类目、分目、条目三个层次编排，全书条目标题统一用黑体加【 】表示，方便查阅。类目依次有特载、大事记、黑河概览、中国共产党黑河市委员会、黑河市人民代表大会、黑河市人民政府、政协黑河市委员会、纪检・监察、民主党派・工商联、群众团体、法治、军事、经济综合管理、农业・农垦・林业、工业、城乡建设・环境保护、交通・邮电・无线电、金融、口岸・商务・旅游、社会事业、县（市、区）、人物等22个。

五、《黑河年鉴（2019）》采用双重检索系统，文前有中英文目录，文后有索引。索引款目按汉语拼音字母顺序排列。

六、本年鉴所刊数据，除国家统计部门正式公布之外，均由供稿单位提供并审核。由于来源、统计方法和口径的差异，数据不尽一致，引用时以黑河市统计局资料为准。

七、《黑河年鉴（2019）》文中将“俄罗斯阿穆尔州”简称为“俄阿州”，将“俄罗斯布拉戈维申斯克”简称为“俄布市”。

八、彩版图片均来自黑河日报社和供稿单位。

《黑河年鉴（2019）》编纂委员会

主　　任：秦恩亭　马　里

副 主 任：孙恒义　张崇义　徐晓军　姚　宇　田桂珍

成　　员：（按姓氏笔画排序）

丁爱辉　刁卫东　于　泳　于德福　才德举　马　勇　王海东

王家峰　刘　洁　刘　铭　李　华　李少杰　李国君　李贵斌

李维波　吴玉燕　张忠岐　张战勇　罗　飞　周　强　赵　明

侯　明　袁　强　倪雪松　徐　钢　徐　峪　鲁　铭　蔡　伟

戴春雷　魏学敏

《黑河年鉴（2019）》编辑部

主编总纂　田桂珍

副 主 编　雷振生　卜凡意　张小春　冯晓云　吴素君

副 总 纂　张小春　吴素君

责任编辑　赵　颖

彩版编辑　孙冬寒　赵　颖

特约摄影　赵恭民　刘　涛　王殿杰　宋福来　张　辉　邱齐龙　王　洋

校对人员　张小春　吴素君　赵　颖

黑河市行政区划图

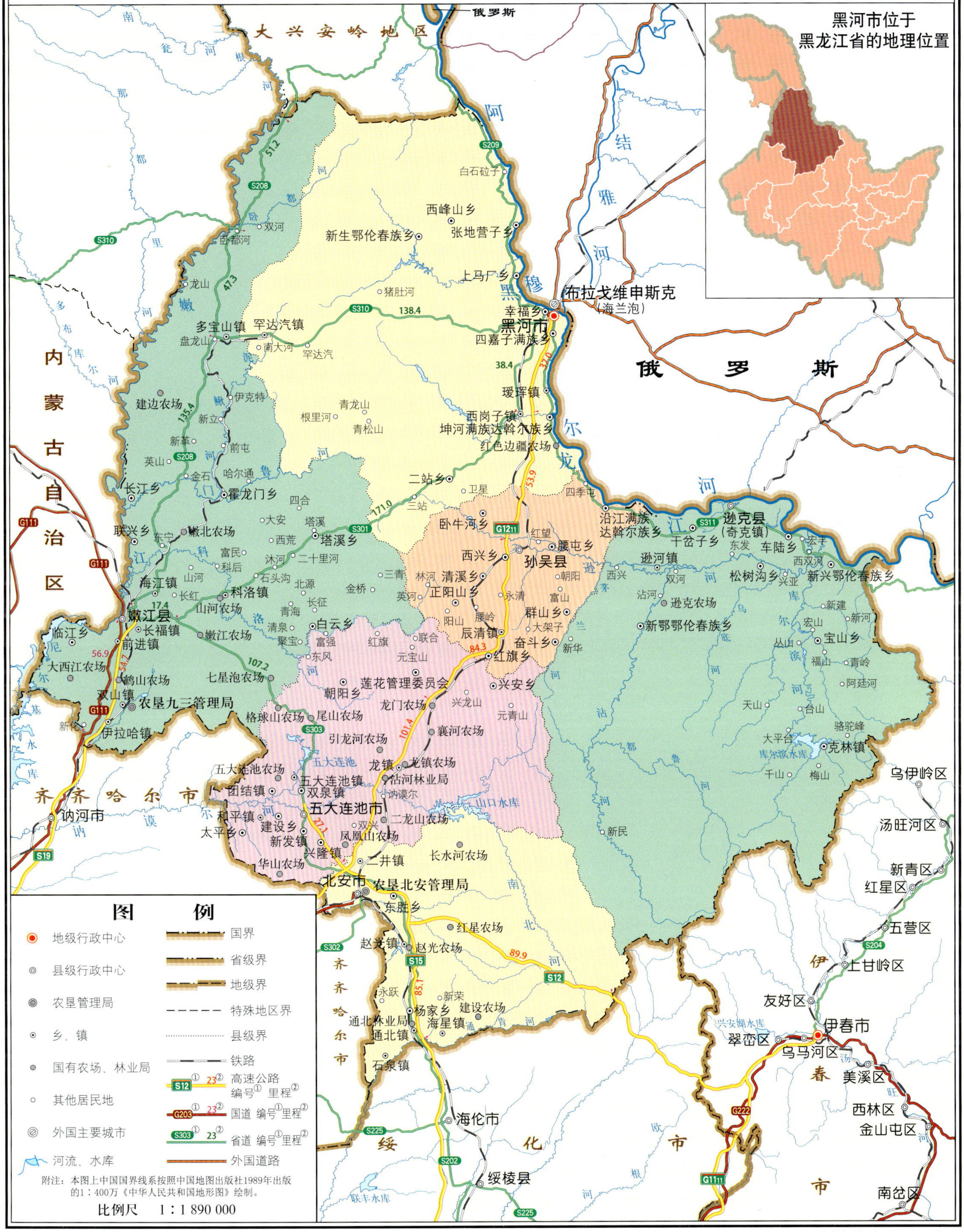

哈尔滨地图出版社 编制　　黑S（2019）020号　　资料截止到2018年

辉煌巨变七十载　今朝奋进新时代

——中华人民共和国成立70年黑河市国民经济社会发展主要成就综述

70年来，在历届市委、市政府的坚强领导下，全市广大干部群众精诚团结、自强不息，励精图治、奋发图强，黑河经济社会发展取得了令人瞩目的成就。特别是中共十八大以来，在习近平新时代中国特色社会主义思想指引下，全市上下深入贯彻落实中央重大决策部署，坚持新发展理念，坚定实施“五大战略”，着力构建“十大新体系”，统筹推进稳增长、促改革、调结构、惠民生、防风险各项工作，开创了黑河改革开放和现代化建设新局面。今日的黑河，经济发展、政治清明、社会文明、文化繁荣、生态宜居，人民信心满怀，昂首阔步走进新时代。

经济实力跨越提升，产业结构日趋优化。70年来，黑河市地区生产总值从不足1亿元，到2004年、2011年、2017年分别突破100亿元、300亿元、500亿元大关，2018年达到505.1亿元，是1978年的107.5倍，是1952年的758.3倍，1979—2018年年均增长8.3%。全市人均地区生产总值从1952年的215元，到1988年、2008年、2017年分别突破1000元、10000元、30000元，2018年达到31600元，是1978年的100.3倍，是1952年的147倍。黑河是农业大市，农业在国民经济中份额较大。中华人民共和国成立初期（1952年），第一产业增加值占全市生产总值的60%以上，第二、三产业比较落后，三次产业结构为62.7∶22.4∶14.9。改革开放初期（1978年），第一产业占比仍超过五成，三次产业结构为57.6∶25.3∶17.1。经过40年改革发展，经济结构不断优化，第三产业比重不断提高，第一、二产业比重有所下降。到2018年，三次产业结构为44.2∶15.7∶40.1，呈现“一、三、二”格局，与1978年相比，第一、二产业比重分别减少13.4和9.6个百分点，第三产业提高23个百分点。与1952年相比，第一、二产业比重分别

减少18.5和6.7个百分点，第三产业提高25.2个百分点。

农业基础地位稳固，农村经济稳步增长。70年来，全市农林牧渔业总产值从1949年的1.1亿元，增加到2018年的293.6亿元，增长265.9倍，年均增长8.4%。1949年，全市粮食产量只有18.5万吨，1978年增长到61万吨，改革开放以后，国家对农业的强力支持和农业科技的进步使粮食产量进入快速增长期，1991年突破100万吨，达到105.5万吨，2004年粮食产量首次突破140万吨，之后连续稳产在150万吨以上，2012年达到404.4万吨，创历史最好水平，70年来年均增长4.4%。小麦产量1949年只有2.4万吨，2018年达36.4万吨，增长14.2倍，年均增长4%。大豆产量1949年只有4.9万吨，2018年达128.7万吨，增长25.3倍，年均增长4.9%。存栏牛1949年2.3万头，2018年发展到43.9万头，增长18.1倍，年均增长4.4%。存栏羊1949年只有382只，2018年迅猛发展到72.1万只，增长1886.4倍，年均增长11.6%。

工业化进程持续加快，经济效益明显提高。70年来，历届市委、市政府依据国家产业政策，结合自身资源优势，从加快资源开发到重点扶持优势产业，工业经济迅速发展，形成了以煤炭、有色金属开采、农副食品加工、非金属矿物制品、电力热力生产和供应为支柱的工业格局。2018年全市规模以上工业企业达到106户，从业人员1.4万人，总产值同比增长14.2%，1955—2018年年均增长9.2%。从主要工业产品产量看，原煤从1949年的1.3万吨到2018年319万吨，增长244.4倍；食用植物油从1949年685吨到2018年8992吨，增长12.1倍；水泥从1966年0.59万吨到2018年80.6万吨，增长135.6倍；发电量从1949年0.07亿千瓦时到2018年19.2亿千瓦时，增长273.3倍。从工业经济效益看，2018年规模以上工业企业实现主营业务收入121.2亿元，是1989年的16.8倍；实现利税21.1亿元，是1949年的1.4万倍。

投资规模不断扩大，基础设施显著改善。70年来，特别是改革开放以来，着力破解基础设施和基础产业薄弱等发展瓶颈问题，千方百计加大对交通、水利、市政等基础产业和设施的投入，成绩斐然。1949年全市固定资产投资仅0.02亿元，1978年完成1.2亿元，1993年突破10亿元，2009年突破100亿元，2017年达到290亿元，2018年同比增长7.1%，1949—2018年年均增长15%。房地产开发投资从1990年的0.08亿元到2017年的10.6亿元，2018年同比增长1.5倍，1990—2018年年均增长23%。大批重点建设项目相继建成，北黑地方铁路改造完成，实现了黑哈、黑齐地国铁联运；北黑高速公路、北五高速公路、嫩黑公路、黑呼公路建成通车；黑河瑷珲机场、五大连池德都机场、墨尔根通用机场建成通航；黑河热

电厂、西沟水电站、象山电厂、宝山水电站、山口水库等水电资源开发项目建成；多宝山铜矿、铜山铜矿、宋集屯煤矿、一五一煤矿、东安岩金矿、三道湾子岩金矿、翠宏山铁矿、茅宝沟铁钼矿等矿业项目投产达效；北安象屿金谷、嫩江弘昊粮食物流等项目加快建设；黑河俄电加工区、瑷珲对俄进出口加工基地、北安工业园区、逊克中国农业科技园区等园区基础设施日臻完善；黑龙江大桥、中俄东线天然气管道、黑河保税物流中心（B型）等重点项目进展顺利。在投资强有力的支撑下，城乡建设迅速发展，基础设施明显完善。建筑业总产值从1990年的0.7亿元，增加到2018年的21.7亿元，增长30倍，年均增长13%。交通运输能力增强，2018年客运量577.5万人，是1949年的144.4倍；客运周转量6.4亿人公里，是1949年的213.3倍；货运量949.2万吨，是1949年的158.2倍；货运周转量13.4亿吨公里，是1949年的223.3倍。信息高速公路网构架日趋成熟，2018年全市邮政业务总量3.2亿元，是1952年的516.1倍；邮政局所110个，是1952年的5.5倍；邮路总长度3993千米，是1952年的3.2倍。城市建设步伐明显加快，市容市貌焕然一新，市区道路、绿化、亮化、建筑物立面装饰、小区庭院改造、黑龙江护栏等工程竣工，城乡环境持续改善。

国内贸易繁荣发展，流通方式日益创新。1949年，黑河市社会消费品零售总额仅1600万元，中华人民共和国成立后，大力发展商品流通业，建立起以国营商业和供销社为主渠道的商品流通网络。特别是改革开放以来，流通体制改革步伐加快，逐步形成了开放繁荣的城乡消费品市场，流通规模持续扩大。全市社会消费品零售总额1989年超过10亿元，2015年突破百亿元大关，2017年达到125.3亿元，2018年同比增长8.3%，1949—2018年年均增长10.3%。消费水平明显提高，以汽车、住房、通信产品以及文教娱乐、旅游、家政等“新兴消费品”为特征的娱乐型、享受型消费，推动了消费结构较快升级。与此同时，营销方式也发生了根本性的改变，一大批百货商店、购物中心、仓储式商店、平价商场、专卖店、便利店、快餐店、超级市场应时而生，还有近年来发展迅猛的网络购物，改变了单一百货商店柜台式销售的落后局面，营销水平空前提高。城乡市场同步发展，2018年全市城镇社会消费品零售额增长8.2%，乡村增长8.5%。

对外合作硕果累累，发展活力持续增强。改革开放以来，黑河市依托自身地缘优势，不断加强对外合作平台建设，开辟对俄合作新“高地”，逐步形成了全方位、宽领域、多层次的开放格局。1983年，国家恢复黑河口岸，中断近20年的中苏边境贸易重启。第一个恢复对苏边境贸易，第一个开通对苏边境旅游，

第一个开展对苏国际经济技术合作，第一个开通微波通信业务，第一个开通边境地区金融结算业务——黑河对俄合作先后开创了“五个第一”。在此过程中，进出口总值从1987年的11万美元，到1991年突破1亿美元，再到2006年突破10亿美元，2018年达到44.5亿美元，占全省进出口总额的3%，1987—2018年年均增长32.6%。近年来，黑河市充分发挥毗邻俄罗斯区位优势，主动融入国家总体开放布局，积极参与中蒙俄经济走廊建设，申报国家级自贸区，加快构建对俄合作新体系。2018年，黑河市对俄贸易实现41.4亿元，占整体贸易额的93%。电力、大豆进口成为突出亮点，机电产品、农副产品、轻工产品出口保持了稳定的市场份额。同时，自建电子商务平台“中机网”、俄品多O2O俄罗斯商品电商平台带动跨境电子商务快速发展。

旅游业蓬勃兴起，知名度不断提升。黑河市在发展旅游产业上具备得天独厚的优势，1988年经国务院和国家旅游局批准，黑河在全国边境地区率先开通了“中苏一日游”。30多年来，黑河市旅游产业经历了从无到有、从弱到强的发展历程，紧紧把握边境旅游、生态旅游、康养旅游、红色旅游、冰雪旅游、文化旅游等重点，发挥五大连池风景区和黑河市区两大核心带动作用，统筹农垦、森工旅游资源开发，推动观光式旅游向体验式旅游转变、夏季旅游向四季旅游转变、景区旅游向全域旅游转变。深入实施旅游精品工程，重点建设黑龙江沿江公园、中俄民族风情园、瑷珲历史陈列馆、知青博物馆、旅俄华侨纪念馆、孙吴二战遗迹、五大连池世界地质公园等项目。培育五大连池火山矿泉—黑河民俗风情—俄布市异国风光黄金旅游带、爱辉—孙吴—逊克百里界江中俄边境旅游带、嫩江—五大连池—北安驿站古道及现代农业乡村旅游带。推出中俄边境风情游、火山康疗养生游、瑷珲历史文化游、森林湿地生态游等旅游品牌。打造类型多样、广泛参与、覆盖四季的“狂欢节”，成功举办十届中俄文化大集、三十六届五大连池圣水节、八届鄂伦春古伦木沓节等一批重大活动，旅游知名度不断提升。2018年，全市国内外游客1152.6万人次，旅游收入100.6亿元。边境旅游出入境人数88万人次，是1988年的846.2倍。全市共有国家AAAAA级旅游景区1处、国家AAAA级旅游景区5处、国家AAA级旅游景区15处、国家AA级旅游景区11处；旅行社80家，星级饭店22个，其中，四星级4家。

居民收入快速增长，社会事业全面发展。70年来，历届市委、市政府采取一系列措施，扩大就业，增加积累，城乡居民收入快速提升，生活质量明显改善，全市城镇居民人均可支配收入从2003年的3869元增加到2018年的27957元，年均增长14.1%；农村居民人均可支配收入从1960年的91.9元，增加到2018年的15268元，年均增长9.2%。随着经济社会的快速发展，财政收入持续增长，惠民力度不断加强，有力地保障了各项社会事业的发展。2018年全市公共财政预算收入34.4亿元，是1978年的86倍，是1949年的3440倍；公共财政预算支出214.1亿元，是1978年的356.8倍，是1949年的2.1万倍。其中，用于科技、教育、文化、卫生事业等民生领域支出186.4亿元，占公共财政预算支出的88.5%。社会保障体系建立健全，2018年城乡居民养老保险参保41.4万人，企业和个体养老保险参保12.8万人；城乡居民基本医疗保险参保77.6万人，职工基本医疗保险参保19.3万人，失业保险参保4.5万人。全市城镇新就业人员2万人，失业人员再就业人数1.1万人，城镇登记失业率3.51%。教育卫生事业稳步发展，2018年，高等教育在校生10233人，普通中学在校生51045人，中等职业技术学校在校生5243人，小学校在校生48149人。小学净入学率100%，初中净入学率100%。卫生机构1046个，其中，医院60个，卫生院73个，疾病预防控制中心7个，妇幼保健院（所、站）7个。卫生机构床位数7974张，卫生机构技术人员9740人。文化体育事业蓬勃发展，2018年，全市文化馆7个，公共图书馆6个，广播电视台6座。电视节目综合人口覆盖率97.7%，广播节目综合人口覆盖率97.9%。体育赛事获国家级比赛金牌3枚，银牌7枚，铜牌11枚；获省级比赛金牌22枚，银牌33枚，铜牌38枚。

70年弹指一挥间，黑河市从荒凉走向繁荣，从贫瘠走向富裕，从落后走向进步，谱写出一首首振奋人心的奋斗之歌、巨变之歌，见证了一段段波澜壮阔的发展历程、繁荣历程。70年来，黑河市坚持塑造城区品质、助推产业升级、增强百姓幸福感和获得感，让百姓惠在实处、暖在心头。70年来，国家卫生城市、国家园林城市、中国优秀旅游城市等荣誉始终激扬着黑河人砥砺前行的奋进斗志。站在历史的新起点，中国特色社会主义进入新时代，黑河人民将不忘初心，牢记使命，主动应对宏观经济新变化，解放思想、开拓创新、超前谋划、奋力拼搏，在高质量发展道路上奋勇前行，再创黑河经济社会发展新辉煌。

（图文资料由黑河市统计局提供）

1978年、2008年和2018年黑河市主要经济指标

指标名称	单位	1978年	2008年	2018年
地区生产总值	亿元	4.7	200.3	505.1
第一产业	亿元	2.7	87.4	223.2
第二产业	亿元	1.2	32.1	79.5
第三产业	亿元	0.8	80.8	202.4
人均地区生产总值	元	315	11509	31600
粮食产量	万吨	61	202.3	366.9
规模以上工业增加值	亿元	3	12.1	16%
固定资产投资额	亿元	1.2	61.9	7.1%
社会消费品零售总额	亿元	2.6	39.6	8.3%
外贸进出口总额	亿美元	11	29	44.5
出口	亿美元	5	27.2	11.6
进口	亿美元	6	1.8	32.9
公共财政预算收入	亿元	0.4	7.2	34.4
公共财政预算支出	亿元	0.6	47.9	214.1
金融机构存款余额	亿元	1.4	275.5	809.4
金融机构贷款余额	亿元	3.5	95.4	557.8
城镇非私营单位从业人员年平均工资	元	572	19710	40679
城镇常住居民人均可支配收入	元	3869	8176	27957
农村常住居民人均可支配收入	元	152.1	4845	15268

注：

1. 规模以上工业增加值数据最早为1992年数据。

2. 根据国家统计局专业司数据对外发布要求，规模以上工业增加值、固定资产投资、社会消费品零售总额绝对额不发布，只发布增幅。

3. 外贸进出口总额数据最早为1987年数据，单位为万美元；2018年数据单位为亿元。

4. 城镇常住居民人均可支配收入从2003年开始统计。

地区生产总值（亿元）

GDP（100 million yuan）

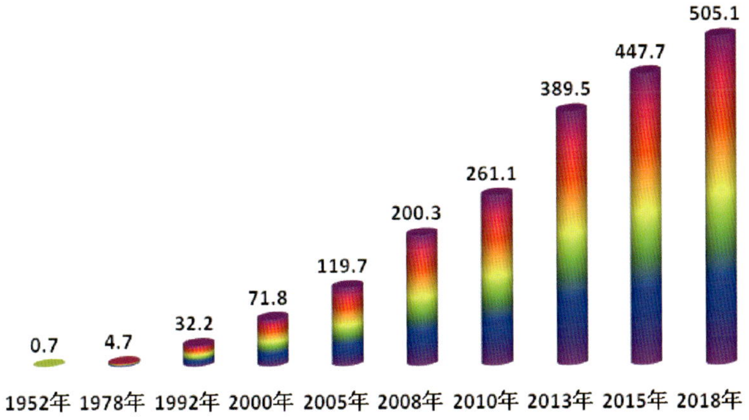

地区生产总值指数（上年=100）

GDP index（last year=100）

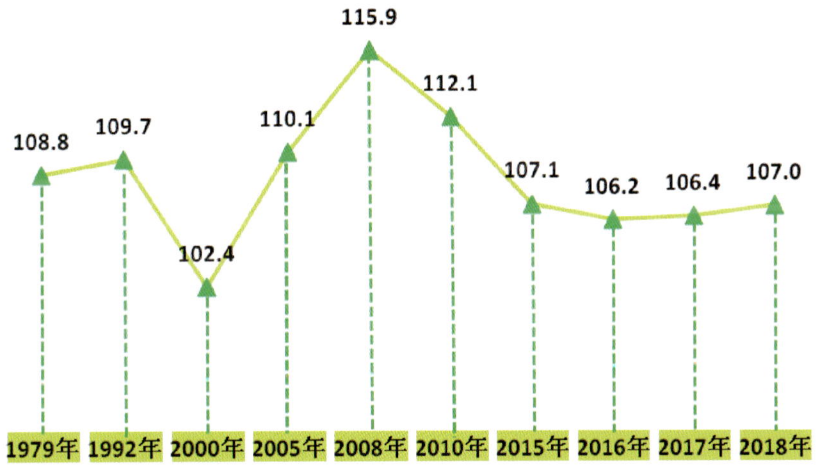

地区生产总值三次产业构成 %

Composition of three industries of GDP %

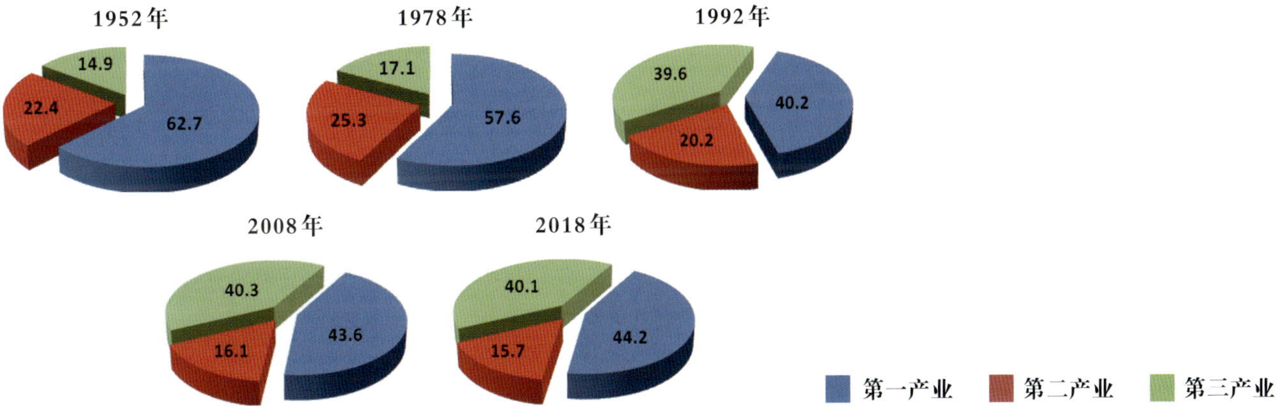

人均地区生产总值（元）

Per capita GDP（yuan）

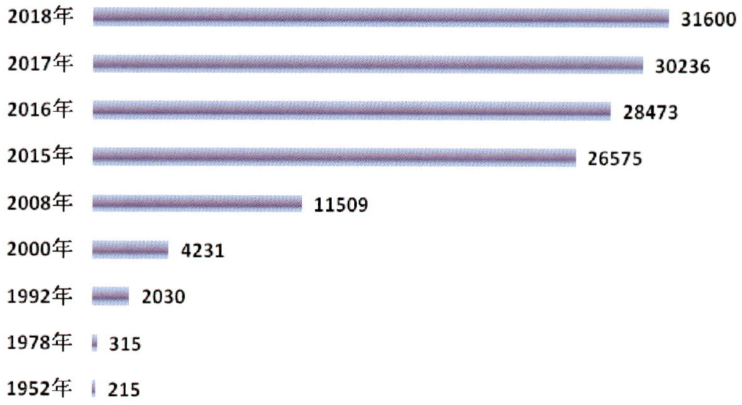

人口数（万人）

Population（10000）

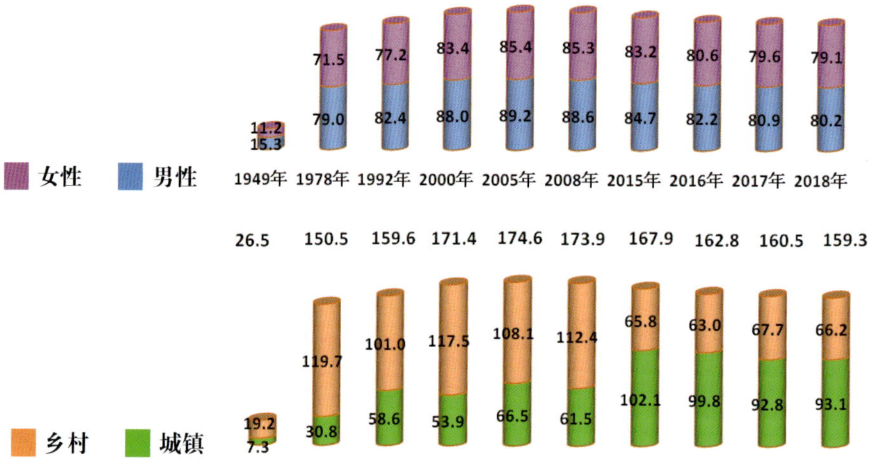

农业增加值（亿元）

Agricultural added value（100 million yuan）

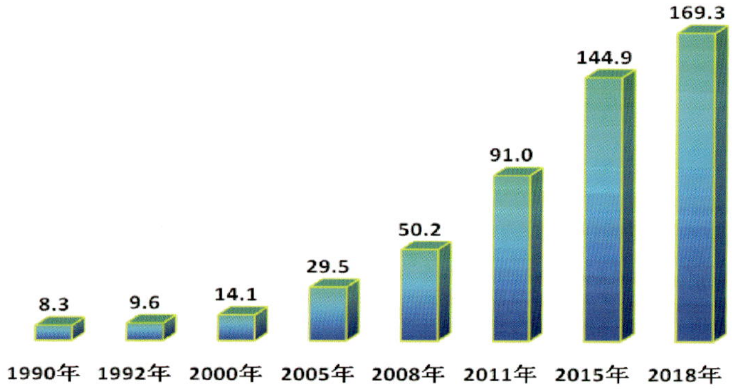

粮食产量（万吨）

Grain output（10000 tons）

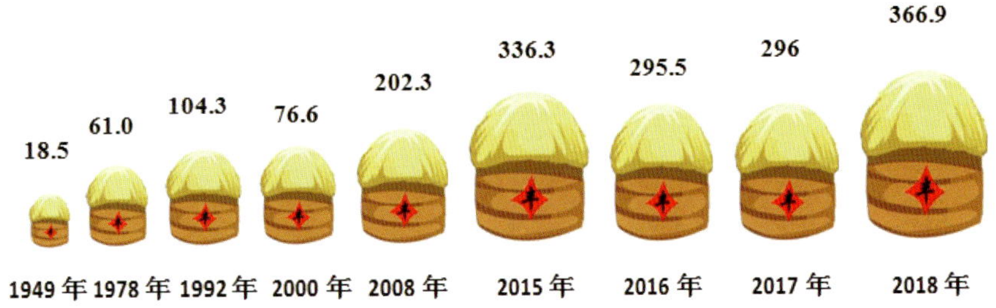

耕地面积（万公顷）

Cultivated land area（10000 HA）

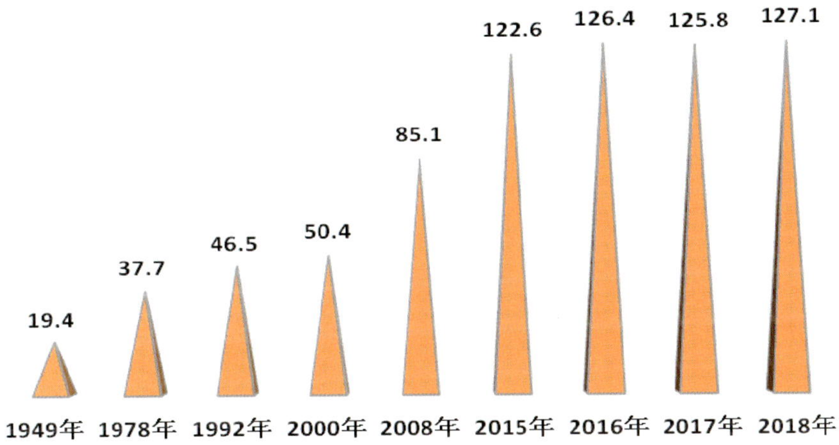

规模以上工业增加值（亿元）

Added value of industries above designated size（100 million yuan）

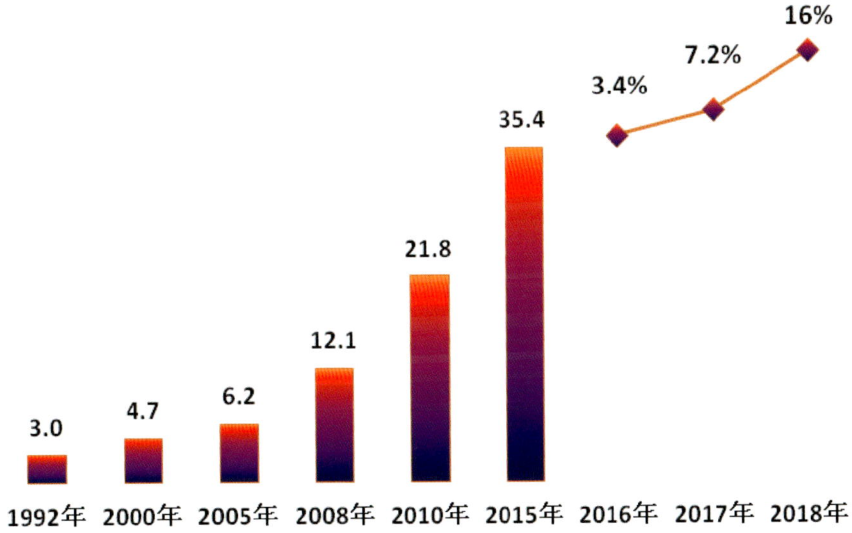

原煤产量（万吨）

Raw coal output（10000 tons）

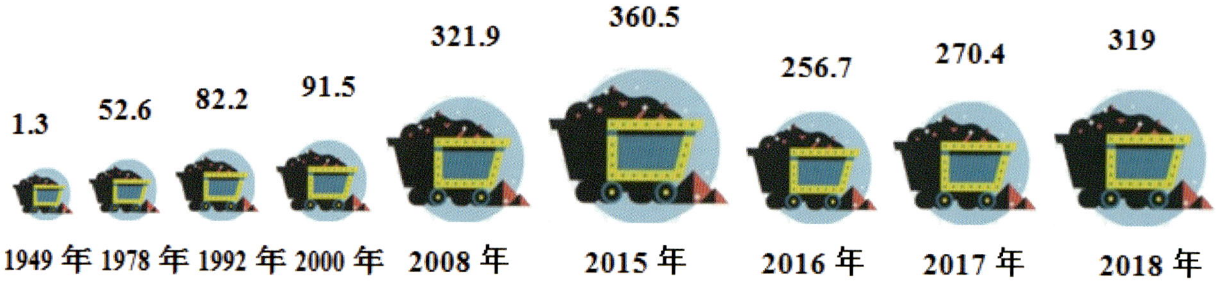

发电量（万千瓦·时）

Power generation（10000 kW·h）

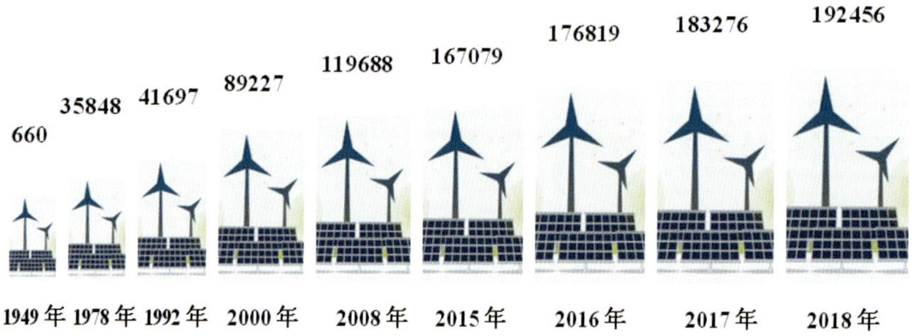

建筑业总产值（亿元）

Total output value of construction industry（100 million yuan）

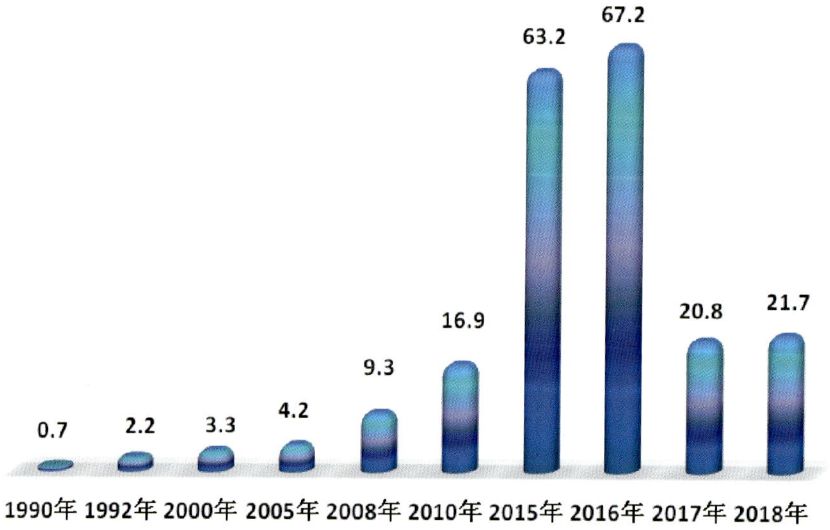

固定资产投资（亿元）

Fixed assets investment（100 million yuan）

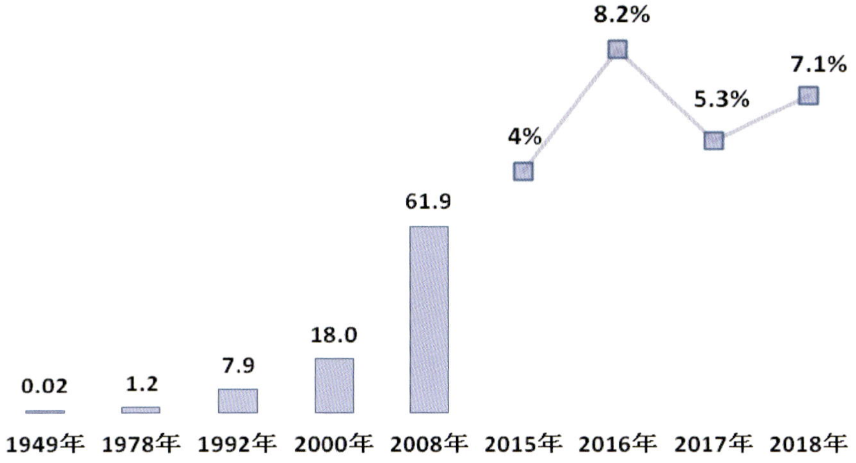

社会消费品零售总额（亿元）

Total retail sales of consumer goods（100 million yuan）

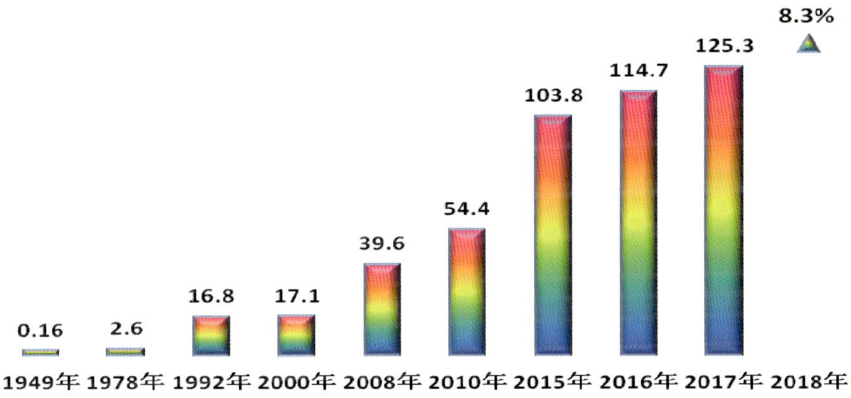

进出口总额（亿美元）

Total imports and exports（US $100 million）

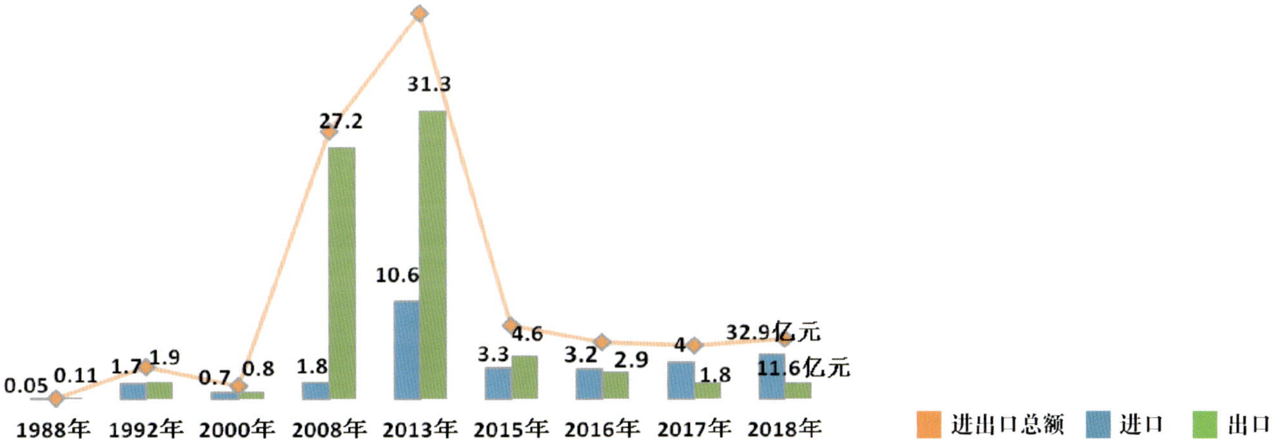

出入境旅游人数（万人次）

Number of inbound and outbound tourists（10000 person times）

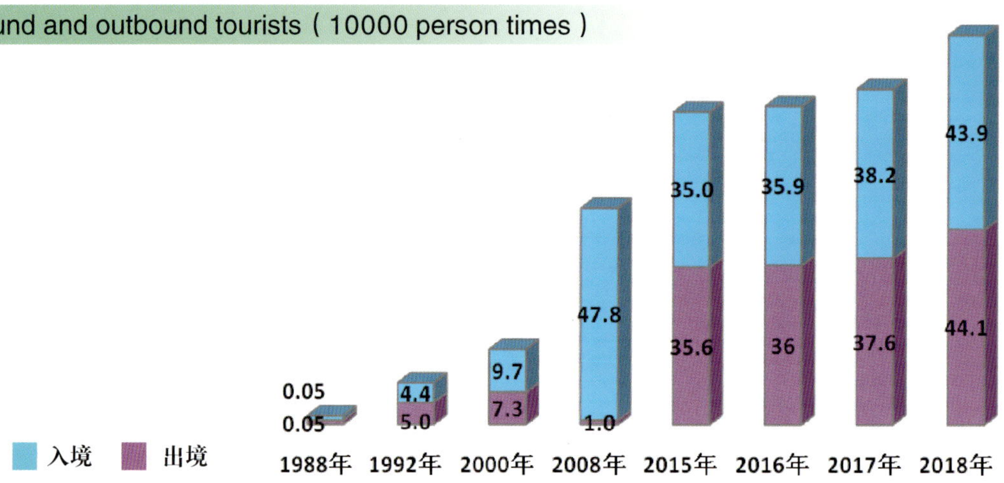

财政收支（亿元）

Financial revenue and expenditure（100 million yuan）

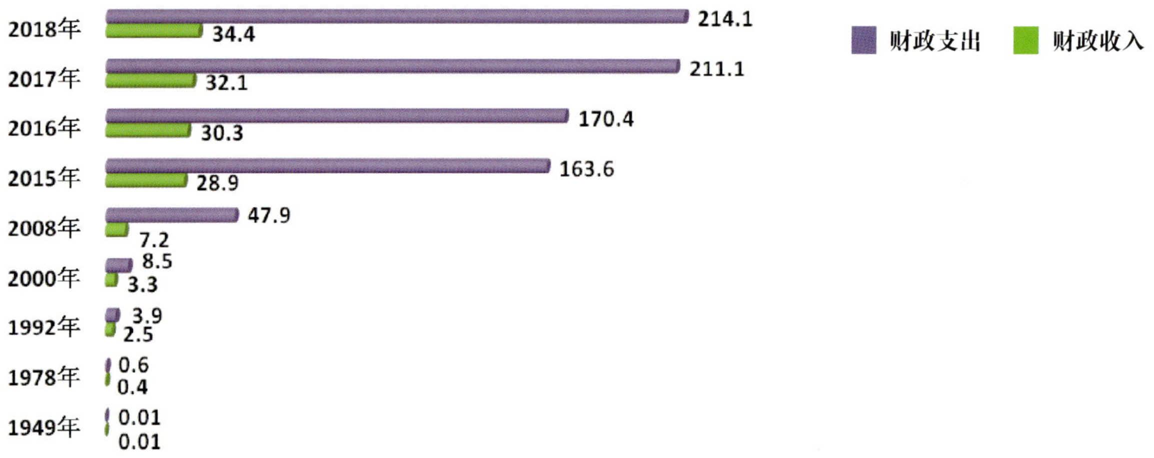

金融机构存贷款余额（亿元）

Balance of deposits and loans of financial institutions（100 million yuan）

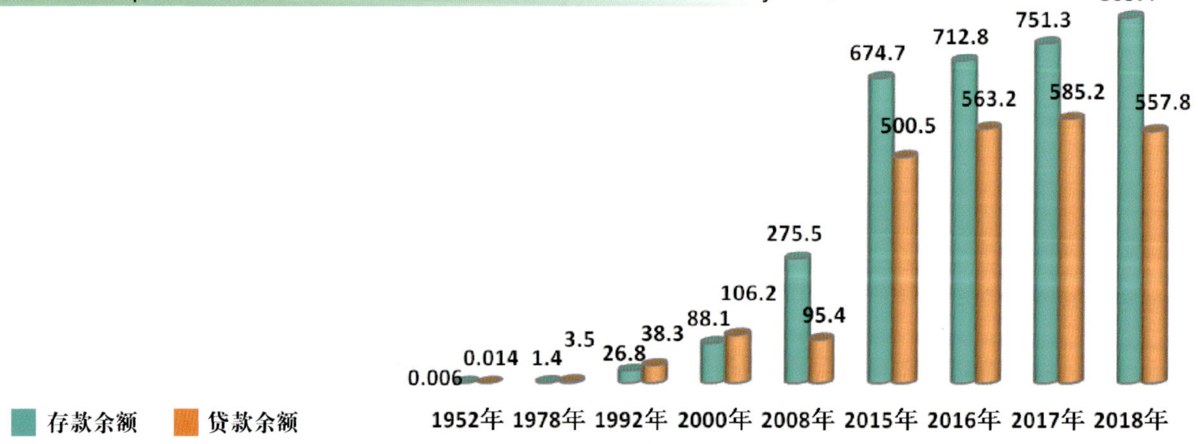

单位GDP能耗下降率 %

Decrease rate of energy consumption per unit GDP %

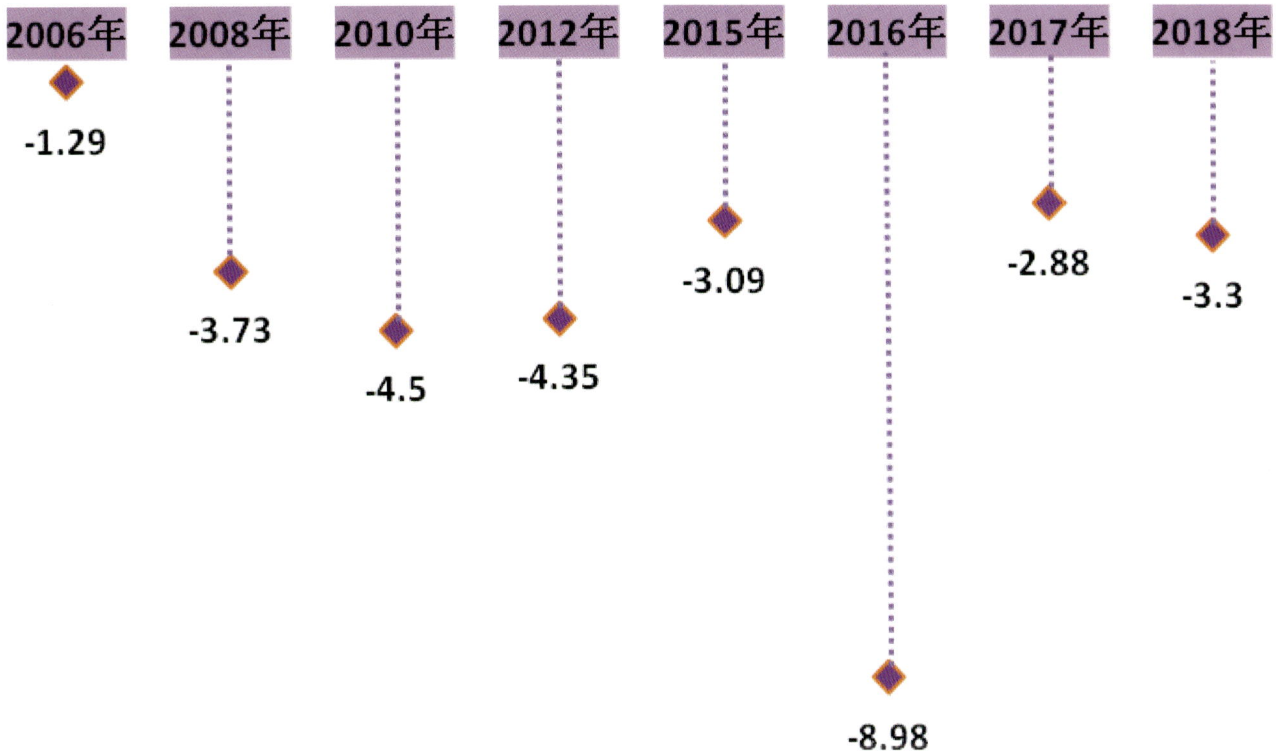

城乡常住居民人均可支配收入（元）

Per capita disposable income of urban and rural residents（yuan）

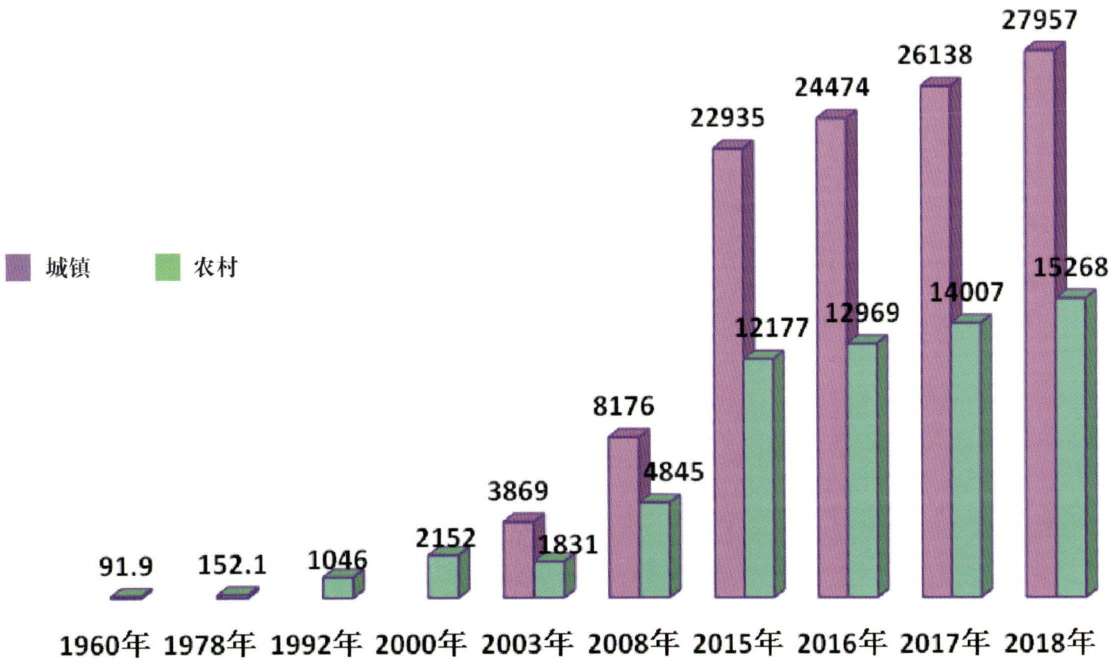

城镇非私营单位从业人员年平均工资（元）

Average annual wage of employees in urban non private units (yuan)

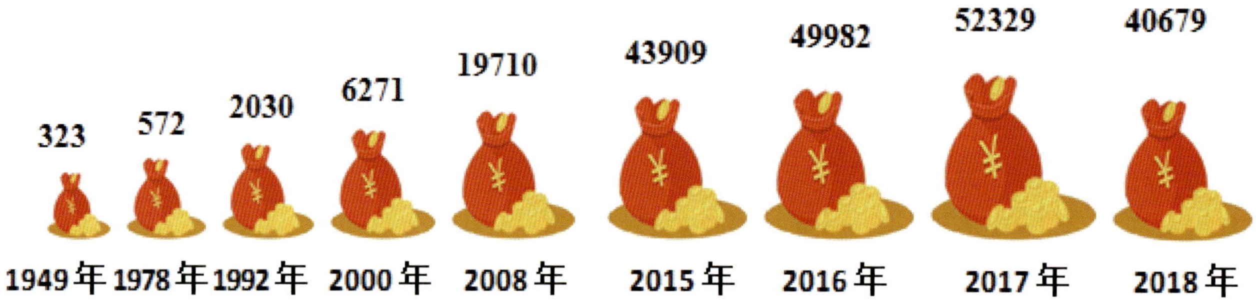

注：2018年数据包含农垦，农垦从业人员年平均工资较低，拉低全市从业人员年平均工资

客货运量（万人、万吨）

Passenger and freight volume（10000 people, 10000 tons）

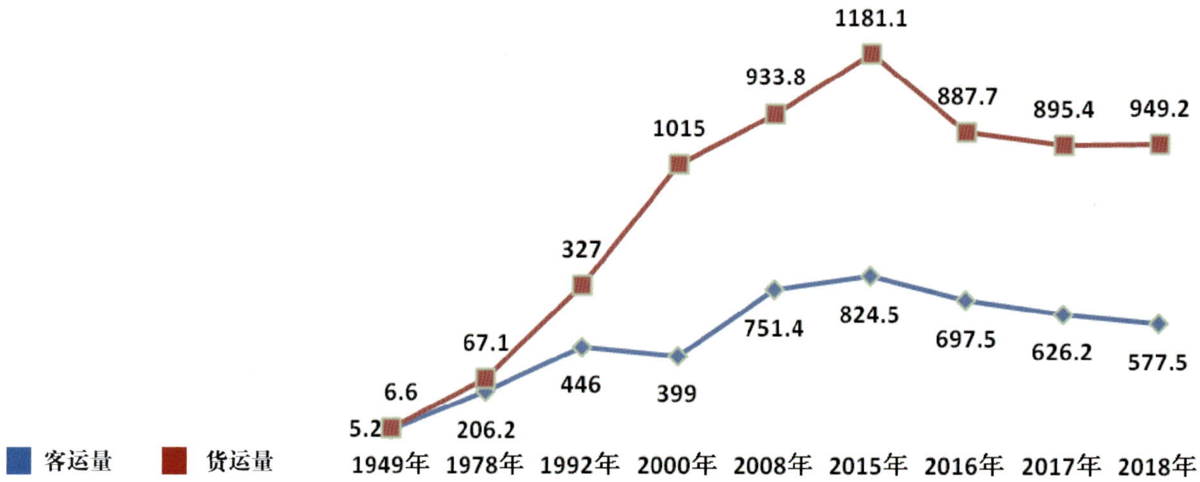

高等学校在校生人数（人）

Number of students in colleges and universities（Person）

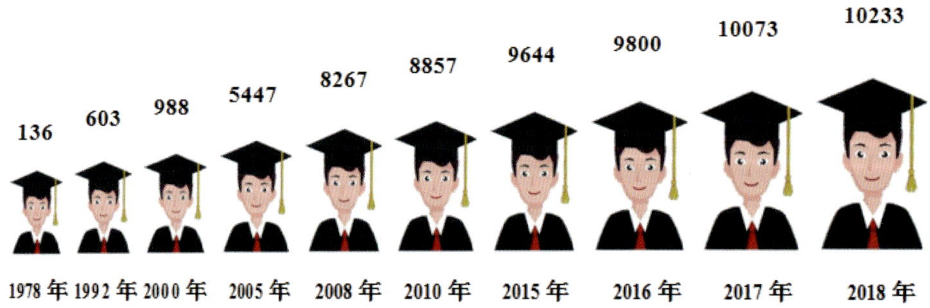

卫生事业

Health service

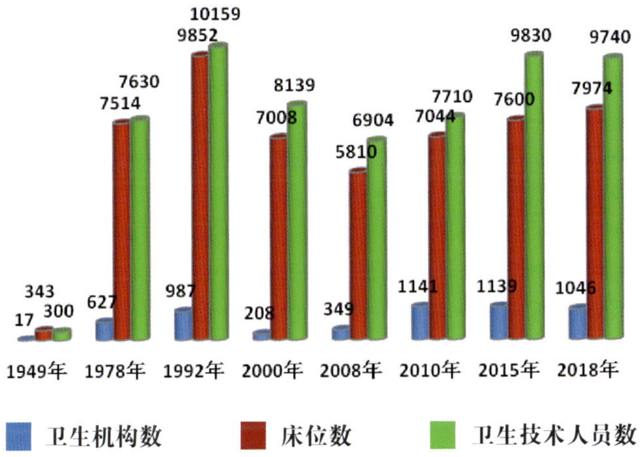

养老机构

Pension institutions

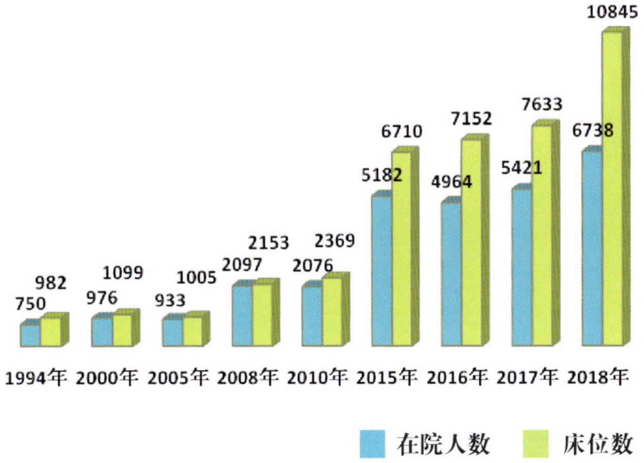

广播电视覆盖率 %

Radio and television coverage %

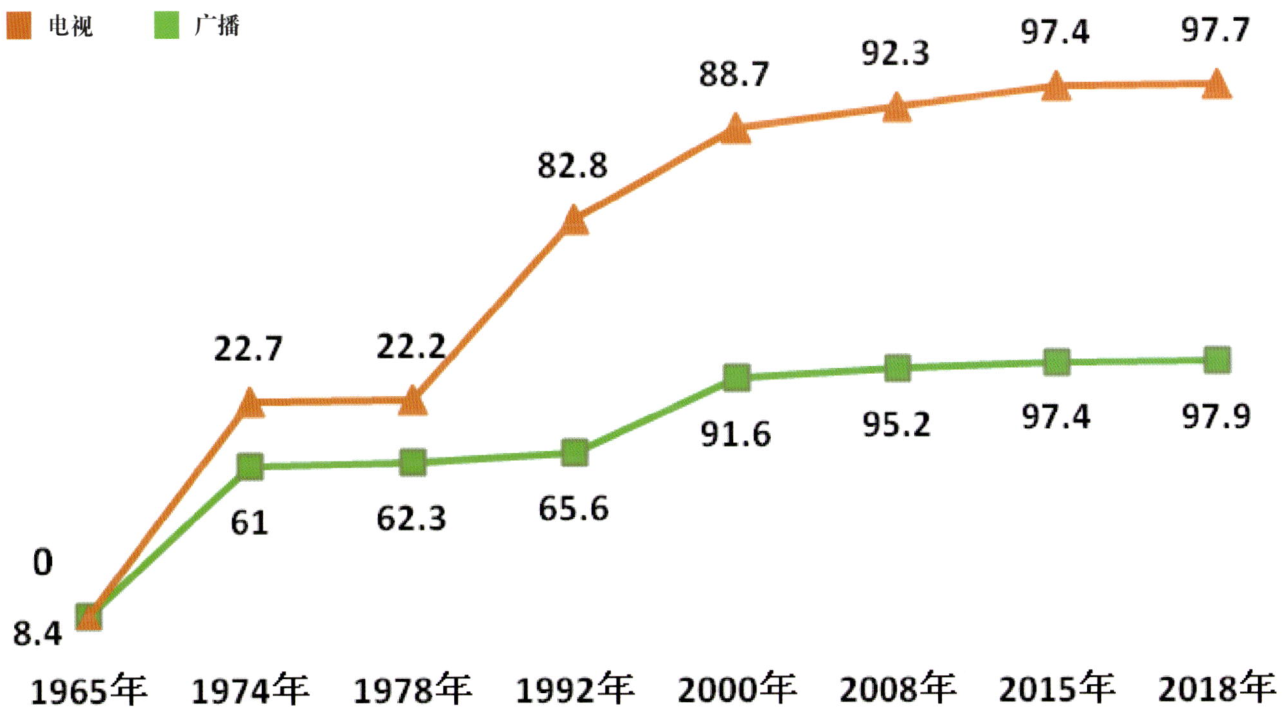

11月14日，市委书记秦恩亭在中国共产党黑河市第六届委员会第五次全体会议上作工作报告

11月14日，中国共产党黑河市第六届委员会第五次全体会议在黑河召开

12月20日，全市深化机构改革动员大会在黑河召开

12月21日，黑河市机构改革党政新机构揭牌仪式

10月16日，新当选的黑河市人民政府市长马里向宪法宣誓

10月16日，新当选的黑河市第六届人民代表大会常务委员会主任蔺波向宪法宣誓

10月16日，黑河市第六届人民代表大会第三次会议召开

10月12日，政协黑河市第六届委员会第八次常委会议召开

8月30—31日，黑龙江省市地政协提案工作座谈会在黑河召开

6月30日，市委书记秦恩亭主持召开市委党的建设工作领导小组会议

5月17日，黑河市委党校第三期处级领导干部培训班赴五大连池朝阳山抗联遗址开展现场教学活动

6月5日，黑河市直机关工委到市地税局开展党建调研

6月13日，黑河市党代表考察爱辉区红色领航工程开展情况

2月6日，中国共产党黑河市第六届纪律检查委员会第三次全体会议在黑河召开

2月4日，黑河市纪委监委举办“说文倡廉”迎新春廉政文化活动

9月17日，全市组织工作会议在黑河召开

10月18日，黑河市挂职珠海处级干部集体谈话会

1月29日，全市宣传部长会议在黑河召开

2月10日，黑河市与俄布市举办“一城两国中国年”大型文化交流活动

4月3日，“弘扬雷锋精神·创建文明城市”学雷锋主题志愿服务活动启动仪式

1月16日，黑河市直离退休干部"迎新春"茶话会现场

12月18日，黑河市离退休干部庆祝改革开放40周年《长征组歌》音乐会

6月17日,《魅力中国城》黑河战队出征仪式

9月9日，《魅力中国城》第二季第二轮竞演黑河战队出征仪式

12月8日，黑河市参加央视“魅力盛典”展演并摘取“十佳魅力城市”桂冠

6月28日，第九届中俄文化大集开幕式

6月17日，第九届中俄文化大集首场活动——俄罗斯新人体验中式婚礼

6月28日，第九届中俄文化大集花车巡游暨中俄民众狂欢活动

6月28日，参加花车巡游的俄罗斯民众代表

9月12日，黑河市委书记秦恩亭（中）出席符拉迪沃斯托克第四届“东方经济论坛”俄东部运输通道—亚太地区新的竞争优势分论坛，就共同推动中国黑河—俄布市“跨境经济合作区”项目发言

5月22日，黑河市委书记秦恩亭（左七）率代表团与全联旅游业商会参加第二十二届圣彼得堡国际经济论坛，中国黑河—俄布市“跨境经济合作区”建设项目备受关注

10月20日，黑河市委副书记、市长马里在俄布市出席阿穆尔电子商务论坛

10月21日，黑河市委副书记、市长马里（右中）在俄布市与阿州州长奥尔洛夫会谈，讨论建设布市至黑河铁路大桥等项目

7月5日，中俄东线天然气管道工程一标段施工现场

10月19日，中俄东线天然气管道工程AB028桩处正在进行管道下沟

6月11日，黑河至俄布市黑龙江大桥对中方最后一座桥墩进行“V”形墩身施工和顶推平台的焊制

10月21日，黑河市委副书记、市长马里在俄布市考察黑龙江大桥俄方桥址

11月26日，黑河口岸中俄浮箱固冰通道建设现场

9月7日，黑河保税物流中心（B型）海关监管区主体完工

中俄跨境索道效果图

8月13日，黑河市召开首届中俄进出口商品订货会，市委副书记、代市长马里在开幕式上致辞

6月8日，中俄青少年科普文化交流活动——机器人表演

11月16日，中国国际友好城市大会上，俄布市被中国友协授予“对华友好城市交流合作奖”

5月21日，中俄边境城市展览会暨黑河市大黑河岛国际经贸洽谈会开幕

7月4日，黑河市启用全省首条自助查验通道

11月7日，央企中远海运物流工作人员在黑河港货运码头对出口俄罗斯的千吨AGPP项目管道和钢结构设备进行检测

5月19日，黑河市黑龙江（界江）游船首航仪式

5月1日，黑河市区新增三条旅游线路直通车进入试运行

5月19日，黑河市黑龙江（界江）游船首航

7月3日，黑龙江·内蒙古城际旅游联盟暨旅游产品推介会在苏州召开

10月19日，黑河市第三届中俄跨国旅居互访体验活动

省级电子商务示范基地——黑河跨境电子商务产业园区

寒地试车

9月22日，黑河市农业绿色发展示范区建设现场会暨首届中国农民丰收节系列庆祝活动——开镰庆丰收仪式在逊克举行

12月3日，全市农业绿色发展示范区建设工作会议在黑河召开。2018年黑河市被农业农村部确定为全国唯一的绿色高质高效示范市

10月1日，市委副书记、代市长马里（前排左二）到爱辉区检查秋季森林防火工作。黑河市连续25个防期未发生重特大森林火灾

3月27日，警地联合训练，指挥员通过无人机地面接收站勘察火场情况

6月20日，小学生参观市林业局野生动植物标本馆

7月26日，飞机航化作业

4月15日，黑河市开展全民国家安全教育日宣传活动

4月22日，黑河市国土局开展第49个“世界地球日”主题宣传活动

6月21日，黑河市安全生产月宣传咨询日启动仪式

7月下旬，黑河口岸、海关、边检等部门紧急应对黑龙江汛情，全力保障游客安全通关

6月3日，市环保局举行“小记者团走进环保共同解密黑河蓝”为主题的环保开放日活动

3月22日，黑河市举行“世界水日”和“中国水周”宣传活动

9月14日，“2018中俄界河应急联合演习”在黑河区域举行

10月31日，黑河市—哈尔滨商业大学战略合作签约仪式

6月30日，“科技领航逐梦远方”首届中俄青少年科技友谊赛开赛

1月30日，中国地震应急搜救中心在黑河市进行高寒适应性训练

5月10日，黑河市爱辉区郭华东院士工作站举行揭牌仪式

7月29日，黑河市扶志扶智科技夏令营启动

9月3日，中国流动科技馆黑龙江巡展——逊克站

10月8日，黑河市委书记秦恩亭（前排中）、市委副书记姚志波（前排左一）到北安市调研脱贫攻坚工作

5月2日，成都航空（哈尔滨—黑河）首航成功

8月31日，黑河市热电厂技术人员对一级网进行全面检修维护

7月25日，国网黑河供电公司员工在高温下维修设备

8月21日，黑河市委副书记、代市长马里（左二）到爱辉区脱贫攻坚联系点调研

国道G331-逊克管养段沥青混凝土路面

让百姓喝上放心水

黑河天然气利用工程储气站二期储气罐完成吊装

5月23日，中俄健康产业投资合作项目对接会签约现场

7月10日，黑河市人社局等部门联合开展“春雨行动工伤保险与您风雨同舟”主题宣传活动

昼夜清雪保障出行安全

“劳动者港湾”为劳动者营造家的温暖

12月7日，黑河市公安局新建政务服务中心投入使用

4月25日，黑河市中医医院专家到市第二社会福利院开展义诊

9月26日，黑河市公路管理处在中央商业步行街举办“沧海桑田公路巨变”纪念改革开放40周年图片展

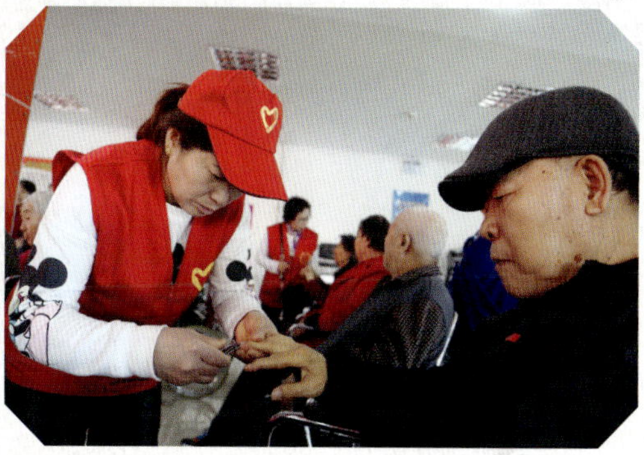

黑河市义工协会志愿者慰问福利院老人

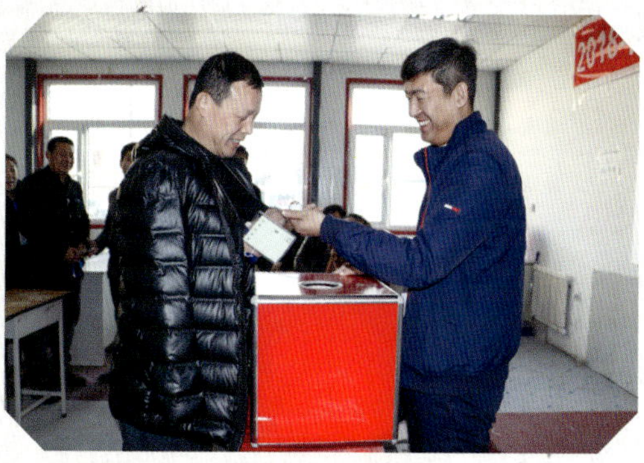

公共租赁住房抽签抽取现场

黑河市各县（市、区）退伍军人信息采集工作相继启动

黑河口岸设立60周岁以上老年人特别通道

干净卫生的公厕配有洗手池、干手机、灭火器

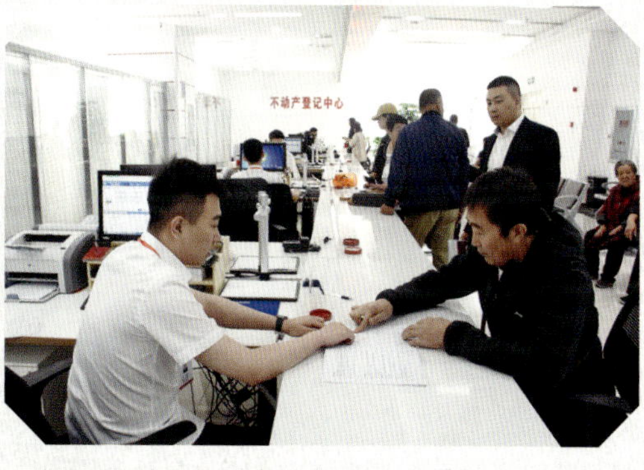

市政务服务中心打造优质高效服务窗口

9月7—17日，黑河市委书记秦恩亭（二排左四）率文化代表团在俄罗斯符拉迪沃斯托克参加第四届东方经济论坛活动，在黑河与阿州合作设立的展馆展示中国传统文化，推介黑河

民俗实物展搬进校园

6月29日，黑河俄罗斯油画城在大岛国际商贸城开业

5月28日，黑河市委副书记、市长谢宝禄和北京社会科学院研究员、著名历史学家阎崇年共同为瑷珲历史文化研究会揭牌

1月3—8日，首届“冰上丝绸之路”远东中俄青少年艺术周暨第六届“冬之韵”活动在黑河举行

1月17日，央视春节特别节目《东西南北贺新春》在黑河录制现场

9月28日，黑河学院建校60周年庆祝大会

8月2日，“2018黑河中俄国际大众跆拳道友好邀请赛”在黑河体育馆举行

11月24日，从黑河体校走出的21岁女拳手汪丽娜，在印度首都新德里举行的2018年世界女子拳击锦标赛上获得81公斤级冠军

6月23日，中俄双子城篮球季开赛

12月28日，北安籍短道速滑运动员曲春雨获国家体育总局颁发的2018年度体育运动一级奖章

1月14日，中俄界江黑龙江国际冰球友谊赛开赛

7月21日，中俄广场舞大赛

5月19日，黑河市举办“2018华泰杯国际彩虹跑活动”

8月，黑河市全民健身中心体育馆正式投入使用

8月14—16日，全国方志馆建设工作研讨会暨方志馆业务培训班在黑河举行

8月14日，国家方志馆知青分馆揭牌仪式

8月14日，市委副书记、代市长马里在国家方志馆知青分馆揭牌仪式上致辞

8月14日，中指组秘书长、中指办主任冀祥德在国家方志馆知青分馆揭牌仪式上致辞

1 8月14日，国家方志馆知青分馆现场赠书仪式

2 12月21日，黑河市地方志办公室与西藏自治区日喀则市仁布县签订援建协议

3 12月21日，黑河市地方志办公室与西藏自治区日喀则市谢通门县对接援建工作并赠书

4 6月17日，“永远的知青”全国巡展上海开展

5 12月25日，第二届全国名村论坛暨第二批中国名村志丛书出版座谈会上《新生村志》接受授牌和颁奖证书

12月19日，根据《黑河市机构改革方案》，市委党史研究室、市档案局（馆）和市地方志办公室整合组建史志档案馆，26日召开成立大会

7月27日，黑河市领导走访慰问驻黑河部队官兵

5月28日，黑河市场监督管理局组织召开“法治建设年”活动动员大会暨宪法宣誓活动

12月6日，黑河市人大常委会代表团在俄布市观摩学习阿州立法会议议程

2月28日，市委政法工作会议在黑河召开

4月16日，黑河市中级人民法院开展“走进法院共推阳光司法”主题开放日活动

7月12日，《中国·俄罗斯边境管理法律法规宣传手册》发放仪式在黑河举行

1月10日，黑河市检察院“法治大餐”进校园

7月9日，黑河某部队帮扶新建的大棚硕果累累

1月10日，黑河市公安民警“110宣传日”向群众发放宣传单

11月30日，黑河市公安局召开扫黑除恶专项斗争新闻发布会

10月17日，黑河市公安局在市职业技术教育中心学校举行“创建平安校园暨反恐宣传演练进校园”主题活动

7月22日，武警黑河支队在黑河口岸保障游客安全通关

流动的消防宣传站

9月27日，武警黑龙江省森林总队2018年度秋防誓师动员大会（黑河市支队分会场）

8月23日，“中俄青年创业孵化器”交流项目签约仪式在黑河举行

10月17日，黑河市贸促会（中国国际商会黑河商会）应邀参加俄阿州工商会换届改选大会

5月15日，中俄黑河—布市“六一”国际儿童节青少年交流互访活动文艺演出

3月6日，中俄边城妇女共同欢庆“三八”国际劳动妇女节

3月28日，黑河市残疾人联合会第五次代表大会召开

12月29日，黑河市总工会举行户外劳动者爱心驿站揭牌仪式

9月27日，黑河市工会第五次代表大会开幕式

北安
BeiAn

9月22日，穿越大小兴安岭·中俄亲子徒步大会在北安市祥和公园举行，北安市委书记黄士伟参加启动仪式

5月21日，北安市委副书记、市长冯云在黑河市大黑河岛国际经贸洽谈会上向俄客人介绍情况

11月23日，北安市委宣传部与延安革命纪念地管理局缔结友好单位

7月17日，北安市主星朝鲜族乡庆祝初伏节

北安市祥和公园一角

北安市民大厦投入使用

北安健康产业园

11月24日，红星美凯龙开业

6月21日，北安市第三十三届运动会开幕

象屿金谷生化科技有限公司开足马力忙生产

北安城区道路改造

7月3日，嫩江县委书记杨剑波到嫩江镇慰问贫困党员

4月16日，嫩江县委副书记、县长徐峪在海江中学调研

嫩江 NenJiang

8月31日，嫩江县与北京电影学院表演学院院县共建大学生实践基地共建林奠基仪式

4月6日，嫩江县举办“青春的脚步”俄罗斯学生研学之旅活动

7月27日，嫩江墨尔根机场正式通航，嫩江—哈尔滨通用航空短途运输航班首航成功

7月27日，省民航监管局副书记朱辉到嫩江县为嫩江墨尔根通用机场颁发A1类机场使用许可证

6月11日，黑龙江首届古驿路历史文化与旅游发展论坛在嫩江县举行

嫩江象屿农产有限公司

黑龙江辰鹰乳业有限公司

中兴牧业霍龙门牧场被省政府确定为省重点推进产业化项目，并列入国家级标准化养殖示范区

3月25日，五大连池市召开创建国家全域旅游示范区推进大会

7月28日，中俄青少年足球邀请赛在五大连池市举行

8月22日，五大连池市山口湖景区政企联动水上应急救援演练

五大连池市国际文体交流中心

5月10日，五大连池市政府与新农创（北京）科技公司乡村振兴合作协议签约仪式

7月1日，五大连池市举办纪念建党97周年暨改革开放40周年歌咏比赛

6月10日，黑龙江省第三届农民文化艺术节（五大连池市片区）专场文艺演出

五大连池市德都大桥

五大连池市矿泉工业园区

逊克 XunKe

9月22日，黑河市委书记秦恩亭（左四）参观考察逊克县电商产业园区

5月，中俄边境城市展览会暨黑河市大黑河岛国际经贸洽谈会上逊克玛瑙吸引游人目光

逊克县东安金矿生产车间一角

1月16日，逊克口岸开启国际冰道运输

黑河逊克中俄农业科技园区

9月23日，黑河市委书记秦恩亭（前排右一）参观首届农民丰收节展厅

12月4日，逊克县全民普及电商创业，金融社区首开推介培训班

8月，首批“小绿”自行车入驻逊克县

9月23日，首届中国农民丰收节逊克现场会原生态的舞台布置

逊克县聚鑫生物质新材料有限公司万吨级秸秆生物质综合循环利用项目

8月13日，逊克县俄罗斯族村欢度巴斯克节

逊克县诺宝生物质发电项目施工现场

8月8日，在第二届中国汉麻发展·孙吴论坛上孙吴汉麻获国家地理标志保护产品

7月3日，孙吴县人民政府与珠海市斗门区人民政府缔结友好县区签约仪式

孙吴县扩建后的红旗大街

7月9日，孙吴县召开脱贫退出第三方评估反馈交流会。年末，孙吴省级贫困县成功摘帽

8月15日，第六届中俄青少年“铭记历史、珍爱和平、携手未来”孙吴主题夏令营举行开营式

2月24日，孙吴县举办“中国安格斯肉牛之乡”授牌仪式

孙吴县安格斯肉牛产业

生长中的汉麻

光伏发电扶贫产业

孙吴大果沙棘

爱辉 AiHui

6月22日，爱辉区庆祝新生鄂伦春族下山定居65周年暨中国·瑷珲2018少数民族文化季启动仪式

3月28日，爱辉区领导会见来访的俄布市副市长科索拉波夫一行并签署年度工作会谈纪要

8月11日，黑河市瑷珲乡野公园中俄游园汇活动开幕式

2月3日，黑河大豆网建设启动仪式暨瑷珲e购首届中俄年货大集开幕

1 1月15日，中国·瑷珲爱辉区寒地国际试车旅游节开幕

2 2月20日，爱辉区文体局组织的大年秧歌汇演

3 8月11日，爱辉区举办瑷珲乡野公园中俄游园汇活动

4 爱辉区发展光伏发电产业扶贫项目

9月16日，首届“中国·瑷珲”农民丰收节暨黑龙江省乡村厨艺大赛

五大连池风景区

WudaLianchiFengjingqu

9月10—14日，五大连池风景区党委书记、管委会主任侯明在意大利特伦蒂诺省参加第八届联合国教科文组织世界地质公园大会

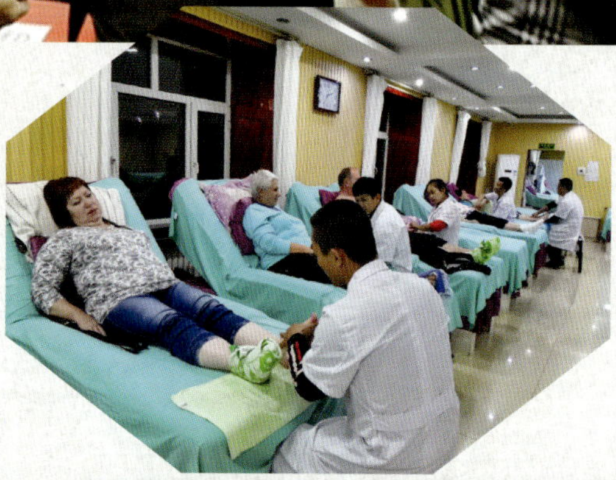

10月30日，俄罗斯老人在五大连池风景区体验中式按摩

5月19日，世界旅游组织专家到五大连池风景区考察调研

6月17日，五大连池第35届火山圣水节开幕

北饮泉

格拉球火山

1月1日，五大连池风景区举行火山堰塞湖矿泉鱼冬捕活动

温泊

龙门石寨

9月14日，黑河市第三届中俄跨国旅居互访体验活动，俄罗斯老年人在五大连池风景区地质公园游览

5月21日，黑河跨境电子商务产业园区“京东云仓”举行揭牌仪式

5月22日，中俄边境城市展览会暨黑河市大黑河岛国际经贸洽谈会俄罗斯客商参观合作区展厅

3月28日，黑河边境经济合作区召开党风廉政建设暨深化机关作风整顿优化营商环境工作会议

3月5日，黑河边境经济合作区举行“弘扬雷锋精神书香送校园”活动

大黑河岛国际经贸洽谈会合作区展厅

6月15日，合作区参加第29届哈洽会

黑河边境经济合作区企业党员活动室

6月27日，合作区参加第九届中俄文化大集花车巡游

大黑河岛

在水一方广场

目　录

特　载

大 事 记

黑河概览

中国共产党黑河市委员会

黑河市人民代表大会

黑河市人民政府

政协黑河市委员会

纪检·监察

民主党派·工商联

群众团体

法　　治

军 事

经济综合管理

农业·农垦·林业

工　业

城乡建设·环境保护

交通·邮电·无线电

金　　融

口岸·商务·旅游

社会事业

县(市、区)

人　　物

附　　录

索　　引

Contents

Features

Chronicle of Events

Overview

Heihe Municipal Committee of the CPC

Heihe Municipal People's Congress

Heihe Municipal People's Government

The CPPCC Heihe Municipal Committee

Discipline Inspection & Supervison

Democratic Parties and Association of Industry and Commerce

Mass Organization

Rule of Law

Military

Comprehensive Economic Management

Agriculture, Agricultural Reclamation and Forestry

Industry

Urban and Rural Construction and Environmental Protection

Transportation, Post & Telecommunications, and Radio

Finance

Port, Commerce & Trade, and Tourism

Social Undertakings

Counties, Cites and Districts

Figures

Appendix

Index

特　载

在市委六届五次全会上的报告

中共黑河市委书记　秦恩亭

（2018 年 11 月 14 日）

同志们：

现在，我受市委常委会委托，向全会作工作报告。

市委六届三次全会以来，市委常委会坚持以习近平新时代中国特色社会主义思想为指引，全面贯彻中共十九大和十九届二中、三中全会精神，持续深入贯彻习近平总书记对黑龙江省重要讲话精神，认真落实省委决策部署，坚持稳中求进工作总基调，践行新发展理念，统筹推进“五位一体”总体布局，协调推进“四个全面”战略布局，立足黑河比较优势，坚持走绿色崛起、创新发展、开放发展、融合发展、差异化发展之路，着力保障和改善民生，扎实推进全面从严治党，经济建设、政治建设、文化建设、社会建设、生态文明建设和党的建设取得新成效，黑河跨越发展、全面振兴迈出坚实步伐。

主要抓了以下八方面工作：

一、深入学习贯彻习近平新时代中国特色社会主义思想和中共十九大精神，始终沿着总书记指引的方向奋力前行

坚持把学习贯彻习近平新时代中国特色社会主义思想和中共十九大精神作为首要政治任务，努力在学懂弄通做实上下功夫，确保全面系统准确领会精神实质，学思践悟、融会贯通，以坚定的思想自觉和行动自觉推动振兴发展。

不断把学习习近平新时代中国特色社会主义思想引向深入。市委常委会、市委理论学习中心组带头学习，开展干部轮训、集中宣讲、专题辅导等活动，组织党员干部以中共十九大报告、《习近平谈治国理政》《习近平新时代中国特色社会主义思想三十讲》为重点进行自学，在各类媒体开设专题专栏集中报道，实现学习宣传全覆盖，保证习近平新时代中国特色社会主义思想和中共十九大精神深入人心。

紧密联系实际贯彻习近平总书记在深入推进东北振兴座谈会上的重要讲话和考察黑龙江省时的重要指示精神。习近平总书记站在党和国家事业发展全局的战略高度，就深入推进东北振兴提出明确要求、作出战略部署，为新时代推进黑河加快发展提供了行动指南和根本遵循。我们把学习贯彻落实习近平总书记重要讲话和重要指示精神作为黑河加快发展的强大动力，组织全市党员干部深入学习，市委召开常委（扩大）会议专题学习，各级党委（党组）以最快速度将有关精神传达到每个支部、每名党员。坚持边学习、边研究、边落实，运用总书记重要讲话和重要指示精神，进一步推动解放思想、统一思想，进一步分析认识黑河发展面临的机遇和挑战，进一步理清黑河加快发展的目标方向、措施路径、重点任务，进一步激发全市广大干部群众干事创业的精气神，取得了积极成果。同时，精心筹备本次全会，研究制定系统的贯彻落实意见，把习近平总书记重要讲话和重要指示精神贯穿到了引领黑河跨越发展和全面振兴的各个方面。

以慢不得的责任感和等不得的紧迫感谋划推进跨越发展和全面振兴。在总书记重要讲话和重要指示精神指引下，牢牢把握重大机遇，立足黑河比较优势，围绕“五大目标”（形成优势产业新格局、建成现代农业强市、实现对外开放战略升级、成为国际著名旅游目的地、建设更加优美生态环境）和“十大新体系”（现代农业、畜牧业、工业、全域旅游、服务业、对俄合作、交通、生态、城乡、社会治理新体系）建设，深入学习研究《关于加大边民支持力度促进守边固边的指导意见》《关于支持沿边重点地区开发开放若干政策措施的意见》等文件和党中央、国务院、省委省政府的一系列方针政策和重大决策部署，梳理出一系列重要政策、重大项目进行专题推进，取得积极进展。提出对外开放战略升级、扩大城市规模集聚人口和生产要素、扭转铁路建设滞后局面、推进口岸基础设施建设、把冷资源打造成热经济等重点工作任务,得到省委的肯定和支持,有9项重点工作纳入省委重要决策,较好地实现了黑河发展与国家发展大局、黑龙江发展全局的有机融合。

二、积极培育壮大新动能,加快推动经济高质量发展

坚持以习近平新时代中国特色社会主义经济思想为指导,紧紧围绕做实做强做优实体经济,加快推动质量、效率和动力变革,努力促进传统产业创新升级、新兴产业加速壮大。1—9月,全市地区生产总值增长6.6%,公共财政预算收入增长13.3%,固定资产投资增长4.5%,社会消费品零售总额增长8.3%,分别比全省高1.5、6.9、8.2和1.9个百分点。

积极建设农业绿色发展示范区,农业加速由增产增效向提质增效变革。主动顺应农业主要矛盾变化,坚持质量兴农、绿色兴农,依托得天独厚的生态资源优势,全域创建农业绿色发展示范区,打造全国重要的绿色有机功能性农产品生产供给基地。启动了7个乡镇、41个村、306个经营主体和2个林场、2个牧场、2家渔场绿色发展试点工作。积极探索建立绿色种养标准体系、技术体系、监测监管体系、质量认证体系、市场营销体系和金融等服务保障体系,为全面创建做了较为充分的准备。带动建成一批绿色有机功能性农产品基地,绿色种植基地达到78.99万公顷,汉麻等特色经济作物种植规模不断扩大,北安市、五大连池市被农业农村部认定为第一批区域性(大豆)良种繁育基地。水产绿色养殖达到3.45万公顷,畜牧规模养殖场达到373个,青贮饲料13.7万吨,北安市、嫩江县被列入全省畜牧重点县,温氏、华滨、佳汇等大规模生猪养殖,孙吴安格斯肉牛等特色养殖加快发展。初步打造了一批绿色有机功能性品牌,绿色有机认证面积达到22.33万公顷,绿色有机食品认证数达到90个,地理标志农产品达到13个,五大连池市冷矿泉暖米进入"龙江大米真好吃"二十家。"北纬49""十六膳""食佳""佳汇""瑷珲亚寒带"、日辉草莓、李二牤矿泉豆腐等品牌得到广大消费者青睐,北安宜品"蓓康僖"产品销往俄罗斯、越南、巴基斯坦等国家。初步延长了"粮头食尾、农头工尾"产业链,华升食品农产品冷链物流、栗象现代农业服务综合体、万物生大豆肽和农耕大健康大豆深加工等项目加快推进。培育成功33家个性化绿色有机农产品深加工企业,并在消费市场获得了认可,有的农产品加工后增值数倍,趟出了一条提升农业价值链的新路径。黑河市被农业农村部确定为全国唯一的绿色高质高效创建示范市。

统筹推进产业项目建设和工业质量提升,工业经济进入近年来发展最快最好时期。坚持把重大项目作为产业发展特别是工业经济发展的重要支撑,紧紧围绕做好"三篇大文章"谋划建设产业项目。全市75个市级重点产业项目,开复工71个,完成投资56.4亿元,同比增长15.1%。20个省重点产业项目,开复工18个,完成投资24.2亿元,同比增长33%。坚持一手抓规上工业企业数量扩张,一手抓工业经济运行质量提升,全市新增规模以上工业企业14家,总数达到111家,龙江化工、金泰硅镁冶炼、嫩江春酿酒等7户停产半停产企业实现盘活。科迪60万吨水稻加工、天之草2万吨汉麻纤维加工、聚鑫秸秆综合利用即将投产,翠宏山铁多金属矿、富宏煤矿续建工程进展顺利,多铜二期扩建、国投象屿北安30万吨玉米燃料乙醇等项目开工建设。1—9月,全市规模以上工业增加值同比增长16.6%,比去年同期高6.3个百分点,比全省高14个百分点,增速居全省前列。有色金属矿采选业、农副食品加工业和煤炭开采业成为拉动工业增长的主要动力,增加值分别增长65.2%、29.7%和30.5%。

大力推动优势服务业转型升级,产业发展的"新引擎"作用日益凸显。从资源优势和需求侧变化入手研究供给侧,着力打造独具发展潜力的现代服务业,促进服务业向现代化、特色化、高端化转变。以"大旅游、大规划、大产业"思维谋划旅游产业转型升级,五大连池至汤旺河旅游公路建设争取到国家资金3亿元,大沾河风景名胜区晋升国家级,五大连池风景区"连池恋歌"大型实景水秀项目投入运营,瑷珲乡野公园、北安温泉水世界、红河谷冬季旅游开发等项目加快推进,驻场演出、体育比赛等体验式旅游方兴未艾,与俄方就跨境旅游合作建立了定期协调沟通机制,与广州、珠海等地旅游部门开展了战略合作,《魅力中国城》两轮竞演均胜出,被评为"十佳魅力城市",黑河旅游知名度和影响力大幅提升。五大连池风景区入选国家AAAAA级旅游景区50强,品牌价值位列全省旅游品牌榜首,荣获第三届中国质量奖提名奖。1—9月,全市旅游人数达到1054.6万人次、旅游收入实现80.9亿元,同比增长15%和14.9%。坚持把寒地试车经济作为黑河绿色发展的典型经济,以及解决冬天旅游、餐饮、住宿等服务业"淡季"的最佳业态来打造,举办中国·瑷珲2018爱辉区寒地国际试车旅游节和寒地试车产业发展论坛,2017—2018试车季试车企业、车辆、试验人员分别增长10.8%、24.1%、64.1%,正在推进中国寒地试车产业园建设。借助良好生态、丰富康疗养生资源和安全的绿色健康饮食等比较优势,大力发展健康养老产业,中俄友好医院暨国际康养示范、国际矿泉理疗城等项目取得一定进展,黑河市已成为跨境异地康疗养生特色体验基地和全国大健康养老首选目的地。引进哈尔滨炫彩文化发展有限公司建设"黑河俄罗斯油画城"。红星美凯龙、雅悦东方等一批高端商贸、餐饮、住宿服务设施投入使用,农商银行获批新建4家村镇银行,商务、金融等领域的服务水平实现新的提升。

三、充分发挥对俄合作前沿优势,全力打造中俄国际合作重要平台

主动对接国家"一带一路"倡议,注重同俄罗斯远东地区开展战略合作,积极参与"中蒙俄经济走廊"建设,努力使黑河地缘优势最大化,把对俄开放大文章做足、做精彩。

加快推进基础设施互联互通,努力以大通道促进大通

关。中俄黑龙江公路大桥完成总投资的51%。跨江空中索道中方具备开工条件,俄方完成项目选址备案、索道塔架、站房及联检大厅的地质勘探工作。中俄东线天然气管道两条穿江隧道均已贯通并完成管道焊装,市域内管道铺设200千米,在黑河设立天然气进出口贸易公司得到省政府和中石油支持。基础设施的互通将极大地促进经贸、旅游、物流等产业互通,黑河正由“地理大通道”向“经贸大通道”转型升级。

统筹推进境内外园区建设,努力以大平台促进大合作。立足促进中国企业、中国制造“走出去”和战略性能源资源“引进来”,着力建设境内、境外、跨境互为补充,境内境外互为联动的产业合作新平台。中俄跨境经济合作区建设规划已上报省政府,引进全国500强企业上海月星集团谋划建设以两端桥头区为核心的跨境物流枢纽项目。起步区一期土地收储顺利推进。跨境旅游合作区实施方案已上报国务院。桥头区口岸设施已开工建设。黑河沿边重点开发开放试验区正在加快创建进程。保税物流中心(B型)正在加紧施工。阿州别列佐夫卡石化建材加工园区、黑河北丰中俄阿穆尔农业(畜牧)产业园区被纳入俄罗斯超前发展区管理,同阿穆尔州和兴商贸物流园一同被纳入全省18个境外重点建设园区。

积极谋划延伸跨境产业链,努力以大项目促进大产业。依托油品储运与炼化综合体、中石油阿穆尔天然气综合体等能源项目,构建石油、天然气等精深加工产业链,打造对俄能源战略储备中心及加工利用基地。油品储运与炼化综合体项目纳入俄超前发展区重点支持名录,正在进行开工前准备。萨哈(雅库特)共和国油田区块勘探开发项目正在寻求新的投资合作伙伴。阿尔哈拉30万吨锑矿开采加工项目正在进行道路维修等工作。着力做大做强跨境电商产业链,全省首家引入“京东云仓”,建成黑河电子商务产业园区布市仓储运营中心。大力发展俄农产品回运加工产业链,鑫豆公司大豆植物蛋白粉、阿尔泰公司俄罗斯小麦加工等项目开工建设。

四、科学统筹精准施策,着力构建协调发展新格局

坚持以协调发展理念推动黑河全面振兴,将城乡、区域、对口合作纳入全市战略层面进行统筹规划、整体部署,努力构建多极发力、多点支撑的振兴发展新格局。

以人的城镇化为核心,大力推进城乡一体化发展。围绕提质扩容、功能提升、特色打造,着力建设中心城市、魅力县城、特色乡镇、秀美村庄“四位一体”的新型城乡体系。成立郭华东院士工作站,深入研究挖掘瑷珲——腾冲地理分界线的社会经济潜力。全力打造黑河中心城市,深入实施城市品质提升三年行动,持续推进全国文明城市创建,启动逸夫中学北侧“断头路”打通、龙科街延伸等城市道路工程,进一步完善“三供三治”(供热、供水、供气,污水治理、垃圾治理、环境综合整治)等基础设施,完成大黑河岛中心广场建设和沿江公园改造项目,实施燃气入户工程,顺利通过国家园林城市复审验收。着力建设魅力县城,打造北安、嫩江区域性中心城市,做大做美逊克、孙吴、五大连池,各县(市、区)城市功能更加完善,嫩江县撤县设市工作顺利通过国家评审。遵循乡村发展规律和人口聚集规律,因地制宜建设了一批“工业强镇”“商贸大镇”“旅游名镇”。大力推进美丽乡村建设,启动农村人居环境整治三年行动,各级各类文明村镇达到行政村总数的60%以上。

以“一盘棋”思想为根本,大力推进区域协同发展。牢固树立“大黑河”理念,深入研究各县(市、区)产业发展的方向和路径,启动实施了黑河市开发区整合优化工作,对区位相邻、产业相近、不适应现有发展方向的开发区进行整合、撤并或托管,11个经济开发区整合为1个国家级、6个省级经济开发区,形成了功能互补、产业配套、差异化发展的良好态势。目前,全市开发区累计完成基础设施建设投资33.9亿元,建成区普遍达到“五通一平”(通水、通电、通路、通讯、通气,平整土地);入驻项目209个,建成投产项目133个。坚持垦地、林地产业项目、基础设施、公共服务设施共建共享,与省森工总局共同推进了五大连池至伊春市汤旺河旅游公路项目,预计2019年下半年开工建设。丹阿公路卧牛湖至城区段已列入国家计划。

以同珠海对口合作为契机,大力推进南北联动发展。紧紧抓住中央推动东南沿海地区与东北地区开展对口合作的重大机遇,与珠海市签署对口合作框架协议,积极推动干部挂职交流、产业合作、金融财税合作,探索共建“飞地经济”产业园区。合作建设了俄罗斯黑河特色商品体验馆,就两地科技成果转化、探索黑河功能性农产品精深加工、新能源汽车试车和农业金融服务等达成合作共识,珠海—郑州—五大连池航线将于近期开通。同时,把珠海作为重要平台,坚持“走出去”与“请进来”相结合,面向长三角、珠三角、京津冀“点对点”精准招商。1—9月,招商引资实际利用省外资金119亿元。

五、切实加强生态保护和环境建设,全面巩固提升绿色发展优势

深入贯彻习近平生态文明思想,把生态资源作为黑河最宝贵的资源、最殷实的家底全力抓好保护,按照绿色发展理念科学开发,生态优势逐步转化为现实生产力。

不折不扣推进中央环保督察反馈问题整改。建立市级领导包保、责任主体负责、督导部门推动三级联动机制,对整改问题实行台账式管理、挂图式推进、销号式验收,对信访案件提级办理、现场核查,针对重点领域和群众反映强烈的问题集中开展百日攻坚专项行动。同时,从问题及产生原因两方面入手,举一反三建立健全长效机制,确保问题改到位、不反弹。转交黑河市的57件信访案件全部办结。

全力以赴加强生态环境保护。积极开展生态红线划定工作,明确全市生态安全的底线和生命线。全面落实市、县、乡、村四级河(湖)长制,广泛开展清河行动,严厉打击破坏水生态行为,在全省最严格水资源管理制度考核中名列第一。实施新一轮绿化黑河大地行动,完成绿化造林0.40万公顷、森林抚育1.71万公顷。加强自然保护区建设,坤河湿地公园晋升国家级,科洛火山景区成功创建省级森林公园,黑河市被评为省级生态市。在全市范围开展“绿色煤矿”建设,对生产、关闭和历史遗留矿山采取不同方式加强治理。持续开展打击破坏资源环境专项整治行动,“三毁”(毁林、毁草、毁湿)和盗采砂金、河砂等违法犯罪高发势头得到有效遏制。坚决打好森防攻坚战,实现连续25个防期未发生重特大森林火灾、5个防期零火灾的历史性突破。

持续用力狠抓生态环境治理。深入实施“黑河蓝”保护工程,打响原生态、蓝天、碧水、净土和美丽乡村“五大保卫战”,大力开展集中式饮用水水源地环境保护、黑土地污染防治、城市建成区燃煤小锅炉“清零”、农村“三清理一绿化”(清理垃圾杂物、清理乱堆乱放、清理破旧房屋和残垣断壁,城市村屯绿化)等专项行动,建立健全生态环境损害赔偿制度,构建秸秆露天焚烧四级网格化监管体系,大力推动秸秆综合利用。解决秸秆露天焚烧、控制农业面源污染、治理影响群众生活水环境等取得明显成效,2018年前10个月城市空气质量达标天数302天,居全省第一。

坚定不移发展生态产业。深入贯彻落实“两座金山银山”理念,大力发展生态旅游、冰雪经济,特别是积极探索林区经济转型的新路子,研究制定加快林业产业发展三年行动计划,对到2020年林菌、林果、北药、特色养殖等现代生态林业发展进行了系统谋划,加快构建多元化林业发展格局。

六、着力提高保障和改善民生水平,不断增强人民群众的获得感幸福感安全感

始终坚持以人民为中心的发展思想,紧紧抓住广大群众最关心最直接最现实的利益问题,一件事情接着一件事情办,全力做好普惠性、基础性、兜底性民生工作,努力满足人们日益增长的美好生活新需要,让振兴发展成果更多更好惠及全体黑河人民。

坚决打好脱贫攻坚战。先后组织召开8次相关会议对精准扶贫精准脱贫工作进行专题研究部署,建立了市级领导督导机制,实行“一托二”抓县(市、区)重点难点任务推进模式,认真落实驻村工作队和帮扶干部动态调整、不称职召回机制,严格按标准按程序实施建档立卡贫困户动态调整,实现了扶贫产业全覆盖,孙吴省级贫困县顺利摘帽,五大连池市、逊克县、爱辉区、五大连池风景区贫困人口提前达到脱贫标准。

全力改善群众居住条件。扎实推进保障性安居工程建设,截至10月末全市棚户区改造开工3375套,市区和4个县(市、区)实现按计划100%开工。多渠道推进农村危房改造工作,通过买、换、租、建、改造等方式全面完成2224户改造任务。

积极稳定扩大就业。坚持更加积极的就业政策,多渠道开发就业岗位,大力推动以创业带动就业,加大对科技人员、大学生、农民和城镇转移就业职工创业就业扶持力度。截至10月末,全市城镇新增就业1.5万人,失业人员再就业1万人、就业困难人员实现就业0.3万人;城镇登记失业率保持在3.56%,低于全省0.52个百分点。

持续完善社会保障体系。深入实施全民参保计划,基本实现法定人群全覆盖。持续提高社保待遇,企业和机关事业单位退休人员基本养老金分别增长5%和4%,城乡居民基础养老金标准提高到108元/人月,城乡居民医保财政补助标准提高到490元/人年。截至10月末,全市保障低保、城乡特困人员,孤困儿童、残疾人,高龄、失能老人等10.4万人,支出各项救助、福利资金3.17亿元,维护了社会和谐稳定。扎实做好优抚安置工作,有效解决退役士兵社保接续问题和生活困难,社会福利、防灾减灾工作取得新进展。

加快发展社会事业。各类教育协调优质发展,新建、改扩建公办幼儿园10所,超额完成年初目标任务4所,创建市级一类园3所;统筹推进城乡义务教育一体化发展,义务教育标准化学校100%达标,改造薄弱学校70所,提前一年实现义务教育基本均衡发展;高考成绩实现“七连增”,文理合计一批次、二批次以上上线率分别高出全省7.64个和14.22个百分点;五大连池市、嫩江县省部共建国家现代农村职业教育改革试验区试点县建设通过省验收,五大连池市位列全省“试点县”优秀档第一名。稳步推进医药卫生体制改革,全市公立医院药占比低于全省30%的指标要求,按病种收付费病种达到100个,让群众切实享受到了质优价廉的医疗卫生服务;全面完成61个贫困村卫生室标准化建设,每个村配备了1名乡村医生,医疗服务能力进一步提升;基本公共卫生服务项目覆盖率保持100%。大力发展文体事业,成功举办第九届中俄文化大集,组织中俄国际综合艺术团成员赴俄海参崴为“第四届”东方经济论坛助阵演出;《东西南北贺新春》《大手拉小手》等央视品牌节目走进黑河,非遗项目“鄂伦春族摩苏昆”“鄂伦春狍皮制作技艺”代表性传承人成为“国字号”传承人;黑河市被授予“黑龙江省全民阅读示范城市”。全民健身中心体育馆投入运营,北安冰球馆加快建设,成功举办了2018中俄界江黑龙江(阿穆尔河)国际冰球友谊赛等活动,省十四届运动会冬季项目获得10金、16银、18铜的佳绩。

全力推进法治黑河、平安黑河建设。把满足群众法治、公平、正义、安全等方面要求作为保障和改善民生的重要内容,组织召开全市“法治建设年”活动动员大会,对依法治市工作进行全面部署。市委常委带头尊法学法守法用法,建立市委常委会会前学法制度,带动全市各级班子提升依法办事能力。深入开展“扫黑除恶”专项斗争,以雷霆万钧之势清除各种黑恶势力和“保护伞”,截至10月末,全市共打掉涉黑组织1个,涉恶犯罪团伙13个,抓获犯罪嫌疑人91人,移交涉黑涉恶腐败和“保护伞”问题线索63件。实施解决执行难“雷霆行动”,执行到位资金4.6亿元。信访形势保持稳定,群众利益诉求表达渠道进一步拓宽,中央第六巡视组移交的有理及部分有理信访事项全部化解,国家“四大攻坚”、省“六大攻坚”和市信访重点案件化解专项行动取得明显成效,到省进京越级访和进京非接待场所上访

量大幅减少。安全生产、公共安全形势良好，边城和谐、边境安宁、边疆稳定。

七、稳步推进全面深化改革，不断增强振兴发展活力

准确把握改革大局，统筹谋划改革任务，严格按照中央和省委确定的时间表、路线图推进落实，确保中央和省委各项改革在黑河落地生根、开花结果。

平稳有序抓推进，按时按质完成各项改革任务。根据省委深改组2018年重点改革任务，结合中央和省委部署，共确定了94项改革任务。深化降低制度性交易成本改革，为多宝山铜业申请直接交易电量4.55亿千瓦时，降低企业用电成本近2200万元。深化创新驱动改革，落实千户科技型企业三年行动计划，编制《企业所得税优惠政策（指南）》，建立了产学研金合作对接机制与信息交互平台。深化农业供给侧结构性改革，全市各类新型农业经营主体达到8854个，国家级、省级合作示范社达到30个，各园区入驻农业产业化企业53户。深化国有林场改革，各县（市、区）主体改革任务全面完成。深化教育领域改革，扎实推进了森工办社会教育系统移交等工作。深化民主法治改革，制定了黑河市人大常委会立法中涉及的重大利益调整论证咨询等办法。

以优化营商环境为基础全面深化改革，努力重塑投资营商良好环境。召开全市整顿作风优化营商环境大会，推动政府转变职能、增强履职本领。坚持问题导向，集中开展机动车特殊号牌、窗口服务突出问题、不作为乱作为和"口岸通关环境""旅游市场秩序"等9个专项清理整治，各县（市、区）因地制宜地开展专项整治，实现重点领域和突出问题全覆盖。坚持以"放管服"改革为牵动，简政放权、再造流程，加快推进"互联网+政务服务"，拓展"四零"创建，全市"最多跑一次""不见面审批"事项1679项，全市1100余个窗口开展"四零"承诺服务创建，41.1%市级审批事项办理时限在法定时限基础上压缩一半。紧紧抓住防范化解重大风险攻坚战中防控金融风险这个重点，扎实开展防范和处置非法集资、互联网金融及乱办金融风险专项整治，营造了良好金融生态环境。黑河营商环境总体评价满意度87.9%，高于全省5.5个百分点。

八、推动全面从严治党向纵深发展，营造政治生态的"绿水青山"

始终坚持党要管党、从严治党，严格贯彻落实中共十八大以来关于全面从严治党、依规治中共各项要求，不断提高党的建设质量，努力营造政治清明、政府清廉、干部清正的政治氛围，党内政治生活展现新气象。

以增强"四个意识"为重点，始终把党的政治建设摆在首位。教育引导全市党员干部增强"四个意识"，坚定"四个自信"，做到"两个坚决维护"。坚持贯彻党中央重大决策部署，确保党中央政令畅通、令行禁止。严格执行重大问题请示报告制度，对涉及黑河的重点发展问题、重大工作进展及时向省委报告。大力推进风清气正政治生态建设，制定下发《关于建设风清气正政治生态成效的考核办法（试行）》和《政治生态建设成效考核指标（试行）》，对全市各县（市、区）和市直部门政治生态建设工作成效进行全面考核，并将考核结果作为领导干部选拔任用、评先奖优、问责追责的评价标准和重要依据。从严规范党内政治生活，市委常委带头参加双重组织生活，进一步推动"三会一课"、民主生活会等制度落实落细。

牢牢把握意识形态工作领导权，坚持不懈抓好党的宣传思想工作。认真落实意识形态工作责任制，聚焦中央巡视反馈意见中意识形态工作领域存在的主要问题抓整改，对12个单位开展了首轮意识形态工作责任制落实情况专项巡察。切实加强网络综合治理，强化网络舆论正向引导，关键信息基础设施网络安全防护能力明显提升。着力营造积极向上的舆论氛围，开展习近平总书记考察黑龙江两周年、纪念改革开放40周年系列主题宣传活动，进一步凝聚起拥护支持改革开放、加快推进全面振兴的浓厚社会氛围。深化社会主义核心价值观教育，以"图说我们的价值观""推进乡风文明、助力乡村振兴""道德模范"评选和"寻找最美孝心少年"等活动为载体，大力弘扬新时代社会主义新风尚，汇聚起推动黑河振兴发展的强大精神力量。

坚持正确的用人导向，努力建设高素质执政骨干队伍。坚持党管干部原则，突出政治标准，坚持事业为上、公道正派，始终以好干部标准选人用人，年初以来提拔重用处级干部72名、调整不适宜担任现岗位干部11名，各级班子结构进一步优化。注重年轻干部培养锻炼，选派20名优秀处级干部赴珠海挂职锻炼、10名优秀科级干部跟班学习；选派119名干部参与扶贫、棚改、信访、扫黑除恶和巡察等中心工作。制定《关于进一步激励广大干部新时代新担当新作为的实施意见》，引导激励广大干部强化政治担当、历史担当、责任担当。扎实做好年轻干部工作，制定《关于适应新时代要求大力发现培养选拔优秀年轻干部的实施意见》，着力培养造就来源广、数量充足、结构合理、素质优良的年轻干部队伍。强化干部监督管理，坚持抓早抓小，发现问题及时提醒、批评教育、督促整改，提醒函询诫勉23人次。坚持把人才作为第一资源，健全人才工作领导小组运行机制，完善市领导联系高层次人才制度，持续推进柔性引进人才，继续开展"人才兴边、智惠黑河"活动，扎实开展市委书记进校园宣讲活动。26名专家学者到黑河休假考察，引进急需紧缺高层次人才15人，招录公务员188人，拿出459个事业岗位面向高校毕业生招录。

采取系列务实措施，着力打造坚强有力的基层党组织。以提升组织力为重点，突出政治功能，深化拓展"创边疆特色党建、促黑河全面振兴"主题活动。坚持以项目化方式抓实基层党建，推动各领域党建水平整体提升。实施农村基层党组织建设质量提升三年行动计划，深入开展85个软弱涣散村级党组织整顿工作，以换届为契机建立了村党组织书记常态化动态调整和管理机制，防止涉黑涉恶等人员进入村"两委"班子，净化农村政治生态，铲除黑恶势力滋生的土壤。扎实推进城市基层党建创新发展，探索了街道大工委、社区党建联合体,加快形成上下联动、条块结合、深度融合的区域化党建格局。抓实“两新”组织党建,非公企业和社会组织党组织覆盖率分别达到82.8%、88.9%,高于全省平均水平。深入实施“机关基层党建全面提升工程”,机关党建“灯下黑”问题得到较好解决。从严抓好党员发展和服务管理,党员队伍结构不断优化。建立完善党员分类管理和防止党员失联工作长效机制,对31名失联党员进行了分类处理,有效解决了失联党员管不了、管不住、管不好问题。

压紧压实主体责任,始终保持正风反腐高压态势。驰而不息狠刹“四风”,对各种歪风邪气露头就打,查处违反中央八项规定精神问题111个,处理154人,形成强大震慑;对败坏作风、破坏发展环境的人和事直查快办,全市共问责261人。从严从紧狠抓纪律建设,不断巩固反腐败压倒性态势。立案审查违反政治纪律和政治规矩问题28件,给予党纪政务处分32人。深化运用监督执纪“四种形态”,综合用好党纪处分、调整岗位、降职免职等方式,全市运用“第一种形态”处置1780人次,同比增长225.4%。坚持以零容忍态度惩治腐败,全市立案582件、结案539件、处分582人,严肃查处了刘福春、宋晨升、高峰、张守峰等一批有影响的案件。加大对“小官大贪”和侵害群众利益问题查处力度,查处群众身边不正之风和腐败问题103个、处理162人,查处扶贫领域违纪问题35个,给予党纪政务处分51人。同时,坚持“三个区分开来”,健全激励担当、容错纠错等机制,营造了风清气正、干净干事的良好政治生态,广大党员干部干事创业的精气神大幅提升。

突出解决实际问题,扎实抓好中央巡视组反馈意见和省委政治生态考核反馈意见整改。坚持问题导向,对照省委关于中央第六巡视组反馈意见整改工作责任分工方案,本着“共性问题全部承接并具体化本地化,涉及黑河个性问题一个不落”的原则,全面细致梳理整改任务。先后召开市委常委会会议、市委常委班子巡视整改专题民主生活会、书记办公会议和巡视整改工作领导小组会等,研究制定整改方案、专项方案及责任分工方案,建立问题、责任和任务“三个清单”,按照省委提出的“三个百分之百”要求高标准、高质量抓实整改。120项整改任务,9月底前应完成的24项任务、54项措施全部完成,年底前应完成的61项任务、150项措施均取得重大进展。按照抓中央巡视组反馈意见整改的力度、标准和方式抓省委政治生态考核反馈意见整改,反馈的5大类16方面29个具体问题已完成整改21个。影响发展的一些突出问题得到有效解决。

一年来,市委常委会坚持总揽全局、协调各方,积极支持市人大、市政府、市政协开展工作,及时听取市人大、市政府、市政协和市法院、市检察院党组工作汇报,研究提出改进意见。充分发挥人大立法和监督的积极作用,为人大依法开展立法和调查、视察、执法检查创造条件,加强和改进人大代表议案、建议办理工作,支持人大加强制度建设、完善制度体系,不断强化自身建设。支持政协履行政治协商、民主监督、参政议政职能,认真落实协商民主制度,支持创新专题协商、对口协商、提案办理协商等方式,不断提升议案、建议的针对性和可操作性,围绕政府工作重点、社会关注热点问题提出的重点提案全部办理完成。积极做好统战工作,深入开展民族团结进步创建、兴边富民行动,支持党外人士围绕振兴发展大局考察调研、建言献策,引领非公企业开展“百企帮百村”精准扶贫行动;加强和改进党对宗教工作的领导,严厉打击非法宗教活动;扎实做好港澳台海外统战工作,注重加强党外干部培养选拔任用,大团结大联合的政治局面不断巩固发展。加强工会、共青团、妇联、科协等群团组织工作,重视发挥其桥梁纽带作用。坚持党管武装,落实党委议军会议制度,积极开展“双拥共建”活动,高质量推进国防动员、国防教育和民兵预备役建设,涉军工作取得新成绩。

一年来,市委常委会高度重视自身建设,带头严守政治纪律、政治规矩,坚决维护习近平总书记核心地位、坚决维护党中央权威和集中统一领导。切实加强和改进市委常委会工作,严格执行《市委常委会工作规则》和《市委常委会议事规则》。认真执行集中学习制度,围绕党的理论、习近平总书记重要论述、中央重要会议精神和党规党纪等内容组织专题学习研讨。坚持市委常委会会前学法,对习近平总书记关于全面依法治国重要论述和网络安全法、中小企业促进法、中方境外投资适用的俄罗斯相关法律等进行了学习。严格落实全面从严治党责任,带头遵守执行党内法规制度,在担当作为、推动落实、转变作风、廉洁自律等方面为全市干部作出了表率。

以上报告的是一年来市委常委会的主要工作。这些成绩的取得,最根本的是我们始终以习近平新时代中国特色社会主义思想和中共十九大精神为指引,以习近平总书记对黑龙江省重要讲话精神统领黑河各项工作;最关键的是我们始终坚持求实务实抓落实,每一项决策部署都落到具体抓手上;最重要的是我们始终注重发挥各级党组织的积极性和创造力,团结带领全市广大干部群众共同奋斗。这既是我们工作中形成的宝贵经验,也是今后必须秉持的重要原则。

在总结回顾工作的同时,市委常委会还深入分析了黑河市当前面临的压力挑战和差距不足。主要有两方面:一方面,黑河投资和产业项目建设等振兴发展的驱动力与实现跨越发展的需要不相适应;基础设施建设滞后、市场化程度不高、民营经济偏弱、创新人才偏少等瓶颈问题还没有得到根本破解;脱贫攻坚任务还比较重,民生保障存在不少短板。另一方面,体制机制不活、发展环境不优等制约发展的关键症结依然存在;很多党员干部思想还不解放、观念还很落后,推动工作的办法不多、效率不高,能力素质、担当精神、干事作风还需要进一步提升,等等。对这些问题,必须高度重视,采取有力措施加以解决。

总结过去是为了更好地开创未来。全市上下必须更加紧密地团结在以习近平同志为核心的党中央周围,坚持以习近平新时代中国特色社会主义思想为指引,全面贯彻中共十九大精神、习近平总书记在深入推进东北振兴座谈会上的重要讲话和考察黑龙江省时的重要指示精神,持续深入贯彻习近平总书记对黑龙江省两次重要讲话精神，认真落实省委决策部署，不忘初心、牢记使命，解放思想、砥砺奋进，以新气象新担当新作为努力开创全面振兴崭新局面，把黑河的未来建设得更加美好！

在市委六届五次全会第二次全体会议上的讲话

中共黑河市委书记　秦恩亭

（2018年11月14日）

同志们：

这次全会开得很成功。在与会同志的共同努力下，圆满完成了各项议程。通过充分讨论，大家一致认为，市委常委会工作报告，实事求是回顾了一年来的工作，成绩喜人，催人奋进，进一步提振了全市上下加快推进全面振兴的决心和信心。审议通过的《意见》，决策视野新、目标措施实、方法路径准，是贯彻落实习近平总书记在深入推进东北振兴座谈会上的重要讲话和考察黑龙江时的重要指示精神的重要思想成果、制度成果，是黑河全面振兴的行动方案。全市上下要以强烈的政治责任感、历史使命感、现实紧迫感，推动《意见》各项工作部署落地见效，努力创造无愧于时代、无愧于人民、无愧于历史的崭新业绩。

下面，就贯彻落实好全会精神，我讲三点意见。

第一，科学审视黑河面临的形势，倍加珍惜宝贵的历史性发展机遇。推进东北全面振兴全方位振兴，对黑河加快发展是一次重大的历史机遇，同时也是一次重大的挑战，我们必须认清形势，坚定必胜的信心，以“舍我其谁”的勇气，坚决担负起全面振兴的历史使命。

*我们正面临国家给予的多重叠加的政策支持，推进全面振兴的重大机遇前所未有。*实施东北振兴，是习近平总书记亲自谋划、亲自部署、亲自推动的重大国家战略。党中央、国务院大力支持东北振兴和边境地区发展，在推进高质量发展、“一带一路”中蒙俄经济走廊建设、促进守边固边、开展东北地区与东部沿海地区合作等方面出台了一系列政策措施，即将出台新的支持东北振兴和边境地区发展的政策体系。这是以习近平同志为核心的党中央给予东北地区，以及黑龙江省最坚强有力的政治支持和政策支持。习近平总书记在座谈会上提出，在边境地区打造若干个中等以上规模城市，黑河最有基础、最有条件担负起这一重大的历史使命，首当其冲成为国家守边固边富边安边的重要依托。中俄两国元首在第四届东方经济论坛就加强能源、农业、科技创新等领域合作达成广泛共识，将有利于黑河加强与俄远东地区的开发合作，打造成为黑龙江省向北开放的重要增长极。中共十八大以来的实践充分证明，只要是习近平总书记和党中央作出的决策部署，就没有办不成、办不好的。机遇就摆在面前，抓到了就是良机，错过了就是危机！如果我们不能勇挑重担、迎难而上、奋发有为，浪费和错失了这个历史机遇，就会愧对习近平总书记和党中央，愧对这个伟大的新时代，愧对我们的子孙后代！我们别无选择，必须扛起这份使命担当！

*我们已经形成了良好的发展态势，推进全面振兴的坚实基础前所未有。*经过历届市委和广大干部群众的艰苦奋斗，黑河发展站在了新的历史起点。特别是近年来，我们科学审视市情，准确把握黑河发展阶段性特征，深入挖掘、充分释放比较优势，按照符合上级精神、符合时代要求、符合发展规律、符合客观实际、符合群众意愿的理念，科学确定并着力构建“十大新体系”，深入实施“五大战略”，加快推进“五大攻坚战”，构成了黑河经济社会发展的基本思路和运行机制，把全市上上下下、方方面面的工作都纳入了科学的轨道，有力地推动了经济社会加快发展。一批事关全局和长远发展的大事要事实现重大突破，全域创建农业绿色发展示范区被农业农村部授予全国唯一的高质高效农业发展示范市，期盼已久的国际大通道黑龙江公路大桥明年竣工，中俄东线天然气管道进展顺利，设立重点开发开放试验区获国家支持，黑河由“地理大通道”加速向“经贸大通道”转型升级。打造旅游支柱产业，建设“两牛一猪一马”高端畜牧养殖基地和一流的寒区试车城，启动市区历史上最大的棚改项目，一批有实力的大企业纷纷落户黑河市，等等。这些都为黑河全面振兴打下了坚实的基础。雄关漫道真如铁，而今迈步从头越。只要我们站在坚实的基础上，咬定目标不放松，拿出凤凰涅槃、浴火重生的决心和勇气，一张蓝图绘到底，就能把黑河人民的美好愿景变成现实。

*我们营造了风清气正、人心思进的政治生态，推进全面振兴的浓厚氛围前所未有。*近年来，通过扎扎实实贯彻落实全面从严治党，坚持正确的用人导向，深入开展党的群众路线教育实践活动、“三严三实”专题教育、“两学一做”学习教育常态化制度化，以及机关作风整顿，“创边疆特色党建、促黑河全面振兴”主题活动，党的政治建设、思想建设、组织建设、作风建设、纪律建设、制度建设取得明显成效，全市上下思想高度统一，“四个意识”不断强化，党员干部干事创业的士气空前高涨，各个班子、各级班子心齐气顺、团结干事、互相补台，大家铆足了劲奋发进取，不折不扣推进

中央和省委、市委的各项决策部署落地生根、开花结果；一批年富力强、经验丰富、勇于担当的同志进入各级班子，给黑河的未来发展带来了生机和活力。特别是黑河走过了改革开放40年奋斗历程，人民群众让黑河变得更美好的期盼更加强烈，习近平总书记的重要讲话和重要指示精神，进一步焕发了全市人民热爱家乡、建设黑河的巨大热情。实践一次又一次证明，人心是最大的力量。只要我们心往一处想、智往一处谋、劲往一处使，以党风带政风促民风，不忘初心、牢记使命，高举旗帜、团结奋斗，就没有过不去的坎、爬不过去的坡，黑河全面振兴就有望早日实现。

第二，加速推进思想大解放、观念大更新，充分激发全面振兴的澎湃动力。解放思想是在前进道路上不断解决新问题、开创事业发展新局面的重要前提、强大动力。实践证明，干部精神振奋、积极肯干、勇于探索新路径，工作就好、发展就快、面貌就新；干部无精打采、萎靡不振、墨守成规，工作就没有起色，甚至问题成堆。黑河的发展历程，也是一个全市上下不断解放思想的历程，没有思想解放，就没有北黑铁路，没有边贸的兴旺，没有俄电的引进，没有沿江公园，没有今天的好局面。但也恰恰是思想解放不够，导致黑河错失了一些发展机遇，我们的比较优势发挥得还远远不够，中央支持沿边发展的政策我们利用的还远远不够，我们的主观能动作用还远远不够。特别是在当前的重大机遇面前，我们要进行深入的思考，保持清醒的认识。要解决好“旧”的问题。就是思想观念陈旧，局限于传统思维定式、工作路数和方法习惯，适应不了新时代、把握不住新要求；对新变化带来的新机遇看不见、看不准、抓不着，找不到新路径、新办法，工作水平低。要解决好“怕”的问题。就是前怕狼后怕虎，因怕的心理作怪，很多事不愿做、不敢做，不敢创新，怕失败，怕失误，怕丢面子，怕丢“帽子”，怕影响进步，瞻前顾后，导致很多工作迈不开步子、打不开局面。要解决好“平”的问题。就是不思进取，甘于平淡，得过且过，很多工作不愿往前抢；目光短浅，小家子气，总是愿意跟在别人后面走，习惯于“向后看”，总是限于小地方、小格局、小视野、小作为。要解决好“懒”的问题。就是意志衰退，贪图安逸，多一事不如少一事，遇到阻力就撒手，遇到困难就回头，工作不作为、慢作为、庸碌无为。这四个方面的问题，是我们全面振兴的拦路虎。全市上下从我做起，都要坚决克服这四个方面问题，真正来一场刀刃向内的自我革命，以思想大解放、观念大更新推动黑河大发展。

（一）要高举旗帜，以理论的坚定清醒增强思想解放的底气。思想解放不是蛮干、瞎闯，必须以科学的理论作指导。理论坚定清醒，才能认清形势、着眼全局、看透问题、找准路径。同样的机遇为什么我们看不到，同样的政策为什么我们抢不着，同样的模式为什么我们想不出，同样的招法为什么我们学不会；或者说总比别人慢半拍？主要还是对习近平新时代中国特色社会主义思想学习不够、领会不深、理解不透。我们推进思想大解放，必须把学习贯彻习近平新时代中国特色社会主义思想作为首要前提，努力在学懂弄通做实上下功夫。要坚持经常学、反复学，读原著、学原文、悟原理，从习近平新时代中国特色社会主义思想中找立场、找观点、找方法、找动力。坚持把习近平总书记关于东北振兴的重要论述和对黑龙江省两次重要讲话精神作为重中之重深入系统地学习，全面理解党中央关于东北振兴战略部署的整体性、关联性、协同性。要坚持带着问题学，紧密联系思想和工作实际，从习近平总书记重要讲话和重要指示中汲取认识问题、分析问题、解决问题的智慧，把握推进振兴发展的重大机遇、重要举措、重点路径。通过理论水平的大提升，推动思想的大解放、广解放、深解放。

（二）要与时俱进，以创新性思维认识新事物推动新发展。如果形势变了，而思想观念没有与时俱进，势必会造成思想僵化保守，掣肘事业发展、错失发展机遇。面对发展新形势，我们必须破除狭隘保守、因循守旧的观念，让“脑袋”与“身体”同步进入新时代，形成与新时代新要求相适应的思想观念、思维方式和行为习惯。要在深刻领会、准确把握新时代党的路线方针政策和政治、经济、文化等方面新知识、新技能上下功夫，努力成为“政策通”“多面手”，确保符合时代发展要求。要在创造性抓好中央和省委决策部署落实上下功夫，决不能一讲不折不扣就简单机械地照搬照抄、依葫芦画瓢，搞成了本本主义，而是要充分发挥主观能动性，紧密结合实际积极探索，从中不断发现新变化、新机遇，找到新路径、新办法，用振兴发展成果检验贯彻落实成效。要在破除长期计划经济思维和“官本位”思想上下功夫，着力解决遇到问题不是“向前看”，而是习惯于“向后看”，找成规惯例、现成经验的保守思维；着力解决法治意识、服务意识欠缺，正常事不按正常渠道办，动不动就讲“摆平”“搞定”的惯性思维；着力解决新官不理旧账，一任领导一套“令儿”，重打锣鼓另开张，树立个人权威的狭隘思维，让市场思维、法治思维、服务思维和全局思维在黑河充分涌动，成为主流思维和行动准则。要在了解市场、认识市场、分析市场和用好市场上下功夫，洞察市场变化，把握市场先机，拓展市场空间，提升发展质量。

（三）要敢闯敢试，以敢为人先的胆识披荆斩棘勇闯新路。敢闯敢干创新路，缩手缩脚难成事。黑河的改革发展虽然已经走过了千山万水，但仍需要不断跋山涉水。特别是现在经济社会步入了滚石上山、爬坡过坎的紧要关口，全面深化改革步入了“深水区”，脱贫攻坚迈进了最关键的攻坚拔寨阶段，各项工作都面临着一系列可以预见和不可预见的复杂矛盾，我们每前进一步都会遇到阻力和障碍，在各种困难和挑战面前，如果再畏首畏尾、消极退缩、患得患失，就无法迎接挑战走出一条全面振兴的新路子。我们要变压力为动力，做敢负责、敢探索、敢尝试、敢创新的“狮子型”干部，牢牢把握工作的主动权。要鼓足正视矛盾、迎接挑战的干劲，凡是有利于深化供给侧结构性改革、有利于加快培育经济增长新动能、有利于激发各类市场主体活力、有利于增强人民群众获得感、有利于调动保护广大干部群众积极性，就要以敢为人先的勇气、敢于吃螃蟹的魄力大胆的闯、大胆的干，紧扣发展创新，学习借鉴创新，大胆尝试创新，在实践中求真知，在探索中找规律，在攻克一个又一个矛盾问题中不断开创工作新局面。

（四）要不甘平庸，以浴火重生的魄力提高标杆勇争排头。不谋万世者，不足谋一时；不谋全局者，不足谋一域。推进东北振兴是一场大竞赛，形势咄咄逼人，各地都铆足了劲，工作比着干、任务抢着上，慢慢吞吞、平平塌塌，不仅会误事，而且会坏事，原地踏步、重复度日就是倒退，慢发展就会被落的越来越远，将永远成为东北振兴的“配角”。党员干部可以平凡，但决不可以平淡。入党为了什么、当干部做什么、为后人留下什么，这是每一名领导干部应该深入思考的问题。黑河基础比别人差、基数比别人低、速度比别人慢这是不争的事实，但生态保存完好、地处对俄前沿、矿产资源富集这是我们的优势。大家要在扬长避短、扬长克短、扬长补短推进黑河全面振兴的实践中，从狭隘的地域局限中解放出来，跳出自己的“一亩三分地”，把黑河放到全省全国全世界的大背景和国家重要战略中去统筹谋划，树立工作上的高标准，强化“排头”意识，提升标杆，以等不起的紧迫感、慢不得的危机感、坐不住的责任感、争一流的使命感加压奋进，以更大的气魄、更大的手笔、更大的格局把比较优势充分挖掘出来、释放出来，提质量、提效率、增后劲，推进黑河发展上层次、上水平，为一域争光、为全局添彩。

（五）要真抓实干，以打造专业型干部增强干事能力成事本领。一分部署，九分落实。再美好的蓝图，光喊是喊不出来的，关键靠做、靠干。为官一任，就要造福一方，这是民心所在，职责所在，价值所在。特别是推进全面振兴任重道远，不可能一蹴而就，没有顽强拼搏的意识、砥砺奋进的劲头是不行的，必须拿出宁肯掉下几斤肉也要把事业干上去的狠劲、韧劲和拼劲。要不断提高抓工作落实的能力，以实际行动落实好习近平总书记“全党要来一个大学习”的号召，自觉把学习作为一种政治责任、一种精神追求、一种健康生活方式，向书本学、向实践学、向人民群众学，不断掌握新知识、熟悉新领域、开阔新眼界，使专业素养和工作能力跟上新时代的节拍，努力成为做好工作的行家里手。要不断提升贯彻落实的执行力，发扬实干精神，把心思用在实干上，把劲头放在实干上，把嘴上说的、纸上写的、会上定的，变成具体的行动和实际的效果，多做打基础、利长远的实事，多做惠民生、得民心的好事，决不辜负组织的信任、人民的重托。

实践发展永无止境，解放思想永无止境，过去解放思想，不代表现在解放思想，更不代表将来也解放思想；党员干部解放思想，不代表人民群众解放思想。解放思想要经常抓、反复抓、全民抓。领导干部是解放思想的组织者、推动者，也是示范者、带动者，要在全社会形成人人关心支持、拥护参与解放思想的良好氛围，通过领导干部率先解放思想，更好地带动人民群众解放思想，积极鼓励支持人民群众充分释放智慧和潜能，不断开拓思路、大胆创造，推进大众创业、万众创新，助力黑河跨越发展、全面振兴。

第三，勇挑时代重担狠抓落实，在全面振兴中展现新气象新担当新作为。这次市委全会通过的《意见》，明确了当前和今后一个时期要抓的重点工作、重大事项和重大项目。各级党委、政府要把这些作为重要政治任务和长期重点工作，党政一把手是第一责任人，班子成员要按照分工落实责任，广大干部要认清方位、认领责任、全面行动起来，确保全会各项决策部署落地见效。

一要真正扛起振兴责任。推进黑河全面振兴没有旁观者，更没有局外人。各级党委（党组）要始终牢记职责，切实担负起推动振兴发展的主体责任，健全领导、协调、推进和督查机制，构建责任清晰、各负其责、合力攻坚的责任体系，把各项工作抓实抓细抓出成效。各级人大、政协要不畏难、不避险、不旁观，充分发挥职能作用；工青妇等群团组织、民主党派、工商联和无党派人士都要牢固树立为振兴发展服务的理念，积极参与进来，形成振兴发展合力。各县（市、区）、各部门要结合市委下发的《意见》，研究好重点抓哪些大事、抓哪些大项，怎么细化落实市委的部署要求。尤其是要把任务进行分解，明确每项工作由谁干、干到什么程度，什么时限完成、完不成怎么办，都要有说法，决不能流于形式、应付了事。市委办要梳理好责任分工，明确目标、完成时限、责任领导、责任部门等，并形成文件下发各县（市、区）、各部门，便于贯彻落实。两办督查室要加强督查，定期向市委、市政府反馈情况并提出建议，保证各项工作高标准、高效率推进。

二要充分体现担当务实。对标各项工作部署和要求，各地、各部门必须进一步转变作风，提高执行力、创造力。要以一天也等不起、慢不起、拖不起的态度，对照这次全会确定的各项任务时间表、路线图和责任分工，只争朝夕、苦干实干，确保各项工作快见效、见实效。要坚持领导带头、以上率下，发挥好“关键少数”的关键作用，市委、市政府从我和马里同志做起，各县（市、区）、各部门、各单位从党政一把手做起，要心无旁骛干好工作。如果整天考虑个人得失、盘算小算盘，到头来就不会有“如意算盘”。我们必须一级做给一级看、一级带着一级干，层层压实责任，当好振兴发展的开拓者、促进派、实干家。要认真落实中央和省委、市委关于进一步激励广大干部新时代新担当新作为的意见，坚持“为担当者担当、让实干者实惠”，激发广大干部干事创业的“正能量”，让勇于担当、雷厉风行、快干实干成为黑河干部的时代底色。

三要营造良好政治生态。严格落实“两个责任”，不断深化全面从严治党，构建和维护政治上的绿水青山。要深刻汲取“田韩”“隋韩盖”反面典型违纪违法案件的沉痛教训，受警醒、明底线、知敬畏，始终绷紧纪律规矩这根弦，严守原则底线，坚持严以律己、做到为政清廉。要严格执行新时代党的组织路线，贯彻新时期好干部标准，大力选拔敢于负责、勇于担当、善于作为、实绩突出的干部，打造一支忠诚干净担当的干部队伍。要驰而不息狠纠“四风”，贯彻执行好省委关于统筹规范督查检查考核工作的要求，克服形式主义、官僚主义，减轻基层负担。要严格落实中央八项规定及实施细则精神，着力解决人民群众反映强烈的问题，决不让“四风”反弹回潮。要充分认识反腐败斗争形势依然严峻复杂，坚持无禁区、全覆盖、零容忍，充分发挥巡察利剑作用,深化运用监督执纪“四种形态”特别是第一种形态,严厉查处各类腐败案件,强化不敢腐的震慑,扎牢不能腐的笼子,增强不想腐的自觉。

当前,正值年终岁尾,也是承上启下的关键时期,既要抓好各项工作冲刺,也要抓好事关黑河当前和长远的各项重点工作。

一是抓好政策落地见效。中央和省委已经出台了支持黑河发展的大政方针,各地党政主要负责同志和各部门“一把手”,要亲自领着研究,并抽调责任心强、有专长的干部具体负责,该对上争取的,全力以赴向国家相关部委和省相关厅局做好沟通对接工作,提前把功课做足、把工作做细,准确把握投资方向和政策导向,努力争取国家和省更多政策和项目支持。市委、市政府将重点以沿边重点开发开放试验区、跨境经济合作区、兴边富民、打造中等以上规模城市为载体,系统梳理国家能给予什么样的政策,我们还需要什么样的特殊政策,积极向上沟通协调,争取纳入国家和省相关支持政策体系。该我们自己落实的,要按照责任分工,加快推进落实。

二是抓好经济运行和项目招商工作。市六次党代会确定了到2021年,地区生产总值突破1000亿的目标。现在已经过去两年,总体进展比较缓慢,这与我们当前面临的一系列重大机遇不相适应。各地、各部门要与目标任务对标对表,深入查找问题、分析原因,提出切实可行的措施,努力借助机遇优势实现经济发展大跨越,确保1000亿目标如期兑现。我们虽然不单纯以GDP论英雄,但GDP仍然是我们考核工作实绩的主要指标之一。我们的工作成效,归根结底要体现在加快发展的成效上。组织部、发改委要加强对这项指标的考核,并兑现奖惩。要全力推进项目建设,完成主体工程的项目力争早日投产,落地项目要帮助做好前期审批要件、备料等工作,确保明年第一时间开工建设。要利用冬季,组织开展好招商之冬活动,完善政策措施,配强工作力量,加大工作力度,特别是主要领导同志要拿出更多精力亲自招商,突出我们的生态优势、区位优势、资源优势、政策优势,增强招商引资的针对性和实效性,进一步提高成功率。

三是抓好创建农业绿色发展示范区。各地、各有关部门要对今年创建工作进行全面系统总结,努力形成一批可复制、可推广的好经验、好做法。根据今年试点的经验,我们的创建工作可以加快进度,2019年要全面铺开,各地、各有关部门要抢前抓早谋划好明年各项工作,特别是提前做好绿色种、肥、药等农资准备,抓实农民、新型农业经营主体的绿色增产增效技术培训,加强与科研院所对接,努力引进一批新品种、新技术,确保明年全部实现绿色种养植。同时,要抓好秋粮收储,推动农企对接,支持加工和收储骨干企业积极入市收购,引导市场形成稳定合理的预期,指导好农户安全储粮。

四是抓好旅游产业转型发展。要以筹备全省旅游发展大会为契机,通过整合项目、资金和新闻宣传等各类优势资源,使黑河市的旅游基础设施建设提速、环境建设提速、旅游产业发展提速,进一步提升黑河旅游的知名度、美誉度和旅游业的自我发展能力、综合竞争能力。要加快推进以5A级标准建设市城区步伐。打破门票经济的传统思维,做好全域旅游线路及运作模式开发设计,推进“观赏游”向“体验游”“深度游”转变。要强化与俄方沟通、促进合作,全力推进跨境旅游合作区申报建设,按照游客的需求规划主题线路,不断提升跨境旅游品质和水平。

五是抓好全国文明城市创建。《全国文明城市测评体系(2017年版)》正面清单,包括3大版块、12个测评项目、90项测评内容、188条测评标准,创建领导小组办公室和12个专题推进组要对照年度任务,一项一项对标对表,已经达到标准的要持续抓好巩固,接近标准的要抓好提升,确保尽快达标。达标确实有难度的,要集中人力、物力、财力全力攻关。要坚决打赢市容市貌整治、城市品位提升、城市服务功能完善、市民文明素养提升“四大攻坚战”,注重建立常态化、长效化的工作机制,切实把好做法以制度的形式固定下来,推动全国文明城市创建工作步入良性轨道,力保本轮创建实现我们的目标。

六是抓好巡视巡察问题整改。各地、各部门要严格整改工作标准,对中央巡视组、市委巡察办反馈的每一个问题、提出的每一项要求,认真对照整改,确保件件有着落、事事有回音、条条见成效。要坚持统筹兼顾、举一反三抓整改,将“尚未清仓见底”的历史遗留问题一并纳入整改范围,做到新账旧账一起清理。特别是要结合巡视、巡察问题整改,彻底解决好贯彻上级部署有差距,选人用人问题较多、基层党组织建设薄弱,作风问题突出,不作为、乱作为现象较为严重,重点领域和基层腐败多发等问题,以有力的整改举措推进全面从严治党向纵深发展。

七是抓好社会稳定和民生工作。信访工作必须要高度重视,近年来,我们已投入了大量精力,化解了许多矛盾,信访工作形势有了明显好转,但是问题依然很多,特别是水、电、物业管理等生活类,低保、医保等社会保障类,各类补偿款、补助款,拖欠农民工工资,复退安置、回迁安置等“五个方面”问题,有些本该早解决而没有解决到位,这也说明我们的工作还不够实、不够细,人民群众还不满意。各地、各有关部门要进一步加大工作力度,投入更多的精力,重新梳理历史遗留问题和信访积案,摸排矛盾纠纷,合理诉求要坚决解决到位,不合理诉求要教育到位,无理取闹要处置到位,坚决消减总量、抑制增量。尤其是要加强各方面工作的精细化管理和主动作为,坚决避免由于工作不精细、不主动,导致本该解决的简单问题得不到解决,引发上访。要始终紧绷安全生产这根弦,对煤矿、交通、学校、食品、消防、危化品等重点行业和重点领域加强隐患排查,切实减少一般事故、有效防控较大事故、坚决杜绝重特大事故。要坚决依法打击违法犯罪活动,确保人民群众生命和财产安全。现在已经进入冬季,气温不断下降,要时刻把群众特别是困难群众的冷暖放在心上,确保安全过冬,让老百姓感受到党的温暖。

八是抓好中央省委部署重点任务落实。中央和省委对机构改革、扫黑除恶专项斗争、农村“三清理一绿化”、优化营商环境、解放思想推动高质量发展大讨论等工作高度重视，先后召开会议进行专门系统部署。对此，我们要讲政治、讲大局、讲实效，全力以赴加快推进，对每项工作进行细化、实化、具体化，一项项落实、一项项推进，确保干一件成一件见效一件。

同志们，黑河的发展正面临千载难逢的战略机遇，实干才能把握机遇，奋斗才能成就梦想。让我们更加紧密地团结在以习近平同志为核心的党中央周围，深入学习贯彻习近平总书记重要讲话和重要指示精神，坚定信念、解放思想、拼搏实干，为推进黑河全面振兴做出新的更大贡献！

黑河市人民代表大会常务委员会工作报告

——在黑河市第六届人民代表大会第四次会议上

黑河市人大常委会主任　蔺　波

（2019 年 1 月 31 日）

各位代表：

我受市第六届人民代表大会常务委员会的委托，向大会报告工作，请予审议。

一、2018 年的主要工作

2018 年，是我国改革开放 40 周年，是全面贯彻落实中共十九大精神的开局之年，也是黑河市六届人大工作承上启下的重要一年。常委会坚持以习近平新时代中国特色社会主义思想为指导，紧紧围绕市委决策部署，认真履行宪法和法律赋予的各项职责，较好地完成了市人大六届二次会议确定的目标任务。

（一）始终坚持党的领导。一年来，常委会把坚持党的领导作为最高原则，旗帜鲜明地讲政治、讲大局，牢固树立"四个意识"，坚定"四个自信"，坚决做到"两个维护"，始终同党中央、省市委保持高度一致。紧紧围绕贯彻落实市六次党代会和市委六届三次全会精神，依法行使各项职权，确保立法、监督、决定、任免、代表等工作在市委统一领导下稳步推进，切实做到了与市委在思想上同心、目标上同向、行动上同步。严格执行重大事项向市委请示报告制度，立法年度计划、监督工作安排以及重要决定、人事任免等重大事项及时向市委请示报告，常委会党组定期向市委报告工作，积极争取市委对人大工作的领导。市委印发了《关于建立市政府向人大常委会报告国有资产情况制度的实施意见》，转发了常委会党组《关于完善人大代表联系人民群众制度的实施意见》《关于加强"人大代表之家"规范化建设的意见》《关于加强人大代表建议批评和意见办理工作的意见》《关于贯彻落实〈省人大常委会党组关于进一步加强和改进新时代人大监督工作的意见〉的通知》等重要文件，为常委会各项工作开展提供了坚强的组织保障。坚决贯彻市委深化机构改革部署，坚持党管干部与人大依法行使任免权相统一，确保市委人事安排意图顺利实现。常委会党组严格执行党组工作条例，认真讨论决定常委会及机关重大问题、重要事项，有效地发挥了"把方向、管大局、保落实"的政治领导核心作用。

（二）扎实推进立法工作。坚持党委领导、人大主导、政府依托、各方参与的立法工作原则，不断完善立法制度。积极参与市委开展的"法制建设年"活动，常委会主任会议制定了《立法中涉及的重大利益调整论证咨询办法》和《立法中争议较大的重要事项引入第三方评估办法》，健全完善了立法规划计划编制、听证、论证、协调、草案征求意见、评估等 11 项立法制度，进一步规范了地方立法工作。紧紧围绕市委决策部署和群众关心热点，科学编制 2018 年立法计划，确定了城市供热、物业管理、饮用水水源保护等立法项目。常委会组织人大城环委、法工委、原政府法制办、执法局等部门，深入县（市、区）开展调研，全面了解黑河市供热、物业、水源地等情况及存在的问题；赴省内外学习供热立法经验，为搞好供热立法奠定了基础。《黑河市城市供热管理办法》（草案）已经市政府常务会议讨论通过，常委会第十五次会议对该草案进行了一审。

（三）着力增强监督实效。常委会认真履行监督职责，进一步加强对"一府一委两院"依法监督。加强工作监督。听取和审议了市政府关于黑龙江大桥桥头区规划和建设情况、黑龙江跨江索道项目推进情况的报告，对保税物流中心（B 型）、全市农村土地承包经营权确权、少数民族精准扶贫等项工作开展了专项视察，对小浆果和孙吴汉麻产业发展、旅游基础设施建设、边境管理、体育产业发展、文物保护法贯彻落实、"七五"普法等情况进行了深入调研。听取和审议了市场监督管理局、城市管理综合执法局关于市人大评议审议意见整改情况的报告，并对整改工作进行跟踪问效和满意度测评。听取和审议了国民经济和社会发展计划执行情况的报告、审计工作报告及审计查出问题整改情况报告。修改完善了《黑河市人大常委会询问和质询办法》。加强预算监督。审查和批准了市直、五大连池风景区 2017 年决算，听取和审议了黑河市、五大连池风景区 2018 年上半年预算执行情况的报告,审查和批准了市本级预算调整方案。发挥市人大与政府预算执行系统联网平台作用,对审查发现的问题,及时转交财政部门核实整改。建立了预算编制向人大代表和社会各界征求意见工作机制,进一步完善了预算编制工作。加强了市本级预算执行情况和其他财政收支审计情况的审议工作,严格监督常委会审议意见的落实。加强法律法规监督。组织开展对《中华人民共和国职业教育法》《中华人民共和国文物保护法》《黑龙江省边境管理条例》《中华人民共和国自然保护区条例》《黑龙江省爱国卫生条例》等执法检查;配合省人大常委会对《中华人民共和国大气污染防治法》《中华人民共和国道路交通安全法》《黑龙江省道路交通安全条例》贯彻实施情况进行视察;对黑河市颁布实施的《黑河市市容和环境卫生管理条例》执行情况进行了专项视察。持续开展了"环保世纪行"宣传活动。加强司法监督。组织人大代表对法院"执行难"问题进行了专项视察,听取和审议了执行工作专项报告,做出了《关于进一步加强人民法院执行工作的决定》;对检察院公益诉讼开展情况进行了专项视察,组织有关部门赴省内外考察学习公益诉讼经验,推进黑河市水源地保护、校园食品安全、医疗废弃物清理等公益诉讼的开展。加强规范性文件备案审查监督。深入各县(市、区)对备案审查工作进行调研,组织部分县(市、区)人大赴伊春、牡丹江等地学习,召开了学习贯彻《黑龙江省各级人民代表大会常务委员会规范性文件备案审查条例》工作会议,进一步健全了备案审查工作制度,完善了工作流程。开展了对"一府两院"和县(市、区)人大常委会2010年至2017年发布的171件规范性文件清理备案,对2018年报送的26件规范性文件进行备案审查工作。

(四)依法行使任免权。坚持党管干部与人大依法任免有机统一,严格履行人大依法任免职责。按照市委关于政府机构改革工作总体要求,及时做好机构改革后部分政府组成人员的人事任免工作,确保市委决策部署和干部使用意图的贯彻落实。常委会全年共任免干部76人次,其中:任命政府组成人员26名,免职7名;市监察委委员免职1名;任命"两院"法职人员10名,免职18名;任命人大专委会委员、常委会办事机构负责人9名,免职5名。

(五)创新开展代表工作。常委会不断创新代表工作机制,进一步增强代表履职实效。创新代表培训方式。采取录像教学和现场教学、集中学习和分组学习相结合的方式,集中组织五级代表培训,并就如何提高代表建议、批评和意见质量开展专题辅导;利用全国和省代表培训平台,累计培训各级代表1000余人次,提高了代表的理论水平和依法履职能力。创新"代表之家"建设。组织县(市、区)人大常委会主要负责人赴深圳市学习"代表之家"建设经验,全面开展"代表之家"的组建工作。按照"全覆盖、网格化、常态化、制度化"要求,统一制定"代表之家"工作制度,通过召开全市"代表之家"建设现场会和座谈会,进一步强化了"代表之家"规范化建设。全市在社区、乡镇、村屯组建"代表之家"218个,五级代表进"家"率达76%。通过"代表之家"组织开展代表学习培训、接待日、访民日等活动,保障了代表在闭会期间履职尽责,有效解决了选民反映的问题。孙吴县代表在商贸社区"代表之家"接待选民时,选民提出应取消居民区内垃圾点和车辆乱停乱放等问题,代表小组将问题整理上报县人大常委会后转交政府有关部门办理,使问题得到了及时解决。逊克县逊河镇"代表之家"通过组织代表视察生物质发电项目,把村民销售玉米秸秆与秸秆打包企业进行有效对接,为生物质发电企业解决了近万吨生产原料。12月4日国家宪法日,市人大常委会主要领导深入爱辉区人保社区"代表之家",为160多名人大代表和选民作宪法辅导讲座,取得了较好效果。创新代表建议批评意见的办理和督办工作。认真落实市委转发的《黑河市人大常委会党组关于加强人大代表建议批评和意见办理工作的意见》,常委会第十次会议听取了市政府关于六届人大二次会议以来代表建议、批评和意见办理情况的报告。针对代表所提建议,常委会各主管副主任分别组织相关专委会人员、政府主管副市长和承办部门,召开代表建议办理情况督办会,共同研究办理工作,加大跟踪督办力度,督促代表建议落实。市六届人大二次会议期间共收到代表建议、批评和意见48件,现已全部办结。为活跃代表工作,成功举办了"黑河市首届人大代表农商行杯乒乓球友谊赛"。

(六)不断加强自身建设。常委会坚持转变作风、提升效能,依法履职能力全面提高。加强机关理论学习。坚持每周学习日制度,推进"两学一做"学习教育常态化制度化。细化政治理论学习内容,保证学习时间和学习质量,增强常委会组成人员和机关干部"四个意识"。集中开展宪法、法律法规学习教育活动,邀请省委党校教授、市检察院检察员分别作了《维护宪法权威加强宪法实施》《检察机关公益诉讼工作》专题辅导。加强机关制度建设。修订了《常委会人事任免办法》《党组会议议事规则》《主任会议议事规划》《常委会议事规划》等项工作制度,人大工作程序进一步规范。整顿机关工作作风。按照市委统一要求和部署,认真开展机关作风整顿优化营商环境活动,常委会组成人员带头深入基层调查研究,积极参加"转变作风服务群众万名干部大下基层"活动,走访社区居民30户。认真办理群众来信来访,全年接待上访群众117人次,转办案件32件。人大机关形成了"人心顺、正气足、干劲大"的良好风气,在全市政治生态建设和目标考核中获得好评,为各项工作有序推进奠定了坚实基础。

一年来,常委会围绕市委深入实施扩大开放战略,积极开展对外交往活动。与阿州立法会议就"儿童研学夏令营交流活动"达成一致意见;巩固与俄阿州立法会议、布市杜马和雅库茨克市杜马友好来往,派团观摩俄阿州立法会议,进一步加强了与俄阿州立法会议工作交流。为健全黑河市与珠海市对口合作机制,市人大常委会与珠海人大建立了友好关系,助推双方全方位交流合作。

过去一年常委会工作取得的成绩,是市委正确领导的结果,是常委会、专门委员会组成人员和全体人大代表及机关工作人员辛勤努力的结果,是市政府、市政协、市监察委、市法院、市检察院密切配合的结果,是全市各县(市、区)人大常委会和社会各界大力支持、全市人民充分信任的结果。在此,我谨代表市人大常委会表示衷心的感谢!

回顾过去一年的工作,我们也清醒地认识到,常委会工作还存在一些差距和不足:学习研究习近平总书记关于坚持和完善人民代表大会制度重要思想不够深入,主导立法工作机制不够健全,询问、质询等监督手段运用较少,常委会联系代表、代表联系选民工作有待进一步加强。我们要高度重视,虚心听取代表和各方面的意见建议,不断加强和改进工作。

二、2019年工作的主要任务

2019年,常委会要坚持以习近平新时代中国特色社会主义思想为科学指引,坚持党的领导、人民当家作主、依法治国有机统一,自觉把党的领导贯穿于人大工作始终,紧紧围绕市委中心工作和改革发展大局,不忘初心,牢记使命,履职尽责,奋发有为,切实担负起新时代长期坚持、不断完善人民代表大会制度的崇高使命,有效发挥人大职能作用,为黑河全面振兴发展贡献力量。

(一)坚持人大工作正确的政治方向。常委会组成人员和机关干部要深入学习习近平总书记关于坚持和完善人民代表大会制度的重要思想,积极开展学习交流、理论研讨活动,切实加强理论武装、提高政治站位。认真学习贯彻习近平总书记在深入推进东北振兴座谈会上的重要讲话、考察黑龙江时的重要指示精神,立足全市振兴发展大局谋划安排人大工作。紧紧依靠市委的坚强领导,全面贯彻落实市委重大决策,通过法定程序把市委决策变成地方法规和人大决议决定,确保市委决策部署的顺利实施。严格执行重大事项向市委请示报告制度,研究制定人大常委会党组向市委请示报告制度的实施办法,明确向市委请示报告的重大事项、重要工作清单,确保人大工作始终在市委正确领导下稳步推进。充分发挥常委会党组的领导作用,建立健全常委会党组会议议事制度,加强常委会机关党组织和党员队伍建设,带动和影响常委会组成人员正确行使职权,积极营造常委会机关良好的政治生态环境,高质量地完成市委交给的各项工作任务。

(二)不断强化立法工作。从黑河市经济社会发展需要和人民群众的意愿出发,认真行使地方立法权,突出急需为先,注重管用有效。认真组织编制《黑河市2019—2021年立法规划》,加快推进《黑河市供热管理办法(草案)》一审后调研、征求意见、修改及审议工作,科学有序地推进《黑河市饮用水水源保护办法》立法项目,组织开展《黑河市城乡规划条例》《黑河市物业管理条例》《黑河市胜山自然保护区条例》等立法调研项目前期调研和论证工作。坚持科学立法、民主立法、依法立法,不断完善立法工作体制机制,完善立法联系点和专家咨询制度,健全立法征求意见、立法协调、立法听证等项工作机制。

(三)切实加强监督工作。坚持“抓重点、议大事、求实效”,认真贯彻省、市委关于进一步加强和改进新时代人大监督工作的各项要求。突出对事关经济社会发展重大事项的监督,强化对国民经济和社会发展计划执行情况、预决算及“十三五”规划实施情况监督。充分发挥预算联网监督平台作用,做好预算执行与资金使用情况实时监督工作。认真执行《中共黑河市委关于建立市政府向市人大常委会报告国有资产管理情况制度的实施意见》,听取和审议市政府国有资产管理情况、市政府债务情况报告。加大专项视察力度,认真贯彻《黑龙江省优化营商环境条例》,组织开展优化营商环境视察,为黑河市高质量发展创建优良环境;集中搞好棚户区改造回迁安置和房屋质量、脱贫攻坚、黑龙江大桥桥头区建设、义务教育、特色产业发展以及法院执行工作、检察院公益诉讼工作、公安禁毒工作等专项视察。深入开展调查研究,围绕创建农业绿色发展示范区、医疗卫生队伍建设、政府机构改革后各部门内部职能调整情况开展调研。加强执法检查,持续开展《黑河市市容和环境卫生管理条例》执法检查,配合黑龙江省人大开展《中华人民共和国大气污染防治法》等法律法规执行情况检查。深入贯彻《黑龙江省各级人民代表大会常务委员会规范性文件备案审查条例》,加强规范性文件备案审查监督,健全备案审查机制,提高备案审查工作质量。

(四)做好重大事项决策和人事任免工作。认真执行《中共中央关于健全人大讨论决定重大事项制度、各级政府重大决策出台前向本级人大报告的实施意见》和《黑龙江省各级人民代表大会常务委员会讨论决定重大事项的规定》,探索常委会依法行使重大事项决定权的有效途径和办法,不断提高决策效率和决议质量,确保重大事项决策科学化、规范化、制度化。按照《市人大常委会人事任免办法》,严格执行干部任免程序,做好国家机关和法职人员的任免工作。加强对任职人员任后履职情况的监督,从2019年开始,政府组成部门主要负责人每年年底都要向市人大常委会述职,常委会进行满意度测评。

(五)扎实推进代表工作。充分利用全国人大、省人大培训基地和远程视频教育培训平台,切实加强代表培训工作,进一步提高代表履职能力。组织未参加培训的市级代表进行集中培训,对各专委会组成人员开展专题培训,对“代表之家”主任、工作人员及乡镇人大主席开展业务培训。加强“代表之家”规范化管理,学习借鉴外地经验,进一步完善各项制度,开展好代表活动,充分发挥“代表之家”联系选民、服务群众的载体作用。认真总结代表建议、批评和意见办理的成功经验,加大代表建议督办力度,采取重点督办、跟踪督办、联合督办等多种方式,切实提高办结率和满意率。积极探索人大代表参与预算审查工作有效途径,健全完善预算审查前听取社会各界意见的制度。丰富人大代表活动,办好“第二届全市人大代表乒乓球友谊赛”。

(六)继续抓好自身建设。认真开展“解放思想推动高质量发展”大讨论活动,以解放思想实际成果促进常委会各项工作创新。集中开展法律法规和人大业务知识学习活动,不断提高干部业务素质和履职能力。加强人大各专门委员会建设,调整优化专职委员比例,提高人大工作质量和水平。加强常委会及人大机关信息化建设,推进常委会组成人员和人大机关网络化办公,提高议案审议质量和办公效率。认真组织"不忘初心、牢记使命"主题教育,深入开展"服务基层、服务代表、服务群众"活动,推动人大工作实现新发展、取得新成效。

充分发挥人大在对外交往中的特殊作用,继续加强对外沟通联络,努力扩大与国外地方议会交往范围,不断拓宽对外交往领域。进一步巩固与俄阿州立法会议、布市杜马和萨哈(雅库特)共和国雅库茨克市杜马友好关系,推进黑河人大与阿州立法会议关于"儿童研学夏令营交流活动"合作意向的落实。进一步加强与国内友好人大的工作联系与交流,推动人大对外交往工作向纵深发展。

政府工作报告

——在黑河市第六届人民代表大会第四次会议上

黑河市人民政府市长　马　里

(2019年1月31日)

各位代表:

现在,我代表市人民政府向大会作工作报告,请予审议,并请列席会议的同志提出宝贵意见。

一、2018年工作回顾

2018年是我国改革开放40周年,我们以习近平新时代中国特色社会主义思想为指导,坚决贯彻落实习近平总书记在深入推进东北振兴座谈会上的重要讲话和考察黑龙江的重要指示精神,紧扣省委、省政府和市委各项决策部署,积极应对经济下行压力加大的严峻挑战,坚持抓投资、抓项目、抓招商、抓环境、抓改革开放创新、抓解放思想,经济社会实现平稳健康发展。全市地区生产总值增长7%,固定资产投资增长7.1%,社会消费品零售总额增长8.3%,公共财政收入增长7%,对外贸易进出口总值增长19.1%,城镇、农村常住居民人均可支配收入分别增长6.96%和9%,预计万元地区生产总值综合能耗下降2%。

——现代农业提质增效。坚持向特色要发展,向质量要效益,农业由增产增效向提质增效加快变革。创建农业绿色发展示范区成效显著,全面铺开由三年提速到两年,建立生产记录、质量追溯等制度,构建绿色种植技术体系,十大绿色特色功能性农产品生产基地面积78.99万公顷,新增绿色有机食品认证数116个、地理标志农产品1个,黑河被农业农村部确定为全国唯一的绿色高质高效示范市,嫩江被财政部、粮食和物资储备局确定为中国好粮油大豆示范县,瑷珲镇成为国家农业产业强镇。加快发展现代养殖业,规模化养殖场达到317个,名特优水产养殖面积达到0.59万公顷,北安和嫩江被列入全省畜牧重点县,非洲猪瘟等动物疫病防控工作扎实推进。实施林业产业发展三年行动计划,建立省级大果沙棘工程技术研究中心,林果、北药种植规模不断扩大。强化农产品营销,在发达地区设立农产品特产综合馆和绿色食品展示店,加大嫩江"十六膳"、五大连池"冷矿泉暖米"、五大连池风景区"矿泉鱼"、逊克"北纬49"等品牌宣传力度,黑河大豆网上线运营,全市线上农产品销售率达到10.5%。推进农业农村重点领域改革,土地承包经营权证发放和村级集体资产清产核资工作全面完成,国有林场改革通过省级评估验收。

——工业经济步伐加快。坚持"抓大、扶小、解困",全力扩大总量、盘活存量、引进增量、提升质量,规模以上工业增加值增长16%,创五年来最高增幅。合力攻坚产业项目,全市重点产业项目开复工73项、完成投资72亿元,其中省重点开复工18项、完成投资34亿元,开复工率和投资完成率均达到90%以上;多宝山铜矿二期开工,东安岩金矿、农耕大豆深加工等33个重点产业项目完成全部建设任务,建成投产率达到44%,为三年来最好水平。加强与珠海对口合作,在农业、旅游、金融、航线等方面取得积极进展。强化精准招商,坚持大招商、招大商,玉米燃料乙醇、天之草汉麻纤维加工等31个超亿元项目落地,实际利用省外资金和外资分别增长6%、7%。谋划推进牵动性强的替代项目,高纯荧光粉、冰花罐装啤酒等项目开工建设,盘活龙江化工10万吨电石、嫩江春酿酒等停产半停产企业22家。深入实施中小企业成长工程,新增规模以上工业企业5家;建成各类科技企业孵化服务机构9家,在孵科技型小微企业和创新团队143个,新培育和创建科技型中小企业73家,新认定高新技术企业3家,自主创新活力和综合竞争力不断增强。

——对俄合作乘势而上。坚持抢抓中俄地方合作交流战略机遇,以互联互通为牵动,推动黑河由"地理大通道"向"经贸大通道"转变。外贸扭转连续四年下滑态势,黑河口岸货运量58万吨,增长51%,创开关以来历史最高;在俄农业种植面积134万亩,鲜蛋产量占阿穆尔州40%,粮食进口占全省1/3。黑龙江公路大桥加快建设,中俄东线天然气管道两条穿江隧道贯通,跨江空中索道中方具备开工条件,嫩江墨尔根通用机场通航。完善对外开放平台,桥头区基础设施建设启动,口岸联检设施开工,保税物流中心(B型)海关监管区主体完工,境外园区累计投资超亿美元,跨境物流枢纽项目纳入国家布局,油品储运、锑矿开采项目正在进行开工准备。成功举办第九届中俄文化大集、中俄边境城市展览会等重大活动,中俄界江国际冰球友谊赛成为两国交往机制化项目,中俄青少年科普文化交流成为全省科普专项品牌活动,中俄国际综合艺术团助演第四届东方经济论坛,友城布拉戈维申斯克被中国友协授予"对华友好城市交流合作奖",是全省唯一获奖的地级市友城。

——新的动能加速集聚。坚持发挥整体生态优势,加快景区景点建设,实施瑷珲乡野公园、北安富强田园综合体等重点旅游项目16个,黑龙江游船瑷珲航线通航,逊克边境游线路开通。汇聚全市智慧和力量参加央视《魅力中国城》竞演并摘取最高奖"十佳魅力城市"称号,"黑河·我的极致远征"跨境自驾游获年度魅力主题线路奖,央视《东西南北贺新春》《大手牵小手》等品牌节目在黑河录制,举办了旅游招商推介会、全省首届古驿路历史文化与旅游发展论坛,建立了"胡焕庸线"院士工作站。五大连池风景区荣获全省唯一的第三届中国质量奖提名奖,入选国家AAAAA级旅游景区50强,旅游品牌价值居全省首位。全市接待国内外旅游者增长18.9%、突破千万人次大关,旅游收入增长22.5%、达到百亿元关口。扩大寒区试车优势,深化与国内外寒区试验场、科研院所交流合作,中国寒地试车产业园加快推进,成功举办瑷珲寒地国际汽车巡游和试车产业发展论坛,被中汽协授予全国唯一的"中国汽车寒区试验基地"称号,试验企业、车辆、人员分别增长10.8%、24%、64%,均创历史新高。大力发展电子商务,全市电商园区达到5个,网络交易额12亿元、增长20%,合作区跨境电商产业园入驻企业超百家,在全省首家引入京东云仓,布市海外仓建成运营,境内外供应链进一步完善。

——城乡建设扎实推进。坚持以创建全国文明城市为契机,提升城市品位,完善城市功能,黑河通过国家园林城市复检,五大连池成功创建国家卫生城市,嫩江撤县设市通过民政部专家评审。城区防洪工程和四岛防护工程全面完工,新建在水一方广场,沿江公园完成改造,体育公园投入使用;启动市区餐厨垃圾集中收运,生活垃圾处理厂完成验收;拆除违法建筑172个,石材大市场完成整体拆迁。全市开工改造棚户区3718户、27.3万平方米,改造市区老旧楼房103栋。以高度政治自觉推进中央环保督查问题整改,57件信访案件全部办结,"大棚房"专项清理整治95个问题全部完成整改。全力打好原生态、蓝天、碧水、净土、美丽乡村"五场保卫战",被评为省级生态市,造林绿化0.40万公顷、森林抚育1.71万公顷,连续25个防期未发生重特大森林火灾、5个防期零火灾;全市淘汰建成区燃煤小锅炉59台,秸秆实现全域全时段禁烧,空气质量达标天数稳居全省前列;严格落实河湖长制,全省最严格水资源管理制度考核名列前茅;在全省首倡并实行农药、除草剂、饲料添加剂使用负面清单管理和市场准入制度;全面开展农村人居环境整治行动,实施"三清理一绿化"专项整治,建设农村公路138.8千米,新建配建室内厕所355座,507个村建立了保洁员队伍,农村环境更加整洁优美。

——民生福祉持续改善。坚持以人民为中心的发展思想,满足群众多样化需求,让群众生活更舒心安心顺心。财政用于民生领域支出186.4亿元,占一般公共预算支出88.5%,146项民生项目建成使用。稳步提高群众生活水平,住户存款595亿元,比年初增长12.1%。脱贫攻坚取得重大进展,建档立卡贫困户危房改造任务和贫困村、贫困人口饮水安全工程全部完成,41个贫困村、8011名贫困人口实现脱贫,孙吴省级贫困县成功摘帽,全市贫困发生率由年初的1.48%降至0.31%。就业形势持续向好,城镇登记失业率控制在3.57%以内,比全省低0.42个百分点。引进高层次人才15人,启动撤地建市以来规模最大的事业单位公开招聘。新建改扩建公办幼儿园10所,义务教育标准化学校全部达标,高考成绩实现"七连增",省部共建国家现代农村职业教育改革工作高质量推进。市疾控中心改扩建、五大连池人民医院康复中心综合楼完工,北安被确定为全省公立医院综合改革示范县,孙吴"智慧医疗"试点项目投入使用,爱辉区成功创建国家健康促进示范区。文化事业繁荣发展,黑河被授予全民阅读示范城市,知青博物馆挂牌为国家方志馆知青分馆。在省第十四届运动会上金牌和奖牌数量创历史最好成绩,黑河全民健身中心、五大连池文体中心投入使用,北安冰球馆完成主体工程,逊克全民健身中心完工。完成城乡居民医疗保险整合,社会保险基本实现法定人群全覆盖,低保、特困供养人员和医疗救助标准全面提高。安全生产形势总体稳定,未发生较大以上安全生产事故。严格落实信访责任制,妥善解决了52个项目、1.5万余户居民不动产权证办理难题,中央第六巡视组移交信访事项全部办结。深入推进"平安黑河"建设,"扫黑除恶"专项斗争取得阶段性明显成效。加强国防后备力量建设,筑牢边境安全屏障,公共安全形势持续平稳。老区、侨务、妇女儿童、民族宗教、人防、防震减灾、档案方志等工作取得新成绩。

一年来,我们坚持党的全面领导,坚决在思想上政治上行动上同以习近平同志为核心的党中央保持高度一致。自觉接受市委领导,主动接受人大依法监督和政协民主监督,48件人大代表建议、152件政协委员提案全部办结。深入开展解放思想推动高质量发展大讨论,强力推进政府系统作风建设专项整治,大力倡导走上去、走出去、走下去,提振精神状态,增强履职本领,干事创业的氛围更加浓厚。扎实开展"法治建设年"活动,完善市政府重大决策制度,实施社会稳定风险评估26项,重大决策合法性审查率100%,市县两级政府全部建立法律顾问制度。全力优化营商环境,"一网一门一次"改革扎实推进,667项市级政务服务事项实现"跑一次、不见面、网上办",41.1%市级审批事项办理时限压缩一半,网上审批效率提高56.5%,营商环境总体评价满意度87.9%,高于全省5.5个百分点。严格履行

“一岗双责”,强化审计监督,政府系统党风廉政建设进一步加强。

各位代表,过去的一年,全市经济社会发展取得了积极进展,这是省委、省政府和市委正确领导的结果,是市人大、市政协和社会各界鼎力支持的结果,是全市人民团结一致、共同奋斗的结果。在此,我代表市人民政府,向全市各级人大代表、政协委员和各民主党派、工商联、无党派人士、人民团体,向关心支持地方工作的中省直单位和人民解放军、武警官兵、消防救援队伍指战员,向辛勤工作在各行各业的全市人民,表示衷心的感谢并致以崇高的敬意!

在看到成绩的同时,我们也清醒认识到面临的困难和问题:经济总量小,发展速度慢,大项目数量不多,发展支撑力不强;三次产业融合程度低,特别是产业链短、价值链低的问题突出,发展质量不高;人才引进难度大、人才外流多,高层次人才、新兴产业人才缺乏;基础设施和民生事业欠账较多,一些突出短板还没有补齐,与人民群众对美好生活的期盼还有较大差距;干部思想解放、观念更新迫在眉睫,“旧、怕、平、懒”等现象依然存在,营商环境亟待优化。这些问题既是压力,也是潜力,更是动力,我们一定坚持问题导向,强化责任担当,敢于攻坚克难,以革故鼎新的勇气,努力把各项事业推向前进。

二、2019 年工作安排

2019 年是新中国成立 70 周年,是全面建成小康社会关键之年。习近平总书记深入东北三省考察,亲自谋划推动东北振兴,即将出台新一轮支持东北振兴政策,稳边固边、兴边富民利好措施加速落地,黑河正处于政策叠加的机遇期;中俄全面战略协作伙伴关系步入新阶段,黑龙江公路大桥、中俄东线天然气管道、跨江空中索道将再次聚焦世界目光,边缘劣势变地缘优势,偏远地域变开放前沿,黑河正处于趋势看好的关键期;拥有极具品牌价值的农业绿色发展示范区、极具后发潜力的矿产资源、极具稀缺性的生态环境、极具竞争力的特色旅游名片,发展要素齐全,优势加速聚集,黑河正处于潜力释放的腾飞期。我们要坚定信心、借势发力,加快把发展机遇转化为发展成效,在推动全面振兴全方位振兴的伟大征程中展现新气象、体现新担当、实现新作为,积极推进经济社会实现跨越式发展。

做好 2019 年政府工作,要按照市委部署,坚持以习近平新时代中国特色社会主义思想、习近平总书记在深入推进东北振兴座谈会上的重要讲话和考察黑龙江的重要指示精神为指引,全面贯彻落实中共十九大和中央、省委经济工作会议精神,遵循巩固、增强、提升、畅通“八字方针”,抓住历史性发展机遇,坚持高质量发展方向,围绕全市地区生产总值到 2021 年突破千亿元目标,以产业项目建设提速增效为核心,一二三产业共同发力,开发与开放并举,生态建设与经济发展同频,推进全面振兴登上一个新台阶,加快实现总量倍增、位次前移、殷实和谐,给人民群众带来更稳更好的幸福,逐步将黑河打造成黑龙江省向北开发开放的重要经济增长极,以优异成绩庆祝中华人民共和国成立 70 周年。主要预期目标是:全市地区生产总值增长 7% 以上,固定资产投资增长 10%,社会消费品零售总额增长 8%,公共财政收入增长 8%,对外贸易进出口总值增长 6%,城镇、农村常住居民人均可支配收入均增长 7%,万元地区生产总值综合能耗下降 2%。

各位代表,今后三年是实现市六次党代会确定奋斗目标的持续攻坚阶段,我们要把发展作为解决一切问题的“总钥匙”,深刻把握解放思想的丰富内涵,坚决落实高质量发展的本质要求,充分发挥绩效考核的激励引导作用,把谋划变规划、规划变计划、计划变现实,跑出规模扩张、结构优化、质量提升的加速度。一年强基础,促进项目集中、企业集聚、产业集群、要素集约,形成多点支撑、多业并举、多元发展的新格局,地区生产总值保持中高速增长,城乡居民收入与地区生产总值同步提高,脱贫攻坚取得决定性胜利,发展的四梁八柱更加牢固。两年促提升,传统优势产业向中高端迈进、战略性新兴产业和现代服务业向新增长领域拓展,系统形成新的经济增长点,综合实力稳居全省第二方阵前列,成功跻身全国文明城市,与全国全省同步全面建成小康社会。三年大变样,高质量发展的“五大目标”如期实现,“十大新体系”全面建立,力争地区生产总值迈进千亿元行列,城乡居民收入增幅跑赢地区生产总值,形成营商环境好、创新能力强、生态环境优、发展活力足的跨越式发展新局面。

2019 年,我们要坚持发展高目标、工作高标准、结果高成效,坚持创新驱动、投资拉动、开放带动,统筹兼顾、突出重点,着力抓好以下工作:

(一)坚定实施产业项目攻坚行动,以高质量项目支撑高质量发展

深入实施新一轮产业项目三年行动,扎实开展“准备之冬、动工之春、大干之夏、成果之秋”活动,把一切优势资源聚焦到产业项目和招商引资上,实现经济工作项目化、项目工作具体化,不断增强发展内生动力。围绕扩大投资抓项目。全市安排重点产业项目 80 项,年度计划投资 85 亿元。坚持把矿业经济打造成支柱产业,全面落实与省地矿局战略合作协议,加快重点成矿区地质勘查,重点推进黑花山铜钼矿、三五八高地金矿、二道坎银矿等项目勘查,大平南山、永新、孟德河岩金矿等项目转采建矿,加快建设多宝山铜矿二期、铜山铜矿采矿等项目,确保翠宏山铁多金属矿、振兴煤矿等项目投产达效。坚持把闲置资产变成优质资源,做大做强以电熔结晶镁、氮化硅等为代表的替代项目,促进三精制药等企业恢复生产,力争盘活更多的停产半停产企业。强化服务保障,成立市县两级产业项目工作专班,推动项目快开工、快投产、快达效。围绕园区创新抓项目。明确园区功能定位,科学确定主导产业、空间规划,实现特色化、专业化、集约化。实施园区优化整合,推进新“九通一平”,加快产业项目和发展要素向园区集聚。加大清理处置低效利用土地和闲置土地力度,腾出更多空间用于高质量项目。探索“政府 + 公司化”管理模式,推动市场化运行、企业化管理、绩效化考核,引入龙头企业运营产业园区、“园中园”，与珠海合作共建“飞地园区”。拓展黑河进出口加工产业园俄电使用范围，谋划发展高载能产业，建设俄能源储备加工基地。围绕精准招商抓项目。突出农林、矿产、旅游康养、战略新兴等优势产业，引进投资额5000万元以上项目100个，其中超亿元项目50个，实际利用省外资金和外资均增长6%；各县（市、区）总投资3000万元以上项目全部纳入市项目储备库。全面提升招商队伍政策掌握能力、产业研究能力、市场分析能力、优势挖掘能力、优质服务能力，打造专业化高素质的招商干部队伍。创新招商方式，聚焦重点地区、重点产业和重点企业，做好空间、资金和项目准备，采取小团组、市场化等方式精准招商，深入开展对口合作招商，成立专班对接省产业投资集团，合作推进项目落地。建立“专班＋园区”“目标＋考核”招商引资新机制，实行全过程督查反馈，提高招商实效。围绕县域经济抓项目。树立全市一盘棋思想，根据资源、区位和产业基础，突出差异化、特色化，持续深挖潜力，精干主导产业，强化项目支撑，努力形成特色鲜明、优势互补的县域经济发展新格局。北安、嫩江要当好县域经济排头兵，助推全市经济快速发展。

（二）全面铺开农业绿色发展示范区创建工作，打牢乡村振兴坚实基础

以实施乡村振兴战略为统领，以增加农民收入为核心，以产业兴旺为第一任务和第一动力，坚定不移走绿色兴农、质量兴农之路，加快创建农业绿色发展示范区，发展壮大村集体经济，提高乡村治理能力和治理水平现代化，让农业更强、农村更美、农民更富。扩大绿色种植养殖规模。全面落实粮食安全行政首长责任制，按照特色要特、特色要优标准，调优调绿种植结构，农作物播种面积稳定在126.67万公顷以上，十大绿色特色功能性农产品生产基地达到80万公顷。坚持藏粮于地、藏粮于技，构建以大豆为核心的科学轮作体系，全面执行绿色有机生产技术标准体系，推进标准化生产全覆盖。加快发展林产经济，新增北药、林果种植面积0.67万公顷以上。做大高档食用菌产业，扩大沙棘木耳、猴头菇等特色产品规模，用“小蘑菇”撑起富民大产业。大力发展“两牛一猪一马”，安格斯肉牛存栏超万头，黑河马达到1.8万匹，全市规模养殖场和渔业养殖全部达到绿色标准。严格农产品质量安全监管，做好非洲猪瘟等重大疫病防控，推进市质量技术检验检测中心建设，提高农产品监管认证能力，绿色有机食品认证面积达到40万公顷，认证数量达到300个，让黑河的优质粮、放心肉更多装进“中国饭碗”。大力推进农林产品精深加工。围绕“两头两尾”，支持战略性、支撑性的大型加工企业发展，鼓励小型化、个性化绿色加工，推动农林产品加工差异化发展。大豆重点推进科迪大豆、农耕大豆等项目，提高保健、时尚、休闲食品研发加工能力，延伸产业链，提升价值链，努力把大豆转化为终端食品；玉米重点推进燃料乙醇项目，积极向淀粉、菲汀、味精等下游产品延伸；汉麻要扩大麻皮麻茎纤维生产加工规模，重点开发制药、食品、建材等产品，打造从种植优势到产业优势的全产业链；北药和小浆果重点推进水飞蓟深加工、中药饮片、保健饮品等项目，提升产品附加值；增强生猪、安格斯肉牛、黑河马、乳制品等畜产品加工能力，促进过腹增值、过腹增收。强化农产品市场营销。组建市绿色农业发展有限公司，集中打造黑河绿色有机功能性物产区域公共品牌。整合县级农产品电商平台，组建统一的农产品销售网络，打造网上超市。完善绿色食品体验店、专营店功能，扩大高端市场份额。举起非转基因大豆大旗，力争孙吴等5个交易库实现实质性交割，建设国家级非转基因大豆交易中心和集散中心。加大品牌推广力度，在全市主要出入口设立农业绿色发展示范区宣传牌，发动干部群众利用微信平台宣传推介，协调通信运营商集中推送广告，在国内主流媒体开设专栏专题节目，联合珠海、“魅力中国城·城市联盟”会员城市开展宣传营销，擦亮黑河绿色有机功能性物产“金字招牌”。培育壮大新型生产经营主体。发挥市绿色有机农业产业贷款风险补偿基金作用，支持专业合作社和致富能人领办创办加工企业。结合三权分置改革，发展农村土地、集体资产股份合作，让资源变资产、资金变股金、农民变股东。推动有条件的合作社组建联社，鼓励合作社实行股份制改造，加快实现企业化经营。加大农村实用人才培养力度，打造新型职业农民队伍。建设美丽宜居乡村。全面启动农村人居环境分类分标准推进工作，深入开展“三清理一绿化”专项行动，加快拆除1.4万个长期无人居住农村危旧房，改造农村低保户、分散供养特困人员、贫困残疾人家庭三类人员危房1477户，建设农村饮水安全巩固提升工程105处、受益7.42万人，完成167个行政村绿化任务，提高垃圾处理和污水治理能力，解决农村环境脏乱差等突出问题。积极推进“厕所革命”，既顺应村情民意，又切合北方实际，不搞一刀切。继续推进150个美丽宜居乡村建设，带动全市农村人居环境整体提升，让每一个村庄都各美其美、幸福宜居。

（三）全力构建对俄开放合作高地，加速通道经济向口岸经济转型升级

深入研究“大桥经济”形成的新比较优势和发展题材，深度融入共建“一带一路”，以跨境互联互通基础设施为载体，以进出口加工和服务贸易为重点，通过经济要素跨境流动带动经济活动，实现内外平台互动、开放政策呼应、人文合作互融。完善互联互通网络。黑龙江公路大桥建成通车，口岸联检设施完成安装调试，中俄东线天然气管道建成通气，推动中石油在黑河设立公司、中石化在黑河设立后勤保障基地，跨江空中索道开工。加快跨境物流枢纽区建设，探索组建中俄跨境物流运输公司，提升通关便利化水平，建设陆上边境口岸型国家物流枢纽承载城市。加快北黑铁路改造升级和北五铁路前期工作，推进嫩双公路嫩江段、逊孙公路逊克口岸段建设，开工丹阿公路黑河—卧牛湖段、五汤公路沾河—大平台段扩建工程。建设瑷珲机场廊桥，开通珠海—郑州—黑河航线，推进逊克通用机场前期，启动五大连池德都机场候机室二期，加密嫩江—哈尔滨航线，开通嫩江—漠河航线。搭建开放合作平台。争取重点开发开放试验区方案获批，推动设立边境旅游试验区，探索与布市共建

"跨国特区",积极申报国家级自贸区,建设省兴边富民示范城市,打造中俄边境地区政策最优、机制最活的开放区域。加快黑龙江公路大桥桥头区开发建设,多渠道筹资完善基础设施,同步开展招商引资,打造绿色食品加工、能源开发、旅游文化、商贸物流等跨境产业链,推动"大桥经济"发展。保税物流中心(B型)通过验收,推动升级为综合保税区。完善境外石化、农业、物流园区功能,吸引更多企业入驻。深化贸易投资合作。增强口岸功能,争取获批更多指定口岸资质,扩大机电、果蔬出口和电力、粮食、纸浆进口,挖掘能源、矿产、木材、绿色食品加工贸易和运输服务、医疗服务贸易潜力,巩固外贸增长态势。争取油品储运项目有新进展,阿州锑矿实现开采回运。扩大对俄农林合作规模,争取中俄跨境林业产业园项目落地,大豆低温浓缩豆粉一期投产。徐工欧亚汽车零部件生产项目开工,依托利源达覆盖俄全境的营销网络,打造集整车销售、配件生产于一体的装备制造基地。加强人文领域交流。高水平办好第十届中俄文化大集,打造中俄文化交流品牌。办好中俄建交70周年地方合作交流论坛、中俄边境城市展览会、中俄进出口商品订货会、中俄林业生态建设国际学术论坛、中俄界江国际冰球友谊赛、横渡黑龙江等重大活动,继续深化对俄科技、教育等领域交流,开展中俄美术、摄影、工艺品展览展销,促进情感交融,推动合作共赢。

(四)积极发展新产业新业态新模式,加快培育新的经济增长点

努力在符合发展方向、有需求增长支撑、黑河有供给能力的领域集中发力,促进现代服务业提档升级,实现发展动能转换。推动全域旅游发展。做好2020年全省旅游发展大会筹备工作,发挥五大连池风景区和市区两大核心带动作用,统筹农垦、森工旅游资源开发,推动观光式旅游向体验式旅游转变、夏季旅游向四季旅游转变、景区旅游向全域旅游转变。高标准编制全域旅游总体规划,按照国家AAAAA级旅游景区标准编制市区旅游规划,强化规划实施,实现景城一体。打造瑷珲乡野公园沿江风景带,推进夜游黑龙江项目常态化,加快黑河中俄民族风情园、北安博物馆群、五大连池朝阳山抗联红色教育基地、孙吴和逊克俄罗斯民族风情村等景区景点建设,嫩江墨尔根古道驿站博物馆、锦河大峡谷景区晋升国家AAA级旅游景区。统筹发展跨境游与内地游,深度开发赴俄旅游线路,积极开发自驾游、康养游、避暑游、生态游、研学游,扩大"黑河·我的极致远征"跨境自驾游品牌影响力,打造类型多样、广泛参与、覆盖四季的"狂欢节"。完善宾馆酒店、景区道路、自驾车营地、旅游厕所等配套设施,加强诚信建设,提升旅游形象。强化旅游市场监管,提高服务质量和标准。发展智慧旅游,推进黑河旅游景区数字化监控中心、五大连池智慧景区项目,实现国家AAAA级以上旅游景区Wi-Fi全覆盖,让游客一部手机游遍黑河。加快培育康养产业。推进五大连池风景区国际矿泉理疗城前期,加快高端医养康养项目建设,与省内外养老机构合作开发异地养老线路,打造定制式高端康养产品。鼓励民间资本投资康养产业,拓展跨国旅居养老互访体验活动范围,推广"候鸟式"养老、旅居养老、智能化养老模式,加快养老产业与旅游休闲、医疗卫生等产业融合发展。做大做强冰雪经济。高标准建设大黑河岛中俄冰雪乐园、五大连池风景区冬奥主题冰雪乐园,加快逊克大平台雾凇景区基础设施建设,开发五大连池山口湖雾凇景区。办好寒地试车旅游节、全民冰雪日、雾凇冰雪节等活动,谋划争取省级越野滑雪锦标赛落地黑河,开发极限驾驶、冰面漂移、雪地摩托、冬捕冬泳等体验式项目,把冷资源变成热经济。推进黑河寒区试车产业园建设,开工汽车实验基地、研发检测中心和试车大厦,打造国际试车产业基地。大力发展新兴服务业。扩大电商规模,依托瑷珲E购建设黑河生态产品新零售体验中心,地方特色产品上架电商平台,线上线下一体化销售。完善跨境电商园区功能,创建国家级电子商务示范基地。以金融创新助推现代服务业发展,积极开展跨境人民币结算业务,推动村镇银行等新型农村金融机构发展,创新产品供给,加强金融监管,有效防控金融风险。壮大珠宝玉石产业,扩大俄罗斯珠宝玉石加工规模,谋划建设黑河珠宝玉石展示中心,推进逊克玛瑙产业园二期,牵头制定北红玛瑙国家标准,叫响北红玛瑙品牌。

(五)加强生态保护和环境治理,巩固提升绿色发展优势

牢固树立生态文明建设首位意识,坚决守住生态保护红线、环境质量底线、资源利用上线。加快生态系统建设。推进"三北"防护林体系建设和中央财政补贴造林工程,完成造林绿化任务0.4万公顷、森林抚育2.33万公顷。发挥自然保护地生态功能优势,加大湿地资源保护与修复力度,统筹做好自然保护区、森林公园和湿地公园保护与管理。坚持四季抓防火,推进森林草原消防基础设施建设,完成260千米防火路修建任务,与森工、农垦做好联防联扑工作,坚决防止重特大森林草原火灾。强化污染综合防治。守护好"黑河蓝",继续开展县级城市建成区10蒸吨及以下燃煤小锅炉淘汰工作,开工建设市热电厂环保节能技改项目,大力推进秸秆禁烧离田,加快凯迪、诺宝生物质发电等项目建设,提高秸秆综合利用率,让蓝天白云成为黑河最靓丽的名片。守护好清澈的水,严格落实河湖长制,强化饮用水水源地保护,加大水污染防治力度,开展好城镇供水水质、污水和垃圾治理能力提升三年行动,促进水环境持续改善,让清水绿岸常在。守护好肥沃的黑土地,农业"三减"实现全覆盖,加强对废弃农药瓶、农药袋回收管理,开展土壤污染状况和工业企业场地详查,对多宝山铜矿、三道湾子岩金矿、翠宏山铁多金属矿进行重点监控,防止重金属污染农田。全力推进中央环保督察"回头看"及农业农村污染专项督察反馈问题整改,确保完成年度整改任务。开展破坏生态环境问题"清零"专项行动,重拳打击破坏环境资源违法犯罪行为,加快还清生态环境欠账。推进绿色低碳发展。全面启动绿色矿山建设,生产煤矿全部建成"绿色煤矿"。加强对重点耗能企业节能监控,年耗能万吨以上规上企业全部纳入监测,严查违法用能、浪费能源行为,提高

资源能源利用率。深入推进生态环保宣传进机关、进企业、进学校、进社区、进农村，推广绿色节能建筑，推行节地生态安葬，引导群众生活方式向绿色节约转变。

（六）提升城市品质形象，建设现代化生态口岸城市

以创建全国文明城市为抓手，推动城市硬件和软件同步改善，城市功能和品位同步提升，塑造别具特色的城市品牌形象。坚持精致规划。围绕打造中等以上规模城市，高标准推进新一轮至2035年城市总体规划修编。编制桥头区控详规划，完善口岸通道、商贸流通、生产加工、文旅休闲和体育等功能，推动老城区、产业区和新城区互动整合，打造高标准现代化新城区。严格执行大黑河岛改造规划，保护好绿色主基调，打造生态优美、产业繁荣、文化先进、活力迸发的生态旅游岛。加快推进"多规合一"，坚决维护规划权威性、严肃性。坚持精心建设。实施街路硬化工程，推进第四中学两侧断头路、龙海路、龙科街延伸段等道路建设，对兴安街等8条巷道和5处停车场进行维修改造，让群众出行"不添堵"。实施园林绿化工程，扩大冬季绿色树种栽植面积，绿化4条街路，建设8处五色草景观。实施楼体亮化工程，对市区重要节点楼体整体亮化，改造升级老旧亮化设施，用五彩灯光妆点城市。实施景观美化工程，完成瑷珲—腾冲人口地理分界线主题公园主体工程，改造升级世纪广场，新增街角城市小品，以城市摄影师的视角，结合自然风光和标志性建筑，建设若干个城市观景平台。完善小区配套设施，已建小区尽快补齐服务设施短板，新建小区同步配建社区综合用房和群众活动场所。完成市区126栋楼体立面维护，维修改造90栋老旧住宅楼，加强老旧小区物业管理、弃管楼综合管理，推进老旧楼房电梯改造试点，有计划分步骤实施二次供水升级改造。完善棚改项目配套设施，确保居民如期回迁入住。推进城市燃气工程，新增覆盖居民1.5万户。打造魅力县城，加快北安祥和公园三期、嫩江生态景观公园、五大连池城区防洪堤景观带、逊克滨江公园、孙吴建华桥公园建设，让每个县城更有颜值。坚持精细管理。开展城市精细化管理提升年活动，用"绣花功夫""工匠精神"管理城市，完善环卫作业指标体系，加大市政设施精细化管护力度，集中整治主要街路违法建设、占道经营等城市乱象，建立市区一体管理模式，让城市更有序、更干净、更秀美。推进智慧城市建设，启动数字城管平台升级改造和智慧城管网络系统项目，推进市县两级数字化平台技术整合对接，利用大数据实现城市管理智能化。

（七）更加关注补齐民生短板，让群众共享振兴发展成果

坚持群众关注什么，我们就抓什么；群众不满意什么，我们就改进什么，尽心尽力为群众办好事、办实事。全力打赢精准脱贫攻坚战。坚持目标不变、靶心不散、频道不换，咬定总攻目标，一鼓作气、再接再厉，全力打赢决胜之战，确保现行标准下贫困村、贫困人口全部脱贫摘帽。坚持产业扶贫主攻方向，着力建设一批贫困人口参与度高、持续增收强的乡村特色产业。充分发挥扶贫小额信贷资金作用，提高扶贫资金拨付进度和使用效率，当年扶贫资金拨付率达到95%以上。完善脱贫攻坚长效机制，制定脱贫退出巩固提升方案，实施后续帮扶计划，严控返贫率，确保脱贫成果经得起检验。办好人民满意教育。深化教育体制机制和新时代教师队伍建设改革，推广嫩江义务教育学校教师"县管校聘"管理改革经验，与省同步启动高考综合改革，全市新建改扩建公办幼儿园3所，北安、嫩江、五大连池（含风景区）义务教育基本均衡发展通过国检，深化职业教育校企合作，成立黑河社区大学，提升老年大学办学水平，办好黑河技师学院。加快建设"健康黑河"。加大公共卫生投入力度，加强重大传染疾病防控。深化医药卫生体制改革，加快建立现代医院管理制度，抓好嫩江第一人民医院薪酬制度改革试点，严格控制全市公立医院医疗费用增长幅度，降低17种抗癌药品价格并纳入医保目录，五大连池人民医院康复中心综合楼投入使用，北安启动申报国家卫生城市。加强中俄卫生交流，深化诊疗技术合作。打造边疆特色文化体育品牌。办好市民社区文化节等群众文化活动，组织创作优秀文艺作品，扩建升级黑河俄罗斯油画城，筹建黑河图书馆和史志档案馆，谋划建设黑河地名文化馆、科技馆，加强博物馆建设，弘扬独具特色的北疆文化。举办市第六届运动会，开展"冰雪体育之冬""百万青少年上冰雪"系列活动，启动全国全民运动健身模范市（县、市、区）创建工作，推动建设黑河冰球馆，新建冰雪类体育场地170处，形成15分钟健身圈，打造充满活力的动感城市。推进人才强市建设。用心用情用事业用待遇留住人才，制定出台更有含金量的人才政策，大力培养选拔本地人才，柔性引进高层次人才，为研究生、一本院校毕业生提供人才绿色通道，深化对俄人才交流合作，让各类人才创业有机会、干事有舞台、发展有空间。完善就业和社会保障体系。以创新引领创业、创业带动就业，推进各类孵化服务机构发展和科技型企业孵化培育，促进型支出占就业资金支出比重提高到50%，全市新增就业1.45万人，城镇登记失业率控制在4.3%以内。加大社会保险扩面征缴力度，推进机关事业单位养老保险制度改革。完善城乡基本医疗保险制度和大病保险制度，实施以按病种付费为主的多元复合式医保支付方式改革，稳步推进医保异地就医直接结算，城乡居民医疗保险政府补贴标准由每人每年490元提高到520元。提高贫困群体综合救助和精准救助能力，推进养老院服务质量标准化建设，完成北安、逊克、爱辉区中心敬老院适老化改造，让更多老年人安享幸福晚年。大力发展慈善事业，建立政府推动、社会支持、群众参与的新机制。维护社会和谐稳定。提升社区服务功能，推进城乡社区治理体系建设。完善安全生产和应急管理责任体系，健全风险防控和隐患排查治理双重预防机制，深入推进"智慧消防"建设，加快应急管理信息化建设，提高应急管理保障能力，全面防范遏制事故灾害，坚决遏制重特大安全生产事故发生。坚持属地属事相结合，深入开展社会矛盾纠纷排查化解专项行动，领导干部带头解决疑难信访问题，维护群众合法利益诉求。开展公共安全隐患排查治理行动，完成城乡视频监控"雪亮工程"建设，高压纵深推进"扫黑除恶"专项斗争，推进社

会治理体系现代化,提高预测预警预防能力,打造“平安黑河”升级版。支持国防建设和军队改革,巩固全国双拥模范城创建成果,推进军民融合深度发展,维护边境安全稳定。依托现有公园建立国防教育主题公园。落实好退役军人接受安置、抚恤、优待、培训等保障政策,维护退役军人合法权益。进一步做好老区、侨务、妇女儿童、民族宗教等工作。

(八)重塑营商环境,用良好环境聚人聚财聚发展要素

深入贯彻落实省优化营商环境条例和重塑营商新环境的意见,以“办事不求人”为目标,着力打造高效透明的政务环境、公平正义的法治环境、诚信守约的人文环境、绿水青山的生态环境、风清气正的政治生态环境,形成“人人都是营商环境、个个都要做好黑河主人”的浓厚氛围。推进“放管服”改革。以“放”为原则,以“不放”为特例,让企业和群众办事“只进一扇门”。加快全市一体化在线政务服务平台建设,实现政务服务“一张网”。推进“最多跑一次”改革,做到大多数事项“网上办”,其他事项网上预约“现场办”,必须到窗口事项“一次办”,企业特殊审批事项“我帮办”。探索实行企业投资项目“承诺制、零审批”改革和政府投资项目“一表一窗”联审会审,对重点项目实施“代办制”“驻场制”,以“保姆式”服务定期跟踪项目进展、手续办理、完成投资等情况。制定出台公共资源交易管理办法和交易目录,整合纳入统一平台,实现阳光交易。降低企业制度性交易成本。推行多证合一、证照分离,推进市场主体登记全程电子化,企业开办时间压缩到8个工作日以内,不动产登记5个工作日内办结。落实便利办税措施,提升纳税服务水平。深入推进“双随机一公开”监管模式,加强事中事后监管,开展营商环境评价。构建诚信体系,健全诚信“黑名单”制度,严厉查处失信违诺行为。激发市场主体活力。全面深化国资国企改革,建立现代企业制度,抓好市场化选聘职业经理人试点,以资金加平台模式吸引社会资本,确保国有资产保值增值。认真落实国家和省扶持民营经济发展政策,制定出台具体措施,增强民营经济活力。深入开展质量提升行动,各县(市、区)全部设立政府质量奖。建立完善挂牌上市企业后备资源库,支持具备条件企业上市融资。建立市级协调推进机制,定期举办政银企对接会,加强金融服务实体经济情况评估,积极帮助企业解决难题,增强亲商尊商富商意识,构建“亲”“清”新型政商关系。

三、全面加强政府自身建设

使命重在担当,实干铸就辉煌。当前,黑河发展改革开放的蓝图已经绘就,目标已经明确。我们要敢于刀刃向内自我革命,在敢为上勇担当,在能为上增才干,在有为上重实效,不断提升履职能力和水平。旗帜鲜明讲政治。扎实开展“不忘初心、牢记使命”主题教育,树牢“四个意识”,坚定“四个自信”,做到“两个维护”,增强政治敏感性,站稳政治立场,铸牢忠诚“第一底色”。强化风险意识,保持斗争精神,全面防范化解政治、意识形态、经济、科技、社会、外部环境、党的建设等领域重大风险,应对好每一场重大风险挑战。对于中央和省重大决策部署,用最快的时间反应、最短的期限落实、最好的成效反馈,坚决杜绝视而不见、反应迟钝、漠然处之、无动于衷。打开解放思想“总开关”。以解放思想推动高质量发展大讨论为契机,着力破除传统思维观念束缚,坚决向“旧、怕、平、懒”突出问题宣战。要有想干事、能干事、干成事的气魄,只要有利于深化供给侧结构性改革,有利于加快培育经济增长新动能,有利于激发市场主体活力,有利于增强人民群众获得感,有利于调动广大干部积极性,就要敢想敢干、敢闯敢试、敢打敢拼,把解放思想的成效体现到推动高质量发展上。提高依法行政水平。树立法治思维,坚持依法办事,加强立法工作,把政府工作全面纳入法治化轨道。坚决贯彻市委各项部署,自觉接受人大依法监督、政协民主监督,广泛听取社会各界意见建议,确保政府工作更加符合社情民意、符合法治要求。严格执行重大行政决策程序,规范以政府名义签订的协议和契约,新官也要依法依规理旧账。全面落实“七五”普法规划,增加学法频次,提高学法质量,强化学法考核,以政府尊法知法带动全社会信法守法。弘扬务实担当作风。从小事小节做起,从文风会风改起,改出新气象、新担当、新作为。加强机构改革后政府系统履职尽责意识和素质能力建设,探索实施政府绩效管理,实行扁平化模式,把继承优良传统与科学方法结合起来,给“良心活”套上“硬约束”,让“旁观者”变成“干事者”。大力倡导走上去、走出去、走下去,少些痕迹、多些足迹,不搞花架子、不做表面文章,抓重点抓关键,精准整治形式主义官僚主义,不让职责空位,不使工作空转,提振精气神,时刻在状态,把全部精力用在抓落实上。守住廉洁从政底线。认真履行全面从严治党主体责任,严格落实“一岗双责”,既紧盯“关键少数”,又管好大多数,以零容忍的态度坚决惩治腐败,做到真管真严、敢管敢严、长管长严。牢固树立过“紧日子”思想,从严控制“三公”支出,用政府的“紧日子”换来群众的“好日子”。充分发挥审计监督作用,加强重点资金和项目审计监管,强化权力运行监督制约,树立政府清廉清正清明良好形象。

中国人民政治协商会议黑河市委员会常务委员会工作报告

——在政协黑河市第六届委员会第三次会议上

政协黑河市委员会副主席　姚　龙

（2019 年 1 月 29 日）

各位委员，同志们：

我受政协黑河市第六届委员会常委会委托，向大会报告工作，请审议。

2018 年工作回顾

过去一年，中共黑河市委团结带领全市人民，深入学习、全面贯彻中共十九大精神和习近平新时代中国特色社会主义思想，坚持稳中求进工作总基调，践行新发展理念，走绿色崛起、创新发展、开放发展、融合发展、差异化发展之路，着力构建“十大新体系”，现代化新黑河建设迈出坚实步伐。特别是市委六届五次全会的胜利召开，为贯彻落实习近平总书记在深入推进东北振兴座谈会上的重要讲话精神和对龙江工作重要指示精神，开启黑河跨越发展、全面振兴的新征程提供了坚强的思想保证、政治保证和组织保证。市委高度重视政协工作，切实加强对政协工作的领导，听取政协常委会和政协党组工作汇报，为全市政协事业健康发展提供了组织保障。

市政协常委会高举爱国主义、社会主义旗帜，坚持团结民主两大主题，主动服务全市大局，扎实做好各项工作。全年共开展协商议政活动 48 次；组织专题调研和视察活动 12 项，报送工作报告 12 篇；征集提案 222 件；收集社情民意信息 28 份。这些履职成果得到了市委、市政府的高度重视，提出的许多建议已转化为决策部署和工作措施。

——抓理论学习，牢牢把握政协工作的正确政治方向。坚持把提升思想认识、坚定政治定力放在首位，不断强化理论学习和思想引领。坚持理论武装。通过党组会议、主席会议、专题会议和参加培训等形式，深入学习中共十九大和十九届二中三中全会精神、习近平新时代中国特色社会主义思想和习近平总书记在深入推进东北振兴座谈会上的重要讲话精神，牢固树立“四个意识”，坚定“四个自信”，做到“两个维护”，全面贯彻执行党的路线方针政策，始终在思想上政治上行动上同以习近平同志为核心的党中央保持高度一致。夯实思想基础。召开理论研讨会，政协常委会专题传达，带领委员认真学习习近平总书记关于加强和改进人民政协工作的重要思想，努力把新思想新观点新论断转化为人民政协的工作思路和务实举措。服从市委领导。认真学习市委六届三次四次五次全会精神，及时主动向市委汇报工作、请示重要事项，自觉围绕全市大局谋划和开展政协工作，保证市委决策部署在政协得到贯彻落实。加强党的建设。认真学习贯彻中共中央办公厅《关于加强新时代人民政协党的建设工作的若干意见》和首次召开的全国、全省政协系统党建工作座谈会议精神，落实从严治党主体责任，全面加强政协党建工作，充分发挥政协党组的领导作用、党支部的战斗堡垒作用和共产党员的先锋模范作用。

——抓协商议政，紧紧围绕经济社会发展关键问题咨政建言。制定 2018 年度协商计划，精心组织政协例会，深入开展协商议政活动。集中协商谋全局。在六届二次全体会议上，委员围绕做强旅游产业、建设互联网 + 地产品平台、办好中俄文化大集、优化营商环境、发展边民互市贸易、提升社区服务水平等 12 个课题进行大会发言；紧扣实现“五大目标”、实施“五个战略”、打赢“五个攻坚战”、推进“十大新体系”，对《政府工作报告》和其他报告进行了协商讨论。委员们集思广益，提出了许多富有建设性操作性的意见建议，为市委市政府谋划全局提供了重要参考。专题协商议重点。政协常委会议先后围绕绿色发展和生态保护的关键问题开展专题协商议政，常委会议组成人员潜心研究问题、深入磋商讨论，努力提出务实管用的意见建议。主席会议着眼新形势下政协履行职能新途径新方式的探索，注重强化政协自身建设的研究，提出了一系列促进政协工作科学化的有效措施。对口协商提对策。各专门委员会加强与有关部门的对口联系，应邀参加各类协商会、听证会、情况通报会以及征求意见会，并就产业发展、城市建设、公共交通、环境保护、食品安全等问题进行对口协商，督促解决问题、改进工作，收到了较好成效。四是提案协商促落实。采取主席领办、协商督办、专题视察、跟踪问效等方式，进一步加大提案办理工作力度，提案反映问题得到妥善解决，提案办理质量有了新提高。承办全省市地政协提案工作座谈会，与参会单位书面交流工作经验，向省政协报送《黑河市政协关于规范提案质量评价标准及方法的几点建议》，努力推动提案工作迈上新台阶、展现新作为。

——抓调查视察，为加快现代化新黑河建设步伐献计献策。始终把调查视察作为政协围绕中心、服务大局、发挥作用的重要形式，按照谋大事、出精品、见实效的原则，由各位主席分工负责，专委会组织实施，联合政协各参加单位和政府有关部门开展活动。助推现代农业强市建设。聚焦建设全域农业绿色发展示范区，打造黑河绿色功能性食品品牌,专题调查农产品现代物流产业发展问题,谋划农产品“卖得出”的应对之策,《北方时报》进行了跟踪报道,《黑河日报》刊登了调查报告;专题视察农产品的生产、包装、仓储物流及销售工作情况,研究农产品“卖得好”的有效路径。助推国际著名旅游目的地建设。聚焦以国家AAAAA级旅游景区标准建设和经营城市,把黑河市区建设成为最大景区、最美旅游目的地,调查研究深度开发城市旅游资源问题,提出把黑河城区打造成为牵动全域旅游发展的门户、枢纽、中转站的工作建议。助推对外开放战略升级。聚焦跨境经济合作区建设,争取省政协的支持帮助,向全国政协全会提交了《关于依托中国黑龙江省黑河市与俄罗斯阿穆尔州布拉戈维申斯克市设立国家级跨境经济合作区的建议》,被确立为商贸旅游类130号提案,交商务部承办,同时还在全国政协全会分组讨论、黑龙江省政协重要会议、港澳台侨界别会议上多次提议,对黑河市跨境经济合作区争取工作起到了积极推动作用。专题调查黑河市场俄罗斯商品销售监管情况,呼吁加大监管力度,着力提升规范化、品牌化水平。助推产业培育发展。聚焦做大做强国际汽车低温试验基地,先后两次视察试车基地,走访试车企业,找短板、提对策。助推建设更加优美生态环境。聚焦树立践行绿水青山、冰天雪地就是“金山银山”理念,专题调查国家公园争取设立工作情况,建议紧盯政策、抢抓机遇,强化责任担当,积极主动向国家和省沟通、汇报、争取设立国家公园工作。助推保障和改善民生。聚焦“健康黑河”建设,研究规范职工体检的方法路径,市委市政府采纳我们的建议,从2019年起职工体检费每人每年400元列入财政预算。聚焦完善公共服务体系,寻求破解老年人活动场所供求矛盾突出、布局不尽合理、活动形式单一等问题有效措施。助推整顿作风优化营商环境。把民主监督寓于调查、视察活动之中,聚焦提高领导干部运用法治思维和法治方式开展工作的能力,参与“七五”普法中期检查验收工作,积极为依法治市、民主法制建设工作献计出力。聚焦紧盯关键岗位、重点部门、涉企行为、服务窗口单位和关键人,专题视察黑河城区道路交通管理工作情况,顺应群众期盼,提出改进工作的意见建议。过去一年的调查视察活动都形成了工作报告,秦恩亭书记、马里市长等领导同志多次对我们工作报告作出重要批示,为政协工作成果转化创造有利条件。

——*抓合作交往,广泛汇集社会各界力量*。充分发挥人民政协联系广泛、人才荟萃的独特优势,主动联谊,促进团结,扩大影响。搭建团结合作平台。充分尊重各民主党派、工商联和无党派人士的政治权利、政治地位,密切对接协调,定期走访交流,及时通报情况,积极邀请参加政协例会、专题调研、视察监督等履职活动。一年来,党派团体参与调研视察、进行例会发言近200人次,提交提案79件,做到了参政有舞台、建言有机会、协商有渠道。切实加强界别工作。经常走访民族村镇和民族代表人士,专题视察民族特色经济发展工作,维护民族团结和谐。密切与宗教界代表人士联系,加强思想引领,解决实际困难,促进宗教和睦。专程上门走访本地民营企业、在黑河投资创业外阜知名人士、黑河历史人物后裔,增进情感认同。进一步紧密工作联系。配合全国政协、省政协在黑河开展优化营商环境、推动对俄经贸高质量发展、加快物流业发展、矿山综合治理等多项视察调研活动,全面展现黑河发展成就,争取更多帮助和更大支持。加强对县(市、区)政协的工作指导,联合开展活动,进一步提升了全市政协整体工作水平。积极开展工作互访。根据工作课题需要,组成4个工作组,赴广东、云南、山东等地进行考察学习。率领黑河代表团参加2018中国保山腾冲第六届边境贸易交易会。接待来自全国政协、北京、广东、山东、湖北、四川等政协来访团组23个。在工作互访过程中,宣传了黑河,建立了联系。

——*抓自身建设,努力提高履职尽责能力*。把加强自身建设作为履行职能的基础性工作,不断加以改进和提高,为更好履行职能奠定坚实基础。加强委员队伍建设。举办继承发扬长征精神、提高履职能力水平培训班和提案网络管理系统应用培训班,在常委会上举办《中华人民共和国宪法》和《中国人民政治协商会议章程》专题讲座,委员的政治素养和业务素质得以提升。开展表彰优秀委员、展示委员风采等活动,委员履职尽责的积极性主动性进一步增强。加强专委会建设。在市委市政府的支持下,调整充实专委会工作人员。在年度工作安排上充分听取并采纳专委会的意见建议,在年度工作落实上要求专委会既要承担起组织者的责任,还要承担起研究者的责任。专委会工作面貌焕然一新。加强政协机关建设。推进“两学一做”学习教育常态化制度化,深入开展机关作风整顿活动,全面启动解放思想推动高质量发展大讨论活动,着手创建省级精神文明单位,机关干部宗旨意识、责任意识和自律意识得到进一步提升,形成了爱岗敬业、求真务实、争创一流的良好氛围。

各位委员、同志们!过去一年,我们的每一点进步、每一份收获,都离不开中共黑河市委的坚强领导,离不开市政府、党政各部门和社会各界的大力支持,离不开全体政协委员和政协工作者的辛勤奉献。在此,我代表市政协常委会,向所有重视、关心、支持、参与政协工作的领导和同志们,致以衷心的感谢和崇高的敬意!

回顾过去一年的工作,我们感到还存在一些差距,主要是:协商民主实践有待深入;民主监督力度有待加大;参政议政水平有待提高;活动方式方法有待创新等。对此,我们将引起高度重视,认真研究解决。

2019年工作意见

2019年是新中国和人民政协成立70周年,也是黑河市决胜全面建成小康社会的决定之年和实现跨越发展、全面振兴的关键之年。在新的一年里,市政协常委会要坚持以习近平新时代中国特色社会主义思想和习近平总书记在深入推进东北振兴座谈会上的重要讲话精神、对龙江工作重要指示精神为指导,认真贯彻落实市委六届五次全会和《政府工作报告》的总体部署,紧扣中心,把握重点,积极组织政治协商,认真搞好民主监督,扎实开展参政议政,进一步开创政协工作的新局面，为加快推进现代化新黑河建设贡献智慧和力量。

一、坚决维护核心，牢牢把握政协工作政治方向

始终把思想政治建设摆在首要位置，团结引导各党派团体和社会各界人士，进一步在道路、方向、目标上形成统一意志和步调。要深入学习贯彻习近平新时代中国特色社会主义思想、习近平总书记关于加强和改进人民政协工作重要思想和在深入推进东北振兴座谈会上的重要讲话精神，切实增强"四个意识"，坚定"四个自信"，通过理论大学习、思想大武装促进工作质量大提升。要把政协工作置于全市工作大局之中去审视、谋划和部署，始终与市委方向一致、目标一致、工作一致，真正做到同频共振。要强化政协党组把方向、管大局、保落实的核心作用，坚持抓党建促工作，深入贯彻落实中共中央办公厅《关于加强新时期人民政协党的建设工作的若干意见》，以党建新成效带动政协工作新进展。

二、坚持服务大局，聚焦全市中心任务咨政建言

紧扣黑河跨越发展、全面振兴的目标任务履职尽责，助推破解经济发展难题，助推全市重点工作顺利开展。要聚焦跨越发展、实际经济总量达到1000亿元等中心任务，重点围绕全域创建农业绿色发展示范区、重点产业和项目建设、壮大冬季试车、康疗养生、"互联网+"新型服务业、推动对俄合作转型升级、优化发展环境等方面协商议政、调研献策。坚持为民宗旨，围绕就业、教育、增收、社保、医疗、养老、居住、环境、食品安全等关系群众切身利益的问题，开展民生调研视察，及时反映民情民意，致力增进民生福祉。

三、坚持完善提升，持续深化协商民主建设

充分发挥人民政协作为协商民主重要渠道和专门协商机构的作用，着眼达成共识、凝聚力量，进一步拓展协商内容、丰富协商形式、规范协商程序、增加协商密度、提高协商成效。要认真落实"坚持协商于决策之前和决策实施之中"的要求，围绕中心大局和民生问题等，开展各种形式的协商，积极参与立法协商。要不断完善协商机制，提高协商民主制度化、规范化、程序化水平。

四、坚持团结民主，广泛凝聚社会各界合力

要搭建多形式合作平台，注重发挥各党派团体及社会各界人士在政协的主力军作用。要广泛团结联谊，加强与少数民族、宗教界代表人士的联系，密切与港澳台同胞、海外侨胞的交流，拓展与非公有制经济界、新经济组织、新社会阶层人士的交往。要大力弘扬正能量，鼓励广大委员走向基层、走向群众，发挥桥梁纽带作用，助力党委政府释疑解惑、化解矛盾，汇集起团结奋进、共促发展的强大合力。

五、坚持固本强基，全面提升履职能力水平

要尊重委员主体地位，优化委员联系服务，加强委员学习培训，着力建设一支懂政协、会协商、善议政、作风硬的委员队伍。要深入研究发挥界别作用的方式途径，建立规范有序的界别活动机制，充分发挥专委会在组织活动、联系界别、联络委员中的基础作用。要加强对县市区政协的工作指导，健全协同联动工作机制，努力提高全市政协工作整体水平。要以"两学一做"常态化制度化和解放思想推动高质量发展大讨论为载体，持续提升机关干部政治素质、业务能力和服务水平，把政协机关建设成为政协委员之家、各界人士之家、基层政协之家。

各位委员、同志们，新时代开启新征程，新目标赋予新使命。让我们更加紧密地团结在以习近平同志为核心的中共中央周围，在中共黑河市委的坚强领导下，以饱满的热情、创新的举措、务实的作风，扎实推进政协各项工作，为黑河跨越发展、全面振兴做出新的更大贡献，以优异成绩迎接新中国成立70周年，迎接人民政协成立70周年！

大 事 记

1月

3日　全市县处级领导干部学习贯彻习近平新时代中国特色社会主义思想和中共十九大精神轮训班(第一期)在黑河市委党校正式开班。市委书记秦恩亭为学员作专题辅导报告。

同日　俄罗斯哈巴罗夫斯克喜悦歌舞团的168名青少年驶过界江抵达黑河市,拉开首届"冰上丝绸之路"远东中俄青少年艺术周暨第六届"冬之韵"活动的序幕。

5日　市委书记、市委全面深化改革领导小组组长秦恩亭主持召开六届市委全面深化改革领导小组第八次会议,传达十二届省委全面深化改革领导小组第八次、九次会议精神,讨论审议《中共黑河市委黑河市人民政府关于加强和完善城乡社区治理的实施方案》《中共黑河市委黑河市人民政府关于深入推进安全生产领域改革发展的实施意见》《黑河市关于进一步深化文化市场(文物)综合执法改革的实施方案》,研究市委全面深化改革有关工作。市领导谢宝禄、于凤荣、姚志波、张野、姜杨、张崇义等参加会议。

8日　市委反腐败协调领导小组2018年第一次会议提出,要以中共十九大精神为指引,通力协作、密切配合,为建设风清气正的政治生态提供有力保障。市委常委、市纪委书记、市监委主任、市委反腐败协调领导小组组长张野主持会议并讲话。

11日　由黑河市文广新局、俄布市文化局主办,黑河市人民艺术剧院、布市爵士乐团承办的启航2018国际乐团新春音乐会在黑河市人民艺术剧院演出。"中俄国际乐团"的组建,开创了"一带一路"沿线国家合作演出新模式,标志着黑河市对俄文化交流与艺术资源共享实现新突破。

12日　黑河市召开清河行动动员会,贯彻落实省河长办安排部署,制定清河行动方案,在全市范围内开展清河行动,确保实现河畅、水清、岸绿、景美的治理目标。市委常委、副市长赵起超出席会议并讲话。

14日　2018中俄界江黑龙江(阿穆尔河)国际冰球友谊赛在黑龙江黑河市域江面上开赛。黑龙江省副省长孙东生、俄阿州州长科兹洛夫出席开幕式并致辞。市领导秦恩亭、谢宝禄、杜久武、陈晓杰、曹文兴,省体育局局长杨涛,省外事办副主任宋明文等出席开幕式并观看比赛。

同日　副省长孙东生到黑河就冰雪文化旅游产业发展进行调研。孙东生强调,要深挖地域文化,树立品牌意识,打造精品景点线路,发展壮大富有黑河地方特色的冰雪文化产业。省体育局局长杨涛,副市长陈晓杰、马春波陪同调研。

15日　由爱辉区举办的中国·瑷珲2018寒地国际试车旅游节,在中俄界江黑龙江黑河市域上举行开幕式。副市长马春波、彭海涛,爱辉区领导,以及一汽大众汽车有限公司德国专家、试车企业、汽车公司代表等参加开幕式。活动为期4天。

16日　市政府召开《黑河市构建对俄合作新体系研究报告》课题结项会。市委副书记、市长谢宝禄出席会议并讲话。省社科院副院长刘爽,省社科院俄罗斯研究所专家就该报告起草背景和依据、基本情况、主要思路和框架进行说明;市政府办和市社科联、商务局、财政局、工信委等相关部门负责人员参加会议。

17日　中央电视台春节期间推出的"我们的中国梦——《2018年东西南北贺新春》特别节目"年度贺岁节目在黑河市友谊宫广场完成录制。独具中俄特色的17个精选节目营造出喜悦欢腾的节日气氛,向全世界展示新时代边境城市崭新气象。

19日　市委召开经济工作会议,深入贯彻中共十九大和中央、省委经济工作会议精神,分析当前经济形势,部署2018年全市经济工作,动员全市上下在新征程的起步阶段奋力推进跨越赶超。市委书记秦恩亭出席会议并讲话,强调要以习近平新时代中国特色社会主义经济思想为引领,全面贯彻落实中共十九大和中央、省委经济工作会议精神,准确把握新时代黑河发展的基本特征和重大机遇,坚定信心推进跨越发展;牢牢抓住优势和特色多领域发力,推动经济高质量发展;坚持和加强党对经济工作的领导,切实提高驾驭新时代经济建设的能力和水平,为决胜全面建成小康社会、推进黑河全面振兴、开启现代化新黑河建设新征程而努力奋斗。市委副书记、市长谢宝禄对2018年经济工作作出具体部署;市委副书记姚志波主持会议并作总结讲话。市领导姜杨、白景新、张崇义、蔺波等出席会议。

22日　中共黑河市委常委班子召开2017年度民主生活会,通报2016年度民主生活会整改措施落实情况和2017年度民主生活会征求意见情况;市委常委班子及成员围绕学习领会习近平新时代中国特色社会主义思想，坚定维护以习近平同志为核心的党中央权威和集中统一领导，全面贯彻落实中共十九大精神，按照“六个聚焦”要求，做对照检查，开展批评与自我批评。市委书记秦恩亭主持会议并作总结讲话；省委督导组组长、省纪委常委李纯及省督导组成员到会指导。市委领导谢宝禄、姚志波、张野、姜杨、白景新、赵起超、张崇义等出席会议。

25日　出席黑龙江省第十三届人民代表大会第一次会议的黑河代表团举行全体会议，围绕省政府工作报告及大会相关报告展开讨论。省委常委、政法委书记甘荣坤，省政府秘书长李显刚参加黑河代表团全体会议。黑河代表团团长、市委书记秦恩亭主持会议；市领导张野、姜杨、蔺波及黑河代表团其他代表参加会议。

29日　黑河市召开全市宣传部长会议，认真总结2017年工作，分析当前形势，对当年宣传思想文化工作提出要求。市委常委、宣传部部长徐飞出席会议并讲话。

2月

2日　市委书记秦恩亭主持召开中共黑河市委六届29次常委会，传达省“两会”精神，听取市人大、市政府、市政协、市法院、市检察院党组工作情况汇报，听取关于全省“扫黑除恶”专项斗争电视电话会议精神及贯彻落实意见的汇报，听取关于全省宣传部长会议精神及贯彻落实意见的汇报，听取关于十二届省纪委二次全会精神及贯彻落实意见的汇报，研究市纪委六届三次全会有关筹备工作，讨论《关于建设风清气正政治生态成效的考核办法（试行）》，讨论《中共黑河市委关于坚决维护以习近平同志为核心的党中央权威和集中统一领导的具体意见》，讨论《市委常委会关于进一步改进工作作风密切联系群众的规定》，讨论审议《黑河市关于全面深化国资、国企改革的实施意见》。

3日　“黑河大豆网”电商平台建设正式启动。同时，市级电商平台——瑷珲e购首届中俄年货大集开幕，标志黑河市“互联网+”推进工作迈出重要一步。市委副书记、市长谢宝禄，市委常委、副市长赵起超，省供销总社惠丰金源电子商务公司董事长张天华，爱辉区委、区政府主要领导出席开幕式并共同按下启动球。

同日　全市电商平台建设工作推进会议在黑河召开，进一步统一思想，提高认识，明确任务，强化措施，研究部署电商平台建设工作。市委常委、副市长赵起超出席会议并讲话。

5日　黑河市召开“扫黑除恶”专项斗争电视电话会议，贯彻落实国家和省“扫黑除恶”专项斗争会议精神，传达市委书记秦恩亭关于开展“扫黑除恶”专项斗争批示精神，部署黑河市开展为期三年的“扫黑除恶”专项斗争。市委常委、政法委书记陈洪生出席会议并讲话。

6日　市委书记秦恩亭主持召开中共黑河市委常委（扩大）会议，听取2017年市委巡察工作情况汇报，对2018年巡察工作作出安排部署。会议强调，开展巡察工作是一项利党利国利民的重大政治任务，市县两级巡察部门和巡察干部要以高度的政治自觉和强烈的政治担当，持续深入开展好巡察工作，保持巡察力度不减、标准不降、节奏不变，不断取得党风廉政建设和反腐败斗争新成效，为决胜全面建成小康社会，推进黑河跨越发展、全面振兴提供坚强的政治保障。

同日　中国共产党黑河市第六届纪律检查委员会第三次全体会议在黑河召开，深入学习贯彻习近平新时代中国特色社会主义思想，全面贯彻落实中共十九大、十九届中央纪委二次全会和十二届省纪委二次全会精神，安排部署2018年全市党风廉政建设和反腐败工作。市委书记、市人大常委会主任秦恩亭出席会议并讲话。市领导姚志波、张野、姜杨、张崇义、徐飞、陈洪生等出席会议。

同日　黑河市委召开2017年度县（市、区）委和市直党（工）委书记抓基层党建工作述职评议会，对各县（市、区）委、市直各党（工）委书记抓基层党建工作进行述职评议。会议强调，要切实担负起全面从严治党的政治责任，不断提升基层党建工作科学化水平，为推动中共十九大精神落地生根和黑河实现跨越发展、全面振兴做出贡献。市委书记、市人大常委会主任秦恩亭主持会议并作总结讲话；省委督导组组长、省基层办副主任刘敬群及省委督导组成员到会指导。市领导谢宝禄、姚志波、张野、姜杨、张崇义、徐飞、陈洪生出席会议。

8日　市委副书记、市长谢宝禄在黑河口岸会见俄阿州州长科兹洛夫一行，双方就加强中俄地方合作交流，加快推进跨境基础设施建设，促进文化、旅游合作等事项进行工作会谈。阿州政府第一副主席杰久什科，副市长王刚出席会议。

9日　黑河市召开安全生产视频会议，贯彻落实全国、全省安全生产电视电话会议精神，总结过去工作，安排部署2018年及春节、全国“两会”期间安全生产工作。市委常委、副市长孙恒义出席会议并讲话。各县（市、区）政府、五大连池管委会相关负责人在各分会场参会。

15日　市委书记秦恩亭看望慰问黑河好八连某边防哨所执勤官兵及黑河市除夕夜仍坚守在工作岗位上的一线干部职工。

23日　中国火山地质博物馆布展施工项目在五大连池风景区动工。

23—24日　由中国畜牧业协会牛业分会会长、中国农业科学院畜牧研究所研究员、博士生导师许尚忠及动物营养学专家孟庆翔等专家组成的评审考察团到孙吴县，对肉牛养殖工作进行调研，并于24日举行“中国安格斯肉牛之乡”落户孙吴授牌仪式。

25日　市委书记、市委全面深化改革领导小组组长秦恩亭主持召开六届市委全面深化改革领导小组第十次会议，对市委全面深化改革有关工作进行研究和部署，传达十二届省委全面深化改革领导小组第十次、第十一次会议精神,审议《2017年市委全面深化改革工作总结》《中共黑河市委全面深化改革领导小组工作规则》《中共黑河市委全面深化改革领导小组专项小组工作规则》《中共黑河市委全面深化改革领导小组办公室工作细则》;讨论并原则通过《黑河市农业绿色发展示范区建设规划(2018—2020年)》《黑河市农业绿色发展示范区建设整乡(镇、场)推进试点工作方案》。

26—27日　市委农村工作会议在黑河召开。会议全面贯彻落实中共十九大和中央、省委农村工作会议精神,安排黑河市"三农"工作,部署实施乡村振兴战略,加快推进农业农村现代化,谱写现代化新黑河建设的"三农"新篇章。市委书记秦恩亭出席会议并讲话;市委副书记、市长谢宝禄作具体部署。

27日　黑河市召开脱贫攻坚工作会议,总结2017年工作,部署2018年重点任务。会议强调,全市上下要不负重托、不辱使命,以打赢打好脱贫攻坚战的成绩单,向党和人民交上一份满意答卷。市委书记秦恩亭出席会议并讲话,市领导于凤荣、姚志波、张野、姜杨、孙恒义、赵起超、张崇义、蔺波出席会议。

3月

1日　市委政法工作会议召开。会议传达了省委政法工作会议和市委书记秦恩亭对政法工作的指示精神,总结2017年工作,部署2018年工作。市委常委、政法委书记陈洪生出席会议并讲话,副市长、市公安局局长邓福才主持会议,市中级人民法院院长曲民,市人民检察院检察长孙晓军出席会议。

2日　黑河市召开市直机关工委直属基层党组织书记述职评议暨推进党建工作会议,总结交流机关党建工作经验,安排部署下步工作,进一步传导责任压力,推动基层党建工作不断取得新成效。市委常委、市委秘书长、市直机关工委书记张崇义出席会议并讲话。

6日　国家大豆产业技术体系2017年度工作会议在黑河召开,与会专家学者对大豆产业技术体系年度工作进行总结,深入研究和讨论2018年重点任务年度工作计划等,为打响黑河大豆品牌出谋划策,加快推动大豆产业振兴汇智聚力。市委书记秦恩亭出席会议并讲话。省农科院副院长来永才,市委常委、副市长赵起超出席会议;国家大豆产业技术体系首席科学家韩天富主持会议。全国农业技术推广服务中心负责人,国家大豆产业技术体系岗位科学家、综合试验站站长和部分团队成员,黑河市农委、爱辉区相关负责人参加会议。

同日　省第十四届运动会冬季项目雪上比赛分别在亚布力体育训练基地和玉泉北极滑雪场举行,黑河市运动员获4金3银3铜。

6—7日　以市人大常委会副主任张兆华为团长的中方45名妇女代表到俄布市,进行为期两天主题为"跨江互访二十载中俄姐妹一家亲"的共庆"三八"国际劳动妇女节友好访问。23—24日,俄阿州45名妇女组成的代表团到黑河进行回访。

8日　黑河市召开农业绿色发展示范区建设专家研讨会,市委书记秦恩亭出席会议并讲话。市委常委、副市长赵起超,国家大豆产业技术体系首席科学家韩天富及相关岗位科学家,相关部门负责人员参加研讨会。

13—15日　市委书记秦恩亭到逊克县、孙吴县调研农业绿色发展示范区建设工作。秦恩亭强调,要解放思想、转变观念,叫响农产品统一品牌,搭建统一营销平台,建立完善标准化生产、物资供应等各类保障体系,努力把黑河打造成全国绿色健康食品供应基地。市委常委、市委秘书长张崇义等陪同调研。

16日　黑河市召开2018年深化机关作风整顿优化营商环境大会,深入贯彻落实省委深化机关作风整顿优化营商环境的重要部署,巩固拓展全市机关作风整顿成果,安排全市深化机关作风整顿优化营商环境工作。市委书记秦恩亭出席会议并讲话。

22日　市委书记秦恩亭主持召开全市领导干部会议,贯彻落实全国"两会"精神,传达全省领导干部会议精神。市委坚决拥护全国"两会"作出的各项决议决定,坚决拥护省委贯彻全国"两会"精神作出的决策部署。各地、各部门要切实提高政治站位,坚决抓好贯彻落实,把黑河市跨越发展全面振兴的各项事业不断推向前进。市领导谢宝禄、于凤荣、姚志波、张野、姜杨、孙恒义、赵起超、张崇义出席会议。

28日　中俄东线天然气黑河过境段建设现场,黑龙江水下管道穿越工程打火开焊。这是迄今为止国内最大口径、最大壁厚管材的首次焊接。

29日　黑龙江省第十四届运动会冰上项目短道速滑比赛在黑龙江省冰上训练基地短道速滑馆开赛。黑河市运动员徐富在男子九圈追逐赛中,以1分26秒839的成绩夺冠。

同日　黑河华泰幸福科技有限公司在北京股权交易中心举行新四板挂牌仪式。

4月

3日　黑河市召开深化机关作风整顿领导小组第一次会议,贯彻落实全市深化机关作风整顿优化营商环境会议精神,听取领导小组办公室各工作组、政法专项组和专项整治牵头单位工作情况汇报,进一步明确任务、落实责任,推进作风整顿取得扎实成效。市委副书记姚志波主持会议并讲话。

3—4 日　省委常委、副省长贾玉梅一行到嫩江县就古驿站文化保护与挖掘,以及结合驿站文化开发旅游线路等开展调研,并与专家学者进行研讨。省直有关部门负责人员,副市长马春波陪同调研。

3—7 日　以中国工程院院士盖钧镒、国家大豆产业技术体系首席科学家韩天富等为代表的黑河大豆院士工作站知名专家学者齐聚黑河纵论大豆产业发展新路径,并为黑河大豆未来发展把脉开方。市委副书记、市长谢宝禄,市委副书记姚志波及各相关部门负责人员等先后陪同考察调研。

7—8 日　省委副书记、代省长王文涛到黑河调研。他强调,黑河要主动对接国家"一带一路"倡议,积极参与"中蒙俄经济走廊"建设,用好各项政策,完善各类对俄开放合作园区功能定位,发挥比较优势,吸引投资发展产业项目,带动经济增长,加快推动更高水平对外开放。副省长刘忻,省政府党组成员、省发改委主任王冬光;市委副书记、市长谢宝禄等陪同调研。

9—15 日　在天津市滨海新区举办的 2018 年全国中国象棋团体赛上,黑河市 18 岁的棋手何伟宁晋升中国象棋大师,成为黑河市首个获此殊荣的棋手。

11—14 日　市委书记秦恩亭,市委副书记姚志波率各县(市、区)委书记,市农委、市经合局主要负责人员以及黑河市 10 余家豆制品加工企业、农民专业合作社负责人,到上海参加第五届中国国际大豆食品产业发展大会暨 2018 中国豆制品行业年会。黑河市的参展企业与豆制品加工企业签署框架性合作协议 12 项、金额达 2.6 亿元。

13 日　在黑龙江省第十四届运动会冰上项目速度滑冰比赛成年男子全能 1 万米决赛中,黑河市运动员高鹏飞以 14 分 44 秒 20 的成绩夺得冠军。

13—14 日　省人大常委会党组成员、副主任宋希斌率调研组到黑河市,就乡村振兴战略实施情况进行调研。市领导孙恒义、蔺波等陪同调研。

14 日　中国·威海(黑河市)旅游推介会在黑河举行。两地分别就各自旅游资源进行推介,并共同签署旅游合作框架协议。

15 日　市国家安全工作领导小组组织 13 家单位及黑河市区各社区在中央商业步行街集中开展"4·15 全民国家安全教育日"宣传活动。市领导张崇义、邓福才,市检察院领导孙晓军出席活动,并与工作人员一起发放宣传单、宣传品、与现场群众交流互动。

16 日　黑河市 2017—2018 试车季从 2017 年 10 月 18 日至 2018 年 4 月 16 日结束,共有 144 户试车企业、3248 台试验车辆、5781 名试验人员到黑河进行汽车寒区试验,均创历史新高,分别比上年增长 10.8%、24.1%、64.1%。

22 日　按照中央和省委关于黑龙江与广东对口合作的相关部署,以及黑河市与珠海市签订的《对口合作框架协议》,黑河市分两批选派 20 名处级干部赴珠海市挂职锻炼。本日,第一批 10 名挂职干部赴珠海市开展为期 3 个月的挂职锻炼。

22—24 日　副省长孙东生率调研组到黑河市爱辉区、嫩江县就文教卫生等工作进行调研。副市长陈晓杰陪同调研。

23 日　黑龙江省第四届"书香中国·龙江读书月"暨 2018 年书香黑河全民阅读活动启动仪式在黑河举行,标志黑龙江省及黑河市全民阅读活动正式拉开帷幕。原国家新闻出版广电总局新闻报刊司司长李军、副省长孙东生出席启动仪式并讲话,省新闻出版广电局党组书记、局长赵洪生主持启动仪式。黑河市委副书记、市长谢宝禄致辞。

24 日　市委书记秦恩亭在黑河会见俄阿州政府副主席顿涅茨和车里雅宾斯克州经济发展部部长斯莫里尼科夫一行,双方就进一步深化交流合作进行会谈。

25 日　黑河市城乡规划委员会召开 2018 年第一次会议,研究《黑河市桥头区总体规划》《黑河市海绵城市专项规划(2017—2020 年)》《黑河市大黑河岛规划》,审查 32 个市区新建项目及地块改造项目。

27 日　黑河市农业绿色发展示范区建设暨春耕生产现场会在嫩江县召开,会议对农业绿色发展示范区建设和春耕生产进行统筹推进落实,确保创建农业绿色发展示范区实现良好开局。市领导姚志波、庞晓东出席会议,市直涉农部门,各县(市、区)主要负责人及涉农部门主要负责人、合作社理事长和种植养殖大户等共 400 多人参加会议。

5 月

2 日　黑河市召开创建全国文明城市工作推进会议,总结上一周期创建全国文明城市成果,对新一周期创建工作进行再安排再部署,动员全市上下进一步振奋精神、鼓舞士气,以背水一战的决心、志在必得的信心,全力打好创建攻坚战,为加快建设现代化新黑河营造良好城市发展环境,打牢思想道德基础。市委书记秦恩亭出席会议并讲话,市委副市记、市长谢宝禄主持会议,市委副书记姚志波宣读《2018—2020 年创建全国文明城市工作实施方案》。

同日　成都航空承运的 ARJ21－700 型号飞机由哈尔滨起飞在黑河瑷珲机场成功降落,并在 50 分钟后搭载旅客返航,标志着第 4 条哈尔滨—黑河航线正式开通。

4 日　黑河市纪念"五四"运动 99 周年表彰会议在黑河学院召开,表彰获第九届"黑河市青年五四奖章"的先进集体和个人,激励全市广大青年积极投身决胜全面小康、推进全面振兴、建设现代化新黑河做出新贡献。市领导姚志波、屈树广、马春波、曹文兴为获奖的先进集体和个人颁奖。姚志波在会上讲话。

4—7 日　由黑河市中俄青少年活动中心、俄罗斯哈巴罗夫斯克艺术少年宫主办的"冰上丝绸之路"远东青少年艺术周暨第九届"春之声"交流活动在黑河举行。今年是该项交流活动十周年,其间,黑河市中俄青少年活动中心打造的“冬之韵”“春之声”中俄青少年活动品牌,共开展中俄青少年大型交流活动65次,参加各类活动的中俄青少年近18万人次,为两国青少年友谊传承搭建了平台。

10日 为积极开展“瑷珲—腾冲线”研究,从科技智库角度服务两地建设和发展,助推“瑷珲—腾冲线”经济、产业、文化、旅游等领域大发展,郭华东院士工作站在“瑷珲—腾冲线”北端起点爱辉区揭牌成立。工作站成立后,将通过平台建设,引进团队,借助遥感技术,破解“胡焕庸线”在历史、环境、人口等方面问题。中科院遥感地球所院士郭华东、黑河市委书记秦恩亭为工作站揭牌。市委副书记、市长谢宝禄,市人大常委会副主任屈树广,市政协副主席赵殿举,国务院发展研究中心、北京大学、重庆市综合经济研究院等专家学者及爱辉区和云南腾冲市领导出席揭牌仪式。

11日 黑河龙江化工有限公司电石化工项目举行复工生产仪式。该项目已完成投资12亿元,年产10万吨电石一期项目、配套年产10万吨生石灰项目已具备投产条件。

12日 2018年黑河市全民健身活动启动仪式在黑河市世纪广场举行。副市长陈晓杰出席活动并讲话。市直机关工委、中省市直各党(工)委、爱辉区、体育社团组织、广大市民2500余人参加活动。

17日 黑河市召开“法治建设年”活动动员大会,深入贯彻落实全省“法治建设年”活动动员部署大会精神,对全市开展该项活动进行安排部署,动员全市干部群众奋力开创法治黑河建设新局面。市委书记秦恩亭出席会议并讲话。

18日 2018中俄边境城市展览会暨阿穆尔州国际洽谈会在俄阿州首府布市社会文化中心开幕,黑龙江省和黑河市组建政府、经贸代表团参会。省人大常委会副主任谷振春,黑河市委副书记、市长谢宝禄,中国驻哈巴罗夫斯克总领事馆代理总领事刘明彻出席开幕式;市政府秘书长隋冰及市贸促会、外侨办、商务局、旅游委、口岸办、合作区、驻阿办等相关部门负责人参加开幕式。黑河市组织省内外近百家企业赴布市参展。

19日 2018大黑河岛经贸合作论坛暨黑龙江省俄罗斯东欧中亚学会年会在黑河举行。论坛以全面提升中俄经贸合作水平为宗旨,围绕“一带一路”建设与欧亚经济联盟对接、深入开展中俄区域合作主题,以“中俄地方合作交流年”为平台,重点探讨建立合作新机制、开拓合作新领域,为开创中俄务实合作新局面,加快新时代黑龙江振兴发展提供智力支持。市委书记秦恩亭、省社科院党委书记周峰出席开幕式并作主旨发言;俄布市副市长科索拉波夫致辞。黑龙江省俄罗斯东欧中亚学会会员和中俄两国高端智库专家学者60多人参加论坛。

21日 2018中俄边境城市展览会暨黑河市大黑河岛国际经贸洽谈会在黑河市人民艺术剧院开幕。省委常委、副省长贾玉梅出席开幕式并致辞。黑河市委副书记、市长谢宝禄,俄阿州政府第一副主席杰久什科,俄布市市长加丽塔致辞。黑河市委常委、副市长孙恒义主持开幕式。市领导姚志波、姜杨、张崇义、庞晓东、马春波及中外各界嘉宾等出席开幕式。

21—22日 省委常委、副省长贾玉梅到黑河调研旅检口岸服务监管、外贸企业运行、汉麻产业等相关工作。市委常委、副市长孙恒义陪同调研。

22日 第八届中俄合作历史与前景研讨会在黑河召开圆桌会议。来自俄莫斯科、圣彼得堡、哈巴罗夫斯克等地的20多名专家、学者和中方嘉宾围绕“一带一路”“中蒙俄经济走廊”建设主题,就中俄人文及其他领域的合作现状和前景进行探讨,为中俄两国关系向深层次发展出谋划策。俄联邦驻中国沈阳总领事馆总领事白德福出席会议并致辞。

23日 由黑河市人民政府主办,黑河市第一人民医院暨黑河中俄友好医院承办,以“共享健康·共赢未来”为主题的2018中俄健康产业投资合作项目对接会在黑河举行。来自俄罗斯、美国、日本和国内各地的中外专家学者、企业家60余人参加研讨。黑河市第一人民医院分别与吴阶平医学基金会、俄布市市属国际合作中心、中日国际化医药合作中心、珠海市蓝海之略医疗股份有限公司和黑龙江省中医药科学院进行合作项目签约。

25日 黑河市委召开深入贯彻落实习近平总书记对黑龙江省重要讲话精神专题推进会议。市委副书记、市长谢宝禄出席会议并讲话。

28日 为积极推动、挖掘、继承、弘扬瑷珲历史文化,实现历史文化研究与瑷珲旅游产业发展的有机结合,爱辉区瑷珲历史文化研究会揭牌成立,并举办了2018瑷珲历史文化论坛。北京社会科学院研究员、著名历史学家、央视《百家讲坛》主讲人阎崇年,黑龙江社科院、中国社会科学院、北京师范大学的专家学者;市委副书记、市长谢宝禄出席揭牌仪式。

6月

1日 黑河中俄青少年活动中心在黑河举办主题为“七彩筑梦童心飞扬”的中俄青少年共庆“六一”国际儿童节系列活动,800余名中俄青少年参与活动。同时,在俄布市举办中俄青少年国际美术作品展,中俄两国小朋友200余幅绘画作品参展。

8—9日 国家民委党组副书记、副主任刘慧等,在省民委党组书记、主任刘明的陪同下到黑河市调研,详细了解黑河市《“十三五”促进民族地区和人口较少民族发展规划》《兴边富民行动“十三五”规划》实施进展情况,就两个“十三五”规划实施中期评估工作开展调研,交流探讨“十四五”规划前期研究需要关注的重大问题和有关规划编制工作意见、建议等。市领导谢宝禄、邓福才陪同调研。

8—12 日　市委书记秦恩亭率市委、市政府党政代表团赴“珠三角”地区，考察重点招商引资项目、推进重大项目建设和与珠海市对口合作有关事宜。副市长彭海涛及市委组织部、市发改委、财政局等单位负责人分别在广州、佛山、深圳、珠海等地参加了相关活动。

9 日　黑河市召开中央环保督察“回头看”推进会议，深入贯彻习近平生态文明思想，全面落实全省中央环保督察“回头看”工作动员会议精神和省中央环保督察整改工作领导小组会议精神，对黑河市生态环境保护和问题整改工作进行再强调、再安排、再落实。市委副书记、市长谢宝禄出席会议并讲话，市委副书记姚志波通报全市环境保护整改问题进展情况，市委常委、副市长孙恒义主持会议。

10 日　黑龙江省第三届农民文化艺术节五大连池片区集中展演开幕式暨黑河市汇报演出在五大连池市国际文体交流中心举行。伊春、大兴安岭、黑河三地参加展演。

11 日　黑龙江省首届古驿路历史文化与旅游发展论坛在古道驿站嫩江县举行。副市长陈晓杰出席论坛。省旅游委、省社科院，黑河市、齐齐哈尔市、大庆市、大兴安岭地区旅游委、社科院相关负责人和专家、学者参加论坛。

15—19 日　第二十九届中国哈尔滨国际经济贸易洽谈会在哈尔滨举办，对俄经贸合作、项目建设、健康食品、传统工艺品制作、玛瑙玉石雕刻等极具黑河特色的展示，赢得与会嘉宾广泛关注。市领导谢宝禄、孙恒义、马春波参观黑河展区并迎接各界嘉宾。

17 日　《魅力中国城》黑河战队出征仪式在世纪广场举行，市委书记秦恩亭为竞演战队授旗并加油鼓劲，市委常委、市委秘书长张崇义主持出征仪式，市委常委、宣传部部长、《魅力中国城》黑河竞演战队队长马春波炫旗誓师。

同日　2018·黑河市公安机关跨区域反恐综合演练在五大连池风景区圣水广场举行，全市各级公安机关的 2300 余名公安民警和武警、消防、边防官兵参加演练。联合国教科文组织世界联合会美国协会主席、联合国教科文组织和平中心执行主席盖伊·杜肯应邀观看演练；副市长、市公安局局长邓福才出席演练活动；全市各级公安机关负责人现场观摩演练；5000 多名当地群众、国内外游客一起观看演练。

同日　市委宣传部、黑河中俄青少年活动中心共同主办“传承红色基因，汇聚强军力量”国防教育军旅行活动，市区 8 所小学的 100 余名师生参加活动。

同日　第 35 届五大连池火山圣水节开幕。联合国教科文组织世界联合会美国协会主席、联合国教科文组织和平中心执行主席盖伊·杜肯致辞。全国政协原副主席白立忱；省政协副主席张宪军、省民委副主任陈青；黑河市领导秦恩亭、陈晓杰、邓福才、姚龙出席开幕式。本次圣水节期间开展了互联网 + 文化 + 旅游 + 体育 + 矿泉特色产品的全面跨界整合推广，五大连池风景区旅游人数达到 17.1 万人次。

18 日　省贸促会、省国际商会、省绿色食品展销协会及黑河市政府在哈尔滨市举办绿色产品推介对接恳谈会，聚焦推进农业品牌建设、大力发展绿色农业等问题进行探讨。省贸促会会长王敬先，黑河市委常委、副市长孙恒义参加活动。

19 日　黑河市政府第三次安委会（扩大）暨全市重点行业领域安全生产专项整治动员部署视频会议召开，通报上半年全市安全生产情况，提出要深入贯彻落实全省重点行业领域安全生产专项整治电视电话会议精神，提高政治站位，强化责任担当，把安全生产工作盯紧、抓实、落靠，重点在非煤矿山、粉尘防爆冶金等工贸行业、危险化学品和烟花爆竹、煤矿、道路交通、水上交通、消防、建筑施工、城镇燃气、特种设备等行业领域开展专项整治。副市长、市公安局局长邓福才出席会议并讲话。

同日　由市文联、市农商行、市摄影家协会、市企业文联联合主办的黑河农商行杯“振兴发展看黑河”主题摄影展在市区中央商业步行街开幕。市领导王长玉、赵殿举出席开幕式并与市民共同观看摄影展。

22 日　市委书记秦恩亭就中央环保督察反馈问题整改工作进行调研。强调要高度重视中央环保督察交办问题的整改，做好水源地保护各项工作，确保全市人民群众喝上安全水、放心水。

同日　黑河市举行老干部工作先进集体和先进工作者表彰会。市财政局等 20 个单位、孔令元等 30 人分别获“全市老干部工作先进集体”“先进老干部工作者”称号。市委常委、组织部部长姜杨出席会议并讲话。市直离退休老干部刘兵来、战佩山、胡立川参加会议。

24 日　为不断增强公众应急意识和防灾避险能力，进一步提升政府和企业突发事故联合处置能力，黑河市在合作区二公河工业园区开展 2018 年生产安全事故政企联动综合应急演练。省安监局安全监察专员王勇观摩演练。副市长彭海涛观摩演练并讲话。

26 日　市委副书记、市长谢宝禄主持召开黑河市中央环保督察案件会审会，重点核实认定 2016 年中央督察问题整改、重复信访、核查不属实和整改结果群众不满意等 4 类案件，研究转办信访案件的具体整改时限、整改措施，进一步梳理确认，形成汇总材料上报省中央环境保护督察“回头看”工作协调联络组。

同日　市委常委、市委秘书长张崇义率市水务局、城管综合执法局、卫计委等相关部门开展市级河长巡河工作，巡察了二公河、石金河流域相关情况。

27 日　第九届中俄文化大集俄方开幕式在俄布市社会文化中心举行。黑龙江省副省长孙东生，阿州代理州长瓦西里·奥尔洛夫出席开幕式并致辞；黑龙江省文化厅厅长张丽娜，黑河市委副书记、市长谢宝禄等出席。

28 日　由中国文化和旅游部、黑龙江省政府、俄罗斯联邦文化部、阿州政府共同主办，省文化厅、市人民政府、阿州文化档案部、布市共同承办的第九届中俄文化大集中方开幕式在黑河世纪广场举行。省政协主席黄建盛出席开幕式，并发表致辞宣布第九届中俄文化大集开幕；阿州政府副州长雷先科致辞；市委书记秦恩亭出席开幕式，市委副书记、市长谢宝禄主持开幕式。副省长孙东生、省文化厅厅长张丽娜;阿州文化与民族政策部部长尤尔科娃,对外经济联络、旅游与商业部副部长吉列耶娃,布市副市长科索拉波夫;俄罗斯联邦驻沈阳总领馆政府官员和嘉宾等出席开幕式。第九届中俄文化大集于6月16日至7月16日在黑河市与俄布市同期举办,共有32场活动。俄罗斯、美国、巴基斯坦、尼泊尔、泰国、越南等10个国家和中国香港地区的180余家国内外企业参展。新设了阿穆尔河畔的童年——国际青少年声乐比赛、中俄美食文化展、中俄婚礼展示体验活动、中俄体育爱好者横渡黑龙江等11项活动。

29日　省政协主席黄建盛一行到黑河市调研重点项目和对俄特色产业,深入中俄东线天然气管道工程项目施工现场、黑龙江大桥建设现场和对俄特色产业示范园区实地了解情况。黄建盛对黑河项目实施、经济活力给予充分肯定。市领导秦恩亭、于凤荣、张崇义陪同调研。

同日　“大手牵小手——《中俄友谊颂》”文艺演出在黑河世纪广场精彩上演。央视少儿频道的鞠萍等知名主持人与中俄小朋友们同台演出。

同日　由黑河学院知青研究所、黑河知青博物馆联合举办的第二届“开拓者的足迹——知青学术座谈会”在黑河学院举行。市委常委、宣传部部长马春波代表黑河市致辞。省社科院院长朱宇,黑河学院党委书记王刚出席活动并致辞。

同日　黑河俄罗斯油画城在大黑河岛国际商贸城开业。

30日　市委书记、市委党建工作领导小组组长秦恩亭主持召开市委党的建设工作领导小组会议,传达全省基层党建工作会议精神,听取全市基层党建工作开展情况汇报和2017年度县(市、区)委党建工作责任制考核情况,讨论全市基层党建工作会议上的讲话(讨论稿),全面总结上半年全市党的建设工作,研究部署下步目标任务和重点举措。市领导姚志波、张野、姜杨、张崇义出席会议,市委党的建设工作领导小组成员参加会议。

同日　黑龙江省社会科学院知青历史文化研究基地在知青博物馆挂牌成立。

7月

1日　全市基层党建工作会议在黑河召开。市委书记秦恩亭出席会议并讲话。会议部署全市基层党建工作,强调要以改革创新精神全面提升基层党建工作质量。市委副书记姚志波主持会议。市领导张野、姜杨、张崇义、马春波出席会议。

同日　全市优秀驻村干部表彰大会在黑河召开。市委常委、组织部部长姜杨出席会议并讲话。经市委同意,市委组织部、市扶贫开发办公室决定,授予20人“全市优秀驻村干部”称号。

4日　市委书记秦恩亭、市委副书记姚志波一行到北安市,就脱贫攻坚、现代农业发展、项目建设等方面工作进行调研。秦恩亭对北安市脱贫攻坚工作取得的阶段成果给予充分肯定,强调要坚定不移地抓好产业项目建设,提高扶贫实效。

5日　新组建的国家税务总局黑河市税务局挂牌,原黑河市国家税务局、黑河市地方税务局正式合并。

8—11日　国际专家组对五大连池世界地质公园开展第四次再评估。自2004年五大连池世界地质公园经联合国教科文组织批准进入世界地质公园网络以来,分别于2008年、2012年和2014年接受了联合国教科文组织的三次评估。

9—10日　由《中国教育报》主办、《中国教育报高教周刊》承办、黑河学院协办的2018全国高校新闻宣传研讨会在黑河举行,来自全国高校的240名新闻宣传人员共商高校新闻宣传未来发展走向及新闻宣传的改进创新。中国教育报刊社副社长雷振海、黑河学院校长贯昌福出席会议。《中国教育报》《中国高等教育杂志》、教育部发展研究中心战略部等单位负责人员参加会议。

12日　黑河军分区举行《中国·俄罗斯边境管理法律法规宣传手册》发放仪式。该手册由省委宣传部、省军区政工局、省边防总队联合编撰。

同日　市双拥办、市国教办在黑河好八连联合举办首届“军营开放日”活动。市直机关干部、中小学校师生共200人走进军营,近距离感受部队的训练和生活。

16日　市委书记秦恩亭主持召开中共黑河市委六届40次常委会。会议研究市委全面深化改革有关工作,原则通过《黑河市深化事业单位机构改革实施意见》《关于加强黑河市网络安全和信息化工作的实施意见》和《关于促进黑河市移动互联网健康有序发展的实施意见》;原则同意关于设立中共黑河市国家税务局地方税务局联合委员会的意见和关于组建黑河市扶贫开发办公室党组的意见等事项。

16—17日　以全国政协常委、省政协副主席、民盟省委主委赵雨森为组长的省政协调研组到黑河市,就矿山环境修复治理工作进行专题调研。市领导彭海涛、曹文兴先后陪同调研座谈。调研组认为黑河矿山环境治理工作模式已初步形成。

17日　中国共产党黑河市第六届委员会第四次全体会议在黑河召开。市委书记秦恩亭就《中共黑河市委关于贯彻落实省委十二届三次全会精神深化地方机构改革的意见(讨论稿)》作说明,受市委常委会委托向全会作报告,并发表讲话;市领导谢宝禄、姚志波、姜杨、孙恒义、白景新、张崇义、陈洪生、庞晓东、马春波出席会议并在主席台就座。市委委员,市委候补委员出席会议。全会审议通过《中共黑河市委关于贯彻落实省委十二届三次全会精神深化地方机构改革的意见》《中国共产党黑河市第六届委员会第四次全体会议决议(草案)》。

18 日　2018 年全市产业项目建设、招商引资暨开发区创新发展工作座谈会在黑河召开。市委书记秦恩亭出席会议并讲话。强调要拓展新思维、着眼新作为、抢抓新机遇、开创新局面,为实现黑河跨越发展、全面振兴提供强有力支撑。

18—19 日　省委常委、副省长李海涛陪同亚洲基础设施投资银行行长金立群一行到黑河市,就“一带一路”基础设施建设和重大项目融资情况进行调研。市领导秦恩亭、谢宝禄、孙恒义等及黑河市相关部门负责人先后陪同调研。

19 日　市委书记秦恩亭主持召开全市绿色农业发展示范区建设座谈会,围绕全市绿色农业发展示范区建设,听取各地各部门工作推进情况及下步打算。强调要保证品质、搭建平台、强化保障,确保各项目标任务顺利完成。

19—20 日　全市生态环境保护大会在黑河召开。市委书记秦恩亭出席会议并讲话,市委副书记、市长谢宝禄对生态环境保护工作作具体部署,市四大班子领导出席会议。会议深入贯彻习近平生态文明思想和全国、全省生态环境保护大会精神,动员全市上下自觉践行绿色发展理念,坚决打赢污染防治攻坚战,为打造天蓝地绿山清水秀宜居宜业的美丽家园而不懈奋斗。

20 日　市委书记秦恩亭到爱辉区、孙吴县、逊克县等地检查防汛工作。强调要突出抓好局部地区防范,确保人民生命财产安全。市委副书记姚志波,市委常委、副市长庞晓东陪同检查。2018 年入汛以来,黑河市累计雨量偏多,除五大连池市的降雨量接近常年同期,其他县(市、区)累计降雨量比常年同期多 26% ~86% 。

同日　黑河市首家省级工程技术研究中心——黑龙江省大果沙棘深加工工程技术研究中心成立。市委常委、市政府副市长庞晓东出席揭牌仪式。

24 日　黑河知青博物馆在北京召开的全国文物系统先进集体和先进工作者表彰大会上,获“全国文物系统先进集体”称号,是黑龙江省唯一获此殊荣的文博单位。

24—27 日　第五届(2018)中国科学数据大会在黑河开幕。25 日的开幕式上,中国科学院院士郭华东、赵国屏,科技部基础研究司副司长周文能出席大会并作主题报告;中国科学院计算机网络信息中心主任廖方宇主持大会;市委书记秦恩亭致辞。国家科技基础条件平台中心副主任王瑞丹,中国科学院办公厅副主任王树志,省科技厅副厅长刘爱丽;市委常委、副市长庞晓东及来自国内各领域的领导嘉宾、专家学者、专业人士 400 余人参加大会。

26 日至 8 月 1 日　黑河市与江西干部学院举办执政骨干“不忘初心、牢记使命”专题培训班,各县(市、区)党政班子副职、五大连池风景区领导班子副职、市直有关部门班子成员共 34 人赴井冈山参加培训。

27 日　市委书记、军分区党委第一书记秦恩亭主持召开中共黑河市委六届 41 次常委(议军)会议,研究驻黑河军警部队有关工作,听取各县(市、区)委关于党管武装工作述职,就抓好党管武装推动军民融合工作进行安排部署。市领导于凤荣、张野、姜杨、白景新、张崇义、庞晓东、马春波出席会议;军分区领导王忠维、任希臣及驻黑军警部队有关负责人员,市直有关部门、各县(市、区)主要负责人员列席会议。

同日　嫩江县墨尔根通用机场正式通航。这是东北首家短途运输通用机场,同时也是全国第一家与枢纽机场成功对接的短途通用机场。墨尔根通用机场位于嫩江县海江镇红星村,为 A1 类通用机场,距离县城 11 千米,飞行区等级为 2B。

28 日至 8 月 3 日　中国工程院院士盖钧镒、侯立安、岳清瑞以及来自绿色特色农业、文化旅游、生态环境等领域的 20 余名专家学者,就经济发展、产业项目等课题,到黑河市考察调研,为助力黑河经济社会高质量发展建言献策;组织召开院士专家组大豆绿色高效生产技术指导评鉴会,为黑河种植全国最好的大豆提供技术支撑。市领导秦恩亭、姜杨、庞晓东、马春波、丁兆禄陪同。

30 日　黑河市公安局出入境管理支队接待大厅当日办理边境旅游护照达 636 证次,创下单日历史新高。

8 月

1 日　市六届人大常委会召开第十一次会议。会议接受谢宝禄辞去黑河市人民政府市长职务的请求,根据《中华人民共和国地方各级人民代表大会和地方各级人民政府组织法》的有关规定和黑河市第六届人民代表大会常务委员会主任会议的提请,决定任命马里为黑河市人民政府代理市长。

同日　黑河海关启用新版报关单。原报关报检单整合为一张报关单,原报关、报检 229 个项目精减为 105 个,一次申报一单通关。

同日　以“筑梦‘一带一路’,携手共创未来”为主题的黑龙江、香港、俄阿州三地青年论坛在黑河举行。来自香港各大高校的优秀传媒学子、俄阿州专家学者、黑龙江省及黑河市青年代表等 200 余人参会,就不同地域青年对“一带一路”倡议提出以来的认知变化和未来青年创新创业、交流合作的方向和领域进行探讨,共谋合作与发展。

6 日　黑河市全民健身中心体育馆正式运营。市民可凭个人身份证办理一层的 1600 平方米市民健身大厅健身卡出入,活动时间在 1.5 个小时以内免费,超出时间适当收费。黑河市全民健身中心占地约 25000 平方米,由体育场和体育馆两部分组成,体育场全年向市民免费开放。

8 日　由中国麻纺织行业协会、国家高值特种生物资源产业技术创新战略联盟主办,孙吴县政府承办,省农业科学院、省汉麻产业技术创新战略联盟协办的第二届中国汉麻发展·孙吴论坛在黑河市开幕。中国纺织工业联合会副会长杨兆华,中国工程院院士杨宝峰,中国麻纺织行业协会会长董春兴,人民日报黑龙江分社社长郑少忠;市领导秦恩亭、马里、姚志波、张崇义、丁兆禄出席开幕式;马里、董春兴为“孙吴汉麻”国家地理标志揭牌。来自全国科研院所、大学院校及全国知名汉麻加工企业和省市相关部门、省内有关市县、汉麻种植合作社的300多位代表参加论坛。

9—10日 由中国有色金属工业协会主办、黑河市政府协办的2018年(第十六届)中国有色金属矿业发展论坛在黑河举行。来自全国各地有色金属矿业行业生产企业、科研院、投融资机构和贸易单位的200余名专家学者、企业家代表参加论坛,提出诸多新观点、新思路、新建议。

10日 黑河市中华职教社召开第六次社员代表大会,审议并通过黑河市中华职教社第五届社务委员会工作报告,选举产生第六届社务委员会。当日,安福清当选市中华职教社第六届社务委员会主任。

12日 市委书记秦恩亭主持召开中共黑河市委六届43次常委会,研究市委全面深化改革有关工作,讨论通过《中共黑河市委关于中央第六巡视组反馈意见整改工作责任分工方案》《中共黑河市委巡察工作规划(2017—2021年)》等事项。

同日 市委书记、市委网信领导小组组长秦恩亭主持召开中共黑河市委网络安全和信息化领导小组第一次全体会议。会议研究部署黑河市网信工作;审议并原则通过《黑河市委网络安全和信息化领导小组工作规则》《黑河市委网络安全和信息化领导小组办公室工作细则》《黑河市网络安全和信息化工作联席会议制度》;印发《关于加强黑河市网络安全和信息化工作的实施意见》《关于促进黑河市移动互联网健康有序发展的实施意见》《关于推进网络内容建设工程的实施方案》等文件。会议强调,要守好网络安全“北大门”,加快“数字黑河”建设,推进全市网信事业发展。市委网信领导小组副组长马里、姚志波、孙恒义、张崇义、陈洪生、马春波、彭海涛、邓福才以及市委网信领导小组成员单位主要负责人员参加会议。

13日 由黑龙江省商务厅、黑河市人民政府主办的2018黑河市首届中俄进出口商品订货会在黑河开幕。省委常委、副省长贾玉梅出席开幕式并致辞;省商务厅厅长赵万山、副厅长王居堂;市委书记秦恩亭,市委副书记、代市长马里,市委常委、副市长孙恒义;俄阿州对外经济联络、旅游和企业部代理部长基列耶娃以及中俄两国商会、协会、企业界代表及新闻媒体记者200余人出席开幕式。赵万山主持开幕式;马里、基列耶娃分别致辞。300余名中俄企业代表参会,展示推介产品,洽谈对接项目。本月14日,中俄企业共签约6个项目、金额87000万元,内容涉及进口俄罗斯木材、俄罗斯食品、俄罗斯大豆小麦、出口机械、出口果蔬、与俄方合作开展大豆加工等方面。

同日 市委邀请中国社会科学院副院长、中央文明委员会委员、中国地方志指导小组常务副组长李培林,以《全面建成小康社会的社会建设》为题作专题讲座。市委书记秦恩亭主持讲座。市四大班子领导及市直各单位主要负责人员参加学习。

14日 国家方志馆知青分馆揭牌仪式在黑河市爱辉区瑷珲镇举行。全国政协常务委员、民族和宗教委员会主任,中国社会科学院大学校长王伟光;中国社会科学院副院长、中国地方志指导小组常务副组长李培林;黑龙江省副省长孙东生;中国地方志指导小组秘书长,中国地方志指导小组办公室党组书记、主任冀祥德;黑河市委副书记、代市长马里,黑龙江省地方志办公室主任何伟志出席开馆仪式,并共同为国家方志馆知青分馆揭牌。

同日 由中国地方志指导小组办公室、国家方志馆主办,黑龙江省地方志办公室协办,黑河市地方志办公室承办的全国方志馆建设工作研讨会暨方志馆业务培训班在黑河开幕。各界专家学者代表共150余人参加开幕式。会议强调要全力推进地方志事业全面转型升级,努力开创新时代地方志工作新局面。

15日 市委书记秦恩亭在黑河会见俄布市副市长科索拉波夫。双方就投资项目合作、跨境合作园区建设等方面情况进行沟通,并交换下步工作想法和建议。

15—17日 由孙吴县和俄阿州教育科技部主办的第六届中俄青少年军事体验营在孙吴开营。

17日 省委常委、省军区司令员李雷作为省级河长,到五大连池风景区巡查,部署五大连池湖长制工作,推进五大连池保护与管理工作的提升。市委副书记、代市长马里主持汇报会,五大连池市级湖长,市委常委、宣传部部长马春波汇报黑河市河湖长制工作开展情况。黑河军分区司令员王忠维参加汇报会。

17—19日 中俄双子城篮球暨中俄篮球争霸赛在黑河全民健身中心体育馆开赛。经过5轮15场角逐,黑河市代表队获得冠军,哈巴罗夫斯克代表队获得亚军。

20—22日 省委常委、统战部部长杜和平到黑河市,就基层统战、民营经济、民族宗教、党派工作等开展调研。强调要切实加强党对统战工作的领导,奋力开创统战工作新局面,为黑河振兴发展再立新功。

22日 人民网《小城故事多》主题采访活动走进黑河媒体见面会召开。人民网总编辑余清楚致辞,市委副书记、代市长马里作主旨发言。市委常委、宣传部部长马春波主持见面会。人民网将利用此次主题采访活动讲述黑河故事,提升黑河辐射力、关注力和影响力。

同日 黑河市侨联被人力资源和社会保障部、中国侨联授予“全国侨联系统先进集体”称号,是黑龙江省唯一入选单位。

25日 市委常委班子召开巡视整改专题民主生活会,对照中央第六巡视组反馈的问题,对照意识形态工作履责方面情况,结合思想和工作实际,进行党性分析,开展批评与自我批评。市委书记秦恩亭主持会议并讲话,代表市委常委班子作对照检查,并带头作个人对照检查。市委常委马里、姚志波、张野、姜杨、孙恒义、张崇义、陈洪生、庞晓东、马春波等出席会议。

26日 市委副书记、代市长马里到孙吴县,就脱贫攻坚、绿色农业、产业项目、民生工程和城市建设等工作开展调研。强调要巩固脱贫攻坚阶段性成果,加快县域经济发展,提升群众归属感、幸福感。

26—31 日　黑河市代表团在黑龙江省第十四届运动会上,获得金牌 20 枚、银牌 24 枚、铜牌 29 枚,奖牌总数达 73 枚,创参加省运会历史最好成绩。

27 日　黑河市召开“基本解决执行难”联席会议。市委常委、政法委书记陈洪生,市中级人民法院院长曲民出席会议。会议要求,各成员单位要积极配合,协助法院开展执行工作,确保联合惩戒机制真正发挥作用。

27—28 日　市委常委、组织部部长姜杨一行到逊克县、五大连池市,就脱贫攻坚、基层党组织建设等工作进行调研。强调基层党员干部要学习贯彻全国和全省组织工作会议精神,大力推进“四有”农村党支部建设,落实好市委提出的农村党建“十件事”,提高基层党建工作质量,为推动脱贫攻坚和乡村振兴提供坚强组织保证。

27—30 日　六届市委第三轮巡察结束,市委巡察组分别向被巡察单位党组织和党组织主要负责人反馈巡察意见。本轮巡察,市委共成立 6 个巡察组,采取“一托二”的方式,对市市场监督管理局、市工商联、市文广新局、市供销社、市教育局、市第一中学、市畜牧兽医局、市安监局、市工信委、市体育局、市住房公积金管理中心、市地震局 12 家单位党组织开展巡察。

29—30 日　市委副书记、代市长马里到逊克县,就脱贫攻坚、产业项目、矿产开发、生态环保和口岸建设等工作进行调研。强调逊克县要突出优势领域,实现生态立县、开放兴县、产业强县,坚决打赢脱贫攻坚战。

30 日　黑河市第六届人大常委会第十二次会议表决通过《黑河市人大常委会关于进一步加强人民法院执行工作的决定》。

同日　黑龙江省市地政协提案工作座谈会在黑河召开。省政协副主席宫晶堃,黑河市政协主席于凤荣出席会议。省政协、省民主党派、工商联及各市地政协有关负责人员参加会议。

9 月

3 日　市委常委、市委政法委书记陈洪生,市中级人民法院院长曲民就“基本解决执行难问题”约谈各县(市、区)委政法委书记、法院院长、执行局局长,要求集中攻坚“执行难”问题,坚决兑现胜诉权益。

5 日　黑河市在哈尔滨召开旅游招商推介会。市委书记秦恩亭出席会议,市委副书记、代市长马里作主题推介,副市长陈晓杰主持会议。

5—7 日　由市委宣传部、市文明办主办,各县(市、区)委宣传部承办的全市培育和践行社会主义核心价值观流动现场会召开。与会人员通过走访全市 4 个县(市、区)18 家单位,实地察看近年来各地培育和践行社会主义核心价值观活动开展情况。市委常委、宣传部部长马春波出席活动。市直各党工委和市直省级以上文明单位参加总结表彰会。

6 日　黑河市召开六届市委第四轮巡察工作动员部署会,安排部署相关工作。市委常委、纪委书记、市委巡察工作领导小组组长张野作动员讲话,市委常委、组织部部长、市委巡察工作领导小组副组长姜杨宣布巡察组组长授权任职及任务分工。六届市委第四轮巡察共组成 10 个巡察组,采取“一托 N”方式,集中对 36 家单位和地方党组织开展巡察,并延伸巡察至其所属机构及服务窗口。

6—8 日　黑河市代表团到哈尔滨参加第五届中国国际新材料产业博览会。其间,与上海市和厦门市参会代表团,就两地如何与黑河开展经贸合作进行会谈,促成上海市政府合作交流办到黑河考察。

9—10 日　副省长程志明到黑河市就生态环境保护、城市建设进行工作调研。强调要牢固树立以人民为中心的发展思想,坚定践行生态优先、绿色发展理念,让良好的生态环境成为经济社会持续健康发展的支撑点,把黑河建设成为宜居宜业魅力城市。

10 日　为贯彻落实市委、市政府关于印发《关于全面加强生态环境保护坚决打好污染防治攻坚战的实施意见》,全市禁止农作物秸秆露天焚烧工作联席会议第一次会议在黑河召开。市委常委、副市长孙恒义主持会议并讲话。会议建立禁止秸秆露天焚烧网格化管理体系,实现管理全覆盖。

12 日　由瑷珲历史陈列馆、武汉中共中央机关旧址纪念馆和武汉市少儿图书馆主办的“那些年那些人那些书——连环画中的红色经典”展览在瑷珲历史陈列馆开展。展览为期 1 个月,共展出 53 幅图文展板,通过连环画传统艺术方式,以多元、连续的图文叙述故事、刻画人物、彰显精神、传承经典。

13—14 日　全国政协副主席、交通运输部党组书记杨传堂一行到黑河市,就交通运输、界河管理、跨境基础设施建设等工作进行调研,并慰问一线海事人员。强调要抓好基础设施建设,提高界河航道养护管理水平,推动黑龙江经济社会再上新台阶。副省长聂云凌,交通运输部、省交通运输厅、黑龙江海事局领导,市委副书记、代市长马里等先后陪同调研。

14 日　2018 中俄界河应急联合演习在中俄界河黑龙江中游附近水域举行。中方运用 25 艘舰艇和 1 架无人机;俄方运用 10 艘船舶和 1 架别—200 水陆两用飞机、2 架米 - 8 直升机。演习还使用了无线遥感等新技术新设备。黑龙江海事局局长缪昌文,黑河市领导马里、张崇义、庞晓东,俄阿州紧急情况总局局长吉巴杜林,俄布市市长加丽塔等出席活动。

14—15 日　副省长聂云凌率省煤管局局长、省工信委等部门到黑河,实地调研煤炭保供及煤矿安全生产工作。市委副书记、代市长马里,副市长彭海涛和市、区相关部门与企业负责人员陪同调研并参加汇报会。强调要全面做好供暖用煤保障工作，要加大对煤炭市场监管，保持煤炭市场稳定，坚决防范和遏制安全生产事故；要根据黑河实际，尽快形成煤炭行业转型升级相关方案，帮助关矿后有条件的企业转型升级。

14—18日　黑河市50余家企业的200多种展品亮相第六届黑龙江绿色食品产业博览会，各种优质绿色食品引起中外客商浓厚兴趣，与国内38家企业、单位签订协议或合作意向，已确定金额约123万元，现场销售约40万元。

16日　市委意识形态工作领导小组召开2018年第一次会议，深入贯彻落实习近平总书记关于意识形态工作的重要指示精神和中央、省委重大决策，研究安排部署当前和今后一个时期全市意识形态工作。市委书记、市委意识形态工作领导小组组长秦恩亭主持会议并讲话。市领导姚志波、姜杨、张崇义、陈晓杰以及市委意识形态工作领导小组组成人员参加会议。

同日　市委书记、市委统一战线工作领导小组组长秦恩亭主持召开市委统一战线工作领导小组2018年全体会议，贯彻落实中央和省委关于统战工作的重大决策部署、省委统战工作领导小组2018年全体会议精神，研究部署当前和今后一个时期全市统战工作。市领导马里、姚志波等及市委统一战线工作领导小组成员单位主要负责同志出席会议。会议审议通过《中共黑河市委统一战线工作领导小组工作规则》等文件。

17日　全市组织工作会议在黑河召开。市委书记秦恩亭出席会议并讲话。市委常委、组织部部长姜杨主持会议。市领导姚志波、张野、张崇义出席会议。会议强调，要不折不扣贯彻落实新时代党的组织路线，真正把“抓好党建是最大政绩”的理念落到实处，奋力谱写现代化新黑河建设新篇章。

同日　全市宗教工作会议在黑河召开。市委书记秦恩亭出席会议并讲话。会议深入贯彻全国、全省宗教工作会议精神，安排部署全市当前及今后一个时期宗教工作。会议强调要坚持以习近平新时代中国特色社会主义思想为引领，坚决落实中央和省委关于宗教工作重大决策部署，不断开创全市民族宗教工作新局面。市领导姚志波、陈洪生出席会议。

18日　省委常委、组织部部长王爱文到黑河市，就边境地区党建和意识形态工作开展专题调研。市委书记秦恩亭，市委常委、组织部部长姜杨陪同调研。王爱文强调，要抓好边境地区党建工作，加强高校思想文化阵地建设，守牢意识形态阵地。

同日　黑河市脱贫攻坚工作联席会议在孙吴县召开。会议总结梳理了全市饮水安全、危房改造工作进展情况及全市扶贫小额贷款和光伏电站建设进展情况，并就进一步抓好当前重点工作推进落实、提升全市脱贫攻坚工作质量进行安排部署。市委副书记姚志波，市委常委、副市长庞晓东，副市长丁兆禄出席会议。当日，还在孙吴县召开全市脱贫攻坚现场会。

19日　国家卫生应急队伍“服务百姓健康行动”大型义诊宣传活动周启动仪式在黑河世纪广场举行。副市长陈晓杰、省卫计委副主任邵玉滨出席启动仪式。省卫计委、黑河市相关单位和江、浙、沪、京等6省2市“国家突发急性传染病防控队”代表参加启动仪式。

20日　由市科协主办的全国科普日暨龙江金秋科普月活动开幕。市领导庞晓东、杜久武、白树生，市老科协会长张利群和全市近20家学会、协会、企业科协参加活动。

20—21日　珠海市委常委、常务副市长王庆利率领珠海市委、市政府代表团到黑河，就推进黑河与珠海对口合作有关事宜进行深入对接。市委书记秦恩亭会见代表团一行，双方围绕进一步强化全方位交流、促进多领域合作进行工作会谈。市领导马里、孙恒义、张崇义、彭海涛分别陪同和会见。

21日　副市长陈晓杰在黑河会见俄罗斯联邦驻沈阳总领事馆总领事白德福，就进一步深化、拓宽黑河市与俄罗斯多地的友好交流与合作进行会谈。

22日　2018年国家统一法律职业资格考试首次在黑河市作为国家法考“最北考区”设置客观题考区，328名黑河市及部分大兴安岭地区的考生在黑河学院进行考试。

22—23日　黑河市农业绿色发展示范区建设(逊克)现场会暨首届中国农民丰收节活动在逊克县举行。市领导秦恩亭、姚志波、张崇义、庞晓东、杜久武、丁兆禄、白树生出席会议。会议总结黑河市全域创建农业绿色发展示范区的阶段性成果和农业合作社发展传统特色加工的成功经验，通过宣传展示农耕文化和现代农业成果。

25—28日　市人大常委会组织召开全市“代表之家”规范化建设现场会，走访全市6个县(市、区)20个乡镇、社区的“代表之家”，并查看工作开展情况。市人大常委会党组书记、主任人选蔺波出席现场会。

27日　中俄高校(部分)教育合作与特色发展论坛在黑河学院举行。俄罗斯远东国立农业大学、阿穆尔国立大学、共青城国立人文师范大学、哈巴罗夫斯克国立文化学院、布拉戈维申斯克国立师范大学、南乌拉尔国立大学，中国厦门大学、上海师范大学、东北农业大学及黑河学院等15所中俄高校负责人出席会议。论坛围绕深化中俄高等教育合作等课题展开交流讨论。

27—28日　市总工会第五次代表大会在黑河召开。200余名来自全市各地各条战线的代表出席大会。市委书记秦恩亭出席开幕式并讲话；市人大常委会副主任、市总工会主席王长玉作工作报告。王长玉当选为市总工会五届委员会主席。

28日　黑河学院举行建校60周年庆祝大会。市领导秦恩亭、马里、蔺波，黑河学院领导王刚、贯昌福；国内省内兄弟院校、俄罗斯合作院校领导，黑河学院历任老领导、历届校友、师生代表等千余名各界来宾参加庆祝活动。

同日　市政协主席于凤荣率黑河市代表团到云南腾冲市参加2018中国保山腾冲第六届边境贸易交易会。

29日　全国大豆生产全程机械化推进行动技术交流研讨会在五大连池市召开。农业农村部农业机械开发推广总站处长张园，省农机局局长谢庆华，黑河市副市长丁兆禄出席会议。国家和各省（区）的相关专家和农机合作社代表等200多人参会。

同日 全市关心下一代宣传工作会议在黑河召开。市委常委、宣传部部长马春波出席会议并讲话；市关工委主任张玉田主持会议。会议学习贯彻全国宣传思想工作会议和省关心下一代宣传工作座谈会精神，表彰全省、全市关心下一代工作先进集体、先进个人。

30日 市委书记秦恩亭主持召开中共黑河市委常委会（扩大）会议，学习传达贯彻落实习近平总书记在东北三省考察及深入推进东北振兴座谈会上的重要讲话精神，贯彻落实省委常委会（扩大）会议要求部署。会议强调要深刻把握领会精神，迅速掀起学习热潮，抓紧谋划贯彻落实，以新气象新担当新作为，加快推进黑河跨越发展、全面振兴。

同日 黑河市公安机关开展集中销毁报废、拼装车辆统一行动，对达到报废标准的576辆机动车进行集中销毁；市交警支队、消防支队和医疗、民政部门联合开展了重大交通事故应急救援处置实战演练。副市长、市公安局局长邓福才出席活动。全市各县（市、区）公安局、分局同步开展了集中销毁报废、拼装车辆行动。

同日 黑河市在烈士公园举行公祭活动。

9月 省扶贫办组织第三方评估机构对孙吴贫困县退出情况开展专项评估检查，认定已符合省级贫困县退出条件。至此，孙吴县历时五年脱贫攻坚，摘掉省级贫困县帽子。

10月

1—2日 市委副书记、代市长马里到爱辉区、孙吴县及逊克县的部分林场、靠前驻防点、驻地森警部队、产业园区等处，检查森林防火、秸秆野外露天禁烧、项目建设、少数民族文化旅游产业发展等工作，看望慰问节日期间坚守在森防岗位上的一线工作人员。

1—4日 市委书记秦恩亭到爱辉区、黑河边境经济合作区和黑河市区，调研产业项目建设情况，走访慰问节日里坚守岗位的一线干部职工；到嫩江县和五大连池市调研农业绿色发展、脱贫攻坚等工作；检查嫩江县秋季森林防火工作，走访慰问靠前驻防的森警官兵和防扑火队员。市委常委、市委秘书长张崇义陪同调研。

7—8日 市委书记秦恩亭到北安市调研脱贫攻坚工作。市委副书记姚志波陪同调研。

9日 黑河市第一人民医院作为黑龙江省唯一一家吴阶平医学基金会医协体（国际）服务中心成员单位，依托互联网开通首例远程多学科会诊。

10日 中国共产主义青年团黑河市第五次代表大会在黑河召开。市委书记秦恩亭，团省委书记苑芳江出席开幕式并讲话。市领导马里、于凤荣、姚志波、张野、姜杨、张崇义、陈洪生、庞晓东、杜久武出席会议。来自全市各地各条战线的200余名团代表参加会议。同日召开的共青团黑河市第五届委员会举行第一次全体会议，选举付振南为共青团黑河市第五届委员会书记。11日，市委书记秦恩亭同新当选的团市委书记班子成员集体谈话。

11日 市委副书记、代市长马里主持召开市政府2018年第9次常务会议。会议讨论并原则通过了《黑河市农村人居环境整治三年行动实施方案（2018—2020年）》。

13—14日 省委书记张庆伟到黑河市、农垦北安管理局，宣讲习近平总书记深入推进东北振兴座谈会重要讲话和视察黑龙江省重要指示精神，召开座谈会听取贯彻落实工作意见建议。

16日 黑河市第六届人民代表大会第三次会议在黑河召开。黑河市第六届人民代表大会实有代表304人，出席本次会议的代表283人。大会以无记名投票方式，选举蔺波为黑河市第六届人民代表大会常务委员会主任、马里为黑河市人民政府市长。

同日 省“扫黑除恶”专项斗争第三督导组进驻黑河市，开展为期1个月的“扫黑除恶”专项督导检查。省“扫黑除恶”专项斗争第三督导组组长、省公安厅副厅长、省扫黑办副主任高庆国出席会议并讲话。市委常委、政法委书记陈洪生主持会议并作表态发言，副市长、市公安局局长邓福才介绍全市公安机关开展“扫黑除恶”专项斗争工作情况。

20日 黑河市委副书记、市长马里到俄布市参加阿穆尔电子商务论坛并致辞，展望“数字商务”时代下中俄两国电商发展新机遇，推介黑河。俄罗斯远东发展部部长科兹洛夫，布市市长加丽塔出席论坛并致辞。其间，马里会见俄阿州州长奥尔洛夫，就加强中俄地方合作交流，加快推进跨境基础设施建设，促进旅游、教育领域合作等事项进行工作会谈；参观考察“金色海里”项目、阿穆尔州地方志博物馆、黑龙江大桥俄方桥址、阿穆尔河沿岸超前发展区，并到罗姆内区红星村参观考察“金色丰收”境外农业综合开发示范基地。

22日 国投象屿北安30万吨燃料乙醇项目开工仪式在北安市健康产业园举行。市委书记秦恩亭出席开工仪式并宣布项目开工。该项目属于新建生物能源类工程项目，由国家开发投资集团与象屿集团共同出资建设，总投资18.2亿元，以玉米为生产原料，年可加工转化玉米92.4万吨，以生物工程技术生产燃料乙醇30万吨/年，高脂DDGS 26.9万吨/年。

25日 市委书记秦恩亭主持召开中共黑河市委六届47次常委会，研究部署中央第六巡视组反馈意见整改工作，研究市委全面深化改革有关工作，讨论并原则通过《关于黑河市庆祝改革开放四十周年活动安排的意见》《2018年黑河市直公开招聘事业单位工作人员实施方案》《黑河市关于适应新时代要求大力发展培养选拔优秀年轻干部的实施意见》《黑河市关于进一步激励广大干部新时代新担当新作为的实施意见》。

同日　市委书记秦恩亭主持召开市委巡视整改工作领导小组第一次会议，研究部署中央第六巡视组反馈意见整改工作，听取中央第六巡视组反馈意见整改落实情况汇报，审议通过《〈中共黑河市委关于中央第六巡视组反馈意见责任分工方案〉9月底前巡视整改任务完成情况专题报告》。

26—27日　副省长刘忻一行到嫩江、孙吴两地，就农业发展相关工作进行实地调研并召开座谈会。市领导秦恩亭、马里、姚志波、丁兆禄陪同调研。

27日　中俄东线天然气管道黑龙江穿越段第二条管道焊接安装工作全部顺利完工。至此，中俄东线天然气管道工程黑龙江穿越段两条江底管道焊接安装任务圆满完成，比计划进度提前23天。这条管道是我国口径最大、压力最高的长距离天然气输送管道。管道中国境内段起自黑龙江省黑河市中俄边境，止于上海市，途经9省区市，新建管道3170千米，于2015年6月29日开工建设，俄方将于2019年12月20日向中国供应俄罗斯天然气。

31日　市委书记秦恩亭率代表团到哈尔滨商业大学现场招聘人才，并作主旨宣讲；市委常委、副市长孙恒义与哈尔滨商业大学校长郑秋鹏代表黑河市人民政府和哈尔滨商业大学，签订了市校战略合作框架协议。

10月　为进一步方便群众和企业办事，提高政府服务质量和效率，全市公布四批政务服务事项清单，共涉及3883项服务事项。

11月

1—8日　市委副书记、市长马里率黑河市代表团先后到北京、上海、河南省、山东省等地开展考察对接活动，衔接重点工作、对接重大项目、调研重要课题。

2日　市委书记秦恩亭主持召开中共黑河市委六届48次常委会，传达中共黑龙江省委十二届四次全会精神；讨论通过《黑河市问责工作暂行办法》和《黑河市打赢脱贫攻坚三年行动实施方案》。

同日　市人大常委会、爱辉区人大常委会在爱辉区西兴街人保财险社区举行“人大代表之家”代表进家启动仪式。市人大常委会党组书记、主任蔺波出席启动仪式并为“人大代表之家”揭牌。截至2018年11月，黑河市有全国人大代表3名，省人大代表19名，市人大代表304名，县级人大代表1053名，乡人大代表3136名，划分代表小组355个，建成和在建“代表之家”共271个。全市各级人大代表以“代表之家”为依托，以小组活动为载体，与1.2万多名联系对象保持经常性联系，通过法定途径管理地方事务、经济文化事业、社会事务。

3日　黑河市委召开全市“扫黑除恶”专项斗争推进会议，深入贯彻落实习近平总书记重要指示和全国、全省“扫黑除恶”专项斗争推进会议精神，对全市“扫黑除恶”专项斗争进行再动员、再部署。市委书记秦恩亭出席会议并讲话。会议强调，坚决打赢“扫黑除恶”专项斗争这场硬仗，为黑河全方位振兴营造优良发展环境。市领导姚志波、张野、姜杨、陈洪生、邓福才，市院法检两长曲民、孙晓军出席会议。

同日　由市委宣传部主办，黑河博物馆、瑷珲记忆馆承办的“时光记忆——纪念改革开放40周年老物件展”在黑河博物馆举行，共展出300多件展品，见证了城乡民众生活的沧桑巨变。市委常委、宣传部部长马春波出席开幕式并观看展览。

5日　省委书记张庆伟到黑河市调研，宣讲习近平总书记在深入推进东北振兴座谈会上的重要讲话和考察黑龙江的重要指示精神、省委十二届四次全会精神。省领导张雨浦、杜和平，省直有关部门负责同志参加调研。黑河市领导秦恩亭、张崇义、邓福才陪同调研。张庆伟强调，要以习近平总书记重要讲话精神为指引，解放思想、勇于创新，扎实推进国有林区改革和转型发展，壮大县域经济实力，支持发展民营经济，深入实施兴边富民行动，让边境地区群众共享振兴发展成果。

5—10日　黑河市派出85人代表团及10名特邀外商，到上海参加首届中国国际进口博览会。6日，市委副书记、市长马里参加洽谈、推介活动。7日，黑河市丰泰机电产品交易有限公司与俄罗斯联合糖果厂签订上亿元食品进口合同。

6日　黑河市、爱辉区党委、政府引进的农业科技创新型成果转化企业——黑河好食育健康产业有限责任公司投产启动暨合作签约仪式在黑河瑷珲对俄进出口加工基地举行。黑龙江省中医药科学院与爱辉区政府及中国中药控股有限公司签订《大豆健康产业孵化平台项目合作框架协议》和《科技成果转化战略合作框架协议》。省政协副主席张显友，市委书记秦恩亭，中国中药控股有限公司总裁王晓春，市委常委、副市长庞晓东，省中医药科学院院长王顺等参加启动仪式。

7日　黑河市在中国会展(会奖)产业交易会组委会等单位在上海市举办的评选活动中，获“最具影响力会展城市”奖项，全国共有10个城市获奖。

14日　中国共产党黑河市第六届委员会第五次全体会议在黑河召开。出席全会的有市委委员38人，市委候补委员5人。其他现职副市级领导和有关方面负责人列席会议。全会书面传达习近平总书记在深入推进东北振兴座谈会上的重要讲话和考察黑龙江时的重要指示精神，听取和讨论秦恩亭代表市委常委会所作的工作报告和市委常委会2018年抓党的建设工作报告(书面)，审议通过《中共黑河市委关于贯彻落实习近平总书记在深入推进东北振兴座谈会上的重要讲话和考察黑龙江时的重要指示精神推动全面振兴的实施意见》。全会强调，要把解放思想作为推动黑河振兴发展的“金钥匙”，结合纪念改革开放40周年和沿边开放30周年活动，按照省委统一部署，在全市深入开展“解放思想推动高质量发展大讨论”。

14—16日　在武汉市举行的2018中国国际友好城市大会上，黑河友好城市——俄罗斯布拉戈维申斯克第二次获得“对华友好城市交流合作奖”。

17日　全国政协农业和农村委员会副主任杜宇新一行到黑河市，就对俄合作开展调研。市委书记秦恩亭、市委副书记姚志波、市政协副主席赵殿举及市相关部门负责人先后陪同调研。

21日　黑河市地方党政领导干部安全生产责任制规定培训班开班，市委常委、副市长孙恒义就《地方党政领导干部安全生产责任制规定》进行解读。市政府安委会有关成员单位负责人、市重点企业负责人在主会场参加培训。

24日　全市非洲猪瘟防控工作会议在黑河召开。市委副书记、市长马里出席会议并讲话。会议分析当前非洲猪瘟防控形势，安排部署下步防控工作。会议强调，要进一步明确责任、狠抓落实、严防死守，全力打好打赢非洲猪瘟歼灭战，为维护公共卫生安全和社会和谐稳定提供保障。

同日　从黑河体校走出的21岁女拳手汪丽娜，在印度首都新德里举行的2018年世界女子拳击锦标赛上获得81公斤级冠军。

26日　全市宣传思想工作会议在黑河召开。市委书记秦恩亭出席会议并讲话，市委副书记、市长马里主持会议。会议贯彻落实习近平总书记在深入推进东北振兴座谈会上的重要讲话和考察黑龙江时的重要指示精神，学习贯彻全国、全省宣传思想工作会议精神，安排部署全市宣传思想工作。

27—28日　黑河市科协第四次代表大会暨优秀科技工作者表彰大会召开。市委书记秦恩亭，省科协党组书记、副主席陶福胜出席开幕式并讲话。大会审议黑河市科学技术协会第三届委员会工作报告、选举产生黑河市科学技术协会第四届委员会；对30名获得“黑河市第四届优秀科技工作者”称号的个人进行表彰。

29日　2018—2019年度黑河市“赏冰乐雪”暨第五届“冰雪体育之冬”“百万青少年上冰雪”系列活动在黑河市区全民健身中心体育场启动。副市长陈晓杰参加启动仪式并致辞。2018年11月至2019年3月，全市将陆续开展中小学生雪地足球、青少年速度滑冰、青少年短道速度滑冰、青少年滑冰冬令营、青少年滑雪冬令营等活动，组织开展校园“多彩雪乐园、多样冰世界”主题征文、摄影、数码影像（DV）、美术、雪（冰）雕等10余项冰雪季体育比赛。

30日　由市纪委、监委主办、黑河广播电视台承办的接受百姓问政、解决百姓难题的舆论监督类访谈节目《党风政风热线》栏目正式启动。

12月

3日　全市农业绿色发展示范区建设工作会议在黑河召开。市委书记秦恩亭出席会议并讲话。会议总结2017年来农业绿色发展示范区创建工作，部署2019年创建工作。会议提出，2019年全市全域创建农业绿色发展示范区要全面铺开，将创建农业绿色发展示范区三年工作缩短至两年，要确保全面创建工作赢得更大更好的成效。会议邀请农业农村部农业信息中心副主任张国和国家大豆产业技术体系首席专家韩晓增分别作专题报告。市委副书记、市长马里主持会议并作总结讲话。市委副书记姚志波代表市委、市政府对2019年创建工作进行安排部署。

5日　省地质矿产局局长于万臣率地矿局专家组到黑河市，就矿产资源勘查开发、地质环境调查与保护治理等内容进行调研。市委副书记、市长马里，副市长张瑾忠，爱辉区委及市相关部门负责人参加座谈。张瑾忠代表黑河市政府与省地质矿产局签订国土资源勘查开发领域全面深化战略合作协议。

同日　由市教育局工会、关工委主办，市直各中小学承办的“春华秋实四十年”改革开放40年教育发展成果图片巡回展在黑河市第三中学拉开帷幕，并在市区各中小学进行巡回展览1个月。

7日　市公安局新建的总面积2000平方米政务服务中心投入使用。该中心进驻了市公安局出入境接待大厅、居民身份证受理服务大厅、交通警察支队车驾管服务大厅，分为前台服务区、自助服务区、后台审批区，实现让数据多跑路，群众少跑腿。

8日　黑河市摘取由中央广播电视总台央视财经频道、盈科旅游举办的CCTV《魅力中国城》第二季竞演“十佳魅力城市”桂冠。市委书记秦恩亭代表黑河市出席在北京市怀柔区国家中影数字基地举办的“魅力盛典”，并领取“十佳魅力城市”殊荣。“黑河——我的‘极致远征’跨境自驾游”获2018《魅力中国城》年度魅力主题线路，市委常委、宣传部部长马春波代表黑河市领奖。

10日　中国流动科技馆俄罗斯国际巡展签约仪式在黑河举行。市委常委、副市长、中国科技馆副馆长庞晓东作为中方代表与俄阿州地方志博物馆馆长巴斯杜霍娃签订巡展协议，标志着中国流动科技馆走进俄罗斯国际巡展正式启动。

12日　市委书记秦恩亭主持召开中共黑河市委六届51次常委会。会议传达省委全面深化改革委员会第二次会议精神，原则通过《黑河市创新政府配置资源方式任务分工方案（2017—2020年）》《黑河市生态文明建设目标评价考核办法》《新时期产业工人队伍建设改革的实施意见》；讨论并原则通过《关于〈黑河市机构改革方案〉的实施意见》等事项。

同日 黑河至俄布市口岸旅检浮箱固冰通道客运运输开通。

13日 市委书记秦恩亭到黑河学院现场招聘人才,并宣讲黑河发展概况、吸引人才优惠政策和支持创业就业政策。黑河学院党委书记王刚主持宣讲活动;市领导姜杨、孙恒义、马春波出席活动。

同日 市委副书记、市长马里主持召开市政府2018年第十二次常务会议。会议讨论并原则通过《关于进一步加快生态文明建设全面加强生态环境保护的实施意见》《关于全面加强生态环境保护坚决打好污染防治攻坚战的实施意见》《关于加强儿童青少年近视眼防控工作的意见》等事项。

同日 为抓好全市政府系统干部学习,提高学习成效,黑河市组织各县(市、区)政府、五大连池管委会和市政府系统各单位主要负责人,对近期学习成果进行集中测试。市委副书记、市长马里亲临测试现场指导,对本次测试提出要求。参加测试人员认真答题,切实检验了前段学习成果。

14日 全市质量大会在黑河召开。市委副书记、市长马里,省市场监管局常务副局长郭杰出席会议并讲话,市委常委、副市长孙恒义宣读《黑河市人民政府关于表彰首届黑河市市长质量奖获奖单位的决定》。会议总结近年来全市质量工作,安排部署重点任务,开展质量提升行动,全力建设质量强市。

同日 市委副书记、市长马里主持召开市政府与市总工会联席会议第一次会议,听取市总工会工作情况汇报,讨论《关于建立市政府与市总工会联席会议制度》,研究解决事关工会发展和职工利益的实际问题。市委常委、副市长孙恒义,市人大常委会副主任、市总工会主席王长玉及市直相关部门负责人参加会议。

同日 市六届人大常委会召开第十四次会议。市人大常委会党组书记、主任蔺波主持会议。会议审议并表决通过《黑河市人大常委会询问和质询办法》;表决通过市人大常委会关于批准2018年市本级预算调整方案的决议;表决通过人事任职事项。

同日 由市委宣传部、市文联主办,黑河日报社、市档案局等单位承办的"致敬改革开放四十年"专题图片展在大黑河岛国际商贸城开幕。市委常委、宣传部部长马春波出席开幕式并讲话。图片展是全市庆祝改革开放四十周年系列活动之一,展期1个月,共征集展示黑河市经济社会建设成就的作品240余幅。

16日 黑河市庆祝改革开放40周年文艺晚会"潮涌龙江·再出发"在市人民艺术剧院举行。活动由中共黑河市委、黑河市人民政府主办,黑河市文化广电和旅游局、俄罗斯阿穆尔州文化与民族政策部承办,中俄两国演员同台演出。市四大班子领导与全市各界群众代表400余人共同观看演出。

17日 黑河市爱辉区兴安街金融社区,海兰街温馨社区,花园街博文、金兰、长海、联通、网通社区举行"人大代表之家"代表进家启动仪式,近千名人大代表回归选区,解民所需,尽责履职。市领导张野、孙恒义、马春波、张兆华、杜久武出席启动仪式并为"人大代表之家"揭牌。

同日 市公安局公安政务服务中心、交警支队、警务技能训练基地综合业务技术用房落成揭牌。副市长、市公安局局长邓福才出席揭牌仪式。总占地面积8000平方米,建筑面积1.3万平方米,其中,政务服务大厅面积2000平方米。

同日 黑河市退役军人事务局正式挂牌成立,这是黑河市党政机构改革后第一个挂牌单位。

18日 由市委组织部、市委老干部局、市委离退休干部工作委员会主办,黑河老年大学等单位承办的庆祝改革开放40周年"长征精神薪火相传"《长征组歌》音乐会在黑河友谊宫上演。演职人员共计150余名,全部来自老年大学合唱团和黑河市好声音歌唱团组成的百人合唱团。

19日 市政府主办的黑河市第二届"乐冰乐雪在黑河"主题小微雪雕大赛活动启动,100余个雪雕作品分布在市区内主要广场、公园、街道,12月底竣工。

同日 黑河农商银行举行全市农商银行系统助力民营企业和"三农"经济发展100亿元授信签约大会。会上,全市农商银行系统共为381户服务"三农"经济发展的政府和部门以及民营企业进行集中授信,总额度达148亿元。

同日 黑河至俄布市黑龙江公路大桥建设现场,钢塔吊装,钢绞线穿索,钢梁拼装、顶推等多项施工同步进展顺利。截至本日,中俄双方整体累计完成投资18亿元,占项目整体总投资72.8%。

20日 全市深化机构改革动员大会在黑河召开,全市机构改革进入全面实施阶段。市委书记秦恩亭出席会议并讲话。市委副书记、市长马里主持会议,市人大常委会党组书记、主任蔺波出席会议,市委副书记姚志波宣读省委办公厅、省政府办公厅《关于印发〈黑河市机构改革方案〉的通知》,并对《黑河市机构改革方案》作说明。改革后,黑河市设置党政机构45个,其中,市委12个,市政府33个。其他现职副市级领导及中省市直单位主要负责人参加会议。

21日 黑河市机构改革党政新机构集中揭牌。市委书记秦恩亭,市委副书记、市长马里与全国人大代表张慧、省党代会代表高明共同为新机构揭牌。秦恩亭出席揭牌仪式并致辞,马里主持揭牌仪式并宣读揭牌单位名单。集中揭牌的45个单位中议事协调机构办事机构8个、市委工作机关3个、市委机关挂牌机构14个、市政府工作部门15个、市政府部门5个。市四大班子领导与市直各单位班子成员,以及工作在市委、市政府办公大楼内的全体干部职工在市委、市政府办公楼前,共同见证黑河市机构改革历史进程中的重要时刻。

同日 黑河市军民共建训练健身中心揭牌仪式在黑河市全民健身中心体育馆举行。市委常委、黑河军分区政委白景新,副市长陈晓杰共同为黑河市军民共建训练健身中心揭牌。市体育局与黑河军分区政治工作处签署《军民共建协议书》,并向驻军部队代表赠送体育活动用品。

23—24日 由黑龙江省体育局主办,黑河市政府、五大连池风景区管委会承办的2018—2019年度黑龙江赏冰乐雪系列活动启动暨2018徒步中国·全国徒步大会(五大连池站)、2019“中国体育彩票”全国新年登高健身大会仪式在五大连池风景区举行。副市长陈晓杰、省体育局副局长韩会峰、中国登山协会秘书长张志坚出席活动。系列活动共设置4大板块,100项次比赛活动,活动地点在黑龙江,活动辐射全国,贯穿整个冬季。

23—24日 市委书记秦恩亭在黑河会见广西壮族自治区政协副主席、百色市委书记、市人大常委会主任彭晓春为首的考察组。市委常委、市委秘书长张崇义陪同考察黑河对外开放情况。

25日 黑河市举行市直离退休干部“迎新年贺新春”茶话会。市领导秦恩亭、马里、蔺波、姜杨、张崇义、赵殿举向市直离退休老领导、老同志祝贺新春。

26日 由市文化广电和旅游局主办的“扬帆起航”黑河市庆祝改革开放40周年新年音乐会在黑河市友谊宫演出。市委常委、宣传部部长马春波,副市长陈晓杰等观看演出。

26—27日 以市委常委、副市长庞晓东为团长的黑河市代表团赴俄阿州进行工作会谈,并开展新年走访活动。

28日 黑河市启动“2018—2019年度党风廉政教育巡回宣讲进基层”活动。市委常委、市纪委书记、市监委主任张野参加启动仪式。宣讲团将在黑河市区和各县(市、区)、五大连池风景区进行若干场巡回宣讲。

同日 五大连池风景区“冰天雪地、连池有鱼”矿泉鱼冬捕活动在火山堰塞湖三池冰面上启幕,吸引了大批游客前来观看冰湖腾鱼的壮观景象。副市长陈晓杰出席冬捕启动仪式并致辞。中国企业家摄影学会成员和社会各界代表参加活动。

29日 由市委宣传部、市委网信办和黑河广播电视台联合主办的“致爱·家国”——黑河新时代新气象新作为网络主题宣传活动颁奖典礼暨2019年度争做“中国好网民工程”启动仪式在黑河广播电视台二号演播厅举行。市委常委、宣传部部长马春波出席颁奖典礼。

同日 逊克北红玛瑙文化艺术体验店落户哈尔滨市中央大街西九道街63号。体验店面积达380余平方米,从筹备到落成历时9个月,展出玛瑙工艺品千余件。

同日 由黑河市政府主办,爱辉区委、区政府承办的“驾到黑河,燃动中俄”中国·瑷珲寒地国际汽车巡游活动在黑河举行。市领导秦恩亭、马春波、杜久武、陈晓杰、曹文兴及爱辉区、市直有关部门负责人出席启动仪式。400多台寒地试驾车辆、参赛越野车辆和市区职工私家车辆参加巡游活动。

29—30日 “城乡彩钢杯”中俄界江冰雪越野汽车挑战赛在黑龙江畔黑河市域段开赛。市领导秦恩亭、杜久武、陈晓杰、曹文兴及俄阿州汽车协会负责人等出席开赛仪式。本次比赛赛道长1.95千米,为冰冻黑龙江沙滩的少雪沙石土路,来自全国各地的170余辆赛车、500多名选手参赛。

30—31日 市委书记秦恩亭到逊克县、孙吴县围绕脱贫攻坚开展调研,为即将开展的“转变作风、服务群众,万名干部大下基层”活动做出表率。市委常委、市委秘书长张崇义陪同调研。

12月 国内外汽车运营商144户试车企业、5781人、3248台车到黑河进行低温试验。

同月 由黑河市档案局组织编纂的《黑河改革开放四十年纪实》正式出版,该书采取编年体图文并茂全面记录了黑河改革开放40年发展历程和辉煌成就。

本年 黑河瑷珲机场2018年旅客吞吐量达到18.09万人次,同比增长20.05%;航班起降3061架次,同比增长13.45%,均创历史新高。

黑 河 概 览

建 置 沿 革

【历史沿革】 黑河市历史悠久。据考古证明，早在旧石器时期就有人类在此地活动，形成本地古代土著民族的基础。公元前16世纪，居住在今黑河市北部、嫩江流域的东胡、秽貊人和商朝就有过“东胡黄罴，山戎戎菽”的贡纳关系。到西周初年，居住在黑龙江中、下游的肃慎族已向周王朝贡“楛矢石砮”。唐朝，黑龙江中、下游属黑水靺鞨。唐开元十三年(725)，唐王朝设立黑水都督府，黑水靺鞨属之。唐贞元八年(792)，又设立室韦都督府，对黑龙江上、中游和嫩江流域室韦诸部进行有效地统治。金朝，属于蒲与路。元朝，为了沟通内地与黑龙江流域的联系，建立许多“站赤”，今黑河市即在辽阳行省开元路管辖区域内。明朝，设立奴儿干都司，区内女真、契丹人均属之。清朝，为了抵抗沙俄的侵略，清政府于康熙二十二年(1683)12月13日，在黑龙江左岸忽黑平寨旧址修筑黑龙江城，设置黑龙江将军衙门。清康熙二十四年(1685)迁至江右岸新瑷珲城(今爱辉区瑷珲镇)。清康熙二十九年(1690)又移驻墨尔根(今嫩江县城)，瑷珲副都统留守瑷珲新城，全市多归其统辖。民国年间，全市大部分地区为黑河道尹公署管辖。1933年1月25日，日本侵略者占领黑河，1934年12月1日，成立伪黑河省。1945年8月，黑河解放。11月19日，成立嫩江省黑河地区行政办事处。11月中旬，成立中共黑河地区中心县工作委员会。12月14日，嫩江省黑河地区行政办事处更名为黑龙江省黑河地区行政办事处。1946年9月7日，黑龙江省政府决定设立黑河地区行政督察专员公署。1947年初，黑龙江、嫩江两省合并为黑嫩省。1947年2月7日，黑龙江省黑河地区行政督察专员公署改称为黑嫩省第五行政督察专员公署。1947年9月17日，原黑嫩省第五行政督察专员公署改称为黑龙江省黑河行政区督察专员公署。1950年1月16日，黑河行政区督察专员公署改称为黑龙江省黑河区专员公署。1955年4月19日，黑河区专员公署改称为黑龙江省黑河专员公署。1967年4月9日，成立黑河地区革命委员会。1979年2月8日，撤销黑河地区革命委员会，成立黑龙江省黑河地区行政公署。1993年2月8日，国务院决定撤销黑河地区，设立黑河市(地级)至今。

【行政区划】 黑河市辖1个区、2个县级市、3个县、29个镇、36个乡(7个少数民族乡)、567个行政村、69个城市社区、22个城镇社区。

2018年黑河市各县(市、区)行政区划一览表

表1

县(市、区)	所 辖 乡 镇
爱辉区	西岗子镇 瑷珲镇 张地营子乡 西峰山乡 上马厂乡 四嘉子满族乡 二站乡 罕达汽镇 新生鄂伦春族乡 幸福乡 坤河达斡尔族满族乡
北安市	二井镇 石泉镇 赵光镇 海星镇 通北镇 主星朝鲜族乡 杨家乡 东胜乡 城郊乡
五大连池市	龙镇 和平镇 太平乡 建设乡 新发镇 团结镇 双泉镇 兴隆镇 朝阳乡 兴安乡 五大连池镇(与五大连池风景名胜区自然保护区管理委员会共管)
嫩江县	前进镇 海江镇 伊拉哈镇 双山镇 长江乡 多宝山镇 嫩江镇 长福镇 科洛镇 临江乡 塔溪乡 白云乡 联兴乡 霍龙门镇
逊克县	奇克镇 逊河镇 干岔子乡 松树沟乡 车陆乡 克林镇 宝山乡 新兴鄂伦春族乡 新鄂鄂伦春族乡
孙吴县	孙吴镇 辰清镇 西兴乡 清溪乡 正阳山乡 红旗乡 奋斗乡 群山乡 卧牛河乡 沿江满族达斡尔族乡 腰屯乡

人口民族

【人口】 据公安部门统计，2018年末，全市总人口159.3万人，其中，男性人口80.2万人，女性人口79.1万人；城镇人口93.1万人，乡村人口66.2万人。全市人口出生率4.8‰，死亡率5.6‰，人口自然增长率-0.8‰。

【民族】 2018年，黑河市有38个少数民族，其中，满族、达斡尔族、鄂伦春族、鄂温克族为世居民族。全市少数民族人口近7万人，约占全市总人口的4%，其中，达斡尔族人口为6985人，占全国达斡尔族人口的5.29%；锡伯族人口为312人，占全国锡伯族人口的0.16%；鄂伦春族人口为1894人，占全国鄂伦春族人口的21.87%；赫哲族人口为79人，占全国赫哲族人口的1.48%；鄂温克族人口为776人，占全国鄂温克族人口的2.59%；俄罗斯族人口为126人，占全国俄罗斯族人口的0.82%；柯尔克孜族人口为12人。全市有7个民族乡：爱辉区新生鄂伦春族乡、逊克县新鄂鄂伦春族乡、逊克县新兴鄂伦春族乡、北安市主星朝鲜族乡、爱辉区坤河达斡尔族满族乡、孙吴县沿江满族达斡尔族乡、爱辉区四嘉子满族乡。全市有84个民族村，其中，爱辉区29个、逊克县18个、孙吴县14个、嫩江县6个、五大连池市11个、北安市5个、五大连池风景区1个。

地　　理

【位置与面积】 黑河市是黑龙江省北部的一个边境市。位于北纬47°42′~51°03′，东经124°45′~129°18′之间。东南和伊春市、绥化市接壤，西南同齐齐哈尔市毗邻，西部与内蒙古自治区隔嫩江相望，北部与大兴安岭地区相连，东北隔黑龙江与俄罗斯阿穆尔州相对，全市总面积68726平方千米。

【地质地貌】 黑河市境域地层分布广泛，出露较齐全，从上元古界至新生界均有出露，共划分为13个系、27个统、72个组(72个组在1992年统计时即有。2011年据黑龙江省地勘五院提供新增宝力高庙组和白音高老组，两组分布于爱辉区、嫩江县和五大连池市境内)均分布在天山至兴安岭地层区，分属兴隆至罕达汽分区的罕达汽小区、小兴安岭分区的沐河小区、松嫩平原分区和伊春延寿分区。

黑河市境域岩浆侵入活动极为频繁，分布面积约占山区的50%。岩石类型复杂繁多，有超基性、基性、中性、中酸性、酸性及碱性岩类，尤以酸性、中酸性岩类最为发育。在空间上构成几个花岗岩带，在时间上具有明显的多旋回多期性。黑河市火山(喷出)岩活动频繁，发育广泛，约占区域面积的1/4。特别是中、新生代火山岩，活动多期，规模宏伟壮观，有16处火山群，其中，五大连池火山群被誉为现代火山“自然博物馆”“世界地质公园”。

黑河市大地构造位置是处于天山—蒙古—兴安地槽褶皱区的东段北部，次一级构造单元包括有黑龙江省划分的大兴安岭地槽褶皱系东部罕达汽褶皱带、小兴安岭—松嫩地块北部沐河断陷带、伊春—延寿地槽褶皱系北部伊春断陷带。市内地质构造错综复杂，具有多期活动性和阶段性。

黑河市地处大兴安岭东端，小兴安岭北部。境内群山连绵起伏，沟谷纵横，地势西北部高，向东南逐渐降低。由于地质构造变动和物理风化作用，形成了剥蚀地形、侵蚀堆积地表、堆积地形和火山岩地形，并构成低山、丘陵、火山熔岩台地、盆地、平原和河谷地貌特征。全市地貌呈北西至南东走向。由于受松辽断陷，逊克至乌云结雅断陷和孙吴地堑影响，地势中间隆起，两侧凹陷。中部低山丘陵区主要分布在嫩江县的多宝山、霍龙门、白云、麦海和爱辉区的西峰山、新生、罕达汽、北师河、二站与五大连池市的朝阳、兴安乡及孙吴县的正阳山、清溪、辰清、群山、奋斗等乡镇和逊克县的逊河镇以南地区。山区面积约44225平方千米，占全市土地总面积的64.3%。为北西、南东向，两端隆起、中间凹陷，呈马鞍形态，海拔高度为300~800米。黑龙江、嫩江及主要支流地带山岭险峻，坡度较陡，雨季易形成沟谷、崖堆和滑坡，河流的分水岭，一般高出河床100~250米。山势柔和，山顶平坦，可见有平顶山和右夷平面，局部山坡有倒石堆，山上到处可见厚度1~5米的残坡积层，植被发育。江河密度大，河谷弯曲，多为不对称的V形谷，冬季可形成冰丘。沿江断陷盆地主要分布在沿黑龙潭南岸和逊河以北地带孙吴地堑的逊克至乌云结雅断陷带内，呈北西向，狭长带状。长约150千米，宽约2~5千米，面积为450平方千米，占全市土地总面积的0.7%，地势平坦，微向江岸倾伏，有零星山间盆地。南部为松辽平原的北端，呈长方形，面积24051平方千米，占全市土地总面积的35%，地势较平坦，略有起伏，由北向南逐渐降低。

【气候】 黑河市临近冷空气的发源地——西伯利亚大草原，境内又有小兴安岭山脉纵贯南北，这种特殊的地理环境，使全市呈寒温带大陆性季风气候。冬季漫长而且严寒干燥；夏季虽短，但温暖湿润、光照充足；春季升温快，多大风；秋季降温急骤，无霜期短。同时，市内各地地形地貌不同，气象有差异，并各具特点。孙吴县城处于小兴安岭山脉马鞍型中的凹地，气温最低，降水偏低。嫩江县地处大、小兴安岭之间，大风日数较多。位于北部的爱辉区、逊克县，有小兴安岭屏障作用，气温相对较高。黑河市全年日照总时数2562~2667小时，最多年2793小时。全市夏季昼长夜短，光照充足，夏至前后，日照时间长达15~16小时，5—8月日照时间占全年的2/5。太阳辐射总量6月份平均可达15千卡/平方厘米，5—8月太阳辐射总量达56千卡/平方厘米，占全年的一半。而冬季昼短夜长，冬至前后，日照时间仅7~8小时,11月至次年2月日照时间只占全年的1/5。太阳辐射总量12月份平均只有3千卡/平方厘米。全市年平均气温为-1.3℃~0.4℃。1月份最冷,平均气温为-25.4℃~-23.8℃。7月最热,平均气温为19.4℃~21.3℃,年较差为44.2℃~46.7℃,国内其他地区少有。每年10月中旬到次年4月中旬,全市日平均气温小于或等于0℃,长达183~195天。每年11月下旬至次年2月底,日平均气温小于或等于-20℃的严寒时段长达88~103天。一年中低气温小于或等于-30℃的天数,平均可达25~54天,而且自11月下旬到次年3月都可出现。各地极端最低气温值均超过-40℃,大部分年份均能出现。1965年冬,孙吴县最低气温小于或等于-30℃的天气达91天,小于或等于-40℃的天气达20天,1980年1月还观测到-48.1℃的极端最低气温纪录。

黑河市夏季气候宜人,中午较热,早晚凉爽。5月下旬至8月下旬,为日平均气温大于或等于20℃时段,达80天以上。最高气温大于或等于30℃的日数,每年平均出现7~12天。1968年7月德都县(今五大连池市)曾出现过38.2℃的最高气温纪录。5月中旬至9月中旬,全市日平均气温稳定在10℃以上的日数,孙吴县最少,为116天,其他县(市、区)为123~128天。大于或等于10℃的积温,在1944℃~2306℃之间,孙吴县最少。市气温形成小兴安岭腹地气温最低,积温值最小,向山脉两边延伸,则气温逐渐增高,积温逐渐增多的特点。

黑河市全年平均降水量在491~540毫米之间,年雨量差异不明显。降水分布是南部多于北部,东部多于西部。降水中心一是在孙吴以南的小兴安岭鞍部,二是在北安市的赵光一带。降水多集中于夏季(6—8月),约占全年总降水量的61%~67%;春季(3—5月)约占12%~16%;秋季(9—10月)约占16%~19%;而冬季(11月至次年2月)仅占3%~5%。一年内降水量大于或等于1.0毫米的降水总日数为58~68天,其中夏季为31~33天,冬季少于10天。大于或等于10.0毫米的降水总日数为14~17天,2/3出现在夏季,冬季出现几率为0;大于或等于50.0毫米的暴雨,平均每年出现不到1次,多在7月、8月份。一年内连续降水3天以上平均每年出现2~4次,出现几率夏季占75%,其余多在9月;连续降水最多日数达15天,分别出现在孙吴县1954年6月7—21日和爱辉区1959年6月20日至7月4日。连续无降水多出现在严冬季节,北3县(区)最长为50~51天,南3县(市)最长为40~47天。市内10月上旬至次年5月上旬的降水均为降雪,降雪量很小,只占年总降水量的1/10。积雪留存时间长,稳定雪盖期为130~150天。积雪深度一般在10~20厘米,历史上最大积雪深度达53厘米。

【水系】 黑河市有丰富的水资源。境内河流纵横,纵贯黑河市南北的小兴安岭,将境内河流分为黑龙江、嫩江两大水系,共有大小河流631条,其中流域面积在50平方千米以上的河流有242条。黑龙江位于黑河市北部,是中国与俄罗斯的界江,在市内的主要支流有法别拉河、公别拉河、逊别拉河、库尔滨河。嫩江位于黑河市西部,是黑河市与内蒙古自治区的界江,在市内的主要支流有讷谟尔河、科洛河。市内的通肯河属松花江水系。乌裕尔河是内陆河流。

【土壤】 黑河市土壤共有8个土类,下分27个亚类,31个土属、52个土种,区域内土壤类型丰富,耕地主要土壤类型包括暗棕壤和黑土2个地带性土壤,其中,还镶嵌有白浆土、草甸土、沼泽土、泥炭土等非地带性土壤。此外,还有火山灰土和水稻土。

暗棕壤是在温带湿润季风气候和针叶与阔叶混交林植被条件下发育并形成的,暗棕壤亦称暗棕色森林土,是市内主要的森林土壤,本市耕地暗棕壤亚类共有3个,即典型暗棕壤、草甸暗棕壤和白浆化暗棕壤,面积4477242.7公顷,占全市土壤面积的65.76%。其中,县属耕地占暗棕壤面积的6.76%。主要分布在小兴安岭山体和山前起伏的丘陵区,以逊克、爱辉、孙吴、嫩江等县(区)居多。白浆土是发育在温带湿润半湿润区森林、草甸植被下经白浆化等成土过程形成的非地带性土壤,本区耕地白浆土亚类共有2个,即典型白浆土和草甸白浆土。白浆土总面积42988.8公顷,占全市土壤面积的0.63%。其中,县属耕地占白浆土面积的25.85%。主要分布在逊克县,其他县(市)多有零星分布。

黑土是在温带湿润气候草甸植被下形成的地带性土壤,区域耕地黑土亚类共有3个,即典型黑土、草甸黑土和白浆化黑土。黑土是市内主要的宜耕土壤,总面积为875567.6公顷,占全市土壤面积的12.86%。其中,县属耕地占黑土面积的77.18%。主要分布在小兴安岭山前丘陵漫岗区,全市各县(市)均有分布,以嫩江、北安、五大连池市(县)居多。

草甸土是土体中下部土层直接受季节性地下水的轻度浸润,在草甸植被下发育而成的非地带性土壤。区域内耕地草甸土亚类共有3个,即典型草甸土、潜育草甸土和盐化草甸土。草甸土总面积677452.3公顷,占全市土壤面积的9.95%。其中,县属耕地占草甸土面积的28.72%。主要分布在黑龙江、嫩江水系河漫滩阶地及沟谷低地与山间谷地。

沼泽土是在地表水和地下水影响下,在沼泽植被(湿生植物)下发育的具有腐泥层和潜育层的土壤。区域内沼泽土亚类共有3个,即草甸沼泽土、泥炭沼泽土和腐泥沼泽土,沼泽土总面积712357.3公顷,占全市土壤面积的10.46%。其中,县属耕地占沼泽土面积的2.7%。主要分布在河谷泛滥地与水线两侧积水洼地、地下水流出地区,凡是具备潮湿积水条件的地段均有分布。泥炭土,黑河市内只有低位泥炭土,且面积很小,仅有5748.5公顷,占全市土壤面积的0.09%。集中分部在五大连池市、爱辉区和孙吴县境内。

火山灰土总面积14313公顷,占全市土壤面积的

0.21%，主要分布在五大连池市。嫩江县、孙吴县、逊克县、爱辉区亦有分布。

水稻土总面积2926.3公顷，占全市土壤面积的0.4%。主要分布在北安市主星朝鲜族乡和五大连池市境内的永丰农场。

资 源

【土地资源】 黑河市土地资源辽阔，全市耕地总面积192.01万公顷，耕地主要土壤类型包括暗棕壤和黑土2个地带性土壤，适宜豆、麦、薯、甜菜、亚麻等作物生长。有林地413.8万公顷，森林覆盖率59.9%，是黑龙江省三大林区之一。草地面积55.94万公顷，载蓄量70万个羊单位。

【湿地资源】 全市湿地面积60万公顷，约占全省湿地面积的十分之一，主要有沼泽湿地、河流湿地、湖泊湿地、人工湿地四种类型，其中，沼泽湿地面积48.5万公顷，占全市湿地面积的80.7%。现有省级以上湿地生态类型自然保护区11处，省级湿地公园4处。

【水资源】 黑河市境内河流众多，水量充沛。黑河市水资源总量为115.88亿立方米，其中，地表水资源107.48亿立方米，地下水资源30.59亿立方米，地表水与地下水重复计算量为22.19亿立方米。黑河市水能资源较丰富，共建成并运行水电站11座，主要有：西沟、象山、山口、库尔滨水电站等，总装机15.34万千瓦。

【动物资源】 境域内栖息野生动物共计460种，其中兽类54种，属珍稀保护动物有紫貂、貂熊、梅花鹿、原麝、猞猁、棕熊、黑熊、雪兔、马鹿、驼鹿等。有鸟类358种，主要珍稀鸟类有白头鹤、东方白鹳、金雕、白尾海雕、黑嘴松鸡和黑鹳等。有两栖类9种，主要有东北林蛙、黑龙江林蛙等。有爬行类11种，主要有锦蛇、蜥蜴等。其中，国家一级保护野生动物16种，国家二级保护野生动物58种。

【植物资源】 在广阔的原野和茂密的森林里，蕴藏着千余种植物资源。野生药用草本及木本植物742种，主要有刺五加、平贝、黄芪、五味子、赤芍、苍术、党参、防风、龙胆等。野生食用山产品1000余种，野生蓝莓面积10余万公顷，年采集量约1.5万吨。蕨菜、老山芹、木耳、蘑菇、猴头等森林绿色食品年产量达到3万吨左右。经济价值较高的树种云杉、冷杉、黄菠萝、红松、樟松、落叶松、水曲柳等20余种。

【矿产资源】 已发现矿藏资源95种（含亚种），约占全国已发现矿产种类的54.99%，占全省的71%。矿产地达600处，已探明储量矿产地150处、矿种33种，有23种资源居全省之首。煤含量极为丰富，年生产能力约500万吨；有储量1.4亿余吨的大理石。

【矿泉资源】 五大连池天然冷矿泉水是世界三大冷泉之一，与法国维希矿泉和俄罗斯纳尔赞矿泉齐名。五大连池矿泉水是在特定地质条件下形成的，原生矿泉水储存于地下100～200米深处，生成时间在50年以上。矿泉水成分复杂，含有钾、钠、钙、镁、碘、铁、锌、硒、锂、锶等几十种宏量和微量元素，与人体血液中的各种离子比例基本一致；类型多，以重碳酸盐—碳酸矿泉和偏硅酸矿泉为主，还有氡矿泉、锶矿泉、钡矿泉、苏打水等；分布广，发现有380多处泉眼，年自涌量约1100万吨。

【旅游资源】 自然景区有五大连池风景名胜区、卧牛湖风景区、嫩江高峰森林公园大沾河湿地、锦河大峡谷、中俄民族风情园等；红色旅游景区有瑷珲历史陈列馆、知青博物馆等。五大连池风景区拥有世界上典型的火山地质地貌景观、优质的矿泉水和神奇罕有的疗养资源，被称为“天然的火山博物馆”“打开的火山教科书”，是国家AAAAA级旅游景区、联合国教科文组织世界地质公园、世界生物圈保护区、IUCN保护地绿色名录、国家重点风景名胜区、国家级自然保护区、国家森林公园、国家自然遗产、中国矿泉水之乡、中国著名火山之乡、圣水节（药泉会）国家非物质文化遗产等。2018年，全省唯一获第三届中国质量奖提名奖，入选国家AAAAA级旅游景区50强。

中国共产党黑河市委员会

综 述

【概况】 2018年,黑河市委坚持以习近平新时代中国特色社会主义思想为指导,深入贯彻中共十九大和中央经济工作会议精神,认真落实省委十二届二次全会和省委经济工作会议部署,坚决落实全面从严治党,坚定贯彻新发展理念,在产业和基础设施项目建设、农业绿色发展、全域旅游示范区建设、对俄对内互联互通、新经济新业态发展等多个领域持续发力,跨越发展、全面振兴迈出了坚实步伐。主要经济指标增幅居全省前列,地区生产总值、固定资产投资、社会消费品零售总额、公共财政收入分别比上年增长7%、7.1%、8.3%和7%,城镇、农村常住居民人均可支配收入分别增长7%和9%,万元地区生产总值综合能耗下降3.3%。

深入学习贯彻习近平新时代中国特色社会主义思想和中共十九大精神,始终沿着总书记指引的方向奋力前行。坚持把学习贯彻习近平新时代中国特色社会主义思想和中共十九大精神作为首要政治任务,努力在学懂弄通做实上下功夫,确保全面系统准确领会精神实质,学思践悟、融会贯通,以坚定的思想自觉和行动自觉推动振兴发展。把习近平总书记在深入推进东北振兴座谈会上的重要讲话和考察黑龙江省时的重要指示精神作为黑河加快发展的强大动力,牢牢把握重大机遇,立足黑河比较优势,围绕"五大目标"和"十大新体系"建设,深入学习研究《关于加大边民支持力度促进守边固边的指导意见》《关于支持沿边重点地区开发开放若干政策措施的意见》等文件和党中央、国务院、省委省政府的一系列方针政策和重大决策部署,梳理出一系列重要政策、重大项目进行专题推进,取得积极进展。提出对外开放战略升级、扩大城市规模集聚人口和生产要素、扭转铁路建设滞后局面、推进口岸基础设施建设、把冷资源打造成热经济等重点工作任务,得到省委的肯定和支持,有9项重点工作纳入省委重要决策,较好地实现了黑河发展与国家发展大局、黑龙江发展全局的有机融合。

全面推开农业绿色发展示范区建设,农业由增产增效向提质增效加速变革。农业绿色发展示范区建设取得显著成效,黑河市被农业农村部确定为全国唯一的绿色高质高效示范市,嫩江县、爱辉区获批全国绿色高质高效示范县。十大绿色特色功能性农产品生产基地发展到78.99万公顷,新增绿色有机食品认证数116个、地理标志农产品1个。名特优水产养殖面积达到0.59万公顷,规模化养殖场达到317个,北安市和嫩江县被列入全省畜牧重点县,非洲猪瘟等疫情防控形势稳定。林业产业发展三年行动计划启动实施,林果、北药种植规模不断扩大。全市线上农产品销售率达到10.5%,"十六膳""冷矿泉暖米""北纬49"等品牌影响力显著提升。

聚焦一切优势资源招商引资上项目,工业经济进入近年来发展最快最好时期。持续加大招商引资力度,玉米燃料乙醇、天之草汉麻纤维加工等31个超亿元项目落地。实施重点产业项目73项、完成投资72亿元,其中省重点项目18项、完成投资34亿元。多宝山铜矿二期开工,东安岩金矿、农耕大豆深加工等33个项目完成全部建设任务,建成投产率44%。科学论证规划矿泉水资源开发,加快推进矿泉产业园区建设,与科迪、福爱和万圣集团达成合作意向,正在推进2个年产300万吨矿泉水和50万吨矿泉啤酒项目。针对停产半停产企业,积极谋划牵动性强的替代项目,龙江化工、嫩江春酒业等22家企业实现盘活,规模以上亏损企业由44户降至22户,亏损面降至19.8%,低于全省9.5个百分点。实施中小企业成长工程,新增规模以上工业企业5家,全市规模以上工业增加值比上年增长16%,创五年来新高。

着力推动优势服务业健康快速发展,旅游业和试车等经济发展新动能加速释放。坚持以"大旅游、大规划、大产业"思维谋划旅游产业转型升级,把寒地试车经济作为黑河绿色发展的典型经济,借助良好生态、丰富康疗养生资源和安全的绿色健康饮食等比较优势大力发展健康养老产业。实施了瑷珲乡野公园、富强田园综合体等16项重点旅游项目。《魅力中国城》竞演摘取最高奖"十佳魅力城市"称号;"黑河·我的极致远征"跨境自驾游获年度魅力主题线路奖;五大连池风景区获全省唯一的第三届中国质量奖提名奖,入选国家AAAAA级旅游景区50强。全市旅游人数突破千万人次大关,旅游收入跨过百亿元关口。中国寒地试车产业园加快推进,试车企业、车辆、人员分别比上年增长10.8%、24%、64%,被中汽协授予全国唯一的"中国汽车寒区试验基地"称号。五大连池风景区—黑河—俄布市“两国三地”中俄跨国旅居养老线路成功入选黑龙江省7条精品旅居养老线路，年接待国内外旅居老人4万人次以上。

加速推进从通道经济向口岸经济转型升级，中俄国际合作重要平台地位更加凸显。黑龙江公路大桥、中俄东线天然气管道、跨江空中索道项目稳步推进。黑龙江公路大桥桥头区基础设施建设启动，口岸联检设施开工，保税物流中心（B型）海关监管区主体完工，跨境物流枢纽项目纳入国家布局，申建重点开发开放试验区、自由贸易试验区取得积极进展。跨境油品储运项目与川能集团对接洽谈，境外锑矿开采项目实现开工。外贸扭转连续四年下滑态势，进出口总值比上年增长19.1%；黑河口岸货运量达到58万吨，比上年增长51%，创开关以来最高纪录。成功举办第九届中俄文化大集、中俄边境城市展览会等重大活动，中俄界江国际冰球友谊赛成为两国交往机制化项目。在2018中国国际友好城市大会上，黑河友好城市布拉戈维申斯克被中国友协授予“对华友好城市交流合作奖”，成为78个获此殊荣的外国友好城市之一。

加强生态保护和环境建设，发展的保障能力稳步提高。坚持以高度的政治自觉推进中央环保督查问题整改，57件信访案件全部办结，58个“大棚房”问题全部提前完成整改。全力打好原生态、蓝天、碧水、净土、美丽乡村“五个保卫战”，被评为省级生态市。完成造林绿化0.40万公顷、森林抚育1.71万公顷，连续25个防期未发生重特大森林火灾、5个防期零火灾。淘汰建成区燃煤小锅炉59台，秸秆实现全域全时段禁烧，空气质量达标天数稳居全省前列。严格落实河湖长制，全省最严格水资源管理制度考核名列前茅。在全省首倡并实行农药、除草剂、饲料添加剂使用负面清单管理和市场准入制度。扎实开展农村人居环境整治行动，实施“三清理一绿化”专项整治，农村环境更加整洁优美。

全力保障和改善民生，群众获得感、幸福感、安全感普遍增强。财政民生领域支出达到一般公共预算支出的88.5%，146项民生项目建成使用。41个贫困村、8011名贫困人口实现脱贫，孙吴省级贫困县成功摘帽，全市贫困发生率由年初的1.48%降至0.31%。城镇登记失业率控制在3.57%以内。义务教育标准化学校全部达标，提前一年实现县域义务教育基本均衡发展，高考成绩实现“七连增”。黑河市疾控中心改扩建、五大连池人民医院康复中心综合楼项目完工，“平安医院”创建工作获全省第二名。国家方志馆知青分馆开馆，建成“黑河俄罗斯油画城”，荣膺“全民阅读示范城市”。黑河市全民健身中心和五大连池市文体中心投入使用，北安市冰球馆完成主体工程，逊克县全民健身中心完工。城乡居民医疗保险完成整合，社会保险基本实现法定人群全覆盖，低保、特困供养人员和医疗救助标准全面提高。安全生产形势总体稳定，未发生较大以上安全生产事故。深入推进“平安黑河”建设，全市立案侦查涉黑涉恶犯罪案件22件，查处“保护伞”案件3件3人，“扫黑除恶”专项斗争取得阶段性战果。着力筑牢边境安全屏障，实现了边城和谐、边境安宁和边疆稳定。

狠抓重点领域和关键环节改革，振兴发展的活力明显增强。积极对接中央和省委部署，紧密联系黑河实际，确定94项改革事项，推动了全市改革任务进一步细化具体化。先后召开市委深改组会议12次，审议《黑河市农业绿色发展示范区建设规划（2018—2020年）》等改革方案53个。深化创新驱动改革，落实千户科技型企业三年行动计划，编制《企业所得税优惠政策（指南）》，建立了产学研金合作对接机制与信息交互平台。深化农业供给侧结构性改革，全市各类新型农业经营主体达到8854个，国家级、省级合作示范社达到30个。深化生态领域改革，积极开展生态红线划定工作，建立健全生态环境损害赔偿制度，生态环境保护加速向法治化迈进。深化医疗体制改革，北安市被确定为全省公立医院综合改革示范县，孙吴县“智慧医疗”试点项目投入使用，爱辉区成功创建国家健康促进示范区。深入贯彻落实省优化营商环境条例和重塑营商新环境的意见，扎实推进“放管服”等改革，全市“最多跑一次”和“不见面审批”政务服务事项达到4382项，41.1%的市级审批事项办理时限压缩一半。紧紧抓住防范化解重大风险攻坚战中防控金融风险这个重点，扎实开展防范和处置非法集资、互联网金融及乱办金融风险专项整治，营造了良好金融生态环境。全市营商环境总体评价满意度87.9%，高于全省5.5个百分点。

全面推进从严管党治党，风清气正良好政治生态业已形成。制定《关于坚决维护以习近平同志为核心的党中央权威和集中统一领导的具体意见》，牢固树立“四个意识”，坚定“四个自信”，坚决做到“两个维护”。坚持以正确的导向、清朗的风气选人用人，全年调整县处级班子89个，提拔正处级干部15名、副处级干部40名，对1名认定为瞒报个人有关事项的干部给予诫勉处理、暂缓任用。探索基层党建工作细化量化具体化措施，每个领域确定若干件具体实事，以项目化方式推进，实现了基层党建由“无形抓、抓无形”向“有形抓、抓有形”转变。加大对“两个责任”落实不到位问责力度，全年问责党组织2个、领导干部21人。按照任期全覆盖目标，两年开展四轮巡察，覆盖率达到52%；前三轮巡察发现问题整改完成率95.4%。持之以恒改作风优环境，全市营商环境总体评价满意度87.9%，高于全省5.5个百分点。

（市委政策研究室）

【市委常委】

书　　记　秦恩亭

副 书 记　谢宝禄（2018.7止）
马　里（2018.7任）
姚志波（2018.12止）
孙恒义（2018.12任）

常　　委　张　野　孙　飚（2018.12任）
姜　杨　白景新　张崇义　郭建华
徐　飞（2018.3止）　陈洪生
马春波（2018.5任）

赵起超(2018.3 止,挂职)
庞晓东(2018.4 任,挂职)
秘 书 长 张崇义

(市委办公室)

【市委常委会会议】 2018 年,中共黑河市委常委会共召开 26 次会议,围绕构建“十大新体系”、实现“五大目标”,深入实施绿色崛起、扩大开放、融合发展、创新驱动、差异化发展“五大战略”,重点研究部署市委全面深化改革、全市深化机关作风整顿优化营商环境、经济工作和招商引资及产业项目建设、创建全国文明城市等有关工作,讨论通过《中共黑河市委关于坚决维护以习近平同志为核心的党中央权威和集中统一领导的具体意见》《市委常委会关于进一步改进工作作风密切联系群众的规定》等文件。

2018 年中共黑河市委常委会会议纪要

表 2

会议时间	会议名称	会 议 内 容
1 月 5 日	第 27 次会议	会议研究市委全面深化改革有关工作,原则通过《中共黑河市委黑河市人民政府关于加强和完善城乡社区治理的实施方案》《中共黑河市委黑河市人民政府关于深入推进安全生产领域改革发展的实施意见》《黑河市关于进一步深化文化市场(文物)综合执法改革的实施方案》;听取关于黑河市与珠海市开展对口合作情况、关于全省县域义务教育基本均衡发展攻坚工作会议精神及贯彻落实意见、关于全市信访工作情况、关于解决市纪委(监察委)等单位办公用房需求情况的汇报;研究部署跨境经济合作区和黑龙江大桥桥头区有关工作;讨论干部任免职
1 月 18 日	第 28 次会议	研究部署市委经济工作会议有关筹备工作;原则通过《黑河市加快推进“粮头食尾”“农头工尾”实施方案(讨论稿)》《中共黑河市委常委班子 2017 年度民主生活会方案(讨论稿)》;听取关于贯彻落实省委、省政府第四环境保护督察组督查反馈意见《整改方案》《整改措施清单》情况、关于省委第五巡视组专项巡视孙吴反馈问题整改情况、关于全省组织部长会议精神及贯彻落实意见的汇报;学习传达习近平总书记在中共中央政治局民主生活会和在省部级主要领导干部学习贯彻习近平新时代中国特色社会主义思想和中共十九大精神研讨班开班式上的重要讲话精神,学习传达《中共黑龙江省委关于坚决维护以习近平同志为核心的党中央权威和集中统一领导的具体意见》《中共黑龙江省委印发〈省委常委会关于进一步改进工作作风密切联系群众的规定〉的通知》文件精神
2 月 2 日	第 29 次会议	传达省“两会”精神;听取市人大、市政府、市政协、市法院、市检察院党组工作情况汇报,听取关于全省扫黑除恶专项斗争电视电话会议精神及贯彻落实意见的汇报,听取关于全省宣传部长会议精神及贯彻落实意见的汇报,听取关于十二届省纪委二次全会精神及贯彻落实意见的汇报,研究市纪委六届三次全会有关筹备工作;讨论并原则通过《关于建设风清气正政治生态成效的考核办法(试行)》《中共黑河市委关于坚决维护以习近平同志为核心的党中央权威和集中统一领导的具体意见》《市委常委会关于进一步改进工作作风密切联系群众的规定》;讨论审议并原则通过《黑河市关于全面深化国资、国企改革的实施意见》,就做好全市国资国企改革工作进行安排部署
2 月 25 日	第 30 次会议	传达中央第六巡视组巡视黑龙江省工作动员会议精神;研究市委全面深化改革有关工作;听取全省关工委会议精神及市关工委工作汇报;听取省委政法工作会议主要精神及贯彻落实意见的汇报;讨论通过《黑龙江大桥桥头区起步区口岸联检区项目征地拆迁工作实施方案》;讨论通过《黑河市扫黑除恶专项斗争实施方案》,原则同意成立黑河市扫黑除恶专项斗争领导小组;研究部署全市农业农村有关工作,传达了省委农村工作会议、全省扶贫开发工作会议精神,研究 2018 年市委农村工作会议和黑河市脱贫攻坚工作会议筹备工作,讨论通过《黑河市农业绿色发展示范区建设规划(2018—2020 年)》《黑河市农业绿色发展示范区建设整乡(镇、场)推进试点工作方案》
3 月 15 日	第 31 次会议	专题研究部署全市深化机关作风整顿优化营商环境有关工作,讨论并原则通过《2018 年全市深化机关作风整顿优化营商环境实施方案》《秦恩亭同志在全市深化机关作风整顿优化营商环境会议上的讲话》
3 月 23 日	第 32 次会议	研究部署全市招商引资和产业项目建设工作;听取关于全市环境保护工作、持续开展打击破坏环境资源专项整治行动、黑河市农业绿色发展示范区暨备春耕生产工作、全省春防电视电话会议精神和黑河市春防工作情况的汇报;研究部署群团组织 2018 年重点工作;讨论通过《黑河市委理论学习中心组 2018 年度学习计划》《中共黑河市委常委会 2018 年工作要点》;听取关于拟开展 2017 年度政治生态建设成效考核暨市管领导班子和领导干部考核工作汇报;听取关于补选部分黑河市第六届人民代表大会专门委员会委员的说明;讨论干部任免职

续表

会议时间	会议名称	会　议　内　容
4月16日	第33次会议	听取关于省委副书记、代省长王文涛在黑河调研主要精神及贯彻落实意见的汇报，听取关于全市农业绿色发展示范区创建工作情况、全市深化机关作风整顿优化营商环境工作、全省统战部长会议精神及贯彻落实意见的汇报；并原则通过《关于规范全市党员干部操办婚丧喜庆事宜实施办法（试行）》；研究市委全面深化改革有关工作，原则通过《市委2018年全面深化改革工作要点》《市委全面深化改革领导小组2018年重点任务》《黑河市贯彻落实〈党委（党组）网络安全工作责任制实施办法〉的实施意见》《中共黑河市委2018年度协商工作计划》《深化统计管理体制改革提高统计数据真实性实施方案》
4月26日	第34次会议	会议讨论并原则通过《黑河市2018—2020年创建全国文明城市工作实施方案》，听取关于全省扫黑除恶专项斗争视频调度会议精神及贯彻落实意见的汇报；讨论通过《中共黑河市委关于加强和改进保密工作的实施意见》；听取关于全市森林资源全覆盖检查试点工作情况的汇报；会议原则同意关于给予有关干部处分的请示，要求市纪委监委按照有关程序依法依纪办理；讨论市政府有关干部任免职
5月4日	第35次会议	会议原则通过关于给予宋晨升开除党籍开除公职处分的请示，同意将其涉嫌职务犯罪问题及所涉款物移送检察机关依法审查；讨论推荐市委常委人选
5月16日	第36次会议	传达省委全面深化改革领导小组第十三次会议精神，部署当前全市全面深化改革工作；原则通过《中共黑河市委关于进一步把社会主义核心价值观融入法治建设的实施意见》；传达全省“法治建设年”活动动员部署会议精神，原则通过《2018年全市“法治建设年”活动方案》《关于召开全市“法治建设年”活动动员大会方案》《2018年度黑河市委常委会议会前学法计划》；听取关于筹备召开全市深入贯彻落实习近平总书记对黑龙江省重要讲话精神专题推进会议有关情况的汇报
5月19日	第37次会议	会议讨论《中共黑龙江省委关于贯彻落实党的十九届三中全会精神深化地方机构改革的意见（征求意见稿）》；讨论市政府有关干部任免职
5月31日	第38次会议	会议听取中央第六巡视组在黑龙江省巡视期间全市信访工作情况汇报，并研究部署全市信访工作；听取关于全省网络安全和信息化工作会议精神及贯彻落实意见的汇报；研究第九届中俄文化大集筹备工作，讨论并原则通过《第九届中俄文化大集中方总体方案》；讨论市人大、市政府等单位有关干部任免职
6月23日	第39次会议	传达十二届省委全面深化改革领导小组第十四次会议精神，原则通过《黑河市深化地方机构改革工作方案》《关于进一步营造企业家健康成长环境弘扬优秀企业家精神更好发挥企业家作用的实施意见》《关于加快推进价格机制改革的实施意见》；传达全国追逃追赃工作培训班精神；听取关于中央环保督察“回头看”工作推进情况的汇报，决定7月上旬召开全市环保工作会议；听取关于2017年度全市政治生态建设成效考核情况的汇报、关于2017年度市管领导班子及领导干部年度考核工作情况的汇报；讨论市政府、市政协等有关干部任免职
7月16日	第40次会议	研究市委全面深化改革有关工作，原则通过《黑河市深化事业单位机构改革实施意见》《关于加强黑河市网络安全和信息化工作的实施意见》《关于促进黑河市移动互联网健康有序发展的实施意见》；听取关于中国共产主义青年团第十八次代表大会、共青团黑龙江省第十四次代表大会精神及贯彻落实意见的汇报；听取关于全省生态环境保护大会精神及贯彻落实意见的汇报；研究部署市委六届四次全会有关筹备工作；原则同意关于设立中共黑河市国家税务局地方税务局联合委员会的意见和关于组建黑河市扶贫开发办公室党组的意见
7月27日	第41次会议	专题研究驻黑军警部队有关工作，听取各县（市、区）委关于党管武装工作述职，就抓好党管武装推动军民融合工作进行安排部署
7月30日	第42次会议	会议讨论市委、市政府有关干部任职
8月12日	第43次会议	研究市委全面深化改革有关工作，听取关于创建全国文明城市工作推进情况、市中级人民法院关于“基本解决执行难”工作情况、关于全市深化机关作风整顿优化营商环境工作情况、关于2017年度市直党政机关“三考合一”考评结果、关于2017年度县（市、区）主要责任指标考核结果、关于六届市委第三轮巡察情况、关于黑河市深化监察体制改革试点工作情况的汇报，讨论通过《中共黑河市委关于中央第六巡视组反馈意见整改工作责任分工方案》《中共黑河市委巡察工作规划（2017—2021年）》；讨论推荐市人大常委会主任人选
9月4日	第44次会议	研究部署市委常委（扩大）会议有关工作；听取关于建立禁止秸秆露天焚烧网格化管理体系、全省宗教工作会议精神及贯彻落实意见、省委常委统战部长杜和平到黑河调研主要精神及贯彻落实意见、全省组织工作会议精神及贯彻落实意见的汇报；研究黑河市工会第五次代表大会有关筹备工作

续表

会议时间	会议名称	会 议 内 容
9月28日	第45次会议	研究黑河市六届人大三次会议筹备工作;审议并通过《关于六届人大三次会议拟选举人选的报告》
10月15日	第46次会议	学习传达省委书记张庆伟在黑河市调研时的讲话精神,研究贯彻落实省委的各项安排部署;征求《中共黑龙江省委贯彻落实习近平总书记在深入推进东北振兴座谈会上的重要讲话和考察黑龙江省时的重要指示精神 推动黑龙江全面振兴全方位振兴的意见(征求意见稿)》的意见和建议
10月25日	第47次会议	听取关于中央第六巡视组反馈意见整改落实情况的汇报,部署全市巡视整改工作;原则通过《黑河重点开发开放试验区建设实施方案》《关于实施乡村振兴战略的实施方案》《黑河市农村人居环境整治三年行动实施方案(2018—2020年)》;会议原则通过《黑河市机构改革方案》和《黑河市直深化事业单位机构改革工作方案》;听取关于黑河市2018年意识形态工作责任制落实情况的汇报,关于全市"法制建设年"活动工作情况的汇报;学习传达全省深化扶贫领域腐败和作风问题专项治理工作推进会议精神;原则通过《关于黑河市庆祝改革开放四十周年活动安排的意见》《2018年黑河市直公开招聘事业单位工作人员实施方案》《黑河市关于适应新时代要求大力发现培养选拔优秀年轻干部的实施意见》《黑河市关于进一步激励广大干部新时代新担当新作为的实施意见》;讨论市人大、市纪委监委等单位有关干部任免职
11月2日	第48次会议	学习传达中共黑龙江省委十二届四次全会精神;讨论通过《黑河市问责工作暂行办法》;研究部署全市扫黑除恶专项斗争有关工作,讨论通过《黑河市打赢脱贫攻坚三年行动实施方案》;听取关于全省宣传思想工作会议和全省外宣工作推进会议精神及贯彻落实意见的汇报;研究部署全市食品安全有关工作,原则通过《关于落实食品安全党政同责的实施意见》和《黑河市食品安全工作评议考核办法》;研究黑河市第四届科协代表大会筹备工作,原则同意《黑河市第四届优秀科技工作者评审情况报告》
11月11日	第49次会议	会议听取关于筹备召开市委六届五次全会相关事宜的汇报,讨论并原则通过《在市委六届五次全会上关于市委常委会工作的报告》《市委常委会2018年抓党的建设工作报告》,审议通过《中共黑河市委关于贯彻落实习近平总书记在深入推进东北振兴座谈会上的重要讲话和考察黑龙江省时的重要指示精神推动全面振兴全方位振兴的实施意见》,听取关于全省解放思想推动高质量发展大讨论动员部署会议精神及贯彻落实意见的汇报,研究部署相关工作
11月25日	第50次会议	传达省委全面深化改革委员会第一次会议精神,原则通过市社联、市文联、市新协、市侨联、市贸促会、市中华职业教育社改革方案;听取全省科技创新大会精神及贯彻落实意见的汇报;讨论并原则通过《关于开展解放思想推动高质量发展大讨论实施方案》,研究部署相关工作;会议原则通过关于给予曲某某开除党籍开除公职处分的请示;讨论推荐黑河技师学院党委书记人选
12月12日	第51次会议	传达省委全面深化改革委员会第二次会议精神,原则通过《黑河市创新政府配置资源方式任务分工方案(2017—2020年)》《黑河市生态文明建设目标评价考核办法》《新时期产业工人队伍建设改革的实施意见》;讨论并原则通过《关于〈黑河市机构改革方案〉的实施意见》《中共黑河市委黑河市人民政府关于贯彻落实〈中共黑龙江省委黑龙江省人民政府贯彻落实《中共中央国务院关于服务实体经济防控金融风险深化金融改革的若干意见》的实施意见〉的意见》《黑河市开展质量提升行动实施方案》;听取十二届省委第四轮巡视工作动员部署会精神及贯彻落实意见汇报,讨论并原则通过了《中共黑河市委贯彻落实〈中共黑龙江省委关于加强巡视整改的意见〉的实施意见》;听取关于黑河市机构改革拟调整党组织设置情况说明,研究部署相关工作;原则通过关于给予有关干部纪律处分的请示;讨论市委、市人大等单位有关干部任免职
12月19日	第52次会议	会议研究并原则通过《黑河市深化机构改革人员转隶等相关工作实施办法》《全市深化机构改革动员大会方案》《黑河市机构改革党政新机构集中揭牌仪式方案》;研究市委经济工作会议有关筹备工作,听取市六届人大四次会议和市政协六届三次会议筹备情况的汇报,听取省关工委全体委员(扩大)电视电话会议精神及市关工委2018年工作总结和工作安排的汇报,听取全省党委秘书长会议精神及贯彻落实意见的汇报,听取全国、全省立法工作座谈会精神及贯彻落实意见的汇报,听取全市安全生产工作情况的汇报;讨论并原则通过了《黑河市贯彻落实中央环保督察"回头看"及农业农村污染问题专项督察反馈意见整改方案》;讨论并原则通过了《2019—2022年黑河市干部教育培训规划》;听取市人大、市政协常委辞补情况的汇报,讨论推荐黑河市政协主席人选,讨论市人大、市政府等单位有关干部任免职

(市委办公室)

中共黑河市委办公室

【概况】 中共黑河市委办公室是中共黑河市委的工作机构。2018年12月，市委办公室设市委督促检查室、秘书科、综合组、信息科、政工科、行管科、总值班室、法规科等8个正科级职能科（室、组）；市委机要局和市国家保密局归口市委办公室管理，市委机要局下设密码科技服务中心（正科级事业单位）；有各类编制52个、实有44人，其中，行政编制39个、实有32人，工勤编制11个、实有11人，事业编制2个、实有1人。

2018年12月19日，根据《黑河市机构改革方案》，组建市委保密和机要局。将市委保密委员会办公室、市委机要局的职责等整合，组建市委保密和机要局，作为市委工作机关，对外加挂市国家保密局、市国家密码管理局牌子，承担市委保密委员会、市委密码工作领导小组等日常工作，归口市委办公室管理。不再保留市委保密委员会办公室、市委机要局。市委政策研究室与市委办公室合署办公。将市档案局的行政职能划入市委办公室，市委办公室加挂市档案局牌子。

领导班子成员：
主　任　姚　宇
副主任　陈志新　许绍辉　刘　军(2018.10任)

（张明永）

【市委督查】 2018年，市委办公室始终以抓好省市党委重要会议、重要部署及决策的督促落实为中心，针对市委经济工作会等会议部署的工作任务，制定督查要点并印发给各责任部门，及时对相关部门开展督查督办，切实推动了全市各项工作指标任务如期完成。全年印发各类督办通知39件，及时向主要领导反馈落实情况，为市委决策提供详实依据。进一步规范会议组织筹备流程，办会质量得到进一步提高，全年共筹备召开市委常委会议26次，市委书记办公会议8次，撰写会议纪要34个。扎实做好市委领导信访批示件的办理工作，全年共办理主要领导批示64件。通过多种渠道收集、反复核实，确保大事记编发工作的准确性和权威性，全年共收集整理并编发《中共黑河市委工作大事记》12期。 （张明永）

【办文办会】 2018年，市委办公室严格落实“高标准、高质量、高时效、零差错”工作要求，不断提高办文办会质量和水平。按照省委统一部署和要求，推进翻印省委文件工作，完成设备、样品调试和前期准备验收工作。加强综合协调和审核把关，完善前置审核机制，严把收发文关口，办理公文力求规范、严谨、快捷，制发文件力求精练、准确、高效。全年累计接收、处理和转发中央、省级及平行文等文件2.2万余份；传阅各类文件1000余件、2800余次；制发市委领导重要批示6期；累计核发以市委及两办名义的文件430余个、纯文字量130余万字，制发文件的核校差错率在5‰以内，推动和促进了全市各项工作扎实启动、有序开展、顺利实施、取得成效。坚持务实高效原则，增强计划性，严格控制各类会议活动规模，严格会议活动审批程序，持续改进会风。组织筹办了市委全会、全市领导干部会议等大型会议50余次，组织召开各类汇报会、协调会、各领导小组会议60余次。组织收听收看中央和省委电视电话会议近30次；组织完成黑河市机构改革党政新机构集中揭牌仪式等全市重要活动9个，市委领导赴基层走访慰问困难群众等特殊群体10余次，赴县（市、区）开展精准扶贫、民生建设等专项调研30余次，筹办会议、活动未出现工作纰漏。

（张明永）

【文字综合】 2018年，市委办公室坚持以文辅政，紧紧围绕市委中心工作，扎实做好文字综合工作，力求对接领导思路，符合客观实际，具有指导意义，全年共起草领导讲话、调研报告等工作材料45篇、32万余字。树立并强化“四种意识”，即政策意识、换位意识、整体意识和规范意识，切实把好政策关、文字关、格式关。全年共起草审核文稿287篇、106万余字。坚持“高标准、高质量、高时效、零差错”标准，进一步做好《情况通报》编发工作。全年编发《情况通报》45期、51.8万字，文字差错率控制在2‰以内。健全工作制度，规范报备程序，抓好党内规范性文件审核备案报送工作，努力做到有件必备、及时报备和规范报备。全年共向省委办公厅报备规范性文件80件，报备率达100%，共审核备案各县（市、区）规范性文件131件。 （张明永）

【信息报送】 2018年，市委办公室把握上级党委需求，紧跟中央及省委会议精神、重大决策部署和中心工作，及时调整报送内容，围绕脱贫攻坚、作风整顿等中心工作报送一批精品信息。围绕市委中心工作做好信息服务。注重信息整体开发、综合分析，努力提供有情况、有分析、有建议的深层次信息，切实提高信息的参考价值。其中“黑河市切实推进交通基础设施建设”“关于应对低温冷冻灾害的建议”等典型经验作法、意见建议等信息被《黑龙江信息》采用。全年共向中央办公厅、省委办公厅报送《黑河信息》1668期，完成年度任务目标的240%。编发本级信息刊物《信息摘要》《信息摘要·增刊》《信息摘要·业务通讯》共56期，完成数量为年度工作目标的160%。 （张明永）

【保密工作】 2018年，市委办公室强化保密宣传教育。在党校开设保密教育课，受教育800余人次。举办全市保密业务培训会议，积极参与“4·15全民国家安全教育日”和“法治建设年宣传活动”，进一步强化涉密人员和涉密网络保密管理。建立健全信息公开保密审查相关制度，严格对发布信息进行保密审查。依法开展督促检查工作，深入各地各单位进行检查指导，推动自查自评工作落实到位。开展涉密计算机保密管理专项检查,对存在问题的单位进行整改督查,确保整改落实到位。会同教育、公安部门,对高考、中考、研究生入学考试和四六级外语等级考试进行保密专项检查,督促各项保密工作落实到位。(张明永)

【机要工作】 2018年,市委办公室机要工作做到"确保绝对安全,确保绝对畅通",电报译传办理准确高效,无丢失和失泄密事故发生,全面完成年度工作任务,在全省检查评比中被评为优秀档次。(张明永)

市委组织部

【概况】 2018年,中共黑河市委组织部在市委的正确领导和省委组织部的有力指导下,全市组织系统深入落实全面从严治党要求,践行新时代党的组织路线,解放思想,锐意进取,围绕黑河全面振兴需要,加强各级领导班子和干部队伍建设;以创边疆特色党建主题活动为总抓手,全面加强基层党建;有效落实人才政策和体制机制改革任务,推动人才工作创新发展;持续建设"讲政治、重公道、业务精、作风好"的模范部门,打造忠诚干净担当的过硬组工干部队伍,在服务保障全面振兴发展大局上取得新成效。2018年12月,全市有地方党委7个,其中,市委1个,县(市)委5个,区委1个。全市有党组174个,其中,市(地)一级机关党组38个,县(市)一级机关党组95个。全市有32个党工委,其中,市直工委5个,县(市、区)党工委27个。全市有党委247个,党总支270个,党支部4309个。全市有党员90386名,其中预备党员1733名。

中共黑河市委组织部下设办公室、研究室、干部一科、干部二科、干部监督科(12380举报中心)、干部调配科、干部教育科、组织科、市委非公有制经济组织和社会组织工作委员会办公室、市委组织员办公室综合科、市委组织员办公室党员教育管理科、人才工作科、远程教育中心、组织指导科(市党代表大会代表联络工作办公室)、领导班子和领导干部考核评价办公室,共15个内设机构,均为正科级;下设干部信息中心和电教中心2个事业单位,均为正科级。有各类编制66个,其中行政编制48个、事业编制16个、工勤编制2个。截至2018年末,实有人员55人,其中,行政编制42人、事业编制11人、工勤编制2人。

2018年12月19日,根据《黑河市机构改革方案》,市委组织部统一管理公务员工作,对外加挂市公务员局牌子;市委组织部加挂市委非公有制经济组织和社会组织工作委员会牌子。市委老干部局并入市委组织部,市委组织部加挂市委老干部局牌子。不再保留单设的市委老干部局。

领导班子成员:
部　　长　姜　杨
常务副部长　马　杰
副 部 长　邹成宽　刘　铭
部务委员　邸建军　郑海波

(郭承勇　朱殿璘)

【干部队伍建设】 2018年,中共黑河市委组织部坚持新时期好干部标准,全面加强干部工作"五大体系"建设,各级领导班子和领导干部展现新气象新担当新作为。加强优秀年轻干部历练,抽调200余名干部到中心工作和一线实践锻炼,选派20名优秀年轻干部、10名优秀科级干部到珠海挂职培养,不断优化干部成长路径。制定落实黑河市激励干部担当作为和培养选拔优秀年轻干部的意见,选用一批敢担当、善作为的干部,调整一批不胜任现职的干部,有16名经过一线锻炼的优秀年轻干部走上处级领导岗位。创新采取年度考核和政治生态考核"两考合一"方式,综合运用日常考核、分类考核、近距离考核等有效手段,充分发挥考核工作"指挥棒""风向标"作用。加强科级干部和公务员宏观管理,推进61名市直部门科级干部轮岗交流,全面做好选调生培养管理和援疆专业技术人才管理服务,清理规范领导干部在企业社团兼职,新招考公务员188名。着力推进党政机构改革,扎实完成45个市直党政机构设置、290名领导干部调整配备、215名人员转隶,撤销党(工)委和党组39个、新组建29个,进一步理顺和调整市直部门党组织设置。从严落实党内政治生活要求,责令16家单位召开巡视整改专题民主生活会,对全市83个部门年度民主生活会进行全面指导,持续巩固良好政治生态。

(张淑清　郭凤君　刘国强　李建勋)

【干部教育】 2018年,中共黑河市委组织部把学习贯彻习近平新时代中国特色社会主义思想和中共十九大精神作为首要政治任务,举办6期县处级干部轮训班,各地各部门集中轮训乡科级干部,实现县处级和乡科级干部全覆盖。大力开展对口合作,借助中山大学、珠海市委党校的培训平台,以珠海改革发展的实践成果为教材,组织市委党校主体班学员赴珠海市开展现场教学,推动黑河与珠海两地干部交流合作。举办第三期处级干部进修班、第五期优秀中青年干部培训班、处级新任职干部培训班、第一期优秀年轻干部培训班,对75名县处级干部、47名副处级后备干部、50名省委选调生进行全面培训;开展乡镇党委书记"乡村振兴战略"、推进对俄经贸发展等系列专题培训,全市党员干部理论武装和专业素养得到新加强。(杨松岭)

【干部监督】 2018年,中共黑河市委组织部加强领导干部日常监督管理,不断完善干部监督"七谈四书"制度,开展经常性谈心谈话、诫勉函询,对干部的苗头性问题早发现、早提醒、早纠正;严格执行领导干部经济责任审计、因私出国(境)管理、个人有关事项报告等制度,完成28名领导干部经济责任审计,审批办理因私出国(境)31人次,切实加强对领导干部的经常性监督。深入开展干部选拔任用专项监督检查,发现问题23个,提出整改建议81条;做好领导干部“带病提拔”倒查工作,对2017年度受到撤销党内职务或撤销行政职务以上处分的5名县处级干部、8名乡科级干部的选拔任用工作过程进行认真自查。完善“12380”电话举报、信访举报、网上举报、短信举报“四位一体”、市县“两级覆盖”的群众监督举报系统,进一步畅通群众反映问题渠道。 (霍立东)

【基层组织和党员队伍建设】 2018年,中共黑河市委组织部坚持以提升组织力为重点,以创边疆特色党建主题活动为总抓手,着力统筹抓好各领域党建26件事,基层党建实现由“无形抓、抓无形”向“有形抓、抓有形”转变,推动基层党建实现新提升。深入实施农村基层党组织建设质量提升三年行动计划,开展新一轮农村软弱涣散党组织整顿提升,“四有”村党组织建设深入推进;驻村工作队在脱贫攻坚上取得重要成果,27名优秀驻村扶贫干部受省市表彰;农村集体经营性收入5万元以上村同比增长12%;结合“扫黑除恶”专项斗争,加大对受过刑事处罚的村“两委”班子成员清理力度,农村基层政权进一步巩固加强;在全市“两新”组织党组织中开展“五家五化”建设,创建20个党建示范点,新建或协调解决活动场所30个,全市非公企业和社会组织“两个覆盖”分别达到84%和87.5%。村(社区)办公运转经费、党建工作经费和村(社区)干部报酬比2017年增长12.6%和19.6%,基础保障水平进一步提高。扎实推进“两学一做”学习教育常态化制度化,探索推进党员分类管理,强化党员和党务工作者教育培训,加强入党积极分子队伍建设,全市新发展党员1680名,35岁以下占80.3%,进一步优化了党员队伍结构。

(宋岩 徐斌 田宇)

【人才工作】 2018年,中共黑河市委组织部坚持聚天下英才而用之的理念,推进人才政策和体制机制改革任务落实,人才工作取得新成效。开展“市委书记进校园宣讲”活动,到哈尔滨商业大学和黑河学院宣传推介人才政策,建立市校合作平台。大力招聘高校毕业生,市直和各县(市、区)面向社会公开招聘事业单位工作人员,引进一批优秀人才。拓宽柔性引才渠道,新建1个院士工作站和6个市级专家工作站;邀请26名来自绿色农业、文化旅游、俄罗斯问题研究等方面的知名专家到黑河休假,是专家学者数量最多、层次最高、与黑河市发展结合最紧密的一次。认真落实省“双实用”计划,深入开展“人才兴边、智惠黑河”活动,为脱贫攻坚、乡村振兴提供了有力人才支撑。 (付文华)

【远教电教】 2018年,中共黑河市委组织部持续推进远程教育硬件设施提档升级,对347个站点设备进行改造,新建远程教育站点57个。丰富远程教育学用活动,组织学用活动100余次,开展专题辅导直播50余次。开展“对党说句心里话”微视频征集活动,在市广播电视台播出《党的生活》《共产党员》节目50余期。制作精品电教片,在全省“驻村故事—脱贫梦”微视频(微电影)作品征集大赛中有3部作品获奖,在全省第十一届党员教育电视片观摩交流活动中获一等奖兼最佳编导奖1个、三等奖3个。整合升级“黑河先锋网”,做好“黑河党建微世界”微信公众号维护运行,为党建工作提供有效平台。 (姜威)

【干部信息管理】 2018年,中共黑河市委组织部强化干部人事档案规范化管理,推进档案管理标准化、精细化、制度化,深入开展存疑档案排查清理和专项审核“回头看”,推进干部人事档案材料催缴接收审核和数字化工作。开展全市组织系统内网安全检查,做好大组工网日常维护,推广使用大组工网邮件系统,确保涉密网络安全运行。高质量完成党内统计和公务员统计汇总数据上报工作,编撰《2017年党内、公务员统计资料》,为相关部门提供统计数据35次。 (曹玲)

【调查研究】 2018年,中共黑河市委组织部全面落实省委组织部重点调研课题任务,在全市组织系统开展“大调研”活动,组织各级组织部门围绕重点任务深入开展调查研究,推动调研工作深入开展,形成一批高质量调研成果,获省委组织部表彰优秀调研成果一等奖和二等奖各1篇、优秀奖3篇,市委组织部被评为全省组织工作调研先进单位。全年编印《黑河党建》6期,在宣传推广好的经验做法方面发挥了较好作用。 (皮振江)

【自身建设】 2018年,中共黑河市委组织部贯彻落实全面从严治党要求,持续建设“讲政治、重公道、业务精、作风好”的模范部门,打造忠诚干净担当的过硬组工干部队伍。带头开展解放思想推动高质量发展大讨论和深化机关作风整顿优化营商环境,深入落实组工干部专业本领提升年,强化组工干部教育培训,坚持每周五学习日制度,强化以考促学,深入开展“双百”活动,进一步提高组织工作干部综合素质。加大组织工作宣传力度,积极开展对外宣传,进一步扩大了黑河组织工作影响力。 (贾晖)

市委宣传部

【概况】 2018年,中共黑河市委宣传部深入学习贯彻习近平新时代中国特色社会主义思想和中共十九大精神,以及习近平总书记在深入推进东北振兴座谈会重要讲话和视察黑龙江省重要指示精神,认真贯彻落实中央和省委、市委关于宣传思想工作的部署要求,压紧压实党管宣传、党管意识形态、党管媒体责任,在服务振兴发展中唱响主旋律、打好主动仗,各项工作都取得了新成效。全市理论武装扎实有效,新闻舆论有声有势,价值引领深入人心,文化建设成果丰硕,对外宣传影响广泛,队伍建设全面加强,为推动黑河跨越发展、实现全面振兴提供了坚强思想保证和强大精神力量。

市委宣传部是市委主管意识形态工作的综合职能部门,同时加挂中共黑河市委对外宣传办公室和中共黑河市委精神文明建设办公室的牌子,正处级建制。其中,市精神文明建设办公室是市精神文明建设指导委员会办事机构,正处级建制;市委对外宣传办公室既是市委对外宣传领导小组办事机构,又是市人民政府新闻办公室和市对外文化交流协会,设在市委宣传部,正科级建制;国防教育办公室是市全民国防教育领导小组办事机构,设在市委宣传部,正科级建制。内设机构14个,分别为办公室、政策法规研究室、干部科、理论科、宣传科、新闻出版科、文艺科、文化产业办、对外宣传办公室、国防教育办公室、财务审计科、市直指导科、基层指导科、未成年人教育科。2018年12月,核定各类编制27个,其中,行政编制25个,工勤编制2个;实有人数19人,其中,行政编制17人,工勤编制2人。

2018年12月19日,根据《黑河市机构改革方案》,市委宣传部统一管理新闻出版工作。将市文化广电新闻出版局的新闻出版管理职责划入市委宣传部,对外加挂市新闻出版局牌子。市委宣传部对外加挂市精神文明建设指导委员会办公室、市政府新闻办公室牌子。不再保留设在市委宣传部的市委对外宣传办公室。

领导班子成员:

部　　长　徐　飞(2018.3止)　马春波(2018.5任)

副 部 长　李思成　丛煜峰　刘艳霞(2018.1任)

　　　　　赵　明　孙雪梅(2018.1任)

部务委员　许争威　陈永志(2018.1任)

(刘　波)

【理论武装】 2018年,中共黑河市委宣传部坚持把习近平总书记重要讲话和重要指示精神作为首要政治任务,开展市委理论中心组学习14次,深入基层开展理论宣讲70场,各级党委中心组学习3200余次、4.7万余人次,持续推动习近平新时代中国特色社会主义思想和中共十九大精神落地生根。孙吴县以"大学习、大调研、大思考"为载体,强化理论普及,探索破解发展难题。牢牢掌握意识形态工作领导权,组织召开市委意识形态工作领导小组会议2次,在全省率先开展意识形态责任制专项巡察,完成两批次44个单位专项巡察任务,年度整改任务圆满完成。　(刘　波)

【新闻舆论】 2018年,中共黑河市委宣传部聚焦学习宣传贯彻中共十九大精神、构建"十大新体系"、优化营商环境、解放思想推动高质量发展大讨论等重点工作,开辟专题专栏90余个,刊播重点报道1500余篇。围绕改革开放40周年、中俄文化大集、创建农业绿色发展示范区、《魅力中国城》竞演等选题,网络直播浏览量突破4亿,"黑河封面"始终保持全省政务榜单第一名,"你好爱辉"抖音位列全国政务号第二名。接待中省级主流媒体100余批次600余人,中央广电总台、新华社、《人民日报》等中央媒体聚焦黑河,在《新闻联播》等平台播发重磅报道244次。加强网络安全管理,督促问题网站完成整改,成功应对重大网络舆情,营造了清朗网络空间。　(刘　波)

【文化建设】 2018年,中共黑河市委宣传部成功举办第九届中俄文化大集系列活动,中俄国际艺术团在第四届东方经济论坛精彩亮相。举办致敬改革开放40周年图片展,建成乡镇综合文化站65个、文化广场350个、文化活动室428个。深入实施文艺精品创作工程,逊克县2部小品获全省第十五届"群星奖"。组织召开全市民营文化企业座谈会,创建黑河特色文化产品线上营销平台,火山文化体验园、瑷珲乡野公园丰富了城市文化氛围,"北疆中俄风情秀""连池恋歌水秀"成为文旅融合新引擎。国家方志馆知青分馆落地挂牌,北安市被命名为黑龙江省"民间文化艺术之乡",知青博物馆被评为"全国文物系统先进集体"。

(刘　波)

【对外宣传】 2018年,中共黑河市委宣传部大力实施"边境之窗"建设工程,建立了黑河口岸信息中心、"边境之窗"境外文化传播中心,黑河市成为全省对俄宣传工作排头兵。以"中国之窗"境外外宣网站为龙头,建设新媒体传播平台,有力传播黑河好声音。强化对外文化传播,制作出版文旅手册、多语种书刊等外宣品,举办"2018范长江行动"香港传媒学子龙江行活动,黑河市与俄布市共同举办的"一城两国·中国年"活动被评为全国春节文化走出去优秀项目。借鉴"花车巡游""国际彩虹跑"等外宣视角,注入中国戏曲、中国民乐、中国民俗等传统文化元素,形成了一批广受中俄民众喜爱的跨境文化品牌。创新挖掘和提炼城市符号,积极参加央视第二季《魅力中国城》竞演,黑河市荣膺"全国十佳魅力城市",有力提升了对外知名度和美誉度。

(刘　波)

【价值引领】 2018年,中共黑河市委宣传部扎实推进新一周期全国文明城市创建,加大环境卫生、园林绿化、交通状况等整改督办力度。组织开展全市核心价值观流动现场会、"最美人物"评选等活动,建成核心价值观主题公园8个。加大先进典型选树力度,黑河市3家单位获"全省十佳和谐单位"称号,3个乡村被评为全省思想政治工作示范点,爱辉区"兴安杜鹃"女子宣传队被评为省级优秀志愿服务品牌,北安市尚玉山入选"中国好人榜"。广泛开展"引领风尚、铸魂黑河""德礼满黑河"等主题教育活动,打造了北安百场经典故事会等特色载体,3名学生获全省"新时代龙江好少年"称号。　(刘　波)

【队伍建设】 2018年,中共黑河市委宣传部加强政治理论和业务学习,大力推动宣传干部能力建设,制定实施"周五学习日"制度,深入开展宣传系统"强化学习、提升素质"活动,组织学习交流会、辅导报告会、处级干部讲党课等学习活动28场次。加强干部队伍建设,选优配强领导班子和干部队伍,严把政治入口,严格档案审核,注重推荐考察,强化工作能力。全面启动"求实求变"大调研活动,掌握新知识,开阔新视野,宣传干部脚力、眼力、脑力、笔力不断增强。持续深化作风建设,坚决摒弃"四风",特别是形式主义、官僚主义,有力纠正了宣传思想战线"旧、怕、平、懒"问题。坚持服务群众正确导向,以"万名干部大下基层"为切入点,引导宣传干部贴近基层、贴近实际、贴近群众,树立了为民务实良好形象。（刘　波）

市委统战部

【概况】 中共黑河市委统战部是中共黑河市委工作部门。2018年12月,市委统战部内设机构6个:台办、办公室、干部科、统战科、经济科、综合调研科;行政编制12个,工勤编制1个;实有干部职工11人,其中,厅级领导干部1人,处级领导干部3人,科级领导干部6人。

2018年12月19日,根据《黑河市机构改革方案》,市委统战部统一管理民族宗教工作。将市民族宗教事务局并入市委统战部,对外加挂市民族宗教事务局牌子。不再保留单设的市民族宗教事务局。市委统战部统一管理侨务工作。将市政府外事侨务办公室的侨务工作职责划入市委统战部,对外加挂市政府侨务办公室牌子。将市政府外事侨务办公室的海外华人华侨社团联谊等职责划归市侨联行使。

领导班子成员:
部　　长　郭建华
常务副部长　张秀杰
副 部 长　顾宏斌

（王利民）

【思想引领】 2018年,中共黑河市委统战部积极推动落实统战工作"四个纳入",市委常委会专题研究统战领域工作4次,召开市委统一战线工作领导小组全体会议,明确成员职责和工作规则,形成党委统一领导,统战部门牵头协调,有关方面各负其责的"大统战"工作机制。推进实施"三建三好"工程,从建立健全统战组织网络、管理机制和特色品牌入手,为发挥工作效能"搭好台",为开展合作共事"尽好责",为聚焦全面振兴"助好力"。组织统战干部、党外代表人士深入系统学习习近平新时代中国特色社会主义思想、中共十九大精神,切实用党的理论方针武装头脑,指导实践;开展"不忘合作初心、继续携手前进"、纪念中共中央"五一口号"发布70周年、纪念改革开放40周年等专题教育,举办茶话会、共走同心路、共建同心林等系列活动,筑牢统一战线思想政治基础。依托"统战大讲堂""黑河统一战线"网站,以及各统战部门微信公众号,开展线下教学座谈9次和线上集中互动交流11次,组织学习培训8次、知识竞赛2次,及时准确地把市委重要决策传达到每一级统战组织、每一名统战成员。（王利民）

【多党合作】 2018年,中共黑河市委统战部认真落实协商民主政策,组织召开多党合作座谈会、工作协商会、征求意见会,就重要决策、重大事项与各界代表人士主动协商、统一共识。支持统战成员建言献策,市直统战系统年度政协提案占全市总数70%以上,2件重点提案全部为统战系统提交,省两会上报的《关于设立中俄黑河—布拉戈维申斯克跨境经济合作区的提案》得到省委、省政府高度重视。支持民主党派服务社会、保障民生,民盟市委举办"民盟小讲堂"系列活动,民建市委开展"今冬更温暖"系列活动,民进市委开展中医养生进社区和"春联万家"活动,九三学社市委开展"送文化下基层"和全市中小学生近视防控活动,产生良好的社会效应。（王利民）

【服务发展】 2018年,中共黑河市委统战部组织召开全市民营企业家座谈会,成立5个专项工作组,深入全市民营企业和职能部门开展调研,了解营商环境问题和企业面临困难,总结梳理出7个方面12个具体问题,并协调26个部门落实解决措施。构建亲清新型政商关系,推动28名市级领导和非公经济代表人士建立帮扶对子。启动服务非公企业"双十百"工程,推动党建、统战与服务企业发展深度融合。选送4批民营企业家参加省级培训班,举办中共十九大精神专题辅导、《中华人民共和国宪法修正案》专题讲座,开展民营企业法人法治宣传教育,引导他们坚定理想信念,自觉做到守法诚信。聚焦破解融资难题,开展"金助民企"行动,与市工商银行、龙江银行合作创新服务模式,组织30余名企业家参加2018中俄边境银企对接会,与俄罗斯通信银行、东方快捷银行建立友好联系。参与对口合作,推动黑河—珠海两地民主党派、工商联等组织建立协作关系,促成50余名企业家开展对接合作。实施"百企帮百村"精准扶贫行动,35家非公企业参与帮扶43个村。（王利民）

【民族宗教】 2018年,中共黑河市委统战部依法全面开展宗教治理工作,召开全市宗教工作会议,调整充实宗教工作领导小组,与各县(市、区)党委签订《责任状》确定9个方面具体责任目标,明确党委书记为第一责任人。聚焦宗教领域巡视问题整改,制定落实"两个清单"和整改方案,实施督查工作全覆盖,在接受中央宗教工作专项督查中得到充分肯定。强化宗教政策法规宣传教育,市委常委会带头学习《宗教事务条例》,把宗教政策法规纳入全市"基本理论+"题库,深入组织开展"四进"(国旗、宪法和法律法规、社会主义核心价值观和中华优秀传统文化进宗教活动场所)、讲经、讲道比赛等活动。创新发展民族地区经济,深入全市84个少数民族村进行大调研,年度争取国家少数民族发展资金6824万元，比上年增长22.18%，实施项目53项；深化民族团结进步教育，铸牢中华民族共同体意识，对接省民委“中华民族一家亲”慰问演出走进黑河市民族中学，组织举办“古伦木沓”“库木勒”“上元”“巴斯克”等民族传统节庆活动；推进对外互访交流，组织20名少数民族代表赴俄罗斯参加第九届中俄文化大集活动，接待2个互访团进行民族文化交流。（王利民）

【海外统战】 2018年，中共黑河市委统战部加强对台工作，接待4个台湾参访团组160余人次，协调开展赴台公职人员审批2批次、3人次。深化交流交往，邀请50余位海内外侨领侨商到黑河考察，洽谈合作；邀请“2018范长江行动”香港传媒学子黑龙江—俄罗斯行采访团队的20余名香港传媒学子到访黑河。聚焦创建全国文明城市，提升群众文化素养，参与举办“中国梦丝路情”油画作品展、“旅俄华侨与马列主义早期传播”图片展、“红色基因进军营——邮票上的华侨史”巡展、俄罗斯民俗工艺品专题展、“时光记忆”纪念改革开放40周年老物件展等活动。（王利民）

【队伍建设】 2018年，中共黑河市委统战部聚焦党外干部队伍建设，开展调查摸底，建设完善涵盖全市乡科级以上党外干部的信息库，并有针对性的进行全面考察，从市直机关择优选派7名党外干部到基层和信访部门挂职锻炼。强化教育培养，制定落实《统一战线代表人士培训总体规划》，举办党外干部、民族宗教干部、民主党派成员、新的社会阶层代表人士、宗教界人士等培训班5次，400余名参训人员政治素质、业务素养和参政能力得到进一步提升。指导中华职教社顺利完成换届工作，市、县、乡、村四级组织和工作网络不断完善，职教基地发展到6大类55个。在统战系统扎实开展“两学一做”常态化制度化、深化机关作风整顿和法治建设年等活动，机关风貌持续转变。（王利民）

市直机关工委

【概况】 中共黑河市直属机关工作委员会（以下简称“市直机关工委”）为市委派出机构。2018年12月，市直机关工委由市委常委、市委秘书长兼任工委书记，设常务副书记1职；内设办公室、组织部、宣统部、团工委、调研室、工会6个职能部（室）委；有行政编制13个、机关工勤人员事业编制1个；科级职数7职（6正1副）。市直机关工委共有55个基层党组织，其中5个党委、15个党总支、35个党支部，1610名党员。

领导班子成员及副处级以上领导干部：

书　　记　张崇义（市委常委、市委秘书长兼任）

常务副书记　张进来

调 研 员　陈　超

副 书 记　王宇春　赵建兵

工会主席　闫　华

（何治宁）

【中共十九大精神学习贯彻】 2018年，市直机关工委把中共十九大精神、习近平总书记有关党建工作的重要论述和最新重要讲话精神作为理论中心组、党支部、党员学习的重要内容，及时传达上级重要文件和会议精神，工委党支部率先部署，确保让每名党员干部第一时间了解上级的精神，副处级以上领导参加了在市委党校举办的中共十九大精神轮训班。同时，组织基层党组织通过召开座谈会、举办知识竞赛、参观学习等多种形式进一步深入学习中共十九大精神，收到预期效果。（何治宁）

【“两学一做”学习教育】 2018年，市直机关工委认真抓好“两学一做”常态化制度化，通过制发“一张清单、一本手册、一个题库”和百题测试等岗位大练兵活动，以红色精神、系列讲话武装党员头脑，帮助广大党员干部牢固树立“四个意识”。通过组织系统内1500名党员观看电影《厉害了，我的国》，组织开展“牢记初心使命，岗位再立新功”主题演讲比赛，参加黑河市“贯彻十九大，学习监察法”知识竞赛，以及组织参加“龙江先锋”微信公众号党章知识答题活动，使广大党员进一步坚定“四个自信”，扎实筑牢党员的思想根基。（何治宁）

【政治建设】 2018年，市直机关工委坚决维护以习近平同志为核心的党中央权威和集中统一领导，在工委网站和党务干部群发布4次重要内容的“学习提示”等工作方式，要求基层党组织不折不扣地落实“两个坚决维护”。认真落实中央和省委决策部署，对习近平总书记在黑龙江省发表两次重要讲话的批示工作高度重视，撰写专题文章，要求基层党组织全面展开工作落实。认真学习传达省直机关工委党建工作会议精神，并在《龙江党建》上发表落实此次会议精神的文章。努力营造风清气正政治生态，全年共召开工委委员会17次，党建工作会10次，理论中心组学习15次，工委班子解决党建问题10个。对选人用人、党性教育培训、党建工作要点等重要事情集体决策。4月初工委在接受市委组织的2017年度政治生态建设成效考核暨市管领导班子和领导干部年度考核工作中，均获得优秀的档次。（何治宁）

【思想建设】 2018年，市直机关工委举办“不忘初心，牢记使命”党性教育培训班，共有57人赴兰考、西柏坡等爱国主义红色教育基地学习。学员们撰写心得体会60余篇，讲党课54次，受教育党员达1000余人次。举办基层党组织书记专题培训班，为期3天，共有240名党员干部参加。举办信息员和组织员培训班，直接培训党员占工委党员人数的

22%,间接培训党员覆盖率超过50%。为激发广大干部职工的爱国情怀,组织200名市直机关干部参加“烈士纪念日”公祭等活动。制定普法规划、征订普法教材,认真做好“七五”普法工作。深化机关精神文明创建活动,在市直机关凝聚起积极向上的正能量。（何治宁）

【组织建设】 2018年,市直机关工委强化支部建设,增强战斗堡垒作用。党建工作上实现党建工作交流、党建活动经费、党建活动方式“三创新”。组织所属基层党组织书记50余人以“走、看、听”的方式现场参观5个先进党组织党建活动场所,在工委系统党建工作“先优”表彰会上,以专题片的形式介绍党建经验,市委常委、市委秘书长张崇义出席会议并讲话,部署机关党建工作“十件事”。针对调研工作中基层反映没有党建活动经费的问题,经与财政局反复研究,联合下发文件《市直机关基层党组织党建活动经费管理办法》,解决了基层党建活动用钱难和下账难的问题。把所属基层党组织划分成10个党建共建小组,每个共建小组由先进基层党组织牵头组织活动,发挥“先进”带动引领的作用,仅4个月开展活动20余次。以提升“两个覆盖”为工作目标,加强社会组织党建工作,工委系统社会组织党组织55个,确定了13名党建指导员,年底向29个社会组织党组织、1个社会组织党组织书记发放工作经费60200元。扎实推进“在职党员进社区”活动,工委所属基层党组织为网通社区普及防灾减灾等科普知识、送档案相册、种植树苗、清理垃圾等,开展活动150余次,有效密切了党员与群众的关系。看望慰问3名中华人民共和国成立前入党老党员和21名困难党员,发放慰问金23000元。（何治宁）

【作风建设】 2018年,市直机关工委“四零”承诺服务向系统延伸、向基层拓展。全市119个单位成立领导机构,制定创建方案,对创建内容、创建范围、阶段性工作等提出明确要求,其中106个单位确定具有管理、审批、服务职能的窗口岗位508个,开展“四零”承诺服务创建工作。行政审批服务事项“两进驻”工作开展良好,建立整改台账和问题清单,并制定考核、考评制度,把业务能力强的工作人员充实到窗口岗位,提高窗口办事效率。市直42家单位共有涉企为民审批服务事项655项,已经进驻服务大厅审批服务事项515项,占总量的78.63%,达到要求的进度标准;已经进驻事项中充分授权窗口审批事项452项,占已进驻事项的87.77%;655项涉企为民服务事项中,进驻网上政务服务中心的事项有202项,占30.84%,有效解决了一些群众反映强烈的问题。（何治宁）

【制度建设】 2018年,市直机关工委党支部严格落实组织生活会制度,召开2017年度领导班子民主生活会,重点对照中央提出的“六个聚焦”要求,工委党支部书记张进来代表班子作对照检查,并明确了整改措施和整改方向。严格落实“三会一课”制度,全年共召开19次党员大会、4支委会、党支部书记讲党课4次,领导干部讲党课6次。工委班子成员严格落实基层党建联系点制度,深入基层调研110人次,解决党建问题20余个。严格遵守“三重一大”制度,坚持民主集中制,全年共召开工委委员会15次,其中研究干部会议3次,党建工作会议10次,大额办公经费3次。重要工作都提请派驻纪检组参加,一把手严格遵守末位表态制度,充分发扬民主,对行政、党建重大事项坚持班子集体研究决策。（何治宁）

【廉政建设】 2018年,市直机关工委认真开展党风廉政和法纪法规教育。工委党支部组织5次廉政教育专题会议和2次典型案例警示教育,组织党员集中学习《中华人民共和国宪法》《中华人民共和国监察法》《中国共产党纪律处分条例》等法纪法规。选拔3名优秀党员参加黑河市纪委组织的“贯彻十九大,学习监察法”知识竞赛,工委参赛队获得第三名。工委党支部组织党员干部参观廉政教育基地,教育党员干部要警钟长鸣。有效运用监督执纪“四种形态”。工委派驻纪检组紧盯重要岗位、重点人员、关键环节,建立廉政风险防控机制。工委领导及党员干部参加由派驻纪检组组织的赴北安廉政警示教育和爱国主义教育活动。工委认真贯彻落实“四种形态”,特别是第一种形态,及时谈话提醒,全年主要领导共对科级以上干部提醒谈话8次,防微杜渐,未雨绸缪。（何治宁）

【目标考评和党建工作责任制】 2018年,市直机关工委按照市委要求,2017年度的考评采取“三考合一”的综合考评形式。2017年度参评单位共92个,其中,考评结果为优秀单位27个,占总数的29%;良好单位54个,占总数的58%;达标单位3个,占总数的3%;中省直机关8个单位参与考评均为优秀档次。同时,研究制定2018年绩效考评目标方案。7月,黑河市直机关工委召开基层党建工作交流暨“先优”表彰会议。张崇义出席会议并讲话。会议通过现场观摩和观看专题片形式,学习交流了市政务服务中心党支部等先进党组织在阵地建设、机关党建氛围营造、党建工作日常开展等方面亮点工作;表彰10个先进基层党组织、14名优秀党务工作者和92名优秀党员。（何治宁）

【群团活动】 2018年,市直机关工委工会多次召开基层工会干部征求意见会,组织开展机关干部广泛参与的群团活动。5月,开展“赏兴安杜鹃,游美丽黑河”主题健身活动,同期开展随手拍摄影比赛,400余名干部职工参与活动。11月,开展“不忘初心,砥砺前行”定向越野比赛,300余名干部职工参加。协调财政和政府办等单位在政府办公楼安装工间操音频播放系统,同时举办60余人工间操培训班,向所属各单位下发《黑河工间操》音频、视频文件,达到机关干部每天2次定点随工间操音乐锻炼身体的目的。（何治宁）

信　　访

【概况】 2018 年,黑河市委市政府信访局紧紧围绕打造阳光信访、责任信访、法治信访、精准信访,深入推进信访制度改革和信访信息化、规范化、法治化建设。按照市委、市政府要求部署,集中开展信访案件化解攻坚行动,高效办理国家和省转交信访事项,一批重点案件得到有效化解,一批突出问题得到妥善解决,维护了群众合法利益和社会和谐稳定。2018 年,通过信、访、网、电等渠道,受理群众诉求事项 1.9 万余件次,其中群众来信 341 件、电话诉求 11567 件,比上年分别增长 20.1% 和 3%;接待群众来访 2814 件次 9089 人次,分别增长 0.7% 和 1.1%;发生进京正常访 386 件次 507 人次,分别下降 45.7% 和 46.9%;到省正常访 502 件次 781 人次,分别上升 5.7% 和下降 2.4%,全市信访工作水平明显提升,信访形势总体平稳向好。

黑河市委市政府信访局是中共黑河市委工作机构,正处级建制,同时隶属于中共黑河市委和黑河市人民政府。2018 年 12 月,市信访局内设办公室、指导科、综合科、督查室等 7 个科室,行政编制 14 个,其中工勤编制 1 个,实有 14 人;下设黑河市群众诉求调处中心(全额拨款正科级事业单位),核定编制 8 个,实有 8 人。

2018 年 12 月 19 日,根据《黑河市机构改革方案》,市委市政府信访局由市委办公室、市政府办公室管理的机关调整为市委工作机关,并更名为市信访局。

领导班子成员及副处级以上领导干部:

局　　　长　黄玉琢

调　研　员　韩　梦

副　局　长　宋庆武　郝　欣　王有明

信访督查专员　于清海　王莲霞

副 调 研 员　邢秀莲

(东　鑫)

【移交案件】 2018 年,市信访局高效规范地完成中央第六巡视组移交的信访事项办理工作。强化组织推进,成立中央巡视组移交信访事项办理工作领导小组,制定下发工作方案,组织实施攻坚行动。坚持因案施策,逐项研究分析,界定案件性质,落实包保责任,跟踪督查督办,提出整改意见,限期整改落实。按照"详细分类、即交即转、限期办结、立行立改、快速见效"总体原则,上下联动,集中攻坚,巡视组移交的信访事项全部办结,其中行政类有理或部分有理事项已全部化解。 (东　鑫)

【专项行动】 2018 年,市信访局结合国家"四大攻坚"和省"六大攻坚"行动,组织开展信访案件化解专项行动,对上级下交及自行排查出的信访案件,分类建立台账,逐件落实责任,实行包保推进。集中化解重点领域、重点群体、重点问题、重点人员信访事项和信访案件,实施挂图作战,逐案成立专班,统筹做好情况排查、问题化解、人员稳控等工作。按照"三到位一处理"(诉求合理的问题解决到位,诉求不合理的思想疏导到位,生活困难的帮扶救助到位,行为违法的依法处理)总体要求,启用化解"销号制度",逐案逐人建立稳控措施,确保问题解决到位、政策宣传到位、思想疏导到位、困难救助到位,真正把信访问题解决在当地、把信访人员吸附在当地,到省进京重复访、越级访和集体访量分别比上年下降 62%、24.8% 和 47.7%。 (东　鑫)

【群众信访】 2018 年,市信访局针对信访形势变化,强化基础工作,前移防控关口,及时掌握和规范办理群众诉求和信访事项。发挥市、县两级接访中心作用,依托信、网、电等网络服务平台,进一步畅通群众诉求渠道。严格落实领导干部接访约访下访和包案制度,重要结点和敏感时期,每天都有领导干部到市、县两级信访部门接访,面对面研究解决群众诉求和信访问题。加快推进网上信访系统建设和深度应用,实现了信访信息系统省、市、县、乡网上平台互联互通,成为群众反映诉求和信访事项的主要渠道。2018 年,网上信访事项及时受理率、近期办结率和群众满意率"三率"综合排名列全省第一位。 (东　鑫)

【改进作风】 2018 年,市信访局结合市委开展的"解放思想推动高质量发展"大讨论活动,结合单位实际,坚持问题导向,集中解决克服"旧、怕、平、懒"等突出问题,进而实现工作有新思路、落实有新举措、作风有新转变、绩效有新作为。深入整顿机关作风,集中整治"四风"新表现,杜绝形式主义和官僚主义。深入开展"四零"承诺服务,及时接待来访群众和办理群众信访事项,工作作风明显改进,服务效能明显提高。围绕全市经济社会发展大局及重点项目、民生工程建设,开展稳定风险评估,提出工作建议对策,强化信访部门参谋作用。加强信访工作机制制度建设,依据《信访条例》及相关法律、法规,制定《维护市委市政府办公楼秩序工作办法》,重要办公场所信访秩序明显好转。

(东　鑫)

【调查研究】 2018 年,市信访局党员干部围绕了解民情、集中民智、维护民利和凝聚民心,针对工作中出现的新情况新问题,深入基层开展专题调研 3 次,虚心向基层、向实践、向群众学习,积累工作经验,掌握社情民意,协调解决群众的合理诉求和实际问题,为更加有效地做好本职工作奠定了坚实基础。同时,组织党员干部参观瑷珲历史陈列馆、知青博物馆、爱辉区廉政教育基地,引导广大党员干部进一步坚定理想信念,旗帜鲜明讲政治,筑牢信仰之基、补足精神之钙、把稳思想之舵,为推进政治生态建设营造深厚氛围和创造良好条件。 (东　鑫)

机构编制

【概况】 2018年，黑河市机构编制委员会深入贯彻落实中共十九大及有关全会精神，特别是习近平总书记在深入推进东北振兴座谈会上的重要讲话和考察黑龙江省时的重要指示精神，按照国家和省委、市委的决策部署，围绕省委编办确定的重点任务，开展党政机构改革、事业单位机构改革等重点工作，大力推进改革创新，规范监督管理，以新气象新担当新作为推进黑河全面振兴、全方位振兴提供强有力的体制机制保障。

黑河市机构编制委员会办公室（以下简称“黑河市编办”）是黑河市机构编制委员会的常设办公机构，负责全市行政管理体制和机构改革以及机构编制的日常管理工作，正处级建制。2018年12月，市编办内设秘书科、综合管理科、监督检查科、行政管理体制改革科（议事协调机构办公室）、行政机构编制科、事业机构编制科、事业单位登记管理局7个科室（局）；下设黑河市机构编制数据中心和黑河市事业编制调剂中心2个事业单位；实有18人，其中，主任1名，副主任3名，副调研员2名。

2018年12月19日，根据《黑河市机构改革方案》，市机构编制委员会改为市委机构编制委员会，其办公室作为市委工作机关，归口市委组织部管理。

领导班子成员及副处级以上领导干部：

主　　任　石静岩

副 主 任　张代芸　申　克（2018.12止）

　　　　　马　帅（2018.3任）

副调研员　袁会娟　李继明

（蔡　鑫）

【党政机构改革】 2018年，黑河市编办积极稳妥推进党政机构改革。深入研究黑河市党政群机构基本现状以及存在的问题，形成《关于深化党政群机构改革的调研报告》并上报省委编办。成立党政机构改革和事业单位改革两个调研小组，分别对各党政群机关和事业单位机构的编制、领导职数、职能等基本情况进行充分细致的调查摸底。以“一对一”座谈模式对市直33个党政机关和253家事业单位开展改革调研工作，不断夯实改革基础。在反复调研论证基础上，结合黑河市实际，起草完成《黑河市机构改革方案（送审稿）》，先后5次赴省委编办进行对接，征求市委常委、市人大、市政协主要领导、市政府各位副市长及市编委成员的意见，不断进行修改完善。10月25日，《黑河市机构改革方案（送审稿）》经六届市委第47次常委会议和市深改组第16次会议审议并原则通过。按照方案意见，预计党政机关内设机构精简数量超过30%。12月19日，中共黑河市委办公室、黑河市人民政府办公室印发《关于黑河市机构改革方案的实施意见》。12月21日，举办市直各部门“三定”（定部门职责、定内设机构、定人员编制）起草培训班，分四批对各部门进行培训，正式启动党政部门“三定”起草工作。（蔡　鑫）

【事业单位改革】 2018年，黑河市编办不断深化事业单位机构改革，扎实推进取得新进展。模拟形成了事业单位机构设置和职责调整路线图、工作流程图，着力优化编制资源配置，对小、散、弱等事业单位加大整合撤并力度，加大力度清理事业单位承担的行政职能，将法律、法规授权和主管部门自行委托事业单位承担的行政职能全部划归行政机关。印发《黑河市深化事业单位机构改革实施意见》。草拟《黑河市直深化事业单位机构改革工作方案（讨论稿）》，经2018年市政府6次常务会议和六届市委第46次常委会议讨论并原则通过。此次改革将全面完成省要求的事业机构、编制精简双10%任务。按照事业单位改革方案和市直事业单位机构编制调整意见，对拟保留的事业单位开展“十定”工作，形成了“十定”意见模板，明确机构名称、隶属关系、职责任务、机构规格、内设机构、人员编制、编制结构、领导职数、单位类别及经费形式等十个事项的设置标准和意见，与各主管部门沟通对接一致后，履行签批程序并配套印发。重新核定市直属7家国有林场事业编制329个、风景区国有林场事业编制65个，并按照3∶7的比例明确了管理人员和专业技术人员编制结构数。核减中小学教职工编制98个。落实市委建立现代农业示范区重大工作部署，结合事业单位改革，对分属市直不同部门的3家涉及农产品检验检测职能的机构提出整合意见，组建统一的检验检测机构。（蔡　鑫）

【“放管服”改革】 2018年，黑河市编办持续大力推进“放管服”改革工作。2月与市政府法制办联合印发《关于做好权责清单动态调整有关工作的通知》，对市直各部门新增、取消、下放、合并和调整权力清单要素等内容的时限、程序进行明确规定。上半年开展行政权力中介服务事项清理规范，对应衔接取消27项全市相关部门行政权力中介服务和证明事项，不再作为行政审批的受理条件。连续开展三轮行政权力清理，取消市政府有关部门行政权力17项，承接省政府下放行政权力事项78项。按照省政府令第6号精神，联合市政府法制办，最终对照梳理取消市本级行政权力事项17项（含8项子项）。调整后，市政府权责清单保留权力事项3917项，责任事项28833项。牵头制定《关于推进再造工作流程和清理机构编制的工作方案》，明确责任分工。积极推进政务服务“一网、一门、一次”改革，为“最多跑一次”提供基础条件。分期分批梳理公开“最多跑一次”事项清单，共对外公示四批清单。按照黑龙江省人民政府《关于调整黑龙江省人民政府推进政府职能转变和“放管服改革”协调小组的通知》和市委关于调整“放管服”改革牵头部门的通知要求，于2018年10月底市编办不再负责“放管服”改革工作，移交至市政府督查室负责。（蔡　鑫）

【重点关键领域体制改革】 2018年,黑河市编办统筹推进重点关键领域体制改革工作。完成纪委监委内设机构和领导职数的核定。完成《北安市通北镇行政管理体制改革试点方案》的审核报批,省政府批复赋予通北镇行政管理体制改革试点行政权力事项162项。超前提出交通运输、农业农村、文化市场、市场监管4个领域的综合执法机构设置意见,为下步按照中央文件和省统一安排部署落实综合执法改革任务打下坚实基础。 (蔡 鑫)

【监督检查】 2018年,黑河市编办充分发挥机构编制工作配置执政资源的基础性作用,不断提升服务发展的能力。将违反机构编制法规和文件规定的相关事宜列入举报受理范围,通过"12310"举报受理电话、机构编制平台大数据、各单位自查等多种方式对全市现有机构编制情况重新排查。开展全市各级党政群机关事业单位机构编制问题筛查整改工作,共发现机构编制问题382个(市本级61个,县级321个),已整改销号124个(市本级22个,县级102个),按照上级要求的阶段性整改任务已完成。根据省委编办下发的《关于深入贯彻落实中共中央组织部、中央编办〈关于进一步规范领导职数管理的意见〉的通知》文件要求,开展全市领导职数公示公开和领导职数规范清理工作。通过清理,发现各类问题77个,正在陆续整改中。结合"双随机、一公开"检查,在全市事业单位名录中按3%的比例经系统随机抽取28家法人单位作为被核查单位,在执法人员名录库中随机抽取2名执法人员开展跨区域实地核查,并将核查结果向社会公示。完成中央第六巡视组反馈意见整改落实工作,所属县(市、区)涉及的3个问题全部督查整改完毕。在机构改革冻结期间,省委编办给予黑河市大力支持,批准黑河市"百人招聘计划"申请,用于招聘急需紧缺专业人才。全年共核准用编277个,其中,行政核准用编160个,事业编制核准117个。受理群众来信来访3件,"12310"政策咨询1件。 (蔡 鑫)

【编制管理】 2018年,黑河市编办创新管理方式,推进精细化管理,有效提升机构编制资源使用效益。严格执行省委编办相关文件精神,在机构改革期间暂停受理职责、机构、编制和领导职数等日常机构编制调整事项。全面完成机构编制业务内网分级保护防护改造工作。通过网上办理行政许可事项64件,网上办件率100%,实现"最多跑一次"工作目标。开展"双公示"自查工作,并将黑河市事业单位法人登记行政许可事项面向社会公众公布。

(蔡 鑫)

【信息宣传】 2018年,黑河市编办在稳妥推进改革的同时,积极开展信息宣传工作。市县两级编办共起草工作信息148篇。市本级起草工作信息27篇,其中,市政府门户网采用26篇、黑河党建微世界采用8篇、共产党员网采用6篇、黑河机关党建网采用5篇、全国党建网采用3篇、市直机关工委采用5篇、黑河先锋网采用3篇、《黑河日报》采用8篇、黑河新闻网采用7篇、东北网采用7篇、《今日头条》采用1篇、黑河市人民政府安全生产委员会办公室采用1篇、黑河市安全生产监督管理局采用1篇、搜狐网采用1篇、网易网采用2篇、其他网站采用6篇。市本级采用各县(市、区)信息48篇,编发《机构编制工作信息》7期。

(蔡 鑫)

老干部工作

【概况】 2018年,黑河市老干部工作坚持围绕市委、市政府中心工作,在省委老干部局的正确指导下,深入贯彻习近平新时代中国特色社会主义思想和中共十九大精神,认真落实中共中央办公厅、国务院办公厅《关于进一步加强和改进离退休干部工作的意见》和省委办公厅、省政府办公厅《关于进一步加强和改进离退休干部工作的实施意见》精神,以老干部工作转型发展为契机,以加强自身建设为基础,以强化离退休干部党组织建设为切入点,以改革创新为源动力,着力提升服务管理水平,大力加强阵地建设,组织开展丰富多彩的活动,引导离退休干部增添正能量,发挥老同志优势作用,为黑河振兴发展多做贡献,圆满完成各项工作目标和任务。

中共黑河市委老干部局是中共黑河市委工作部门。市委老干部局机关内设3个职能科室:办公室、综合指导科、市直工作科;有行政编制5个、工勤编制1个;有处级领导职数3名:局长1职、副局长2职。机关下辖事业单位黑河市直属机关老干部活动室,编制14个,老干部活动室加挂市直企业离退休干部服务中心和黑河市老年大学牌子。市委派出机构中共黑河市委离退休干部工作委员会设在市委老干部局,设书记、副书记各1职,书记由市委老干部局局长兼任。2018年12月,市委老干部局共有在职人员20人,其中在关工委工作2人。

2018年12月19日,根据《黑河市机构改革方案》,市委老干部局并入市委组织部,市委组织部加挂市委老干部局牌子。不再保留单设的市委老干部局。

领导班子成员及副处级以上领导干部:
局　　长　郭华东
调 研 员　刘玉霞
副 局 长　陈艳华　姜　红
离退休干部党工委副书记　吴季红
副调研员　吴谦勇

(姜红艳　王　旭)

【政策落实】 2018年,市委老干部局迅速传达,认真学习贯彻省委办公厅、省政府办公厅下发的《关于进一步加强和改进离退休干部工作的实施意见》精神。及时向主管市领导作汇报，并以市委名义形成文件下发各县（市、区），贯彻落实到基层。组织召开各县（市、区）老干部工作部门和市直有关部门会议，传达全省老干部工作会议精神，总结2017年工作，部署2018年工作任务。市委常委、组织部部长姜杨出席会议并讲话。高度重视和认真做好接待来信来访，加强跟踪督办，共接待离退休干部来电5人次，主要涉及医药费报销、医疗统筹金、退休金、抚恤金等问题，经多方调查咨询、协调有关部门及时予以解决和答复。

（姜红艳　王　旭）

【组织建设】 2018年，市委领导高度重视离退休干部党建工作，定期开会研究解决问题。市委组织部将离退休干部党组织建设工作列入基层党建述职和党建目标考核内容，把考核结果作为衡量领导干部工作实绩的重要依据，增强各级抓好离退休干部党建工作的积极性和主动性。各县（市、区）老干部局积极争取地方党委政府和财政部门大力支持，将离退休干部党工委工作经费和支部书记补贴全部纳入财政预算，并全部发放到位。加强组织建设，创新组建方式，突破先建立支部再选书记的方式，由支部书记组织召集经常活动的离退休干部党员成立党支部。对全市130余名离退休干部党支部书记、委员进行首次培训，提升离退休党务工作者的业务能力。积极为离退休干部党员活动创造条件，场所面积不足的采取分时段分组利用方式，保证每个党支部活动正常开展。利用工作网站、微信公众号搭建“互联网＋党建”学习平台。各党支部建立微信群组织党员网上学习，组织外出流动党员过组织生活等，扩大离退休干部党员受教育面。（姜红艳　王　旭）

【学习教育活动】 2018年，黑河市老干部局围绕主题实践，精心组织策划活动。结合“两学一做”学习教育，举办全国“两会”、国防教育、防范非法集资等专题学习讲座；以赛促学，组织离退休干部党员开展中共十九大精神、党的基本知识竞赛和答卷，营造浓厚的学习氛围；召开“不忘初心、牢记使命”“我看改革开放新成就”等座谈会；组织老党员观看纪录片《厉害了，我的国》，参观抗战遗址、知青博物馆和社会主义新农村建设，重温入党誓词等活动，引导老党员坚定“四个自信”，树立正确“三观”，保持政治信仰不变、政治立场不移、政治方向不偏。紧紧围绕市委中心工作，创新载体，以大型活动烘托正能量建设。举办离退休干部知识竞赛、“改革开放40周年”书画展、“不忘初心永远跟党走”建党97周年大型文艺演出等“感党恩、颂党情、强党性”系列活动，举办“长征精神·薪火相传”《长征组歌》音乐会，激发老同志爱党爱家乡的热情，焕发投身建设大美黑河的激情。开展具有边疆特色的活动，组织离退休干部党员、老年大学学员到俄布市交流互访活动，搭建两国老年人学习交流的平台，传递中俄两国人民的友谊。（姜红艳　王　旭）

【政治待遇落实】 2018年，黑河市老干部局认真做好落实老干部政治待遇工作。举办2018迎新春茶话会，市委书记秦恩亭致辞，市委副书记、市长马里向老干部通报黑河经济发展情况，有200余名离退休老干部、老同志参加活动。走访慰问副厅级以上待遇的离退休干部、市直所有离休干部和遗属共134人，对生病住院的老干部经常进行探望。全市共走访慰问易地安置和长期异地居住离休干部21人。组织市直离退休干部参加市委召开的全市干部大会、民生恳谈会暨政府工作报告征求会、第九届中俄文化大集开幕式等重大活动10余次，参加人数100余人次。组织市直副厅级待遇以上离退休干部对嫩江县、五大连池市项目建设、社会经济发展、公共事业、精神文明建设等进行参观视察，并赴五大连池风景区考察疗养。（姜红艳　王　旭）

【生活待遇落实】 2018年，黑河市老干部局认真做好落实好老干部生活待遇工作。申请财政专款，为90名离退休干部进行健康体检。北安市、五大连池市、逊克县分别组织离退休干部进行体检，并建立健康档案。做好服务管理，进一步完善老干部联系户制度，经常联系老干部。为18名企业离休干部订阅《退休生活》等报刊。为11名企业副处级退休干部缴纳医疗保险费和发放生活补贴、住房提租补贴、供热补贴。按时完成破产企业离休干部四个季度医药费收缴、报销、供热补贴发放。加强人文关怀，离休干部去世后局领导班子在第一时间前去慰问，积极协助相关单位做好善后工作，帮助解决遇到的问题。（姜红艳　王　旭）

【重大活动】 2018年，黑河市老干部局加大老干部活动中心硬件设备投入力度，改善活动场地，开展各类比赛20余次，参加人数1000余人次，最大年龄93岁。通过开展丰富多彩广泛参与的活动，使老同志陶冶情操、健康身心，受到了老同志欢迎。配齐配强老年大学师资力量，注册成立老年大学协会，建立40余人的教师人才库，开办书法、美术、舞蹈等10个专业25个学习班。组织学员参加“庆新年·迎新春”茶话会、“周末大舞台”等文艺演出。开展“快闪”广场演出，参与市农民艺术节、黑河学院运动会、爱辉区消夏广场等文艺活动。开展进社区、慰问森警送春联活动，举办“纪念改革开放40周年”大型书画展，选送的15幅作品在黑龙江省“纪念改革开放40周年”书画展展出。老年大学学员表演的大型舞蹈《双子欢歌》参加了全省文艺调演，与舞蹈《美丽的维吾尔姑娘》一同参加省文化厅“第十五届群星杯”舞蹈大赛，分获第二、三名。（姜红艳　王　旭）

【调研督查】 2018年，黑河市老干部局组织市直老干部、各离退休干部党支部党员开展“我看改革开放新成就”座谈访谈活动，形成调研报告上报省委老干部局。形成《关于开展“我看改革开放新成就”的汇报》上报市委。按照省局年初下发的调研任务，及时分解调研课题，认真组织人员开展调研，全市共撰写调研文章22篇上报省局。按时限完成全市离退休干部统计年报等各类情况统计报表工作。省委组织部、老干部局联合督查组对黑河市贯彻落实省委办公厅、省政府办公厅《关于进一步加强和改进离退休干部工作的实施意见》重点工作推进情况和离退休干部党建工作进行督查和调研指导，对黑河的老干部工作给予充分肯定。（姜红艳　王　旭）

【自身建设】 2018年，黑河市老干部局党支部组织党员职工认真学习习近平新时代中国特色社会主义思想和中共十九大精神，学习《中国共产党廉洁自律准则》《中国共产党纪律处分条例》，提高干部职工的思想政治素质，增强廉洁意识。积极做好宣传工作，全年上报省局和《退休生活》《老年日报》等各类信息69条，同时在局工作网站、微信公众号等媒体平台加载，扩大宣传力度。“七一”前，首次组织召开全市老干部工作“双先”表彰大会，表彰20个先进集体和30名先进工作者。市委常委、组织部部长姜杨出席会议并讲话。以老干部工作转型发展为契机，强化老干部工作队伍建设。认真组织职工参加全省老干部工作者业务培训。召开全市离退休干部党建工作北安现场培训会，引导老干部工作者转变观念，逐渐由“服务管理员”向“政治引导员”转变。通过改进工作作风，创新服务理念，开展老干部工作提档升级，进一步提升了老干部工作者队伍综合素质。（姜红艳　王　旭）

党校教育

【概况】 中共黑河市委党校是中共黑河市委直属事业单位。2018年12月，市委党校共有编制72个，其中，行政编制29个、专业技术编制33个、工勤编制10个；实有56人，其中，行政人员20人、专业技术人员31人、工勤人员5人。有处级领导职数10个：党委书记、常务副校长1职，党委副书记1职，副校长4职，纪检书记1职，教育长1职，行政学院副院长2职，副处级组织员1职；科级职数26个：正科级16职，副科级10职。内设机构设置16个：办公室、行政管理科、教务科、工作指导科、学员办公室、理论研究室、图书资料室、哲学教研室、政治经济学教研室、科学社会主义教研室、党史党建教研室、法学教研室、现代科技教研室、经济管理教研室、行政管理教研室、统战理论教研室。2018年12月12日，经市委六届51次常委会议研究决定，撤销中共黑河市委党校委员会，党组织关系隶属市直机关工委。

领导班子成员及副处级以上领导干部：
校　　长　姚志波（市委副书记兼任）
第一副校长　姜　杨（市委组织部部长兼任）
党委书记　副校长　张志国
党委副书记　白　瑛
副校长　于学军（2018.5任）
　胡洪涛（2018.3止）　张卫华
　戴文阁（2018.3任）
　董　超（2018.3任）
行政学院副院长　安士婧
副处级组织员　孙冬莉
副处级管理干部　张珊珊

（王仲蛟）

【干部培训】 2018年，市委党校按照黑河干部培训及公务员培训的要求，完善教学体系，改进教学方法，加强教务管理和学员学习考核，认真制定执行教学计划，组织教师进行集体备课，通过反复试讲和集中讨论，不断丰富教学内容，圆满完成全年的培训任务，共完成培训班次31期，培训学员2945人。其中，党校培训班14期，培训学员1269人；行政学院培训班2期，培训学员361人；社会主义学院培训班2期，培训学员80人；联合办学13期，培训学员1235人。坚持把马克思主义理论教育、党性教育作为主线，以习近平新时代中国特色社会主义思想、中共十九大精神以及习近平总书记在深入推进东北振兴座谈会上的重要讲话精神和考察黑龙江的重要指示精神为主课，紧紧围绕市六次党代会提出的工作要求，制定了符合黑河实际和适合党员领导干部培训要求的专题。在教学内容的设置上，认真贯彻落实当前干部教育培训的新要求，实行差别化、个性化培训，构建满足不同需求的课程体系。在主体培训班次中，突出理论教育和党性教育这个主线，新开设学习《深入学习习近平东北考察重要讲话精神》《学习习近平新时代中国特色社会主义思想三十讲》《中华人民共和国宪法修正案》和新修订的《中国共产党纪律处分条例》等课程。主体班次理论教育和党性教育课总课时达到83%，其中党性教育课达到总课时的34%，均超过中央、省委的总体要求，创历史新高。在公务员培训班次中，结合新形势新任务的要求，突出公务员通用能力、行政伦理和职业道德教育的教学安排，开设“不断提高政府公共服务能力”和“公务员业务行为规范”等专题。2018年，市委党校主体班专题课更新率达到92%以上，公务员培训班课程更新率达到31%，39个新专题成为主要教学内容。（王仲蛟）

【教学创新】 2018年，市委党校积极推行菜单式教学，稳步实行现场教学和案例式教学，在青干班中尝试结构化研讨、师生双向答疑互动交流等新的教学方式。与广东省珠海市委组织部、党校就两地联合办学事宜达成合作意向后，组织处级进修班和中青班学员分别赴中山大学珠海校区和珠海市委党校学习考察，学习珠海市先进的发展理念和工作思路，指导学员撰写调研报告，进一步解放思想，拓宽视野，增长才干。安排处级进修班和中青班学员赴北安中共黑龙江省委旧址、庆华军工遗址博物馆、北安博物馆和五大连池市朝阳山东北抗联遗址群爱国主义教育基地等地，围绕革命传统教育、爱国主义教育、党性教育等内容开展学习，提高学员的党性修养。组织学员以小组为单位，到市内农村、企业、社区等地进行实践调研，进一步增强学员热爱黑河、建设黑河的意识，提高广大干部服务群众的本领。全年教师和教辅人员得到更多外出学习的机会,共选派教师外出培训27人次,参加中央党校、省委党校、咸阳市委党校、中国人民大学等地的教学骨干、教学管理和师资培训。在对分校教学培训工作指导方面,派出4名骨干教师到五大连池市委党校进行授课指导,为基层党校带去了丰富的教学资源和授课经验。 (王仲蛟)

【科研工作】 2018年,市委党校在科研方向和内容上,紧紧围绕新时期党的路线、方针、政策和省、市经济社会的热点难点问题,开展理论研讨、社会调研、课题研究、智库建设等各项工作。学校教师公开发表各类科研成果27项;获省级科研成果奖10项,其中,一等奖2项,二等奖3项,三等奖5项;获市级科研成果奖17项,其中,一等奖5项,二等奖6项,三等奖5项,优秀奖1项。有6项科研成果入选省级、市级各类理论研讨会,6项科研项目获得厅局级课题立项,9项科研项目获得厅局级课题结项。有2项科研成果转化为专题进课堂,发挥科研对教学的促进作用。注重引导教师参与社会实践,开展基层社会调研1次,组织教师撰写7项调研报告,其中4项被市级相关部门采用,并向省委党校智库联盟推荐3处调研基地,向省委党校智库联盟专家库推荐5名专家,选派两名教师参加电视台解放思想推动高质量发展大讨论专题解读活动的录制,较好地发挥党校智囊团的作用。 (王仲蛟)

【联合办学】 2018年,市委党校为进一步加强招生宣传工作,充分利用报纸、简报栏和电子显示屏等多媒体、多渠道广泛密集地发布招生信息,共招收省委党校在职研究生50人,学历教育专、本科76人。圆满完成东北师范大学、吉林大学和四川农业大学等11个批次722人的考试任务,为全市干部学历进修、知识结构的优化提供有力保障。按照省委党校的要求,切实推进基层党校的标准化建设,派业务督导组赴各县(市、区)委党校进行调研工作,对提高教学、科研、基础设施建设水平以及转变工作作风等方面提供具体的指导意见。 (王仲蛟)

【基础建设】 2018,市委党校协助承建方办理各项工程验收所需手续,与施工、监理部门紧密合作,严格监督工程施工质量和进度,积极有序地推进新校址的异地重建工作。按照《黑河市市直党政机关和事业单位通用办公设备和办公家具配置及采购控制标准》的要求,制定合理的采购计划,顺利完成招标公告发布、采购质疑答复、公开开标监督、组织合同签订、商定供货标准、追加补充采购等系列采购工作,完成新校区主体工程、弱电及室内电路铺设、管道管路铺设、内部装修和政府采购等各项工作。新校区包括教学楼、学员宿舍、学员食堂和体育馆,总占地面积为4万平方米,建筑面积15551平方米。其中,教学楼6772平方米,含1个500人报告厅,5个100人教室,1个250人教室,1个情景教室,8个辅助功能室,8个讨论室,9个教研室,47个办公室。体育馆建筑面积1294平方米,含835平方米篮球场地一块,45平方米乒乓球、健身室各1个,40平方米沐浴间2个,若干附属房间。食堂建筑面积为1436平方米,含1个700平方米大餐厅和4个单间,可同时容纳400人就餐。学员宿舍建筑面积为6049平方米,设有151个标准间和4个套间,配有2部电梯,最多可接待300余人。新校区功能齐全、设施完备,能够很好地满足干部培训学习生活需求和市委、市政府大型会议活动需要。 (王仲蛟)

精神文明建设

【概况】 黑河市精神文明建设指导委员会办公室(以下简称"市文明办")负责指导全市精神文明建设工作。市文明办是正处级行政机关单位,行政编制与黑河市委宣传部合并管理,主任由市委宣传部副部长兼任,设专职副主任1人。2018年12月,市文明办有行政编制人员3人,其中,副处级1人、正科级2人。内设市直指导科、基层指导科和未成年人教育科3个科室。

领导班子成员:
主　任　李思成(市委宣传部副部长兼任)
副主任　韩　峰(2018.6任)

(姜　浩)

【思想道德建设】 2018年,市文明办以推进社会主义核心价值体系建设为主体,树立文明新风,提升城乡文明程度。制定下发《黑河市关于深化文明村镇创建工作(2018—2020年)的贯彻意见》,倡导勤俭节约,培育婚事新办新风。制定下发《黑河市推进文明乡风、助力乡村振兴行动计划》,推进村民议事会、道德评议会、禁毒禁赌会、红白理事会等群众性自治组织建设,把推动移风易俗、树立文明乡风,加强农村精神文明建设的重要内容作为助力乡村振兴的有力举措,全市各乡镇均建立"一约四会"制度。与市妇联联合下发《"美丽家园"创建活动实施方案》,按照"产业兴旺、生态宜居、乡风文明、治理有效、生活富裕"总要求,大力宣传新时代实施乡村振兴战略的重大意义。下发《黑河市2018年深入开展"我们的节日"主题活动方案》,组织全市各级文明单位、文明村镇、文明社区开展以中华传统节日为切入点,深入开展形式多样的群众性节日活动。联合下发《关于组织开展"庆祝改革开放40周年'最美人物'评选"活动方案》,评选出"最美精准扶贫好干部""最美为民服务好公仆""最美诚实守信好公民""最美绿色农业带头人"各10名。 (姜　浩)

【文明城市建设】 2018年,市文明办以构建社会主义核心价值体系建设为统领,科学规划全面部署创建全国文明城市工作。加强领导,确保创文任务落实落细。5月2日,组织召开黑河市创建全国文明城市工作推进会议,市委书记秦恩亭出席会议并讲话,对全市参加第六届创建全国文明城市工作进行全面部署。制定下发《2018—2020 年黑河市创建全国文明城市工作实施方案》,抽调人员组建创文领导小组办公室,全面负责全市 68 个创文责任单位任务完成情况的检查、指导和督办。广泛宣传,努力营造创文氛围。组织各有关单位召开创文宣传协调会,对创文宣传工作再细化、再部署。在电视、报纸开设创文专栏,利用路口、广场、商铺电子屏广泛宣传核心价值观和创文内容,制发创文工作简报 52 期,向市民发放宣传单、布兜、围裙等创文宣传品 6 万余份,与市场监督管理局联合开展"文明餐桌""光盘行动",印制发放宣传标语、挂图 1200 余张、提示桌牌 750 余张,营造了良好的创建氛围。狠抓落实,坚持问题导向补齐短板。针对"公益广告覆盖率不达标""占道经营""社区工作站建设不健全""存在卫生死角"等问题,制定下发三期《关于认真落实创建文明城市工作中"对标差距补足短板"问题的督办清单》,责成相关部门提出具体整改意见及措施。通过督办落实,市内交通状况、环境卫生、占道经营等问题均加大整治力度,进一步改善城市环境。11 月 28 日,组织黑河市区各级文明单位召开"我为创文做贡献"推进会,对文明单位提出具体要求。加强文明城市网上测评材料审核和实地考察点位落实督办力度,完成 2018 年"创建全国文明城市"网上申报和实地考察工作。

(姜　浩)

【文明单位建设】 2018 年,市文明办切实抓好文明单位先进集体基础创建工程,积极开展群众性精神文明创建活动。组织召开全市文明办主任工作会议,并开展业务培训,有效地提升了系统人员的业务能力。对每个周期需申报和重新申报的国家级和省级文明单位进行文明单位档案和志愿服务工作培训,进一步完善了文明单位网上材料申报和志愿服务平台管理。组织开展第十九届省级精神文明建设先进集体申报和黑河市精神文明建设先进集体推荐申报工作,组织相关部门对申报单位进行"一票否决"审核,严把申报关。年内完成申报和推荐工作,并对本次申报的第十九届省级先进集体和个人 101 家单位进行网上材料审核工作。组织开展了黑河市"新时代、新作为、新风采"道德建设演讲比赛,各县市区、市直省级以上文明单位共 26 名选手参赛。以"道德讲堂"为平台,深入推进核心价值观"七进"活动。将社会主义核心价值宣传教育与"我的中国梦"主题教育相结合。要求各级文明单位、文明村镇、文明校园、文明社区每个季度开展两次以上道德讲堂活动。开展"引领风尚、铸魂黑河""德礼满黑河""传立家风家训、凝聚道德力量""志愿服务进村屯""我推荐我评议身边好人"等主题教育活动,引导农民群众在实践中感悟体验,规范言行,2018 年黑河市入选龙江好人榜 8 人。9 月 20 日,集中开展"创建全国文明城市、道德模范事迹展"宣传活动,制作道德模范和身边好人先进事迹宣传图板 50 余块,发放《致市民一封信》、核心价值观和创建全国文明城市宣传品 2000 余份。同时,宣传图板在黑河博物馆、爱辉区图书馆、黑河市城市规划馆和旅俄华侨纪念馆、群众艺术馆展出,为公民思想道德建设和创建全国文明城市营造了良好的社会氛围。开展黑河市 2018 年优秀公益广告作品征集活动,两则公益广告作品被省文明办评为优秀奖。　(姜　浩)

【未成年人思想道德建设】 2018 年,市文明办以《全国未成年人思想道德建设工作测评体系》为指南,推动未成年人思想道德建设工作迈上新台阶。组织召开全市未成年人思想道德工作逊克现场会,总结全市开展未成年人思想道德建设的主要成绩,分析所面临的形势,明确总体思路和工作任务,并对如何抓好落实提出明确要求。加强思想道德教育,深入推进"培育和践行社会主义核心价值观进校园"活动。开展"优秀童谣作品征集""明德守礼六个一读书征文""追梦新时代 · 童心向党"歌咏比赛等活动,共向省文明办推荐优秀童谣作品 22 个,6 首优秀作品在省级媒体广泛推广传播。征集优秀读书征文 70 余篇,其中获二等奖 1 篇、三等奖 1 篇。开展"新时代好少年"推荐评选活动,评选出市级"新时代好少年"20 人,刘金羽等三位同学被评选为全省"新时代龙江好少年"。加强农村未成年人校外活动场所建设,校外教育环境取得新突破。加强乡村学校少年宫管理平台的应用,开展丰富多彩的文体活动和技能培训,健全完善乡村学校少年宫"四站""八室"建设。嫩江县铁东学校被确定为 2018 年度中央专项彩票公益金支持乡村学校少年宫建设项目学校,并组织市、县两级文明办、教育、财政部门参加省文明办组织的乡村少年宫学校建设的相关培训工作。围绕创建全国文明城市工作,家庭社会教育取得新成效。督导检查市区 15 家社区家长学校、未成年人活动室等有关未成年人教育的相关场所,查看制度化建设及相关活动记录。同时,定期组织爱心讲堂、心理健康辅导等培训讲座,定期开展关爱留守儿童、孤残儿童、贫困儿童志愿服务活动。组织市区两所校外未成年人心理健康辅导站常态化开展心里辅导,邀请 6 位国家级心理咨询师担任辅导教师。文明创建工作取得新成果。制定下发《2018 年文明校园创建活动方案》,并向省文明办推荐黑河四中、黑河实验小学、嫩江二中为创建全国文明校园先进校。加强学生文明礼仪教育,制定下发《关于在全市开展"弘扬传统文化、学习中华礼仪、做知书达理少年"活动的通知》,从养成教育入手,通过经典诵读、传统节日教育学习传承中华礼仪,培养良好礼仪习惯。

(姜　浩)

【志愿服务活动】 2018 年,市文明办以发扬雷锋精神为引领,开展形式多样的志愿服务活动。全面推进志愿服务广泛化、制度化,制定下发《黑河市关于推进志愿服务制度化的工作安排》,文件对切实加强志愿服务领导、建立志愿服务记录制度、健全志愿服务激励机制、完善政策和法律保障等提出了明确的要求。为完善志愿者注册、登记机制,3 次深入基层开展黑龙江省志愿服务平台应用培训,并对《志愿服务条例》进行宣讲,引导广大志愿者规范性开展活动。丰富活动载体,广泛开展志愿服务活动。3月5日,与团市委、市妇联、市总工会共同主办"弘扬雷锋精神、创建文明城市"为主题的学雷锋志愿服务活动周启动仪式。19支志愿服务队开展了70余次志愿服务活动。为积极响应创建全国文明城市工作,组织市直60余家单位和2个志愿服务协会开展2次、为期2个月的文明交通志愿服务活动,组织志愿者在每个工作日的三个交通高峰期以城市主要道路交通路口为重点,辅助交通警察开展疏导交通、维护交通秩序、劝导不文明交通行为,扶老携幼过马路,引导广大市民摒弃交通陋习。进一步加强志愿服务平台管理,新注册志愿服务团队20个,新注册志愿者5000余人。举办针对志愿服务平台移动端操作进行分期分批培训30场次,组织9000余人关注"龙江志愿"微信公众号。全年共开展志愿服务活动4359余次,累计参与人数10万余人次,累计服务时间24万8000余小时,人均服务时长达到2.5小时。

(姜　浩)

市委政策研究(深改办)

【概况】 2018年,中共黑河市委政策研究室与中共黑河市委全面深化改革领导小组办公室(以下简称"市深改办")合署办公,一个机构、两块牌子。在市委的正确领导下,坚持以习近平新时代中国特色社会主义思想为指引,深入贯彻落实中共十九大和十九届二中、三中全会精神,以及习近平总书记在深入推进东北振兴座谈会上的重要讲话和视察黑龙江省时的重要指示精神,紧紧围绕中心、服务大局,解放思想、扎实工作,超前谋划、攻坚克难,较好地履行了综合起草、调查研究、信息反馈、决策建议、推动改革等职能,为市委科学决策和推进全面深化改革做了大量基础性、宏观性、前瞻性、针对性的工作,圆满完成各项任务。

2018年12月,市委政策研究室与市深改办有机关编制17个,其中,机关行政编制16个,工勤编制1个;实有机关行政人员11人,退休工人1人。处级领导职数:主任1名,副主任4名。内设综合组、财经组、社会组、信息组、协调组和改革指导组6个组。科级职数:科长6名、副科长1名。

2018年12月19日,根据《黑河市机构改革方案》,市委全面深化改革领导小组改为市委全面深化改革委员会,办公室设在市委办公室;市委政策研究室与市委办公室合署办公,不再保留单设的市委政策研究室。

领导班子成员:
主　　任　徐晓军
副 主 任　姜红雨　郭卫滨　杨立仁

(董　鑫)

【文稿起草】 2018年,市委政策研究室(市深改办)深入贯彻习近平总书记对党委办公系统提出的"五个坚持"要求,牢记政研部门的职责,紧贴黑河发展实际,围绕市委重点工作任务和市委领导关注的热点,积极与各部门沟通协调,努力为市委和市委领导提供高质量的综合及决策服务。2018年,共完成文字材料起草420余篇,成稿文字量近210万字,提出有重要影响的思路、观点、建议120余条,90%以上被市委和领导采纳,80%以上转化为市委的决策和工作部署。紧紧围绕市委中心工作和市委领导关注的重点工作,聚焦稳增长、调结构、惠民生,以及破解重点工程和产业项目建设中的难题等,高质量完成市委六届四次、五次全会,市委经济工作会议、整顿作风优化营商环境等会议讲话160余篇,对全市经济、整顿作风优化营商环境、招商引资、重点产业项目建设、产业园区改革创新、全面从严治党等工作进行了全面部署、系统推进,有力推动了全市各项重点工作和中心工作圆满完成。紧紧围绕全市中心工作和重点工作,主动适应市委主要领导思想解放、视野开阔和工作快节奏、高效率的特点,起草媒体约稿和新华网、黑龙江电视台等媒体访谈提纲等材料44篇,有效宣传了黑河工作、提升了黑河形象,为全市跨越发展、全面振兴营造了健康向上的舆论氛围。 (董　鑫)

【政策研究】 2018年,市委政策研究室(市深改办)坚定不移紧跟中央和省委的步伐,认真落实中央和省委决策部署,通过仔细研读相关文件、系统总结市委常委会工作、认真研判形势任务,找准制约发展症结,全面思考当前和今后工作等过程,高标准起草《中共黑河市委关于贯彻落实〈中共黑龙江省委关于深入学习贯彻落实习近平总书记重要讲话精神奋力走出黑龙江全面振兴新路子的决定〉的实施意见》《乡村振兴战略的实施方案》《重点开发开放试验区建设实施方案》《解放思想推动高质量发展大讨论实施方案》《关于中央第六巡视组反馈意见整改工作责任分工方案》等市委重要文件,参与起草《黑龙江省自由贸易区黑河片区实施方案》,有力地促进了中央大政方针和省委、市委决策部署的贯彻落实。完成市委重要汇报16篇,向国家商务部、发改委、税务总局和省委、省政府的报告58篇,形成市委主要领导在圣彼得堡国际经济论坛、省人代会、中组部到黑龙江省调研座谈会、全省兴边富民现场会、《魅力中国城》城市联盟论坛等重要会议上的发言44篇。在汇报工作的同时,展示黑河工作业绩和精神风貌,为黑河发展争取良好环境和口碑。

(董　鑫)

【调查研究】 2018年,市委政策研究室(市深改办)围绕贯彻落实中共十九大、十九届二次、三次全会精神,省委十二届二次、三次全会精神,在市委主要领导的支持下,组织3个小组赴苏、鲁、豫3省8个市调研,借鉴先进发达地区经验为市委提供更多更好的决策建议。围绕市委重点工作和经济社会发展的热点问题,完成了《关于黑河开放发展的报告》《关于深化沿边重点地区开发开放加快构建边疆地区发展新模式的思考》《关于开发区体制机制改革创新的调查与思考》《关于在“胡焕庸线”东北起点黑河市探索建立“跨境特区”和税收减半政策试点的建议》等调研报告,为市委决策全市中心工作和重点工作提供了科学的参考。全年共完成调研报告 6 篇,全年调研成果转化率达 80% 以上。 (董　鑫)

【深化改革】 2018 年,市委政策研究室(市深改办)在市委全面深化改革领导小组领导下,认真履行市委深改办职能,全力抓好改革工作的统筹、协调、督查、推进。组织筹办市委深改组会议 12 次,审议改革方案 53 个。及时研究制定年度改革要点,同步制定配套台账,从经济体制、现代农业、民生改善、生态文明体制、民主法治、党的建设制度等 8 个方面确定了改革事项 94 项,推动全市改革任务进一步细化、工作重点进一步明确。加强与各专项小组和各县(市、区)改革办的沟通协调,进一步完善联络员、联席会议、信息上报等制度。建立改革信息定期报送制度,印发《黑河改革》27 期,为市委、市政府改革决策提供重要参考。按照中央和省委“改革推进到哪里、督查就跟进到哪里”要求,把责任压到底、督查抓到底,下发改革督查文件 18 个、专项改革任务督办通知 13 期,全程跟踪、精确指导、及时通报改革任务推进情况,确保全市改革任务落实落靠。(董　鑫)

党　史

【概况】 2018 年,中共黑河市委党史研究室在市委正确领导和省委党史研究室有力指导下,深入贯彻落实习近平新时代中国特色社会主义思想和中共十九大精神,切实发挥“以史鉴今、资政育人”作用,统筹推进党史工作全面发展,各项工作取得较好成效。

市委党史研究室是市委的工作部门,也是以地方党史为研究对象的市委直属正处级事业单位,参照公务员管理。2018 年 12 月,内设综合指导科、编审科 2 个科室,编制 8 个,实有 7 人。领导职数 2 个:主任 1 名、副主任 1 名。

2018 年 12 月 19 日,根据《黑河市机构改革方案》,整合组建市史志档案馆,将市委党史研究室、市档案局和市地方志办公室并入市史志档案馆。不再保留市委党史研究室。

领导班子成员:
主　　任　常　友(2018. 12 止)
副 主 任　关兆凯

(刘　萍)

【党史编研】 2018 年,市委党史研究室启动《中共黑河历史(第一卷)》(1921—1949)修订工作,着重开展补充和完善抗战时期历史资料工作。《中共黑河历史(第二卷)》(1949—1978)编纂工作扎实推进,责成一名副编审对第二稿修改至 29 万字。启动《中共黑河历史(第三卷)》(1978—2002)前期专题调研等工作,征集到部分改革开放时期黑河沿边开放的图片资料和口述史料。《中共黑河市历史大事记》(2003—2012)修改工作有序开展,力求全方位记录中共黑河市委在党中央和省委的领导下,带领全市人民进行改革开放和社会主义现代化建设的历程。启动编写《中共黑河历史简明读本》,开展新民主主义革命时期黑河地方党史文字编辑工作。启动《黑河政权组织建设沿革史料汇编》《中国共产党黑河组织建设沿革史料汇编》编纂工作,资料收集工作基本完成。 (刘　萍)

【资料征集】 2018 年,市委党史研究室抢救性挖掘黑河民主革命时期党史资料,加大力度征集黑河地区抗日斗争史资料,协调五大连池市党史部门,历时三载征集到珍贵的《东北地区革命历史文件汇集》(1923—1936)64 册历史文献史料,填补市委党史研究室东北抗联史研究资料的空白。重点开展中苏联合抗日历史资料征集,加强对与中国革命关系密切的共产国际、联共(布)档案资料的搜集、翻译和研究,7 月完成《中俄友谊历史研究档案文献资料汇编》(第二辑)印刷出版工作,全书 15 万字。在编纂工作中克服资料不足、译注歧多等多重困难,校正历史地名、历史事件的关键节点,为世人了解真实的历史撰写出经得起历史检验的作品,受到业内学者的普遍关注。同时在中俄友谊历史研究以往工作的基础上,强化与俄方课题组的友好往来,与俄方课题组的新一任主持人就中俄友谊历史研究合作达成共识,为地方东北抗联史学研究和中俄友谊历史研究拓宽新渠道。《黑河党史人物》资料征集工作有序开展,搜集整理 30 余位解放前历史人物,部分社会主义建设时期的英雄模范和改革开放新时期的楷模(受省级以上表彰人员)的档案资料。 (刘　萍)

【宣传教育】 2018 年,市委党史研究室认真贯彻落实中央和省市委有关党史“十三五”工作规划和指导意见,继续开展大型资政史鉴《中共黑河市委执政纪要(2018)》编辑工作。精心编写 2017 年度市委大事记,协调市委办下发征稿文件,广泛搜集照片和文件资料,以市委中心工作为主线,收录市委在执政过程中形成的重要决策、战略措施、执政实践及发展成就等图文资料。经过反复修改完善,10 月印刷出版,全书 59 万字。利用“黑河党史网”,大力宣传中共党史、国史和黑河地方党史及本单位重要工作,完成向市网信办备案工作。向省委党史研究室提供 2 篇《黑龙江改革开放 40 年口述实录》课题调研文章,分别是《发生在我们村儿里的知青故事》《王肃在黑河》,完成《猎猎江风展党旗铮铮铁骨筑边关》为题的万余字党史宣讲稿。组织一场以“重温黑河党史、凝心聚力发展”为主题的党课。为进一步掌握全省革命遗址遗迹的保护利用工作情况,按照省委党史研究室的部署,将各县(市、区)革命遗址遗迹资源情况进行汇总,连同保护利用现状以及在保护利用工作中的具体做法和工作建议形成书面材料进行报送。向市领导、相

关单位、党史爱好者及各县(市、区)党史部门赠送党史图书200余册。 (刘 萍)

【综合指导】 2018年,市委党史研究室结合黑河实际,起草《中共黑河市委党史研究室2016—2020年工作规划》制定情况说明,对文件制定的依据、目的和意义、起草及制定过程、主要内容、适用范围进行说明。班子成员带领业务骨干到各县(市、区)征集资料,及时传达中央和省市委党史研究室有关党史"十三五"规划的工作部署,了解指导意见落实情况,及时与县(市、区)委领导进行沟通协调,并征集到《满洲开拓史》(上、下卷)和3000余万字的东北抗联资料等图书资料。各县(市、区)党史部门推出7本党史资料和开展3次重大党史事件纪念活动。抓好业务工作的同时,苦练内功增强本领,抓好队伍自身建设。编印岗位清单、业务知识手册和党史基本知识题库。组织广大干部职工开展日常学习和业务培训,并于8月进行测试,促进党员干部业务能力大提升。深入开展转变工作作风活动,查找工作流程不足,优化工作流程,实行执行主编负责制,搭建培养骨干的平台,根据个人的特长和职能分工确定执行主编著作及完成时限,从班子成员到业务科长都有课题、有著作。接待市委宣传部、市档案局、旅俄华侨纪念馆、各县(市、区)党史部门、剿匪时期老干部子女、东北抗联时期烈士后代及社会各界党史爱好者查阅资料30人次,无偿向有关部门和党史爱好者提供各时期历史痕迹资料照片,赠送党史图书40余册,提供历史图片200余幅。 (刘 萍)

网络安全和信息化

【概况】 市委网络安全和信息化委员会办公室(以下简称"市委网信办")为中共黑河市委网络安全和信息化委员会常设办事机构,是市委主管网络安全和信息化工作的职能部门,为正处级,加挂黑河市互联网信息办公室牌子,具有政府行政管理职能。2018年,市委网信办有行政编制10个;处级领导职数:主任1职,副主任2职;科级职数:科长3职,副科长2职。内设机构3个,分别为秘书科、网络管理和社会传播科、网络安全和信息化科。下属正科级事业单位1个,为黑河市舆情信息中心,有事业编制12个。

2018年12月19日,根据《黑河市机构改革方案》,将市委网络安全和信息化领导小组改为市委网络安全和信息化委员会,办公室作为市委工作机关,对外加挂市互联网信息办公室牌子。

领导班子成员:

主　任　孙雪梅(2018.1任)

副主任　张广军　王　亮(2018.1任)

(李翔坤)

【领导小组会议】 2018年8月,黑河市委召开网络安全和信息化领导小组会议,调整黑河市委网络安全和信息化领导小组成员,审议通过由市委网信办起草的《黑河市委网络安全和信息化领导小组工作规则》《黑河市委网络安全和信息化领导小组办公室工作细则》《黑河市网络安全和信息化工作联席会议制度》,市委书记、市委网络安全和信息化领导小组组长秦恩亭对全市网络安全和信息化工作做出重要安排部署。开通人民网地方领导人留言板,市委网信办协调市委督查室、市委政研室相关业务部门共同进行回复办理,积极回应社会关切、解疑释惑。 (李翔坤)

【网信工作】 2018年,市委网信办围绕网络宣传、网络管理、网络安全、"数字黑河"建设、互联网与制造业融合发展、网信机构和人才队伍建设等方面开展全面调研,形成新形势下网信工作的规律性认识。在大调研基础上起草《关于加强网络安全和信息化工作的实施意见》《关于学习贯彻落实习近平网络强国战略思想和全国全省网信工作会议精神的实施方案》《关于推进网络内容建设工程的实施方案》《关于促进移动互联网健康有序发展的实施意见》等指导性文件。对全市各地各相关部门需承担的网信工作任务进行细化分解,制定《黑河市网络安全和信息化工作任务分解表》,全市各县(市、区)和65个单位部门分别或共同承担总计6类、52项具体工作任务,并建立督促检查、推进落实机制。2018年12月,就"市县两级网信工作体系建设"短板问题,到北安市、五大连池市、逊克县、孙吴县实地调研,全面了解县(市、区)网信机构设置情况、网信工作开展情况、存在问题及对市委网信办工作建议,为全市网信工作高质量发展奠定基础。 (李翔坤)

【网络宣传】 2018年,市委网信办围绕习近平新时代中国特色社会主义思想和中共十九大精神、习近平总书记视察东北重要讲话和重要指示精神及省委、市委全会精神,在全市重要网站开设《学讲话、谋振兴、创新路——深入学习宣传贯彻落实习近平总书记重要讲话精神》《高擎新思想进入新时代、踏上新征程、书写新篇章——深入学习贯彻落实中共十九大精神》《牢记总书记嘱托,振兴发展谱新篇》等专栏专题,及时转载转发省级媒体《牢记嘱托,以新气象新担当新作为推进东北振兴》《实现新时代东北全面振兴——解读习近平总书记在深入推进东北振兴座谈会上的重要讲话》等报道700余篇,"两微一端"推送相关报道1500余篇,推动习近平总书记重要讲话和重要指示精神层层深入、全面覆盖。7月,市委网信办举办全市网络安全培训班,为全市150余个党政机关、企事业单位详细讲解当前网络安全态势形势分析等内容,为做好黑河市网络安全防护工作打下坚实的基础。市委网信办在全民国家安全教育日和国家网络安全宣传周期间,组织开展网络安全宣传系列活动。通过专题展览、知识竞赛、网络课堂、张贴海报、悬挂条幅、现场讲解、发放知识手册、播放网络安全倡议书等多种形式,深入街道、广场、校园、社区、医院、银行、村屯等重点人群、人流密集场所，广泛开展“网络安全为人民，网络安全靠人民”主题宣传，营造共建网络安全、共享网络文明的良好社会氛围。（王凤勇）

【服务地方】 2018 年，市委网信办围绕市委、市政府中心工作，组织全市网络媒体平台以实施“五大战略”、打赢“五大攻坚战”、构建“十大新体系”、坚决守住“四条底线”为重点，集中宣传黑河市各地各部门建设全面小康、推进全面振兴的生动实践。依托人民网、新华网、央视网、东北网、网易网等重点新闻网站和商业网站，全面展示黑河的地缘资源优势、厚重文化历史、开发开放发展。8 月，邀请人民网《小城故事多》采访团走进黑河开展系列采访活动，通过看项目、走边防、入企业、访民众，以文字、图片、视频、直播等全媒体形式，多角度呈现黑河市建设“一带一路”中俄国际合作重要平台城市和积极构建“十大新体系”、经济社会发展步伐明显加快、人民群众幸福感安全感归属感不断增强等内容，全面讲述黑河开放的故事、发展的故事、奋进的故事、腾飞的故事。在人民网首页头条刊登《黑龙江黑河：一桥飞架南北，开放潮涌两岸》综合性报道，累计访问量达 8000 余万；首页焦点图刊登《开放浪潮涌黑河，“两国一城”万象新》视频报道，累计访问量达 5000 余万。（王凤勇）

【网络建设】 2018 年，市委网信办结合中国好网民工程和网络公益工程，积极开展“五个一百”网络正能量精品评选活动组织推荐工作、“提倡文明祭扫，共创美丽边城”网络公益宣传、2018 年防范非法集资宣传月等一系列活动，精心制作网络小视频进行网络文化宣传和推广。围绕全市开展的纪念改革开放 40 周年系列活动，组织各重点网站、“三微一端”等网络媒体平台在首页首屏显著位置开设“庆祝改革开放 40 周年”专题专栏，及时转载转发国家和省、市主流媒体及新媒体稿件，全面展示全市广大干部群众在改革开放过程中的伟大创造和精神风貌。在全市范围内组织开展“黑河新时代新气象新作为”网上作品征集主题宣传活动，广泛征集展播反映改革开放 40 周年及沿边开放 30 周年来黑河的政治、经济、社会、民生各行业各领域发展变化和历史变迁的美文、摄影作品和微视频等作品，讲好黑河故事、传播黑河好声音。12 月举行“挚爱家国”黑河新时代新气象新作为网络主题宣传活动颁奖典礼暨 2019 年度争做“中国好网民工程”启动仪式，市委常委、宣传部部长马春波，中省市直各单位、各县（市、区）委宣传部主管领导、获奖作品作者代表以及市区新媒体、好网民代表等 200 余人参加活动。利用新华社现场云平台直播黑龙江黑河段跑冰排景观，用“小切口”，反映“大主题”，图文并茂展示开放、奋进、发展的黑河形象，浏览量破 100 余万次。（王凤勇）

【网络管理】 2018 年，市委网信办对全市范围内网站、微信公众号、官方微博帐号、客户端等新媒体平台基本运营情况开展全面摸底排查、登记备案。将具有新闻传播功能的互联网平台依法纳入许可管理范畴，依法管理新闻信息服务从业人员。举办全市政务新媒体运营培训班，发放《互联网相关法律法规汇编》，市直各党（工）委宣传工作负责人、市直主要网站、新媒体平台负责人、县（市、区）委宣传部主管网信工作的副部长、网信部门工作人员及重点新媒体平台负责人等 240 余人参加培训。治理商业网站违规采编发，防止非新闻媒体网站向时政新闻领域全面渗透。对全市网站、微博、微信、移动客户端、论坛、贴吧、自媒体账号等网络平台进行全面排查，整治“标题党”、违规转载、商业网站开展原创时政新闻报道等问题，督促网站、新媒体自觉履行主体责任。持续深入推进“净网”“清朗”“清网”“网剑”“网上扫黄打非”“涉嫌非法集资风险专项排查”“打击整治网上涉枪爆违法犯罪有害信息”等专项行动。严厉打击网络谣言、网络黑客、电信网络诈骗、侵犯公民个人隐私等违法犯罪行为，严防各类有害信息在网络平台互动环节扩散传播。（王凤勇）

【网络安全】 2018 年，市委网信办起草、市委办印发《黑河市贯彻落实〈党委（党组）网络安全工作责任制实施办法〉的实施意见》，明确和落实全市各级党委（党组）领导班子、领导干部网络安全责任。加强关键信息基础设施网络安全防护，完善防攻击、防病毒、防篡改、防泄密等措施，维护党政机关、企事业单位、重点行业、大型互联网服务平台、关系国计民生重要行业领域关键信息基础设施安全保护。在全市范围内开展网络安全应急处置系统部署工作，30 余个网站在其服务器上安装了应急处置系统。构建了黑河市网络安全态势感知平台，每月对全市网络安全空间进行全面分析，指导问题网站完成整改，及时消除网络安全隐患。开展全市网络安全大检查，对市直 141 个单位及各县（市、区）的关键信息基础设施开展网络安全检查和风险排查，提高全市网络安全防护能力。在中考分数查询和信息填报期间开展全市网络安全保障工作，确保黑河市相关网络信息系统安全稳定运行。起草《黑河市网络安全事件应急预案》，联合工信、通信等部门，有效应对、处置联通公司网络故障事宜。（曹　凯）

【信息化建设】 2018 年，市委网信办开展黑河市第四次信息化发展水平评估工作，采集相关数据，全面了解和掌握 2015—2017 年度黑河市信息化发展水平。做好构建公共信息资源共享体系相关工作，完善黑河市各党政机关、事业单位在省平台上的公共资源共享。开展全市各地各行业各领域新型智慧城市建设情况摸底调查工作，为全面部署新型智慧城市建设做准备。对全市县级以上城区重点区域开展免费 Wi-Fi 建设情况调研工作，进一步掌握黑河市信息化基础设施建设情况。对黑河市教育、农业、医疗、网络普及、便民利民等方面开展网络扶贫工作情况调研，统筹相关部门开展网络扶贫工作。（曹　凯）

黑河市人民代表大会

综　　述

【概况】 2018年,市人大常委会坚持以习近平新时代中国特色社会主义思想为指导,紧紧围绕市委决策部署,认真履行宪法和法律赋予的各项职责,较好地完成了市六届人大二次会议确定的目标任务。健全完善11项立法制度,进一步规范了地方立法工作,《黑河市城市供热管理办法》(草案)已经市政府常务会议讨论通过。加强对"一府一委两院"依法监督,对"一府两院"和县(市、区)人大常委会2010—2017年发布的171件规范性文件清理备案,对2018年报送的26件规范性文件进行备案审查工作。创新开展代表工作,全年培训各级代表1000余人(次),全市在社区、乡镇、村屯组建"代表之家"218个,五级代表进"家"率达76%。全年共任免干部76人(次)。市六届人大二次会议期间共收到代表建议、批评和意见48件,已全部办结。

2018年12月,黑河市人大常委会机关编制42个。其中,厅级6职,设主任1职、副主任5职。有厅级干部5名,正处级干部18名,副处级干部9名,科级干部11名。市六届人民代表大会设立内务司法委员会、财政经济委员会、教科文卫民侨外事委员会、农林委员会和城乡建设环境保护委员会、法制委员会6个专门委员会,设立办公室、人事选举办公室、研究室、预算工作委员会、法制工作委员会5个工作机构。市六届人民代表大会有代表304名,常委会有组成人员35名。

2018年12月19日,根据《黑河市机构改革方案》,组建市人大社会建设委员会,为市人大专门委员会,将市人大内务司法委员会更名为市人大监察和司法委员会。

(律海洋)

【市人大常委会领导】

主　　任　秦恩亭(2018.10止)
　　　　　蔺　波(2018.10任)
党组书记　蔺　波
副 主 任　王长玉　屈树广　张兆华　杜久武
秘 书 长　傅广远

副秘书长及各委办处级领导干部:
副秘书长　丁爱辉(2018.12任)
办公室
主　　任　刘真杰(2018.12任)
副 主 任　刘光霞　李艳梅
人事选举办公室
主　　任　何云江
研究室
主　　任　常　友(2018.12任)
调 研 员　徐春雪
教科文卫民侨外事委员会
主任委员　李世忠(2018.5任)
副主任委员　崔爱华
农林委员会
主任委员　关学军
内务和司法委员会
主任委员　曹正良
副主任委员　刘艳湘
财政经济委员会
主任委员　杨占华
副主任委员　周平新
城乡建设环境保护委员会
主任委员　盛树忠
预算工作委员会
主　　任　栾晓波(2018.5任)
法制工作委员会
主　　任　马春梅(法制委员会副主任委员)
副 主 任　刘　洪
正处级干部　谭培军　关贵甫　王霞虹　倪绍辉　仲伟华
副处级干部　谢庆军

(律海洋)

重要会议和工作

【黑河市第六届人民代表大会第三次会议】 2018年10月16日,黑河市第六届人民代表大会第三次会议在黑河开幕。秦恩亭主持会议,马里、于凤荣、蔺波、张野、姜杨、孙恒义、白景新、张崇义、陈洪生、王长玉、屈树广、张兆华、杜久武、傅广远参加会议。陈晓杰、丁兆禄、彭海涛、邓福才列席会议。黑河市第六届人民代表大会实有代表304人,出席会议代表283人。

会议听取了黑河市人大常委会副主任王长玉作的关于大会选举和表决办法(草案)的说明;听取了黑河市委常委、组织部部长姜杨作的关于候选人名单(草案)的说明。会议进行了分组审议和大会选举。蔺波当选为黑河市第六届人民代表大会常务委员会主任、马里当选为黑河市人民政府市长,孙桂云、李世忠、庞国柱当选为黑河市第六届人民代表大会常务委员会委员;表决通过李世忠为黑河市第六届人民代表大会教科文卫民侨外事委员会主任委员。黑河市人民政府市长马里、黑河市第六届人民代表大会常务委员会主任蔺波,在全体人大代表和与会人员见证下,向宪法宣誓。 (律海洋)

【市人大常委会会议】 2018年,黑河市六届人大常委会共召开7次会议,围绕全市经济社会发展大局,行使立法、监督、决定、任免等各项职权,加强机关制度建设,提高依法履职能力,较好地完成市六届人大二次会议所确定的各项任务。

2018年黑河市六届人大常委会会议纪要

表3

时间	会议名称	会议内容
2月7日	第八次会议	听取黑河市人大常委会2018年工作要点(草案)、市政府关于提请人事任职议案的说明、拟任职人员供职发言;表决通过黑河市人大常委会2018年工作要点;表决通过人事任职事项;向新当选人员颁发任命证书;新当选人员向宪法宣誓
4月23日	第九次会议	听取五大连池风景区2017年预算执行情况及2018年预算草案的报告、市人大财经委关于五大连池风景区2017年预算执行情况及2018年预算草案的审查结果报告;审议黑河边境合作区管委会2017年预算执行情况和2018年预算的报告(书面);听取市市场监督管理局关于人大工作评议整改落实情况的报告;听取市城市管理综合执法局关于人大工作评议整改落实情况的报告;审议市政府关于落实市人大常委会《关于市政府贯彻实施〈中华人民共和国职业教育法〉情况工作报告的审议意见》的情况报告(书面);听取关于接受马丹等人辞职请求决定(草案)的说明;表决通过关于接受马丹等人辞职请求的决定;听取关于调整黑河市六届人大常委会代表资格审查委员会组成人员的说明;听取市人大常委会主任会议关于提请人事任职议案的说明。会议进行分组审议。表决通过市人大常委会关于五大连池风景区2017年预算执行情况及2018年预算的决议;对市市场监督管理局、市城市管理综合执法局工作评议整改落实情况满意度进行测评;表决通过调整后的黑河市六届人大常委会代表资格审查委员会组成人员名单;表决通过人事任职事项;向新任职人员颁发任命证书;新任职人员向宪法宣誓
6月22日	第十次会议	听取市人民政府关于市六届人大二次会议以来代表建议、批评和意见办理情况的报告;听取市人民政府关于黑龙江4大桥桥头区规划及建设情况工作报告;听取市人大常委会主任会议关于提请人事免职议案的说明;听取市人民政府关于提请人事免职议案的说明;表决人事免职事项;听取市人大常委会关于接受姜明远等人辞职请求决定(草案)的说明;表决通过市人大常委会关于接受姜明远等人辞职请求的决定;听取市人大常委会主任会议关于提请人事任职议案的说明;听取市人民政府关于提请人事任职议案的说明;听取供职发言。会议进行分组审议。在第二次全体会议上,表决通过市人大常委会关于市人民政府办理市六届人大二次会议以来代表建议、批评和意见情况报告的审议意见;表决通过市人大常委会关于黑龙江大桥桥头区规划及建设情况工作报告的审议意见;表决通过人事任职事项;向新任职人员颁发任命证书;新任职人员向宪法宣誓
8月1日	第十一次会议	听取市人民政府关于提请人事免职议案的说明;表决通过人事免职事项;听取市人民政府关于提请人事任职议案的说明;听取拟任职人员供职发言。会议进行分组审议。表决通过人事任职事项;听取市人大常委会关于接受谢宝禄辞职请求决定(草案)的说明;表决通过市人大常委会关于接受谢宝禄辞职请求的决定;听取市人大常委会关于任命马里为黑河市人民政府代理市长决定(草案)的说明;表决通过市人大常委会关于任命马里为黑河市人民政府代理市长的决定;向新任职人员颁发任命证书;新任职人员向宪法宣誓

续表

时间	会议名称	会　议　内　容
8月30日	第十二次会议	听取市政府关于黑河市2018年上半年国民经济和社会发展计划执行情况的报告；书面审议市政府关于《黑河市国民经济和社会发展第十三个五年规划纲要》中期评估报告；听取市政府关于2017年度黑河市本级预算执行和其他财政收支情况的审计工作报告；听取市政府关于黑河市2017年财政决算（草案）及2018年上半年预算执行情况的报告；听取市人大财经委关于黑河市直2017年财政决算草案的审查结果报告；听取五大连池风景名胜区自然保护区管理委员会2017年财政决算（草案）及2018年上半年预算执行情况的报告；听取市人大财经委关于五大连池风景名胜区自然保护区管理委员会2017年财政决算草案的审查结果报告；书面审查了关于黑河边境经济合作区管理委员会2017年财政决算和2018年上半年财政预算执行情况的报告；听取市中级人民法院关于执行工作情况的报告；听取市人大常委会关于进一步加强人民法院执行工作决定（草案）的说明；听取市人民政府关于提请人事免职议案的说明；听取市监察委员会关于提请人事免职议案的说明；听取市中级人民法院关于提请人事免职议案的说明；听取了市人民检察院关于提请人事免职议案的说明；表决通过了人事免职事项；听取了市人大常委会关于接受李百青辞职请求决定（草案）的说明；表决通过市人大常委会关于接受李百青辞职请求的决定；听取市人民政府关于提请人事任职议案的说明；听取市中级人民法院关于提请人事任职议案的说明；听取市人民检察院关于提请人事任职议案的说明；听取了供职发言。会议进行分组审议。表决通过市人大常委会关于黑河市2018年上半年国民经济和社会发展计划执行情况报告的审议意见；表决通过市人大常委会关于黑河市本级2017年预算执行和其他财政收支审计工作报告的审议意见；表决通过市人大常委会关于批准黑河市直2017年财政决算草案的决议；表决通过市人大常委会关于批准五大连池风景名胜区自然保护区管理委员会2017年财政决算草案的决议；表决通过了市人大常委会关于市中级人民法院执行工作情况报告的审议意见；表决通过市人大常委会关于进一步加强人民法院执行工作的决定；表决通过人事任职事项；向新任职人员颁发任命证书；新任职人员向宪法宣誓
10月11日	第十三次会议	听取市人大常委会关于接受谢宝禄辞去黑龙江省第十三届人民代表大会代表职务请求决定（草案）的说明；表决通过市人大常委会关于接受谢宝禄辞去黑龙江省第十三届人民代表大会代表职务请求的决定；听取市人大常委会关于接受秦恩亭辞职请求决定（草案）的说明；听取市人大常委会关于推荐补选马里为黑龙江省第十三届人民代表大会代表的说明；听取市六届人大常委会代表资格审查委员会关于市人大代表变动情况的审查报告；听取黑河市第六届人民代表大会第三次会议筹备情况和有关议程（草案）的说明；审议《黑河市人民代表大会常务委员会议事规则》（修订稿）。会议进行分组审议。表决通过《黑河市人民代表大会常务委员会议事规则》（修订稿）；表决通过市六届人大常委会代表资格审查委员会关于市人大代表变动情况的审查报告；表决通过市人大常委会关于召开黑河市第六届人民代表大会第三次会议日期的决定；表决通过黑河市第六届人民代表大会第三次会议议程（草案）；表决通过黑河市第六届人民代表大会第三次会议主席团和秘书长名单（草案）；表决通过补选马里为黑龙江省第十三届人民代表大会代表；表决通过市人大常委会关于接受秦恩亭辞职请求的决定
12月14日	第十四次会议	听取市人民政府关于提请审议2018年市本级预算调整方案（草案）；听取市人大财经委关于《2018年市本级预算调整方案（草案）》审查结果的报告；审议市人民政府关于2017年度市本级预算执行及其他财政收支审计查出问题整改情况的报告；审议《黑河市人大常委会询问和质询办法（草案）》；听取市人大常委会主任会议关于提请人事免职议案的说明；听取市人民政府关于提请人事免职议案的说明；听取市中级人民法院关于提请人事免职议案的说明；听取了市人民检察院关于提请人事免职议案的说明；表决通过人事免职事项；听取市人大常委会关于接受谭培军等人辞职请求决定（草案）的说明；表决通过市人大常委会关于接受谭培军等人辞职请求的决定；听取市人大常委会主任会议关于提请人事任职议案的说明；听取市人民政府关于提请人事任职议案的说明；拟任职人员作了供职发言。会议进行分组审议。表决通过《黑河市人大常委会询问和质询办法》；表决通过市人大常委会关于批准2018年市本级预算调整方案的决议；表决通过人事任职事项；新任职人员向宪法宣誓

（律海洋）

【政治建设】 2018年，黑河市人大常委会把坚持中国共产党的领导作为最高原则，旗帜鲜明地讲政治、讲大局，牢固树立“四个意识”，坚定“四个自信”，坚决做到“两个维护”，始终同党中央和省市委保持高度一致。围绕贯彻落实市六次党代会和市委六届三次全会精神，依法行使各项职权，确保立法、监督、决定、任免、代表等工作在市委统一领导下稳步推进，切实做到与市委在思想上同心、目标上同向、行动上同步。严格执行重大事项向市委请示报告制度，立法年度计划、监督工作安排以及重要决定、人事任免等重大事项及时向市委请示报告，常委会党组定期向市委报告工作，积极争取市委对人大工作的领导。市委印发《关于建立市政府向人大常委会报告国有资产情况制度的实施意见》,转发常委会党组《关于完善人大代表联系人民群众制度的实施意见》《关于加强“人大代表之家”规范化建设的意见》《关于加强人大代表建议批评和意见办理工作的意见》《关于贯彻落实〈省人大常委会党组关于进一步加强和改进新时代人大监督工作的意见〉的通知》等重要文件,为常委会各项工作开展提供了坚强的组织保障。坚决贯彻市委深化机构改革部署,坚持党管干部与人大依法行使任免权相统一,确保市委人事安排意图顺利实现。常委会党组严格执行党组工作条例,认真讨论决定常委会及机关重大问题、重要事项,有效地发挥了“把方向、管大局、保落实”的政治领导核心作用。 (律海洋)

【立法工作】 2018年,黑河市人大常委会坚持党委领导、人大主导、政府依托、各方参与的立法工作原则,不断完善立法制度。积极参与市委开展的“法治建设年”活动,常委会主任会议制定《立法中涉及的重大利益调整论证咨询办法》和《立法中争议较大的重要事项引入第三方评估办法》,健全完善立法规划计划编制、听证、论证、协调、草案征求意见、评估等11项立法制度,进一步规范地方立法工作。紧紧围绕市委决策部署和群众关心热点,科学编制2018年立法计划,确定城市供热、物业管理、饮用水水源保护等立法项目。常委会组织人大城环委、法工委、原政府法制办、执法局等部门,深入县(市、区)开展调研,全面了解黑河市供热、物业、水源地等情况及存在的问题;赴省内外学习供热立法经验,为搞好供热立法奠定基础。《黑河市城市供热管理办法(草案)》已经市政府常务会议讨论通过。 (律海洋)

【监督工作】 2018年,黑河市人大常委会认真履行监督职责,进一步加强对“一府一委两院”依法监督。加强工作监督,听取和审议市政府关于黑龙江大桥桥头区规划和建设情况、黑龙江跨江索道项目推进情况的报告,对保税物流中心(B型)、全市农村土地承包经营权确权、少数民族精准扶贫等项工作开展专项视察,对小浆果和孙吴汉麻产业发展、旅游基础设施建设、边境管理、体育产业发展、文物保护法贯彻落实、“七五”普法等情况进行深入调研。听取和审议市场监督管理局、城市管理综合执法局关于市人大评议审议意见整改情况的报告,并对整改工作进行跟踪问效和满意度测评。听取和审议国民经济和社会发展计划执行情况的报告、审计工作报告及审计查出问题整改情况报告。修改完善《黑河市人大常委会询问和质询办法》。加强预算监督,审查和批准市直、五大连池风景区2017年决算,听取和审议黑河市、五大连池风景区2018年上半年预算执行情况的报告,审查和批准市本级预算调整方案。发挥市人大与政府预算执行系统联网平台作用,对审查发现的问题,及时转交财政部门核实整改。建立预算编制向人大代表和社会各界征求意见工作机制,进一步完善预算编制工作。加强市本级预算执行情况和其他财政收支审计情况的审议工作,严格监督常委会审议意见的落实。加强法律法规监督。组织开展对《中华人民共和国职业教育法》《中华人民共和国文物保护法》《黑龙江省边境管理条例》《中华人民共和国自然保护区条例》《黑龙江省爱国卫生条例》等执法检查;配合省人大常委会对本市《中华人民共和国大气污染防治法》《中华人民共和国道路交通安全法》《黑龙江省道路交通安全条例》贯彻实施情况进行视察;对颁布实施的《黑河市市容和环境卫生管理条例》执行情况进行专项视察。持续开展“环保世纪行”宣传活动。加强司法监督,组织人大代表对法院“执行难”问题进行专项视察,听取和审议执行工作专项报告,做出《市人大常委会关于进一步加强人民法院执行工作的决定》;对检察院公益诉讼开展情况进行专项视察,组织有关部门赴省内外考察学习公益诉讼经验,推进黑河市水源地保护、校园食品安全、医疗废弃物清理等公益诉讼的开展。加强规范性文件备案审查监督,深入各县(市、区)对备案审查工作进行调研,组织部分县(市、区)人大赴伊春、牡丹江等地学习,召开学习贯彻《黑龙江省各级人民代表大会常务委员会规范性文件备案审查条例》工作会议,进一步健全备案审查工作制度,完善了工作流程。开展对“一府两院”和县(市、区)人大常委会2010—2017年发布的171件规范性文件清理备案,对2018年报送的26件规范性文件进行备案审查工作。 (律海洋)

【依法任免】 2018年,黑河市人大常委会坚持党管干部与人大依法任免有机统一,严格履行人大依法任免职责。按照市委关于政府机构改革工作总体要求,及时做好机构改革后部分政府组成人员的人事任免工作,确保市委决策部署和干部使用意图的贯彻落实。常委会全年共任免干部76人次,其中,任命政府组成人员26名,免职7名;市监察委委员免职1名;任命“两院”法职人员10名,免职18名;任命人大专委会委员、常委会办事机构负责人9名,免职5名。 (律海洋)

【服务代表】 2018年,黑河市人大常委会不断创新代表工作机制,进一步增强代表履职实效。创新代表培训方式。采取录像教学和现场教学、集中学习和分组学习相结合的方式,集中组织五级代表培训,并就如何提高代表建议、批评和意见质量开展专题辅导;利用全国和省代表培训平台,累计培训各级代表1000余人次,提高了代表的理论水平和依法履职能力。创新“代表之家”建设,组织县(市、区)人大常委会主要负责人赴深圳市学习“代表之家”建设经验,全面开展“代表之家”的组建工作。按照“全覆盖、网格化、常态化、制度化”要求,统一制定“代表之家”工作制度,通过召开全市“代表之家”建设现场会和座谈会,进一步强化了“代表之家”规范化建设。截至2018年12月，全市在社区、乡镇、村屯组建“代表之家”218个，五级代表进“家”率达76%。通过“代表之家”组织开展代表学习培训、接待日、访民日等活动，保障代表在闭会期间履职尽责，有效解决选民反映的问题。12月4日国家宪法日，市人大常委会主要领导深入爱辉区人保社区“代表之家”，为160多名人大代表和选民做《中华人民共和国宪法》辅导讲座，取得较好效果。创新代表建议批评意见的办理和督办工作，认真落实市委转发的《黑河市人大常委会党组关于加强人大代表建议批评和意见办理工作的意见》，常委会第十次会议听取市政府关于六届人大二次会议以来代表建议、批评和意见办理情况的报告。针对代表所提建议，常委会各主管副主任分别组织相关专委会人员、政府主管副市长和承办部门，召开代表建议办理情况督办会，共同研究办理工作，加大跟踪督办力度，督促代表建议落实。市六届人大二次会议期间共收到代表建议、批评和意见48件，已全部办结。为活跃代表工作，成功举办“黑河市首届人大代表农商行杯乒乓球友谊赛”。（律海洋）

【对外交流】 2018年，黑河市人大常委会围绕市委深入实施扩大开放战略，积极开展对外交往活动。与俄阿州立法会议就“儿童研学夏令营交流活动”达成一致意见；巩固与俄阿州立法会议、布市杜马和雅库茨克市杜马友好来往，派团观摩俄阿州立法会议，进一步加强与俄阿州立法会议工作交流。（律海洋）

【自身建设】 2018年，黑河市人大常委会坚持转变作风、提升效能，依法履职能力全面提高。加强机关理论学习。坚持每周学习日制度，推进“两学一做”学习教育常态化制度化。细化政治理论学习内容，保证学习时间和学习质量，增强常委会组成人员和机关干部“四个意识”。集中开展宪法、法律法规学习教育活动，邀请省委党校教授、市检察院检察员分别作“维护宪法权威加强宪法实施”“检察机关公益诉讼工作”专题辅导。加强机关制度建设，修订《常委会人事任免办法》《党组会议议事规则》《主任会议议事规划》《常委会议事规划》等项工作制度，人大工作程序进一步规范。整顿机关工作作风，按照市委统一要求和部署，认真开展机关作风整顿优化营商环境活动，常委会组成人员带头深入基层调查研究，积极参加“转变作风服务群众万名干部大下基层”活动，走访社区居民30户。认真办理群众来信来访，全年接待上访群众117人次，转办案件32件。人大机关形成“人心顺、正气足、干劲大”的良好风气，在全市政治生态建设和目标考核中获得好评，为各项工作有序推进奠定坚实基础。为健全黑河市与珠海市对口合作机制，与珠海人大建立友好关系，助推双方全方位交流合作。（律海洋）

黑河市人民政府

综　　述

【概况】 2018 年,黑河市人民政府以习近平新时代中国特色社会主义思想为指导,贯彻落实习近平总书记在深入推进东北振兴座谈会上的重要讲话和考察黑龙江省的重要指示精神,紧扣省委、省政府和市委各项决策部署,积极应对经济下行压力加大的严峻挑战,坚持抓投资、抓项目、抓招商、抓环境、抓改革开放创新、抓解放思想,经济社会实现平稳健康发展。自觉接受市委领导,主动接受人大依法监督和政协民主监督,48 件人大代表建议、152 件政协委员提案全部办结。深入开展解放思想推动高质量发展大讨论,强力推进政府系统作风建设专项整治,大力倡导走上去、走出去、走下去,提振精神状态,增强履职本领,干事创业的氛围更加浓厚。扎实开展“法治建设年”活动,完善市政府重大决策制度,实施社会稳定风险评估 26 项,重大决策合法性审查率 100%,市县两级政府全部建立法律顾问制度。全力优化营商环境,“一网一门一次”改革扎实推进,667 项市级政务服务事项实现“跑一次、不见面、网上办”,41.1% 市级审批事项办理时限压缩一半,网上审批效率提高 56.5%,营商环境总体评价满意度 87.9%,高于全省 5.5 个百分点。严格履行“一岗双责”,强化审计监督,政府系统党风廉政建设进一步加强。2018 年,全市地区生产总值增长 7%,固定资产投资增长 7.1%,社会消费品零售总额增长 8.3%,公共财政收入增长 7%,对外贸易进出口总值增长 19.1%,城镇、农村常住居民人均可支配收入分别增长 7% 和 9%,万元地区生产总值综合能耗同比下降 3.3%。 (市政府办)

【市政府领导】

市　　长　谢宝禄(2018.7 止)
　　　　　马　里(2018.10 任)
副 市 长　孙恒义(2018.12 止)
　　　　　赵起超(2018.3 止)
　　　　　庞晓东(2018.6 任)　陈晓杰
　　　　　马春波(2018.5 止)
　　　　　王　刚(2018.5 止)
　　　　　丁兆禄(2018.6 任)　彭海涛
　　　　　邓福才(2018.2 任)
　　　　　张瑾忠(2018.8 任)
秘 书 长　隋　冰(2018.12 止)

(市政府办)

【市政府常务会议】 2018 年,黑河市政府共召开 12 次常务会议,传达贯彻省委、省政府和市委各项决策部署,加强政府自身建设,营造干事创业的浓厚氛围,制定出台《黑河市加快推进“粮头食尾”“农头工尾”实施方案》《黑河市与珠海市对口合作实施方案》等文件,全市经济社会实现平稳健康发展。

2018 年黑河市政府常务会议纪要

表 4

会议时间	会议名称	会　议　内　容
1 月 13 日	第 1 次常务会议	传达贯彻省委经济工作会议和省政府第 100 次常务会议有关精神;传达省委办公厅、省政府办公厅《关于做好 2018 年元旦春节期间有关工作的通知》精神;传达贯彻国家发改委新时代沿边重点开发开放试验区建设工作会议精神;传达贯彻全省外资工作会议精神;听取关于市政府 2018 年第一次全体会议筹备情况、关于贯彻落实省委省政府环境保护督察组反馈意见情况、关于全市国家级自然保护区内矿业权处置工作有关情况、关于粮食安全市长责任考核工作的情况汇报;讨论《黑河市政府 2018 年重点工作任务责任分解表(讨论稿)》《关于进一步加强金融工作的意见(讨论稿)》《关于全面深化国资国企改革的实施意见(讨论稿)》《黑河市加快推进“粮头食尾”“农头工尾”实施方案(讨论稿)》《黑河市绿色种植业发展规划(2018—2021 年)(讨论稿)》《关于促进对外经济合作若干政策(讨论稿)》

续表

会议时间	会议名称	会　议　内　容
3月23日	第2次 常务会议	传达贯彻全国十三届人大一次会议精神;传达贯彻国家严防"地条钢"死灰复燃工作部署电视电话会议精神;传达贯彻全省贸促工作会议精神,听取举办2018中俄边境城市展览会和参加第二十九届哈洽会、第五届中俄博览会筹备情况汇报;讨论《2018年民生工作报告(讨论稿)》《关于促进邮政和快递服务业发展的实施意见(讨论稿)》《黑河市加大边民支持力度促进守边固边实施方案(讨论稿)》《黑河市深化统计管理体制改革提高统计数据真实性的实施方案(讨论稿)》《黑河市城乡居民大病保险实施办法(讨论稿)》
4月12日	第3次 常务会议	传达贯彻省委副书记、代省长王文涛在黑河调研主要精神;传达贯彻2018年省质监局、省工商局、省食药监局工作会议精神,研究黑河市新登记市场主体有关事宜;研究黑河市首届市长质量奖评审有关事宜;传达贯彻全省商务工作会议精神;听取降低互市贸易进口商品服务费有关情况汇报;传达贯彻全省民政工作会议精神;听取市城区入住多年房屋不动产权证办理工作进展情况汇报;讨论《黑河市2018年度春耕期间成品油市场专项整治工作方案》《黑河市促进外贸发展扶持办法(试行)》《黑河瑷珲机场应急救援预案》
4月24日	第4次 常务会议	听取关于一季度全市经济形势分析情况汇报;听取关于全市重点产业项目推进和招商引资工作进展情况汇报;讨论《黑河市生态红线划定方案(讨论稿)》;听取关于黑河市参加央视《魅力中国城》节目前期工作汇报
5月8日	第5次 常务会议	传达贯彻省委副书记、代省长王文涛在五大连池风景区调研主要精神和省政府第6次常务会议有关精神;传达贯彻《中共中央办公厅关于加强调查研究提高调查研究实效的通知》精神;讨论《完善城市功能　提升城市品质　建设特色国际化口岸城市三年行动方案(讨论稿)》;传达贯彻全省春耕生产暨秸秆综合利用现场会议、农村集体产权制度改革发展壮大集体经济现场推进会议及落实扩大大豆种植面积和耕地轮作休耕试点任务专题会议精神;传达贯彻全省防范和处置非法集资工作领导小组暨互联网金融风险专项整治工作领导小组(扩大)会议精神;听取关于做好省政府取消、下放和调整行政权力事项承接落实工作的汇报;听取关于饮用水水源地环境保护专项行动情况的汇报;讨论《黑河市粮食生产功能区和重要农产品生产保护区划定建设方案(讨论稿)》《关于加快推进价格机制改革的实施意见(讨论稿)》《黑河马产业发展实施方案(2018—2020年)(讨论稿)》
6月1日	第6次 常务会议	讨论《黑河市人民政府关于做好当前和今后一段时期就业创业工作的实施意见(讨论稿)》;听取关于辰兴商控电商物流平台建设工作情况汇报;听取关于城镇土地使用税税额标准调整工作情况汇报;听取关于黑河市城市建成区燃煤小锅炉淘汰工作情况汇报;听取关于拟表彰2017年度师范生顶岗实习支教先进集体和先进个人情况汇报
6月25日	第7次 常务会议	传达贯彻全省重点行业领域安全生产专项整治动员部署电视电话会议精神;传达贯彻全国防汛抗旱工作电视电话会议及松花江防总、省防指2018年防汛抗旱工作视频会议精神;听取全市河湖长制工作开展情况汇报;听取关于黑河市直机关、事业单位艰苦边远地区津贴调整工作情况汇报;讨论《黑河市与珠海市对口合作实施方案(讨论稿)》《黑河市畜禽养殖废弃物资源化利用工作方案(讨论稿)》
9月1日	第8次 常务会议	听取关于全省下半年经济工作电视电话会议、全省加快重大项目投资建设推进会议精神传达和贯彻落实意见的汇报;听取关于中央环保督察"回头看"工作情况的汇报;听取关于全市脱贫攻坚工作的汇报;听取关于全市安全生产工作情况的汇报;听取关于黑河市成品油零售经营资格审批权承接工作情况的汇报;讨论《黑河市开发区优化整合工作实施方案(讨论稿)》《黑河重点开发开放试验区建设实施方案(讨论稿)》《黑河市加强乡镇政府服务能力建设实施方案(讨论稿)》《关于推进防灾减灾救灾体制机制改革的实施意见(讨论稿)》《黑河市牲畜口蹄疫和高致病性禽流感免疫无疫区建设实施方案(讨论稿)》
10月11日	第9次 常务会议	讨论《黑河市实施乡村振兴战略实施方案(讨论稿)》《黑河市农村人居环境整治三年行动实施方案(2018—2020年)(讨论稿)》;听取关于2018年规范性文件清理工作情况的汇报;讨论《黑河市直深化事业单位机构改革工作方案(讨论稿)》和《2018年黑河市直公开招聘事业单位工作人员实施方案(讨论稿)》;听取关于涉军群体有关情况的汇报;听取关于提高和增加市区生态安葬补贴标准情况的汇报
10月26日	第10次 常务会议	听取关于中央第三环保督察组向黑龙江省反馈"回头看"及专项督察涉及黑河市有关情况的汇报;讨论《黑河市打赢脱贫攻坚战三年行动实施方案(讨论稿)》;传达贯彻东北地区秸秆处理行动现场交流暨成果展示会议和全省秋季农业重点工作暨秸秆综合利用现场推进会议精神;传达贯彻2018年黑龙江省旅游产业发展大会精神;讨论《关于落实食品安全党政同责的实施意见(讨论稿)》和《黑河市食品安全工作评议考核办法(讨论稿)》

续表

会议时间	会议名称	会 议 内 容
11月24日	第11次常务会议	讨论《中共黑河市委黑河市人民政府关于贯彻落实〈中共黑龙江省委黑龙江省人民政府贯彻落实《中共中央国务院关于服务实体经济防控金融风险深化金融改革的若干意见》的实施意见〉的意见(讨论稿)》;讨论《黑河市开展质量提升行动实施方案(讨论稿)》;听取关于启动“绿色煤矿”建设工作情况的汇报;讨论《黑河市创新政府配置资源方式任务分工方案(2017—2020年)(讨论稿)》;讨论《黑河市生态文明建设目标评价考核办法(讨论稿)》;听取关于处置铁路用地及房屋资产化解工商银行债务工作进展情况的汇报
12月13日	第12次常务会议	讨论《关于进一步加快生态文明建设全面加强生态环境保护的实施意见(讨论稿)》和《关于全面加强生态环境保护坚决打好污染防治攻坚战的实施意见(讨论稿)》;讨论《黑河市贯彻落实中央环境保护督察“回头看”及农业农村污染问题专项督察反馈意见整改方案(讨论稿)》;讨论《关于加强儿童青少年近视眼防控工作的意见(讨论稿)》;讨论《关于贯彻落实国家、省深化教育体制机制和教师队伍建设改革的实施意见(讨论稿)》

(市政府办)

市政府办公室

【概况】 2018年,市政府办公室在市委、市政府的正确领导下,以实现全方位精准服务市政府工作高效运转为目标,以党的建设为引领,通过强化班子、队伍、作风“三项建设”,聚焦对上服务大局、对内强化管理、对外沟通联络“三个精准”,通过提升政务服务、事务服务、公共服务“三种能力”等举措,进一步提升了“三服务”能力和水平。

市政府办公室共有内设科室20个:秘书科、综合组、市政府督办检查室、信息科、政工科、市政府总值班室、市打击走私综合治理办公室、总务科、保卫科、老干部科、公共机构节能监督管理科、公务车辆管理科、监督核查科、公务车辆调度科、机关事务管理科、计划财务科、调研组、综合二组、信息组、对俄合作组;下属事业单位3个:市政府应急办、市政务信息化管理服务中心、市政府政务公开办。领导班子共有处级领导职数4职,其中,主任1职,副主任3职。共有内设机构科级领导职数29职,其中,正科级领导职数20职、副科级领导职数9职;科级非领导职数14职,其中,正科级非领导职数5职、副科级非领导职数9职。所属事业单位有副处级领导职数1职,科级领导职数9职,其中,正科级领导职数4职、副科级领导职数5职。市政府办公室共有在编人员98人。机关有科长19人、副科长4人、主任科员6人;事业单位有科长1人、副科长5人。

领导班子成员及副处级以上领导干部:
主　　任　李　华
调 研 员　王寿华　马喜龙(2018.10任)
副 主 任　王升荟　王　臣　李春勇
副调研员　孙宗兴　杨海东　郭　山(2018.10任)

(刘兴明)

【政务服务】 2018年,市政府办公室着力强化政务服务能力,确保各项工作务实高效。在督查落实方面,围绕市委、市政府中心工作,特别是市政府主要领导讲话精神、《政府工作报告》《民生工作报告》和市政府重要会议等确定的重点事项开展督办检查,督查落实工作1600余项,促进了市政府各项重大决策的有效落实。承办市人大代表建议48件、政协委员提案152件,全部按时办复,满意或基本满意率达100%。重新修定了《黑河市人民政府督办落实工作制度》,并将市政府督查工作落实情况纳入市党政机关年度目标责任制绩效考评目标范围。在优化发展环境方面,扎实推进企业投诉办理工作,深入开展政府失信违诺事项排查工作和重点行业领域调研活动,共查处破坏发展环境典型案件7件,办理省委省政府环境整治办转交案件7件。在政务公开方面,加大政务公开工作力度,着力打造阳光、透明、高效政府。主动公开政府信息7万余条、回应公众关注热点或重大舆情224件,通过“黑河政务”微信公众平台发布权威信息500余条,处理依申请公开事项109件,制发政府公报12期。在文字材料起草、信息服务方面,强化理论学习,吃透上级精神,领会领导意图,精心锤炼文字,高质量起草各类讲话、总结、汇报等文字材料730余份;编发《信息要报》《专送信息》《时事浏览》共191期,向省政府办公厅报送信息120篇,其中,《黑河市深挖独特全域旅游资源优势,全面开启春夏旅游市场征战模式》等信息被省政府载体采用并获省政府领导批示。在政府网站建设方面,对市政府门户网站进行全面升级改版并开通手机版,审核发布各类信息10200余条,发布政策解读信息98条、在线访谈24期。开展政务外网升级改造,将市区到各地各单位带宽由2Mbps升级至100Mbps。(刘兴明)

【事务服务】 2018年,市政府办公室不断提升事务服务水平,确保各项工作顺畅规范。在公文处理方面,严把公文送签、校对、编号、印刷、用印等环节,确保公文流转、印发质量。共制发各类文件1400余件5万余份,处理公文3913件、传阅文件31030次。在会务接待方面,印发《关于做好市政府常务会议和市长办公会议议题报送有关工作的通知》等文件，完善市政府常务会议、重要会议活动和重要来宾邀请工作请示报告等有关制度，进一步提高会务服务质量。组织承办市政府全体会议、党组（扩大）会议、常务会议等各类会议40余次，各类专题会、汇报会等50余次，组织收听收看各类电视电话会议60余次。开展市政府系统专业知识专题学习8次、常务会议会前学法9次。组织召开全市政府办公系统业务培训会议，进一步提升政府办公系统工作人员业务水平。严格履行公务接待程序，改进接待方式，汇总报送接待信息130余份，接待省部级领导15次，同时全程参与2018中俄边境城市展览会、第九届中俄文化大集等重要活动，先后抽调10余名人员，参与了环保督察迎检、《魅力中国城》竞演等全市重大活动和重点工作。在机关事务管理和信访方面，对市委、市政府办公楼卫生间和有关会议室进行改造，全面做好日常管理保障工作。联合政法、信访、公安等部门制定了《维护市委市政府办公楼秩序工作办法》，共疏导、劝离和转办来访群众150余批次2800余人次。 （刘兴明）

【公共服务】 2018年，市政府办公室加大公共服务力度，确保各项工作保障有力。在应急值守方面，统筹推进应急管理体制机制建设，修订专项预案4个，进一步完善市级各类应急预案数据库，组织开展应急演练75次。严格执行领导到岗带班和24小时值班制度，先后对各县（市、区）和200余个单位值班值守情况进行抽查，接收、分转和处理各类突发事件信息1475条。在办公用房清理方面，市直清理、收回办公用房2860平方米，调剂1.2万平方米。在公务用车管理方面，全面加强驾驶员教育培训，为各单位提供安全、周到的用车服务，共派出公务用车2000余次，安全行驶140余万千米。在公共机构节能管理方面，组织开展节能主题宣传活动，发放宣传手册2000余册，被国家机关事务管理局、国家发改委、财政部授予“2017—2018年国家级节约型公共机构示范单位”称号。在驻村扶贫方面，深入贫困户走访调研，帮助帮扶共建贫困村发展养殖产业，谋划创收办法，筹集资金2.6万元用于孙吴县辰清镇核心村道路硬化，该村所有贫困户均已脱贫。 （刘兴明）

【机关党建】 2018年，市政府办公室始终将党的建设和党风廉政工作摆在重要位置，切实落实好党要管党、从严治党的政治责任，全力推进风清气正政治生态建设。成功召开市政府办机关委员会第五次党员大会，完成了新一届党委领导班子换届选举工作。进一步健全党建规章制度，修订了工作规范流程汇编、党建规章制度汇编手册，制定了《市政府办公室干部职工日常行为规范（试行）》。扎实开展了“作风建设年”“法治建设年”和深化机关作风整顿优化营商环境活动，以及“全面履行岗位职责，持续提升工作效能”大讨论活动和“包粽子、送温暖”“七一”重温入党誓词、“八一”建军节拥军等特色党建活动，并组织参加全民健身徒步、定向越野比赛、“文明交通活动月”交通岗执勤、“牢记初心使命·岗位再立新功”演讲比赛等活动，提高干部队伍整体素质和业务能力，党员干部职工的凝聚力进一步增强。严格落实党风廉政建设责任制和“一岗双责”，通过开展廉洁教育学习、观看警示教育片、参观廉洁教育基地等方式，开展经常性的理想信念教育、党风党纪教育和廉洁自律教育，党风廉政建设得到全面加强。 （刘兴明）

政府研究室

【概况】 2018年，市政府研究室聚焦全市中心工作和经济社会发展大局，认真履行各项职能，全力提升文字服务水平，切实加强重大课题调研，较好地完成各项工作任务。机构改革前，内设综合组、调研组、信息组、对俄合作组4个科室。2018年下半年，全市机构改革启动前，市政府研究室整体并入市政府办公室，成为市政府办公室下设科室。

领导班子成员及副处级以上领导干部：
调 研 员　马喜龙（2018.10止）
副调研员　郭　山（2018.3任，2018.10止）

（冷成志）

【文字综合】 2018年是中国改革开放40周年，也是全市经济社会发展的关键一年，工作多、任务重、节奏快，对文字服务提出更高要求。立足“参谋助手”职能，以高度负责的精神、精益求精的态度，高标准完成各项任务，共撰写各类材料230余个190余万字。完成市政府主要领导在市六届人大二次会议上的政府工作报告及在市委经济工作会议、市政府全体会议等全市重大会议上的讲话20余个，及在项目建设、招商引资、农业农村、生态环境、森林防火等专项会议上的讲话30余个。完成在第九届中俄文化大集、2018中俄边境城市展览会等重大活动上的致辞、推介、采访材料40余个，在国家和省各类会议上的发言、向上级汇报材料50余个，以及领导交办的其他材料近百个。 （冷成志）

【调查研究】 2018年，市政府研究室围绕全市经济社会发展过程中亟须破解的重大问题，积极开展调查研究，全年共开展专题调研3项，并形成调研报告，分别呈报市政府主要领导，部分成果已转化为领导决策。开展跨境经济合作调研，在通过与其他经济区的对比，深入分析申建跨境经济合作优势与短板基础上，提出合理化建议。开展扩大对外开放调研，召开联检部门、外贸企业座谈会，深入了解省内外和黑河市实际情况，就扩大开放路径进行思考和研究。承办2020年全省旅游发展大会调研，对提高筹备和举办质量，带动全市旅游及相关产业发展，进行全面分析，提出具体建议。多次随同市政府主要领导深入各地各部门及工作现场,就项目建设、脱贫攻坚、森林防火、口岸环境等工作进行专题调研,形成相关情况和调研建议,为领导决策提供重要依据。(冷成志)

外事侨务

【概况】 2018年,黑河市人民政府外事侨务办公室(以下简称“市外侨办”)在市委、市政府领导下,在“中俄地方合作交流年”框架下,切实履行职责,竭力服务发展,各项工作有序推进。

2018年12月,市外侨办内设机构6个:政秘科、边境科、口岸领事科、出国审批科、侨务科、对俄合作科;下设3个事业单位:黑河市对外友好服务中心、黑河市外事船务服务中心、黑河市保障外国公民权益投诉与调处中心。单位机关编制15个,实有15人;事业编制27个,实有16人。处级领导职数6个,其中,主任1名、调研员2名、副主任2名、副调研员1名;正科级职数6个。2018年12月19日,根据《黑河市机构改革方案》,市委外事工作领导小组改为市委外事工作委员会,办公室设在市政府外事侨务办公室。

领导班子成员及副处级以上领导干部:
主　　任　罗　飞
调 研 员　杜　岩　于春利
副 主 任　陈向阳　杨世恒　刘　群(2018.8任)
副调研员　耿晓军

(徐春游)

【对外交往】 2018年,黑河市在“中俄地方合作交流年”框架下,积极畅通与俄阿州、布市、萨哈等地高层联系渠道,密切高层互访互动。双方高层会晤会见44次,双方政府部门专项工作会谈25次;组织协调市领导出访俄罗斯23次,促成市直20余个部门与俄方对应部门开展活动20余次。向市委、市政府报送信息、简报、专报77份。密切与俄罗斯、法国等驻沈阳总领馆的关系,接待了俄罗斯及其他国家政府来宾团组60个,480余人次。向上争取实现新突破,黑河市获得外交部下放的公务出国审批权。向外交部争取313万资金,建造黑河市外事公务用船,计划2019年8月投入使用。11月16日,在2018中国国际友好城市大会中外友好城市表彰典礼上,黑河市国际友好城市布拉戈维申斯克获“对华友好城市交流合作奖”。(徐春游)

【地方交往】 2018年,黑河市对俄高层交往开创新局面。2018年俄阿州换届,阿州及布市政府近80%官员调换,市外侨办克服困难,积极与其开展对接联络工作,建立友好关系,保证了黑河市对外工作的持续、高效、有力发展。2018年5月、9月,应俄联邦总统办公厅和俄远东发展部邀请,以市委书记秦恩亭为团长的黑河市代表团与全联旅游业商会、上海月星集团等大型企业组成联合代表团,分别参加圣彼得堡国际经济论坛和第四届东方经济论坛,首次实现与企业联合组团。在活动中,不仅现场聆听中俄两国元首对发展中俄全面战略协作伙伴关系的全面阐述,同时秦恩亭两次在分论坛中推介黑河对俄跨境经济合作区、对俄合作产业项目和黑河跨境旅游,得到了中俄双方高层及与会各界的广泛认同。10月20日,黑河市委副书记、市长马里首次率团出访俄布市,并参加阿穆尔电子商务论坛,分别与俄远东发展部部长科兹洛夫、阿州州长奥尔洛夫、布市市长加丽塔进行工作会谈,续写了黑河市与俄阿州、布市政府间交往的新篇章。(徐春游)

【服务发展】 2018年,市外侨办对俄合作推进有力。承担第九届中俄文化大集、大岛洽谈会、阿州展会、哈洽会等重大活动的涉外工作,共向俄罗斯9个州区的26个地市发出40余份邀请,共接待20余个外宾团组、300余人次。积极配合省、市相关部门,与俄方协调沟通,主动为黑龙江大桥建设及两岸桥头区规划设计、跨江索道项目服务。为推进黑河—阿穆尔跨境经济合作区建设进行积极沟通联络。人文领域对外交流搭建平台作用有效发挥。协助各部门对俄开展“三八”国际劳动妇女节妇女代表团互访、“六一”国际儿童节互访、跨境养老互访等各项人文交流活动,共计30余团组、800余人,为黑河市各部门对俄交流合作提供了优质服务。(徐春游)

【友城建设】 2018年,市外侨办积极促进对俄民间交往,友城建设得到加强。向省外办提供2019年黑河市与俄建立友城10周年、20周年庆祝活动方案。向国家争取拟申请纳入2018“中俄地方合作交流年”国家总体活动方案。协助鹤岗市与俄城市建立友好关系,为兄弟省市搭建对外交往的窗口和平台。黑河市与俄罗斯车里雅宾斯克州特罗伊茨克市签署双方建立友城意向书。为两岸旅游、水务、林业等领域20余项专项合作项目机制性会谈提供翻译服务。(徐春游)

【涉外管理】 2018年,市外侨办严格涉外管理,积极打造良好涉外环境。制定《黑河市加强党对外事工作领导体制改革的实施办法》,提交市委外事工作领导小组下发。严格执行因公出国政策规定,加强和完善因公出国境审批和护照管理工作。办理因公出国(境)123个团组,308人次。加强对边境管理工作的宏观指导,加强边境一线检查。市级共开展边境一线检查8次。及时妥善处理俄罗斯公民维权案件12起。与安全部门对黑河市近两年拟临时出国(境)或常驻国外从事公务活动的领导干部和国家工作人员、国际运输驾驶员及部分因私出国(境)领导干部和国家工作人员进行了全履盖行前国家安全教育和外事纪律礼仪知识培训。黑河市成为全省第一个实现行前国家安全教育和外事纪律礼仪知识培训全履盖的地市。此外,对中俄博览会、大黑河岛经贸洽谈会等政府和企业参会代表近200人分8次进行国家安全教育和外事纪律礼仪知识行前培训,取得较好效果。（徐春游）

政务服务中心

【概况】 2018年,黑河市政务服务中心认真贯彻落实中共十九大精神、习近平总书记在深入推进东北振兴座谈会上的重要讲话和考察黑龙江省的重要指示精神、国务院“放管服”改革要求、省市委全会精神,深化审批改革,优化服务流程,强化监督管理,积极创造优良营商环境,为市场主体添活力,为人民群众增便利。

2018年,市政务服务中心为市政府正处级全额事业单位,经市编委核定编制14个,其中,正处级1职、副处级3职、正科级5职、副科级1职,设立办公室、审批服务科、综合信息科、督导科、交易协调科5个科室;下设市公共资源交易中心,核定财政全额拨款事业编制8个,其中,正科级1职、副科级2职。市政务服务中心位于爱辉区通江路12号,建筑面积8300平方米,设有综合政务服务大厅和公共资源交易中心,进驻审批服务单位32个、服务窗口98个、窗口工作人员174名,可集中办理企业注册登记、企业办税、生产经营许可、不动产登记、交通运管、投资建设审批和居民身份证办理等政务服务事项。

2018年12月19日,根据《黑河市机构改革方案》,原隶属市政府的市政务服务中心转隶到新组建的市营商环境建设监督局,不再作为市政府直属事业单位。

领导班子成员:
主　任　马春光
副主任　张连生(2018.1任)　马长全　赵成坤

（孟晓堃　迟　雯）

【网上政务】 2018年,市政务服务中心按照省市“互联网+政务服务”工作部署,研究下发《黑河市政府办公室关于印发黑河市加快“互联网+政务服务”一体化建设推进“一网、一门、一次”改革工作方案的通知》,切实提高政务服务事项网上办理率。创新网上政务服务模式,推动多元化互联网应用,开通手机客户端“黑河政务通”,提供多样化、创新性的便民服务。把综合政务大厅、网上政务服务中心、移动客户端、自助终端结合起来,将市级32个单位的325项行政许可事项全部纳入网上平台受理,实现线上线下一体化运行,让居民和企业少跑腿、好办事、不添堵。按照市政府《2018年重点工作任务责任》和《2018年民生工作报告》要求,加快推进政务信息系统整合共享和政务服务“一网通办”,形成《黑河市网上政务服务中心扩容建设方案》并按步骤实施推进改造,建成“黑河市政务服务网”并试运行。加快推进所辖县(市、区)网上政务中心建设和行政审批服务应用,规范和监管行政审批行为,提高行政审批效能。所辖各地除北安市网上政务服务中心正在试运行阶段外,均已建成开通网上审批平台,并将1306项行政许可事项纳入网上平台受理。2018年,市级政务服务事项网上可办率达51.02%。（孟晓堃　迟　雯）

【审批办理】 2018年,市政务服务中心按照省市深化行政审批改革有关精神和《2018年民生工作报告》要求,扎实推行“两集中、两到位”行政审批改革,进一步督促相关单位对内设机构和行政审批职能进行调整,设立审批服务科,整建制进驻政务服务中心,集中受理办结行政审批事项,优化提升综合政务大厅“一站式”功能。对改革不彻底的单位,下发督办通知,针对存在问题制定具体措施,督促限期整改完善。对推进不力的单位进行约谈,梳理进驻事项,整改存在问题。会同市编办对综合政务大厅进驻单位窗口进行调研摸底,梳理形成《各进驻单位存在问题清单》,督促进驻单位对“存在问题”和“有关要求”逐项对照落实整改,逐步实现“清单之外无权力,大厅之外无审批”。9月29日,组织召开全市政务服务工作推进会议,按照上级精神对黑河市政务服务工作进行再部署再推进,确保全面完成年初省市下达的各项任务指标。10月9日,市委副书记、市长马里,市委常委、副市长孙恒义及相关单位主要领导对综合政务大厅进行调研,进一步督促各职能单位提高政务服务事项进驻率。以市政府名义下发《关于进一步提高市政务服务中心行政许可事项进驻率的通知》,以市深改办名义下发《关于政务服务事项全部进驻市政务服务中心集中办理通知》,推进政务服务向大厅集中,努力实现“只进一扇门”,可集中办理企业注册登记、企业办税、生产经营许可、不动产登记、交通运管、投资建设审批和居民身份证办理等事项。根据进驻情况形成《关于政务服务事项全部进驻综合政务服务大厅的情况汇报》和“进驻情况汇总表”,上报市政府纳入督办,进一步提高进驻率。同时,督促各县(市、区)实行“两集中、两到位”行政审批改革,各地除逊克县以外均已设立综合政务服务大厅。市级政务服务事项进驻单位32个、879项,政务服务事项进驻率为71.4%。

（孟晓堃　迟　雯）

【现场办理】 2018年,市政务服务中心根据企业和群众办件频率、办事习惯和工作需要,对综合政务大厅进驻窗口设置进行动态调整,不断优化大厅窗口设置。以企业和群众办事“少跑腿”为目标,对现有政务服务事项环节、材料、时限等进行全面梳理,精简办事环节和材料,力争实现企业和群众办事“最多跑一次”。针对现有政务服务事项流程存在的程序复杂、材料重复、到现场次数多、审批时间长等“堵点、痛点、难点”问题,研究下发《关于做好窗口服务突出问题自查自改进一步提升服务效能的通知》《关于报送“最多跑一次”高频事项流程再造工作任务计划和对比清单的通知》《关于梳理公布“马上办、网上办、就近办、一次办、不见面”政务服务事项清单的通知》。按照“梳理完成一批，公开一批”原则，公布必须到现场办理事项的“最多跑一次”目录，让“最多跑一次”理念真正落到实处。在黑河市政府门户网站上公布五批“最多跑一次”和“不见面审批”政务服务事项，共计4382项（市本级945项、县级3437项）。其中，市本级政务服务事项“最多跑一次”和“不见面审批”比率为76.9%。组织市直39个部门对政务服务事项进行全面梳理，共梳理出“五办”事项2126项，其中，“马上办”事项455项、“网上办”事项627项、“就近办”事项99项、“一次办”事项945项。（孟晓堃　迟　雯）

【审批服务】 2018年，市政务服务中心按照省政府关于全面优化和规范政务服务事项流程的要求，在2017年政务服务事项标准化建设的基础上，对全市的政务服务事项、服务流程、服务时限和事项流程图进行优化、细化、标准化。组织全市政务服务事项标准化录入会议，印发《关于做好政务服务事项流程再造管理平台录入工作的通知》，细化录入标准，指导和规范各地、各部门将标准化后的政务服务事项，重新录入黑龙江省政务服务事项流程再造管理平台。全市已录入审核政务服务事项6523项，其中，市本级1229项，县（市、区）级5294项，录入完成比例达100%，在全省率先完成录入工作并生成目录提交给对口省直部门，保质保量全面完成此项工作。拟定《关于全面实行“一窗受理”审批服务实施方案》，努力实现审批服务“一窗受理、数据共享、效率提升”功能。牵头研究制定《精简行政审批组工作方案》，继续清理精简行政审批、投资审批和工程建设项目审批、核准等事项，进一步深化“放管服”改革，提高政府服务质量和效率。积极推行“前台综合受理，后台分类审批，一个窗口出件的‘一窗受理’政务服务模式”。综合政务大厅的税务、不动产登记、市场监管和综合窗口等18个部门的502个事项已实现“前台综合受理、后台分类审批、一个窗口出件”，占比50.12%。（孟晓堃　迟　雯）

【监督管理】 2018年，市政务服务中心修改完善《窗口工作人员考勤及请假暂行管理办法》《窗口工作人员工作职责守则和服务规范》等各项制度，实行日考勤、月考核、季考评和年终评优选模。深入开展“四零”承诺服务创建，在窗口设置群众满意度即时评价系统，制定《服务窗口即时评价器使用规范》，对“四零”承诺服务情况同步监控、实时查询，持续改进工作作风，提高服务效率和服务质量。按照省、市深化机关作风整顿优化营商环境有关要求，制定下发《黑河市政务服务中心深化机关作风整顿优化营商环境实施方案》《黑河市集中整治窗口服务突出问题专项工作实施方案》《黑河市政务服务中心关于集中整治突出问题进一步提升窗口服务能力的通知》，有力推动窗口服务突出问题专项整治和深化作风整顿优化营商环境工作。多次制定下发通知，规范窗口工作人员着装，制作统一胸牌和岗位标识，促进窗口服务规范化。坚持即知即改、立行立改，制定《即知即改通报流程》，对窗口工作人员审批服务情况进行通报7次，考评优秀窗口86个，下发《窗口即知即改通知单》和通报函66个。制定《关于实施延时服务方便群众办事暂行工作制度的通知》，实行双休日延时工作半天制度，进一步方便群众办事。贯彻落实马里调研指示精神，制定《领导带班暂行管理办法》，实行进驻部门分管领导在中心带班坐岗制度，强化窗口服务职能。（孟晓堃　迟　雯）

【一站式服务】 2018年，市政务服务中心按照市政府《2018年重点工作任务责任》要求，整合完善统一的公共资源交易监管平台，已整合工程招标、政府采购和产权交易等公共资源交易服务，还需要整合交通、水利、矿权及土地使用权交易，正在开展深入调研，将制定具体实施方案，在全市形成规则统一、公开透明、服务高效、监督规范的公共资源交易平台体系，逐步实现“平台之外无交易”。自2018年9月1日起，除设计招标以外，全市工程项目招投标全部纳入省公共资源交易电子平台，初步实现“零跑路投标、不见面交易、全流程电子化”工作模式。围绕政府重点工程及民生实事工程推进与开展，加强与建设单位联系沟通，及时提供政策咨询、程序引导和业务指导服务。建立完善交易服务行为内控制度，做到将公共资源交易制度、“四零”承诺和交易流程上墙，以制度防范交易风险，确保项目交易健康、有序运行。强化对交易过程的风险管控，及时纠正交易过程中出现的问题，以制度防范交易风险，确保项目交易健康、有序运行。建立“绿色通道”，全力促进项目早开工、早投产，扎实推进项目招标采购的顺利完成。2018年，办理进场交易工程项目165项，工程预算额162036.17万元，实现工程交易总额144212.19万元，节约资金15894.16万元，节支率10.98%；预计政府采购完成采购项目56项，采购预算3513.89万元，完成政府集中采购额3277.87万元，节约资金236.02万元，节支率6.72%。

（孟晓堃　迟　雯）

【队伍建设】 2018年，市政务服务中心党组充分发挥党的领导核心作用，不断提升基层党的建设科学化水平，坚持以落实全面从严治党要求为主线，以推进“两学一做”学习教育常态化制度化为契机，推动中心党建取得一系列新进展。认真履行党组意识形态工作的主体责任，成立党组意识形态工作领导小组，定期召开党组（扩大）会议，有效推动党组意识形态工作责任制落实。切实抓好党员干部思想教育和理论学习工作，制发《黑河市政务服务中心集中学习研讨制度》，全面规范集中学习的时间、内容、范围、形式和要求。组织集中学习研讨35次，党组中心组学习7次，党组成员讲党课4次、专题辅导4次。积极推进边疆特色党建与政务服务工作的深度融合，积极探索开展“主题党日”活动载体。开展评选表彰窗口单位2018年度“服务标兵”“十佳服务明星”活动、“新时代、新作为、新风采”主题演讲比赛活动，充分激发政务服务干部的工作活力。2018年度，市政务服务中心被评为“省级节约型公共机构示范单位”，获“黑河市青年五四奖章”“青年文明号”“不忘初心·砥砺前行”定向越野比赛三等奖；中心党支部被市直机关工委授予“2017年先进基层党组织”称号；2人被市直机关工委授予“优秀党务工作者”“优秀党员”称号。

（孟晓堃 迟 雯）

接 待 办

【概况】 2018年，黑河市接待办公室共接待各类团组609个，11769人次。其中，党政团组362个（国家级3个），3897人次；新闻团组53个，463人次；经贸团组124个，2179人次；外宾团组63个，1280人次；会议团组7个，3950人次。团组数同期相比持平，人数同期相比增加了16%。全年共发送接待信息238期，接待信息反馈12期。完成接待服务用车千余次，没有发生任何事故和私自违规用车现象。

黑河市接待办公室内设机构5科1队：接待一科、接待二科、接待三科、综合科、审核科、车队。2018年12月，实有在职职工20人。其中，处级干部3人：主任1人，副主任2人。

2018年12月19日，根据《黑河市机构改革方案》，市接待办公室更名为市机关保障服务中心。

领导班子成员：
主 任 张兆伟
副主任 马树森 孟成良（2018.7止）
冯黎明（2018.10任）

（李 悦）

【接待管理】 2018年，黑河市接待办公室严格贯彻执行中央八项规定，接待每一批次团组，无论在接待的程序、还是接待范围，对每一个流程都严把落实、监督、审核关。紧紧围绕市委、市政府的中心工作，深入持久地抓好中央八项规定的贯彻执行，确保公务接待更加规范化、制度化、科学化。严格执行接待标准，对不同层次、不同类型的团组一律按照《黑河市公务接待管理办法》的接待标准执行。坚持先审批后安排的原则，对接待任务清单层层把关审核，严格按照财务规定对接待经费进行核算。公务接待从领导审批到任务结束后的公务接待清单，所有流程都由综合科、审核科、财务室认真核准后上报主管领导审定，并经主要领导签批等环节层层把关，保证接待工作程序遵规守纪、严谨有序。按照勤俭节约的原则，加大对接待程序、接待范围、车辆管理的监管力度，严格执行财经纪律，合理控制各项接待费用支出。为便于接待人员熟练掌握各项接待规定，紧紧围绕中央八项规定的内容，把中央、省、市有关公务接待管理方面的规定选编成册，全体干部职工人手一册，通过职工答题方式检验学习成果。 （李 悦）

【服务提升】 2018年，黑河市接待办公室精密抓好各批次团组跟踪服务。根据团组类别，由接待办主任、副主任、科长分别牵头全程陪同接待，确保各批次团组落实服务到位。注重接待细节，从接待场所安排、接待车辆配备、接待饮食调配的各个环节入手，细化接待方案，有针对性的确定接待流程，做到既热情周到又突出服务特色。进一步抓好接待人员和服务人员的形象教育和礼仪教育，不断提高服务质量。根据俄罗斯团组比较多的特点，按照国家有关外事接待的政策规定，深入研究探讨外事公务接待的方法，进一步规范外事接待礼仪。加强与外省市的学习、交流，不断借鉴好的经验、好的做法。同时，加强与各县（市、区）接待部门的沟通与协调，着重做好对各县（市、区）公务接待的指导。加强地方特色美食挖掘，不断推出地方特色菜。把职工思想政治教育和业务素质的提高，作为提升接待人员综合素质的有力抓手，鼓励职工在接待实践中不断提高自己。结合机关工作作风整顿建设，通过坚持组织干部职工政治理论学习、业务知识答题、参加全国公务接待培训等多种途径，不断提高干部职工的综合素质。年内2名形象好、素质高的大学毕业生充实到接待队伍中来。

（李 悦）

【大型活动】 2018年，黑河市接待办公室全年接待大型团组（主要团组）16个，4069人次。接待大型团组工作，突出饮食标准化、住宿原则化、车辆适用化、接待层次化节约化等特点，认真总结历年大型接待活动的经验和做法，本着节俭办会的原则，早动手、早准备，精心安排，细致落实，确保每个大型团组各项接待筹备工作落实到位，取得较好成效。

（李 悦）

【队伍建设】 2018年，黑河市接待办公室以创建“和谐班子”为载体，按照团结干事、和谐共事、按章办事的原则抓好领导班子建设。通过多种形式的学习教育活动，抓好干部队伍建设，不断提高干部职工队伍的理论素质和业务技能。紧紧围绕“机关作风整顿”的深入开展，抓机关自身建设。进一步完善各项规章制度，使各项工作实现制度化、规范化。组织全体干部职工学习政治理论，着重领会精神实质。全年组织党员政治理论学习38次，选派党员干部参加各有关部门组织的理论、业务培训班6次。积极开展“机关作风整顿优化营商环境”“四零”服务创建、“解放思想推动高质量发展大讨论”等专项活动。组织党员干部积极参加“黑河人游黑河”、普法知识网上答题、《政府工作报告》在线答题、消防培训等活动。组织党员干部开展抓党建促脱贫攻坚工作，参与认真祭扫烈士墓、卫生劳动、“博爱一日捐”和“慈善一日捐”等公益性活动。开展“春蕾助学”活动中被评为先进集体；获机关工委组织的“不忘初心·砥砺前行”定向越野比赛团体第三名；获“黑河新时代新气象新作为”网上作品征集最佳网络正能量奖。1名年轻干部被提拔任用，1名预备党员按期转正。

（李 悦）

驻北京联络处

【概况】 黑河市人民政府驻北京联络处(以下简称"黑河驻京联络处")为黑河市政府直属正处级事业单位,是黑河市委、市政府设立在北京的派出机构,主要承担着市政府行政部门在北京的招商、宣传、信息沟通、维稳、接待服务等工作职能。设主任1职,副主任2职,内设机构4个:秘书科、招商科、信访科、接待科,核定编制9个。2018年12月19日,根据《黑河市机构改革方案》,黑河市人民政府驻北京联络处更名为黑河市人民政府驻北京联络中心,实有在职人员7人。

领导班子成员及副处级以上领导干部:
主　　任　王福军
副 主 任　王　迪
副处级干部　王　勇

(王　迪)

【接待服务】 2018年,黑河驻京联络处坚持热情周到节俭的原则,科学合理调度车辆和工作人员,统筹兼顾,善始善终。认真落实中央关于改进工作作风、密切联系群众的八项规定,整治上班迟到、早退、脱岗等行为,狠刹不良风气,坚决制止"公车私用"等不正之风。重要或紧急时期,动用干部职工或社会朋友的家庭车辆,以保障接待工作的及时到位。全年共接待市领导、市直部门和县(市、区)领导及群众约380余人次,充分体现了驻外机构服务领导、服务基层、服务百姓的作用。(王　迪)

【对外联络】 2018年,黑河驻京联络处加大宣传推介黑河优势力度,利用在京参加招商会、洽谈会、同乡会等有利时机,积极宣传黑河资源优势,推介黑河招商项目。积极与在京各地商会、企业家沟通联系,学习掌握各地经验和作法,了解各地企业资源优势和技术优势,发挥驻京办在京服务各地、重点招商作用。利用与省驻京办、北京市政府外联办、中国市长协会、北京驻京机构协会等单位联络机会,进行招商引资宣传,使外界更多地了解黑河。与省驻京办信息处、市委办信息科定期沟通,了解每年不同时期信息任务和需要,全年为市委办信息科提供《北京信息》80期,《领导参阅》12期,上报多条信息被省、市信息部门采用。(王　迪)

【资产管理】 2018年,黑河驻京联络处加强对车辆、办公设备等国有资产管理,重点强化了对办公楼国有资产的管理。年初将上年施工装修改造完成的办公楼所需内部设备和用品进行采购、配置,指定专人负责,比较成本和材质,配齐客房和餐厅物品,为开展对黑河籍到京人员进行住宿和餐饮接待服务工作奠定基础。按照市主管领导和财政部门意见,还对原财政驻京办事处的房产和车辆进行管理,完善相关手续,维修房屋和车辆,配合做好房屋转户手续办理、房屋交接等工作。(王　迪)

【宾馆使用】 2018年,黑河驻京联络处为更好地发挥国有资产作用,重塑黑河驻外机构形象,2018年3月1日在全国"两会"召开前夕,北京德源宾馆正式内部经营试营业。为做好宾馆管理工作,降低管理成本,节约人员开支,专门抽调4人参与宾馆的财务、客房、餐厅、物业维修、人事劳资管理等。宾馆内部试营业经营以来,加强内部流程管理,完善各项制度,监督把好物品采购环节,开展增收节支、促销宣传等活动,实行收支两条线,独立核算等管理办法。2018年3—12月,宾馆共接待从黑河到京的各级领导和黑河籍到京办事人员1200人次,节约了到京公出人员的财政支出,较好地发挥了国有资产作用,受到各级领导和客人的肯定和好评。(王　迪)

【特产展示】 2018年,黑河驻京联络处加大宣传推介黑河农产品工作力度,在装修的办公楼一层设立黑河特色产品展示厅,宣传黑河资源优势,推介家乡名优产品,抽调专人负责,主动沟通联络,引进全市约20家知名企业的近百余款产品展销推介。在对展示厅的经营中,科学管理,降低成本,实现经济效益和社会效益双丰收。(王　迪)

【自身建设】 2018年,黑河驻京联络处党组狠抓管党治党责任落实,把党建工作和业务工作同谋划、同研究、同部署、同考核。完善党组书记负总责、分管领导分工负责、主要负责人"一岗双责"的党建工作机制,定期研究党建工作,贯彻执行党的民主集中制原则,完善党内议事决策机制,注重发挥领导班子的模范带头作用,明确职责任务,坚持班子成员分工负责,重大事项集体决策,对重大事项随时进行研究。狠抓学习,增强"四个意识",坚定"四个自信",落实"两个维护"。创建"党员之家"活动室,制作党建宣传图版和精神文明建设图版,建立支部活动风采宣传栏和党员学习交流园地,组织全体党员分别到山东省临沂市和济宁市驻京联络处党支部观摩学习,全年召开党建基础工作专题会议5次,投入资金近8000元。把党建工作情况纳入领导班子和领导干部述职、评议、考核全过程,努力把工作抓具体、抓深入、抓扎实,加强在京党员管理,进一步发挥了驻京机构党组织的战斗堡垒作用和党员的先锋模范作用。(王　迪)

驻哈尔滨办事处

【概况】 黑河市人民政府驻哈尔滨办事处(以下简称"黑河驻哈办")主要职责是围绕市委、市政府中心工作，构建对外联络平台，依托哈尔滨省会城市做好对外联络、沟通、服务等工作；配合做好招商引资和对外宣传工作。

黑河驻哈办属公益一类事业单位，财政全额拨款，正处级建制，设主任1职、副主任2职；内设4个科室：接待科、办公室、信访科、招商科，核定编制8个，办公地点位于哈尔滨市南岗区玉山路16号。2011年，经中共黑河市委员会批准，机构改革后保留中共黑河市人民政府驻哈尔滨办事处党组。2017年8月，经市委六届15次常委会议研究，杨杰任党组书记、主任。2016年10月，经市直属机关工委批准，成立中共黑河市人民政府驻哈尔滨办事处支部委员会，共有3名党员。2018年12月19日，根据《黑河市机构改革方案》，黑河市人民政府驻哈办更名为黑河市人民政府驻哈尔滨联络中心。

领导班子成员：
主　任　杨　杰
副主任　关　鑫

（杨　杰）

【招商引资】 2018年，黑河驻哈办通过开展"解放思想推动高质量发展大讨论"活动，积极解决制约高质量发展的思想观念和体制机制束缚问题，从过去的接待服务工作转变为以经济建设为主，积极发挥内引外联作用，创造性开展工作，营造凝心聚力、团结奋斗的氛围，使全体干部职工干事创业的积极性得到进一步提高。发挥窗口媒介作用，利用哈洽会、绿博会等重大活动宣传黑河的优秀文化，展示黑河改革开放取得的丰硕成果，同时广辟来源，不断向市内反馈各类信息。有效利用驻省会办事机构优势为招商引资提供服务，与温州商会、福建商会、中国中铁东北投资公司、中国中铁二局东北分公司进行沟通联系，在哈洽会期间，中国铁路总公司主要领导与黑河市政府主要领导进行务实合作会谈，积极推进北安—黑河地方铁路升级改造和其他项目落实工作。积极服务企业，有效利用驻省会城市地缘优势对外联系，引导黑河企业家走出去，积极做好外地企业与黑河市商会、协会的对接工作；邀请国内知名企业到黑河考察投资兴业，积极做好与黑河市企业和职能部门的对接协调沟通工作。

（杨　杰）

【接待服务】 2018年，黑河驻哈办创新服务机制，成立工作专班，积极为市级领导干部在哈市政务会务服务。会前，领取会议资料、打印修改材料、接收文件；会中，按市领导要求及时向相关部门传达反馈信息；会后，按市领导指示把落实工作做好。积极为市直部门和县（市、区）重大活动服务，与省直各部门保持经常性联系，为市直部门和县（市、区）传递文件、信息、要闻、特情，帮助完成约见省直部门领导和对接省直相关部门等工作。为市直部门和县（市、区）提供社会化服务，向社会购买用车、劳务等服务，有效利用社会资源为公务提供服务。同时，积极做好"紧、难、重"工作。发生重大群体事件时，提供谈话场所、车辆，做好保障工作；黑河市参加《魅力中国城》系列活动时，积极服务国内外客人，做好对外宣传、服务保障工作；做好接待外宾、国家各部委办局到黑河调研、省委组织部到黑河市考察干部的服务工作。

（杨　杰）

【服务群众】 2018年，黑河驻哈办按照市委、市政府要求，作为驻省信访工作成员单位，积极配合信访工作组做好信访接待工作，接待黑河市到哈尔滨市上访群众，倾听他们的信访诉求，做好调解工作。解决原黑河驻哈办16名退休人员养老人事劳资问题。2009年机构改革后，原驻哈办16名退休人员人事劳资关系没有进入机关事业编制库和财政统发工资库，但工资待遇按照事业单位人员管理发放。2017年，《机关事业单位养老保险制度改革方案》下发后，该16名退休人员无法进行工资、养老系统登记。2018年1月，经驻哈办协调，市政府就16名退休人员养老人事劳资问题召开专题会议，历经半个月的时间完成编制录入、调资、养老、医疗保险等所有相关工作，解决了这16名退休人员人事劳资问题。

（杨　杰）

政协黑河市委员会

综　　述

【概况】 2018 年,黑河市政协常委会在中共黑河市委的正确领导下,高举爱国主义、社会主义旗帜,坚持团结民主两大主题,主动服务全市大局,扎实做好各项工作。全年共开展协商议政活动 48 次;组织专题调研和视察活动 12 项,报送工作报告 12 篇;征集提案 222 件;收集社情民意信息 28 份。履职成果得到市委、市政府的高度重视,提出的许多建议已转化为决策部署和工作措施。

2018 年 12 月 19 日,根据《黑河市机构改革方案》,组建市政协农业和农村委员会,为市政协专门委员会,将相关委员会联系农业界和研究"三农"问题等职责调整到市政协农业和农村委员会;市政协教文卫体委员会的联系文化艺术界等职责划入市政协提案学习文史委员会,市政协提案学习文史委员会更名为市政协文化文史学习和提案委员会;市政协经济科技委员会的科技职责划入市政协教文卫体委员会,市政协教文卫体委员会更名为市政协教科卫体委员会,市政协经济科技委员会更名为市政协经济委员会。

(于　天)

【市政协常委会领导】

主席　党组书记　于凤荣(2018.12 止)
党　组　书　记　陈洪生(2018.12 任)
副　　主　　席　赵殿举　姚　龙　曹文兴
　　　　　　　　白树生　王　锋(2018.7 止)
秘　　书　　长　王　锋(兼,2018.6 止)
　　　　　　　　曲明龙(2018.6 任)

副秘书长及各委办处级领导干部:
副秘书长　张忠岐　王春艳
正处级干部　刘建欣(2018.3 任)　杨小雯
　　　　　　李秀郦(2018.3 任)
　　　　　　莫少华(2018.12 任)
副处级干部　张玉良(2018.9 任)
　　　　　　杨宏程(2018.9 任)

办公室
主　　任　张忠岐
副 主 任　张玉良(2018.9 止)
　　　　　赵　宇(2018.3 止)
　　　　　卢广珍(2018.12 任)
综合调研室
主　　任　曹　阳
提案学习文史委员会
主　　任　刘建欣(2018.3 止)
　　　　　赵　宇(2018.3 任)
副 主 任　杨宏程(2018.9 止)　于　凤
副调研员　郑　丽
经济科技委员会
主　　任　梁　涛
副 主 任　程　强
社会法制委员会
主　　任　李秀郦(2018.3 止)
　　　　　郑友庆(2018.12 任)
副 主 任　施超美
调 研 员　曹静明
科教文卫体委员会
主　　任　王　洪
民族宗教外事委员会
主　　任　莫少华(2018.12 止)
　　　　　袁亚东(2018.12 任)

(于　天)

重要会议和工作

【市政协常委会会议】 2018 年,黑河市政协共召开 2 次常委会议,主动服务全市大局,共开展协商议政活动 48 次;组织专题调研和视察活动 12 项,报送工作报告 12 篇;征集提案 222 件;收集社情民意信息 28 份。这些履职成果得到黑河市委、市政府的高度重视,提出的许多建议转化为决策部署和工作措施。

2018 年黑河市政协常委会会议纪要

表 5

会议时间	会议名称	会　议　内　容
6 月 15 日	六届七次常委会议	听取市政协主席于凤荣作《中华人民共和国宪法》专题讲座，就宪法总体框架、宪法修正案涉及的修改内容、作为政协委员如何贯彻落实《中华人民共和国宪法》等方面作解读；讨论通过《关于黑河现代农产品物流业发展情况的调查报告》；讨论通过人事任免；于凤荣讲话。会议要求，要切实负起工作责任，转变工作作风，提高工作质量，圆满完成全年工作任务
10 月 12 日	六届八次常委会议	听取于凤荣作《中国人民政治协商会议章程》专题讲座，阐述党中央关于修改政协章程的指导思想、基本原则、工作程序和现实意义，深度解读修改政协章程的总原则、基本情况、主要内容和内在逻辑，介绍了《政协章程》体现的新成果、作出的新规范；讨论通过《关于争取设立国家公园工作情况的调查报告》。会议强调，要把习近平总书记关于加强和改进人民政协工作的重要思想作为人民政协加强制度化程序化规范化建设、切实提高整体工作水平的根本遵循，要把习近平总书记在深入推进东北振兴座谈会上的重要讲话精神作为人民政协围绕中心、服务大局的行动指南，围绕全市工作大局履职尽责，全面加强政协自身建设，不断开创人民政协工作新局面

（于　天）

【思想引领】 2018 年，市政协常委会坚持把提升思想认识、坚定政治定力放在首位，不断强化理论学习和思想引领。通过党组会议、主席会议、专题会议和参加培训等形式，深入学习中共十九大和十九届二中、三中全会精神，习近平新时代中国特色社会主义思想和习近平总书记在深入推进东北振兴座谈会上的重要讲话精神，牢固树立“四个意识”，坚定“四个自信”，做到“两个维护”，全面贯彻执行党的路线方针政策，始终在思想上政治上行动上同以习近平为核心的党中央保持高度一致。政协常委会带领委员认真学习习近平总书记关于加强和改进人民政协工作的重要思想，努力把新思想新观点新论断转化为人民政协的工作思路和务实举措。认真学习市委六届三次四次五次全会精神，及时主动向市委汇报工作、请示重要事项，自觉围绕全市大局谋划和开展政协工作，保证市委决策部署在政协得到贯彻落实。认真学习贯彻中共中央办公厅《关于加强新时代人民政协党的建设工作的若干意见》和首次召开的全国、全省政协系统党建工作座谈会议精神，落实从严治党主体责任，全面加强政协党建工作，充分发挥政协党组的领导作用、党支部的战斗堡垒作用和共产党员的先锋模范作用。

（于　天）

【协商议政】 2018 年，市政协常委会紧紧围绕经济社会发展关键问题咨政建言。制定 2018 年度协商计划，精心组织政协例会，深入开展协商议政活动。在六届二次全体会议上集中协商谋全局。委员围绕做强旅游产业、建设互联网 + 地产品平台、办好中俄文化大集、优化营商环境、发展边民互市贸易、提升社区服务水平等 12 个课题进行大会发言；紧扣实现“五大目标”、实施“五个战略”、打赢“五个攻坚战”、推进“十大新体系”，对《政府工作报告》和其他报告进行协商讨论。委员们集思广益，提出许多富有建设性操作性的意见建议，为市委市政府谋划全局提供重要参考。政协常委会议先后围绕绿色发展和生态保护的关键问题开展专题协商议政，常委会议组成人员潜心研究问题、深入磋商讨论，努力提出务实管用的意见建议。主席会议着眼新形势下政协履行职能新途径新方式的探索，注重强化政协自身建设的研究，提出一系列促进政协工作科学化的有效措施。各专门委员会加强与有关部门的对口联系，应邀参加各类协商会、听证会、情况通报会以及征求意见会，并就产业发展、城市建设、环境保护、食品安全等问题进行对口协商，督促解决问题、改进工作，收到较好成效。采取主席领办、协商督办、专题视察、跟踪问效等方式，进一步加大提案办理工作力度，提案反映问题得到妥善解决，提案办理质量有新提高。承办全省市地政协提案工作座谈会，与参会单位书面交流工作经验，向省政协报送《黑河市政协关于规范提案质量评价标准及方法的几点建议》，努力推动提案工作迈上新台阶、展现新作为。

（于　天）

【调研视察】 2018 年，市政协常委会始终把调查视察作为政协围绕中心、服务大局、发挥作用的重要形式，按照谋大事、出精品、见实效的原则，由各位主席分工负责，专委会组织实施，联合政协各参加单位和政府有关部门开展活动。助推现代农业强市建设，聚焦建设全域农业绿色发展示范区，打造黑河绿色功能性食品品牌，专题调查农产品现代物流产业发展问题，谋划农产品“卖得出”的应对之策，《北方时报》进行跟踪报道，《黑河日报》刊登调查报告；专题视察农产品的生产、包装、仓储物流及销售工作情况，研究农产品“卖得好”的有效路径。助推国际著名旅游目的地建设，聚焦以国家 AAAAA 级旅游景区标准建设和经营城市，把黑河市区建设成为最大景区、最美旅游目的地，调查研究深度开发城市旅游资源问题，提出把黑河城区打造成为牵动全域旅游发展的门户、枢纽、中转站的工作建议。助推对外开放战略升级，聚焦跨境经济合作区建设，争取省政协的支持帮助，向全国政协全会提交了《关于依托中国黑龙江省黑河市与俄罗斯阿穆尔州布拉戈维申斯克市设立国家级跨境经济合作区的建议》，被确立为商贸旅游类 130 号提案，交商务部承办，同时在全国政协全会分组讨论、省政协重要会议、港澳台侨界别会议上多次提议,对黑河市跨境经济合作区争取工作起到了积极推动作用。专题调查黑河市场俄罗斯商品销售监管情况,呼吁加大监管力度,着力提升规范化、品牌化水平。助推产业培育发展,聚焦做大做强国际汽车低温试验基地,2次考察试车基地,走访试车企业,找短板、提对策。助推建设更加优美生态环境,聚焦树立践行绿水青山、冰天雪地就是"金山银山"理念,专题调查国家公园争取设立工作情况,建议紧盯政策、抢抓机遇,强化责任担当,积极主动向国家和省沟通、汇报、争取设立国家公园工作。助推保障和改善民生,聚焦"健康黑河"建设,研究规范职工体检的方法路径,并被市委、市政府采纳,从2019年起职工体检费每人每年400元列入财政预算。聚焦完善公共服务体系,寻求破解老年人活动场所供求矛盾突出、布局不尽合理、活动形式单一等问题有效措施。助推整顿作风优化营商环境,把民主监督寓于调查、视察活动之中,聚焦提高领导干部运用法治思维和法治方式开展工作的能力,参与"七五"普法中期检查验收工作,为依法治市、民主法制建设工作献计出力。聚焦紧盯关键岗位、重点部门、涉企行为、服务窗口单位和关键人,专题视察黑河城区道路交通管理工作情况,顺应群众期盼,提出改进工作的意见建议。调查视察活动都形成工作报告,市委书记秦恩亭,市委副书记、市长马里等领导多次对市政协工作报告作出批示,为政协工作成果转化创造了有利条件。 (于 天)

【合作交往】 2018年,市政协常委会充分发挥人民政协联系广泛、人才荟萃的独特优势,主动联谊,促进团结,广泛汇集社会各界力量。充分尊重各民主党派、工商联和无党派人士的政治权利、政治地位,搭建团结合作平台,密切对接协调,定期走访交流,及时通报情况,积极邀请参加政协例会、专题调研、视察监督等履职活动。2018年,党派团体参与调研视察、进行例会发言近200人次,提交提案79件,做到了参政有舞台、建言有机会、协商有渠道。切实加强界别工作,经常走访民族村镇和民族代表人士,专题视察民族特色经济发展工作,维护民族团结和谐。密切与宗教界代表人士联系,加强思想引领,解决实际困难,促进宗教和睦。专程上门走访本地民营企业、在黑河投资创业外阜知名人士、黑河历史人物后裔,增进情感认同。进一步紧密工作联系,配合全国政协、省政协在黑河开展优化营商环境、推动对俄经贸高质量发展、加快物流业发展、矿山综合治理等多项视察调研活动,全面展现黑河发展成就,争取更多帮助和更大支持。加强对县(市、区)政协的工作指导,联合开展活动,进一步提升了全市政协整体工作水平。根据工作课题需要,组成4个工作组,赴广东、云南、山东等地进行考察学习、工作互访。率领黑河代表团参加2018中国保山腾冲第六届边境贸易交易会。接待来自全国政协、北京、广东、山东、湖北、四川等政协来访团组23个。在工作互访过程中,宣传黑河,建立联系。 (于 天)

【提案工作】 2018年,市政协常委会认真学习贯彻中共十九大精神和习近平总书记关于加强和改进人民政协工作的重要思想,围绕中心、服务大局,积极运用提案工作,认真履行政协职能。共征集提案222件,经审查,立案156件(含并案39件)。其中,委员个人和联名提案105件,占立案总数的67.3%,各民主党派、工商联、有关人民团体、各界别以及市政协各专门委员会集体提案51件,占立案总数的32.7%。涉及经济建设方面52件,占33.35%;政治建设方面22件,占14.10%;文化建设方面24件,占15.38%;社会建设方面48件,占30.76%;生态文明建设方面10件,占6.41%。全体政协委员、各民主党派、工商联、政协各参加单位,紧扣市委、市政府中心工作,围绕改革、发展、稳定大局,在改革开放、经济社会发展、民生改善方面,积极通过提案建言献策。委员们坚持新发展理念,以高质量发展为引领,以全面深化改革和创新驱动发展为重点,围绕优化发展环境,提出《关于改善黑河市民营企业营商环境的建议》《关于提高房产交易登记手续效率的建议》《关于加强黑河市公共法律服务工作的建议》等提案;委员们把实现好、维护好、发展好最广大人民群众根本利益作为出发点和落脚点,提出《关于规范职工体检的建议》《关于加大对弱势群体扶持力度的建议》《关于加强餐饮业诺如病毒防控的建议》《关于黑河市精准扶贫工作的几点建议》等提案;委员们充分发扬主人翁精神,高度关注美丽黑河建设,围绕文明城市创建、城乡环境治理,提出《关于加强市区公厕管理的建议》《关于辟建机动车停车场停车位的建议》《关于完善城市管理基础建设的建议》等提案;委员们密切关注"三农"问题,在深入调查研究的基础上,提出《关于保护地方特色农产品品种的建议》《关于加快黑河市大豆产业发展的建议》等提案。提案紧紧围绕黑河市中心工作,建言内容丰富、议题相对集中、针对性和操作性较强,体现政协委员高度的政治责任感和强烈的大局意识,为促进黑河的全面振兴全方位振兴做出积极的贡献。 (于 天)

【自身建设】 2018年,市政协常委会把加强自身建设作为履行职能的基础性工作,不断加以改进和提高,为更好履行职能奠定坚实基础。加强委员队伍建设,举办继承发扬长征精神、提高履职能力水平培训班和提案网络管理系统应用培训班,在常委会上举办《中华人民共和国宪法》和《中国人民政治协商会议章程》专题讲座,委员的政治素养和业务素质得以提升。开展表彰优秀委员、展示委员风采等活动,委员履职尽责的积极性主动性进一步增强。加强专委会建设,在市委市政府的支持下,调整充实专委会工作人员。在年度工作安排上充分听取并采纳专委会的意见建议,在年度工作落实上要求专委会既要承担起组织者的责任,还要承担起研究者的责任。加强政协机关建设,推进"两学一做"学习教育常态化制度化,深入开展机关作风整顿活动,全面启动"解放思想推动高质量发展大讨论"活动,着手创建省级精神文明单位,机关干部宗旨意识、责任意识和自律意识得到进一步提升,形成爱岗敬业、求真务实、争创一流的良好氛围。 (于 天)

纪检·监察

综　述

【概况】 2018年,中共黑河市委认真履行管党治党政治责任,着力拓展全面从严治党成果,坚决做到"两个维护",积极构建党统一指挥、全面覆盖、权威高效的监督体系,持续用力整顿作风优化环境,反腐败斗争取得压倒性胜利,政治生态持续全面好转。全市纪检监察机关在各级党委坚强领导下,严格监督执纪问责,专项整治成效明显,监督机制日臻完善,队伍建设全面加强,全市党风廉政建设和反腐败工作取得明显成效。坚持有腐必反、有贪必肃,全市纪检监察机关立案858件,结案733件,处分党员干部796人,查处了宋某某、顾某、程某某等一批案情复杂、手段隐蔽、数额巨大、性质恶劣的典型违纪违法案件。

2018年,中共黑河市纪律检查委员会、黑河市监察委员会(以下简称"市纪委监委")共有编制192个。2018年12月实有146人。其中,市纪委监委机关编制85个,实有78人;派驻纪检监察组编制80个,实有45人;市委巡察机构编制22个,实有17人。市纪委监委有纪委委员24人,纪委常委8人,监委委员8人,其中纪委书记(监委主任)1人、纪委副书记(监委副主任)3人。

市纪委监委机关设办公室、组织部、宣传部、政策法规研究室、信访室、纪检监察干部监督室、党风政风监督室、案件审理室、案件监督管理室、保障和信息化室、第一至第八纪检监察室18个内设机构。直属正科级事业单位1个,即电化教育信息中心;直接管理20个市直派驻纪检监察组,1个公、检、法派驻纪检监察组和1个企事业单位派驻纪检监察组;代市委管理市委巡察工作领导小组办公室和3个市委巡察组。

2018年12月19日,根据《黑河市机构改革方案》,组建市监察委员会,同市纪律检查委员会合署办公,履行纪检、监察两项职责,实行一套工作机构、两个机关名称。不再保留市监察局。

（王子心）

【市纪委监委领导】

市纪委领导班子成员:

书　记　张　野

副书记　李少杰　马　丹　尹树新

常　委　孙桂云(2018.8止)　王俊龙

王凤华(2018.10任)

李　英(2018.8止)　杨海涛　米英波

市监委领导班子成员:

主　任　张　野(兼)

副主任　李少杰(兼)　马　丹(兼)　尹树新(兼)

委　员　孙桂云(2018.8止)　王俊龙(兼)

李　英(兼,2018.8止)

杨海涛(兼)　郝秋生(兼)

内设室(部)领导:

办公室负责人　姜　铭

组织部部长

宣传部部长

政策法规研究室主任　叶　涛

信访室负责人　何　敏

纪检监察干部监督室主任　朱景波

党风政风监督室主任　王轶群(2018.5任)

案件审理室主任　杨海涛(兼)

案件监督管理室主任　米英波(兼)

保障和信息化室主任　杜　河

第一纪检监察室负责人　韩　刚

第二纪检监察室主任　崔朝安(2018.4止)

王庆宇(2018.8任)

第三纪检监察室主任　毕国辉(2018.6任)

第四纪检监察室主任　张　强

第五纪检监察室主任　李　英(兼,2018.8止)

第六纪检监察室主任　蒋宏伟

第七纪检监察室主任　郝秋生(兼,2018.1任)

第八纪检监察室主任　刘　德(2018.1任)

派驻纪检监察组领导:

第一派驻纪检监察组组长　韩光学

副组长　王海京

第二派驻纪检监察组组长　祝仰钊

副组长　周琳娜

第三派驻纪检监察组组长　魏艳华

副组长 徐景魁
第四派驻纪检监察组组长 杨 平
副组长 卞 红
第五派驻纪检监察组组长 陈永明
第六派驻纪检监察组组长 王 锐
第七派驻纪检监察组组长 张 伟
第八派驻纪检监察组组长 韩 萍
副组长 徐桂艳
第九派驻纪检监察组组长 姜 丽
副组长 孔 强
第十派驻纪检监察组组长 孙秋莉
第十一派驻纪检监察组组长 姚 军(2018.10 止)
刘 刚(2018.10 任)
第十二派驻纪检监察组组长 孙志东
第十三派驻纪检监察组负责人 赵宏旭
第十四派驻纪检监察组组长 徐 峰
第十五派驻纪检监察组组长 訾 强
第十六派驻纪检监察组负责人 郭进军(2018.10 止)
第十七派驻纪检监察组组长 胡 颖
第十八派驻纪检监察组组长 高 山(2018.12 止)
副组长 刘 刚(2018.10 止)
第十九派驻纪检监察组组长 王政海
第二十派驻纪检监察组组长 崔云久
第二十一派驻纪检监察组组长 张中平
副组长 雷 艳 耿 彤
第二十二派驻纪检监察组组长 王春荣
副组长 李江宏 闫永恒

市委巡察办领导:
主 任 孙桂云(2018.8 止) 李 军(2018.8 任)
副主任 岳超华 蒋 东

市委巡察组领导:
第一巡察组正处级巡察专员 孙世英
副处级巡察专员 洪 霞
第二巡察组正处级巡察专员 吕晓峰
副处级巡察专员 唐文波
第三巡察组正处级巡察专员 宋 伟(2018.12 止)
李沛勋(2018.12 任)
副处级巡察专员 吴 军(2018.3 任)

(王子心)

重要会议和工作

【六届市纪委第三次全体会议】 2018 年 2 月 6 日,中国共产党黑河市第六届纪律检查委员会第三次全体会议召开。市委书记秦恩亭出席会议并讲话,市纪委书记张野作工作报告。会议深入学习贯彻习近平新时代中国特色社会主义思想,全面贯彻落实中共十九大、十九届中央纪委二次全会和十二届省纪委二次全会精神,安排部署 2018 年全市党风廉政建设和反腐败工作。会议强调,要以习近平新时代中国特色社会主义思想为指导,不忘初心,牢记使命,增强"四个意识",坚定"四个自信",忠实履行党章和宪法赋予的职责,以党的政治建设为统领,以监督执纪问责为主责,深化国家监察体制改革,持之以恒正风肃纪,坚定不移推进全面从严治党,大力营造风清气正的良好政治生态,建设忠诚干净担当的纪检监察干部队伍,为决胜全面建成小康社会,为中央和省委、市委决策部署顺利实施提供坚强的纪律保证。

(王子心)

【监督责任】 2018 年,市纪委监委坚持问题导向,政治生态考核、精准监督检查、政治巡察一体推进,切实增强监督全覆盖和有效性。全年开展谈话提醒 1399 人次,运用第一种形态处理 3145 人次。巡察市直单位党组织 50 家,巡察乡镇党委 40 家,市本级和乡镇巡察整体覆盖率分别达到 46.1%、67.7%。扎实推动政治生态建设,全力协助配合省委考核组到黑河市开展政治生态考核工作,黑河市在全省 2017 年度政治生态建设成效考核中得到"较好"的评价;组织好全市政治生态成效考核,提请市委领导对存在突出问题的党委(党组)主要领导进行谈话。依规依纪持续开展纪律监督。市纪委监委设立 2 个监督检查室,实现监督检查和审查调查部门分设,全面分析梳理全市突出问题,有针对性地加强日常监督。创办"党风政风热线",畅通群众监督渠道,实现首期上线直播。加强信访监督,及时受理群众来信来访。发挥派驻监督探头作用,对中央巡视和市委巡察反馈问题整改进行重点监督。发挥监督执纪问责的综合效应,运用"四种形态"处理 364 人,立案 9 件。对全体公职人员实施监察监督,在全省率先成功举办"监察法"知识竞赛,率先印制完成"黑河市廉洁家风作品选集",启动"廉政教育巡回宣讲进基层"活动。向全市 65 个乡镇派出 180 名纪检监察专员、监察员,乡镇监察全覆盖工作如期完成。对新提拔任用处级领导干部进行 5 次廉政谈话。

(王子心)

【正风肃纪】 2018 年,市纪委监委依规依纪依法开展审查调查,正风肃纪、反腐惩恶取得重要进展,全市共立案 858 件,比上年增长 129.4%,是过去三年总和;结案 732 件,结案率 82.2%;党纪政务处分 796 人,比上年增长 100.6%;大要案 311 件,比上年增长 70.9%;查办辖区内职务犯罪案件 66 件,比上年增长 17.9%。开展"百日会战"专项行动,从全系统抽调人员组成工作组,对问题线索进行集中核查、立案,对问题突出领域开展小专项行动,立案查处乡村干部套取骗取种植补贴案件,查处私设"小金库"问题。加大职务犯罪案件查办力度,全要素使用 12 项调查措施,留置 15 人,及时查办一批职务犯罪案件,形成强大的法律震慑力。经市委批准,严肃查处市职业教育中心学校原党委书记、校长宋某某,市棚改办原主任顾某等重大违纪违法案件。全市纪检监察机关共移送审查起诉49件,提起公诉36人,做出有罪判决5人。严厉整治作风突出问题,查处违反中央八项规定精神问题173件,处理225人,党纪政务处分162人,分别比上年增长71.3%、82.9%、125.0%。制发《关于规范全市党员和公职人员操办婚丧喜庆事宜实施办法(试行)》,做出明确规定,推动形成崇廉尚俭的良好风气。扎实推进专项整治,围绕中央和省委、市委的工作部署及群众反映强烈的突出问题,开展扶贫领域、扫黑除恶、房地产信访、营商环境等14个专项整治活动。查处扶贫领域腐败和作风问题、涉黑涉恶"保护伞"案件、房地产领域典型案件、破坏营商环境违纪问题等。坚决惩治群众身边腐败和作风问题,查处问题133件,处理206人,党纪政务处分185人。召开全市乡村腐败和作风问题警示教育大会,通报曝光15起违纪违法典型案例。加大问责力度,提请市委印发《黑河市问责工作暂行办法》规范问责程序,围绕中央和省委、市委重大决策部署贯彻落实情况及群众反映强烈的突出问题,进行问责220件,处理338人,分别比上年增长197.3%、248.5%。其中,中央环保督查问责90人,省审计厅涉农专项审计反馈问题问责76人。全市实名通报曝光192人次。 (王子心)

【巡察监督】 2018年,市纪委监委深入推进政治巡察。市委组建16个巡察组开展两轮巡察,对48个市直及乡镇党组织进行巡察,并移交问题线索。坚持"常专"结合,打好"组合拳"。围绕中央"三大攻坚战"和省委、市委重大部署开展扶贫、房地产领域信访问题依法履职等专项巡察;针对一些单位规模小、人员少的特点,开展"点穴式"巡察。强化巡察成果运用,市委两次召开常委(扩大)会议,通报六届市委前三轮巡察情况,进行警示教育。建立"一方案一台账三清单"加强整改,对3个乡镇开展巡察"回头看",对部分市直部门巡察整改情况进行重点检查。创新开展上下联动,加强对县级巡察工作的指导,坚持市县巡察一体谋划部署,实行年度计划、工作安排、问题反馈、制度完善、整改治理"五个统一",时间、任务、对象、队伍、成果"五个联动",一、二轮巡察中市县巡察对象重合25个。 (王子心)

【信息化建设】 2018年,全市纪检监察系统着力推进信息化和办案办公场所建设,市县两级纪委监委共投入资金8000多万元,用于建设信息化项目和改造办案办公场所等基础设施。其中,市纪委监委审查调查管理服务中心于2018年9月底建成并投入使用。市纪委监委紧紧把握被省纪委监委确定为信息化建设专项试点单位的契机,将信息化建设作为纪检监察体制改革的重要内容,设立保障和信息化室,全面推进纪检监察信息化基础建设。完成涉密机房、指挥决策、分析研判、综合查询、电子数据调查等功能室建设。积极推进廉洁档案试点工作,将全市监察对象全部纳入廉洁档案建设对象并完成数据采集录入。提供基本情况查询120人次,财产查询130人次,房产查询134人次。试点工作得到中央纪委国家监委信息化建设调研组和省纪委监委的认可,初步总结了可复制可借鉴可推广的经验。 (王子心)

【队伍建设】 2018年,市纪委监委以制度建设推动工作规范化,围绕落实新修订的《中国共产党纪律处分条例》和《中华人民共和国监察法》等党纪、法律,建立完善30余项工作制度,初步实现内部"纪法"贯通、外部"法法"衔接。制定执纪监察工作专题会议议事规则,包括信访举报件分流转送、问题线索处置、立案审批等11项议事规则,规范了从信访"入口"到处置"出口"各个环节。制定《黑河市纪检监察干部监督工作暂行办法(试行)》等内部监督"五项制度",用制度管好纪检监察干部。修订下发《市委2017—2021年巡察工作规划》《市委巡察组工作规则》等10项制度,进一步提升巡察制度化规范化水平。以素质建设推动队伍专业化,组织纪检监察干部学习应知应会知识并开展6次全员培训和业务测试,成立"4+X"纪检监察人才库,在全省率先建立覆盖全市纪检监察干部的廉政档案,采取开展一次家访、致一封家信、签订一份廉洁过节承诺书、签订一份"一岗双责"包保责任书等"四个一"措施,严格约束干部言行,坚决防止"灯下黑"。全市纪检监察队伍战斗力、执行力有了较大提升。

(王子心)

民主党派·工商联

中国民主同盟黑河市委员会

【概况】 中国民主同盟黑河市委员会(以下简称“民盟黑河市委”)成立于1998年6月。所辖基层组织8个:1个县(市)级民盟市委和直属机关、黑河学院、第一人民医院、综合、卫生综合、教育综合、爱辉区7个支部。其中,民盟北安市委是黑龙江省内唯一的民主党派县(市)级地方组织;专兼职工作部门10个:盟市委机关办公室、组织部、宣传部、参政议政部、社会服务部、妇女工作委员会、经济工作委员会、文化工作委员会、科学技术工作委员会、教育工作委员会。民盟黑河市第五届委员会委员12人:陈晓杰、张兆波、李迎春、王静霞、德鹏、关颖、佟宏军、吴杰、关胜春、郭有志、李传明、于慧莲。2018年12月,全市在籍盟员302人,其中,担任副处级以上职务7人,各级人大代表和政协委员58人。民盟黑河市委核定机关编制4个,实有3人。

领导班子成员:

主 任 委 员　陈晓杰(市政府副市长兼任)

副主任委员　张兆波(2018.12起非驻会)

李迎春(非驻会)　王静霞(非驻会)

(于慧莲)

【思想建设】 2018年,民盟黑河市委组织开展学习习近平总书记在深入推进东北振兴座谈会上的重要讲话和在黑龙江省考察时的重要指示精神、在庆祝改革开放40周年大会上的重要讲话精神等专题学习活动,开展纪念“五一口号”发布70周年系列活动。举办“宪法修正案知识讲座”“多党合作的里程碑”专题讲座和“社情民意信息”轮训班,培训盟员150余人次。选派31名骨干盟员参加中共省委统战部、民盟省委和中共黑河市委统战部、市政协组织的培训学习。8月16—17日,在北安市承办民盟全省思想宣传工作会议。省政协副秘书长、民盟省委驻会副主委王健凤出席会议开幕式并讲话,各地(市)及省直各基层组织主要负责人、思想宣传工作负责人及民盟省委机关工作人员共70余人参加会议。民盟黑河市委分别获民盟中央和民盟省委“思想宣传工作先进集体”称号,李迎春、关颖获民盟省委“思想宣传工作先进个人”称号。

(于慧莲)

【参政议政】 2018年,民盟黑河市委提案工作取得新突破。征集市政协六届三次大会提案信息47份,整理上报20份。盟员李荣平撰写的《关于利用大数据分析技术监督民生资金的提案》获省政协十二届一次会议优秀提案。4月8日,省人社厅集中6个处室的负责人专程到民盟省委对李荣平撰写的提案进行座谈并围绕提案人提出的问题与建议,分别从大数据信息化建设与使用、民生资金监管、专业技术人才引进等方面进行交流和答复。此次会议是民盟黑河市委首次参加由所属盟员撰写、由民盟省委主持召开、与省直相关部门面对面听取提案答复意见的专题会议。在市政协六届二次会议上,李荣平撰写的《关于建设黑河市‘互联网+地方特产品’上行平台的建议》在市政协六届二次大会上发言,张兆波和王静霞连续两年联名提交的《关于将黑河市职工年度公费健康体检纳入同级财政预算的建议》,在与同类内容的提案并案后,被市政协列为年度重点民生提案,获市政府支持,明确“从2019年开始,在市直部门预算中安排职工体检费,标准为每人每年400元”的落实决定。提出的第九届中俄文化大集拓展“网络文化大集”板块的建议,被市政府采纳,盟员佟宏军受市政府委托,承接全部网上互动文化大集任务。分三期对80余名盟员开展社情民意信息轮训。制定《社情民意信息工作评比表彰办法》,鼓励盟员积极建言献策。共收到盟员上报社情民意信息50余条,整理后向盟省委报送31条。民盟黑河市委分别获民盟省委“参政议政工作先进集体”称号和“社情民意信息先进集体”二等奖,李荣平获得民盟省委“参政议政工作先进个人”,关胜春获得民盟省委“社情民意信息优秀信息员”。

(于慧莲)

【调查研究】 2018年,民盟黑河市委围绕中共黑河市委、市政府重点工作开展调研,为地方经济发展建真言、出实策。先后开展大型调研活动4次,配合和参加民盟省委、兄弟地市民盟组织调研活动2次。2月11日,市政府副市长、民盟黑河市委主委陈晓杰率队到孙吴县奋斗乡阿象山村调研扶贫工作,就整治村容村貌、开发乡村旅游,特别是利用好企业平台,深入挖掘、培育特色产品,尽快选拔和培养致富带头人作指导。7月29—31日，协助民盟山西省大同市委在黑河市区和北安市开展“工业振兴和能源革命”调研。8月10—12日，协助民盟省委青年委员会在爱辉区开展“对俄贸易暨农村三产融合发展与城市绿色出行”调研。9月7日，组织市直盟员参观、考察黑河边境经济合作区中小企业创业服务中心、黑河市城市规划体验馆和黑河索凡科技有限公司，开展“知乡·爱土·亲民”系列视察活动。9月10—21日，民盟黑河市委调研组赴各县(市、区)和五大连池风景区，开展“黑河市公共文化事业发展情况”专题调研活动，形成题为《关于黑河市公共文化服务体系建设的几点建议》的调研报告。9月11日，到北安市就民盟基层组织建设情况开展实地调研指导。　(于慧莲)

【社会服务】 2018年，民盟黑河市委围绕中共黑河市委、市政府重点工作，创新开展“民盟小讲堂”系列亲民活动。组织20余名有专长盟员，以“书香黑河”“健康黑河行”“乡村振兴”“法律”四个板块为载体，以社区、学校、村屯、工地、家庭，乃至于田间地头为课堂，采用广大群众喜闻乐见的方式，以文化、卫生、法律、道德规范、实用技能等为内容，进行惠民讲座，成为黑河民盟市委社会服务工作的明星品牌。全年共授课16次，形成文字讲稿5.2万字，受益群众达3540余人。其中，现场聆听的650余人、观看网络直播的2510余人、通过微信阅读的380余人。开展专委会全盟“跨界”活动。依托专委会工作平台，开展携手爱心企业“迎新春送爱心”惠民活动、“扑火救灾铸忠诚·转隶改革谱新篇”庆“八一”警民联欢活动，盟组织的影响力进一步提升。坚持开展社会公益活动，组织送医送教进校园、资助残疾儿童、关爱孤寡老人等公益活动。1月28日，70余位盟员走进黑河市第一社会福利院和市儿童福利院，为老人和孩子们奉献了一台以“敬老爱幼·情暖新春”为主题的慰问演出，陈晓杰参加慰问活动。直属爱辉区支部2次开展慰问坤河乡新民村因病致贫家庭活动。8月18日，动员盟员购买长青村养殖农民专业合作社滞销的“溜达”鸡，助力精准扶贫工作。民盟黑河市委获“社会服务工作优秀集体”称号，佟宏军分别获民盟中央和民盟省委“民盟社会服务工作先进个人”称号。　(于慧莲)

【举办活动】 2018年，民盟黑河市委组织直属综合支部开展庆祝第108个“三八国际劳动妇女节”知识竞赛活动，开展以“魅力女人与健康美食”为主题的纪念活动。2月9日，民盟黑河市委及所属经济工作委员会，携手4家企业，以“迎新春·送温暖”为主题，向45名贫困小区保洁工人赠送总价值5000余元的爱心慰问品。5月31日，直属卫生综合支部赴黑河市儿童福利院，开展“送一抹绿·予一生爱”庆“六一”送温暖活动。7月8日，妇女工作委员会组织盟员医疗专家到爱辉区四知堂老年公寓，开展以义诊为主要内容的敬老义诊活动，为近20名老人开展诊疗，为老人包饺子。9月7日，组织开展送医送教进校园活动，为四嘉子满族乡中学50余名师生进行体检，建立学生健康档案，并做“新高考改革带来的学习变化”和“西方油画的发展”讲座。　(于慧莲)

【组织建设】 2018年，民盟黑河市委加强干部队伍建设，配合中共党委推荐省政协常委1名、委员1名，市政协委员2名。加强基层组织领导班子建设，科学合理配齐配全黑河学院支部主委和委员，调整了民盟市委组织部副部长，增强了基层组织活力。按照组织发展原则，认真总结盟组织现状和盟员结构，做好组织发展工作，2018年有针对性发展盟员24名，在全省16项指标排名中，民盟黑河市委以总分85.5分排名第8名。盟员获得国家级奖励4人次，省级奖励17人次，市级奖励19人次；所属“边陲部落盟员之家”获民盟中央“优秀盟员之家”称号，民盟黑河市委分别获民盟省委“盟员之家建设先进集体”“组织发展工作优秀集体”称号，民盟北安市委获“民盟黑龙江省活力基层组织”称号，李达获全省“优秀盟员”称号。强化机关制度化建设，加强工作环节制度化建设、执行力建设、机关作风建设工作。有序落实会议筹备、公文收发等常规性政务工作，全年筹备盟务会议17次。坚持开展党盟座谈，不断提高合作共事的思想基础。全市广大盟员在各自的工作领域中，奋发有为，建功立业，取得显著成绩。8月28日，欢送两名盟员到新疆阿勒泰地区进行为期一年半的援疆工作，这是民盟黑河市委历史上首批参加援疆工作盟员。全年向上报送信息68条，被省《盟讯》采纳11条、市统战信息采纳13条、电视台播报7条、《黑河日报》采纳7条、头条网站采纳1条，盟市委微信公众号发布82条。　(于慧莲)

中国民主建国会黑河市委员会

【概况】 中国民主建国会黑河市委员会(以下简称“民建黑河市委”)1994年8月成立，行政编制4个，处级领导职数:主委1职，科级职数:秘书长1职。2018年12月，民建黑河市第六届委员会共有委员15人，其中常委7人。下设组织部、宣传部、议政部、社会服务部、妇女工作委员会和志愿者工作委员会等6个工作部(委)。共有会员200人，分属5个支部，平均年龄46岁，经济界会员占72%。会员中有民建中央专委会委员1人，民建省委专委会委员10人；省政协委员3人(常委1人)；市政协委员20人(常委6人)；区政协委员15人(常委1人)；市人大代表2人(常委1人)；区人大代表2人(常委1人)。

领导班子成员：
主任委员　张　岭(2018.8止)
　　　　　晋文颖(2018.8任)

副主任委员　晋文颖(2018.8止)
邱海龙(非驻会)　李春斌(非驻会)
(张湘国)

【理论学习】 2018年,民建黑河市委始终把学习贯彻中共十九大精神和习近平总书记重要讲话精神作为首要政治任务,通过座谈会、宣讲会等形式,教育引导广大会员深入学习习近平新时代中国特色社会主义思想的精神实质和丰富内涵,让习近平新时代中国特色社会主义思想入脑入心,引领各方面工作。通过召开常委(扩大)会议,专题传达学习全国"两会"精神、习近平总书记在联组会上的讲话精神、民建中央十一届二次常委会精神、习近平总书记在深入推进东北振兴座谈会上的重要讲话和考察黑龙江的重要指示精神、习近平总书记在民营企业座谈会上的重要讲话精神等,要求全体会员自觉用习近平新时代中国特色社会主义思想武装头脑、指导工作,用实际行动助力黑河经济发展。把握重大历史纪念活动的契机,围绕主题开展系列纪念活动,及时有效地对会员进行会史教育、同心教育,筑牢参政党的组织信念基础。紧紧围绕"重温光辉历史,弘扬优良传统"主旨,以"不忘合作初心,继续携手前进"为主题,开展纪念中共中央发布"五一口号"70周年系列活动,开展纪念黄炎培140周年诞辰活动。组织会员到上海黄炎培故居、中共一大二大会址、嘉兴南湖红船、重庆民建会旧址等爱国主义教育基地参观学习,缅怀老一辈共产党人和民建先贤不屈不挠的奋斗历程和优良传统,进一步激发会员再立新功、再创辉煌的决心,更加坚定了"不忘合作初心,继续携手前进"的理想信念。开展纪念改革开放40周年系列活动,组织会员到市档案馆参观,参观"时光记忆——纪念改革开放40周年老物件展",回顾黑河改革开放40周年、沿边开放30周年来的巨大变化。(张湘国)

【参政议政】 2018年,民建黑河市委紧紧围绕中共黑河市委、市政府中心工作,针对人民群众普遍关心的热点、难点问题,深入开展调研活动,参政议政影响力进一步提升。在市政协六届二次会议上民建黑河市委主委晋文颖作题为《关于加快黑河中俄互市贸易发展的建议》的大会发言,受到市委、市政府主要领导的高度重视,市长专门听取民建市委的详细汇报并责令相关部门研究解决。为追踪相关建议落实情况,组织民建企业家协会30余人到中俄边民互市贸易协会进行专题调研。通过听取广西等地边贸的发展情况、各级边贸的优惠政策及黑河市边民互市贸易现状等内容的介绍,结合黑河实际对协会的创新发展和经营模式提出下步工作建议。《关于在临江区辟建冬季停车场的建议》被列为市政协重点提案,经过专题协商会研究,市委书记秦恩亭批示要求结合自驾营地建设,相关部门协调予以解决。交流合作实效性进一步增强。企业一支部组织会员赴哈尔滨与友好支部——省直五支部开展互访交流和企业对接活动。分别到哈尔滨玉泉酒业有限公司、道外区创库科技企业孵化器交流展示中心开展调研,并帮助黑河民建会员在哈市创办的餐饮连锁公司与省直五支部会员企业搭建了学习交流、互助共赢的平台。调研组还专程到民建会员企业北安英大新能源有限公司及其光伏发电基地进行考察,并促成该企业与北安市政府在光伏扶贫项目方面的深入洽谈。推动两地支部间充分发挥自身优势,强化交流合作、实现支部共建,为会员企业的共同发展和转型升级创造条件。组织会员到会员企业阿穆尔庄园开展乡村旅游调研,针对农村旅游发展方向、农庄规划设计定位等方面进行座谈研讨,并围绕"用文化丰富旅游的内涵,用旅游拓展文化的形式"课题深入思考建言,努力推动爱辉历史文化的发掘与乡村旅游产业的深度融合,为乡村生态旅游开拓新思路、开创新局面,为打造黑河旅游经济新的增长点发挥积极作用。为准确摸清当前黑河市营商环境的现状和问题,以便有针对性地为经济发展服务,召集会员中的市、区两级人大代表、政协委员进行优化营商环境专题座谈,并深入到部分会员企业进行走访调研,形成《扫清发展障碍,强化责任担当,进一步优化黑河市营商环境》的调研报告。围绕"秸秆利用及处理""脱贫攻坚发挥民主党派的民主监督作用"等方面进行调研并撰写调研报告,为地方党委、政府决策提供参考。(张湘国)

【社会服务】 2018年,民建黑河市委把创新开展活动作为强化社会担当的重要落脚点,通过社区共建、走访慰问等活动形式,树立民建会的良好形象。持续铸就"今冬更温暖"主题帮扶品牌。春节前夕,张岭、晋文颖两位会领导带领各支部会员、会友亲手包冻饺子慰问民建老会员、深入温馨社区开展共建联谊,走访慰问社区的10户贫困家庭。搭建平台,不断扩展交流合作新领域。为切实帮助会员企业解决融资难题,推动银企合作,实现共赢发展,带领民建企业家协会部分会员联合龙江银行爱辉支行开展银企对接会,助力会员企业做大做强。率企业家会员代表参加"2018第二十届中国风险投资论坛",围绕黑河特色产业、特色产品的推介推广与广州、深圳等地的民建企业家进行洽谈对接,为黑河民营企业进一步拓展国内市场牵线搭桥。与江苏常州、浙江嘉兴、河北邯郸等地民建组织联系对接、交流座谈,为进一步强化基层组织建设和助力会员企业发展搭建平台。邀请民建重庆市沙坪坝区委到黑河交流会务工作经验,为会员企业合作牵线搭桥,来访的2位重庆企业家会员现场捐助2名黑河贫困高中学生。积极主动与南方发达地区民建会对接,宣传推介黑河会员企业和优特产品,为黑河民营企业拓展国内市场搭建平台。促成会员企业腾龙经贸公司与广东麦道国际全球购合作,成功进入麦道国际连锁超市和线上平台。与民建上海市委对接,帮助会员企业温馨食品公司的绿色有机食品成功入驻上海,在上海开设2家实体店。在民建中央专委会上,将黑河市跨境经济合作区可研项目课题上报会中央,希望通过会中央"直通车"的形式寻求国家领导人的支持,积极争取国家层面的政策,助力黑河发展。支部会员坚持每月捐款800元,历时三年资助1名贫困学生,为五道沟村1户贫困户提供建房材料及资金共计3万余元的爱心帮扶。元宵节等节日组织开展节日主题慰问,爱辉区、合作区2支部与温馨社区联合开展"开心闹元宵,欢乐猜灯谜"活动共度佳节。举办"关爱女性健康知识讲座",庆祝"三八"国际劳动妇女节,"六一"国际儿童节,组织会员志愿者与第六小学学前班10名贫困家庭的孩子们共庆节日,捐助书包、文具盒、益智玩具等慰问品。端午节,组织"情暖端午·送'艾'进社区"活动,为社区群众送祝福、送健康。"八一"建军节,慰问驻黑官兵,助力军民共建。中秋节带领会员到颐心苑老年公寓,为老人们献上月饼、蛋糕等节日礼物和祝福。同时,举办庆祝"黑龙江省第22届环卫工人节"慰问演出和为环卫工人送营养粥和鸡蛋活动,让"城市美容师"们感受温暖和关爱。

（张湘国）

【组织建设】 2018年,民建黑河市委凝心聚力,不断巩固基层组织建设。严格按照组织发展程序发展新会员,做到政治素质与业务素质并重,专业工作能力与社会工作能力、政治工作能力并重,会员数量稳步增长。全年考核发展16名新会员,民营企业会员占75%,经济界政党的优势进一步凸显。全年共组织会员26人次分别参加各级各类培训班;组织会员150余人次参加市委统战部等单位举办的"统战大讲堂"、中华人民共和国宪法修正案解读等专题讲座,进一步提升全体会员的政党意识和综合素质。民建黑河市委要求各支部重视各项活动的开展,通过形式多样、内容丰富的活动,不断增强"会员之家"的凝聚力。各支部按照会市委的要求,思考创新学习活动的形式和内容,将重要会议精神的传达与结合实际重点分析解读相结合,将重要讲话的学习与相关政策方针的预期研判相结合,采用讨论、互问、感悟分享、主题调研等方式,灵活高效地开展学习活动,收到很好的实际效果。各支部还结合自身实际,发挥优势特色,探索以活动凝聚会员的新模式,逐步打造支部活动品牌。企业一支部开展的"第二届会员厨艺大赛"、企业二支部开展的"民建会员小菜园"等活动,凸显特色、注重长效,为支部成员营造"家"的氛围,有效地增强基层组织凝聚力,促进各项工作的开展。组织会员观看文献纪录片《中国民主建国会》,举办专题讲座"让历史告诉未来",组织发起以"捐书留香,情暖黑河"为主题的纪念第23个"世界读书日"爱心捐书活动,共捐赠各类书籍近1000册,开展徒步捡垃圾、关爱母亲河和义务植树、守护绿水青山活动,使全体会员强化组织观念、坚定政治信念。

（张湘国）

中国民主促进会黑河市委员会

【概况】 中国民主促进会黑河市委员会(以下简称"民进黑河市委")1989年3月30成立。2018年12月,共有会员204人,其中,高等教育8人,比例为3.9%;基础教育122人,比例为59.8%;科学技术3人,比例为1.5%;医药卫生11人,比例为5.4%;文化艺术15人,比例为7.4%;出版传媒2人,比例1.0%;新的社会阶层6人,比例为3.0%;人大政协机关2人,比例为1.0%;政府机关30人,比例为14.7%;司法机关1人,比例为0.5%;党派机关2人,比例为1.0%;其他2人,比例为1.0%。

民进黑河市委核定行政编制3个,工勤编制1个;处级领导职数:副主任委员1职;科级领导职数:科长2职。内设机构1个:办公室。

领导班子成员及副处级以上领导干部:

主任委员　赵殿举

副主任委员　王成武(2018.6止)

　　　　　　李　颖(2018.12任)

　　　　　　孙向红(不驻会)

调　研　员　王成武(2018.6任)

（柴　坤）

【理论学习】 2018年,民进黑河市委加强思想武装,努力提升队伍素质。4月4日,召开六届五次全委(扩大)会议,传达学习《民进中央关于学习贯彻十三届全国人大一次会议和全国政协十三届一次会议精神的通知》,以及习近平总书记在看望参加政协会议的民盟致公党无党派人士侨联界委员时的重要讲话和在十三届全国人大一次会议上的重要讲话精神。与会人员表示,要按照民进中央的要求,深刻认识中国特色社会主义最本质的特征和中国特色社会主义制度的最大优势,不断增进对中国共产党和中国特色社会主义的政治认同,努力以多党合作的新气象、思想共识的新提高、履职尽责的新作为、自身建设的新面貌,为决胜全面建成小康社会、夺取新时代中国特色社会主义伟大胜利、实现中华民族伟大复兴中国梦贡献力量。会议对民进黑河市委2017年度先进支部和优秀会员、社会服务工作先进个人、优秀社情民意撰写人进行表彰。贯彻落实民进中央、民进省委及中共黑河市委统战部有关工作部署,积极开展"五一口号"发布70周年纪念活动,下发《关于开展纪念"五一口号"发布70周年征文的通知》后,各基层组织和会员积极响应,纷纷撰写理论文章。经认真评选,10名会员分别获得一、二、三等奖。4月26日,组织召开纪念中共中央发布"五一口号"70周年理论研讨会,7位获奖者的论文进行交流。会议要求各基层组织和会员认真学习民进的光荣历史,认真践行民进的优良传统,以习近平新时代中国特色社会主义思想为指引,牢牢把握正确的政治方向,聚焦围绕中心、服务大局,集智聚力、发挥优势,在履职尽责上展现新作为。与会人员表示要将学习"五一口号"与贯彻落实中共十九大精神、习近平总书记系列重要讲话精神结合起来,努力做好本职工作,积极为黑河的发展出谋划策,献计出力。结合庆祝改革开放40周年,举办民进会员诗书画摄影展,进一步坚定广大会员与中国共产党携手前行的信心。

(柴 坤)

【参政议政】 2018年,民进黑河市委着力强化履职能力建设,关注民生改善,积极开展调查研究。5月30日,组织会员到爱辉区罕达汽镇中心学校幼儿园调研农村学前教育工作,实地查看幼儿园教学、生活环境,详细了解幼儿园师资配备、基础设施建设、未来发展规划、校车安全管理、学生接送等方面情况,并为幼儿园的孩子们赠送价值1000元的礼物。通过调研,对黑河农村学前教育取得的发展与经验、面临的困难与问题及对策性的建议和措施有了较为清晰的认识,形成《关于全市农村学前教育发展情况的调研报告》,提交中共黑河市委、市政府。重视提案工作,广泛动员、及早部署、狠抓质量。10月30日,召开提案征集座谈会,传达黑河市政协提案委员会《关于征集黑河市政协六届三次会议提案致全体委员和政协参加单位的一封信》内容,介绍2018年以来参政议政和专题调研情况并总结通报市政协六届二次会议民进黑河市委团体提案立案和办理情况。会议要求各基层支部认真组织所属会员抓好社情民意征集、撰写和上报工作,选题要紧紧围绕市域经济社会发展和民生改善等群众普遍关心、关注的热点、难点问题;要注重质量,深入调研,用好资源,充分体现民进参政议政的党派职能。民进黑河市委向黑河市政协六届三次会议共提交提案23件,立案18件。

(柴 坤)

【社会服务】 2018年,民进黑河市委坚持"量力而行,尽力而为"的方针,努力开展有声有色的社会服务工作。坚持开展春联进社区活动。1月26日在爱辉区长海社区举办"戊戌(2018)年民进'春联万家'"活动,4位书法家共写出50余幅春联,加上前期准备好的150余幅,全部被社区居民"抢"回家。注重弘扬尊老敬老传统美德。1月30日,携手"天籁之音"、大舞生、宇达专业声乐舞蹈培训机构,为黑河市第二福利院的老人们献上一台精心编排的歌舞节目,并为老人们送去水果等慰问品。5月24日,到黑河市特殊教育学校走访慰问活动,为特殊教育学校47名儿童送上价值2000余元的生活用品和水果,深入学校生活劳动室、感统训练室、实践活动室、智力检测室等各功能场所与孩子们进行交流互动。9月8日,组织召开庆祝第34个教师节座谈会,对获得"民进黑河市2018年教育界'双岗建功'优秀会员"称号的10名教师会员进行表彰。会上,获奖教师围绕"双岗建功"热烈交流,表示两个岗位、两个领域,身负双重职责,既要在教师岗位做出更大成绩,也要为民进组织贡献自己的一份力量。

(柴 坤)

【组织建设】 2018年,民进黑河市委重视基层组织建设,充分发挥和调动基层支部的工作积极性和创造性,各支部的凝聚力和工作活力不断增强。调整充实文化支部、市直机关一支部领导力量。年内发展新会员10人。《黑河民进》小报改版为彩色印刷,年内出版4期,及时刊发会市委及各基层支部图文并茂的会务活动,有效扩大黑河民进组织的影响力和知名度,受到各界好评。通过组织开展调研等活动,引领会员开阔视野增长见识。9月9日,市政协副主席、民进黑河市委主委赵殿举带领民进爱辉区工委各支部,到黑河市天丰农业科技开发有限公司坤河乡有机食品生产体验区调研,听取公司负责人介绍采摘园的运转情况,了解生产过程中遇到的问题,并提出合理化建议。11月5日,黑河中级法院举办"强化民主监督、践行阳光司法"为主题的公众开放日活动,民进黑河市委主委赵殿举带领文化支部的会员们走进黑河法院,零距离感受阳光司法。通过参观学习,会员们亲身感受了司法的威严,增强法律意识、法治观念。始终把敬老爱老作为一项重点工作摆上日程,通过对老会员坚持经常的走访慰问,有效增强民进组织的凝聚力和吸引力,较好地发挥了服务群众、凝聚人心、促进和谐的作用。10月17日,组织走访慰问在黑河的部分老会员,向他们送去节日的问候和祝福。经过全体会员的共同努力,民进黑河市委各项工作顺利推进并取得良好成效。主委赵殿举获"民进全国宣传思想工作先进个人"称号,俞静林获民进中央纪念中共中央发布"五一口号"70周年征文三等奖。民进黑河市委第一中学支部、第三中学联合支部、实验教育集团支部被评为"民进黑龙江省2017—2018年度先进基层组织"。会员司建国、孙秀云、张双成、柴峰、焦迦鸣获"民进黑龙江省2017—2018年度优秀会员"称号。会员孙向红获"2018年度黑河市政协优秀政协委员"称号。李颖、程占敏分别获得"2018年度黑河市政协优秀提案先进个人"称号。《黑河日报》《北方时报》《团结报》及黑河电视台等新闻媒体宣传报道民进黑河市委会务活动10余次。

(柴 坤)

九三学社黑河市委员会

【概况】 九三学社黑河市委员会2000年11月成立。2018年12月,共有编制4个,其中,公务员编制3个、工勤编制1个,实有公务员3人、工勤1人,内设机构1个:办公室。

领导班子成员:
主任委员 曹文兴
副主任委员 井 然 郭永利(非驻会)
和 明(非驻会)

(房红岩)

【参政议政】 2018年,九三学社黑河市委不仅广泛发动社员撰写提案和社情民意信息,还专门成立提案信息工作小组,由专人把关报至社市委的提案及社情民意信息。撰写了《关于成立国家汽车低温质量监督检验中心的建议》《关于线上外卖食品必须进行视频溯源的建议》《关于加大二级医院投入力度,全面提升诊疗水平的建议》等多件提案及社情民意信息上报社省委和市委统战部。在市政协六届二次全会上,九三学社黑河市委提交团体提案23件,社员委员提案27件。其中,团体提案《关于规范职工体检的建议》被市政协列为重点提案,得到市政府主要领导批示,并有效落实,体检费以每人每年400元标准纳入2019年财政预算。 (房红岩)

【调查研究】 2018年,九三学社黑河市委组织参政议政部及部分骨干社员针对黑河试车经济提档升级情况开展3次调研活动。调研组通过走访、座谈等方式深入到汽车企业、行业协会、检测中心、试验场进行实地调研。通过调研,全面了解情况、深入剖析问题,同时对推动试车产业由提供服务向提供标准延伸,由场地服务向技术服务转型,由单一试车服务向与旅游产业、文化产业、现代服务业融合拓展、试车服务企业现状以及在发展过程中存在的问题提出意见建议,形成《关于黑河试车经济提档升级情况的调查报告》上报市委统战部。 (房红岩)

【社会服务】 2018年,九三学社黑河市委为有效控制黑河市中小学生近视发病率,提高中小学生视力健康水平,6月25日组织社员单位医尔德眼视光门诊开展"靓丽双眸·共筑梦想"全市中小学生近视防控活动。启动仪式在实验小学举行,活动面向市区所有中小学生,分小学、初中、高中三个阶段进行,启动仪式当天对实验小学的80余名学生进行了视力筛查。年内开展的第一阶段活动,对市区所有在校小学生进行免费视力健康筛查,做到早发现、早干预、早治疗。在市区小学中,每个学期每个年级选取一个实验班,建立屈光档案。实验班的学生在半年内不仅可以针对视力、散瞳验光、角膜地形图、眼轴长度、同视机等方面进行免费检查,医尔德眼视光门诊还将拿出30万元的视力康复训练资金用于对实验班那些视力下降、需要防控干预的学生进行半年的免费视力康复训练。 (房红岩)

【大型活动】 2018年,九三学社中央书画院走进黑河学院开展授课活动。改变以往集中讲座授课方式,各位专家走进课堂,对书法和绘画专业学生进行面对面指导,现场示范、答疑解惑,取得良好的教学效果,受到师生广泛好评。通过活动的开展,不仅为黑河学院师生搭建了与国内知名艺术家对话交流的平台,也推动了黑河文化、艺术、教育事业的发展。九三学社黑河市委充分发挥联系广泛的优势,通过九三学社中央书画院邀请到首都师范大学中国书法文化研究院教授、北京市中小学书法教育指导专家孙学峰对黑河市中小学书法教师进行免费指导培训,受到全市中小学书法教师的欢迎。以本次活动为契机,与九三学社中央书画院达成协议,将每年帮助邀请首都师范大学书法教育专家到黑河,对全市中小学书法教师进行免费培训,借此引领和带动黑河中小学书法教育质量的提升,为发展和繁荣黑河书法教育事业,贡献九三学社的一份力量。 (房红岩)

【组织建设】 2018年,经九三学社黑河市委四届七次主委办公会议研究决定,同时报请九三学社黑龙江省委组织部门同意,6月29日九三学社黑河市第二人民医院支社正式成立,九三学社黑河市委基层组织达到10个。为庆祝第108个国际劳动妇女节和全面提升女社员健康质量,3月7日邀请黑河市第一人民医院妇科主任陈冬梅为女社员进行妇女健康知识讲座,介绍常见女性疾病的预防和保健知识,提高健康意识。进行心理健康方面的辅导,教授社员学会正确调适情绪,合理释放工作、生活中的压力,收到良好效果。 (房红岩)

工商业联合会

【概况】 2018年,黑河市工商业联合会认真学习贯彻习近平新时代中国特色社会主义思想和中共十九大精神,在中共黑河市委、市政府的领导下,在省工商联和中共黑河市委统战部的指导下,紧紧围绕全市中心工作,牢牢把握"两个健康"工作主题,团结带领全市各级工商联组织和广大非公有制经济人士,不断创新工作思路,切实履行职责、提升服务质量,加强自身建设,为推动全市经济社会发展做出了积极贡献。2018年12月,黑河市工商联内设机构3个:办公室、综合科、招商科,核定编制8个,实有在职职工7人。

领导班子成员:
主　　席　朱智勇(市城市管理综合执法局局长兼任)
党组书记　张秀杰(市委统战部副部长兼任)
副 主 席　方　晓(2018.12止)　张　杰
秘 书 长　关　丽

(杨克富)

【政治引领】 2018年,黑河市工商业联合会突出政治引领,夯实非公经济人士思想政治工作。利用执委会、座谈会、机关学习日等契机组织机关干部和民营企业家学习习近平新时代中国特色社会主义思想和中共十九大精神,分别组织企业家参加省委书记张庆伟、市委书记秦恩亭主持召开的省、市民营企业家座谈会,引导广大非公有制经济人士与党中央和省、市委工作部署同向同行,促进形成思想共识,画好同心圆。组织20余位企业家参与市直统战系统"迎新春茶话会"文艺汇演活动,参加"统战系统迎七一暨中共十九大精神知识竞赛"活动,展示黑河市企业家的风彩。与市委宣传部、市文联等部门联合举办改革开放40周年摄影作品展。选派10名民营企业家赴浙江大学、井冈山市委党校、清华大学、哈尔滨工业大学学习,组织观看《厉害了,我的国》纪录片,夯实年轻一代民营企业家思想政治基础,激发创新创业动力和爱国热情。组织全体机关干部和会员代表参观爱辉区检察院警示教育基地,开展廉政警示教育活动。举办《中华人民共和国宪法修正案》专题讲座,会员企业和市直统战系统干部职工60余人参加学习。成功举办黑河市工商联法律知识竞赛,选派3名队员参加省工商联举办的法律知识竞赛获团体三等奖。　(杨克富)

【服务发展】　2018年,黑河市工商业联合会为企业搭建维权平台,营造非公经济良好发展环境。按照《黑河市与珠海市对口合作实施方案》的要求,珠海工商联党组书记应邀带领14名企业家到黑河考察,双方企业通过对口合作实施方案、签订友好商会协议,黑河市与珠海市两地工商联对口合作模式初步形成。组织黑河市企业家参加中俄边境银企对接会。总商会与俄罗斯亚太银行进行工作会谈,为黑河市在境外投资企业融资贷款提供金融支撑。推荐3名企业家参加省工商联组织召开的加强民营经济领域法治建设助推龙江经济全面振兴发展暨法律进民企进商会进机关推进大会。　(杨克富)

【光彩事业】　2018年,黑河市工商业联合会召开专题会议推进精准扶贫工作,听取精准扶贫汇报,签订责任书,层层压实责任。全市共有34家民营企业参与扶贫行动,帮扶42个村,帮扶1111名贫困人口,帮扶总金额1382.36万元。北安市华升食品有限公司、嫩江县维民生态农业综合种植专业合作社获省级“百企帮百村联万户”精准扶贫行动突出贡献企业。全市民营企业通过多种形式积极参与资助贫困学生、慰问孤寡老人等,为公益事业捐款1500余万元,安置下岗职工再就业人员1800余人。孙吴凯健地产公司连续5年,每年拿出20万元资助贫困学生。孙吴长乐山大果沙棘有限公司等会员企业为黑河市评选《魅力中国城》做出贡献;黑河华泰地产集团参与承办中俄国际彩虹跑、致敬改革开放40年图片展等大型活动,为建设现代化新黑河贡献力量。　(杨克富)

【自身建设】　2018年,黑河市工商业联合会始终着力加强领导班子建设和执委会自身建设,加大商会组建力度。党组先后召开6次会议,对加强机关党建、党风廉政建设、意识形态、“三重一大”执行和“三会一课”制度等工作进行安排部署,严格落实《中国共产党党组工作条例(试行)》,履行“一岗双责”。4月12日至5月1日,市委第一巡察组对市工商联党组开展巡察工作,8月26日反馈巡察意见并提出整改要求。市工商联党组高度重视,针对6个问题梳理出18条整改措施,整改工作取得实效。　(杨克富)

群众团体

黑河市总工会

【概况】 2018年,黑河市总工会在市委、市政府和省总工会的正确领导下,深入学习贯彻中共十九大精神、习近平新时代中国特色社会主义思想和系列重要讲话精神、中国工会十七大精神,围绕中心、推动发展,服务职工、切实维权,团结带领全市工会干部和广大职工为黑河全面振兴发展作出新的贡献。

2018年12月,市总工会内设组织基层部、劳动经济部、社会保障法律部、财务资产部、宣教文体部、女职工部、综合办公室、经费审查委员会办公室8个部室。机关行政编制13个,工勤编制2个;处级领导职数:主席1职,副主席2职;科级职数:科长8职,副科长1职;实有干部职工16人。下设工人文化宫和困难职工帮扶中心2个科级事业单位。其中,黑河工人文化宫为自收自支单位,在职职工11人;黑河市困难职工帮扶中心为财政全额事业单位,在职职工2人。下辖县(市、区)总工会6个、管委会总工会2个:爱辉区总工会、北安市总工会、嫩江县总工会、五大连池市总工会、孙吴县总工会、逊克县总工会;五大连池风景区总工会、黑河边境经济合作区总工会。

领导班子成员:
主　　席　王长玉(2018.1任)
常务副主席　李百青(2018.8止)
　　　　　　孙桂云(2018.8任)
副 主 席　尚春富　颜　冰
经审委主任　孟　颖

(戴　旭)

【政治引领】 2018年,市总工会引导广大职工听党话、跟党走,深入学习贯彻中共十九大精神和习近平新时代中国特色社会主义思想,以中共十九大精神“进企业进车间进班组”活动为载体,开展中共十九大精神宣讲活动,实现学习宣传全覆盖。把学习贯彻中国工会十七大精神同学习贯彻习近平新时代中国特色社会主义思想、习近平总书记关于工人阶级和工会工作的重要论述结合起来,凝聚职工的思想共识,承担起引领职工跟党走的政治责任。开展以“当好主人翁,建功新时代”等为主题的教育活动,抓好“职工书屋”建设工作。加强职工职业道德“双十佳”建设工作。深化“中国梦·劳动美”主题教育活动,丰富职工文体生活。弘扬志愿服务精神,培育和践行社会主义核心价值观。开展学雷锋、文明交通和“送万福、进万家”书法志愿服务公益活动,组织书法家、职工书法爱好者深入到基层、社区、困难职工家庭等一线,开展书写、创作、赠送春联和“福”字等书法活动。

(戴　旭)

【劳动竞赛】 2018年,市总工会开展劳动竞赛,引领职工为黑河振兴发展建功立业。深入推进“当好主人翁、建功新时代”主题竞赛,开展重点项目建设劳动竞赛,充分发挥广大职工在推动经济高质量发展中的积极作用。开展以“六比一创”(比工程质量、比安全生产、比建设工期、比科技创新、比科学管理、比文明施工,创和谐团队)为主要内容的劳动竞赛活动,近2000名职工参加龙江丝路带建设劳动竞赛活动。开展劳模评选,营造劳动光荣的社会风尚。1名个人被授予全国五一劳动奖章,1个集体被授予全国工人先锋号;1个单位被授予黑龙江省五一劳动奖状,3名个人被授予黑龙江省五一劳动奖章,3个集体被授予黑龙江省工人先锋号。开展“龙江工匠”推荐选树宣传活动,1名个人被选树为2018年度“龙江工匠”,2名个人被评为全省职工创新标兵。组织开展2018年度“安康杯”竞赛活动,推进2018年“安全生产月”系列活动,召开动员部署视频会议、宣传咨询日活动,在保障职工劳动安全与健康、控制安全生产事故和职业危害的发生等方面发挥了积极作用。

(戴　旭)

【职工服务】 2018年,市总工会坚持职工需求导向,做实职工维权帮扶、保障服务项目,回应职工多元利益诉求,不断提升维权服务质量和水平。实施“暖心工程”,建设户外劳动者爱心驿站,为户外劳动者提供休息、热饭、饮水等服务。2018年,全市共建设户外劳动者爱心驿站42家。推进“互联网+”工会普惠服务,与中国银行黑河分行合作,发放工会会员卡,并与部分商家签订合作协议,为职工带来普惠服务。强化职业技能培训,提升职工技能。协调有关部门组成送专业技能小分队,赴多宝山铜业有限公司进行尾矿库巡护、非煤浮选工艺、电焊技术等专业知识的培训,对提升职工素质、促进企业发展、提高生产效率起到了积极作用。与黑河索凡科技有限责任公司合作,为下岗职工、农民工、困难职工家庭的大学毕业生开办培训班,讲解电商、微商、互联网基础知识与操作技能等内容。强化就业服务指导,深入到爱辉区西岗子镇、张地营子乡等地,开展职业介绍和岗位推荐工作。加强与人社、妇联等部门协调配合,参与“春风行动”“民营企业招聘周”等活动。 (戴 旭)

【困难帮扶】 2018 年,市总工会强化帮扶救助工作,解决职工群众生产生活难题。坚持以人民为中心的发展思想,顺应职工群众对美好生活的新期待,把城市困难职工解困脱困工作作为政治任务来抓,成立了以工会主席为组长的领导小组,强力推进困难职工帮扶和脱贫攻坚工作。按照精准识别的要求,持续深入开展“广普查、全覆盖、精比对”困难职工大普查活动,准确掌握困难职工的基本情况、致困原因、脱困诉求等,为困难职工发放帮扶联系卡,建立联系人制度,确保实现精准帮扶、应帮尽帮。加强与市民政、国土资源、市场监管、公安交警等部门的沟通协调,为信息比对、精准识别创造有利条件,夯实困难职工解困脱困工作基础。发挥工会“春送岗位”“夏送清凉”“秋送助学”“冬送温暖”等“送温暖”品牌效应,扩大影响,努力使帮扶救助、“送温暖”活动常态化、长效化。2018 年,全市共累计发放帮扶资金 298 万元,帮扶救助困难职工 773 户。 (戴 旭)

【组织建设】 2018 年,市总工会深入开展“八大群体”入会工作,按照黑龙江省总工会的部署,结合实际,制定实施方案,以开展“货车司机入会集中行动”为牵引,全力推进货车司机、快递员、护工护理员、家政服务员、商场信息员、网约送餐员、房产中介员、保安员等群体入会,努力扩大工会组织对新产业、新群体的覆盖面。深入开展 2016—2018 年厂务公开民主管理和职工代表培训“两项规划”推进落实工作。坚持实用实效、灵活多样、分级分类的培训原则,把培训职工代表与工会干部结合起来,采取集中培训、观摩培训、上门培训等多种方式开展工会干部与职工代表培训工作。充分利用微信公众平台,依托“黑河工会”微信公众号进行职工代表培训,使学习更加方便灵活。深入开展“职工之家”建设工作,下发《关于开展职代会召开和会员评议职工之家工作情况大检查活动的通知》《关于进一步做好工会组织民管工作的通知》,按照《黑龙江省企事业单位民主管理条例》《企业民主管理规定》,积极探索建立职代会闭会期间职工代表巡视制度。同时,紧紧围绕“六有”工会建设和“双争”活动,扎实开展会员评议职工之家活动,均取得一定成绩,全市有多家单位受到全国总工会的表彰。 (戴 旭)

共青团黑河市委员会

【概况】 2018 年,全市共青团组织以习近平新时代中国特色社会主义思想为指引,在市委和团省委的正确领导下,牢牢把握青年运动的正确方向,强化青少年思想政治引领,助力全市中心工作,服务青年创业创新,维护青少年合法权益,推进共青团改革,促进广大青少年成长成才,全市广大青年积极投身经济发展主战场,社会建设第一线,为黑河经济社会发展注入活力。

共青团黑河市委员会(以下简称“团市委”)行政编制 11 个,工勤编制 1 个;处级领导职数:书记 1 职,副书记 2 职;正科级职数 6 个。内设机构 6 个:办公室、组织部、宣传部、青年发展部、学少部、权益和社会联络部。直属事业单位黑河市青少年综合服务站,核定事业编制 4 个。2018 年 12 月,实有在编职工 15 名。

领导班子成员:
书 记 付振南
副书记 张 雪 孙建龙(2018.6 任)

(潘玉锦 董 欢)

【青少年思想引领】 2018 年,团市委加强青少年理想信念和社会主义核心价值观教育。以“青年大学习”活动为统领,各级团组织、青联组织开展学习贯彻中共十九大、习近平总书记在深入推进东北振兴座谈会上的重要讲话和考察黑龙江时重要指示精神、习近平总书记“7·2”重要讲话精神等活动 260 余场次,引领青年紧跟党中央步伐、领会治国理政新理念。召开学习宣传贯彻习近平总书记关于青年工作重要思想和团的十八大精神专题会议、传达学习省十四次团代会精神专题会议,全面领会重要会议精神,结合工作实际做好推进落实。开展“争做新时代好队员”“习爷爷的教导记心间”“新时代、新思想、新征程”等主题网上团课、演讲比赛、知识竞赛 130 余场次,活化形式内容、深化学习效果。广泛开展“学党史、知党情、跟党走”主题教育实践活动,通过线下组织观看党史影片、党史知识竞赛、参观红色教育基地和线上开辟学习专栏、创作“青年学党史”系列文化产品等形式,引导青少年坚定跟党走中国特色社会主义道路的理想信念。青年马克思主义者培养工程扎实推进,培养了一批坚定的青年马克思主义者。用丰富实践活动引领青少年,组织开展争做向上向善好青年、“厉害了,我的国”和“你好,新时代”等主题教育实践活动 90 余场次。组织开展“十八岁成人仪式”“与信仰对话”“与人生对话”“彩虹人生”等主题活动,引导广大青少年树立正确的世界观、人生观和价值观,增强社会责任意识和担当意识。围绕“三五”“四五”“五四”、改革开放 40 周年等重要节点,组织开展“志愿黑河，我是雷锋”“文明缅怀，勿忘先烈”“保护环境，我在行动”“家乡变化知多少”等活动510余场次。深化“关注48个细节”养成教育活动，以网络形式推广《团委工作指导手册》，推荐获评省级少先队案例18个，省级优秀少先队课题4个，评选市级优秀少先队员109名，少先队辅导员36名，集体40个。持续深化开展“动感中队”创建活动，推报参加全省红领巾“创未来”创新创意创造交流展示活动。“五四”期间，召开黑河市纪念“五四”运动99周年表彰会议暨“不忘初心、牢记使命”主题展演，市委副书记姚志波出席会议并讲话，市四大班子领导及黑河学院领导出席会议。会议表彰第九届“黑河市青年五四奖章”集体（个人）15个、全市五四红旗团委（团支部）和优秀共青团员（团干部）135个（人）。全年共获评全省五四红旗团委（团支部）3个、全省优秀共青团员（团干部）6个，省级少先队工作工程奖1个、创新奖1个，省级“最美中学生（中职生）”2名，推荐少先队员1人、集体1个参加全国评选。

（潘玉锦　董　欢）

【青少年维权】　2018年，团市委开展“两法一例”宣传活动，发放宣传品800余份。规范法制校长、校外志愿辅导员选聘工作，定期组织开展法律知识讲座，提高青少年法律意识。通过消防知识宣讲、防拐防溺水讲座、防灾避险体验、自护自救常识教育、模拟情景训练等方式开展“平安自护行动”。联合开展“青少年模拟法庭”活动，组织12名学生进行现实体验，感受法律的现实意义和作用。联合举办“做自己身体的守护天使”未成年人保护宣传月活动启动仪式，引导未成年人正确认识自己身体，防范性侵害。开展“共青团与人大代表、政协委员面对面”活动，围绕物流配送从业青年主题开展调查研究，提出意见建议8条。深化青少年维权岗创建工作，进一步完善“优秀青少年维权岗”创建、考评、管理机制。加强预防青少年违法犯罪工作，全面参与2018年度黑河市社会治安综合治理暨平安黑河建设工作考核，充分发挥预防办工作职能。

（潘玉锦　董　欢）

【媒体宣传】　2018年，团市委加强市、县级共青团官方微博和微信公众号网络宣传阵地建设，组织开展“青年好声音”“我深深地爱着这个国家”“我和国旗合个影”等话题讨论，弘扬主旋律、传播正能量。“黑河共青团”官方微博、“黑河青年”微信公众平台影响不断扩大，有关注用户11万余人，累计推送1020期。开展“网络安全为人民，网络安全靠人民”主题宣传活动，通过网络安全周青少年日、网络安全科普教育等活动，增强青少年网络安全防范意识和应对能力。加强“青年之声”平台建设，入驻专家163位，全年累计提问20095个，回答23900个。加强与主流媒体的沟通合作，重点推进“青春之光”专刊，通过“志愿者”“创业青年”“我的青春梦想”“团旗飘飘”“新时代奋斗者”等版块，展示全市共青团工作和团员青年风采。全年刊发“青春之光”专版12版，刊登文章70余篇，在黑河电视台编播新闻20余条，黑龙江青少年网和黑河青少年网上传信息770余条。

（潘玉锦　董　欢）

【服务发展】　2018年，团市委承办市政府第二届“乐冰乐雪在黑河”主题小微雪雕活动，组织23个机关单位，60个社会团体和雪雕爱好者参赛，团市委被市政府评选为最佳组织奖。举办黑河市青年文明号“优化营商环境，助力黑河发展”主题活动启动仪式，市深化机关作风整顿优化营商环境领导小组办公室成员单位领导、市青年文明号组委会成员单位领导、青年文明号集体、创业青年代表等50余人参加仪式。组织参观调研黑河农村商业银行营业部和市政务服务中心督导科2个青年文明号集体，座谈交流青年文明号集体如何推进全市优化营商环境等工作。开展青年文明号和青年岗位能手评选工作，共评选市级青年文明号43个、复核认定100个，评选全市杰出青年岗位能手10名，优秀青年岗位能手80名。

（潘玉锦　董　欢）

【助力乡村振兴行动】　2018年，团市委组织市青联、市青年志愿者协会、市农村青年致富带头人协会成立3个共青团扶贫工作队，结对帮扶五大连池市务本村和爱辉区下二公村、三站村，并与驻村工作队密切配合，助力贫困村加快发展、贫困户早日脱贫。全年共投入帮扶物资12万余元，引导劳务输出8人次，开展各类志愿服务活动15场，种养殖技能培训9场。开展“精准扶贫·助力农产品上行”工作，帮助嫩江县白云乡冰葡萄种植等2个贫困地区扶贫项目打通上行通道。开展“弘扬时代新风，助力脱贫攻坚”乡村好青年寻访活动，在带头致富、移风易俗、自立脱贫等三个方面选树典型20余名，推荐6名好青年参加省级评选。同时，组织开展线上宣传活动，团市委微信、微博、青年之声等网络平台编发好青年典型事迹、移风易俗相关文章20余篇。号召全市青年文明号集体进行厕所开放，为群众提供方便。开展“城乡环境共治理·环境提升我参与”主题活动，组建城乡环境清洁志愿服务队，进行垃圾分类捡拾等工作。通过微信、微博发布绿色发展专题信息10余条，教育引导青少年树立和践行绿色发展理念。

（潘玉锦　董　欢）

【创业就业】　2018年，团市委着力搭建服务青少年载体，扶助青少年创业就业。深入贯彻落实黑河市委书记秦恩亭对共青团工作提出的“要结合电商助力农村绿色发展”指示精神，实施“青年电商培育工程”“青年创业助航计划”等专项人才培育计划。联合市委组织部、市妇联在逊克县举办全市农村党员电子商务技能提升示范培训班，5期共培训农村青年300余人。举办“私人订制”培训、创业技能培训、创业故事分享会等活动36场次。按照《黑龙江省中长期青年发展规划（2017—2025）》的要求，经多次向市委汇报，起草推进实施方案。加强就业创业见习基地建设，37家见习基地常年提供见习岗位300余个，有230名青年上岗见习。举办共青团岗位对接招聘会，70余家企业提供岗位300余个,参加招聘会青年1000余名。充分发挥团属创业孵化基地“创客空间”作用,入驻黑河市万胜天下游戏开发有限公司等企业7家。聘请黑河市知名企业家、政府职能部门工作人员、法律工作者等青年创业导师130余人,为黑河市创业青年提供创业指导。加强黑河市青年创业协会建设,吸纳入驻协会会员企业100余家,推荐马堃等5名青年企业家加入黑龙江省青年企业家协会。持续推进银团挂职工作,加强对创业青年的金融扶持力度,累计发放创业贷款80余笔,贷款资金1000余万元。持续跟踪培育创新创业典型,王维晨“超级蚯蚓”项目在第四届“创青春”中国青年创新创业大赛中获金奖。 (潘玉锦 董 欢)

【志愿服务】 2018年,团市委深化“志愿黑河”服务品牌,选拔200名青年志愿者和礼仪人员,为第九届中俄文化大集、首届中俄进出口商品订货会、经贸洽谈会等大型赛会,提供场地布置、驻地接待、检验门票、翻译陪同、秩序引导及疏散等优质服务,赢得党政领导和国外友人的“点赞”。全力配合市委、市政府做好《魅力中国城》黑河竞演活动工作,组织开展“一城两国·邂逅中俄,魅力城市·点赞黑河”——到央视舞台为家乡喝彩暨《魅力中国城》第二季竞演现场啦啦队员选拔赛,选拔40名队员助力黑河市竞演成功。助力争创全国文明城市,累计开展创文志愿活动130多场,参与1万多人次。开展志愿“暖冬行动”,组织48名志愿者持续在火车站、客运站服务春运7天,累计服务时间1300余小时。利用重大节庆日,开展公益嘉年华、青年志愿服务岗、红领巾公益主题团日、公益骑行、爱心义诊、敬老助老等活动,传播“志愿黑河”青春正能量。

(潘玉锦 董 欢)

【扶贫助困】 2018年,团市委着力帮扶困境青少年群体,组织开展多项扶贫助困活动。开展共青团“青春暖流”助学联欢会,市四大班子领导参加活动,现场为133名贫困学生发放助学金20万元,其中建档立卡贫困学生117名。持续开展共青团“金秋助学”希望工程圆梦行动,通过向上争取、社会募集等方式募集助学金72.78万元,共捐助贫困学生706人。开展“众志成城,共同富裕”——共青团助力脱贫攻坚行动,深入幸福乡下二公村对建档立卡家庭4名少年儿童进行了走访慰问。组织黑河海关、黑河市国税局等单位与贫困学生建立长期帮扶对子,多次送去物资1.8万余元。开展共青团关爱农民工子女志愿服务行动,结对学校51所,结对农民工子女10871人,组建团属志愿服务阵地56个,开展活动30余次。推进共青团助残“阳光行动”,全年累计提供志愿服务近1000小时,捐赠物资1万余元。连续七年8次深入贫困乡村开展关爱留守儿童“72小时”公益行活动,为孩子们送去学习、生活用品,陪伴他们度过快乐的时光。组织哈尔滨商业大学、黑河学院39名大学生志愿者在幸福小学开展“情暖童心·大手牵小手”关爱活动,为29名留守儿童送去学习用品。组织黑河学院与北安市健康小学等6所小学进行对接,通过开展实地家访、网上交流等活动与留守儿童进行多种形式互动交流,为孩子们送去党团组织关怀。 (潘玉锦 董 欢)

【中俄交流】 2018年,团市委深化中俄民间交往机制化项目,继续开展中俄黑河—布市“六一”少儿互访活动。中俄“六一”少儿互访活动累计开展23次,双方参加人数21400人。开展中俄黑河—布市青年主题论坛活动,中俄双方80余名青年代表围绕青年爱国主义教育、青年婚礼文化、青年领袖在社会发展中的引领示范作用等主题进行沟通交流并达成合作意向。承办团中央“中俄青年创业孵化器”培训交流项目,中俄黑河—布良斯克的青年企业家签订大豆冰淇淋、电力设备采购、小米电子设备采购、马铃薯编织袋等4个商业合作意向书,搭建了黑河与俄罗斯布良斯克市青年企业家常态化沟通机制。承办“筑梦一带一路,携手共创未来”黑龙江、香港、阿穆尔州三地青年论坛,俄罗斯、香港和黑龙江的青年代表和专家深入探讨不同地域青年对“一带一路”建设的认知变化和对未来创新创业、参与建设、交流合作的构想及努力方向。 (潘玉锦 董 欢)

【基层团建】 2018年,团市委按照团中央的要求,认真做好团的十八大代表推荐提名和参会工作。按照团省委的要求,组织并做好省第十四次团代会代表的推荐、选举、参会等系列工作。10月10日,共青团黑河市第五次代表大会召开,市委书记秦恩亭、团省委书记苑芳江出席开幕式并讲话,市委常委和市人大、政协领导出席开幕式。来自全市各地各条战线的200余名团代表,市直部门主要领导、青年工作者代表、优秀青年代表及社会各界嘉宾参加会议。同日下午,共青团黑河市第五届委员会举行第一次全体会议,市委常委、组织部部长姜杨出席会议并讲话。全会选举产生共青团黑河市第五届委员会常务委员会委员和书记、副书记。付振南当选为共青团黑河市第五届委员会书记,张雪、孙建龙、赵晓娜、张波当选为副书记。团市委按照省、市委关于做好市、县两级团委班子成员和换届工作的通知要求,对所辖县(市、区)换届和班子配备进行督导,所辖县(市、区)全部完成换届工作。采取“党建带动式”“重点突破式”“联合建团式”等方式提升覆盖率,建立非公团组织504家。进一步夯实基层团组织,稳步推进“智慧团建”系统建设,增强基层团组织的活力,指导市场监督管理局团委、国网黑河供电公司团委、黑河电视台团委完成换届。按照“编制内外相结合、专兼职相结合”的方式,配齐配强乡镇团委领导班子,充实乡镇、社区团的工作力量。严格开展团市委基层党组织换届选举工作,按时完成团市委基层党组织换届,党支部班子健全率达到100%。开展规范填写《入团志愿书》专项检查工作,检查存在问题入团志愿书1823本;重新审批认定140名不满13周岁入团团员;对发展程序不规范、审批时间有问题的867名团员进行集中处理。做好发展团员和团员管理工作,下发《关于加强新形势下发展团员和团员管理工作的意见》,严格制定2018年全市发展团员计划,统一编码分配《入团志愿书》3000本,并规范做好团员统计和建档工作。严格把控发展团员，年底全市初中、高中阶段毕业班团青比分别不高于30%、60%。按照团省委《关于全面排查违规使用团、队组织标识情况的通知》要求，开展违规使用团、队标识情况排查工作。推进少先队改革工作，开展完善组织程序、健全表彰激励体系、规范标志标识使用、加强档案管理等工作，进一步强化队伍建设，联合印发《黑河市少先队辅导员管理办法（试行）》，成立市级“名辅导员工作室”。进一步落实中学共青团改革，建立初中少先队组织、加强团队衔接工作、规范发展团员制度。扎实推进“青年之家”线下服务青年门店，建立市县级共青团青少年服务站7个。61个“青年之家”云平台，开展活动112场，参与青年2449名。深入推进团干部“1+100”直接联系青年工作，167名专、兼、挂职团干部，联系青年18886名，线上、线下活动开展5089次，“青年之友”手机客户端绑定比例达98.5%。（潘玉锦　董　欢）

黑河市妇女联合会

【概况】　2018年，黑河市妇女联合会（以下简称“市妇联”）在市委的正确领导和省妇联的具体指导下，以中共十九大精神为指引，深入贯彻习近平新时代中国特色社会主义思想和中央及省委、市委对新时代妇女工作的重要指示精神，紧紧围绕市委、市政府中心工作，全面落实省妇联工作部署，以“巾帼心向党·建功新时代”为主线，重点做好六篇大文章，引导广大妇女在推动黑河全面振兴发展中坚定理想信念、贡献巾帼之力。

市妇联为正处级单位，机关行政编制11个，正处级职数1职，副处级职数3职，副调研员1职。正科级职数5职。内设办公室、组织（宣传）部、妇女发展部、权益部、家庭和儿童工作部5个部室；下辖1个正科级事业单位：黑河市儿童发展中心，核定编制2个。黑河市政府妇女儿童工作委员会办公室与黑河市妇女联合会合属办公，副处级建制，核定事业编制2个（正科级职数1职）。妇儿办主任编制落在妇联机关，其他编制和人员落在黑河市儿童发展中心。2018年12月，实有在职职工14人。

领导班子成员：
主　　席　卢伟荣
副 主 席　于天舒　曹永辉

市政府妇儿办领导班子成员：
主　　任　鲍　琳

（邱　悦）

【巾帼创业】　2018年，市妇联抓住实施“乡村振兴战略”的有利契机，开展“乡村振兴巾帼行动”。利用省妇联下拨的92万元妇女工作专项经费，重点扶持爱辉区巾帼电子商务示范基地龙女电商、北安市妇联龙妹家政等九类项目，帮助她们扩大经营规模，提高科技水平，带动百余名妇女，尤其是贫困妇女实现增收致富。在全市积极发放妇女创业小额贴息贷款3018万元，帮助561名妇女实现创业就业。在《黑河日报》《中国妇女报》上先后推出“豆皮七姐”陈淑芬、爱辉区大豆协会等巾帼典型。通过组织巾帼参展团参加黑河在珠海举办的旅游推介活动和《魅力中国城》竞演活动等，成功把北安市乌鱼绣创始人王春艳、爱辉区剪纸艺人齐英等优秀巾帼典型和巾帼品牌推广到省外及中央电视台。5月，与市委组织部、团市委在逊克县共同举办2期80名新型职业农民代表参加的电子商务技能提升示范培训班。黑土奇芳生物有限公司总经理刘冬雪等2名“巾帼电商”在全省“人寿杯—龙女电商·巾帼先锋”农产品网络营销技能大赛分别获三等奖和优秀奖，有6人参加电商培训。

（邱　悦）

【巾帼关爱】　2018年，黑河市各级妇联组织春节期间慰问城乡低保家庭、农村建档立卡贫困家庭、病残妇女、贫困离任村妇代会主任家庭等238户，救助款物折合人民币8万余元。全市共有19名农村“两癌”患病贫困妇女每人得到1万元的救助款。与中国人寿保险公司黑河分公司开展关爱女性健康“温暖工程”保险工作正在进行中。在妇联儿童发展中心建立心理咨询室，共为12名妇女儿童在婚姻情感、家庭教育、青春期心理等方面开展心理疏导。“六一”期间，市妇联为黑河实验小学20名留守儿童送去慰问金1万元，并带他们走出校园到科学探索实验室开展活动，培养孩子们对科学的兴趣。继续开展“春蕾助学，金秋圆梦”三年行动，全市共募集善款29.21万元，帮助425名春蕾女童完成学业。（邱　悦）

【巾帼维权】　2018年，市妇联抓住“法治建设年”的有利契机，开展多形式的法律服务活动。1月，市妇联微信平台推出“普法微课堂”“女童保护微课堂”“我和平安家庭”等栏目，共登出系列普法微视频16期，让广大妇女儿童足不出户，点开掌上手机即可学法。与市检察院未检科携手走进黑河小学作“女童的自我保护”专题讲座，并到全市6个县（市、区）开展“呵护花蕾”——女童保护全市巡讲活动9场，受众家长、女童5000余人。与市检察院等四部门联合发文，将10—12月份定为2018年女童保护动漫片宣传月，集中宣传播放市检察院投资制作的专题动漫片《做自己身体的守护天使》，营造全民关注女童保护氛围。深入学校、社区、乡村、闹市街头、两新组织等地广泛开展“建设法治黑河·巾帼在行动”之禁毒、《中华人民共和国妇女权益保障法》《中华人民共和国老年人权益保障法》《中华人民共和国宪法》《中华人民共和国反家庭暴力法》和安全生产、“消除性别暴力16日行动”、防艾防拐防诈骗等领域的宣传教育活动；开展蒲公英法律宣讲62场次，“村妇代会主任上讲台”205场次，受众妇女近万人。全市共接访101件次,接电 42 件次,办结率达 100%。针对离任村妇联主席对离任后生活补贴发放不到位集体上访的情况,全市各级妇联组织积极行动,做好解释、劝解及维稳工作。顺利完成全市“两个规划”中期评估工作,针对农村改水改厕、农村学前教育等方面的重难点问题,开展认真调研。帮助嫩江县、北安市成功申请到省妇儿办实施两个规划专项经费合计 7 万元,用以推动托幼机构建设。按时完成全市妇女儿童发展规划指标监测统计工作。 (邱 悦)

【巾帼宣讲】 2018 年,黑河市各级妇联组织广泛开展中共十九大和中国妇女十二大精神宣传活动,引导广大妇女在推动黑河全面振兴发展中坚定理想信念、贡献巾帼之力。通过开展“妇联干部上讲台”、党支部主题教育活动等,引导妇联干部读原著、学原文、悟原理,深化对习近平新时代中国特色社会主义思想的认识,更加自觉地用其武装头脑、指导实践、推动工作。开启“中共十九大女代表接力宣讲网上行”活动,在微信平台上积极转发宣讲团成员的每个宣讲内容,用实实在在的身边事教育引导广大妇女深刻领会中共十九大报告精神。利用妇联网站及微信平台、妇女文艺演出队等把党的理论和主张通过寓教于乐的形式传递到妇女群众之中。尤其是中国妇女十二大闭幕后,黑河市的两位参会代表通过召开宣讲会、参加节目访谈、深入社区村屯宣传等,努力将中国妇女十二大精神宣传到边陲的各个角落。 (邱 悦)

【巾帼文明】 2018 年,市妇联深入开展“巾帼心向党·建功新时代”主题活动,发挥妇女半边天作用。5 月,举办“平凡人家的史诗”——讲述黑河最美家庭故事、传递黑河最美家庭声音活动,通过讲述身边的最美家庭故事,进一步扩大最美家庭寻找范围和力度,弘扬社会主义核心价值观。2018 年,全市有 31 户家庭获得市级、6 户家庭获得省级“最美家庭”,其中,刘永华家庭获“全国最美家庭”称号,景晓华、白丽梅两个家庭分别获得“全国五好家庭”称号。卢红获“龙江好母亲”称号。围绕“跨江互访二十载,中俄姐妹一家亲”主题,开展为期4 天的中俄两国妇女互访活动。双方通过专题片、纪念画册等,再现 20 年来黑河与俄阿州妇女共同在“一带一路”建设中所取得的辉煌成就。6 月,市妇联承办中俄文化大集的首场活动——中俄婚礼体验展示活动,通过观摩和体验独具彼此风俗习惯的婚礼,进一步增进两岸人民友谊,促进文化的交流与共融。将妇联开展的“巾帼环境整治”活动“美丽家园”创建活动与全市创建国家级文明城有机结合,在妇女中积极开展“创建文明城,巾帼在行动”公益大讲堂,深入包保社区开展净化环境、美化社区义务劳动,与市文明办联合开展“美丽家园”创建活动等,发挥妇女在“创城”中的半边天作用。依托“党建带妇建”,拓宽网上家教宣传阵地。与市委组织部联合,借助全市党员干部远程教育站点和已建成的 104 个网络家长学校传播科学教子知识,使更多家长不需远行就可以享受到优质的家教服务。启动黑河市幼儿园国家级亲子阅读基地和普希金书店省级亲子阅读基地,逐步将其打造成“亲子阅读 + 家庭教育 + 亲子体验 + 禁毒宣传 + 女童保护”的“五位一体”综合型活动场所。全市各级妇联组织开展家庭教育现场讲座 105 场次,受众家长万余人。 (邱 悦)

【自身建设】 2018 年,市妇联改革工作基本完成,6 个县(市、区)妇联都正式出台《改革方案》。全市乡镇、街道、社区全部完成区域化改革。566 个行政村全部完成“会改联”工作。全市各级妇联组织共有兼职副主席 1521 人,执委 7831 人。推荐 2 名妇女干部到省妇联挂职锻炼 2 年。同时,市妇联还有 1 名副主席到珠海挂职工作 3 个月,有 1 名县妇联副主席到村任第一书记。2018 年,全市新培育标准化“妇女之家”28 个,利用省妇女专项经费建设标准化“妇女之家”达 226 个。11 月 22 日,举办为期 5 天的基层妇联干部培训班,来自县、乡、村三级妇联组织 70 名妇女干部参加培训。 (邱 悦)

黑河市科学技术协会

【概况】 2018 年,黑河市科学技术协会(以下简称“市科协”)在市委、市政府的正确领导和省科协的关心指导下,认真学习贯彻中共十九大、省科协“八大”及中共黑河市委六届四次、五次全会精神,特别是习近平总书记在深入推进东北振兴座谈会上的重要讲话精神和考察黑龙江时的重要指示精神,围绕市委、市政府中心工作,以召开黑河市科协第四次代表大会为契机,团结引领全市广大科技工作者,立足科学发展,着力自主创新,为全市经济社会发展作出新贡献。

2018 年 12 月,市科协是参照公务员管理的事业单位,事业编制 10 个,实有 8 人。处级领导职数:主席 1 职,实有 1 职;副主席 2 职,实有 3 职。科级职数:科长 4 职,实有 2 职;副科职数 2 职,实有 1 职。内设机构 4 个:办公室、学会工作部、普及工作部、调研宣传部。直属财政全额拨款事业单位科技活动中心,事业编制 4 个,实有 4 人。

领导班子成员:
主 席 贺玉斌
副主席 赵海英(调研员) 刘玉林 胡建芳
(赵海燕)

【科普活动】 2018 年,市科协广泛开展特色主题科普活动。5 月 23 日,联合多个部门 100 余名科研和专业技术人员,共同组织开展 2018 年科技周“科技创新,强国富民”主题宣传日活动。9 月 20 日,组织开展以“崇尚科学、反对邪教、创新发展、繁荣边疆”为主题的“全国科普日暨龙江金秋科普月”活动,以文艺演出为载体,各县(市、区)

科协、市级学会、企业科协联动，发放科普图书资料2000余册，环保袋500个，展出科普展板近百块，参观人数达千人，社会反响强烈。加强科普基础设施建设，加大科普教育基地建设力度，为市防灾减灾科普教育基地建科普宣传栏6块15延长米；与华泰地产集团联合，在市区建设爱心书屋7个，制作科普展板40块，印制数万元的科普图书和科普宣传资料，下发到基层。各地积极推进科普“站栏员”建设，组织人员对科普宣传栏内容定期更新、对宣传栏定期进行维护，发现损坏及时进行维修。加大中小学，特别是农村中小学科学教育基础设施建设力度，健全实验室配备，组建科普宣传广播站，免费订阅科普读物。全市现有国家级科普教育基地2家，重新认定的省级科普教育基地13家，利用科普展品、科普宣传栏、科普微信公众平台等多种手段，传播普及科学知识，为公众特别是青少年学生提供优质的服务，每年受众达10万余人次。

（赵海燕）

【全民科学素质工作】 2018年，市科协认真履行《全民科学素质行动计划纲要》实施工作办公室职责，推进重点人群科学素质行动。扎实开展未成年人科学素质行动。组织开展“七巧科技”系列竞赛，并对优秀学生和指导教师进行表彰。组织全市青少年学生参加全省第三十二届青少年科技创新大赛，向省推荐作品24件，有2件获一等奖、8件获二等奖、14件获三等奖。组织全市20名优秀高中学生参加2018年青少年科学营黑龙江分营活动。组织全市28名选手参加全省第十四届青少年机器人竞赛，并夺得“国赛选拔项目”VEX机器人工程挑战赛、机器人创意赛的三项全省第一和部分省自设项目名次。联合市科学文化传播学会举办“经典启迪人生，科学照亮未来”夏令营活动。联合市扶贫办开展“手拉手插上科技翅膀，心连心共筑美好未来”扶志扶智科技夏令营活动，对营员进行爱国主义教育和传统科技文化教育。中国流动科技馆全国巡展第二轮分别走进嫩江县、逊克县、五大连池市，组织召开中国流动科技馆俄罗斯国际巡展签约仪式。深入开展农民科学素质行动，全市举办各类型科普讲座和实用技术培训班1400余期，累计培训农民、群众17万人次；举办各类型咨询讲座50余次，受益群众1.1万人次；发放图书、挂图等科普资料共计37万余册（份）；举办送科技下乡、科普大集46次，参加人数7.4万人次；科普展览27次，参观人数3.9万人次；放映科普光盘、科技电影120余场，观看人数达3.5万人次；推广农业实用新技术近百项，为农民带来巨大经济效益。大力推动城镇劳动人口科学素质行动。为提升城镇劳动者就业和再就业技能，提高城镇劳动人口的科学素质，全市开展多种形式、多层次的职业技能培训，并把技能培训班办到乡村。培训机构开展以形象设计、面点、餐厅服务员、电商、电工、电焊、农机修理、中式面点、养老护理等专业为主的技能培训，使参培学员树立新的就业观念，受训人数达3758人次。积极推进领导干部和公务员科学素质行动。组织、人事部门将弘扬科学精神、提倡科学工作态度、讲究科学方法的有关内容列入公务员和企事业单位负责人教育培训规划，共举办各类培训班12期，培训领导干部1360人次。

（赵海燕）

【学会学术和企业科协工作】 2018年，市科协深入开展学术交流研讨活动，引导各级学会围绕全市经济社会发展的热点、重点、难点问题，开展不同层次、不同范围的学术交流活动，全市各级学会共组织开展学术交流活动20余次。其中，国际性学术交流8次，学术交流水平进一步提升。为深入实施创新驱动发展和大众创业万众创新战略，开展形式多样的创新活动。5月3日，为助力黑河市中小微企业创业创新快速发展，邀请省科技创新学会专家郑志成、吴雪弘到黑河市举办创新驱动工程专家报告会，为全市广大中小企业发展服务，来自全市高新技术企业、科技型中小企业、入园区企业的50余名相关人员参加报告会。市科协陆续开展创新驱动助力工程的对接协调工作。发挥学会科技工作者建言献策作用，全年共发《科技工作者建议》4篇，《老专家建议》6期，为市领导和相关部门决策咨询提供服务；全年多次深入基层，了解组织状况、工作开展情况和存在问题，维护科技工作者的合法权益，帮助解决实际困难。积极开展创新驱动助力工程，对全市科技企业开展创新驱动助力工程需求进行调查。认真组织开展“黑河市2016—2017年度自然科学技术学术成果奖”评审活动，共征集学术成果102项，经认真筛选，对96项学术成果予以表彰，启迪创新思维，鼓励学科发展的交叉与融合，帮助科技工作者通过活动展示才华，促进黑河市创新人才成长。开展了黑河市第四届优秀科技工作者评选表彰工作，王文生等30人获“黑河市第四届优秀科技工作者”称号，在黑河市科协第四次代表大会上以市委、市政府的名义对其进行表彰，市领导为获奖者颁发证书和奖金，在全市营造尊重科技工作者的浓厚氛围。继续在企业科技工作者中开展“创新先锋活动”。以黑河铁路集团科协、黑河市热电厂科协为典型，带动全市企业深入开展“讲、比”竞赛活动，全市企业科协90%科技人员参加“讲、比”活动，提合理化建议300余条，采纳220条，创经济效益1000余万元。积极指导企业开展多种形式的“技术改造”“技术革新”“技术创新”等创新活动。

（赵海燕）

【调研宣传】 2018年，市科协开展专题调查研究。充分发挥科协组织智力优势，围绕全市产业和发展路径方面进行调研和探索，形成《抢抓机遇，加强软实力建设，提高对俄开放成效，拉动全市经济社会发展水平整体提升的建议》和《关于黑龙江省委省政府工作的几点建议》2篇调研报告，上报市委、市政府，得到市领导的签批与肯定，为党委和政府科学决策提供了智力支撑。开展信息宣传工作，向中国科协综合信息服务平台、省科协网站上传信息稿件30余篇，大多数被采用；充分发挥《黑河科协动态》平台作用，全年编发20期；向省科协上报老科技工作者刘发的先进事迹,在全省进行系列宣传报道;在“全国科技工作者日”“科技活动周”“全国科普日”“全省科普月”等主题活动中,充分利用各种媒介,进行集中宣传报道,营造尊重科技人才的良好社会氛围。（赵海燕）

黑河市归国华侨联合会

【概况】 2018年,黑河市归国华侨联合会(以下简称“市侨联”),核定编制3个,领导职数1个:设主席1职,内设机构1个:办公室,实有3人。下属全额拨款事业单位黑河旅俄华侨纪念馆,正科级建制,核定事业编制12个,实有9人。

领导班子成员:

主　席　许基一

（陈　云）

【组织建设】 2018年,市侨联深入学习贯彻中国侨联“十代会”精神,强化新时代侨联工作的使命担当意识。认真抓好党组学习、机关学习,认真传达“十代会”精神,进行交流讨论,为做好今后一个时期侨联工作明确方向。10月16—18日,市侨联党组书记、主席许基一到孙吴县、北安市、嫩江县巡回宣讲“十代会”精神,组织侨联干部、归侨侨眷深入学习领会“十代会”精神。9月7日,组织黑河市各县(市、区)侨联干部、侨联法律顾问委员会律师8人参加由省侨联举办的全省侨联系统“十代会”精神学习培训。10月21—26日,组织黑河市侨联干部15人参加省侨联举办的黑龙江省侨联系统干部培训班。通过传达学习中国侨联“十代会”精神,理清工作思路,明确工作方向,全市侨联干部的使命感和责任担当意识显著增强,为全市侨联工作新发展奠定坚实基础。（陈　云）

【承办活动】 2018年,市侨联围绕全市经济社会发展大局,推进各项工作。5月21—23日,邀请海外侨领侨商出席2018中俄边境城市展览会暨黑河市大黑河岛国际经贸洽谈会。省侨联党组书记、主席郭占力,中国侨联常委、中国侨商联合会常务副会长刘爱丽,中国侨商联合会副会长张晓盈、安全平,副秘书长董磊石及来自英国、美国、新西兰、俄罗斯、泰国、韩国、巴拉圭、澳大利亚、挪威、意大利等13个国家和中国香港地区的70余位侨领侨商参加此次经贸洽谈会。其间,参观黑河旅俄华侨纪念馆,观看黑河市大黑河岛国际经贸洽谈会开幕式及专场文艺演出,考察黑河经济合作区工业园区、黑龙江大桥桥头区、大黑河岛国贸城展区、五大连池风景区,参加2018中俄边境城市发展潜力经济技术交流与合作洽谈会。海外侨领侨商对黑河市对俄合作平台优势、蓬勃的产业发展、北方的侨乡文化、欧陆风情等留下深刻印象;对黑河发展物流、建材、绿色食品、旅游、文化等产业表现出浓厚兴趣,表示要进一步加强沟通联系,创造合作共赢的机会。协助省侨联在黑河举办全省侨联干部培训学习班。这是省侨联首次在省内市地举办培训班。培训班上,播放黑河城市宣传片,许基一介绍黑河侨联工作经验、黑河学院研究员宁艳红讲授“百年旅俄华侨的发展历程”、黑河市委党校现代科技教研室主任韩雪飞讲授“黑河市互联网+对俄贸易”。参加培训学员对黑河的发展、黑河侨联工作给予高度评价。（陈　云）

【对外及对香港地区交流】 2018年,市侨联邀请香港大公文汇传媒集团主办的“2018范长江行动”香港传媒学子黑龙江—俄罗斯行到黑河考察访问。来自香港中文大学、香港理工大学、香港树仁大学、香港浸会大学20余名优秀香港传媒学子游访黑河。他们在黑河市参观采访了北安市高标准蟹稻示范基地、五大连池风景区、合作区工业园区、黑河口岸、中俄边境之窗服务信息中心、创青国际、四嘉子果蔬采摘基地、中俄天然气管道建设现场、黑河旅俄华侨纪念馆等地。参加了由共青团黑龙江省委员会、香港大公文汇传媒集团共同主办,中共黑河市委宣传部、共青团黑河市委员会、黑河学院承办的“筑梦一带一路、携手共创未来”黑龙江、香港、阿穆尔州三地青年论坛。香港传媒学子参观采访黑河旅俄华侨纪念馆期间,学习纪念馆展示的纵深一百余年的旅俄华侨的历史,对许基一进行采访。活动中,香港大公文汇传媒集团东北新闻中心主任焦红瑞,向市侨联赠予“感谢支持香港传媒学子范长江行动”锦旗。7月4—5日,许基一率领3名侨商参加在吉林省延边召开的2018省会暨口岸城市“一带一路”协作工作会议,在大会作《加强活动引领品牌创建推动侨联工作创新发展》的典型经验介绍,参加东北三省侨商联谊会成立仪式,黑河市侨商与各地侨商进行交流,宣传推介黑河发展优势和投资环境。9月15—16日,许基一应邀出席2018海外华侨华人玉林恳亲大会,出席广西华侨博物馆奠基仪式,参加“携手侨商走进玉林”项目推介会、华侨文物捐赠暨公益捐款仪式,学习交流工作经验,宣传推介黑河。（陈　云）

【扶贫助学】 2018年,市侨联与上海船厂技工学校合作,选拔推荐13名贫困学生到上海船厂技工学校免费读书,学习机械加工、电工、钳工、平面设计、电商、高铁等专业特长,受到贫困学生家庭欢迎,赢得社会赞誉。4月20日,省侨联青年委员会会长、哈尔滨宝龙钢铁有限公司董事长张宇辉,带领中华慈善救助基金会爱心衣橱公益基金慰问团到北安市赵光学校,为261名贫困学生每人捐赠一套衣服,价值29万元。市侨联主席许基一、北安市委常委、统战部部长庞海涛出席捐赠活动。元旦和春节前夕,市侨联筹集资金3万元,深入北安、嫩江、五大连池、孙吴、逊克和爱辉6个县(市、区)走访慰问42户贫困归侨侨眷。中秋节、国庆节前夕,市侨联筹集资金5千元,走访慰问10户贫困归侨侨眷。（陈　云）

【自身建设】 2018年，市侨联坚持党建带侨建，切实加强侨联组织自身建设。3月5日，组织召开纪念周恩来同志120周年诞辰座谈会。5月3日，组织召开纪念马克思200周年诞辰座谈会。7月9日，开展学习留苏学生精神主题党日活动，邀请50年代留苏学生、著名测绘专家郑恩多讲述留学报国光荣历史。8月20日，开展学习“黑河好八连”主题党日活动，参观好八连荣誉室，学习好八连优良传统。通过开展侨联大讲堂等活动，大力提高干部素质。6月8日，举行“文化遗产与文博人”专题系列讲座。7月11—13日，与黑河瑷珲历史陈列馆联合举办“2018年度黑河市直博物馆行业讲解技巧培训”。转变作风深入基层，先后6次深入爱辉、孙吴、北安、五大连池、嫩江开展调研活动。11月16日，在北安市主星乡创建“侨胞之家”，推动侨联组织向乡镇延伸。8月，在第十次全国归侨侨眷代表大会上，黑河市侨联获人社部、中国侨联授予的“全国侨联系统先进集体”称号，是全省侨联组织中唯一获得大会表彰的先进集体。市侨联主席许基一、秘书长程宏伟获国务院侨办、中国侨联授予的“全国归侨侨眷先进个人”称号。2018年，黑河旅俄华侨纪念馆获“全省爱国主义教育基地”“黑河市国防教育基地”称号。《中国侨联工作》第四期刊登《黑河市侨联立足区位优势，推动侨联工作创新发展》的工作经验，向全国推广黑河市侨联工作的新做法、新经验。（陈　云）

【旅俄华侨纪念馆】 2018年，旅俄华侨纪念馆推动纪念馆维修改造，强化基础建设。经过多方争取，筹集资金560万元，完成黑河旅俄华侨纪念馆维修改造项目建设、招投标工作。投入10余万元资金，购置藏品柜30个，安装库房防盗安全门，加装库房窗户防护栏，配置防火器材，完善纪念馆藏品库房设施设备。围绕建设北方侨乡积极推动旅俄华侨历史研究。组织推动成立黑龙江省旅俄华侨研究会。9月19日，黑龙江省旅俄华侨研究会在黑河学院成立。中国侨联、省侨联领导出席成立大会并揭牌。开展苏联伊万诺沃国际儿童院红色后代口述历史研究，编写研究资料1万余字，发表《卫国战争胜利纪念奖章获得者李多力》《中国红色后代与苏联国际儿童院》成果文章。创新开展教育活动，突出开展党史教育活动。黑河市直10余家机关和事业单位在纪念馆开展主题党日活动，学习革命先驱精神，重温入党誓词，增强党员的责任感使命感。开展丰富多彩的青少年红色教育活动。黑河中俄青少年文化交流中心授予黑河旅俄华侨纪念馆“研学实践教育基地”称号。积极开展中俄友好交流活动，先后接待俄罗斯20多个代表团。俄罗斯代表团对纪念馆给予高度评价，双方进行友好的交流。4月27日，与中俄艺术馆联名举办“中国梦·丝路情”油画作品展，展出中国、俄罗斯、乌克兰、哈萨克斯坦、吉尔吉斯斯坦、土库曼斯坦、朝鲜等国家艺术家的优秀作品80余幅。5月18日，在黑河世纪广场举办“旅俄华侨与马列主义早期传播”图片展，社会各界群众踊跃参观展览，受到一致好评。6月5日，与黑河博物馆联合举办“创意生活，情系环保——马凌平手工作品展”，通过巧妙制造出手工制品，向社会推出创意环保展。7月31日，在中国人民解放军驻黑某部队军营，举办“红色基因进军营——邮票上的华侨史”巡展活动，开展了一次生动的华侨爱国主义教育。8月22日，与瑷珲历史陈列馆举办“俄罗斯民俗工艺品专题展”，展出俄罗斯民俗工艺品120件。11月3日，与黑河博物馆联合举办“时光记忆——纪念改革开放40周年老物件展”，展出见证黑河从边陲小城发展为北国明珠、欧亚之窗发展历程的老物件300多件。（陈　云）

黑河市文学艺术界联合会

【概况】 2018年，黑河市文学艺术界联合会（以下简称“市文联”）以习近平新时代中国特色社会主义思想和中共十九大精神为指导，贯彻落实中国文联第十届三次全委会、省文联六届八次全委会、全市宣传思想文化工作会议精神，落实市委市政府的工作部署，按照年初的工作安排，完成各项工作任务。

市文联是黑河市委工作部门，贯彻党和政府的文艺政策，组织文艺工作者开展文艺工作，保护文艺工作者的合法权益，调动他们的积极性，促进文艺事业繁荣发展。发挥着团结引导、联络协调、服务管理、自律维权的作用。2018年12月，市文联为正处级单位，领导职数2个：设主席1职、副主席1职。内设正科级秘书长1职，《白桦林》编辑部主任1职。核定编制5个，实有人员6人。

领导班子成员及副处级以上领导干部：
主　席　车　义（2018.12止）　王居卿（2018.12任）
副主席　王　瑛
调研员　王居卿（2018.12止）

（李　琳）

【理论学习】 2018年，市文联组织全市文联系统深入学习贯彻习近平新时代中国特色社会主义思想和中共十九大精神，学习习近平总书记对东北振兴的重要论述、对黑龙江省重要讲话和重要指示批示精神。通过会议座谈、专题报告、辅导讲座等多种形式，不断深化对习近平新时代中国特色社会主义思想的科学体系、丰富内涵、理论品质的认识，增强文化自觉、坚定文化自信，推动习近平新时代中国特色社会主义思想和中共十九大精神在文艺工作者心中落地生根。按照黑河市委整顿机关作风和市委宣传部提升职工素质工程的要求，市文联编印《黑河市文联业务知识手册》，手册涵盖习近平新时代中国特色社会主义思想、中共十九大精神、习近平在文艺座谈会上的讲话、习近平在中国文联十大和中国作协九大开幕式上的讲话、中国文联深化改革方案等内容，并组织机关干部认真学习，在学原文、悟原理，在学懂弄通做实上下功夫，在

理论联系实际上下功夫,用习近平新时代中国特色社会主义思想武装头脑、指导文艺实践。（李　琳）

【重大活动】 2018 年,市文联围绕中心、服务大局,不断提高主动作为、积极作为的能力和水平,参与承办第九届中俄文化大集等重大活动。6 月 26 日,由黑河市人民政府主办,市委宣传部、市文联承办的“第九届中俄文化大集美术书法精品展”在黑河市博物馆四楼展厅开幕。市领导马春波、陈晓杰、蔺波等出席开幕式。6 月 29 日,在黑河图书馆组织举办中俄作家座谈会,探讨中俄两国文学作品。俄方精选 2016 年《白桦林》中 6 篇具有中国特色的优秀作品翻译成俄文,与俄作家优秀作品集合成册,作为第九届中俄文化大集纪念品赠予黑河市作家代表。同日,黑河市人民政府主办,市文联承办“第九届中俄文化大集暨纪念改革开放 40 周年北京黑河艺术家联谊笔会”,来自北京及广东、广西的书画艺术家与黑河艺术家欢聚一堂,为中俄文化大集献礼。6 月 21 日,与黑河市摄影家协会等单位联合主办的黑河农商行杯“振兴发展看黑河”主题摄影展在黑河市中央步行街开幕,展出 125 幅摄影作品。11 月 2 日,与黑河市委宣传部、黑河市文化广电新闻出版局联合举办纪念改革开放 40 周年“振兴之音、华泰之夜”黑河市民族管乐演奏会,特别邀请到中国青年民族管乐知名演奏家、艺术教育家杨蕊、胡丹等助演。11 月 18 日,在黑河市博物馆举办“翰墨飘香、流金岁月”黑河市庆祝改革开放 40 周年书法作品展,展出 57 件作品。12 月 14 日,在大黑河岛三楼俄罗斯油画城举办“华泰杯致敬改革开放 40 周年专题图片展”,展出 240 余幅摄影作品,展示黑河市改革开放 40 年来经济社会的发展变化。各党(工)委在展出的 1 个月时间里陆续组织干部职工进行参观学习,广受好评。各县(市、区)文联也围绕改革开放 40 年,开展各类纪念活动。（李　琳）

【文艺实践】 2018 年,市文联组织各文艺家协会广泛开展“深入生活、扎根人民”“到人民中去”主题实践活动和文艺志愿服务活动,通过创作采风、公益讲座、艺术支教等形式,引导文艺工作者深入群众、深入生活,亲身体验人民群众的劳动创造,亲身感悟人民群众的审美需要,建立与人民群众的深厚情感,创作更多接地气、传得快、留得下的优秀作品。3 月 27 日、5 月 31 日,市文联副主席、市作家协会主席王瑛带领 10 余名作家协会会员开展两次“讴歌改革开放、书写最美故事”采风活动。艺术家们在爱辉区四嘉子满族乡召开纪念改革开放 40 周年座谈会,参观东四嘉子社区服务中心、小乌斯力村的“满乡人家”和廉政文化广场、全国文明乡镇小三嘉子村、卡伦山村精准扶贫项目太阳能发电、乡卫生院、乡文化站及嘉兴现代农机合作社,搜集发生在这片土地上的知青故事、历史传奇、沿边开放典型事例等创作素材,为进一步创作奠定了基础。6 月 13 日,王瑛带领作家协会会员 10 余人到张地营子乡白石砬子村采访 92 岁的俄罗斯后裔曲云和。曲云和是二道卡岛的第二代见证人,曾经目睹二道卡岛的沧桑巨变,75 岁时口述村史,帮助编写《白石砬子村史》,为研究白石砬子村的历史和发展留下了宝贵的文字资料。各县(市、区)也积极开展各类采风活动。5 月 21 日,北安市文联组织艺术家 18 人,组成“从延安到北安”文艺创作采风团,到延安市宝塔区开展采风、座谈活动。（李　琳）

【志愿服务】 2018 年,市文联认真学习借鉴乌兰牧骑的先进事迹,大力弘扬“红色文艺轻骑兵”精神,以实际行动践行新时代文艺工作者的职责使命。春节前夕,组建书法家协会和朗诵艺术协会两支“红色文艺轻骑兵”小分队下基层、到军营,为基层群众送去喜闻乐见的优秀作品和丰富多彩的演出活动。同时,北安市文联、五大连池市文联、逊克县文联、嫩江县文联、孙吴县文联都相继成立“红色文艺轻骑兵”小分队,开展形式多样、内容丰富的文艺志愿服务活动。开展进基层“送福送春联”系列活动,书法家们创作了 1000 余幅“福”字春联,把大红的福字春联送进千家万户。深入黑河好八连、爱辉区森警大队送文化文艺到部队,为战士们送去精彩纷呈的文艺节目,丰富战士们的文化生活,传递党的声音和关怀。市舞蹈家协会志愿者到黑河市实验小学,为舞蹈兴趣小组中百余名热爱舞蹈艺术的小学生们进行专业授课指导,教授舞蹈专业知识,编排舞蹈曲目。五大连池市文联组织“红色文艺轻骑兵”小分队在格拉球山天池山顶为前来旅游观光的各地游客进行文艺演出。并于 5 月 31 日在四平镇四平村举办“与人民同心”慰问演出。逊克县文联组织到老年大学舞蹈队进行专业指导,走进四个村屯进行慰问演出。北安市文联开展进村屯、进社区“迎新春送祝福暨廉政春联进万家”文艺惠民活动。（李　琳）

【文艺交流】 2018 年 1 月 21—31 日,市文联扶持黑河本土画家吴国言“净土家园”中国画展,分别在三亚市图书馆与珠海市画院美术馆开展。画展为黑河与三亚、珠海开展文化艺术交流搭建了平台,对进一步弘扬三地文化,促进南北艺术交流,增进三地书画家友谊,推动三地旅游、经贸等发展起到积极推动作用。6 月 26 日,组织中俄作家互访团的中方作家代表 8 人到俄阿州互访交流。28 日,俄方作家代表团 8 人到黑河互访交流。此互访活动已经成功举办三次,在第五届、八届、九届中俄文化大集期间,黑河市作家协会均成功组织中俄作家互访活动,促进了两地文学创作和文化交流。（李　琳）

【队伍建设】 2018 年,市文联按照《中国文联改革方案》和《黑龙江省文联改革方案》的要求,成立深化文联改革工作领导小组,重点对所属县(市、区)基层文联组织现状、人员编制、工作经费等情况以及黑河市各艺术家协会工作进行调研。就深化文联改革面临的困难和问题,分别与黑河市委组织部、市编办、市财政局及所属各县(市、区)委宣传部等部门沟通,征求各相关部门的意见,完成黑河市文联深化改革方案,报送黑河市委常委会审议通过。3 月 16 日,市文联召开2018年文联工作会议。会议传达省文联会议精神，主席车义作《以中共十九大精神为指引，抒写新时代黑河文艺事业新篇章》的工作报告，部署2018年工作。各县(市、区)文联主席、各艺术家协会主席近30人出席会议并汇报协会工作、协会现状和存在问题。 (李 琳)

【文艺创作】 2018年，市文联组织黑河市诗词楹联协会，编辑出版全市第一部旅游文化古典诗词选集《新风古驿——黑河旅游暨驿站文化诗词选集》，以其独特的视角，用古典诗词的文体，展示黑河地域历史自然景观所具有的独特魅力。黑河市委常委、宣传部部长马春波为此书题写序言。黑河市作家倪笑春创作的《倪笑春文集》由中国团结出版社正式出版发行。全套文集共八卷(本)，计280余万字，是倪笑春主要文学作品的汇集，附录知名作家评论，增添文集的厚重和深度。市诗词楹联协会的艺术家们进行创作、编辑出版《黑河冰雪诗词选集》，填补黑河冰雪文学创作发展史的空白，开启冰雪格律诗词薪火传承、古为今用的典范，更是践行习近平总书记“绿水青山就是金山银山，冰天雪地也是金山银山”重要讲话精神，创新冰雪文化的丰硕成果。五大连池市作家协会副主席李宝创作的小说集《黄土情黑土味》和作家协会会员王恕的诗集《秋林桦影》出版发行。在黑龙江省摄影家协会举办的“绿水青山、冰天雪地”主题展暨26届省摄影艺术展中，黑河市13幅参展作品获奖，黑河市摄影家协会、五大连池市摄影家协会获“组织工作奖”。在省文联举办的第十届音乐大赛声乐类比赛中，黑河选手王唱宇、张永茹分别获得民族(业余)青年2组二、三等奖，王淑芳获得民族(业余)中年组二等奖，王梦丽获得通俗(业余)青年2组二等奖。 (李 琳)

【文学期刊】 2018年，市文联高质量完成《白桦林》文学期刊编辑出版工作，全年共出版4期，编辑出版文学作品50万字，成为培养黑河市文艺家园地及宣传黑河的重要窗口。 (李 琳)

黑河市残疾人联合会

【概况】 2018年，黑河市残疾人联合会(以下简称“市残联”)为正处级事业单位，有编制9个，实有人员8人；处级领导职数：理事长1职，副理事长1职；科级职数：科长3职，非领导职数：主任科员1职，副主任科员1职。内设机构2个：综合科、组织联络就业科。下设黑河市残疾人劳动就业服务管理站，正科级建制，有事业编制5个，实有人员4人。

领导班子成员及副处级以上领导干部：
理 事 长 梁贵峰
副理事长 刘亚华(2018.1任)
副调研员 吴惠延

(曹 琦)

【重要会议】 2018年3月27—28日，黑河市残联第五次代表大会成功召开。市政府残工委成员单位领导、残疾人及残疾人亲友代表、残疾人工作者代表、助残社会组织代表共计100人参加代表大会。黑河市委副书记姚志波、市人大常委会副主任屈树广、市政府副市长邓福才、市政协副主席曹文兴等市领导出席会议。大会听取和审议了市残联党组书记、理事长梁贵峰代表市残联第四届主席团所作的《以新时代中国特色社会主义思想为指导，为加快推进残疾人小康进程做出新贡献》工作报告，选举产生市残联第五届主席团主席、副主席、委员和出席省残联第七次代表大会代表。市残联第五届主席团第一次全体会议推举产生市残联执行理事会理事长、副理事长、理事和市残联各专门协会主席、副主席、委员。 (曹 琦)

【扶贫行动】 2018年，市残联积极推进落实残疾人扶贫措施，全年完成残疾人实用技术培训任务720名，完成残疾人托养服务任务365名，完成春蕾圆梦残疾儿童康复任务135名，完成助力小康辅具康复任务2059件，完成彩虹畅行无障碍改造任务90户，完成“放飞心灵·文化助残”扶贫行动任务40名，完成爱心传递志愿者扶贫行动任务300名。 (曹 琦)

【康复治疗】 2018年，市残联与省内承担项目的各定点康复机构沟通协调，为残疾儿童制定适合自身的康复训练计划。年内有41名脑瘫儿童、26名孤独症儿童、4名智力儿童到定点机构接受康复训练，4名贫困聋儿免费配戴助听器和接受免费康复训练，3名贫困聋儿接受人工耳蜗植入手术。聘请省助听器验配专家到嫩江县为50名成人听力残疾人免费检测听力、验配助听器。聘请假肢装配专家为70名肢体残疾人免费安装小腿假肢。完成白内障复明手术560例，完成盲人定向行走训练50例。为7岁以上22名聋儿提供康复训练，培训家长22名。为1120名肢体残疾人和340名智力残疾人提供康复训练。为380名精神残疾人进行康复治疗，并提供作业疗法训练。通过政府采购提供残疾人辅助器具1736件，全年通过各种方式和渠道为残疾人累计配发辅助器具2300件。依据《关于建立黑龙江省残疾预防和残疾人康复工作联席会议制度的通知》，经市政府残工委同意，建立黑河市残疾预防和残疾人康复工作联席会议制度。与41家成员单位取得联系并指派业务领导作为联席会议成员，推动部门间沟通与协作，加强政策衔接和工作对接，实现信息共享。 (曹 琦)

【扶助就业】 2018年，市残联组织开展以“就业帮扶，真情相助，不让一个困难群众掉队”为主题的就业援助月专项活动。全市残疾人就业机构共走访残疾登记失业人员家庭

213户,发放慰问金22800元,登记失业的残疾人190人,组织残疾人专场招聘会5场,实名制纳入年度培训计划残疾人481人,安排58名残疾人就业,其中,国有企业吸纳残疾人就业11人,帮助残疾人享受专项扶持政策58人,帮助1名残疾人大学就业。开展残疾人就业和培训需求调查,对120多名有就业或培训意愿的残疾人完成调查登记。举办黑河市残疾人中级按摩培训班,挑选2017年初级保健按摩培训班中刻苦学习、成绩优异的10名残疾人学员进行为期2个月培训。培训结束后,有3名学员在市残联的扶持下创办了一家盲人按摩院。多渠道扶持残疾人就业,全市各级残疾人就业机构通过多种渠道,安置69名残疾人就业。黑河市残疾人就业站通过按比例安排3名残疾人就业。

(曹　琦)

【技能比赛】 2018年10月15日,黑河市残疾人就业站挑选残疾人职业技能优秀选手进行赛前集训,10月17日由13名残疾人及就业机构工作人员组成的黑河市代表团,到大庆市参加全省第七届残疾人职业技能大赛。黑河市选手王志超获得封面摄影一等奖,张宇滨、李俊峰获得个人拼搏奖,文佳、高丽娜晋级职业技师资格,黑河市代表团获得"优秀组织奖"和"道德风尚奖"。年内还选派运动员参加第七届全省残疾人运动会,获得2金3银3铜的好成绩。

(曹　琦)

【残评管理】 2018年,根据省残联、省卫计委下发的《黑龙江省〈中华人民共和国残疾人证管理办法〉实施细则》,市残联与市卫计委联合制发《黑河市〈中华人民共和国残疾人证管理办法〉实施细则》。协调市卫计委、市第一人民医院成立残疾人评残委员会,建立由黑河市第一人民医院20多名主任医师、副主任医师组成的黑河市残疾评定专家库。各县(市、区)残联与卫计委协调共同制定残疾人证管理的具体实施办法,确定评残机构和残疾评定医生。(曹　琦)

【特殊教育】 2018年,市残联积极配合教育部门提前做好未入学适龄少年儿童调查,协助教育部门做好对适龄残疾儿童的送教上门工作。根据《中华人民共和国残疾人教育条例》有关规定,市残联从残疾人就业保障金中支付一定比例资金,用于支持黑河市特殊教育学校开展特殊教育,使更多的残疾学生受益。根据省残联、省教育厅《关于进一步做好我省适龄残疾儿童少年就学工作的通知》要求,会同教育部门组织各县(市、区)开展适龄未入学残疾儿童比对工作。根据省残联、省教育厅《关于开展2018年度"交通银行特教园丁奖"评选推荐活动的通知》,组织市直、北安市、嫩江县特教学校优秀教师申报园丁奖工作。

(曹　琦)

【信访维权】 2018年,全市各级法律援助中心、残疾人法律救助工作站、司法所、法律服务所积极为残疾人提供司法救助、法律服务和法律援助。家庭无障碍改造的孙吴县、北安市,严格按照中、省残联有关要求制定本地实施方案,认真做好入户调查,针对每户残疾人家庭的不同情况,制定详细的项目实施计划表,上报省残联维权部审核。做好残疾人来信来访接待处理工作,严格按照时限要求使残疾人信访问题都能在基层得到妥善解决,全市全年未发生残疾人进省到京越级访情况。

(曹　琦)

【助残宣传】 2018年,黑河市各级残联组织结合开展"全国助残日"宣传活动,大力宣传扶残助残和残疾人自强不息的先进事迹。全市各级党政领导和城乡及有关单位共慰问残疾人302户,送去慰问金及慰问品折合人民币计5.4万元,通过走访慰问营造理解、尊重、关心、帮助残疾人的良好社会环境和舆论氛围。"爱耳日"期间,组织开展丰富多彩的宣传教育活动。全市共举办残疾预防健康知识讲座6场,培训不同人群共500人;组织9个义诊分队深入城市街道和乡镇,免费义诊406人;发放宣传单6726份,横幅和展板41块;新闻媒体做大量宣传报道,大力宣传耳科及听力保健科学知识,增强民众爱耳护耳意识,全面营造关爱、帮助听力残疾人的社会氛围。

(曹　琦)

黑河市红十字会

【概况】 黑河市红十字会是参照公务员管理的群团机关,核定行政编制4个,2018年年末实有人员3人。核定副处级领导职数:副会长1职;正科级职数:秘书长兼办公室主任1职;内设机构1个:办公室。

领导班子成员:
会　长　陈晓杰(市政府副市长兼任)
副会长　黄福生

(王思涵)

【红十字生命健康安全教育项目】 2018年,市红十字会争取到中国红十字会彩票公益金"十三五"规划生命健康安全教育项目暨红十字应急救护培训示范基地建设,得到市政府的重视,4月市财政局审定维修工程造价为275886.2元,5月31日到账户。7月16日,到中国红十字会总会参加为期一周的2018年项目管理培训班,明确项目的各项要求。严格按照项目规定,开展基地用房维修施工和项目前期准备工作。通过实施项目,带动市红十字会各项工作上水平,改善办公条件,增大备灾救灾库房面积,为黑河市区居民和学生生命健康安全教育体验活动提供场所,提高红十字会的知名度。国家彩票公益金红十字生命健康安全教育支持项目,支持资金86.345万元,建立生命健康安全体验教室1所,已完成前基础设施建设,各个模块正在设计中，预计2019年1月份完成。开展救护员培训，共培训36期。开展"小手拉大手，安全你我他"安全健康教育活动，举办学校安全教育亲子讲座共6期、学校安全教育应急演练共3场、学校安全教育体验活动共6场、主题宣传活动6次。与黑河市教育局联合发文，要求各县(市、区)学校选派30名教师参加学校健康安全辅导员培训班培训。举办1期100人公益讲座，真正实现了教会一个孩子，带动一个家庭的作用，得到老师和家长拥护，并积极参与到活动中来。通过培训，使学员提高自信，强化动手能力的培养，每位学员都必须实际操作，使大家懂得"人人都有救人的能力，人人才有获救的可能"。 （王思涵）

【红十字项目】 2018年，市红十字会争取省红十字会"博爱送万家活动"价值33098元的救助箱260个，开展"红十字博爱送万家"活动。红十字青少年社会实践项目落实到黑河学院，共资助金额10000元，已结项并向省红十字会提交成果总结材料。大学生预防艾滋病同伴教育培训班项目，共举办5期，圆满完成培训任务。天使阳光基金项目，为3名先心病患儿手术救助35000元。小天使基金项目，为8名白血病患儿救助230000元。 （王思涵）

【世界红十字日宣传活动】 2018年，市红十字会组织开展以"人道——为了你的微笑"为主题的"5·8"世界红十字日宣传活动。活动现场，各单位向群众发放眼角膜、遗体器官捐献、无偿献血、预防艾滋病、家庭健康急救常识等方面宣传资料，共计3000余册。市区各医疗卫生单位设立宣传板、条幅、建立临时义诊台，为过往的群众免费测量血压和健康咨询；黑河市职教中心护士利用模拟人，讲解、示范心肺复苏的要领和方法，并邀请群众参与，手把手教学，亲身体验，使更多的市民了解心肺复苏的方法，提高家庭自救互救的技能。当天，市中心血站在献血车上，采血10000毫升。黑河市电视台、《黑河日报》对此次宣传活动进行拍摄报道，扩大了活动影响面。 （王思涵）

【遗体捐献】 2018年，市红十字会顺利完成2名志愿者捐献眼角膜和遗体工作。5月18日和11月9日，嫩江县和爱辉区各有1名志愿者成功的实现眼角膜和遗体捐献。市红字会协调相关部门，免收2名志愿者在殡仪馆的一切费用，看望慰问家属。志愿者把光明留在人间，让更多的生命得以延续，把遗体提供给医学院校进行医学研究，为医学事业作出贡献。 （王思涵）

法　　治

政法委及综治

【概况】 2018 年,全市各级政法部门深入贯彻中共十九大和十九届二中、三中全会精神,认真落实习近平总书记对黑龙江省重要讲话和深入推进东北振兴座谈会上的重要讲话,以及视察黑龙江省时的重要指示精神,按照中央和省委、市委对政法工作的整体部署,发扬政治坚定、纪律严明、勇于担当、能打硬仗的优良作风,攻坚克难,奋力拼搏,忠实履行维护国家政治安全、确保社会大局稳定、促进社会公平正义、保障人民安居乐业"四项职责任务",组织推进"法治建设年""扫黑除恶"专项斗争,基本解决执行难"雷霆行动"和优化营商发展环境"四大专项行动",全面深化司法体制改革,不断加强政法队伍建设,政法工作水平进一步提升,为促进边境地区经济社会繁荣发展作出贡献。

中共黑河市委政法委员会是中共黑河市委员会领导和管理政法工作的职能部门,设副厅级书记 1 职,处级领导职数 7 职:正处级专职副书记 4 职,政治部主任 1 职、工会主任 1 职,中共黑河市委维护社会稳定工作领导小组办公室主任 1 职。2018 年 12 月,市委政法委员会有行政编制 25 个,实有 24 人;内设机构 5 个:政治部(副处级)、办公室、研究室、执法检查室、涉法涉诉信访办公室;合署办公机构 3 个、内设机构 7 个:黑河市社会管理综合治理办公室内设综合科、指导科,中共黑河市委维护社会稳定工作领导小组办公室内设综合科、指导科。2018 年 12 月 19 日,根据《黑河市机构改革方案》,黑河市社会管理综合治理委员会及其办公室、中共黑河市委维护社会稳定工作领导小组及其办公室职责交由市委政法委员会承担,不再设立市社会管理综合治理委员会及其办公室、市委维护稳定工作领导小组及其办公室。

领导班子成员:

书　　记　陈洪生

副 书 记　才德举　周英侠(兼综治办主任)

　　　　　吴全刚　张进良

政治部主任　王岩辉

(崔立春)

【社会维稳】 2018 年,黑河市政法部门以完善机制建设为突破口,以维护全国"两会"和重要节点的社会稳定为目标,以落实落靠责任为抓手,推动各类矛盾纠纷的排查、化解、疏导和稳控工作,突出的群体性矛盾存量明显减少,新增不稳定因素呈下降趋势,涉稳信访问题在可控范围内,全年没有发生影响社会稳定的重大突发事件,全市社会持续稳定。全年共排查出各类群体性矛盾纠纷 40 件,其中 50 人以上的较大矛盾纠纷 9 件,所有矛盾纠纷在可控范围。对 18 件问题落实责任部门和包保责任人,确保了这些群体的稳定。

(崔立春)

【司法体制改革】 2018 年,黑河市审判机关全面启动第二批员额遴选工作,完成法官检察官二次入额资格审核、笔试面试、入额推荐工作。全面落实司法责任制,开展新型办案团队建设,召开案件繁简分流、多元化解北安现场会,优化司法资源配置,全市共成立 40 个速裁团队,实现繁案精审、简案快审,简易程序适用率平均达到 78.97%,同比增长 6.32%。继续深化以审判为中心的刑事诉讼制度改革,落实"三项规程"(即《人民法院办理刑事案件庭前会议规程(试行)》《人民法院办理刑事案件排除非法证据规程(试行)》《人民法院办理刑事案件第一审普通程序法庭调查规程(试行)》),推进庭审实质化。积极探索法院内设机构改革,试行刑事审判大部门机制等改革,全市法院共成立审判团队 29 个,有效整合了审判资源。

(崔立春)

【社会治安综治】 2018 年,黑河市政法部门把平安建设作为主线,协调各方齐抓共管,实现了基层治理能力和平安主题建设"双提升"。综治中心一体化建设和"雪亮工程"建设深入推进,完成市本级、6 个县(市、区)和 97% 的乡镇(街道)、92% 的村(社区)综治中心建设任务,全市重点部位、人员密集场所实现全覆盖、无盲区。推广"枫桥经验",整合全部政法综治工作力量,建立有机衔接、相互协调的多元纠纷化解机制,全面提升防控风险、化解矛盾能力。积极落实《黑龙江省社会矛盾纠纷多元化解条例》,建立调解、仲裁、行政裁决、行政复议、诉讼等有机衔接、相互协调的多元化纠纷解决机制,在村(社区)综治中心建立"一站式"服务窗口;加强特殊人群服务管理,深入推进社区矫正工作。全年累计接收社区服刑人员 2844 人,累计解除社区服刑人员 2697 人,在册社区服刑人员 859 人;建成矫正中心 6 个,占辖区总数的

100%。黑河市在全省社区矫正工作推进会议上交流信息化建设工作经验。进一步加强刑满释放人员安置帮教工作,全年共接收刑满释放人员865人,安置率97%,帮教率100%,无重新违法犯罪情况。其中,通过建立4个安置基地,安置刑满释放人员22人。加强严重精神障碍患者监护责任"以奖代补"工作,对核定符合"以奖代补"条件的严重精神障碍患者118人按照相应补贴标准纳入财政预算;对重点管控的肇事肇祸重性精神病人78人逐一落实管控民警,落实管控责任。加强预防青少年犯罪工作,对中小学安装"防欺凌一键式报警"按钮,最大程度遏制校园欺凌事件的发生。积极推进平安县(市、区)、平安医院、平安校园、平安市场等创建活动,与黑河学院、市教育局等部门,开展学校及周边治安综合治理专项整治行动。全年刑事案件发案1843起,同比下降6%;重点刑事案件发案176起,同比下降19.3%;治安案件发案2415起,同比下降9.2%,治安秩序保持持续平稳,人民群众安全感持续增强。 (崔立春)

【"扫黑除恶"专项斗争】 2018年,黑河市"扫黑办"按照党中央、国务院对"扫黑除恶"专项斗争的部署和省委、省政府相关要求,精心组织、周密谋划、迅速行动,全市政法各机关、纪委监委、组织部、宣传部等有关部门,坚持问题导向,创新工作方法,坚持"有黑扫黑、有恶除恶、有乱治乱、有伞打伞",依法打击各类涉黑涉恶违法犯罪,深挖彻查黑恶势力背后的腐败问题和"保护伞"。全年公安机关共立案侦查涉黑恶犯罪案件22件,破获各类案件126件;检察机关批准逮捕涉黑恶犯罪案件17件82人、提起公诉8件60人;人民法院一审判决涉恶案件6件,判处51名被告人有期徒刑,判处财产执罚2289万元。全市纪检监察机关查处"保护伞"案件3件3人。 (崔立春)

【法治建设年活动】 2018年,按照中共黑龙江省委《2018年全省"法治建设年"活动方案》要求,市委政法委牵头成立科学立法、严格执法、公正司法、法治宣传教育4个专项推进组,统筹推进全市"法治建设年"活动。科学立法组注重加强宪法知识学习和实施,全面启动规范性文件备案审查,积极开展立法调研和听证工作,规范地方政府立法行为,黑河市第一部地方性法规《黑河市市容和环境卫生管理条例》于2018年1月1日正式实施,第一部政府规章《黑河市人民政府立法工作规定》于2018年2月1日正式实施;严格执法组坚持问题导向,针对执法主体,将所承担的工作细化为14项具体任务,采取项目化管理方式逐项推进;公正司法组结合各自职能,突出重点,稳步推进任务落实,检察机关牵头11家行政执法部门配合开展的打击破坏环境资源专项整治行动,收集公益诉讼线索71件,立案45件,公安机关建立宣传渠道和监督渠道,确保工作高质高效运行;法治宣传教育组实行任务清单制、推进"销号制",逐一落实责任部门,为"法治建设年"活动开展提供机制保障。在专项推进组和各有关单位的共同努力下,历时8个月,高质量完成上级部署的73项任务,受到省法治建设年工作督查组的肯定。 (崔立春)

【专项整治活动】 2018年,市委政法委员会作为全市整顿作风优化营商发展环境工作政法专项组牵头单位,坚持问题导向,狠抓提升执法司法服务水平专项整治活动。全市政法机关出台便民利企服务措施411项,新增一站式综合窗口51个,出台"互联网+政法"服务措施279项,精简办事流程224项,兑现"四零"承诺服务705个,减少审批申报备案12个,收回特殊机动车号牌174套。切实加强公共法律服务体系建设,全市按工作要求建成县级公共法律服务中心、乡镇公共法律服务工作站、村级公共法律服务工作室;不断推动涉外法律服务深入开展,成立俄阿州国际法律服务综合体,开办全省首例与境外远程视频方式承办的委托书公证业务。开展纪律作风专项检查88次,督导检查54次,明查暗访75次,处理干警17人。不断加大对破坏营商环境案件查办力度,深入开展维护市场主体合法权益专项整治,依法查处涉众型经济犯罪案件17件,破获各类经济犯罪案件38起;深入开展"食药环"专项打击、常态化推进"亮剑护农"等专项行动,破获涉及食品、药品、环境、农资等各类刑事案件57起;清理涉企积案88件,解决涉企矛盾纠纷833件,解冻违规扣押查封涉案款物535万元,为全市营造良好营商法治环境作出贡献。 (崔立春)

【"雷霆行动"】 2018年,黑河市政法部门把"基本解决执行难"作为优化营商环境、推进"法治建设年"活动的重要举措,推动形成"党委领导、人大监督、政府支持、政法委协调、法院主办、部门配合、社会参与"的工作新格局。积极争取市委、市人大支持,接受市人大常委会专项视察执行工作,推动市人大出台《黑河市人大常委会关于进一步加强人民法院执行工作决定》,为解决执行难工作提供法治保障。加大监督指导和统筹协调力度,组织召开全市"基本解决执行难"联席会议、攻坚工作推进会议,出台《关于坚决打赢"基本解决执行难"攻坚战的实施意见》,黑河市委、市政府两办下发《关于切实做好"基本解决执行难"攻坚工作的紧急通知》,对重点执行案件落实市、县两级党政领导包案,就执行难攻坚工作约谈各县(市、区),对涉党政机关等特殊主体案件进行督办。全市法院集中开展"雷霆行动",定期召开新闻发布会,形成强大的震慑作用和舆论声势,发布失信被执行人10616人,限制被执行人高消费8757人,限制出境25人,拘留341人,罚款14人,按拒执罪移送公安机关19人。集中开展涉党政机关专项执行活动,全面清理处置政府违约失信问题,大部分涉党政机关执行案件顺利执结。全市法院共受理执行案件9710件(不含旧存925件),执结9820件,执结率92.3%。其中,实际执结率75.72%,实际执行到位率39.43%,执结完毕率36.41%,终本合格率98.08%,结案标的15.68亿元,实际到位13.01亿元。 (崔立春)

【队伍建设】 2018年,黑河市政法部门不断提高政治站位和政治自觉,坚持正规化、专业化、职业化方向,把抓思想建设、组织建设、作风建设贯穿于政法各项工作始终。加强政治建设,坚持党对政法工作的绝对领导,深入学习贯彻习近平新时代中国特色社会主义思想和中共十九大及习近平总书记在深入推进东北振兴座谈会上的重要讲话和考察黑龙江的重要指示精神,全面推进“两学一做”学习教育常态化制度化,进一步增强“四个意识”,提高政治站位。政法各机关紧贴实战化要求,紧紧围绕科技应用、规范执法、反恐维稳、侦查破案、舆情应对等现实急需,持续开展各类技能培训活动,全市公安机关队伍政治素质、业务能力和整体战斗力得到明显提升。加强作风建设,严格落实党风廉政建设“两个责任”和领导干部“一岗双责”,积极开展常态化的法纪教育和警示教育,深入查纠“四风”问题,扎实开展深化作风整顿优化营商环境工作,集中整治形式主义、官僚主义、失责失信、弄权勒卡、效率不高、能力不足、不担当、不作为、慢作为等影响营商环境的突出问题,营造风清气正的良好风气。2018年,按照省委政法委的统一部署,市委政法委在全市迅速开展政法队伍突出问题专项整治,共梳理问题线索12件,移交市纪委监委3件。 (崔立春)

法治政府建设

【概况】 2018年,黑河市政府法制办公室(以下简称“市法制办”)认真贯彻落实中共中央国务院《法治政府建设实施纲要(2015—2020年)》和省委、省政府《黑龙江省法治政府建设实施方案(2016—2020年)》。牵头完成对各地各部门2017年度法治政府建设情况考核工作,监督完成法治政府建设2017年度工作任务,梳理细化2018年度法治政府建设工作任务。作为“法治建设年”严格执法组的牵头单位,按照市委相关工作部署,将活动任务与法治政府建设任务融合,制发《落实“法治建设年”工作任务实施方案》《2018年法治政府建设工作目标分解》《2018年度法治政府建设考核方案》,持续对各地各部门完成法治政府建设工作情况进行督查指导并进行考核。同时,积极配合、协助“法治建设年”其他专项组做好科学立法、法治宣传的各项工作。

市法制办是黑河市政府组成部门,正处级建制。内设科室10个,分别为秘书科、综合法规科、市政府法律顾问工作管理办公室、行政执法监督科、行政复议综合指导科、行政复议案件受理科、行政复议案件审理科、培训科、信访案件复查复核综合指导科、信访复查复核案件督察科。2018年12月,有行政编制16个、事业编制4个、工勤编制1个,实有干部14人、工勤1人。在市政府法制办公室设2个处级机构:市行政复议委员会办公室(正处级建制)和市信访复查复核委员会办公室(正处级建制);下设事业单位黑河市规范性文件备审管理中心。2018年12月19日,根据《关于黑河市机构改革方案》,将市司法局、市政府法制办公室的职责等整合,重新组建市司法局。不再保留市政府法制办公室。

领导班子成员:

党组书记　宋　琦(2018.4止)

副 主 任　凌名峰(2018.12止)

(金玲玲)

【依法决策机制】 2018年,市法制办积极参加市委、市政府各类会议,对棚户区改造、招商引资、项目建设、合同文件等决策事项提供法律意见,对政府重大行政决策事项、重要文稿和重大合同(协议)进行合法性审查,全年审查260余件政府文件、审核市政府合同(协议)9件,把好重大决策合法性审查关。落实重大决策社会稳定风险评估报告审查工作,要求相关单位落实社会稳定风险评估制度,对相关单位形成的26件风险评估报告进行合法性审查,有效提升社会稳定风险控制能力。充分发挥法律顾问作用,对全市政府法律顾问制度建设情况进行摸底检查,持续对政府法律顾问制度进行跟踪指导。市、县两级政府已经全部建立政府法律顾问制度,聘请法律顾问;黑河市政府各部门均建立法律顾问制度,涉法事务较多的政府部门及大部分乡镇政府聘请兼职法律顾问。全年组织市政府法律顾问为政府立法论证、涉法案件、合同审查、宪法宣讲工作提供法律服务11次。 (金玲玲)

【行政制度建设】 2018年,市法制办注重完善立法体制机制,起草并实施《黑河市人民政府2018年立法计划》。市政府立法计划确定3项年内完成立法工作项目:地方性法规草案项目《黑河市城市供热管理条例》完成起草和法制审核;市政府规章项目《黑河市城市容貌标准》《黑河市户外市场管理办法》因涉及机构改革和上位法的修改,起草部门已经提交了暂缓立法的建议。加强规范性文件监督管理,落实《黑龙江省规范性文件管理办法》,要求各地、各单位严格遵守规范性文件统一登记、统一编号、统一公布制度。启用黑龙江省规范性文件备案管理信息系统,实现网上备案审查,全年审查以政府和政府办名义制发规范性文件22件,审查各地、各单位向市政府备案规范性文件46件。牵头组织规范性文件清理工作,制发清理工作方案,对170件规范性文件进行清理,保留规范性文件132件,待修改6件,废止32件,清理结果在市政府网站公布。通过文件清理工作保证了政府文件与法律、法规、上级文件的有效衔接,有力促进了依法行政制度的统一。 (金玲玲)

【规范执法】 2018年,市法制办严格落实《黑龙江省行政执法责任制规定》相关规定,对执法部门开展个案监督,接待来信来访咨询40余件次,其中涉及具体问题的9件协调解决6件、转办2件、移送1件。对在行政复议办理、政府企业投诉、各地各部门具体工作办理中发现的问题,提出多项监督建议,制发执法监督建议书3份。开展案卷评查,审查各执法部门执法案卷200余卷,对执法部门完善执法程序过程中提出的问题进行指导。持续开展执法人员及执法辅助人员管理(清理)工作,下发《关于进一步清理规范行

政执法人员和执法辅助人员的通知》,尝试建立行政执法人员个人执法档案。 (金玲玲)

【事中事后监管】 2018 年,市法制办加大对涉及“放管服”改革的配合推进力度,对网上行政审批内容进行在线监督,对深化商事制度改革和流程再造工作开展录入指导并进行法制审核。进行权力取消、下放及承接等相关依据的法制审核,对经济发达镇权力下放试点工作所涉及全部权责清单进行审核并提出修改意见。下发《关于继续深入推进“双随机一公开”监管改革强化事中事后监管的通知》《关于持续深入推进“双随机一公开”监管改革全面落实的通知》,指导各部门完善相关制度,结合工作实际合理确定年度抽查比例、频次,保证必要的覆盖面和监管力度,且防止过度检查。对投诉举报多、列入经营异常名录或者有严重违法违规记录等情况的市场主体,加大随机抽查力度。推进跨部门联合执法,协同各相关部门对市本级开展的 10 余次联合执法检查从行政执法程序以及“双随机一公开”监管方式的应用方面进行现场监督指导。减证便民、优化服务,做好证明事项清理工作,切实做到没有法律、法规规定的证明事项一律取消,各县(市、区)共计取消无法律、法规规定的证明事项 16 项。 (金玲玲)

【纠纷化解】 2018 年,市法制办运用行政复议、信访复查复核和行政应诉机制化解社会矛盾。加大依法化解矛盾纠纷工作力度,行政复议、行政应诉逐渐成为化解行政争议的重要途径。全年立案受理行政复议案件 124 件,其中结案 70 件。办好信访复查复核案件,全年办理信访复查复核案件 54 件,其中,作出书面不予受理意见 10 件、正式立案受理复查复核案件 19 件、办理上年结转案件 25 件;作出复查复核意见 33 件,待结案 11 件。在处理信访复查复核案件中加大依法处理案件力度,积极引导信访人通过法定途径解决争议纠纷,分流大量信访矛盾,充分发挥信访复查复核工作在维护社会稳定中的作用。支持人民法院依法受理和审理行政案件,全年办理行政诉讼案件 12 件,落实行政机关负责人出庭应诉规定,配合人民法院做好开庭审理工作,主动履行生效判决文书,接受司法监督。 (金玲玲)

公 安

【概况】 2018 年,在市委、市政府和省公安厅的坚强领导下,全市公安机关坚持以习近平新时代中国特色社会主义思想为指引,牢牢把握“对党忠诚、服务人民、执法公正、纪律严明”总要求,积极适应中国特色社会主义进入新时代、社会主要矛盾发生新变化对公安工作提出的新要求,紧紧围绕奋力推动黑河公安争先创优、争创全国一流的总目标,坚持“护安全、保稳定、促发展、惠民生”工作主线不动摇,全面贯彻省公安厅“四个坚持”工作思路和“五个不动摇、五个新提升”目标要求,实施“十大工程”、争创“十个一流”,大力推进边疆公安工作信息化法治化现代化建设和公安队伍正规化专业化职业化建设,努力为黑河全面振兴发展营造安全稳定的政治环境、安定有序的社会环境、公平正义的法治环境、优质高效的服务环境。全市发案持续下降、社会持续稳定、治安持续良好、突发事件妥善处置,人民群众安全感和满意率持续提高;全市公安机关有 31 个集体、170 名民警受到国家和省市表彰奖励,队伍履职能力和工作水平不断提升。

2018 年 12 月,黑河市公安局下辖 5 个县(市)局:北安市局、嫩江县局、五大连池市局、孙吴县局、逊克县局;6 个分局:爱辉分局、合作区分局、铁路分局、五大连池风景区分局、大岛分局、机场分局;2 个直属单位:交警支队、警校。

领导班子成员:
党委书记 局 长 督察长 邓福才(市政府副市长兼任)
党委副书记 杨 光
副 局 长 王立岩 邱晓林 刘春利
姜伟斌 刘修忠(2018.3 任)
市纪委监委派驻第二十二纪检组副组长 李江宏
政治部主任 张旭宇
消防支队政委 毕永军
特警支队长 郭长江(2018.6 任)
(韩登江 宋 吉)

【涉外警务】 2018 年,黑河市公安局充分发挥国合联络办职能作用,加强与俄阿州警方国际执法合作,不断巩固双边区域警务合作机制,提升密切沟通联系工作水平,相互发函并妥善办理案件协查、警务交流等案(事)件 55 件,在全省公安国际警务合作工作会议上作典型发言。牢牢把握当前涉外社会治安新形势新特点,进一步构建涉外立体化治安防控体系,推进外国人管理联席会议制度落实,加强重点要害部位和场所管控,强化开展涉外安全大检查,提升涉外基础信息化建设,强化外国人口岸签证管理,完善外国人管理“一户一档”模式,切实提高外国人管控能力和水平,大力挤压非法入境、非法居留、非法就业人员滋生空间。全年办理涉外案(事)件 12 起,其中,非法居留 5 起 5 人、非法就业 2 起 2 人、未按规定办理住宿登记 2 起 2 人。 (韩登江 宋 吉)

【惩治犯罪】 2018 年,黑河市公安局聚焦“打造秩序好、发案少、最具安全感的边境地区和口岸城市”平安黑河建设新目标,重拳打击“十类突出违法犯罪”,开展“扫黑除恶”专项斗争,开展“三打击一整治”、禁毒“两打两控”“净网 2018”“云端 2018”等整治专项行动,打击网络电信诈骗新型犯罪、打击非法集资网络传销、冬季护游、边境清查等系列打击专项行动,集中整治治安突出问题。全市共破获各类刑事案件 1115 起,抓获作案成员 1524 人;侦破命案 16

起,破案率94.1%;抓获网上在逃人员243名,完成城区公安机关刑事技术统勘统鉴工作,全市打击违法犯罪能力得到新提升。快速侦破孙吴县"1·14"故意杀人案、嫩江县"6·16"故意杀人案、北安市"2018·10·5"故意杀人案件等严重危害社会秩序、社会广泛关注的重大案件;成功侦破爱辉区系列电信诈骗案、"3·22"部督非法经营案、系列销售假药案、非法生产销售伪劣海参案等一大批社会影响大、群众广泛关注的民生大案;依托市局反诈中心,大力推进电信网络诈骗犯罪打击力度,侦破电信网络诈骗犯罪案件48起,破案率同比提高16%;"云端2018"专项行动破获石某非法公众存款案、潘某民组织领导传销案等经济犯罪案件65起,抓获犯罪嫌疑人68人,挽回损失3000余万元。

(韩登江 宋 吉)

【"扫黑除恶"专项斗争】 2018年,黑河市公安局认真贯彻落实习近平总书记重要指示精神和中央及省委、市委决策部署要求,按照"有黑打黑、无黑除恶、无恶治乱"的工作原则,充分发挥公安机关扫黑除恶主力军作用,组建百人扫黑除恶攻坚专班和突击队,实行扫黑除恶"六长捆绑负责、承诺签字背书"制和"一案双查、倒查问责"制,全面开展宣传发动、线索摸排、线索核查、专案侦查、收网抓捕、移送起诉等工作,全市打掉黑恶势力团伙22个,抓获涉黑涉恶犯罪嫌疑人172人,破获案件103起,依法查封、扣押、冻结涉案财产2430万元,打击战果位列全省第五,"扫黑除恶"专项斗争取得阶段性成效。 (韩登江 宋 吉)

【反恐维稳】 2018年,黑河市公安局进一步加强反恐情报平台建设,建立反恐情报专班,进一步完善反恐情报研判和通报核查反馈机制,收集涉恐情报信息。开展深化严打暴恐专项行动和"猎狼2018"反恐排查专项行动,组织反恐百日宣传活动和反恐宣传演练进校园、2018·跨区域反恐处突拉动演练等实战练兵活动。推动市委、市政府出台《反恐怖督导检查工作制度》,推进落实重点地区、重点部位和重点行业反恐防恐主体责任,持续开展涉恐安全隐患大排查大整治,排查涉恐安全隐患,在人员密集场所设置防冲撞设施,全市无涉恐人员"潜入潜出"和暴恐案件发生。

(韩登江 宋 吉)

【治安防控】 2018年,黑河市公安局进一步完善治安防控"四张网"(天上视频监控网、线上卡口封控网、面上军警民巡控、网边上边控网)建设,实现视频专网和全部监控资源与省厅联网。新建大量"雪亮工程"和智能卡口视频监控点位,全市重点部位、重要路段、人员密集场所全覆盖、无盲点,城市沿街商户、新建小区、老旧单散小区、村屯出入口视频监控建成率86.4%。完成全市公路卡口封控网改造和公路智能交通管理系统、电子围栏系统建设,新建和升级改造部分固定、临时反恐治安卡点。市县两级公安机关同步开展"军警民大巡防",深入推进边境管控体系建设,开展"预防治理校园欺凌专项行动启动仪式"等大型安全文化宣传活动30余次。全市刑事案件发案同比下降6%,治安案件发案同比下降9.2%,其中,"两抢一盗"等可防性案件发案同比下降23.7%,全市治安秩序保持持续平稳,人民群众安全感和满意度持续增强。 (韩登江 宋 吉)

【治安管理】 2018年,黑河市公安局深入开展打击整治枪爆违法犯罪专项行动,在省厅专项考评中位列第五名。持续开展公共安全隐患大排查大整治专项行动,严厉打击黄赌毒违法犯罪,进一步加强枪危爆管理,建立矿区民爆物品远程监控系统和"一矿一警"制度,健全枪支弹药、管制刀具、散装汽油、寄递物流等安全管理机制,率先在全省完成加密印章系统建设和公章刻制由审批改备案制。深入开展重性精神病患者等重点人员摸排管控工作和打击拖欠农民工工资工作,组织开展冬季护游专项行动,进一步强化医院、校园安保工作,首创校园"一键式防欺凌报警按钮"。严格落实大型活动安全许可、安全容量、安全检查、秩序维护"四道关",圆满完成中俄界江冰球赛、央视特别节目录制、国际彩虹跑、大黑河岛经贸洽谈会、五大连池风景区圣水节、第九届中俄文化大集等40余项大型活动安保工作。 (韩登江 宋 吉)

【交通管理】 2018年,黑河市公安局全面落实道路交通安全管理"十项机制",切实强化路面管控,进一步落实重点车辆户籍化管理措施,推进高速公路防控体系二期工程建设,全面升级公安交通集成指挥平台系统,全市高速公路防控体系卡口数据接入在线率100%。强化机动车稽查布控系统实战应用,开展交通信号灯维护、排查和改造工作,集中开展春运道路交通保卫战等专项行动62次,全市查处交通违法行为55万余起,行政拘留800余人次,吊销驾驶证277本,全市未发生一次死亡3人以上的较大交通事故,道路交通安全形势总体平稳。省人大执法检查组对黑河交管工作给予充分肯定和高度评价。 (韩登江 宋 吉)

【消防管理】 2018年,黑河市公安局进一步完善指挥调度体系,形成综合救援合力。坚持消安委实体运行,集中约谈消防安全责任人、消防安全管理人900余人。为公安执勤点配备消防器材,市区"固移结合"警务微型站格局初步形成。组织开展多部门参与的实战联合演练3次,开展支队级演练13次、大中队级演练900多次,队伍综合应急救援能力明显提升。坚持推进"智慧消防"工作,建成物联网远程监控系统并投入试运行,全市共接警出动611次,扑救火灾486起,抢救疏散被困人员233人,抢救财产价值2233万元。深入落实公安现役部队改革部署,全面完成消防部队转隶工作,实现火灾形势和队伍形势"双稳定",消防支队被国家应急管理部消防救援局评为"改革转制教育整训"先进支队,在省消防救援总队全年验收实现先进"六连冠"。 (韩登江 宋 吉)

【边境管理】 2018年,黑河市公安局深入推进边境管控体系建设,开展"固边5号"等专项行动,持续开展边境政策法规宣传教育和违边人员、边境小型船只、边境重点部位三项排查，进一步加强明水期违规作业专项治理。进一步规范县（市、区）边境流动查缉工作，加大“三类六种”案件侦办力度，加强涉毒案件线索摸排和打击工作，严厉打击走私、偷渡活动，组织参加2018中俄界河应急联合救援演习。全年开展边境巡逻踏查2400余次，查获违边作业人员12起。深入落实国家移民管理体制改革和公安边防部队改革任务，确保划转移交、体制转改平稳有序，圆满完成各项边境管理任务，确保边境地区和口岸城市安全稳定。

（韩登江 宋 吉）

【户政管理】 2018年，黑河市公安局大力推进城乡社区警务和“一村一辅警”警务机制建设，城镇派出所实行“两队一室”警务模式，全市569个行政村建立警务工作站全部配齐驻村辅警。坚持科技强警，自主研发“警务易采通”App，全市“一标三实”（标准地址，实有人口、实有房屋、实有单位）信息采集录入分别完成98.54%、98.69%、98.73%、99.45%。全面推进“平安社区”“平安乡村”“平安校园”“平安医院”等系列平安创建活动，探索建立“一队引领三长一队”（社区警务队和“网格长、楼长、单元长”、群防群治队伍）警务机制，创新日租房管理工作法，强化社区警务点对点、面对面扁平化管理，实现“警对民”单向警务模式向多元化警务模式的转变。

（韩登江 宋 吉）

【出入境管理】 2018年，黑河市公安局出入境管理部门深入贯彻落实“四零”承诺服务创建工作，优化整合出入境接待大厅资源，进一步健全规章制度，推出“送证上门”等服务，进一步提升出入境窗口服务水平和工作效率。办理因私普通护照26176证次、边境旅游护照23883证次、港澳通行证12909证次、往来港澳通行证签注28084个，大陆居民往来台湾通行证3477证次，往来港澳台通行证签注2979个；为外国人签发签证17证次、居留许可167人次。市局出入境管理支队获全省公安机关“四零”承诺服务创建“满意窗口”、全省公安机关“十佳窗口标兵”，记集体三等功；孙吴县公安局出入境管理科被评为全省公安机关“四零”创建“满意窗口”。

（韩登江 宋 吉）

【优化营商环境】 2018年，黑河市公安局党委高度重视深化作风整顿优化营商环境工作，深入开展解放思想推动高质量发展大讨论活动，聚焦重点警种，聚焦突出问题，全市公安队伍中6个方面21项问题全部完成整改销号。大力开展“四零”承诺服务创建和“放管服”工作，出台窗口承诺136项，便民服务措施80项，下放行政权力27项，简化权力流程11项，压缩权力办理时限15项，全力打通服务群众“最后一公里”。市局有3个单位被评为全省公安机关“四零”承诺服务创建“满意窗口”和“十佳窗口标兵单位”；全市10名民警被授予“服务之星”“十佳爱民模范”等称号。全市公安机关作风整顿和“四零”创建先进经验，多次在全市和省公安厅作典型发言。

（韩登江 宋 吉）

【财务管理】 2018年，黑河市公安局进一步规范公安机关财务收支活动，将中央和省级公安转移支付的3380万元资金，重点投向一线执法执勤、执法办案及特警反恐等部门。落实市直公安机关民警执勤津贴和加班补贴，大力推进全市公安机关装备建设，购置更新执法执勤车辆60台，新配备移动警务室4辆，新购置更新单警装备1730套、警用数字集群（PDT）对讲机1000部、移动警务终端918部，全市警务装备水平再次实现大幅提升。

（韩登江 宋 吉）

【信息化工作】 2018年，黑河市公安局按照上级部门编制公安政务信息资源目录要求，上报公安内部和社会资源类编制数据资源目录及数据。积极开展“三站一场”人票证系统建设，完成全市7个客运站13套人证票系统设备安装和联网调试工作。建成全省首个符合公安部安全规范的“双网双平台”人脸识别平台，抓获网上在逃人员39名。努力推进全国“一张网”建设目标，完成全市警用数字集群（PDT）应用系统建设工作，在全省率先使用满足全国联网条件的新系统，是全省唯一具备全国跨层级、跨区域联网条件的市级公安局。

（韩登江 宋 吉）

【业务技术用房建设】 2018年，黑河市公安局推进公安基础设施建设，市局公安政务服务中心、交警支队、警务技能训练基地综合业务技术用房建设如期建成并投入使用。工程投资5000万元，占地8000平方米，建筑面积13000平方米，全面改善民警训练、办公和服务环境。其中，公安政务服务中心2000平方米，可一站式办理车驾管、出入境、居民身份证等窗口业务，进一步提升市局便民利企、服务沿边开发开放的能力水平。同时，完成市看守所、合作区分局新建业务用房建设，并投入使用。

（韩登江 宋 吉）

【执法规范化建设】 2018年，黑河市公安局聚焦“法治公安”建设目标，深入开展“法治建设年”活动，大力推进执法规范化建设，把严格规范公正文明的执法要求落实到执法活动的全过程，积极推进依法治国新实践。紧紧抓住执法能力建设这一根本，牢牢抓住领导干部“关键少数”和基层执法主体“绝大多数”，大力开展《中华人民共和国宪法修正案》《中华人民共和国治安管理处罚法》等法制培训，积极开展执法资格考试，全市公安机关实现执法勤务部门、派出所负责人和案件审核人员100%取得中级以上执法资格。突出精细化、标准化、实战化要求，坚持和完善规范性文件备案审查制度，强化省厅“四个规定”的严格落实，积极适应以审判为中心的诉讼制度改革，进一步深化受立案、刑事案件统一审核统一出口“两项改革”，重点解决有案不受、受案不查、案件录入系统质量低等问题，强化受立案环节监督管控。大力开展全覆盖式执法质量巡察，积极构建网上执法巡察常态化机制，加强对群众反映强烈、存在明显执法问题案件的监督力度，强力推进执法问题整改，下发执法巡察通报15期，排查整改执法突出问题119个。市依法治市工作领导小组对市局“七五”普法工作给予充分肯定，

省人大“一法一例”执法检查组对市局执法工作给予高度评价。 (韩登江 宋 吉)

【队伍正规化建设】 2018年,黑河市公安局推进全市公安队伍正规化、专业化、职业化建设。突出思想政治建设,切实打牢对党忠诚建警之魂,永葆对党忠诚的政治本色。大力加强警营文化建设,创办《黑河警察风采》期刊,举办全市公安机关“忠诚卫士杯”首届警体运动会,制作《警苑新声》等微视频24部,组织创作相声小品14部,在全省和全国公安系统获多项荣誉;建立“网、报、台、微、端”公安宣传大矩阵,开通“平安黑河”官方抖音账号,各类平台关注人数达10万余人次,在国家和省市主流媒体刊播稿件870余篇,形成了强大的宣传声势。制发《全市公安队伍素质能力建设工程实施细则》,强力推进“十大培训”工作,全省公安机关警务实战技能比武竞赛中取得总分全省第二名和“判定使用武力科目”全省第一名的好成绩。顺利完成消防部队转隶和边防现役部队划转地方公安机关工作,接收边防派出所23个、现役边防转发军官81人,在全省率先完成转改人员工资发放和经费人口出生率政策落实,实现了各项改革任务衔接落地。落实从严治党治警要求,加强公安基层党建工作,全面建立党风廉政建设责任体系,新建党风廉政警示教育基地,整改作风建设突出问题143个,受理核查投诉案件45件。市局政治部被省厅评为市地“2017年度全省公安优秀政工部门”,爱辉分局政工科被评为“全省公安优秀政工部门”。 (韩登江 宋 吉)

【全面从优待警】 2018年,国家新出台的执勤岗位津贴和加班补贴政策全部落实到位,为市区公安机关1400余名民警、辅警全部购买人身意外伤害保险。建立分级慰问制度,慰问320人、发放慰问金82余万元。修订完善表彰奖励工作规范,为17个集体176名民警记嘉奖,表彰奖励民警辅警56名。严格干部选拔任用,市局选拔调整干部107人。扎实推进人民警察两个职务序列改革,完成全市921人套改和495人首次晋升工作。成立维护民警正当执法权益委员会及专门办事机构,查处各类妨害公务、暴力袭警案件等侵犯民警正当执法权益案件13起,追究刑事责任10人、行政处罚14人,有力维护民警的正当执法权益。 (韩登江 宋 吉)

【北安市公安局全面打造公安队伍新形象】 2018年,北安市公安局聚焦警务常态化、智能化、标准化、亲民化“四化”目标,强化信息研判、依法治访力度,深化扫黑除恶专项斗争,持续开展军警民大巡防,在火车站、汽车站、商城等公共区域安装人脸识别系统30处,完成“平安乡镇”视频监控系统建设,新建北安市看守所、社戒社康综合服务中心,完成公务用枪数字化改造建设任务,深入推进“放管服”改革和“四零承诺”服务创建,规范窗口服务,出台便民利企措施,切实提升服务群众的能力和水平,被黑河市公安局评为2018年度深化作风整顿优化营商环境先进单位。

(韩登江 宋 吉)

【嫩江县公安局打造立体侦控体系】 2018年,嫩江县公安局着力打造以大数据为支撑,社会信息、视频监控、电子围栏三道屏障在空间上相互支持、相互辉映的立体侦控体系,组建情报研判合成作战中心,积极筹建城市视频监控系统一期、二期建设,与公安部一所合作,安装全网围栏4处,对技术设备全面升级,相继侦破“2018·6·22”张某林伤害致死案、石某非法吸收5000余万元公众存款案等有影响案件。

(韩登江 宋 吉)

【五大连池市公安局打造队伍建设新亮点】 2018年,五大连池市公安局以朝阳乡革命老区为依托,深入开展“红色先锋工程”“红色课堂”等主题教育活动,教育引导广大民警用中共十九大精神武装头脑、推动实践。有效地利用机关办公区域走廊、会议室等墙壁闲置空间建立警营文化长廊。精准对接公安改革,全面落实执法勤务警员、警务技术职务序列改革及从优待警政策,全局共223名执法勤务民警和18名技术民警享受到改革红利。推进警官餐厅投入使用,乡镇民警加班补助全部发放到位,民警休息保障城镇派出所达到“一人一张床”,农村派出所达到“一人一间房”,民警的职业归属感和认同感得到有效提升。

(韩登江 宋 吉)

【孙吴县公安局全力护航辖区经济发展】 2018年,孙吴县公安局严打贷款人贷款逾期不还、骗取贷款违法犯罪行为,催缴贷款共计360余万元。对出入境接待大厅进行全面升级改建,服务窗口从1个扩大到3个,设置工作区、照相区、填表区、等候区等功能区域,配备手机充电站、饮水机、便民伞、急救箱等便民设施,推进出入境管理服务工作迈上新台阶,为促进县域经济社会发展作出了新贡献。

(韩登江 宋 吉)

【逊克县公安局推进打击犯罪与文化建设双翼前行】 2018年,逊克县公安局进一步强化安保维稳工作,严打经济犯罪、食药环犯罪,实现八类案件全破工作目标,破获克林乡自然保护区非法采矿案件,刑事拘留嫌疑人2人、涉案金额1400余万元。深入开展“四零服务”和优化营商环境创建工作,扎实开展警营文化活动,编排小品《亲亲我的宝贝》在第四届全国公安系统相声小品大赛中获三等奖和最佳编剧奖,受到省厅和黑河市公安局表彰奖励。 (韩登江 宋 吉)

【爱辉区分局推行矿区管理新模式】 2018年,爱辉区分局着力打造“公安主导、警矿共建、确保平安”的警务工作新格局,进一步强化矿区管理,针对辖区煤矿企业数量多、分布范围广、管理难度大等特点,创新推出“一矿二警”(1个煤矿设立1个警务室、1+N警务辅助人员)警务工作新模式,大力推进研究谋划、人员选聘、保障落实到位,着力完善教育培训、管理使用、沟通会商机制,落实源头信息采集、治安防范、矛盾纠纷调解、消防管理等职责,取得阶段性成果。

(韩登江 宋 吉)

【合作区分局深入开展维稳安保工作】　2018年,合作区分局实时掌握各类重点人动态信息,及时处理化解各领域矛盾纠纷,确保辖区村屯两委换届、三江四岛建设、黑龙江公路大桥桥头区、跨境索道等大项目征地拆迁顺利进行。推进“扫黑除恶”专项斗争,充实扫黑除恶专业队伍40人,打掉1个涉恶犯罪团伙、2个犯罪集团。推进“一标三实”信息采集工作,信息采集完成99%以上;依托“雪亮工程”完成辖区城市视频监控231个,村屯监控10个;全局民警、辅警手机对讲机、执法记录仪、警用装备配备率均达到100%,为辖区群众创造良好了生产生活环境。　(韩登江　宋　吉)

【铁路分局大力实施“三联五网”工程建设】　2018年,铁路分局深入推进站车“三联”机制,新建10个群防群治、警民联络微信群,吸纳群防群治人员1500余人。全面加强协调联动,妥善处置列车因汛滞留等应急事件40余件。牢固树立“一盘棋”思想,强化警种联动,深入开展各项打击活动,破获网络刑事犯罪案件23起,破获行政案件100余起,成功抓获网络逃犯12人。依托“民警下基层”活动,创新警务技能训练方法,利用业余时间开展练兵活动,民警辅警全部驻所锻炼轮训,参与一线执法执勤,全警综合业务技能得到有效提升。　(韩登江　宋　吉)

【风景区分局创新警务模式】　2018年,风景区分局积极开展多种形式的安全文化宣讲活动,向游客深入讲解安全知识,扩大宣传教育覆盖面。将景区冬季护游工作作为优化营商环境和“四零”承诺服务创建工作的重要抓手,创新“一景一警、景警有责,一警一景、警景平安”的警务模式,全力打赢冬季护游攻坚战,为打造景区冰雪旅游品牌和推进经济发展创造了平安和谐的社会治安环境。　(韩登江　宋　吉)

【大岛分局全力打造“口岸新形象”】　2018年,大岛分局发挥边境口岸优势,创新工作机制,全力解决难点、热点问题。口岸执勤室救助中外游客100余次,挽回经济损失30余万元,被团市委授予“青年文明号”称号。深入开展深化作风整顿优化营商环境工作,主动与企业开展共建活动,竭力为企业和商户排忧解难,实现企业办事“最多跑一次”,让企业和商户感到管理服务更人性、办事更方便、服务更贴心。

(韩登江　宋　吉)

检　　察

【概况】　2018年,黑河市人民检察院坚持创新举措、奋力前行,扎实推进专项工作、做强做优法律监督、持续提升队伍素能,各项检察工作取得新成效。2018年12月,市院有内设机构24个,政法专项编制83个,实有干警77人;基层院6个,派出院1个。

领导班子成员:

检　察　长　孙晓军

副 检 察 长　李铁军　徐世伟　谷继军
　　魏庆林(2018.6任)

政治部主任　潘　娟

市纪委监委第二十二派驻纪检组组长、市院纪检组长
　　王春荣

(夏　茵)

【服务社会】　2018年,黑河市人民检察院持续推进优化营商环境工作,把握企业特点,制定个性服务,在服务民营企业中办实事出实招。出台《整顿机关作风优化营商环境22条服务措施》《关于保障服务民营经济十二条措施》等7项制度性文件,通过制度组合,落实主体责任。走访调研136家企业,根据国有企业和民营企业各有优势但缺乏交流平台现实,为国企和民企搭建党建对接平台、技术分享平台、管理交流平台,相互交流,优势对接,实现双方共建共赢。开展破坏环境资源专项整治行动,针对盗采煤矿、河砂以低廉成本赚取高额利润,破坏市场正常经营秩序的违法犯罪行为进行专项监督,维护了煤矿、砂厂的正当权益。开展食品药品安全专项立案监督,集中对全市销售非法保健品进行专项监督,监督公安机关立案6件6人。结合扫黑除恶专项斗争,加大对破坏营商环境的涉黑涉恶犯罪的打击力度,在办理赵某等5人故意毁坏财物案中,5名犯罪嫌疑人对外地经商者进行恶意恐吓围堵,制造危险破坏运输车辆10余台,造成市场恐慌,检察机关建议公安机关以涉恶势力犯罪移送,并成功追漏捕2人。积极参与精准扶贫工作,派驻精准扶贫村干部9人,其中第一书记4人,帮扶贫困村7个,协调争取产业、基础设施建设项目15个,市院捐赠电视、计算机、打印机等设备价值20余万元。　(夏　茵)

【公益诉讼】　2018年,检察机关开展公益诉讼,依法保护国家利益和社会公共利益不受侵犯。2018年,全市检察机关立案398件,提出检察建议360件,位居全省前三位。通过办理公益诉讼案件,督促恢复草原、治理水资源面源污染179.53公顷,督促整治污染企业48家,督促清除各类生活垃圾和固体废物102吨,为国家挽回国有林地3.27公顷。营造了党委重视支持,行政部门积极配合的良好氛围。联合会签支持公益诉讼文件8份,由市委、市政府联合下发《关于深入推进支持检察机关依法开展公益诉讼工作的实施意见》,为公益诉讼工作开展提供政策支持与信心鼓励。市人大带队组成公益诉讼专项考察组,赴多地进行交流学习,为公益诉讼工作提供强有力的支持。在开展工作中,与相关行政部门开展联合调查120余次,向行政部门制发的检察建议100%回复整改。赢得了代表认可、群众肯定和百姓信赖。办理一系列有影响的精品典型案件,黑河公益诉讼工作得到高检院、省院的充分认可。向黑龙江排放生活污水案由高检院进行全国推广;通北镇垃圾堆放污染环境案被黑龙江法制频道进行宣传报道;秸秆焚烧案和套取

农机补贴案在全省检察机关进行经验交流;经省院指定,全市检察机关抽调骨干力量组成“鸡西小煤矿关闭整治公益保护专案组”,历时2个月,12月21日在全省进行检察建议公开宣告,受到高检院认可以及省委书记张庆伟,省委副书记、省长王文涛签批肯定。 (夏　茵)

【未成年人检察工作】 2018年,黑河市人民检察院未成年人检察(未检)工作做实新举措。开展儿童保护专项行动,对黑河市近年来未成年人性侵害犯罪情况进行专项调研,制作全省首部以防性侵为主题的动漫片《做自己身体的守护天使》,在网络平台点击量逾百万,得到学校、家长和社会各界的广泛认可。联合黑河市妇联,在全市开展黑龙江省首次“呵护花蕾”——女童保护巡讲活动,参与学生达5000余人,覆盖全市中小学。开展“杜绝校园欺凌从我做起”系列主题法治教育讲座,与相关单位召开联席会议,共同建立校园暴力事件应急预案。开展关爱农村留守儿童工作,制定《关于加强关爱农村留守儿童的实施意见》,通过“爱之驿”“晨曦”工作室为18名留守儿童进行心理咨询和疏导。为5名患重大疾病和遭受性侵害的贫困留守儿童发放救助金2.9万元。2018年,未成年刑事检察多项工作经验在高检院刊发、在全省交流。 (夏　茵)

【维稳工作】 2018年,黑河市人民检察院充分发挥检察监督职能,维护社会和谐稳定,严格贯彻宽严相济的刑事政策,受理提请逮捕748人,批准逮捕534人,不捕206人,审查批捕人数同比增加234人;受理审查起诉1514人,提起公诉1206人,不起诉71人,在办案中力求政治效果、法律效果和社会效果相统一。依法对公安部挂牌督办的文某等24名被告人涉案43.7亿元的3M特大网络诈骗案件提起公诉。深化社会矛盾排查化解,落实领导包案下访、严格责任倒查等制度,与有关部门密切配合,实现敏感时期赴省进京涉检访“零登记”。监察体制改革后,全市检察机关来信来访数量有所下降,共接待来信来访367次,移送监察委案件线索20余件;积极开展司法救助工作,申请司法救助金29.5万元。 (夏　茵)

【法律监督】 2018年,黑河市人民检察院继续强化法律监督主责主业。强化刑事诉讼监督,监督侦查机关立案33人,监督撤销案件6人,同比增长超过150%;依法追漏捕13人,追漏罪57人,追漏犯27人,提出刑事抗诉2件。强化民事行政检察监督,受理民事行政案件199件,积极助力法院破解“执行难”问题,共监督执行活动案件43件,同比增长86.9%。强化刑事执行监督,探索开展监狱巡回检察试点,改派驻为巡回,巡回检察4所监狱。制发纠正违法通知书118份,检察建议34份。逐案审查减刑、假释、暂予监外执行2416人,同比增长82.8%。对930人监外执行人员开展检察监督,发现脱管漏管虚管12人,均予以纠正。 (夏　茵)

【“扫黑除恶”专项斗争】 2018年,黑河市人民检察院实行两级院检察长首责制,互相配合监督。严厉打击、主动配合,建立“三专”工作机制,从省市级优秀公诉人、侦查监督能手中挑选骨干成立指导专班,统筹调配,逐案指导,组建涉黑恶案件专班力量;提高实战能力,组织涉黑恶案件专办检察官专业培训;建立涉黑恶案件快速办理通道和重大案件挂牌督办机制,实行专门办理。通过专班、专办、专训的配合机制,全市检察机关快办、严办、督办,对63%的涉黑恶案件实现了零退补;对全市受理提请批准逮捕的涉黑恶案件93人批准逮捕82人,批捕率达88.2%,高于全省平均逮捕率87.3%;全市涉黑恶案件由两级院检察长、分管副检察长挂帅督办,并对9起重大涉黑恶案件挂牌督办,在审查起诉阶段对1件13人涉恶势力犯罪依法追加犯罪事实,使该起案件得以从重处罚。严把质量、依法监督,打击“漏网之鱼”19人、“漏网之罪”7件,即追诉漏犯11人、追漏捕6人、追诉漏罪6件、立案监督2人、追诉遗漏犯罪事实1件,发现并移送“保护伞”等职务犯罪线索7件。受理初查涉嫌徇私枉法“保护伞”案件2件。在扫黑除恶工作中,市院始终以公安机关查得实、检察机关诉得出、法院判得了为办案标准,始终坚持案件质量为第一生命线,做到不枉不纵,全力推动专项斗争纵深开展,确保专项斗争打得准、打得狠、打出声威。 (夏　茵)

【破坏环境资源专项整治】 2018年,黑河市人民检察院持续开展破坏环境资源专项整治行动,打造专项整治行动“升级版”,实行一年严厉打击、两年补植复绿、三年长效常治的推进措施。市院构建“法律监督+执法联合”的治理模式在全省进行经验介绍,被全国著名法学家、清华大学周光权教授和张建伟教授点评称为“黑河经验”。严厉打击顶风作案。对屡打不改、屡禁不止、“保护伞”撑腰等犯罪进行着重打击。专项整治行动中,纪委监委加大环境资源领域执纪问责力度,起到了警示和震慑作用;公安机关查办刘某等7人团伙盗伐林木案等特大刑事案件;人民法院依法判决破坏环境资源刑事犯罪案件116件136人,判处罚金519.71万元;行政执法部门办理专项整治行政执法案件111件,累计罚金113.6万元;检察机关办理该领域公益诉讼案件128件,立案监督案件17件17人。办案中移送犯罪线索11件,其中涉及环境资源领域“保护伞”职务犯罪线索4件,涉黑案件线索1件。着力推进补植复绿,将工作重点转到环境资源的司法恢复、司法监督和司法救济,推行“边打击边整治边恢复”的生态恢复措施,构建“检察建议+跟踪问效+补植复绿”的工作模式,建立3公顷补植复绿“司法示范林”。通过检察建议督促完成补植复绿草原、耕地面积357.47公顷,补种林木7000株,即将纳入补植计划104.87公顷。专项整治行动的经验做法受到省委政法委、省检察院、省林业厅等单位肯定,“黑河经验”被部分地市检察院学习效仿。 (夏　茵)

法　　院

【概况】　2018年，在市委坚强领导、市人大及其常委会有力监督下，在市政府、市政协及社会各界大力支持下，黑河市中级人民法院深入学习贯彻习近平新时代中国特色社会主义思想和中共十九大精神，全面落实市委部署，履职尽责，担当作为，各项工作取得新进展。全市法院受案32702件，结案31492件，结案标的38.4亿元，同比分别上升18.4%、19.9%和33.7%；结案率96.3%，全省排名第三。法官人均结案139件，其中，孙吴县人民法院人均结案331件、全省排名第一。市中级人民法院受案3651件，结案3615件，结案率99%，人均结案全省排名第四。有76个集体和个人，受到省级以上表彰奖励，市中级人民法院被评为全省先进中级法院、全省法院涉诉信访先进中级法院，逊克县人民法院被评为全省优秀法院，爱辉区人民法院被评为全国优秀基层法院，北安市人民法院被最高法院记集体一等功。

2018年12月，市中级人民法院内设机构27个：政治部（内设干部科、宣传教育科）、纪检组、监察室、办公室、审判管理办公室、研究室、立案庭、刑事审判第一庭、刑事审判第二庭、未成年人刑事审判庭、民事审判第一庭、民事审判第二庭、行政审判庭、审判监督一庭、审判监督二庭、执行局（内设执行一庭、执行二庭）、赔偿委员会、技术室、信访办、司法警察支队、司法行政装备科、人民陪审办公室、法官学院黑河分院；编制外设置机关党委。黑河市中级人民法院下辖：爱辉区人民法院、北安市人民法院、五大连池市人民法院、嫩江县人民法院、逊克县人民法院、孙吴县人民法院6个基层法院，20个人民法庭（2018年12月24日按省高法文件要求撤销北安市法院通北法庭）、3个巡回审判点。全市法院共有编制624个，实有干警581人。其中，中级法院政法专项编制121个，法官学院事业编6个，在编113人。

领导班子成员：
院　　长　曲　民
副 院 长　邱胜林　刘锡英　陈文华　付　艳
政治部主任　王忠东
市纪委监委第二十二派驻纪检组副组长　闫永恒
执行局局长　王清海（2018.6任）
爱辉区法院党组书记　院长　季洪翔（2018.10任）

（张　瑜）

【民事审判】　2018年，市中级人民法院坚持以人民为中心发展思想，加强涉民生案件审判工作，审结教育、医疗、赡养等案件1100余件。开通拖欠农民工工资案件绿色通道，快立快审快执，审结拒不支付劳动报酬犯罪案件4件4人。爱辉区人民法院与北安市人民法院联动，实现全市首起跨域异地立案，方便群众诉讼。开展巡回审判，拓展旅游法庭、假日法庭功能，送法下乡，精准服务，进村入户调处化解民事纠纷2800余起。加强涉诉信访工作，全年办理信访案件99件，依法打击违法闹访行为33人次。开展创建"人民满意好法院、好法官"活动，涌现出全国优秀法官杨艳红等先进典型，8名法官被评为全省办案标兵、调解能手，孙吴县人民法院周伟海结案全省排名第一，17名法官结案全省排名前列，被省法院通报表扬。（张　瑜）

【审判管理】　2018年，市中级人民法院出台审判监督管理办法，落实合议庭、主审法官办案主体责任，发挥院庭长的监督管理职责，实现有序放权与依法监督相统一。依托信息化技术，加强流程管理，将每个办案环节置于动态监管之下，及时提醒督促，定期跟踪督办，提升个案监管能力。加强案件评查，全年评查案件5158件，筛查裁判文书55000件，实现对218名员额法官评查全覆盖。一审案件服判息诉率94.4%，达到历史最好水平。完善绩效考核评估体系，全面评价法官审判业绩，建立员额法官动态管理机制。推进审判流程、庭审活动、裁判文书、执行信息公开，案件流程信息和执行信息全部即时推送案件当事人，裁判文书上网24850件，庭审录播直播18981件，公开率100%，保障群众知情权、参与权、监督权。全市法院审判绩效考评进入全省前三名。（张　瑜）

【执行工作】　2018年，市中级人民法院紧紧依靠市委领导，两次向市委常委会专题汇报执行工作，市委、市政府出台《打好打赢"基本解决执行难"攻坚战的工作意见》等5个指导意见。市人大常委会专题听取执行工作报告，出台《关于进一步加强人民法院执行工作的决定》。在市委政法委领导下，成立专门机构集中攻坚，召开联席会议、推进会议9次，挂图作战，倒排工期，倾力解决重大疑难案件。开展"雷霆行动""百日攻坚"，不讲条件，不计代价，敢于亮剑，共发布失信被执行人名单4232例，限制购买飞机、高铁客票8083例，迫使1220名"老赖"自动履行债务3674万元。依法拘留199人，移送涉嫌拒执犯罪17件。全市法院共受理执行案件10635件，执结9822件，执行到位13.2亿元，同比分别上升15.5%、18.3%和25.8%，全年执行工作全部达到"基本解决执行难"评估指标要求。（张　瑜）

【审判监督】　2018年，市中级法院定期向市人大及其常委会报告工作，办理人大交办事项62件，接受监督，改进不足。加强代表联络工作，邀请人大代表参观法院、旁听庭审21次235人；走访征求意见、建议183条，列入重点督办事项，及时整改落实。举办法院公众开放日199次，接待参观人数6300人，召开新闻发布会42次，发布典型案例36个，增强审判工作透明度，把司法权始终置于人民群众监督之下。（张　瑜）

【刑事审判】　2018年，市中级人民法院积极推进社会治安综合治理，严惩杀人、抢劫等严重暴力犯罪，审理一审刑事案件957件，判处有罪人犯1123人，推进平安黑河建设。审理黑恶势力犯罪6件51人，始终保持扫黑除恶专项斗争的强大攻势，强化震慑作用。审理贪污、贿赂、渎职等职务犯罪34件，审结在全国有重大影响的涉案被告人24人、涉案资金40亿元的“3M”诈骗案，坚决维护市场经济秩序。审理破坏环境资源犯罪134件，判决恢复植被面积162.33公顷，保护黑河天蓝、地绿、水清。审理危险驾驶犯罪216件，监禁刑适用率提高到91.2%，聚焦治安热点，保障公共安全。在市委及市委政法委的领导下，依法配合省法院复查“汤兰兰”案，及时回应人民群众关切，得到央视媒体广泛报道，被省法院授予个人二等功3人、嘉奖7人。

（张　瑜）

【服务发展】 2018年，市中级人民法院制定《优化发展环境暨服务保障新黑河实施意见》《服务民营经济发展意见》，审理一审民商事案件16726件，标的25.3亿元。开展“法治建设年”活动，妥善化解行政争议，审理一审行政案件307件，维护行政相对人合法权益。开展“我为黑河振兴做贡献”活动，依托“一桥一道”等企业法律服务站，问需于企，答疑解惑，推动项目落实。制发《企业生产经营风险防范三十条》，为银行、保险等公司企业开展法律专题讲座27次，提出司法建议45条。走访黑河中昌科技公司等民营企业，邀请民营企业代表来院参观座谈，助推企业健康发展。完善诉讼服务中心“窗口”建设，开展优质服务“四零”承诺活动，增设案件自助查询机、诉讼风险评估机等便民设施，打通服务群众最后一公里。（张　瑜）

【司法改革】 2018年，市中级人民法院推进司法体制综合配套改革，全面深化司法责任制落实。突出领导办案的引领作用，院庭长带头办案14460件，同比上升42%。市中级人民法院在推行刑事大部制改革的基础上，在全省率先组建团队长领导下的民事、审监等8个团队，确立资源整合、责任到岗的扁平化管理格局。推进刑事诉讼制度改革，落实庭审实质化要求，一审刑事案件当庭宣判率60.7%，同比上升4.2%。深化诉讼服务改革，在全省率先引入公证机构组建集中送达团队的作法，受到省法院表彰、推广。全市先后组建家事、建设工程、土地纠纷等专业合议庭18个，选任速裁法官40人承担简易民事案件审理，简案快审、繁案精审、类案专审，在全省率先实现了繁简分流、优化配置的总体改革目标。（张　瑜）

【队伍建设】 2018年，市中级人民法院把政治建设摆在首位，开展“政治大轮训”，加强党组中心组和党支部理论学习，提高政治站位和政治自觉。认真落实意识形态工作责任制，争创边疆特色党建，确保法院队伍绝对忠诚、绝对纯洁、绝对可靠。开展“审判实务建设年”活动，举办法官讲坛16期、技能竞赛12次、庭审观摩36次、案件讲评28次，培训39期1200人次。1篇论文被评为全国法院学术讨论三等奖，1篇裁判文书被评为全国行政审判优秀业务成果三等奖，1篇案例入选《中国法院2018年度案例》，省级以上媒体刊物发表文章605篇，被评为全国法院司法宣传先进单位。落实全面从严治党要求，开展“作风整顿年”和队伍突出问题专项整治活动，夯实“两个责任”，践行“四种形态”，驰而不息正风肃纪。全年开展司法巡查和“回头看”2次、专项审务督察21次，提醒谈话29人，通报批评41人次。（张　瑜）

司 法 行 政

【概况】 2018年，黑河市法治政府建设取得新成效，持续推进《黑河市法治政府建设实施方案(2016—2020年)》的落实，结合全省“法治建设年”工作，不断加大法治建设工作的考核指导力度。政府效能不断提升，服务意识不断增强，“放管服”改革进一步深化，经济发展软环境不断改善，依法行政意识、能力不断提升，依法决策、依法办事的自觉性明显增强。地方政府立法取得新进展，黑河市第一部地方性法规《黑河市市容和环境卫生管理条例》1月1日正式实施，第一部政府规章《黑河市人民政府立法工作规定》2月1日正式实施。《黑河市城市供热管理条例》起草完成，待通过后实施。

2018年12月，黑河市司法局内设科室9个：办公室、释解矫正工作科、法制宣传科、律师管理科、公证管理科、基层工作科、法制科、计财装备科、政治处。处级领导职数：局长1职，副局长3职；科级职数：科长9职，副科长4职。下设黑河市法律援助中心、黑河公证处、劳改转运站3个正科级事业单位。行政编制34个，机关工勤编制2个。实有干部职工39人。

2018年12月19日，根据《黑河市机构改革方案》，将市司法局、市政府法制办公室的职责等整合，重新组建市司法局。不再保留市政府法制办公室；将市仲裁委员会的行政职能划入市司法局；市仲裁委员会更名为市仲裁服务中心。

领导班子成员及副处级以上领导干部：

局　　长　刁卫东(2018.12止)

　　　　　戴春雷(2018.12任)

副 局 长　亓东升(2018.3止)

　　　　　凌名峰(2018.12任)　杨光辉　张宝林

政治处主任　焦丽军

副处级领导干部　关玉杰

副 调 研 员　田艳华

（牟竞文）

【政治引领】 2018年，黑河市司法局组织召开全市司法行政系统党建工作会议，印发《中共黑河市司法局党组抓基层党建工作责任制实施办法》《中共黑河市司法局党组关于推进党建工作规范化建设的实施意见》《中共黑河市司法局党组党建工作经常性督查考核机制实施办法》，局党总支书记与各党支部书记签订责任状。开展“流动红旗党支部”和“党员先锋岗”评选活动。围绕“改革创新、真抓实干、创先争优”的工作要求和“一年补、二年强、三年优”的工作目标,司法行政各项工作取得新进展。 (牟竞文)

【普法工作】 2018年,黑河市司法局在“七五”普法工作中发挥新作用,召开市直机关“谁执法谁普法”联席会议,将普法责任制落实情况纳入市直目标责任制考核范畴。全市5个行政村、4个社区、3所学校、4个企业被评为民主法治单位;爱辉区被评为国家级民主法治县(市、区),逊克县奇克街道金融社区被评为国家级民主法治示范社区。切实抓好“七五”普法中期检查。7月中旬,对6个县(市、区)、47个市直单位进行中期检查指导。10月初,迎接省“七五”普法中期检查验收组实地验收,检查组对黑河市“七五”普法顺利实施给予肯定,顺利通过督导检查。 (牟竞文)

【法治宣传】 2018年,黑河市司法局持续推进法治宣传教育,发挥法治引领作用。加强“关键少数”学法,制定下发2018年市委中心组学法计划。深入落实市委常委会、市政府常务会议会前学法工作要求,5—12月,重点学习《中华人民共和国宪法修正案》《中华人民共和国监察法》《中华人民共和国国家安全法》《中华人民共和国环境保护法》等内容。制发《黑河市人民政府任命的国家工作人员宪法宣誓实施办法》,推行新履职领导干部宪法宣誓活动。落实普法责任制,5月18日召开市直机关“谁执法谁普法”联席会议第一次全体会议,通过联席会议制度,落实各单位责任清单,并将普法责任制落实情况纳入市直党政机关目标责任制考核范畴。开展“法治建设年”活动,开设“黑河普法集锦”专栏,实行任务清单制、推进“消号制”。开展法治城市、法治县(市、区)、民主法治单位创建活动,本年全市5个行政村、4个社区、3所学校、4个企业被评为民主法治单位;爱辉区被评为国家级民主法治县(市、区),逊克县奇克街道金融社区被评为国家级民主法治示范社区。统筹落实“法律七进”。按照《黑河市2018年“法律七进”“法律广场”“法律大集”活动的通知》安排,积极组织“法律七进”,重点宣传《中华人民共和国宪法》《中华人民共和国未成年人保护法》《中华人民共和国治安管理处罚法》《中华人民共和国反家庭暴力法》《中华人民共和国农村土地承包法》等内容;加强法治橱窗、法律图书角和法治宣传员队伍建设,全市63个社区实行网格化管理,260名离退休法官、检察官、法律服务志愿者义务为社区担当法律顾问。充分发挥法治宣传载体作用,围绕“优化营商环境,法治惠民生”开展系列主题宣传活动。3月15日消费者权益保护宣传,4月15日“平安黑河”建设暨国家安全日宣传,4月22日春季防火宣传,5月30日开展“尊崇宪法、学习宪法、遵守宪法、维护宪法、运用宪法”主题宣传活动,5月31日参加全市打击非法集资宣传,6月26日禁毒日宣传,9月30日深入爱辉镇开展“为祖国庆生,为百姓送法”学习贯彻《黑龙江省法治宣传教育条例》普法宣传,10月31日组织黑河学院学生开展“法律服务乡村行”志愿者宣传活动,11月16日全市同步开展扫黑除恶专项斗争大型宣传。 (牟竞文)

【法律服务】 2018年,黑河市司法局深入开展法律服务,助力发展、服务民生。全市各级司法行政机关深化作风整顿,优化营商环境,切实加强对法律援助中心、公证处、律师所、法律服务所、司法所、司法鉴定所等各支法律服务机构的规范化建设,严格年度考核和内部管理,强化行风建设和行业监管,不断提升法律服务队伍整体素质和行业形象,确保机构建设规范有序,队伍建设健康向上,有效促进业务工作深入开展。立足提升服务质效,加强公共法律服务体系建设。全市建成市级公共法律服务中心1个,县级公共法律服务中心6个,乡镇公共法律服务工作站77个,村级公共法律服务工作室538个。各基层司法所以村(居)为单位建立法律顾问微信群638个,村(居)法律顾问微信群建设率100%,实现了全覆盖。深入推进“12348”法律服务专线建设,充分发挥司法行政微信公众号和热线电话、微信微博在线服务、法律导航网互动窗口“三位一体”的服务平台作用,全年共接听群众来电咨询1086人次,司法局公众号发布信息百余条。法律服务领域实现新拓展,黑河公证处与爱辉区人民法院就参与调解、取证、送达、保全、执行等司法辅助事务,签订《诉讼与公证创新服务战略合作协议》《委托公证参与送达实施办法》《委托送达协议书》,黑河公证处驻爱辉区法院司法辅助中心共参与调解3件、保全26件、送达700余件,送达成功600余件,比法院同期送达率提升30%,缓解了诉讼压力。法律服务业务实现新增长,全市律师共办理各类诉讼案件1568件;公证机构办理各类公证7778件;基层法律服务部门代理民事诉讼485件,代理非诉讼事务228件;法律援助办理援助案件914件;司法鉴定机构代理司法鉴定业务348件。律师、公证、基层、司法鉴定办案数同比分别增长12.9%、10.4%、47.6%、15.6%。完善法律援助措施,拓宽援助渠道,建立黑河市法律援助人才库、黑河市法律援助志愿者队伍,有效拓宽援助范围,全年共办理各类法律援助案件914。 (牟竞文)

【法律保障】 2018年,黑河市司法局执法规范化取得新成绩,司法行政系统开展执法司法规范化大检查6次,案件评查4次,共抽查卷宗640本。为新执法人员办理执法证件,开展执法主体资格清理清查,对执法身份、执法岗位不符合规定要求的,一律收回执法证件。深入推进“信用黑河”诚信建设,将全市法律服务机构和法律服务人员诚信档案公示于“信用黑河”平台网站。诚信建设工作在全市诚信目标考核中获得满分,切实加强法律保障,维护稳定、促进和谐。全市各级人民调解组织共开展矛盾纠纷大排查894次,调解各类矛盾纠纷1643件,调解成功1576件,成功率达95.9%;预防纠纷493件,防止群体性上访9件;通过法援、公证、基层和律师等行业协助调解矛盾纠纷40余件。以两办名义下发《黑河市人民调解参与信访矛盾化解工作实施方案》,全市成立信访事项人民调解中心7个,在信访局派驻人民调解工作室8个,配备专职人员17人。建立人民调解专家库,对全市重大疑难纠纷"把脉问诊"。7月份以来,全市人民调解参与信访矛盾化解16件,调解成功12件,排查信访矛盾纠纷23件。（牟竞文）

【服务发展】 2018年,黑河市司法局围绕中心工作,服务经济社会发展。主动服务项目企业,制发《黑河市司法局2018年为重点建设项目提供法律服务活动实施方案》,组成法律服务团队,建立法律顾问人才库。积极服务中心工作,公证行业积极介入黑河市邮储银行对农村信贷工作,为双方办理赋予强制执行效力的债权文书公证157件,涉及农户400余人;为2018年黑龙江流域鱼类增殖放流活动进行现场监督公证,与专业技术人员认真清点、监督统计,共放流各类鱼类500多万尾。积极参与涉法涉诉信访接待76件,其中,法院26件,政府50件。深入开展扫黑除恶专项斗争,制发方案,组织市县同步开展"扫黑除恶"专项宣传活动,营造打击黑恶势力的浓厚氛围。（牟竞文）

【境外业务】 2018年,黑河市司法局突出边境特色,推进涉外法律服务开展。1月16日,俄罗斯阿穆尔州国际法律服务综合体成立,并通过远程视频的方式,连线国内公证员办理了全省首例与境外远程视频方式办理委托书公证业务事项。6月15日,综合体参展第二十九届哈洽会期间,与黑龙江孟繁旭律师事务所、黑龙江通桥律师事务所签订战略合作协议,与俄阿州两家企业签订法律服务协议,与黑河市利源达专用车制造有限公司签订法律服务协议。办理公证4件,律师受理互转委托案件1件,资信调查2件,解答中俄公民法律咨询200余人次,总体发展态势良好,发展空间广阔。（牟竞文）

【司法考试】 2018年,黑河市司法局积极组织法律职业资格考试,畅通法律服务人才选拔渠道。完成2017年司法考试合格人员资格审查工作。对104名考试合格人员资格进行初审,于3月30日举行资格证书颁发仪式和司法考试取得证书暂无工作人员就业意向座谈会。加大2018年司法考试报名工作的宣传力度,在黑河市政府网站、黑河市司法局网站发布司法考试公告,《黑河日报》刊登报名信息,黑河电视台滚动播出报名消息,微信公众号、微博、网易新闻等平台发布公告。2018年全市报名400人,选择享受放宽政策306人。做好国家统一法律职业资格考试客观题考区设置与组织考试工作。于2017年末、2018年3月分别对黑河学院考场条件、环境设施、计算机软硬件配备和教室分布、机位格挡、监控设备等进行调研。2018年4月,常务副局长与分管领导带领司法考试工作人员参加全省计算机化考试培训。7月2日与黑河学院签订考场租用协议,确定450台考试用机。8月17日,成立黑河市国家司法考试领导小组。8月31日,召开黑河市国家司法考试领导小组第一次联席会议,下发《领导小组成员单位工作任务书》《黑河考区工作方案》《黑河考区应急处置工作预案》,明确成员单位主要职责,签订责任状。5月25—26日、8月31日,与技术公司工作人员进行两次对接,9月1日顺利通过全国仿真测试。9月22日,圆满完成机考任务,无突发事件、违纪事件发生。（牟竞文）

黑河市森林消防支队

【概况】 黑河市森林消防支队是1951年组建的全国最早的森林支队,经历职业制、职业制与义务兵制并存、现役制、转隶武警部队和转隶应急管理部5个发展阶段。支队下辖直属、爱辉、嫩江、孙吴、逊克5个大队,共11个建制中队。有森林灭火主战装备2006台(件)、车辆141台,春秋防火期,在爱辉区泉山,嫩江县卧都河、麦海,孙吴县向阳4处执勤点靠前驻防,主要担负全市210万公顷国有森林的防火执勤、灭火作战和6.8万平方千米辖区的抢险救灾以及机动跨区增援大、小兴安岭灭火作战任务。出色完成2018年大兴安岭"6·2"森林火灾扑救任务。支队连续三年被消防局评为先进支队,先后有1人立1等功、3人立二等功、300余人立三等功,涌现出"共青团十七大代表"李云龙等一批先进典型。（刘　涛）

【改革转制】 2018年9月29日,根据党中央、国务院命令,队伍集体退出现役,转制移交应急管理部。11月9日,习近平在人民大会堂亲自授旗并致训词,提出"对党忠诚、纪律严明、赴汤蹈火、竭诚为民"的指导方针。12月26日,森林消防局为11个直管单位授旗。12月29日,总队为各支队授旗,标志着森林消防作为国家综合性应急救援骨干力量,队伍全面建设正式踏上新征程、开启新纪元。改革转制后,坚持紧跟应急管理部党组和上级党委决策部署,紧紧围绕"保一致、保中心、保稳定、严作风"工作思路,瞄准"建设全面过硬支队"目标齐心奋进,扎实推进各项工作落实。（刘　涛）

【实战实训】 2018年,黑河市森林消防支队贯彻习近平训词精神,着眼打造"本领高强"的综合性应急救援力量,全力补课赶队、转型升级、提高能力、履行使命。严格落实党委抓训主体责任,大抓基础体能和基本技能训练,广泛开展群众性比武竞赛,狠抓教练员队伍建设,在森林消防局组织的冬季大练兵考核、"三项比武"等大项活动中均取得优异成绩,两个中队立集体三等功。紧盯转制后救援能力需求,坚持一手抓核心能力提升,一手抓队伍转型升级。深入挖潜特种车、给水车、无人机等特种装备作战特点,创新人车协同、多机编组、地空配合训法战法,打造直属大队一中队为支队综合应急救援中队,各中队建立综合应急救援班,针对配置位置和自然特点确定重点任务,不断优化人员编配、科学调整训练内容、倾斜配套保障资源,切实提升综合应急救援能力。（刘　涛）

【从严治队】 2018年，黑河市森林消防支队充分认清在改革转制大背景下抓安全保稳定的重要性，把安全工作当作“幸福工程”来建设。多次专题召开党委常委会研究安全工作，做到稳定思想、稳控队伍、守牢底线。着眼塑造正规化、专业化、职业化的应急救援队伍，按照应急管理部党组统一安排部署，扎实开展集中教育整训，针对基层管理中存在的常见病、多发病，采取“四不两直”的督查方式，不定期派出工作组实地查看一日生活制度等落实情况，队伍没有因转制改革而放松管理、降低标准。

（刘 涛）

【理论武装】 2018年，黑河市森林消防支队坚持用党中央、习近平重大决策部署和特殊关怀统一认识，用建设国家综合性消防救援队伍目标引领思想。习近平向消防救援队伍授旗并致训词后，支队迅速掀起学习训词热潮，第一时间收看、第一时间学习、第一时间讨论、第一时间发声，把开展“学训词、铸忠诚、创新业、立新功”主题教育作为新时期开局起步的大事抓紧抓好，紧紧扭住理论学习抓人头、思想辨析敢交锋、交流发言亮观点等环节，配合开展“五个一”活动（组织一次向党旗宣誓活动，撰写一篇心得体会，开展一次队员上讲台，举办一场“学训词”书法展评，组织一场演讲比赛），推动训词精神在基层末端落地生根。（刘 涛）

黑河市公安消防支队

【概况】 2018年，黑河市公安消防支队团结一致，同心同向，各项工作稳步推进，为维护社会公共安全、保护人民群众生命财产安全做出应有贡献，表现出全体指战员服从命令、听从指挥的纪律意识，讲政治、顾大局的政治品格，敢担当、甘奉献的意志品质。支队实现全省基层建设先进单位“六连冠”，连续3年被市公安局授予集体三等功。举行授旗迎旗和授衔换装仪式，圆满完成改革转制任务，消防公安现役部队集体退出现役，由黑河市公安消防支队转制为黑河市消防救援支队。

（魏瑞建）

【实战能力】 2018年，黑河市公安消防支队有效处置各类灾害事故。扎实推进执勤岗位练兵，有效落实“党委议训、主官抓训、部门组训、全员参训”责任，党委成员带头练兵，积极完善训练快报、视频会操、现场指导练兵机制，通过实战化练兵比武对抗赛、“谁是体能王”竞赛活动，全面检验练兵成果，广泛掀起训练热潮。直面“全灾种”“大应急”的职责使命，扎实推进实战化练兵，完善指挥调度体系，规范灭火救援专班、全勤指挥部执勤值班，组建灭火救援通信专班，与气象、水利、交通等部门建立工作联系机制，召开灭火救援专家组联勤会议2次，形成综合救援合力。围绕边境地区典型灾害事故特点，组织开展由多部门参与的“进击－2018”航空器突发事件、2018中俄界河应急联合演习、车辆事故应急救援实战联合演练3次，全年开展支队级演练13次、大中队级演练900余次，队伍综合应急救援能力明显提升。稳步推进专业队伍建设，年内先后开展灭火救援攻坚组、灭火救援专业队培训班2期，培训消防业务骨干58人。扎实开展专职消防员驻勤驻训、联勤联训和比武竞赛活动，将政府、企业专职队和微型消防站全部纳入调派范畴，有效解决改革转制期间消防力量不足的难题。完成支队指挥中心升级改造，组建应急通信保障分队，足额配齐配全人员、车辆、装备器材，指挥调度和通信保障能力得到有效提升。2018年在总队分散比武竞赛中支队取得全省第五名，二类支队排名第一，多种形式消防队伍比武竞赛名列全省第一名的优异成绩。2018年，全市共接警出动611次，扑救火灾486起，出动车辆1511台次，出动指战员7085人次，抢救疏散被困人员233人，抢救财产价值2233万元，得到各级党委、政府的高度肯定和人民群众的赞誉。

（魏瑞建）

【执纪问责】 2018年，黑河市公安消防支队确保队纪严明、规范有序和安全稳定。严肃管理纪律，各级定期召开教育管理形势分析会，先后开展两轮思想摸底排查，推进重点敏感信访积案化解，加强“人车酒、网电密、远散直”等重点环节、单位和人员管控，严格落实请销假和一日生活制度，开展样板中队创建活动，始终保持队伍正规有序。学习贯彻《中国共产党纪律处分条例》，推进违规宴请喝酒、特权车辆涉牌涉证违法行为、网络赌博、违规住房、利用名贵特产类特殊资源谋取私利问题等专项清理整治，狠抓各项党规党纪和规章制度的贯彻执行。坚持执纪关口前移，从严监督执纪，制定出台《运用监督执纪“第一种形态”制度》，年内共对24人次团职干部、8人次营职及以下干部开展谈话，其中提醒谈话22人次、约谈13人次、批评教育谈话1人次，切实让“咬耳扯袖、红脸出汗”成为常态。充分发挥纪检联络员、家属监督员“两员”作用。利用多种方式开展常态化纪委督导检查60次，针对管理不规范问题下达通报5次，实现连续7年事故案件“零发生”。支队被总队评为年度安全工作先进支队。

（魏瑞建）

【火灾防控】 2018年，黑河市公安消防支队改善消防安全环境。消防安全工作纳入市委、市政府两办督查范畴和领导干部政绩考评内容，“智慧消防”建设写入政府工作报告，嫩江县23所中小学校消防安全改造写入政府民生工作报告。市领导秦恩亭、马里、孙恒义、邓福才等多次带领相关部门对人员密集场所开展督导检查，现场推进火灾隐患整改。政府专职消防队员和消防文员招收等五项年度消防安全重点工作任务足额完成。物联网远程监控系统投入试运行。坚持消防安全委员会实体运行，年内连续组织开展14个专项治理活动，始终保持排查整治火灾隐患的高压态势。全市集中约谈消防安全责任人、消防安全管理人900余人，有效推动消防安全主体责任落实。拓展警务微型消防站职能，为80个公安执勤点配备灭火器等消防器材，培训干警400余人,市区“固移结合”警务微型站格局初步形成。组建支队宣教中心,利用广播电视、外卖快递、微博微信、抖音平台、宣讲团等各类载体和途径传播消防安全常识,在市主流媒体发布消防公告、公开承诺、火灾隐患单位曝光等内容超过100天,在国家、省、市主流媒体播发稿件737条。联合举办“区长杯”全民消防总动员中俄广场舞大赛,参与人数1000余人。统一制作8类场所宣讲规范化课件,广泛开展社会面消防安全培训,累计培训社会群众5万余人。 (魏瑞建)

【优化营商环境】 2018年,黑河市公安消防支队将深入推进优化营商环境与“放管服”改革有机结合,通过走访函询中央、省、市直机关及重点单位,积极听取社会各界对消防工作的意见建议。全市消防技术服务队为75项建设工程提供介入式预审核与邀请式预验收,累计提出服务指导意见1000余条,帮助解决技术难题50余项,为企业累计节约资金5000余万元,有效释放消防服务改革红利。优化窗口创建,在支队服务窗口设立每周“主官带班日”,推行技术人员服务窗口全天坐班,第一时间提供专业、精准消防服务,受到政府主要领导、企业和群众的一致好评。坚持苦练内功,采取案例剖析、集中研讨等形式,举办业务培训班和理论研讨7次。在五大连池风景区,大队分期分批组织开展全市消防执法监督人员“实践教学”,以练代训,提升监督员执法水平。 (魏瑞建)

【组织建设】 2018年,黑河市公安消防支队各级党委、支部严守政治纪律规矩,对标应急管理部“八个带头”规定、“八个必须”行为规范狠抓自身建设。坚持从组织生活严起,支队、大队两级班子召开专题民主生活会开展批评与自我批评,实现自我完善、自我提高。着力为基层办实事、解难事,支队党委制定并落实《“从优待警、服务基层”十项措施》《干部休假休息保障办法》、基层中队执勤实力配备意见等各项举措,让基层指战员感受到组织的关怀和温暖。班子成员带头深入基层开展蹲点调研、宣讲政策、了解实情,尽心竭力保稳定、促发展。得益于支、大队领导班子克服两级班子委员不齐、任务繁重等困难,精诚一致、拼搏进取,在改革转制的关键之年,不等不靠抓工作落实,开创工作新局面。 (魏瑞建)

黑河市公安边防支队

【概况】 2018年,黑河市公安边防支队坚持以部队和辖区“两个稳定”为总目标,以改革强警教育为主题主线,团结带领官兵,坚定信心、乘势而上、奋勇争先,推动各项工作取得新突破、新业绩,为迎接部队改革大考交出一份合格答卷。 (徐继明)

【反恐防恐】 2018年,黑河市公安边防支队落实反恐大排查、总站“5·18”反恐工作和全市公安机关边境地区治安管理工作会议精神,召开动员部署会、工作推进会,层层传导压力、明确责任,推动“四个逐一”大排查工作有效落实;严密县(市、区)流动查缉和8个治安岗亭执勤流程;加大“关注人群”管控力度,全面落实视频监控、每日走访等工作制度,实时准确掌握其活动动态。强化重点人员管控工作,加强信息共享,落实包案、每日见面和每日报告等制度,确保重点人员稳控到位。 (徐继明)

【边境安全】 2018年,黑河市公安边防支队加大边境宣传力度,确保边民群众受教育率达到100%;开展“飓风2018”和“雷霆”专项行动,推进边境清查整治活动,消除涉边案(事)件隐患。持续加大巡查力度,支队常委带队实地踏查和夜查,重点时期开展所队联勤和机关干部下基层活动,增加一线执勤力量。推行情报信息奖励机制,对群众主动提供线索给予奖励,有效调动群众参与边境维稳工作的积极性。2018年,开展边境巡查2400余次,查获违边人员12起14人,收缴无证船只21艘、皮筏子9个,网具1.2万余延长米。 (徐继明)

【治安秩序】 2018年,黑河市公安边防支队主动融入驻地党委政府、公安机关“彩虹跑”“创建平安高校暨反恐宣传演练进高校”“护校安园”和跨区域综合演练等安保执勤和重大活动任务。保持严打高压态势,部署扫黑除恶专项斗争、“固边5号”专项行动,开展“军警民大巡防”“警灯闪烁”工程,出租房屋和流动人口集中清查和容留性住宿场所排查等活动,推进治安复杂场所清查,深挖涉黑涉恶线索,重点整治“两抢一盗”、黄赌毒和黑恶势力等问题,在市区、城镇按照车巡控线、步巡控片、民警控点的模式,常态化落实社会面治安管控工作,有力维护辖区稳定。2018年,共接处警12413起,协助公安机关侦破刑事案件370起,查结治安案件1162起,行政处罚322人,抓获在逃人员14人;成功侦办毒品案件2起,缴获毒品14.19克;走访排查行业场所6.5万余次,整改问题隐患1500余处。 (徐继明)

【消除火灾隐患】 2018年,黑河市公安边防支队抓好边境地区三级列管单位防火工作,开展边境防火专项整治和“六个一”活动,加强边境地区消防管理。指导各级提升火灾防范意识,邀请专家对基层单位进行消防监督业务培训,提升民警消防监督检查工作水平。2018年,各级累计检查列管单位8132次,现场整改火灾隐患890处,下达整改通知书385份,有效维护辖区和群众生命财产安全。 (徐继明)

【基层业务】 2018年,黑河市公安边防支队开展“基层基础业务攻坚年”活动,狠抓民警人口双熟悉,推进“一标三实N必采”工作,核查实有人口底数,掌握动态信息,及时录入839信息系统,提高民警管控能力。2018年,累计更新完善“839”数据6.7万条,实地走访10.3万户次28.4万人次，排查化解各类矛盾纠纷3400起。加强智慧警务建设，协调公安机关为配发移动警务终端，补充单警装备，提升工作效率和保障能力。（徐继明）

【规范执法】 2018年，黑河市公安边防支队开展"法治建设年"活动，推进执法制度、执法主体和执法监督建设，通过公安跟班学习、轮岗实践、网上月考、专家授课和"送法服务"活动，提高民警执法理论素质和实战能力。推进执法突出问题排查整改工作，健全网上巡查、实地检查和交叉互查的"三查"监督机制，对基层执法单位办案场所管理使用、接处警和案件办理情况进行全程监督，不断规范执法活动。2018年，各级共检查接处警记录1654起，抽查卷宗150本，巡查办案区实时监控40次，发现执法问题隐患112个，制定整改措施85条。（徐继明）

【优化营商环境】 2018年，黑河市公安边防支队落实深化作风整顿优化营商环境工作部署，围绕具体问题进行专项排查整治，着力解决影响营商环境的突出问题，高质量服务和保障黑河地方经济建设。落实"四零"承诺服务要求，聚焦"四风"新表现，推行"三个一"服务，强化基层单位窗口服务意识。大力推行智慧警务建设，实施"互联网+"公安政务服务、微信警务，以花园街派出所为试点，建立全市失物招领中心，不断提升民警办事效率和服务质量。落实扶贫攻坚工作部署，警地共建支部43个，创建模范村屯32个，结对帮扶贫困群众28人，进一步密切警政警民关系。（徐继明）

【综合保障】 2018年，黑河市公安边防支队加大争取地方支持力度。全支队争取各类资金、物资、减免费用共计1515.38万元；各级争取资金、物资及减免费用235.69万元，为部队持续发展提供有力保障。连续10年推出从优待警具体实事。为转业退伍官兵举办欢送仪式；帮助干部子女享受入学择校、加分待遇，为随军未就业家属申领生活补贴；组织14个干部家庭进行疗养；为官兵配备跑步机、划船机等多种品质高、性能好的健身器材；争取地方支持为公寓房民警及家属安健身器材，维修机关勤务中队浴室设施，解决洗澡难问题；建立健康档案，组织民警进行体检。扎实推进营建工作，抓好交通街派出所新建营房建设，加强工程跟踪监管，有序推进主体施工，确保按期完成营建任务。开展军械管理自查活动，加强军械库和兵器室软硬件建设，规范武器擦拭保养和日常使用，确保枪弹管理安全。完成支队装备车辆ETC年审工作，开展车辆安全性能检查，确保行车绝对安全。（徐继明）

【政治服务】 2018年，黑河市公安边防支队坚持把学习贯彻上级会议精神作为首要任务，围绕总站党委"七个坚持、七个全力"工作部署，研究贯彻落实意见。多次召开常委会，确立坚决服从改革大局、坚决落实从严治警、坚决维护边境辖区和队伍内部安全稳定的工作目标，研究确定"百项建设"工作举措，确保改革期间安全稳定。5月3日，黑河市委书记秦恩亭在支队工作报告上批示肯定边防工作。支队党委高度重视部队改革工作，成立领导小组，主动攻坚克难，圆满完成转隶解放军和划转公安机关、移民管理局等任务。组织开展"边防朗读者"、弘扬传统话改革、"新体制、新职能、新革命"大讨论、"四查四看"集中整治、拥护改革誓师、"大谈心、大排查、大化解"等系列活动。各级主官带头开展政策宣讲解读，带队赴基层组织监交工作，确保部队绝对稳定。2018年，支队有8个党支部、28名个人，被部局、总站和支队三级评为先进基层党组织和优秀共产党员，1人被省边检总站评为"改革强警先进个人"，2人被支队评为"改革强警之星"。加大典型培树力度，深度挖掘大黑河岛派出所科技管边控边、规范队伍管理、服务中俄黑龙江大桥建设和外籍人员管理工作中的典型事迹，先后被部局、总站予以推介，作为"公安改革边疆行"全国13个采访对象之一，在部队起到示范作用。深入挖掘西岗子派出所所长蔡然一家支持改革、努力工作的典型事迹，相关事迹在《人民公安报》一版专栏发布。2018年，支队各级在新闻媒体发稿700余篇；支队简报信息被上级刊载240篇，为推动各项工作纵深发展营造良好氛围。（徐继明）

【警务实战】 2018年，黑河市公安边防支队从严部队日常管理和正规化建设，打造3个正规化标准样板间，推动队伍正规化建设水平整体提升。开展"新条令强化集训"活动，提高学条令、用条令、守条令意识，规范队伍正规秩序。建立舆情分析和三级联动快反机制，完善各类应急预案和重大突发事件处置流程，组织各级营区防袭击和反偷渡集结拉动演练45次，提升队伍遂行打赢能力。（徐继明）

【自身建设】 2018年，黑河市公安边防支队保持严抓严管态势。加强人员管理，创建"我做你知"家属微信群，每天安排专人发布人员动态信息，确保人员不失控、不漏管。强化兵员管理，教育开展"三个一"活动，确保高度安全稳定。强化车辆管理，为装备车辆安装北斗导航系统，加强驾驶员行车教育，确保车辆运行安全；落实私家车管理审批制度，建立定期抄告制度，预防违章违纪等情况发生。强化内部防范，完善处突预案，强化处突演练，提升应急处置能力。加大从严治警力度。开展"党纪军规主题教育周"和"知敬畏、存戒惧、守底线"专题教育活动，不断增强遵规守纪意识，严守"禁酒令"等钢规铁纪。强化队伍监督管理，采取实地检查、交叉督察、视频巡查、电话访查、随机抽查和突击检查等多种方式，保持勤抓严查的强劲态势。2018年，支队组织开展现场督察23组65人次，视频点名、电话督查893次，帮助查摆整改问题86个，确保内部持续稳定。（徐继明）

军　事

黑河军分区

【**概况**】 2018年,是黑河军分区贯彻落实中共十九大精神开局之年,围绕中国共产党在新时代的强军目标,聚焦国防动员使命任务,铸牢军魂正向,练兵备战强能,依法治军促稳,真纠实改肃纪,军民融合聚力,各项建设取得新进步。协调召开市委常委议军会议,推进"国防教育一条街"、精准扶贫、捐资助学等工作,军地相互支持、融合发展不断深化,"国防教育一条街"建设做法在省军区交流。 (洪静山)

【**战备训练**】 2018年,黑河军分区修订完善战备方案,落实党委议战议训制度。坚持按纲施训,组织军分区首长机关全员全装拉动演练,参加省军区国防动员参谋、机要参谋业务比武取得1个单项第二、综合第二的较好成绩。采取"集中轮训、常态备勤"模式开展民兵分队训练。坚持在练兵中用兵,五大连池市民兵分队参加抗击龙卷风救援,爱辉区民兵应急分队防汛战备拉动演练,接受黑河市四大班子观摩检查,参与执行报废弹药销毁搬运任务经受考验。督促推进边防基础设施建设任务,协调开展"联合—2018"明水期综合治理活动,全力维护边境稳定。 (洪静山)

【**支援保障**】 2018年,黑河军分区协调建立"政府为主、军地联合"战时国防动员军地联合指挥部。搭建"一中心、六组"指挥架构,与辖区驻军对接8个方面支援保障任务。坚持军地协力、层级发力,持续推进独具黑河模式的"三级党委抓征兵"做法,黑河市委书记、军分区党委第一书记秦恩亭连年参加全市征兵工作会议,树立标杆、传导压力。打好动员部署、征兵宣传、体检政考、役前训练、定兵送兵、新兵回访等"组合拳",全程挺纪在前、严格监督,积极完成义务兵和直招士官征集任务。 (洪静山)

【**基层武装**】 2018年,黑河军分区做好省军区"三个一线"集训精神"下篇文章"。针对基层武装部基础薄弱实际,师团两级积极投入经费,并协调地方党委、政府加大经费投入力度,全面提高基层武装部正规化建设水平。组织开展全市基层武装部部长集训,采取授课辅导、政策宣讲、技能培训等方式,提高专武干部履职能力,北安市二井镇张秋爽作为全省基层武装部部长代表受到省军区表彰。依据条令法规狠抓直属队正规化建设管理,健全以士官为主体的党(团)组织机构,正规化建设水平持续提升。老干部移交、日本遗弃在华化学武器销毁、新闻报道、史料编撰等工作也取得新进步。 (洪静山)

【**党管武装**】 2018年,黑河军分区深入贯彻军民融合发展战略思想,以落实党管武装制度为推动,严格落实议军会、军事日、党管武装述职等制度要求,市委书记秦恩亭高度重视国防和军队建设,针对部队调整改革研究解决大事难事,先后9次参加征兵会议、全线勘察边境等会议活动,形成以上率下的头雁效应。发挥协调军地、面向三军的桥梁纽带作用,协调办理68名军人子女享受教育优待、305名随军家属享受未就业生活补贴,投入40余万元用于精准扶贫、国防教育和捐资助学,军地互相支持、融合发展的氛围进一步浓厚。 (董　亮)

【**黑河市委常委议军会议**】 2018年7月27日,中共黑河市委常委召开议军会议,秦恩亭参加并主持会议。会议听取军分区司令员王忠维汇报,全面回顾总结2017年议军会以来军分区部队的工作。会议听取6个县(市、区)人武部党委第一书记党管武装工作述职。会议强调,军地各级要认清形势,不断提高国防安全意识;强化领导,落实党管武装政治责任;军地合力,推进军民深度融合发展;主动作为,全力服务保障发展大局。为做好新时代的党管武装工作,军地各级各部门要聚焦强军兴武、兴边富民,锐意进取、乘势而上、真抓实干,奋力开创黑河市党管武装工作新局面。 (洪静山)

【**联合管控**】 2018年,黑河军分区按照"巩固边防,睦邻友好、维护稳定"的总体要求,不断提升联合管控实效,辖区边境安宁稳定。组织3个边境县区开展"边防政策法规学习宣传月"活动,系统学习边境法规、边防协定协议。利用电视、广播、网络广泛进行宣传,并集中10天时间深入边境乡镇、村屯办班、培训,发放法规政策宣传用品,使边境一线边民受教育面达到100%。加强黑河边境一线民兵与边防派出所的协作配合,建立健全联防联控管理机制。强化对重点水域、重点地段的查控力度,严厉打击边境地区各类违法犯罪活动,全力维护辖区的安全稳定。市边防委下发《关于加强黑河军分区与黑河市公安边防支队联勤联控工作的通知》,促进现役官兵与民兵联合值勤工作,有效提升联合管边控边水平;全面落实管边控边责任制,先后12次召开边防委办公室工作会议,6次深入边境县区、乡镇检查边境管理工作,处理边境事务,组织边防委成员单位开展"联合—2018"明水期综合治理行动,有效维护边境稳定。3地边防基础设施建设如期推进。 (李印众)

【国防教育】 2018年,黑河军分区紧贴时代要求,充分运用驻地部队的资源和优势,使国防教育工作真正落到实处。在驻地遴选一批具有丰富理论素养和军事实践经验的讲师,组建了28人的国防教育宣讲团,深入军营、机关、学校、社区,宣传部队和群众鱼水情谊,宣传驻地部队在急难险重任务中的好人好事,共宣讲58次。利用兵役登记、征兵宣传、欢送新兵的有力时机,开展以《中华人民共和国国防法》《中华人民共和国兵役法》和习近平强军思想为主的宣传教育活动。联合市委宣传部邀请大连老兵合唱艺术团,在黑河学院礼堂开展群众国防教育演出活动。结合业务提升国防教育,把订阅国防报刊作为加强部队思想教育的有效行动,确保国防教育不仅仅满足于参观一下营区、讲一堂课。结合重要节日、纪念日和重大事件精心设置主题,以群众喜闻乐见的国防教育活动,吸引各界群众广泛参与。在"八一"建军节、"十一"国庆节期间,组织相关单位开展国防教育文艺汇演。在9月15日"全民国防教育日",联合机关单位在中央步行街设置宣传展板、发送宣传手册和宣传单,为群众现场讲解授课,解惑答疑。在第5个国家公祭日,组织全体机关干部到市烈士陵园缅怀英灵。重视用好报刊、广播、电视等传统媒体,同时建立互联网思维,运用"三微一端"(即微博、微信、微视频和移动客户端)等新媒体,打造适应新生代的新媒体宣传模式,使传统媒体和新媒体互为补充、相得益彰。盘活文化资源。依托城市主街道、干道等,采取嵌入国防元素的方式,让国防文化成为城市文化的一部分。重点创建的"一街两路"将王肃大街建设成为"国防教育一条街",在机场路、哈黑高速入口处各设立国防教育公益广告牌。 (董 亮)

【北安市委常委议军会议】 2018年5月13日,北安市召开市委常委议军会。北安市委书记黄士伟主持会议。会议主要学习上级文件精神,听取人武部党委的工作汇报,分析武装工作形势。学习省委7号文件,对其中4个法规性文件逐条学习,深化思想认识。北安市人武部政委王兵汇报武装工作情况,对全市武装工作提出意见建议。会议研究解决困扰武装工作的相关矛盾问题:从2018年开始把基层武装工作经费纳入年度财政预算,落实"两室一库"相关资金。 (郭庆龙)

【爱辉区委常委议军会议】 2018年7月24日,爱辉区召开区委常委专题议军会议。爱辉区人武部部长李伟明回顾总结爱辉区武装工作情况。会议讨论并原则通过《爱辉区现役官兵立功受奖奖励办法》《爱辉区贯彻落实省委〔2018〕7号文件措施的意见》。爱辉区委书记、人武部党委第一书记张建国,就抓好党管武装工作提出要求。

(蒋天山)

【嫩江县委常委议军会议】 2018年7月28日,嫩江县委召开常委议军会议,听取各乡镇党委书记党管武装工作述职,对基层武装部长履行职责情况逐个进行讲评,嫩江县人武部政治委员贾维军汇报武装工作情况,会议决定投入资金用于人武部正规化建设,嫩江县委书记、人武部党委第一书记杨剑波,就征兵和"双拥"工作作出部署要求。

(吴同军)

【孙吴县委常委议军会议】 2018年7月27日,孙吴县委召开常委议军会议,孙吴县委书记、人武部党委第一书记代树奇主持会议。会议听取了人武部武装工作情况汇报,各乡镇党委书记党管武装工作述职,对基层武装部部长履行职责情况逐个进行讲评。代树奇就如何抓好党管武装工作进行强调部署。 (郑人玮)

【逊克县委常委议军会议】 2018年7月28日,逊克县委召开常委议军会议。会议主要听取了人武部党委的工作汇报,分析武装工作形势。专题研究将义务兵优抚政策作为逊克县的一项基本优抚政策长期执行(在上级优抚政策基础上,为新入伍义务兵每人每年增发一次性经济补助2万元;为提升逊克县应征入伍青年文化素质,在招聘非专业适当岗位事业编制时,按照20%的比例招聘大学生退伍军人);研究部署军事日活动内容;决定筹措资金为基层人武部完善"两室一库"和按编制配齐基层骨干民兵装备器材;各乡镇街道办事处主要领导和基层武装部部长进行述职。 (冷文兵)

【五大连池市委常委议军会议】 2018年8月7日,五大连池市委召开常委议军会议,市委常委、人武部党委正副书记、五大连池市驻军部队代表、各委办局领导和各乡镇(街道)党委书记参加。会议观看东北抗联专题片;传达黑河市委常委议军会议精神;各乡镇(街道)党委书记党管武装工作述职;讨论通过五大连池市委落实省委7号文件精神措施;五大连池市人武部部长吉长青汇报全市武装工作;五大连池市委书记、人武部党委第一书记王玉涛围绕新形势下如何适应民兵力量调整改革,开创党管武装工作新局面讲话。 (边晓飞)

武警黑河支队

【概况】 中国人民武装警察部队黑龙江省总队黑河支队(以下简称“武警黑河支队”)组建于1952年,在中国人民公安部队黑龙江省总队黑河专区公安大队基础上创建组编而成,历经多次编制体制调整,2018年1月正式改编定名为中国人民武装警察部队黑龙江省总队黑河支队,主要担负执勤安保、处突维稳、反恐和抢险救援任务。

(王　刚)

【中心任务】 2018年,武警黑河支队以中华人民共和国中央军事委员会主席习近平开训动员为号令,以贯彻落实新《武警部队军事训练大纲》为主线,严密组织极限训练、新兵冬季野营拉练、军事科目和执勤技能比武。年内,支队在总队比武中取得团体第九、个人全能第六和武装5000米越野个人第一。扎实开展执勤专项教育整顿活动,精心规范勤务,重拳治理隐患,召开联席会议,深化案例教育,协调投入近500余万元推进完成北安、黑河等新建目标配套设施建设。着眼领导指挥体制变更,建立健全兵力需求对接机制,全年圆满完成重大活动安保、等级警卫、武装押解等临时勤务46起。支队连续24年执勤无事故。

(王　刚)

【安全发展】 2018年,武警黑河支队深入开展“条令年”活动,常态落实安全工作“八个规范”,以“暑期百日安全竞赛”为载体,以“7·19”事件专题教育整顿为推动,扎实抓好网络、保密、枪弹、爆材危险品等安全教育专项整顿,部队正规化建设和安全管理水平显著提升。支队连续23年实现“三无”,被总部评为“百日安全竞赛优胜单位”,2人被总部评为“安全工作先进个人”;年内在总队条令知识竞赛中获得优胜奖。

(王　刚)

【基层建设】 2018年,武警黑河支队着眼强能力激活力增动力,严密组织《武警部队军事训练大纲》集训和“夜校培训”,常态运行军事、政工例会机制,组织试点观摩、参观见学、经验交流,同步抓好典型引领和解难帮困工作,有效提升帮建基层、服务官兵的质量效益。年内执勤一大队被总队评为“基层建设先进大队”,执勤一中队被总队评为“基层建设标兵中队”,执勤二中队、执勤三中队、北安中队、五大连池中队、逊克中队、孙吴中队被总队评为“基层建设先进中队”。

(王　刚)

【综合保障】 2018年,武警黑河支队全面推开军网商城采购,强力推进后勤领域重点问题“清仓归零”整治活动,扎实抓好军委审计、总队巡察问题纠治整改,清理违规公寓住房2套,切实让“清仓归零”见底见效。严密组织公寓房分配入住,协调推进黑河、嫩江、北安三个中队营房新建搬迁和机关、机动中队新建选址。积极推进基层训练场和驻监狱部队、教导队营房设施建设,有效解决基层“五难”问题12项,官兵工作、生活条件更趋完善。

(王　刚)

【思想政治工作】 2018年,武警黑河支队抓好“传承红色基因、担当强军重任”主题教育、“回答统帅之问、激勉强军之责”主题实践活动,注重同深入纠治和平积弊结合融合、相互促进,创新“五一五推”教育模式,邀请专家讲座,打造特色文化,思想政治工作革命底色、“战”字指向更加凸显。纠治和平积弊做法被总队转发。年内,支队被总队表彰为网络舆论工作先进单位,先后获总队基层战士文艺会演、“卫士情怀”优秀影片展映展播、“龙卫杯”篮球赛优秀组织奖;1人获“全军优秀士官人才奖”三等奖,1人被武警部队评为核心网评员、被武警黑龙江省总队评为十佳“四会”政治教员,7人被总队表彰为第二届“最美龙江卫士”。

(王　刚)

人民防空

【概况】 黑河市人民防空办公室为市政府职能部门,主要职能是:贯彻落实人民防空工作的各项方针、政策和法律法规;负责全市新建中、小型人民防空工程建设项目的计划、技术和质量管理;指导全市人民防空工程平时开发利用和维护管理、安全管理工作;负责全市人防通信警报、组织指挥工作;开展全市人防宣传教育工作;制定城市防空袭方案;战时组织开展城市人民防空袭斗争。正处级单位。内设机构4个:秘书科、平战结合科、行政审批科、直属黑河市人防指挥信息保障中心(事业单位)。核定行政编制6个、事业编制20个。截至2018年末,行政实有人数10人,事业实有人数16人。2018年12月19日,根据《黑河市机构改革方案》,市住房和城乡建设局加挂市人民防空办公室牌子。

(茹丽丽)

【人防结建管理】 2018年,黑河市人民防空办公室对如何加强黑河市结建工程建设管理工作,做好与国家和省修改行政法规、调整行政审批事项等决定衔接展开调研。8月,向市政府呈报《关于结合民用建筑修建防空地下室调查研究的报告》,提出黑河市结建工程存在的问题和加强结建工程管理的意见。在开展结建工程项目审批过程中,市人防办执行人民防空相关法规的规定,建立多部门协调联动的管控机制,凡未取得人防部门审批决定的建设项目,规划、建设、房产等相关部门均不予办理审批手续,有效防止建设单位或开发企业逃避人防审批等行为,有力促进易地建设费征缴工作。加大人防易地建设费的追缴力度，使人防易地建设费收缴数额大幅度提升。

（茹丽丽）

【通信指挥】 2018年，黑河市人民防空办公室以重点人防工程建设为基础，进行人防信息化系统规划。在组织保障上，市人防办多次组织开展野外训练，完成短波通信、超短波通信系统保障联络、4G图传的应用等科目，训练、提高机动指挥通信系统的使用和人员的业务水平；在装备保障上，投入23万余元，购置第三代军标电台，安装车载天线，购置、更新发电机和电瓶，解决车载电源问题。聘请专业技术人员，对市直所有警报系统设施、设备进行维修，使防空警报覆盖率、鸣响率均达到100%。圆满完成“9·18”人防警报试鸣工作；在信息系统保障上，“1601”工程的信息系统建设完毕后，将全面实现地面地下互联互通，使上下指挥通信系统能够有效地融为一体，做到上下互通、资源共享、维护方便、节省投资。平时可用于应付突发事件，防空袭演练和市委、市政府举行重要会议时的信息服务。

（茹丽丽）

【安全生产】 2018年，黑河市人民防空办公室把安全生产工作做为重点工作任务来抓，建立健全“党政同责、一岗双责、失职追责”的安全生产责任制度，与省人防办、市政府及所属各县（市、区）人防办层层签订安全生产责任状，落实安全生产责任体系；认真开展安全生产宣传教育活动。利用黑河市开展的“安全生产月”“安全宣传咨询日”等活动，制作悬挂安全生产宣传条幅，走上街头，大力宣传人防工程安全生产等有关知识；开展人防工程安全检查活动，全面排查人员密集的人防地下商场及早期人防工程和在建人防工程的安全生产，重点排查人员密集场所的使用情况，对发现影响安全的隐患，要求其立即整改，对兴安街人防工程实施重点监督管理，指导商场制定具有可操作性的《兴安街人防地下商业街应急预案》，力争杜绝带病使用人防工程，确保人防工程安全运营。

（茹丽丽）

【人防宣传教育】 2018年，黑河市人民防空办公室加强人防宣传教育。利用开展《人防系统安全生产法治建设大培训活动》，组织人员参加黑河市安全生产委员会和黑龙江省人民防空办公室的安全培训活动。9月，聘请省消防中心专家对黑河市人防系统干部职工和人防工程使用单位管理人员进行消防培训。11月，省办开发处举办人防系统“双重预防机制”与维护管理培训班，聘请工程安全和消防管理专家进行授课，黑河市人民防空办公室和兴安街人防地下商场以及北安市人防办各派出3名工程管理人员参加培训。通过学习增强业务知识，提高工作能力。督促人防地下商场派出管理人员参加培训，经考试合格取得上岗资质证书，强化企业安全管理人员素质。利用“9·18”防空警报试鸣日，制作人防知识宣传手册、宣传光盘、宣传图板以及宣传单等进行广泛宣传，发放宣传手册及宣传单1000余份。

（茹丽丽）

【依法行政】 2018年，黑河市人民防空办公室推行行政执法责任制，将法律、法规、规章所赋予的行政执法职权落实到具体执法岗位，明确职责、权限和责任，建立健全管理、监督、奖惩的配套制度，做到有法可依、有法必依、执法必严、违法必究，确保人防法律法规得到真正有效施行。进一步落实党风廉政建设责任制，重点清理内容缺失、时限过时、权责不清、管控无力、缺少违规追责等缺陷制度；健全和完善“三重一大”制度、党组会议事规则、办务会议事办法、科学细化自由裁量权、责任追究制度等规章制度，为推动人防事业科学发展、快发展提供有力的政治保障。

（茹丽丽）

经济综合管理

发展和改革

【概况】 黑河市发展和改革委员会是市政府重要经济管理综合部门,正处级单位,主要负责拟定和组织实施全市国民经济和社会发展计划、相关专项规划,向上争取政策、资金和项目,推进重点产业项目建设,推动全市经济结构战略性调整,统筹经济社会发展,协调推进重点领域改革、节能减排和生态建设等工作。

截至2018年末,黑河市发展和改革委员会共有行政编制28个,工勤编制2个;班子成员4职:主任1职,副主任3职;内设机构18个,科级职数18个。直属黑河市人民政府重点项目办公室(正处级)、黑河市经济信息中心(副处级)和黑河市对俄经济研究中心(正科级)3个事业单位。其中,重点项目办公室事业编制8个,经济信息中心事业编制8个,对俄经济研究中心事业编制2个。有干部职工43人,其中,委机关27人,工勤2人,重点项目办公室7人,经济信息中心6人,对俄经济研究中心1人。全委职工全部为大专以上学历,本科及以上学历占职工总数的75%,其中,硕士研究生7人,占职工总人数的16%。全委有党员30人,占职工总数的69.7%。

领导班子成员及副处级以上领导干部:
主　　任　于德福
副 主 任　李洪海　余克北　李士舟
　　　　　左建军(2018.12任)
　　　　　刘　辉(2018.12任)
调 研 员　王　维
副调研员　毛树光　陈延年(2018.12任)

(王　露)

【宏观经济运行】 2018年,黑河市发展和改革委员会深入挖掘潜力,全力推动经济稳增长。全市地区生产总值505.1亿元,增长7%;公共财政预算收入增长7%。城镇和农村常住居民人均可支配收入分别达到27957元和15268元,分别增长6.96%和9%。一产总体平稳,增加值增长7.7%。农业绿色发展示范区创建取得积极成效,建成一批绿色有机功能农产品基地,优质绿色农产品供给不断增加,种植业、林业、牧业和渔业平稳发展。二产持续向好,增加值增长8.6%。其中,规模以上工业增加值增长16%,较上年提高8.8个百分点。矿产开发、农林产品加工等行业较快增长,北安象屿、洛克矿业、翠宏山铁多金属矿等新增规上企业拉动作用明显。三产平稳增长,增加值增长5.5%。全市接待旅游者突破1000万人次,增长18.2%。批发零售业、住宿餐饮业平稳增长。寒地试车、候鸟式养老和互联网+等新业态、新模式加快涌现。固定资产投资增长7.1%,社会消费品零售总额增长8.3%,外贸进出口总值增长19.1%。

(王　露)

【转方式调结构】 2018年,黑河市发展和改革委员会围绕做好"三篇大文章"(改造升级"老字号"、深度开发"原字号"、培育壮大"新字号"),扎实推进转方式调结构。加强与各责任主体沟通,深入挖掘潜力,高质量编制全市重点产业项目建设计划,精心谋划上报省重点产业项目,项目个数和年度投资均位列全省第七位。强化协调服务,帮助龙江化工、跨境空中索道等项目破解推进难题,为项目尽快开复工建设创造条件。全市75个重点产业项目开复工73个,完成投资72亿元,其中20个省重点推进产业项目开复工18个,完成投资34亿元,省市重点产业项目开复工率和投资完成率均达到90%以上,其中,嫩江多宝山铜矿二期、北安玉米燃料乙醇等龙头项目开工建设,中俄跨境空中索道、五大连池科迪非转基因大豆加工等大项目前期加快推进,争光岩金矿、农耕大豆深加工、东方华骏汽车生产销售等33个项目完成全部建设任务,产业项目扎实推进,为培育壮大实体经济提供了有力支撑。

(王　露)

【中蒙俄经济走廊建设】 2018年,黑河市发展和改革委员会主动融入中蒙俄经济走廊建设,推动对俄合作迈出新步伐。结合黑河实际,拟定2018年黑河市参与中蒙俄经济走廊建设工作要点,明确工作思路和重点,将责任落到实处,为加快融入国家战略奠定基础。推进设立黑河重点开发开放试验区,获得上级部门大力支持。中俄黑龙江大桥加快建设,累计完成投资15.52亿元。中俄跨境空中索道项目前期加快推进。多次赴省和国家有关部门汇报对接,北黑地方铁路改造升级纳入省政府重点推进项目计划。在深入调研基础上,提出黑河市民航支线机场新增航线的意见,为优化航线布局,促进文化旅游、对俄经贸合作等产业发展奠定基础。协调帮助中俄东线天然气管道项目解决征林、征地等问题,确保了黑河境内段工程顺利加快建设。截至2018年年末,两条穿江隧道均已贯通并完成管道焊装,市域内管道加快铺设。积极探索沿边开发开放的新机制和新模式。协调推进中俄黑龙江大桥桥头区开发和黑河保税物流中心(B型)项目建设。 (王 露)

【政策资金对接】 2018年,黑河市发展和改革委员会深度对接一系列国家战略,全力争取政策资金支持。黑河俄电专属供电区实行特殊电价机制,延续俄电优惠政策。推动扩大俄电专属供电园区范围、打造黑河寒地试车基地、探索开通黑河内陆自由港、建设农业绿色发展示范区、跨境经济合作区、北黑铁路改造升级、桥头区开发建设等重大政策诉求和项目上升为省级战略。黑河—布市跨境物流枢纽园区建设项目纳入国家物流枢纽布局规划。国家发改委同意将支持寒地试车写入国务院文件。主动强化同上级部门沟通,及时捕捉项目投资信息,积极帮助项目单位完善前期工作,多次赴省和国家发改部门汇报对接,专项资金争取再上新台阶。全市发改系统向上争取资金比上年增长10.8%。 (王 露)

【全面深化改革】 2018年,黑河市发展和改革委员会充分发挥牵头部门职能作用,扎实推进重点领域改革。高效承接经济体制和供给侧结构性改革政策举措,梳理重点改革任务,逐项明确责任部门,建立工作台账,定期督促推进落实。深入研究省和国家关于深化改革政策导向和实施路径,认真梳理特殊准入事项,为推进实施市场准入负面清单制度奠定基础。拟定《黑河市创新政府配置资源方式任务分工方案(2017—2020年)》《黑河市生态文明建设目标评价考核办法》等政策文件。加快政府与社会资本合作步伐,支持保税物流中心(B型)采用PPP模式融资,吸引社会资本参与项目建设。 (王 露)

【宏观经济管理】 2018年,黑河市发展和改革委员会加强宏观经济管理,充分发挥参谋助手作用。完成黑河市国民经济和社会发展第十三个五年规划纲要中期评估工作。编制《黑河市人口发展"十三五"规划》。全面启动市级空间规划编制工作。密切关注重点企业和重点行业运行情况,督导各地各相关部门深入挖掘经济增长潜力,为推进全市经济平稳增长奠定基础。积极推进"放管服"和"两集中、两到位"改革,充分利用投资项目审批监管在线平台,推进项目并联审批,进一步提高项目审批效率,受到服务对象的认可。联合市直各部门开展"十三五"能耗双控目标完成情况自评工作,研究制定《黑河市生态文明建设目标评价考核办法》,积极推进节能双控,严格固定资产投资项目节能审查,确保单位GDP综合能耗进一步降低。 (王 露)

统　　计

【概况】 黑河市统计局行政编制16个,工勤编制1个;处级领导职数:局长1职,副局长3职,总统计师1职;科级职数:科长10职。内设机构10个:政秘科、国民经济综合核算科、农业统计科、工业统计科、固定资产投资统计科、服务业统计科、贸易外经科、社会法制科、资源节约与环境评价科、科技文化产业科,下设事业单位3个:城市社会经济调查队、农村社会经济调查队、计算站,协管黑龙江省统计局黑河社会经济调查队。2018年末,共有干部职工29人。

领导班子成员及副处级以上领导干部:
局　　长　李沛勋(2018.12止)
　　　　　张战勇(2018.12任)
调 研 员　姚　飙
副 局 长　刘凤娟　臧　锋
总统计师　韩雪峰
副调研员　窦　蔓
省统计局黑河社会经济调查队副队长　韩再梅
(钟冰岩)

【统计监测预测】 2018年,黑河市统计局准确把握全市经济运行走势,深入分析解读统计数据,及时向市委、市政府报告预警信息,提出有针对性的意见建议,为领导宏观决策提供科学依据。不定期发布各县(市、区)经济运行情况预警通报,指导各县(市、区)加强对主要经济指标监测预测,真实反映本地经济发展态势。开展固定资产投资项目、工业经济、节能降耗、文化产业、妇女儿童规划等常规统计监测工作,以及备春耕生产情况、人口变动情况、劳动力情况、煤炭情况、生产经营景气状态等调查工作,加强对重点行业的监测、调查。联系爱辉区小乌斯力村统计工作点,及时掌握农村生产信息,加强对农业生产、农民生活等主要指标的监测力度。重视县域经济评价工作,积极做好协调工作,黑河市在省2017年度县域经济社会发展综合评价中取得较好成绩,嫩江县、逊克县排名均有进位,北安市位列全省第10位。 (钟冰岩)

【统计服务】 2018年,黑河市统计局发挥统计部门信息资源优势,定期发布统计信息,利用电视、报刊、网站、微信公众号等媒体发布统计信息400余条,为各级领导和部门、外来投资者、司法审判和劳动仲裁提供数据300余次、上万笔。打造统计服务产品。编辑出版《统计年鉴》《黑河市国民经济月度监测》《全省各地市主要经济指标对比情况》小手册和年度《国家、省、市、县主要经济指标对比》卡片等。为市委、市政府召开市委全会、市委经济会议、党代会、季度和全年经济形势分析会议提供经济运行报告,加工整理主要经济数据资料,为加快经济发展提出统计部门意见。开展全市养老产业调查、非公有制经济人才调查、政治生态建设成效第三方测评等调查研究工作。按照年初确定的以优化黑河产业结构、全市消费品市场运行、全市"三新经济"发展情况、经济统一核算改革工作等13个调研课题,形成一批高质量、可操作的调研报告,其中,"抢抓发展新机遇加快壮大优势特色产业——关于构建全市产业新格局的思考"被列为市政府调研课题。配合组织部门开展主要责任指标考核工作,积极与责任部门沟通协调,加大对各项考核指标完成情况的监测力度,及时汇总、审核、上报各责任部门目标任务完成情况,制定对县(市、区)的考评办法,在全省考核工作中做出积极努力。黑河市在2017年全省考核中获得全省第4名,为优秀档次。 (钟冰岩)

【统计体制改革】 2018年,黑河市统计局深化统计管理体制改革工作取得新突破。市统计局较好地发挥牵头部门作用,在中央全面深化改革领导小组印发《关于深化统计管理体制改革提高统计数据真实性的意见》,黑龙江省委办公厅、省政府办公厅印发《关于深化统计管理体制改革提高统计数据真实性的实施意见》后,以市委、市政府两办文件形式印发《黑河市深化统计管理体制改革提高统计数据真实性的实施方案》,召开部门联席会议,推进方案的落实工作,深入县(市、区)对统计改革推进情况进行调研,组织有关部门、县(市、区)认真开展自查,确保实施方案落到实处。统计方法制度改革取得新进展。积极做好经济统一核算试算工作;加强与责任部门沟通协调,完成全市自然资源负债表上报工作;加大投资统计改革力度,500万~5000万元投资项目由形象进度法改为按财务支出法统计;积极推进"四下"企业抽样调查。 (钟冰岩)

【法治建设】 2018年,黑河市统计局贯彻落实统计管理体制改革精神,在黑河市委理论中心组2018年第13次集体学习会议上,做《深入学习贯彻习近平总书记关于统计工作重要论述和〈防范和惩治统计造假、弄虚作假督察工作规定规定〉要求,为推动全市高质量发展提供统计保障》的专题报告;将统计法纳入到市、县两级党校干部教育培训课程体系中,对新提拔的处级干部及青年干部培训班进行统计法培训;充分利用"七五"普法、"9·20"统计开放日、"12·4"国家宪法日、"12·8"统计法颁布日等时间节点,集中开展统计法律法规宣传活动。严格执行《中华人民共和国统计法》《中华人民共和国统计法实施条例》等法律、法规及《关于建立领导干部违规干预统计工作记录制度的办法》《防范和惩治统计造假、弄虚作假督察工作规定》《关于完善统计违法举报工作制度的规定(试行)》等制度,提高统计数据的独立性、真实性。加强对县(市、区)基层统计人员的指导,开展法治知识培训,保证统计源头数据质量。 (钟冰岩)

【信息化建设】 2018年,黑河市统计局加强微信公众平台维护,明确专人负责微信公众号的日常维护,丰富内容、严格审核、及时更新信息,确保信息的真实性、准确性、实效性。加快完善"数据黑河"App统计信息服务系统。加强与软件公司沟通联系,及时更新服务系统,确保系统运行畅通。进一步充实数据内容、调整框架结构,提升"数据黑河"建设水平。 (钟冰岩)

【普查工作】 2018年,黑河市统计局圆满完成第三次全国农业普查工作。完成农业普查数据的录入、审核、汇总环节,两次赴省局参加第三次全国农业普查资料开发及数据衔接工作。完成2013—2017年畜牧业、2006—2017年产值数据衔接工作,同时将2017年前三个季度及2018年前两个季度农业产值数据进行科学评估、平顺衔接。根据国家、省普查工作方案要求和总体进度安排,有序组织开展全市第四次全国经济普查工作。成立黑河市人民政府第四次全国经济普查领导小组,市统计局具体承担领导小组的日常工作,制定《黑河市第四次全国经济普查宣传工作方案》,组织各县(市、区)普查人员进行集中培训,组成督导组对各县(市、区)第四次经济普查前期各项准备工作和单位清查进展情况进行督导检查。按照国家、省局的安排部署,精心组织五年一次的全国投入产出调查工作,按时完成试点、布置培训、基层填报、审核上报等阶段工作,高质量地完成国家2017年投入产出调查任务。 (钟冰岩)

【业务培训】 2018年,黑河市统计局全面提升统计人员专业素质。派出2批次30余名业务骨干到中国人民大学统计学院参加培训学习;中国人民大学、北京大学、上海复旦大学、南开大学、华东师范大学、首都经济贸易大学等十几所重点大学的资深统计专家学者近30人在黑河召开中国大百科全书统计卷审稿会,邀请中国人民大学一级教授、资深统计专家袁卫为市直部门领导、统计干部作"大数据时代的全球竞争与人才培养"专题讲座。召开座谈会,市统计干部与专家学者面对面交流,拓宽统计视野;在国家统计局在线学习网站开设黑河班,强化自主学习;组织全市及县(市、区)业务人员参加省局举办的"提素质、强本领、促提升"培训班,将学习成果充分运用到实际工作中,切实提高干部综合素质和工作能力。在省局"提素质、强本领、促提升"主题活动中,市统计局被评为优秀等次。 (钟冰岩)

统 计 调 查

【概况】 国家统计局黑河调查队主要职责为组织实施城乡住户、国民经济主要行业生产价格、投资价格、居民消费价格、农产量、农业中间消耗、服务业、规模以下工业等国家抽样调查制度,以及国家统计局布置的有关制造业

(非制造业)采购经理、农民工监测等专项调查制度;组织实施国家统计快速反映制度,组织开展经济社会重大问题专项调查,及时报告本地区的突发性经济事件和重大社会经济问题等方面信息;参与组织实施国家有关普查项目;根据黑龙江调查总队授权,管理和公布有关统计调查数据;依法查处调查队系统及其调查对象的统计违法案件;负责调查队机关人事、财务工作;负责调查队机关党的建设、纪检监察工作;接受地方政府、有关部门的委托,开展统计调查,提供统计数据处理服务;完成国家统计局交办的其他事项。

国家统计局黑河调查队核定编制26个,2018年末实际在岗21人。核定领导职数:队长1职,副队长2职,纪检组长1职。正科级8职,副科级5职。队内设科室7个,分别是:办公室、综合科、农业农村调查科、专项调查科、劳动力调查科、住户调查科、价格调查科。

领导班子成员:
队　　长　王　艳
副 队 长　黄国庆　李　爽
纪检组长　姜智鹏

(梁泽宇)

【业务交接】 2018年,国家统计局黑河调查队顺利完成规下工业企业、规下服务业调查业务交接工作。按照国家统计局要求和总队统一部署,将规模以下工业抽样调查2015—2017年历史数据和规下服务业13类22项、限下贸易10类21项内容全部移交,认真做好移交专业数据整理及汇总工作,保证交接材料的有效性、完整性,确保局队交接工作无缝衔接,并与统计局建立良好的沟通协调机制,做到有问必答,协助完成好过渡期季报工作。

(梁泽宇)

【住户电子记账】 2018年,国家统计局黑河调查队把电子记账推广工作列为住户工作的重中之重,召开专题会议,成立专项工作小组,与业务人员一同入户,检查指导电子记账工作,争取到每户每月10元的电子记账流量经费,全方位地统筹协调和配合,保证推广工作的顺利开展;业务人员对100户全部样本进行摸底调查,通过多种方式宣传电子记账的优势和亮点,及时帮助记账户解决电子记账中遇到的困难和问题,切实解决他们的后顾之忧,保证电子记账队伍趋于稳定;利用电子记账系统的数据审核功能,增加对新开户的访户频次,及时发现和更正不正确的记账方式,使电子记账质量得到明显提升。黑河电子记账户总开户率为81%,在全省所有地市中电子记账开户率排名第二,作为典型在全省住户电子记账工作动员会上作工作经验交流,起到良好的示范引领作用。(梁泽宇)

【遥感测量】 2018年6月7日,国家统计局黑河调查队为保证遥感测量工作顺利开展,召开全市农作物播种面积遥感测量培训会,讲解遥感测量工作实务。通过提出遥感测量具体工作要求,演示调查软件操作,答疑和讨论等方式,使各县(市、区)的业务骨干掌握工作的具体做法。从6月中旬开始,队领导带队深入样本村开展实地调查,历时1个月时间,完成爱辉区内20个调查村共60个样方的数据采集工作,核查并验收各县(市、区)100个调查村300个样方所采集的调查数据,保证全市遥感调查野外数据采集工作的圆满完成。同时由队长亲自带队,赴各县(市、区)重点检查是否严格执行调查制度,工作流程是否科学,小样方作物登记是否齐全、分割是否准确等内容,就发现的技术性问题,及时予以纠正,并现场讲解遥感测量的技术要求。

(梁泽宇)

【服务地方】 2018年,国家统计局黑河调查队进一步修订和完善《黑河调查队优质服务工作推进方案》《黑河调查队政务信息工作考核评比办法》,将目标任务分解落实到科室及个人。紧扣新时代新龙江新统计决策部署,全方位、多角度地为市委、市政府改善民生、提振经济发展提供切实有效、具有参考依据的调研报告。撰写专题分析65篇,采用率达到69%,其中,国家内网采用1篇,总队内网采用42篇,市政府网采用14篇。按季编印的《黑河统计调查主要数据》手册,得到市级主要领导和相关部门一致好评。顺利完成季度春节黄金周旅游调查、入境游客花费情况抽样调查。派员参与总队举办的黑龙江调查队系统第一届统计建模大赛,并获得三等奖。(梁泽宇)

【普法宣传】 2018年,国家统计局黑河调查队开展广泛宣传活动,以“9·20”统计开放日和“12·8”统计法颁布日为契机,与市、区统计局三家联合开展统计法集中宣传活动,摆放宣传板、悬挂条幅、设立现场咨询台,发放统计法宣传单1000余张、宣传海报700余份,宣传手册70份,《中华人民共和国统计法实施条例》手册100本,提高社会各界对统计工作的认识、理解和配合程度。加大基层基础检查力度,对30家走访企业发放《统计法律事务告知书》。8月,党组成员与法规工作人员一同深入各业务科室,检查指导各专业统计调查基础工作,重点检查各专业近两年的台账、账本、报表等原始资料和工作制度、计算机程序与电子档案等基础工作,并对存在问题提出整改意见和措施,促进各专业基础工作的标准化规范化,夯实基层基础工作,数据质量得到全面提升。(梁泽宇)

【信息工作】 2018年,国家统计局黑河调查队进一步修订和完善《黑河调查队优质服务工作推进方案》《黑河调查队政务信息工作考核评比办法》,将目标任务分解落实到科室及个人。上报政务信息102篇,采用率94%。其中,国家内网采用14篇,总队内网采用75篇,市政府网采用89篇。撰写个人视角28篇,采用率57%。其中,国家内网采用7篇,总队内网采用16篇。(梁泽宇)

财　政

【概况】 截至2018年末,黑河市财政局行政编制68个,事业编制114个;处级领导职数:局长1职,副局长4职。实配局长1职,副局长4职,总会计师1职,副调研员1职,其他处级干部5人。内设机构28个,分别为:会计管理局、监督检查局、农村财政财务局、办公室、法规科、税政科、预算科、国库科、行政政法科、教科文科、经济建设科、经贸科、农业科、社会保障科、国际金融科、乡镇科、人事教育科、绩效评价科、资本运营评估科、政府采购管理办公室、综合科、财源建设科、行政事业单位资产管理科、国有资产管理委员会办公室、国有资产监督管理局、金融工作科、融资担保科、党委办公室。直属机构9个,其中,正处级直属机构1个,为农业综合开发办公室;副处级直属机构2个,分别为:非税收入管理局、国库集中支付中心;正科级直属机构6个,分别为:投资评审中心、口岸收费站、信息站、注册会计师管理中心、矿产资源统计调查队、金融办(注:企业科撤并,职能部分划归经贸科,部分划归国有资产监督管理局)。

领导班子成员:
局　　长　鲁　铭(2018.12任)
常务副局长　吴景辉
副 局 长　赵秋伟　刘仲元　崔光剑(2018.10任)
总 会 计 师　林玉芝
市非税收入征收管理局局长　丁延民(2018.3任)

(孙浩岩)

【预算执行】 2018年,全市公共财政预算收入完成34.4亿元,增长7%;全市公共财政预算支出完成214.1亿元,增长1.4%。全市基金收入完成4.8亿元,增长14.3%;全市基金支出完成7.8亿元,增长21.7%。市直公共财政预算收入完成9.5亿元,增长1.5%;市直公共财政预算支出完成23.1亿元,下降11.8%。市直基金收入完成0.9亿元,增长3.6%;市直基金支出完成4.2亿元,增长78.2%。(孙浩岩)

【组织收入】 2018年,黑河市财政局协调税务部门继续完善税源监控机制,强化重点税种和行业税收征缴管理。推进依法治税,组织开展税源调查,大力清缴欠税。完善煤炭行业税收征管流程,堵塞征管漏洞,累计缴纳税款4.65亿元,同比增长26%。在严格落实国家收费清理改革和清理规范涉企收费等政策下,严格执行"收支两条线"管理规定,加大执收力度,市直非税收入完成4.61亿元,同比下降10.6%。(孙浩岩)

【争取资金】 2018年,黑河市财政局与相关单位密切配合,深入研究分析国家政策信息导向,结合项目情况和地方实际,多次向省财政厅汇报,向上争取工作取得显著成效。2018年,全市争取到位资金109.5亿元;市直争取到位资金6亿元。围绕棚户区改造、中俄黑龙江大桥桥头区、中俄跨江索道等重点建设项目和土地收储争取新增债券,为项目顺利推进提供有力保障。抓住黑龙江省对符合条件的或有债券置换为地方政府债务的政策契机,成功置换城投债,节省利息,降低债务风险,减轻财政还款压力。

(孙浩岩)

【民生保障】 2018年,黑河市财政局贯彻落实国家和省关于"保工资、保运转、保民生"的总体要求,统筹调度合理安排资金,大力压缩一般性支出,将财政资金优先用于保障基本民生,切实兜牢民生底线。市直投入财政资金17亿元用于民生领域,尤其是教育和社保领域,财政投入资金占一般公共预算支出比例逐年提高,较上年分别提高0.9%和2.1%。依法落实教育投入政策,支持推进"全面改薄"工程,促进义务教育均衡发展。落实各项资助学生政策,完善政府助学体系。支持改善市直学校办学条件。足额落实企业养老缺口补助资金,确保养老金按时足额发放。配合人社部门,推进机关事业养老保险如期上线。落实取消药品加成财政补偿政策,破除以药养医机制,全力推动公立医院综合改革。足额匹配市直承担的城市低保补助资金,保证市区城市低保金按时足额发放。兑现工资、津贴补贴调整政策,以及住房公积金财政匹配比例从8%提高到10%、住房提租补贴由6%提高到9%等,保障广大职工的切身利益。加大资金筹资力度,着力保障重点项目建设,拨付资金5.6亿元,有力地支持中俄黑龙江大桥桥头区、大黑河岛中心广场和绿化恢复工程、黑河机场停机坪扩建工程、黑河城区棚户区改造工程、公安警用数字集群通信系统和警务技能培训基地、全域旅游规划和旅游宣传等项目。加大扶贫支持力度,在财力非常困难的情况下,安排财政资金200万元,支持孙吴县精准扶贫工作。(孙浩岩)

【改革管理】 2018年,黑河市财政局按照国家和省关于"放管服"政策要求,取消、停征行政事业性收费7项,实时更新全市行政事业性收费、政府性基金目录清单,实现动态管理,并在政府网站上向社会公布,接受社会监督。完成农垦九三管理局、北安管理局、锦河农场移交办社会职能单位和部门的成本核算、资产清查及债务甄别工作。按照上级部署,结合黑河市实际,起草《黑河市人民政府关于推进市以下财政事权和支出责任划分改革的实施意见》,待政府审议通过后实施。重点推进黑河保税物流中心PPP项目,项目进入财政部项目库并完成政府采购招投标工作。

(孙浩岩)

【国资国企管理】 2018年,黑河市财政局加强国有资产监管,国资管理取得良好成效。根据《关于全面深化国资国企改革的实施意见》,将市属国有企业纳入统一监管范围。开展市属国有企业清查核资工作，摸清国有企业家底，为国企改革奠定基础。在符合条件的黑河热电厂、自来水公司等8户中，推进公司制改革，改制完成后，将形成有效制衡的公司法人治理结构和灵活高效的市场化经营机制，提高企业经营管理水平。建立现代企业制度，完善法人治理结构。推进以管资本为主授权经营体制改革，改组组建国有投资控股集团有限公司，搭建黑河市国有资本市场化运作专业平台，授权黑河市国有投资控股集团有限公司在职责范围内履行国有资本出资人职责，对持股企业履行股东职责，促进国有资本布局优化、提升国有资本运营效率和促进国有资产保值增值。加强行政事业单位资产处置管理，实行资产处置申请、评估制度，处置收入全额上缴国库，有效防止国有资产处置收入的流失。为加强政府资产管理，逐步建立政府资产报告制度，开展政府资产报告试点工作，完成全市127户单位政府资产报告及汇审工作。 （孙浩岩）

【债务管理】 2018年，黑河市财政局组织召开全市防范化解金融风险工作推进会议，进一步布置防控金融风险工作。开展地方政府隐性债务情况统计调查，在摸清债务底数基础上，对隐性债务情况进行认真梳理，制定《黑河市本级政府隐性债务化解实施方案》，明确任务目标、分年度计划，合理确定债务化解期限。多渠道化解非债券类存量债务，有效化解了债务风险。 （孙浩岩）

【金融服务】 2018年，黑河市财政局出台《关于进一步加强金融工作的意见》等制度，促进全市经济金融协调稳健发展。加强对各类地方金融组织的监管检查，持续做好防范和处置非法集资及互联网金融风险专项整治工作，不断优化金融生态环境。完成省农业信贷担保公司嫩江、北安、逊克和五大连池分公司的组建工作。支持黑河农商银行批量发起设立村镇银行。加强企业上市（挂牌）工作，6家企业在哈尔滨股权交易中心挂牌，1家“新三板”挂牌企业股权融资3030万元。组织召开2018中俄边境银企对接会，有效加强中俄金融交流合作，推进沿边金融改革创新。加大金融扶贫工作力度，积极开展扶贫贷款、扶贫小额信贷、贫困户保险等方面的督导检查，推动金融扶贫政策落实到位，取得实效。 （孙浩岩）

住房公积金管理

【概况】 黑河市住房公积金管理中心是直属于黑河市政府不以营利为目的的事业单位，负责全市住房公积金的管理和运作。2018年12月，有7个内设科室和6个直属管理部，即归集结算科、信贷管理科、财务计划科、信息技术科、审计综合科、档案管理科、办公室和北安管理部、嫩江管理部、五大连池管理部、孙吴管理部、逊克管理部、五大连池风景区管理部。

领导班子成员：

主　　任　张战勇（2018.12止）

　　　　　郭建华（2018.12任）

副 主 任　孙连鹏　黄长河

总会计师　崔光剑（2018.10止）

（王　祁　周宏章）

【归集工作】 2018年，黑河市住房公积金管理中心继续加大归集力度，加强归集扩面和提高缴存比例工作，取得良好成效。黑河市本级及爱辉区财政拨款单位住房公积金缴存比例由8%提高至10%。加强缴存单位对账，控制缴存基数，保证缴存资金及时匹配到位。全市全年新增缴存单位144家，新增缴存职工7582人，缴存职工保有人数9.82万人，实缴人数9.23万人，全年缴存住房公积金11.96亿元，同比增长11.15%。加强提取工作管理，简化办理要件，规范业务流程，实现提取业务一次性办结，全市全年有1.48万名职工提取住房公积金6.84亿元，同比增长41.77%。

（王　祁　周宏章）

【个人住房贷款】 2018年，黑河市住房公积金管理中心实现贷款业务自主管理，注重加强信贷工作宣传，提高缴存职工认知度，结合黑河市实际，进一步调整信贷惠民政策，简化工作流程，完善信贷各项基础工作，加强住房公积金贷前核查、贷中审核和贷后管理，建立贷款风险防范机制。积极推进住房公积金按揭贷款，拓展业务领域。全市全年共发放住房公积金贷款0.27万笔7.47亿元。

（王　祁　周宏章）

【财务管理】 2018年，黑河市住房公积金管理中心密切关注国家金融政策调整变化，加强沉淀资金管理，减少闲置资金，提高增值收益；合理调配资金，保障提取和贷款资金充足；充分运用网上银行等信息化管理手段，实现全市统一核算和全市公积金资金、账户的集中管理，确保资金运行更加高效、安全。加强对委托银行监督检查，防止违规操作，加强利率上浮管理，提高收益水平。全年实现业务收入1.48亿元，实现增值收益6439.65万元。 （王　祁　周宏章）

【信息化建设】 2018年，黑河市住房公积金管理中心信息业务管理系统“双贯标”（贯彻落实国家住房公积金基础数据标准和全国住房公积金银行结算数据应用系统）升级改造工作以高分通过了住建部及省住建厅验收并投入使用，完成了综合服务平台（利用“互联网+”技术通过建设网上业务大厅、门户网站、12329住房公积金热线、微信、手机App、自助终端等渠道打造综合服务平台）八大业务渠道及综合管理系统的建设，实现住房公积金业务网上查询、办理，方便缴存人随时了解个人账户信息。针对“双贯标”业务办理流程、要件发生变化的实际情况，加强 12329 网络安全管理，备份数据 41.4T，加强住房公积金热线人员培训，确保咨询解答准确，远程安装操作 1600 余次，为住房公积金单位版用户在线及电话解答问题万余次。

（王　祁　周宏章）

【综合管理】 2018 年，黑河市住房公积金管理中心强化内部审计，结合信息管理系统建设，重新制定内部审计检查方案。对归集、提取、信贷业务的电子档案逐笔审计核查。规范档案管理工作，制定档案装订范本及具体操作细则，认真做好业务档案的查阅、借阅、接收、销毁工作。

（王　祁　周宏章）

税　务

【概况】 按照中共中央办公厅、国务院印发的《国税地税征管体制改革方案》要求，原黑河市国税局、黑河市地税局于 2018 年 7 月 5 日合并，新机构全称为国家税务总局黑河市税务局。2018 年，国家税务总局黑河市税务局坚持以党的政治建设为统领，以习近平新时代中国特色社会主义思想为指导，认真贯彻落实省税务局和市委、市政府的各项工作部署，坚持一手抓改革，一手抓税收，圆满完成机构合并、税收增长、服务提升等重点工作任务，实现机构改革和税收工作“两不误、两促进”。

领导班子成员（2018.7.5 任）：

党委书记　局长　郭玉玖

副　局　长　庄　谦　王　辉　宁云祥　徐志海　曲宝志　王春辉

纪检组组长　郝　政

总经济师　王长军

总会计师　王春杰

（张琪俊）

【组织收入】 2018 年，全市税务系统把握组织收入为中心的原则，积极克服金融、电力政策减收，建筑、房开项目锐减，历史收入基数较大等困难，全面开展税源调查，做好税收分析，切实加强行业、税种、项目管理，持续加大欠税回收力度，深入开展城镇土地使用税清查，实现税收收入稳步增长。共组织税收收入 36.02 亿元，同比增长 7.4%，中央级税收收入 15.52 亿元，同比增长 3%；省级税收收入 3 亿元，同比增长 4.3%；市级税收收入 4.89 亿元，同比增长 16.3%；县区级税收收入 12.61 亿元，同比增长 10.7%。组织社会保险费及非税收入 19.67 亿元，同比增长 78.6%。为黑河全面振兴发展、各项改革事业及民生保障提供稳定可靠的财力支撑。（张琪俊）

【服务发展】 2018 年，国家税务总局黑河市税务局有效发挥税收职能作用，创新服务理念，优化服务手段，积极打造优良的税收政策环境、税收服务环境和税收法治环境。加强政策宣传。重点围绕国家出台的 7 项减税措施，通过制作动漫、微信平台、专题培训、入企走访等形式，对纳税人通过点对点、面对面等形式进行政策辅导和问题答疑，使纳税人真正了解和应用相关税收优惠政策。全面落实税收优惠政策。以贯彻落实国务院 2018 年推出的 7 项减税措施为重点，围绕市政府工作报告和民生实事工作部署，认真梳理法规政策，不折不扣落实各项税收优惠政策和减税措施。全年累计办理减免退税 242556 万元，其中，征前减免 240062 万元，退库减免 2466 万元。完成城镇土地使用税税额标准调整工作，为企业减负 4000 万元。积极践行以税资政。坚持以税收视角看区域经济发展，围绕黑河市跨境经济合作区规划建设，向地方政府提出向上争取“享受西部地区鼓励类产业减按 15% 征收企业所得税政策”“国家级经济自贸区或互贸区政策”的建议。（张琪俊）

【依法行政】 2018 年，国家税务总局黑河市税务局依法行政促规范，管理效能不断提升。规范税收执法。年初制定《规范税收执法常态化制度化实施意见》，围绕税费征管、纳税服务、税务检查 3 方面 21 项亟待规范、容易影响税收征收、增加纳税人负担、破坏税收环境的关键事项和关键节点，集中开展专项整治，全面完善岗责体系、明晰岗位事项、健全权力运行约束机制，着力提高全体干部规范执法、规避风险的能力。挖潜增收力度。采取约谈、公告、回收专项核查等方式开展欠税清理，全年回收欠税及滞纳金 19705 万元；加强风险管理，通过模型推送风险任务 217 户，手工推送风险任务 291 户，评估入库税款、滞纳金 7631.93 万元；落实“双随机、一公开”，立案检查 51 户，组织企业自查 84 户，查补入库税款、滞纳金和罚款 2295 万元。加强政府主导综合治税。抓住城镇土地使用税税额标准调整的有利契机，着眼长效机制，积极协调政府成立综合治税办公室，提请市政府下发《黑河市城镇土地使用税欠税清缴工作方案》，推进政府主导，财政、国土、公安等多部门共同协作开展欠税回收，组织城镇土地使用税欠税入库 5640.75 万元。

（张琪俊）

【优化营商环境】 2018 年，国家税务总局黑河市税务局改进作风优化营商环境，纳税人满意度不断提升。全面推行“便民办税春风行动”。以“新时代 · 新税貌”为主题，以深化“放管服”改革、优化税收营商环境为主线，制定的 5 类 16 项便民措施，全市办税服务厅 100% 实现第三层级“一厅通办”，全方位提升管理服务水平。深入开展作风整顿。全面整治 3 方面 21 项影响征收、破坏环境、增加纳税人负担的问题，深入推进“一网、一门、一次”改革，推出集中处理涉税事项“套餐式”服务，全市共设立“清税注销专窗”11 个，不断优化税收营商环境。深入拓展服务功能。依托电子税务局，大力推进“全程网上办”“最多跑一次”清单和自助办税终端服务功能,实行多平台“线上”宣传与“线下”培训相结合,全市37306户企业应用电子税务局,其中,企业纳税人开户达总户数的95%以上。注重收集听取意见。开展全市范围内民营企业走访、调研工作,285名税务干部走访民营企业104户,收集问题及意见共121条,开展首次税务接待日活动共11场,共收集5大类64个问题,为更好地倾听纳税人意见,创新服务奠定基础。化解缴费难题。在近百万人养老保险和医疗保险的缴费工作中,拓展与银行合作的多渠道缴费模式,制定“新一代代收代付”“互联网+社保”的综合服务方案,实现ATM机、微信支付、网上银行等多种渠道缴费,全面满足参保人的各类金融服务需求,化解工作难题,提升工作质效。 (张琪俊)

【国家税务】 黑河市国家税务局成立于1994年9月,主要担负全市范围内增值税、消费税、企业所得税、个人储蓄存款利息所得税、车辆购置税的征收管理工作。市局机关内设17个职能科室:办公室、政策法规科、货物和劳务税科、进出口税收管理科、所得税科、收入核算科、纳税服务科、征收管理科、财务管理科、人事科、教育科、监察室、机关党委办公室、离退休干部科、信息中心、票证中心、机关服务中心;3个直属机构:稽查局、直属分局、车辆购置税管理分局。按照黑河市的行政区划设置:黑河市爱辉区国家税务局、黑河市经济合作区国家税务局、五大连池风景名胜区自然保护区国家税务局、北安市国家税务局、嫩江县国家税务局、五大连池市国家税务局、逊克县国家税务局、孙吴县国家税务局。2013年,经国家税务总局批准,设立黑龙江省农垦九三国家税务局(副处级)。2015年,经国家税务总局批准,设立黑龙江省沾河国有重点林区国家税务局。

领导班子成员(2018.6止):
局　　长　史铁峰
副 局 长　王　辉　徐志海　曲宝志　王春辉
总经济师　王长军

黑河市国家税务局坚持以挖潜增收为主线,确保收入平稳增长。截至2018年6月29日,共组织税收收入98521万元,为年预算目标的51.9%,剔除上年一次性反避税收入12508万元,同比增长2.6%,增收2475万元。欠税余额1737万元,全市12个征收单位中,有7个单位无欠税。认真落实“放管服”改革要求,持续开展“便民办税春风行动”,全面落实办税事项“最多跑一次”120项清单任务,稳步推进国税地税业务“一厅通办”,精准对接纳税人实际需求,全面优化纳税服务,提升服务水平,优化营商环境。

(郭利燕)

【地方税务】 黑河市地方税务局成立于1994年9月,下辖北安市、嫩江县、五大连池市、孙吴县、逊克县、爱辉区、合作区、风景区、沾河国有重点林区管理委员会等9个局,代管农垦九三管理委员会地方税务局,下设稽查局、社保局2个直属单位,内设办公室、流转税科、所得税科、财产与行为税科、征收管理科、纳税服务科、计财科、法规科、人事科、基层指导科、监察室、党委办公室、信息科等13个科室,全系统有在职干部职工633名,全面负责企业所得税、个人所得税、资源税、城镇土地使用税、城市维护建设税、印花税、土地增值税、房产税、车船税、耕地占用税、契税、烟叶税、环境保护税、代征二手房增值税等14个税种和基本养老保险费、失业保险费、医疗保险费、生育保险费、工伤保险费、教育费附加、地方教育附加、工会经费、残疾人保障金、罚没收入等10种费的征收管理工作。截至2018年6月,黑河市地方税务局完成税收收入99359万元(含九三、沾河),同比增长18.1%,增收15259万元。

领导班子成员(2018.6止):
局　　长　郭玉玖
调 研 员　杨惠君
副 局 长　庄　谦　宁云祥　杨彦龙
纪检组长　郝　政
总会计师　王春杰
副调研员　赵德远　曹　波

(张琪俊)

审　　计

【概况】 黑河市审计局人员编制43个(行政编制35个,工勤编制2个,事业编制6个),实有36人。设有12个科室:经济责任审计科、财政金融审计科、企业审计科、农业与资源环保审计科、固定资产投资审计科、政府项目资金管理监督审计科、社会保障审计科、行政事业审计科、计算机审计科、法制审理科、人事教育科、办公室,1个事业单位:黑河市固定资产投资审计中心,下设2个分局:边境经济合作区分局、五大连池风景名胜区自然保护区分局。2018年,黑河市审计局共完成审计和审计调查项目35个,审计查出主要问题金额80253万元,其中,违规问题金额2099万元,管理不规范金额78154万元;移送问题线索20件。提出审计建议93条。报送审计信息54篇,其中,53篇被各级媒体采用。各县(市、区)共完成审计和审计调查项目58个,审计查出主要问题金额22540万元,其中违规问题金额833万元,管理不规范金额21707万元,审计发现非金额计量问题共47个。经审计处理,应上缴财政45万元,应归还原渠道资金354万元,应调账处理金额4959万元。提出审计建议197条。

领导班子成员及副处级以上领导干部:
局　　长　丁爱辉(2018.12止)
　　　　　倪雪松(2018.12任)

调 研 员　王鹏锐(2018.6 止)　李树林(2018.1 任)
副 局 长　仲建彬　刘伟宏　姚富利
副调研员　张世杰(2018.5 止)
市经济责任审计联席会议办公室主任　胡铁军

(安　佶)

【民生资金审计】　2018 年,黑河市审计局参加了黑龙江省审计厅统一组织的涉农资金项目审计百日会战,推动党和政府强农惠农政策贯彻落实。开展保障性安居工程跟踪审计,促进住房保障目标任务完成,规范资金筹集管理和使用、保障性住房分配和运营管理。挽回经济损失 29.5 万元。(安　佶)

【预算执行审计】　2018 年,黑河市审计局在市本级预算执行审计中,重点关注财政资金的存量和增量,审查财政资金安排、分配、使用环节存在的问题。对市畜牧兽医局、市民宗局、市地方社保局和市外侨办开展了 2017 年度预算执行情况审计,查处支出预算收支管理方面的问题,提高了部门财政管理水平。(安　佶)

【经济责任审计】　2018 年,黑河市审计局除对领导干部任职单位的财政财务收支、固定资产管理情况、重大经济决策及项目建设情况、内部管理制度的制定和执行情况等方面进行审计监督外,增加贯彻落实国家宏观政策、职能目标任务完成情况、编制情况等方面的审计内容,进一步促进了权力规范运行。(安　佶)

【扶贫审计】　2018 年,黑河市审计局对北安市、五大连池市、逊克县精准扶贫精准脱贫政策落实情况进行审计。突出政策和资金两条主线,以扶贫项目和资金流向为抓手,加大对资金分配管理使用环节的审计力度,追踪到扶贫资金使用的最末端,严肃查处脱贫攻坚领域作风不严不实、资金管理使用不规范、未与贫困户建立利益联结机制等突出问题,促进了精准扶贫精准脱贫各项决策部署落地生效。对全市财政专项扶贫资金开展调查工作。按照市扶贫工作领导小组会议的要求,重点对 2017 年底全市财政专项扶贫资金沉淀 6022 万元的情况,进行专题调查。(安　佶)

【项目审计】　2018 年,黑河市审计局按照市委、市政府的部署,对市区棚户区改造工程进行跟踪审计,对房屋征收资金流向情况进行跟踪检查。深挖征收货币补偿执行情况,对经费使用提出合理化建议。经审计,查出因文件送达不及时致多付棚改资金、因审核不严致多付补助资金、虚报低保残疾信息骗取补助资金等问题金额共计 384.5 万元。(安　佶)

【自然资源资产审计】　2018 年,黑河市审计局结合省、市下达的自然资源资产开发利用和保护考核内容及工作完成情况,对饮用水水源地生态保护和水环境综合整治、矿产资源的保护与开采、节能减排工作措施落实、造林及耕地保护等方面情况进行了重点审计,揭示领导干部在落实自然资源资产和生态环境保护责任方面存在的问题。(安　佶)

【医疗保险基金审计】　2018 年,黑河市审计局按照省审计厅的统一部署对北安市、五大连池市、嫩江县、逊克县、孙吴县、五大连池风景区 2015 年 1 月至 2018 年 6 月末医疗保险基金进行了审计。注重从医保、医疗、医药三方涉及医疗保险基金项目进行审计监督,密切关注医保基金是否存在管理不规范、责任不明确、违规违纪等行为;注重各级政府关于基本医疗保险的政策落实、制度运行情况,揭露政策落实中存在的问题;注重参保人员受益情况的实地调查,保障参保人员合法权益不受损害。(安　佶)

市 场 监 管

【概况】　黑河市市场监督管理局及直属和派出机构总计核定行政编制 293 个,工勤编制 26 个,2018 年末实际在岗行政及工勤人员共 276 人。核定领导职数:局长 1 职(兼任市政府食品安全委员会办公室主任),副局长 3 职,副局长兼任市卫生和计划生育委员会副主任 1 职;食品药品安全总监(副处级)1 职;正科级 48 职,副科级 53 职。

市局机关内设科室 31 个,分别是:办公室、法制科、行政审批科、综合协调科、食品生产监管科、食品流通监管科、药品生产监管科、药品流通监管科、餐饮消费监管科、保健食品化妆品监管科、医疗器械监管科、科技标准与宣传科、质量管理科、标准化科、计量科、特种设备安全监察科、认证认可科、产品质量监督科、市场监督管理科、企业登记管理科、网络商品交易与合同监督管理科、消费者权益保护科(投诉举报中心)、商标监督管理科、广告监督管理科、个体私营经济监督管理科、社会信用办公室、公平交易科、人事教育科、财务审计科、党委办公室、目标考评办公室。

直属机构 10 个,分别是:市场监督管理稽查支队(副处级)、市工商收费所(信息中心)、市工商经济检查大队、市工商车辆管理所、市工商"双生"市场管理所、市花园街市场和质量监督管理所、市兴安街市场和质量监督管理所、市海兰街市场和质量监督管理所、市西兴街市场和质量监督管理所、市合作区市场和质量监督管理所。

派出机构 6 个,分别是:市场监督管理局爱辉分局,下辖瑷珲镇市场和质量监督管理所、罕达汽镇市场和质量监督管理所、上马厂乡市场和质量监督管理所;市场监督管理局合作区分局;市场监督管理局五大连池风景区分局。

领导班子成员及副处级以上领导干部:
党委书记　局长　曲明龙(2018.6 止)
李继海(2018.6 任)

副局长 唐志学 王永平 王 季 张玉环
王丽芳 王玉龙 代 红
副调研员 闫海霞 王清梅

（孙 明）

【商事制度改革】 2018年，黑河市市场监督管理局组织召开黑河市深入推进“多证合一”改革联席会议，制发《冠黑河市行政区划企业名称登记暂行办法》。达成黑河市与珠海市实现商事主体两地异地办照初步框架合作协议。扎实开展“四零”承诺服务创建和流程再造工作，开通重点项目“绿色通道”，优化行政审批程序，提高审批效率。全市办理各项审批总量为15306件；全市市场主体90217户，新增市场主体17373户。完成原工商、质监、食药系统共计33个大项155个子项的录入、审核、提交，作为全省唯一整合的市级市场监管局，率先完成流程再造市级目录提交工作。

（孙 明）

【社会信用体系建设】 2018年，黑河市市场监督管理局形成黑河市信用信息共享平台建设方案。制定《黑河市社会信用体系建设工作考核办法（试行）》及考核细则，信用工作正式纳入政府责任制目标考核体系。市直及县（市、区）政府部门273个，注册登录信用黑龙江用户数703个，全市5个县（市）及爱辉区在“信用黑河”网，“信用黑龙江”网公示信息14187条。组织赴齐齐哈尔市等地学习信用工作先进经验，召开黑河市信用工作联席会议，推进各有关部门制定出台10个联合惩戒合作备忘录，信用等级排名从219名上升到157名。

（孙 明）

【事中事后监管】 2018年，黑河市市场监督管理局深入推进“双随机一公开”监管，抽查市场主体2978户。全市市场主体年报率96.69%；对供水、供电、供暖以及其他公共服务等行业企业进行重点整治，深化“创建无传销社区”活动，开展公平竞争审查工作，审查规范性文件24项；组织召开全市机动车检测机构价格法规政策提醒告诫会，对机动车检测服务企业进行专项检查。对48家旅行社、12家大中型宾馆、俄品多、中俄民族风情园等景点购物点下发《关于规范旅游市场价格行为的提醒告诫书》，与经营者签订黑河市旅游业价格自律承诺书。清理存量文件417件；开展公立医院医药价格综合改革政策落实情况专项检查，查处违法所得金额13.4万元，罚款13.4万元，上缴财政26.8万元；全年专利申请646件，专利授权378件，申请量、授权量分别较上一年同期增长21.4%和13.8%。每万人口发明专利拥有量0.431件；黑河地区注册商标4635件，地理标志证明商标10件；嫩江县局引导企业推广使用“嫩江大豆”“嫩江小麦”“嫩江芸豆”等地理标志商标，提高嫩江农产品的市场知名度和竞争力，打造嫩江品牌。有“逊克大豆30类、31类”“逊克南瓜”“黑河马”等4件地理标志商标获得审批。“黑河大豆”第30类、第31类2件地理标志商标于2018年12月国家商标局已受理注册申请；健全广告监测制度，全年监测各类广告19557条次，实现黑河媒体广告零违法；开展网络经营主体数据库建设，398户网络经营者信息录入到系统中，较上年底增长37%。190户网络经营业户中55%亮标亮照；检查农资经营户1821户次，查办农资案件5件。抽检成品油、化肥、农膜等540批次，合格率分别为93%、100%、52%；深入推进全市市场监管领域扫黑除恶专项斗争，召开全市市场监管系统扫黑除恶专项推进大会，制定推进方案，全市市场监管系统对重点市场监管领域深入开展黑恶势力犯罪线索排查，并及时向有关部门移交了线索。

（孙 明）

【消费维权】 2018年，黑河市市场监督管理局组织处理2017年度流通领域商品质量抽检不合格商品案件，立案15起，罚没2.3万元；组织开展校园周边问题食品和伤人玩具专项执法检查，下达责令整改通知单12份；组织召开2017年度消费者权益保护联席会议暨全市放心消费创建（试点）工作总结表彰大会，对全市30户“放心消费示范单位”进行表彰；以“品质消费美好生活”年为主题，开展“3·15国际消费者权益日”纪念活动和“12331——助力健康中国梦，食药安全伴你行”宣传活动。受理各类投诉、举报、咨询1540件，为消费者挽回经济损失95.38万元。

（孙 明）

【行政效能提升】 2018年，黑河市市场监督管理局政务服务事项全部入住市行政审批中心，实行班子成员在市行政审批中心服务大厅“值班制”，实行业务骨干“日代班”。修改完善市局《考勤管理办法》及病（事、休）假审批单，制定《行政审批工作人员廉政行为准则》，组织干部职工签订《廉洁从政承诺书》。认真落实“七五”普法规划及“谁执法谁普法”责任清单。加大案件审核力度，审核一般程序案件21起，审核率和办案正确率均达100%。累计发布各类信息953条。

（孙 明）

【质量提升行动】 2018年，五大连池风景区管委会获得第三届中国质量奖提名奖。在2018年度全省质量工作考核中黑河市质量工作考核结果为一类。制定《中共黑河市委黑河市人民政府关于开展质量提升行动实施方案（征求意见稿）》《黑河市市长质量奖评审规则》《黑河市市长质量奖评审标准》。召开全市质量大会，北安宜品努卡乳业获得首届黑河市市长质量奖，孙吴县长乐山大果沙棘有限公司、黑河关鸟河水泥有限责任公司、北安庆华军工遗址博物馆等6家企业获提名奖。

（孙 明）

【标准化建设】 2018年，全市23家企业的66项执行标准在国标委网站进行声明公开，形成除食品外的138家生产型企业的66类产品执行的105项标准目录，搜集、整理物流行业各类标准111项；《逊克团结现代农机合作社大豆种植农业标准示范区》的省级示范区、《五大连池有机矿泉水稻种植综合标准化示范区》等2个市级示范区和《孙吴桦林农牧养殖基地和牛养殖示范区》等7个县（市、区）级示范区建设工作有序进行。全市完成8个国家级的农业标准化示范区的创建工作。向黑龙江省市场监督管理局上报《金银忍冬播种育苗技术规程》《欧洲垂枝桦育苗技术规程》2项省级农业地方标准的制定计划,并成功立项。搜集整理农业生产相关标准752项;继续推进《养老机构服务质量标准》讨论稿的编写及意见征求和《黑河市爱心车队》的30辆出租运营服务标准化试点车的管理,结合黑河移动互联网发展实际,搜集整理各级标准47项。 (孙　明)

【计量】 2018年,黑河市市场监督管理局完成黑河水表站计量标准复查现场核查1项,受理黑河永安煤矿设备检定站、黑河水表站、黑河市质量技术检验检测中心计量所等机构复查现场核查3家。对辖区10余个乡镇的加油站、卫生院开展计量器具免检工作,免检计量器具141台(件)。监督检查30吨以上汽车衡338台,责令停止使用28台(件)。开展农资计量专项检查,抽查化肥定量包装86个批次。 (孙　明)

【认证认可】 2018年,市质量检验检测中心机构开始整合组建。组织开展黑河市新版质量管理体系认证系列标准宣传贯彻培训班,全市56家企业参加培训。北安市、孙吴县获得黑龙江省有机产品认证示范区称号,推荐孙吴县人民政府、逊克县人民政府、北安市人民政府申报国家有机产品认证示范区。检查有机认证企业24家36个品种;商场超市等43家。 (孙　明)

【安全监管】 2018年,黑河市市场监督管理局做好四个安全监管工作。食品安全监管。开展"食安龙江百日行动"等食品安全专项整治,检查经营业户9648户,下达责令改正通知书300份,捣毁黑加工点4个、罚没7.2万元。全市共抽检食品1918批次,其中,抽检食用农产品1080批次,完成计划的107%,抽检合格率为99.3%。完成不合格食品核查处置任务16个。全市共完成302家学校、托幼机构、养老院食堂量化分级动态等级评定,良好率达93.7%。推进"明厨亮灶"工程深入实施,共打造明厨亮灶368家。在世界食品品质评鉴大会上,北安宜品努卡乳业的"益生菌金装婴幼儿配方奶粉"连续三年获超金奖。药品安全监管。在全市范围内开展保健食品化妆品经营企业"双随机、一公开"监督检查工作,检查保健食品化妆品经营企业67家。检查药品生产、经营企业1113家,检查疫苗使用单位345家。开展对全市的省级药品抽样工作,抽样143批次,抽检涉药单位63家。上报药物不良反应(ADR)报告1015例,医疗器械(MDR)报告116例,化妆品不良反应报告57例,药物滥用报告100例。特种设备安全监管。做好重大节日、重要会议、特大型活动期间特种设备安全保障工作,全市共检查特种设备使用单位239家,检查设备273台套,发出《特种设备安全监察指令书》5份;开展起重机械、厂内车、公用燃气管道和特种设备安全隐患集中排查等整治工作,检查特种设备使用单位68家,发现问题隐患90个,发出《特种设备安全监察指令书》47份,查封起重机械5台。重点工业产品质量监督。开展食品相关产品和工业产品生产许可获证企业现场审核,对工业产品获证生产企业进行分类监管。开展危险化学品、危险化学品包装物及容器生产许可获证企业安全隐患排查"回头看",及时消除产品质量安全隐患。 (孙　明)

【法治建设】 2018年,黑河市市场监督管理局以全省"法治建设年"活动为契机,聚焦4大类问题,明确20项重点工作任务,组织召开"法治建设年"活动动员大会,开展宪法宣誓活动。深刻查摆法治建设突出问题,并在《黑河日报》进行公开承诺。开展"双查双立"集中整治行动,联合执法小组对涉及市场主体登记代理服务的15户中介机构进行了4次检查,下达合同行政指导建议书15份,代理服务合同备案1份。 (孙　明)

【获得荣誉】 2018年,黑河市市场监督管理局12315行政执法指挥中心和企业注册登记窗口获黑河市"青年文明号"称号;市局食药稽查支队被评为全市城镇妇女岗位建功先进集体;行政审批科被评为全市城镇"双践行、双增创"巾帼文明岗;2人被评为全市"优秀青年岗位能手"和全市"城镇建功先进个人"称号。2人被评为全市"优秀科技工作者";1人被评为全市"优秀驻村干部"。 (孙　明)

【自身建设】 2018年,黑河市市场监督管理局调整基层党组织设置,17个党支部进行换届选举,对40余名党务工作者进行党务知识培训。完善制度执行机制,建立健全领导班子成员党建工作联系点、党员固定党日活动等20余项制度,形成较为完备的党建工作制度体系。推进中共十九大精神和《中国共产党章程》学习贯彻,组织专题辅导3次,集中研讨1次、观影2次,实现科级以上干部中共十九大精神培训全覆盖。全体党员注册黑河先锋网、黑河智慧党建手机App,打造"指尖上的党建"宣教新模式。围绕打造"五个好作风"、食品药品安全、商事制度改革、服务企业发展等,开展调查研究,切实解决监管难题,推动整顿作风优化营商环境取得阶段性成效。组织参加各级各部门开展的分级分类培训18期,累计参训人员961人次。签订《党风廉政建设责任状》《廉洁从政承诺书》。组织班子成员和重点部门负责人60余人赴北安市反腐倡廉警示教育基地、黑龙江省委旧址、庆华军工遗址博物馆,开展廉政教育和红色教育活动,切实增强党员干部廉洁自律意识和爱国主义思想。 (孙　明)

物价监管

【概况】 2018年,黑河市物价监督管理局行政编制21个,工勤编制5个;处级领导职数:局长1职,副局长2职;科级职数:科长9职。内设机构9个,分别为:办公室、价格调控科、商品价格管理科、收费管理科、成本监审科、商品价格监督检查科、收费监督检查科、反价格垄断和市场监管科、监督指导科。直属1个参照公务员法管理事业单位:黑河市价格认证中心,编制4个;直属1个事业单位:黑河市价格监测中心,编制12个。

2018年12月19日,根据《黑河市机构改革方案》,将市物价监督管理局的相关职责划入市发展和改革委员会,不再保留市发展和改革委员会加挂的市物价监督管理局牌子。

领导班子成员及副处级以上领导干部:
局　　长　刘真杰
副 局 长　左建军　刘　辉
副调研员　陈延年

(李　严)

【价格改革】 2018年,黑河市政府第5次常务会议和市委六届39次常委会议讨论通过,出台黑河市《关于加快推进价格机制改革的实施意见》。将五大连池风景区门票价格下调17.3%,按时完成国家和省部署的重点国有景区门票降价工作。在国家发改委和省物价局的全力支持下,圆满解决黑河市俄电专属供电区企业用电价格问题。制发《关于黑河市区建立非居民用水超定额超计划累进加价制度的实施意见》,按时完成非居民用水阶梯价格改革任务。制发《黑河市2018年度农业水价综合改革实施计划》,进一步推进黑河市农业水价综合改革工作。 (李　严)

【价费监管】 2018年,黑河市物价监督管理局根据国家和省收费政策调整,进一步完善4个"涉企收费目录清单",做到及时动态调整和常态化公示。为确保降电价政策在黑河市及时落实到位,第一时间组织召开"电力价格政策解读和价格提醒告诫会",并对电网和转供电环节降电价政策落实情况进行专项检查。深入开展价格专项检查,重点开展口岸收费清理、旅游市场价格专项检查和铁路、港口、公路等物流领域收费专项检查,规范相关市场价格秩序。

(李　严)

【民生保障】 2018年,黑河市物价监督管理局开展农资市场巡查和专项检查,切实避免哄抬物价、串通涨价、囤积居奇、价格欺诈等价格违法行为的发生。深入开展涉民价格专项检查,重点开展殡葬服务收费、辖区内烟酒市场价格、公立医院医药价格综合改革政策落实情况等专项检查,开展房地产领域信访举报问题专项整治,强化迎峰度冬期间煤炭市场价格监管和机动车检测机构价格行为监管,切实减轻城乡居民负担。组织开展"价格进万家""价格公示、推行明码标价、倡导价格诚信"等主题宣传活动,对市区"价格诚信单位"实行社会评价动态管理机制,大力推进黑河市价格诚信建设。深入开展大豆、玉米成本收益调查和收购价格监测,为国家和省、市制定农产品价格、种植者补贴等政策提供基础数据支撑,其中,大豆种植者补贴标准由上年的每公顷2602元提高到每公顷4800元。 (李　严)

安全生产监管

【概况】 2018年,黑河市安全生产监督管理局深入学习领会习近平总书记关于安全生产重要指示批示精神,结合全市中心任务,认真思考谋划安全生产工作,推进重点行业领域安全专项整治和体制机制改革创新工作,全力完成目标责任。2018年全市共发生各类生产经营性事故34起,其中,亡人事故13起,死亡14人,同比分别下降7.1%和6.7%,事故死亡人数占"十二五"期间平均数(21人)的66.6%。未发生较大以上生产安全事故,全市安全生产形势持续平稳。

黑河市安全生产监督管理局有行政编制18个,工勤编制1个;处级领导职数:局长1职,副局长2职。科级职数:科长8职,实有正科3人,副科3人。内设8个行政科室:办公室、安全生产协调科、监督管理一科、监督管理二科、监督管理三科、安全生产应急救援办公室(行政审批科)、职业安全健康监督管理科、规划科技科。2018年末,局机关实有干部职工人数为行政编制17人,工勤编制1人。下属事业单位:黑河市安全生产科研中心,副处级差额事业单位,编制12个,实有11人;黑河市安全生产行政执法监察支队,正科级全额事业单位,编制15个,实有14人。

2018年,市、县两级安全监管机构均为政府组成部门,全市65个乡镇、14个街道办事处均设置安监站,配备专兼职安全管理人员183人。1个国家级开发区和1个省级开发区均独立设置安全监管执法机构;7个县级开发区(工业园区)中,2个设立安全管理专门机构,5个明确安全管理内设机构。6个县(市、区)和1个功能区安全监管机构配备监管执法能力建设装备575件,价值328万元。

2018年12月19日,根据《黑河市机构改革方案》,将黑河市安全生产监督管理局的职责整合到新组建的黑河市应急管理局,不再保留黑河市安全生产监督管理局。黑河市应急管理局于2018年12月21日举行揭牌仪式。

领导班子成员及副处级以上领导干部:
局　　长　袁亚东(2018.12止)
副 局 长　张　杰　李新安
副调研员　张　鑫　刘祥纯　张瑞明
　　　　　汪　哲(2018.12止)

(赵艳欣)

【完善体系】 2018年,黑河市安全生产监督管理局全面抓好安全生产责任制和管理、防范、监督、检查、奖惩措施的落实,细化落实各级党委和政府的领导责任、相关部门的监管责任、企业的主体责任。执行一岗双责、警示通报、约谈、一票否决、责任追究等制度,加强安全生产责任制检查考核。发挥各级安委会及办公室的综合协调督导作用,严格实行安全生产控制指标月通报、季公告、半年检查、年终考核制度和严格约谈、警示和挂牌督办制度。对安全生产严重违法行为和发生生产安全事故的,依法追究责任。1月6日,出台实施《中共黑河市委黑河市人民政府关于深入推进安全生产领域改革发展的实施意见》及《安全生产领域改革重点任务分工方案》,对60项重点任务分别明确相关部门和完成时限,有序推进安全生产领域改革工作落实。

(赵艳欣)

【发挥职能】 2018年,黑河市安全生产监督管理局履行市政府安委办综合指导和监督协调职责,坚决贯彻落实党中央、国务院和省委、省政府,市委、市政府加强安全生产工作重大决策部署和重要指示批示精神,组织筹备各类安全生产工作会议,并对会议部署要求进行认真贯彻落实;充分发挥对各县(市、区)及公安、交警、消防、住建等中省市直单位的综合协调监督指导作用;全市开展重点行业领域专项整治和重点时期开展多次安全生产综合督查检查,认真做好安全生产信息报送和事故上报统计工作。及时为市委、市政府决策提供相关数据。市委将安全生产作为年度县(市、区)经济社会发展主要责任指标权重进行考核,对重特大事故实行"一票否决"。 (赵艳欣)

【遏制重特大事故】 2018年,黑河市安全生产监督管理局遏制重特大事故,构建双重预防机制,在非煤、危化、工贸等领域开展试点工作,确定市级试点企业2户,利用企业的经验引领示范作用,从而达到以点带面,推动全市双重预防机制工作格局构建。全市已有13户企业建立双重预防机制,其他企业正在推进当中。 (赵艳欣)

【专项整治】 2018年,黑河市安全生产监督管理局开展安全生产专项整治,加强直管行业领域安全生产工作。非煤矿山方面,开展尾矿库、采空区、停产停建矿山、重大安全隐患排查、整顿关闭等专项整治工作,按照省政府下放的权限,完成4户企业竣工验收现场复核工作。全年共检查企业76户次,下达整改指令54份,排查一般隐患和问题322项,整治违法行为3起,罚款10.8万元(市本级1万元,嫩江县9.8万元),注销安全许可1户,暂扣安全许可2户、关闭1户,发现整治违法违规建设生产行为4起。危险化学品和烟花爆竹方面,开展危险化学品安全综合治理、危险化学品和烟花爆竹行业领域专项整治、危险化学品生产储存企业安全风险评估诊断分级工作、烟花爆竹销售旺季专项督察检查等一系列专项治理行动。发挥烟花爆竹局际联席会议作用,形成打非治违合力。全市共检查企业149家,排查一般隐患417条,整改417条;辖区内6家危险化学品储存经营企业已评分完成,其中,4家90分以上,对应安全风险为蓝色(低风险),2家80分以上,安全风险为黄色。冶金等工贸行业方面,持续开展粉尘涉爆企业专项整治、工贸行业企业有限空间条件确认和涉氨制冷液氨使用专项治理验收工作,共检查企业91家次,发现隐患问题384条。在金属冶炼企业重大生产安全事故隐患排查治理专项行动开展过程中,共核查全市6家金属冶炼企业,协调解决2家存在安全隐患的金属冶炼企业。职业危害治理方面,严格职业健康监督执法,全市共检查生产经营单位97家,下达责令限期整改指令书81份,查出问题和隐患342项,责令限期整改342项,罚款0.5万元。强化职业病危害源头防控,对1户企业新改扩建项目进行职业病防护设施"三同时"监督核查、对3户企业自行组织的职业病危害现状评价报告专家评审会进行全程监督。 (赵艳欣)

【隐患排查】 2018年,黑河市安全生产监督管理局结合季节特点和行业特性,紧盯事故易发多发领域和安全生产薄弱环节,对重点行业领域全面开展整治作出安排部署。为吸取哈尔滨"8·25"重大火灾事故教训,开展以消防为重点的全市安全生产大检查。全市重点行业领域共排查隐患问题6545项,已整改5798项,整改率88.6%,打击严重违法违规行为8起,停产整顿单位8家,暂扣吊销许可证5家,公开曝光8家,行政处罚13.9万元。 (赵艳欣)

【标准化建设】 2018年,黑河市安全生产监督管理局推进非煤矿山、危险化学品和烟花爆竹、冶金工贸等企业安全标准化提档升级。非煤矿山生产企业23家中,20家达到三级标准化,3家重点井工、大型露天矿山及尾矿库完成二级标准化升级工作。1家危险化学品生产企业、3家重大危险源企业、5家烟花爆竹批发企业、87家加油站全部达到三级以上标准化,其中,3家加油站和1家油库达到二级标准化,7家新建加油站需运行两年后评定标准化。94家工贸企业完成标准化创建,其中,二级企业6家,三级企业87家,小微企业1家。 (赵艳欣)

【应急管理】 2018年,黑河市安全生产监督管理局依托黑河龙江化工有限责任公司举办2018年黑河市生产安全事故政企联动综合演练,演练现场视频直播在线关注人数突破3万人。2018年全市共开展各类生产安全事故政企联动演练8次,其他各类演练1350余次,参演人员近万人。认真开展应急管理执法检查。全市对159家企业开展应急管理执法检查,发现问题和隐患670余条,全部实现闭合。

(赵艳欣)

【宣传培训】 2018年,黑河市安全生产监督管理局在黑河电视台和《黑河日报》滚动播出刊登宣传字幕形成强大宣传声势,营造良好舆论氛围。2018年"安全生产月"期间组织市、区50多个部门和企事业单位开展宣传活动,共出动流动宣传车8辆,设立宣传咨询大棚21处,悬挂各类横幅标语40条,展出安全知识展板和事故案例图板180块,发放各类安全宣传资料40多种近万余份。扎实开展安全生产培训,在安全生产法治建设年"百万人"大培训

活动开展过程中，全市共组织各种培训班415次，培训人数64875人次。（赵艳欣）

【行政审批】 2018年，黑河市安全生产监督管理局政务中心工作重点放在认真执行窗口服务“六统一”和窗口人员工作态度“六不准”。按市直机关纪律作风整顿要求在工作中做到服务受理零推诿、服务方式零距离、服务质量零差错、服务结果零投诉，热情、礼貌、高效地对待来访办事人员，受理并办结权限内非煤矿山经营许可证、危险化学品经营许可证审批发证42件。经报市编办和法制办核准，将权限内3项现场核查权力自2018年9月起下放至各县（区、市）局。（赵艳欣）

国土资源

【概况】 黑河市国土资源局是市政府组成部门，负责土地和矿产资源开发、利用、管理和保护工作。2018年，内设科室12个，下属2个直属分局（爱辉分局、合作区分局），16个事业单位（执法监察局、收购储备中心、土地勘测队、不动产登记中心、罕达汽分局、矿权交易中心、地质勘测队、土地市场所、统一征地工作站、土地整理中心、土地利用监测中心、矿产资源管理办公室、信息中心、爱辉国土所、张地营子国土所、幸福国土所）。

2018年12月19日，根据《黑河市机构改革方案》，将黑河市国土资源局的职责整合到新组建的黑河市自然资源局，不再保留黑河市国土资源局。黑河市自然资源局于2018年12月21日举行揭牌仪式。

领导班子成员及副处级以上领导干部：
局　　长　杨景峰
调 研 员　李春海　刘　丁　高太强
副 局 长　刘明玉　李方辉
纪检组长　亓东升
执法监察局局长　张鹏飞

（盛海燕）

【重点项目用地保障】 2018年，黑河市国土资源局针对黑河市新上项目多，用地面积大的实际情况，提前对接项目单位、参与谋划项目选址、介入项目用地，主动向政府提出项目用地建议、与省厅沟通协调，把可能出现的矛盾和问题全部化解在初期，确保桥头联检区、桥头起步区等重点项目顺利实施。全市报批农用地转用34件，总面积1343.99公顷，其中，新增建设用地1342.68公顷。坚持依法依规征地，节约集约供地，全市供应土地158宗，面积859.48公顷，确保产业项目用地需求。加强土地资产经营管理，全市实现土地收益4.2亿元，市本级土地收益8832.97万元，为地方财源建设做出应有贡献。（盛海燕）

【矿产资源开发】 2018年，黑河市国土资源局紧盯矿业项目搞服务，举办矿企座谈会，深入企业解难题，推进重点矿企顺利生产建设。东安岩金矿实现产值6.6亿元、税收9400万元；多宝山铜矿实现产值16.2亿元、税收2.9亿元；翠宏山铁矿，累计实现产值2.5亿元、税收2000万元。全市实施勘查项目119个，年度勘查投入4070万元，初步发现各类矿体71条。（盛海燕）

【矿山环境治理】 2018年，黑河作为全省矿山环境治理试点市，不断总结经验、创新实践，运用政策嫁接把矿山环境治理工作延伸拓展，彰显环境治理潜力。生产矿山试点西岗子煤矿把环境治理与补充耕地项目建设结合，又复垦出70公顷耕地拟纳入耕地储备库。宋集屯煤矿将环境治理与土地开发利用相结合，累计投资1100万元，完成项目区道路平整、护坡等工程，改善矿区环境，盘活废弃地。抓住返还环境保证金的政策契机，在全省率先开展“绿色煤矿”建设，对生产、关闭和无主煤矿采取不同方式开展治理。（盛海燕）

【耕地保护和建设】 2018年，黑河市国土资源局落实市、县、乡、村四级耕地保护责任制，新设立乡村两级基本农田保护标识牌47块，全市实现耕地保护面积83.4万公顷、基本农田60.6万公顷，实现耕地数量不减少、质量有提升。严格落实耕地占补平衡制度，全市各类非农业建设占用耕地210.4公顷全部实现先补后占、占补平衡。黑河市政府印发《黑河市耕地后备资源开发实施意见》，加快推进耕地储备库建设，全市立项可入库耕地指标800公顷，为实施异地占补和指标交易奠定基础。实施“黑土保护”工程，占用耕地项目剥离的表土定点集中堆放，统一管理使用。（盛海燕）

【国土基础工作】 2018年，黑河市第三次全国土地调查全面启动。不动产登记职能整合全面完成，进一步优化流程，缩短时限，精简要件，实现集成便民服务。2018年共办理不动产登记2万件，证明1万件，解决10个小区、46栋楼、4000余户历史遗留房屋办证问题。开展“法制国土年”活动，深入推进“放管服”改革，对政务服务事项进行全面梳理，开展流程再造，代表黑龙江省接受国家发改委委托第三方进行的行政许可和行政处罚“双公示”工作开展情况的评估检查，代表黑河市接受全省“七五”中期督导检查，均获得好评。（盛海燕）

【执法监察】 2018年，黑河市国土资源局加强执法巡查，先后开展土地矿产卫片执法检查、打击煤炭砂金盗采、大棚房清理、砂石土清理等专项行动，全市查处国土资源违法案件24件，罚款106万元；清查土地变更图斑397个，面积302公顷；清理大棚房问题63个。对土地例行督察发现的39个问题进行了整改，完成整改20宗。土地督察基础资料报备工作位居全省前列。（盛海燕）

农业·农垦·林业

农　业

【概况】 黑河市农业委员会是承担对全市农业和农村工作综合、协调、指导、服务职能的综合部门。内设科室:办公室、党委办、综合科、种植业管理科、农产品质量安全监督管理科、农业产业化与发展计划科、产业政策与法规科、科技教育与市场信息科、农村劳动力转移办公室、对外经济合作科、农村工作指导科、招商科。下属单位:黑河市农业信息中心、黑河市农业综合执法支队、黑河市农业技术推广总站、黑河市种子管理处、黑河市农村经济经营管理总站、黑河市农产品质量安全检验检测中心、黑河市北丰良种场。黑河市农业委员会共有行政编制21个、工勤编制2个,实有公务员15人,工勤1人,离退休人员25人。

2018年12月19日,根据《黑河市机构改革方案》,组建市农业农村局。将市农业委员会的职责,以及市发展和改革委员会的农业投资项目职责,市财政局的农业综合开发项目职责,市国土资源局的农田整治项目职责,市水务局的农田水利建设项目管理职责及相关部门的职责等整合,组建市农业农村局。市委农村工作领导小组办公室设在市农业农村局。不再保留市农业委员会及其加挂的市畜牧兽医局牌子。

领导班子成员:
党委书记　主任　李维波
副　主　任　姜秀德　车永强　任立华

(李　欣)

【农业示范区】 2018年,黑河市确定7个乡镇为种植业整乡(镇)推进试点,试点落实绿色种植示范面积30万公顷,实现试点乡(镇)耕地全覆盖,占全市总播种面积的23.2%,绿色有机农产品供给能力达到120万吨以上,增加收入4.5亿元。下发《黑河市绿色食品生产准则、栽培模式及操作规程》,指导生产经营主体采购符合绿色生产标准的农资。全面推广大豆大垄密植和"垄三"栽培、玉米通透密植、水稻大棚育秧等技术35.33万公顷次,落实大豆、水稻、杂粮杂豆等有机种植面积0.2万公顷,带动全市建设大豆、小麦等绿色特色功能性农产品生产基地面积达到78.99万公顷,占总播种面积的61.2%,功能性特色农产品产量达到270万吨以上。邀请中国工程院院士盖钧镒、国家大豆产业技术体系首席科学家韩天富等近50名专家学者,实地指导大豆万亩高产攻关示范方建设,开展绿色生产技术指导培训。黑河市被农业农村部确定为全国唯一的绿色高质高效创建示范市,嫩江县、爱辉区获批全国绿色高质高效示范县。

(李　欣)

【绿色农业】 2018年,黑河市农业委员会开展炭基质生物肥、有机质体制增项、小麦药肥"双减"等试验示范项目取得良好效果。实行农业投入品使用负面清单管理制度和市场准入制度。开展除草剂苗前苗后配方优化示范,全面推广播后苗前除草技术和"两降一加"喷施技术。全市化肥、农药、除草剂公顷均施用量当年分别减少2.6%、9.3%、7.8%,农业"三减"基地达到179个、示范面积15.53万公顷、推广应用面积达到40万公顷,全市测土配方施肥面积达到96.67万公顷以上。全面开展秸秆综合利用"五化"工作,组织嫩江县成功申报全省秸秆综合利用试点县,推广机械收获直接粉碎还田、深松整地灭茬还田和实施保护性耕作全量还田等技术模式,加快秸秆压块燃料试点、逊克诺宝30兆瓦生物质发电、聚鑫5万吨级秸秆生物质综合循环利用等项目建设,全市秸秆还田面积达到64.03万公顷,秸秆综合利用率达到76%。落实耕地轮作休耕试点19.67万公顷,建立以大豆、玉米为核心的轮作制度,完成粮食生产功能区、重要农产品生产保护区划定任务面积61.12万公顷。

(李　欣)

【农产品加工】 2018年,黑河市农业委员会促进北安象屿金谷玉米、北安宜品努卡乳业等龙头企业提质增效,推进国投集团玉米燃料乙醇、北安华升食品冷链物流体系等13个在建项目,加快黑河农耕大健康大豆深加工等9个续建项目复工。农耕大健康与东北农业大学联合建立"东北农大农耕大豆食品研发中心",开发出大豆直面、大豆速食面等新产品。推进黑龙江北安经济开发区、嫩江工业示范基地等9个农产品加工园区建设,把有产业规模的加工企业迁入园区。引导合作社自建加工企业,向产加销一条龙转变,提高综合发展能力。孙吴县桦林合作社投资120万元新建

肉牛屠宰生产线;逊克丰禾合作社投资300万元,建设绿色大豆压榨油及绿色有机豆制品加工厂。 (李 欣)

【农产品营销】 2018年,黑河市借助中央电视台《魅力中国城》第二季竞演平台,将黑河绿色功能食品作为主打“名片”,扩大在全国的影响。五大连池市冷矿泉暖米进入“龙江大米真好吃”20家。“北纬49”“十六膳”“食佳”“佳汇”“瑷珲亚寒带”、日辉草莓、李二牤矿泉豆腐等品牌得到广大消费者青睐,北安宜品“蓓康僖”产品销往俄罗斯、越南、巴基斯坦等国家。黑河市大豆网上线运营,推进与“瑷珲e购”“北纬49商城”等县级营销平台连接,带动全市线上线下农产品销售量达到50万吨以上,线上农产品销售率达到10.5%。农耕大健康公司与孙吴环山、五大连池青山现代农机合作社签订266.67公顷有机无腥味大豆订单。

(李 欣)

【农村改革】 2018年,全市新型经营主体8854个,其中,农民合作社2501个、种植大户4930个、家庭农产1423个,经营耕地面积47.56万公顷。全市组建黑河大豆种植联合社等7个联合社,经营耕地面积达到30万公顷,专品种生产规模达到8万公顷,带动全市适合规模经营80.13万公顷耕地全部实现规模经营,占总播种面积的62.1%。扎实推进农村土地承包经营权确权登记颁证工作,全市已确认家庭承包地面积42.64万公顷,土地承包经营权确权登记颁证数据库全部通过省级验收。召开全市农村集体资产清产核资工作专项推进会议,下派专项工作组,指导督促各地按照黑龙江省农业委员会规定的时间要求完成清产核资工作。 (李 欣)

【农民生活】 2018年,黑河市完善提高7个农民创业园和12个农民创业示范基地建设标准,实现农民创业5.7万人,带动农民就业12.7万人。依托黑河市7所培训机构,开展现代农业创业培训,通过培训培养一批具有典型示范引领作用的农民创业带头人。全市完成创业农民培训900人,带动农民就业12.4万人次,实现创业纯收入12.1亿元,带动农业转移农村劳动力17.7万人,实现劳务收入19.9亿元。以北安市、爱辉区、逊克县农产品出口基地为依托,引进符合俄罗斯市场需求的果蔬品种、食用菌品种,扩大“农民专业合作社+基地+备案”“出口企业+基地+备案”经营面积,提升对俄适销对路的绿色、无公害农产品生产出口规模。完善逊克中俄农业科技合作园区和黑河市中俄林业科技合作示范园区建设,引进品种10个以上,应用技术5项以上。开展中俄人才引进和技术交流活动。全市对俄农业开发面积达到8.67万公顷以上。以87个村为重点,开展边沟清理、庭院清洁、垃圾清运,健全完善农村环境卫生长效机制,推进全市农村人居环境整体改善。

(李 欣)

农业科学研究

【概况】 黑龙江省农业科学院黑河分院始建于1958年,是我国最北部一所综合性农业科研单位,隶属于黑龙江省农业科学院。全院在职职工71人,其中,正高级职称10人,副高级职称16人,中级职称18人;博士1人、硕士31人。内设科室:大豆育种、玉米育种、水稻育种、杂粮育种、土壤肥料、植物保护、品种资源、检测中心、原种繁育中心、党办人事、财务科、科研科、总务科、开发科。拥有科研办公实验用房5000多平方米,试验田105公顷。2018年,黑龙江省农业科学院黑河分院立足黑河,辐射全省乃至全国的适宜生态区,主要围绕优质、高产、抗逆等的大豆、玉米及水稻新品种选育;农作物主要病虫草害开展科学研究和技术服务工作;黑河地区暗棕壤长期定位研究等相关工作。

领导班子成员:
院　　长　张立军
党委书记　郭儒东
副 院 长　鹿文成　李宝华

(崔杰印 吴俊彦)

【科研项目】 2018年,黑龙江省农业科学院黑河分院实施完成国家大豆产业技术体系东北特早熟大豆育种岗位、国家玉米产业技术体系黑河综合试验站等国家、省、市科研项目25项。其中,国家科研协作项目11项,省级科研项目12项,市级科研项目2项。黑龙江省农作物育繁推一体化项目“黑龙江省北部高寒区大豆、水稻、玉米种质创新中心及玉米良种繁育示范基地建设”、黑龙江省重大科技招标项目子课题——松嫩平原北部高寒稻区优势种质资源创新及新品种选育通过项目验收。 (崔杰印 吴俊彦)

【新品种选育及种质创新】 2018年,经国家、黑龙江省品种审定委员会审定黑科58号、黑科59号、黑科60号、金源73号4个大豆新品种(省审3个、国审1个)。共有31份大豆品系参试(国家区试2份、省区试7份、国家生试3份、省生试9份、省品比试验10份);3份早熟、优质、高产水稻稳定品系参加区生试试验,申报黑粳9号植物新品种权1项;黑科玉12等5份玉米材料参加省预试,边单9等3份玉米材料参加省区试,黑科玉17参加2018年国家联合体区试。 (崔杰印 吴俊彦)

【科研成绩】 2018年,“极早熟丰产优质抗逆广适应性食用大豆新品种黑河52号”“早熟高产耐寒优质抗病水稻品种黑糯1号的选育与推广”获黑龙江省农业科学技术二等奖。两名科技人员获得黑河市第四届“优秀科技工作者”称号。黑河分院对审定新品种、获得奖励的团队及发表优秀论文的个人进行奖励。（崔杰印　吴俊彦）

【学术会议】 2018年,黑龙江省农业科学院黑河分院科技人员参加全国大豆科研生产研讨会、第三届全国玉米科技青年论坛、黑龙江省农业科学院第九届论文大奖赛、国家农业环境数据中心2018年工作会议、国家基础性长期性科技工作植物保护中心2018年工作会议、国家基础性长期性科技工作天敌中心2018年工作会议、黑龙江省杂粮体系会、作物育种技术创新研讨会等各类学术会议21次。当年科技人员在各级刊物发表相关论文或待刊论文20余篇。

（崔杰印　吴俊彦）

【对俄科技合作】 2018年,黑龙江省农业科学院黑河分院依托省对俄项目与俄罗斯远东农业大学联合培养在读博士生1名。对引进俄罗斯品种资源进行种植、整理、保存,利用引进的品种资源创造育种中间材料,以丰富遗传基础。积极争取对俄合作新项目的申报,以此提升科研创新能力,发挥对俄合作平台作用。协助黑河市政府邀请俄罗斯农业专家参加学术会议,组织协调黑龙江省农业科学院黑河分院及中国农业科学院作物科学研究所相关领域专家、科技人员赴俄罗斯远东农业大学、全俄大豆研究所进行学术交流。共组织15人次赴俄参观考察和参加各种学术会议,6人次做学术报告,发表论文8篇。接待俄罗斯专家学者6人次到分院进行学术交流与考察;为俄罗斯远东农业大学提供实习基地,接待大学实习生10人次。

（崔杰印　吴俊彦）

【服务“三农”】 2018年,黑龙江省农业科学院黑河分院以加强科技创新及推动科技成果转化为目标,以服务“三农”为宗旨,在春种、夏管、秋收、冬藏阶段开展技术培训、科技服务行动。黑龙江省农业科学院黑河分院邀请中国工程院院士盖钧镒和中国农业科学院作物科学研究所研究员韩天富为首的专家团队,根据黑河市主体地块土壤墒情、耕地质量等情况,帮助科学确定合理施肥配方、种植密度、栽培方式及合理播期,对6个万亩高产攻关示范地块技术方案进行反复讨论修改,帮助解决节本增效、绿色防控等问题。20多位专家先后多次深入田间地头,在整地、播种、防治病虫害、中耕等大豆生产关键环节面对面、点对点进行指导。推广大豆高效增产新技术模式,促进农业科技成果转化为现实生产力。（崔杰印　吴俊彦）

【高产创建】 2018年,黑龙江省农业科学院黑河分院依托黑龙江省“三区”人才计划(边远贫困地区、边疆民族地区和革命老区人才支持计划)、国家大豆、玉米产业技术体系等平台,分别在孙吴县西兴乡、沿江乡、孙吴镇开展高产创建工作,通过重点帮扶和指导,建立特色大豆种植试验示范区,在作物播种、生长和收获的关键期,及时派出相关专家和科研人员深入田间针对实际发生问题对农户进行培训和讲解。利用新媒体手段,通过建立微信群等方式对农户的问题进行及时的解答和讲解。为落实黑龙江省农业科学院关于“黑龙江省大豆高产、高效栽培技术培训”实施方案,根据现阶段农民居住特点对大兴安岭地区呼玛县、伊春市嘉荫县、黑河市大豆主要种植区的农户和种植大户进行集中和分散培训,共培训50场次,培训2515人次,发放资料6800余份。通过全方位培训,使农民正确认识并了解最新的大马力机车整地和播种技术、种子处理技术、大豆根瘤菌技术、大豆专用肥使用技术、除草剂安全使用技术、最新大豆品种及其配套技术措施、新型叶面肥化控技术等实用新技术。（崔杰印　吴俊彦）

农业机械

【概况】 黑河市农业机械管理局是市政府直属正处级参公管理事业单位,机构编制8个,实有9人,处级领导职数3职,实际配备4人,副处级干部1人,内设机构4个。下属机构有1个副处级农业机械研究所,4个正科级事业单位分别为:市农机经营管理站、市农机安全监理所、市农机修造站、市农业机械推广站。2018年,全市有农机化管理机构62个,其中,市级1个,县级7个,乡(镇)级54个。全市有农机化研究机构1个,农机化技术推广机构8个,农机安全机构8个。全市农业机械总动力313.5万千瓦,拖拉机拥有量87692台,配套农具169683台。2018年全市耕种收综合机械化水平达到99.23%。

领导班子成员及副处级以上领导干部:
局　　长　刘　堃
副 局 长　刘东戈　杨洪波　丁晓华
副处级干部　刘峰光(2018.12任)

（朱亚军　郭春龙）

【社会化服务体系】 2018年,全市农机社会化服务体系基本形成城乡立体交叉,功能齐全完备的服务网络,能够开展农机作业、维修、销售、技术推广、培训和科研等多方面的服务。全市农机作业服务组织发展到65501个、农机维修厂点320个。农机经营总收入达到11亿元。全市现有县级农机驾校6所,市、县级农机推广站8个、农机科研所1个。

（郭春龙）

【农机装备】 2018年,国家对农机的补贴力度继续加大,有利地推动全市农机装备更新步伐。全市共落实农机购置补贴资金8967万元,带动农民投入更新资金27792万元,受益户数达到2343户,共计补贴农机具2455台,其中,大中型拖拉机991台,大中型农具1176台,大型联合收割机288台。装备状况:全市大中小型拖拉机保有量达到87692台。其中,大中型拖拉机保有量达到58079台,小型拖拉机保有量达到29613台。拖拉机配套农具保有量达到169683台,其中,58.8千瓦及以上拖拉机配套农具保有量达到97960台。大中型联合收割机保有量达到6840台。在全市农产品初加工机械中,动力机械达到4407台,粮食加工机械达到1034台。畜牧业、渔业机械4125台。 (郭春龙)

【农机作业】 2018年,全市机械播种面积达到128.47万公顷(其中玉米机播22.63万公顷,大豆机播89.94万公顷,小麦机播8.90万公顷,水稻机插1.48万公顷,其他5.52万公顷),机械耕地面积达到129万公顷、机械中耕面积达到121.33万公顷、机械秋整地面积达到57.44万公顷(其中深松28.98万公顷,玉米秸秆全量还田面积12.13万公顷)、机械收获达到128万公顷、机械粉碎秸秆还田面积达到47.91万公顷。农机作业量总计达到600万公顷。

(孙连海)

【安全管理】 2018年,黑河市农业机械管理局履行农机安全生产监管职责,严格执行《黑河市农机局党组农机安全生产"党政同责、一岗双责"制度》,以开展创建"平安农机"示范县活动为契机,开展农机安全生产大检查和隐患排查治理活动。2018年,共计组织开展农机安全执法检查1630人次,共纠正违章1733台次,查处违章驾驶人员1171人,新落户拖拉机、联合收割机369台,核发驾驶证711人;共计筹集反光标识粘贴资金33万元,免费组织为15955台拖拉机挂车和农具免费粘贴反光贴91760条,安装反光牌940个。农机安全监管工作扎实有效开展,预防减少农机田间作业和道路交通事故发生,全市农机安全生产形势持续稳定向好。 (苏东波)

【新技术推广】 2018年,农机推广工作以服务"三农",增加农民收入为主要目标,扎实开展农机新技术推广和培训工作。根据《黑龙江省关于开展主要农作物生产全程机械化新技术提升行动方案》精神,黑河市完成推广大豆大垄高台密植生产全程机械化技术17.33万公顷。水稻钵体育苗技术能够促早熟,提高本市水稻结实率,是寒地水稻栽培中较为先进的优质高产栽培技术。2018年,全市完成推广水稻钵体育苗机械插秧技术0.4万公顷。引导农民应用可靠性强、性能稳定成熟、服务到位的玉米收获机械品牌,加快玉米机收技术推广步伐。同时以玉米机收为基础,探索适合全市的秸秆处理、机械整地和机械播种等全程机械化技术作业模式。全市完成玉米收获机械化技术13.33万公顷。2018年,全市完成保护性耕作技术试验示范面积0.21万公顷,有效减少化肥使用量,减少作业成本,增加土壤有机质。全市完成推广秸秆碎混还田技术1万公顷。达到省工、省时、省力效果。为全面推进"一翻两免"轮耕轮作技术模式广泛应用,全市完成推广玉米秸秆粉碎翻埋技术耕地10.67万公顷。

(于国明)

畜牧兽医

【概况】 黑河市畜牧兽医局内设行政科室:办公室、畜牧科、医政药政科、综合科、疫病防控科;下属事业单位5个:草原监理站(加挂饲料工业管理办公室)、家畜繁育指导站、动物疫病预防与控制中心、动物卫生监督所、黑河市畜禽屠宰管理所(参公管理)。全局干部职工31人,其中,领导班子4人。

2018年12月19日,根据《黑河市机构改革方案》,整合组建市畜牧水产服务中心,将市农业农村局的畜牧兽医公益职能划入市畜牧水产服务中心,不再保留市农业委员会加挂的市畜牧兽医局牌子。

领导班子成员及副处级以上领导干部:

局　　长　刘　录

副 局 长　齐国艳　孙玉国

副调研员　田　军

(郭晓军)

【畜牧业】 2018年,黑河市打造高端畜产品重要供给基地。新增黑河马地理标志农产品。加快发展现代养殖业,规模化养殖场达到317个,北安市和嫩江县被列入全省畜牧重点县,非洲猪瘟等动物疫病防控工作扎实推进。在全省首倡并实行饲料添加剂使用负面清单管理和市场准入制度。成功申报国家地理标志证明商标,国家地理标志农产品,保护黑河市地方特有品种,促进扩大就业和农民增收。孙吴县获"中国安格斯肉牛之乡"称号,提升黑河市高档肉牛产业知名度和竞争力。养殖业年转化粮食5.5亿千克左右,发挥畜牧业"联头带尾、接二连三"产业属性作用。 (郭晓军)

【规模养殖】 2018年,全市奶牛存栏6.67万头;肉牛存栏37.16万头;生猪存栏53.9万头;羊存栏71.99万只;家禽存栏207万只;肉类总产量10.4万吨、禽蛋产量1.48万吨、牛奶产量20.5万吨。规模养殖场发展到317个。评选出黑河市首届优质高效养猪、养禽、养马、养牛大王,发挥典型引领、带动、示范作用。北安宜品努卡乳业有限公司、黑龙江辰鹰乳业有限公司、黑河中兴牧业有限公司3家企业在黑河市企业联合会50强评选排行榜中,分别位居第13位、19位、21位。北安宜品努卡乳业有限公司奶牛存栏2000头,生产优质奶粉连续三年获世界食品品质评鉴大会"超金奖"。中兴牧业存栏奶牛2万头,年产鲜奶6万吨,安置就业590人。孙吴县从澳大利亚引进5600头牛,发展专业养殖合作社21个,标准化养殖场5个。北安温氏畜牧有限公司赵光种猪一场投产,猪舍10栋4万平方米,家庭牧场22个,猪舍3万平方米。北安佳汇肉业有限公司生猪养殖屠宰加工全产业链项目,建成种猪场舍16栋3.7万平方米,育肥舍10栋3.2万平方米。五大连池市华滨畜牧养殖有限公司生猪养殖项目,建成猪舍6栋2.7万平方米。引进阿尔登种公马,马存栏1.6万匹,居全省第5位,20匹以上规模养马户125户。 (郭晓军)

【资金争取】 2018年,黑河市陆生动物疫病病原学监测区域中心项目是全省被国家批复4个地市建设项目之一,将提高全市动物疫病病原学监测、诊断和防治能力,完善疫情应急处置体系和部门联动联防联控体系,增强重大动物疫病控制能力。2018年度全省唯一下达黑河市中央预算内投资225万元。粮改饲项目,中央专项任务122682吨,实际完成137710吨,超额完成15028吨,争取国家补贴资金826万元,可供5万头牛食用一年。通过粮改饲,扩大规模养殖,提高科学饲养水平,推动粮经饲结构调整,促进畜牧业提质增效,加快农民增产增收。申报省生猪标准化规模养殖基地建设项目5个,将扩大北安温氏畜牧有限公司、北安佳汇肉业有限公司、五大连池市华滨畜牧养殖有限公司养殖规模,延长产业链条,助推畜牧龙头企业发展。嫩江县动物防疫监督检查站项目获省政府批复,全省新批准19个站,依法开展动物卫生监督执法,严防动物疫情传入。北安市、嫩江县新列入全省26个畜牧重点县(市、区),优先获得国家、省畜牧产业发展、动物疫病防控等政策资金项目支持。五大连池华滨农牧饲料有限公司获省批复,年加工能力27万吨。全市饲料加工企业达到3家,年生产能力70万吨,促进粮食转化,实现过腹增值。 (郭晓军)

【行业监管】 2018年,黑河市生猪屠宰厂12个,县级7个,其中,停产整顿2个;乡镇级5个,全部停产整顿。5个生产企业投入1200万元完成升级改造,日设计屠宰能力1200头,实际屠宰240头,占设计能力20%。提前6个月完成80家兽药经营企业全省兽药追溯体系入网全覆盖,提前3个月完成全省"兽药经营企业二维码"注册。完成10个批次兽药样品抽检,现场核查北安市飞龙动物药厂申请兽药产品批准文号。送检29份畜产品样品(其中,猪肝10份,猪肉10份,羊肉3份,禽肉3份,禽蛋3份)、10批次生鲜乳样品。完成省下达1000份生猪屠宰环节"瘦肉精"检测,黑龙江省验收组核查全部合格。全省委托第三方现场抽检肉牛屠宰环节"瘦肉精",随机抽取2家屠宰厂,检测结果合格。配合国家、省开展动物疫病监测及流行病学调查,采集畜禽血清样品2750份,市级检测3150份。

(郭晓军)

【疫病防控】 2018年,黑河市政府召开重大动物疫病防控会、动物防疫工作紧急会、非洲猪瘟防控工作会,下发《黑河市高致病性禽流感、口蹄疫免疫无疫区建设实施方案》《关于做好全市动物防疫工作的紧急通知》《黑河市防范非洲猪瘟跨境传入联防联控工作方案》《关于进一步加强非洲猪瘟防控工作的紧急通知》等文件,同各地政府、部门签订《黑河市非洲猪瘟防控工作责任状》。召开4次专题会,安排部署加强非洲猪瘟防控具体措施,召开重大动物疫病防控爱辉区现场会,组织黑河市布病免疫技术培训班,培训县、乡、村防疫人员950人。召开黑河市无规定动物疫病区建设孙吴现场会,参观12个典型现场,总结交流推广基层实践经验。新建病死畜禽无害化处理收集窖40个,黑河市总数达到134个。黑河市未发生区域性重大动物疫情,生猪、家禽、牛、羊发病率分别控制在5%、6%、3%、3%以下。强制免疫病种应免率达到100%。

(郭晓军)

水　　产

【概况】 黑河市水产局为正处级参照公务员管理事业单位。行政编制9个,工勤编制4个,2018年末职工实有10人;处级领导职数:局长1职,副局长2职。科级职数:科长4职,副科长1职,已配备正科2职,副科级1职;内设机构4个,分别为:政秘科、渔政科、生产科、渔业船舶检验科。

2018年12月19日,根据《黑河市机构改革方案》,整合组建市畜牧水产服务中心,将市水产局的行政职能划归市农业农村局,将市水产局的公益职能以及市农业农村局的畜牧兽医公益职能划入市畜牧水产服务中心。不再保留市水产局。

领导班子成员:
局　长　田有奎
副局长　于　坤　梁　臣

(郭春妍)

【渔业生产】 2018年,全市养殖面积达到34467公顷,与2017年持平,水产品产量达19000吨,渔业产值达29500万元,渔民收入实现17700元,分别比上年提高1.8%、4.3%和7.3%。加大品种结构调整力度。黑河市名特优养殖面积达到5933公顷,较上年增长8.5%,名特优养殖品种达到21个。扩大河蟹养殖规模,共落实河蟹养殖面积2718公顷,比上年增长6.8%;投放蟹苗45000千克,产成蟹280吨,产值实现1300万元。嫩江县继续加大河蟹养殖扶持力度,给予养殖户蟹苗每千克20元补贴,共投入补助资金10万元,购进蟹苗5000余千克,河蟹养殖面积达到153公顷,养殖户数59户。推进稻渔综合种养。北安市利用水稻田资源,加大稻渔综合种养项目推广力度,在上年稻渔综合种养面积700公顷的基础上,当年增加到881公顷,比上年增长25.9%。共放养扣蟹28298千克,产成蟹174吨,产值实现870万元。爱辉区西岗子镇、五大连池市双泉乡分别利用66.67公顷、1.33公顷稻田进行稻蟹综合种养试养。加大名特优新品种移殖引进力度。各地继续采取葛氏鲈塘鳢池塘养殖、大面积池塘套养大规格鲶鱼，引进高级鲤、高背鲫、方正银鲫、丁桂、鳜鱼、台湾泥鳅等名优品种养殖。五大连池市开展绿色示范区创建，移殖引进17万尾池沼公鱼开展大水面增养殖，取得良好效果。加大对台湾泥鳅试养工作的服务，总结经验，推广典型，使之成为渔业生产的新亮点。

（郭春妍）

【冷水鱼养殖】 2018年，黑河市水产局稳步发展黑龙江网箱养殖。按照国家、省渔业产业政策调整要求，黑河市在积极调整和规范网箱养殖同时，加大网箱养殖品种结构调整力度，在稳定鲟鱼、黑龙江野鲤两大主养品种的基础上，扩大鳜鱼、鳊鱼等名优冷水养殖品种投放数量，全面提高渔业经济效益。共投放标准网箱260个，网箱养殖面积达4160平方米。爱辉区为确保当年网箱生产的顺利进行，根据实际情况对网箱生产养殖证严格把关，加大界江网箱养殖生产管理，对审批后不进行生产作业者进行督促，对拒不生产的不发放养殖证。爱辉区共下江228个网箱，总面积3648平方米。投放施氏鲟、西伯利亚鲟、黑龙江野鲤等优质品种5万千克。按照“提质增效、减量增效”的发展思路，以大中型水面养殖品种结构调整作为突破口，加大品种结构调整力度。重点做好大中型水库冷水鱼移植引进工作，逊克县宝山水库、库尔滨水库当年共投放8～10厘米鳜鱼苗种10万尾。黑河市共移殖引进哲罗鲑、细鳞、鲟鳇鱼等冷水鱼类数量50万尾。

（郭春妍）

【健康养殖】 2018年，黑河市水产局开展水产品质量安全整治工作。共出动人员90人次，检查生产企业145家次。配合国家、省开展水产品产地质量抽检4次，共抽查爱辉区、嫩江县和五大连池市等县（市、区）鱼类养殖生产单位50余家次、检测4种地产鱼类样品120个，地产水产品抽检合格率达100%。加大无公害养殖和标准化养殖推广力度。黑河市养殖水面全部实现无公害养殖。标准化养殖面积0.39万公顷。加快产品、产地认证工作进程。认证面积达到1.6万公顷，占养殖面积47.5%。五大连池风景区依托资源优势，成立“矿泉渔业协会”，注册“矿泉鱼”品牌商标，有5个鱼类品种通过有机产品认证和国家产品地理标志认证，总认证面积达2200公顷。五大连池市当年申报山口湖“鑫生”牌系列水产品绿色有机认证。推进健康养殖基地创建工作。当年，全市有2家养殖场申报省级健康养殖示范场（户）并已通过验收。3家部级健康养殖示范场通过省级复查验收。累计创建省、部级水产健康养殖示范场总数达31家。加大特色品牌推介力度。在黑河市渔业绿色发展示范区创建活动中，相关创建市、区打特色牌、走特色路，不断加大特色品牌推介力度，提高品牌市场知名度。春节期间，五大连池风景区日河渔业公司参加《东南西北贺新春》黑河分会场录制，《魅力中国城》竞演活动，并在哈尔滨市冰雪大世界以矿泉鱼为主题开展矿泉鱼冰展，与50余家餐饮酒店协作打造矿泉鱼类特色美食，通过制作宣传展板、张贴鱼类图片等形式宣传矿泉鱼文化。7月8日，五大连池市山口湖的明星狗鱼强势登陆中央电视台七套《食尚大转盘》栏目，通过品牌推介活动，五大连池市“鑫生”牌鱼类十分畅销。推进休闲渔业发展。各地积极推广渔家乐等休闲渔业模式，黑河市休闲渔业发展到230处，游钓面积达3333公顷，分别比上年增长2.2%、4.2%。

（郭春妍）

【法治宣传】 2018年，黑河市水产局开展渔业法规宣传教育，强化渔民安全生产法规宣传和安全知识技能培训。组织渔民学习安全生产法律法规，传达上级安全生产的文件和会议精神，讲事故案例、谈事故危害，进行警示教育、增强渔民做好安全生产责任意识和参与意识。强化渔业法规的宣传教育。与公安、边防等联合开展“争创平安边境、争做爱国护边模范”为主题的宣传活动，通过对涉外案件的剖析，重点讲清俄罗斯“越界即入刑”的法律规定，使渔民认识越界捕鱼的严重危害性。当年，黑河市共开展各类普法宣传活动123次，宣传培训渔民1346人次，发放宣传单14000余份、张贴禁渔期公告200余份、张贴标语50条、悬挂宣传横幅14个，设立《黑龙江省人民政府办公厅〈关于加强野生鱼类资源保护的意见〉》宣传牌4处。

（郭春妍）

【渔政管理】 2018年，黑河市水产局加强渔业执法检查。结合全面落实“河长制”工作要求，组织开展“渔政亮剑2018”系列专项执法行动和违规渔具清理整治专项行动，持续保持执法高压态势，严厉查处“电、毒、炸”鱼等严重破坏渔业资源的违法行为，清理取缔违规渔具，收缴涉渔“三无”船舶。当年，开展渔业执法检查236次，其中，出动执法检查车161次，船75次，出动执法人员1336人次；开展多部门联合检查6次；查处非法电鱼案件3起，没收渔具332件（套），没收涉渔“三无”渔船3艘，吊销捕捞许可证1本，拆除土梁子和密眼箔29处。严格执行捕捞渔业许可制度。严格按照省局核定的捕捞船网工具指标组织开展捕捞生产，禁渔期间组织开展经常性的执法检查，打击非法捕捞行为。强化边境水域渔政管理。认真落实省农委全省边境水域渔政管理工作座谈会议精神，加强渔业法规宣传教育，严格落实滩长负责制，提高渔民组织化程度。吸收渔民群众参与渔业管理，建立“渔政执法+群防群治”的新型管理模式，有效防范渔民越界捕鱼事件发生，确保边境地区和谐稳定。

（郭春妍）

【增殖放流】 2018年，黑河市各级渔业部门积极向上争取增殖放流项目，严格落实渔业生态补偿资金使用，强化增殖放流的规范管理，加强苗种质量监管，科学合理选择放流品种和区域，履行公开招标采集苗种，加大渔业资源和水域生态环境的涵养和保护工作力度，在黑龙江、嫩江、五大连池

等重要渔业水域开展增殖放流活动9次,增殖放流各种鱼类苗种1000多万尾。(郭春妍)

【渔业安全】 2018年,黑河市水产局抓好渔业安全生产工作。按照安全生产"党政同责、一岗双责"要求,重新调整和充实局安全生产工作领导小组,明确班子成员和相关科室负责人的安全生产职责。黑河市水产局同各县(市、区)水产局签订《渔业安全生产责任状》。同时,督促各地与企业、渔民层层签订责任状,层层分解责任,层层传导压力,将渔业安全生产责任落实到部门、落实到岗位、落实到人头,当年全市签订安全生产责任状485份。制发《进一步加强全市渔业安全生产工作意见》《黑河市水产局关于做好2018年渔船检验及安全监管工作的通知》《关于做好汛期渔业安全生产工作的通知》等文件,安排部署渔业安全生产工作重点,细化量化各项工作任务;注重抓好溜冰期、汛期、节假日等重要时段的渔船安全管理,并通过督导检查和暗访暗查等形式促进工作的落实。严禁不合格渔船下江作业生产,确保作业渔船处于安全适航状态。当年检验渔船717艘,检验率达100%。治理安全隐患。组织开展春季渔业安全生产大检查和安全隐患排查整治百日行动,严厉打击渔船非法载货载客行为,认真排查整治安全隐患,防范安全事故。共组织开展集中检查132次,出动执法人员759人次;检查捕捞作业点119处、检查渔船1014艘,查找并整改一般性隐患9个,下发隐患整改通知书4份,黑河市全年无渔业安全生产事故。(郭春妍)

水　务

【概况】 黑河市水务局是市政府组成部门之一,核定编制62个,实有人员60人,机构改革正在进行中。现内设行政科室9个,分别是党委办、行政办、防汛办、水资源办、农水科、财审科、建管科、河长制工作科、水保科;事业处室1个,市堤防工程建设管理处;站室4个,分别为基层水利站、水电管理站、水政监察支队、防汛抗旱保障中心;直属事业单位水利勘测设计院1个,有企业象山水电站1户。各县(市、区)和五大连池风景区也都分别设立水务局,投资体制上直接对省水利厅。

2018年,市水务局落实水利建设资金4.74亿元,比2017年增长29%;174处农村饮水安全工程在全省率先建成;安全度过凌汛、夏汛,确保人民群众生命财产安全;河湖长制工作通过省专项督查,各项工作走在全省前列;2017年度落实最严格水资源管理制度考核位列全省第二;2017—2018年度省厅对黑河市水利建设质量工作考核结果为A级(优秀),国务院抽查黑河市农民工工资支付考核工作中,市水务局满分通过考核,全年水务系统安全生产无事故。

领导班子成员及副处级以上领导干部:

党委书记　局长　郝忠安
副　局　长　朱万清　安　潜
冯术学　曹修玉(2018.8任)
工 会 主 席　王志梅
建管处主任　满卫东
总 工 程 师　孙英文
调　研　员　李德仁

(王英男)

【脱贫攻坚】 2018年,市县两级水务部门筹措资金,全面完成贫困人口饮水安全精准扶贫任务。2018年全市计划实施174处农村饮水安全工程,解决174个村屯(其中贫困村30个)、总受益人口9.03万人(其中贫困人口4278人)的饮水不安全问题,计划总投资6305万元(其中中央投资394万元,省级债券投资1684万元,县级自筹4227万元)。截至2018年底,全市已开工174个村屯,开工率100%;已完工174个村屯,完工率100%,完成受益人口9万人(其中贫困人口4278人),建档立卡贫困户中饮用水安全水户比例达到100%。全市累计完成投资6305万元,占总投资的100%。(王英男)

【水利项目】 截至2018年底,全市下达计划水利项目6类22项已全部开工,计划投资4.74亿元,已完成投资3.94亿元,配套资金全部到位,投资完成率86.2%。河流治理工程,北安市七道沟上游段、嫩江县多金河及狼洞沟、孙吴县辰清河、逊克县茅兰河等5项中小河流治理工程年度总投资2.11亿元,累计完成投资16.1亿元,完成计划75.8%。北安市呼兰河、嫩江县科洛河、五大连池市重点段(讷谟尔河)等3条主要支流治理工程年度总投资1.35亿元,累计完成投资1.23亿元,完成计划91%。高效节水灌溉工程,嫩江县、逊克县、孙吴县年度总投资0.4亿元,累计完成投资0.4亿元,占计划的100%。农村水电增效扩容项目,山口、库尔滨、白石、宝山4座水电站年度总投资0.24亿元,累计完成投资0.24亿元,占计划的100%。国家水资源监控项目,北安市、五大连池市、嫩江县、逊克县年度总投资76万元,累计完成投资74万元,占计划的96.6%。加强政策对接,水利工程前期工作取得实质性进展。岸岛防护工程三期,规划全市34段护岸工程,规划长度77千米,预计总投资4.96亿元。规划已通过水利部技术审查,并上报国家发改委待批复。河湖连通项目,规划引水进城、四湖连通、月牙湖生态治理工程3个项目,预计总投资3.01亿元。计划2019—2021年分三年实施,已编制完成项目可研报告待批复。(王英男)

【"三江四岛"工程】 2018年,黑龙江干流治理累计完成投资16.23亿元,占工程中标金额的94.86%,工程主体已完工。其中,黑河城区段堤防累计完成投资3.7亿元,占工程中标金额的111.09%。解决了工程盖重压渗技术难题,较好地处置某砂场段阻工和游船上访等问题。嫩江干流治理工程累计完成投资5643万元,占工程变更后金额的100.7%。四岛国土防护工程全面完工,完成投资5.94亿元。（王英男）

【河湖长制】 2018年,市县两级水务部门贯彻省总河长第二次会议和市河湖长第二次会议决策部署,8月顺利通过省河长制湖长制工作专项督查。坚持领导挂帅,健全组织机构体系。市委市政府主要领导担任“双河长”,全市共设立河长1969名,设立市级湖长1名。率先在省内对市县两级河湖长办主任进行调整,由党委副书记担任,市县两级之间签订《2018年河长制工作责任状》。建立完善《河长巡查制度》《河长制有关问题受理制度(试行)》等13项制度。2018年乡级以上河长累计巡河1237次。定期召开市河湖长会议,专题研究治河护河中存在的突出问题,发现并督办解决二公河废弃水库排水闸门阻水、市区垃圾处理场疑似污水渗漏、爱辉区西三道沟村煤矿水淹地、嫩江县喇嘛河污水渗漏等突出问题。开展闹龙河水源地保护、讷谟尔河违规采砂、东西秀河清河等专项行动,拆除违章建筑物9处,清理疏通河道163千米,清运垃圾10万立方米。持续深入开展打击破坏环境资源“百日攻坚”专项整治行动,累计查处非法采砂、采矿等案件30起,查处涉案人员9人,收缴砂金2000余克,查扣涉案采金船2条。针对省专项督查组提出的5个问题和列入台账96条河流存在的230项问题,制发整改通知、细化方案,逐步予以解决。加快建立河湖“一河(湖)一策”“一河(湖)一档”,黑河市编制的254个(含打捆编制)“一河(湖)一策”方案征求意见稿已全部完成,322个“一河(湖)一档”全部完成。（王英男）

【防汛抗旱】 2018年,市县两级水务部门以落实行政首长负责制为核心,及时调整充实各级防讯指挥中心负责人和组成人员,明确相关责任人,指导各县(市、区)多措并举抗旱除涝保春耕,及时与俄方就防汛形势进行会商,确定防凌、夏汛重点,提早修订完善预案,做好防汛抗旱物资储备,组织应急演练,下派工作组到各县(市、区)开展督导检查。7月中下旬,黑龙江上游受降水影响,出现较大涨水过程,黑河市防汛指挥中心强化值班值守,加大水情、雨情、汛情监测密度,组织气象、水文等部门展开会商、科学预判。根据防汛形势变化,市水务局主要负责人赴各地现场指挥,督办各县(市、区)加大人员、物资投入,及时采取各项应急举措,确保沿江(河)人民群众生命财产安全。（王英男）

【行政执法】 2018年,市水务局坚持以绿色发展引领生态振兴,实行最严格水资源管理制度,加强水环境突出问题综合治理,严守水资源开发利用控制、用水效率控制、水功能区限制纳污三条红线,实行水资源消耗总量和强度双控行动,严厉打击河道非法采砂和破坏河道生态环境的违法行为。严格按照《取水许可管理办法》等有关规定对天工集团、龙丰粮库、机场等13家取水用户重新换发取水许可证,对北安市供水工程建设项目进行水资源论证工作。完成五大连池市污水处理厂、黑河市污水处理厂、龙镇污水处理厂、北安市工业园区、孙吴县工业园区等入河排污口设置审批。按照水源地“水量保证,水质合格,监控完备,制度健全”工作目标,以市政府名义制发《黑河市黑龙江小金厂水厂水源地安全保障达标建设工作方案》。结合黑河市实际,申报嫩江盛烨热电有限责任公司为工业节水型示范企业。（王英男）

【河流管控】 2018年,市水务局强化水行政执法监管,以建立制度化、精细化、常态化河长制管理机制为依托,依法依规落实责任主体,协调整合执法力量,实施河流系统综合管控。加大河道巡查力度。围绕黑龙江城区段、二公河、石金河流域,加密巡查频次,加大对违法取用水资源、非法采砂、取土等违法行为的执法巡查力度。开展城区地下水执法检查工作。针对黑河市城区内企业的用水情况,联合自来水公司开展为期10天的专项执法检查工作,检查城区内23家用水户的取用水情况,现场封停新增自备水源井1眼。市区取水用户计量设施安装率达到95%以上。当年封停到期取水的地下水井6眼。联合公安机关共同开展执法工作,打击非法盗采砂石的违法行为。破获市本级河道管理范围内盗采砂石案件3起,暂扣挖掘机3台,罚款2.5万元,并要求当事人在规定的期限内对破坏的河道进行恢复。加大水利规费征收力度。截至2018年底,征收水利规费78.1万元,完成当年水利规费征收工作任务。（王英男）

【生态建设】 2018年,水土保持生态建设任务已列入地市经济社会发展主要责任指标。省水利厅下达黑河市的年度水土保持生态建设任务指标为500平方千米,市水务局将指标任务分解下达到各县(市、区),并对落实工作提出具体意见。在市县两级林业、国土、农委、草原等部门的通力合作下,截至2018年底,黑河市各县(市、区)共计完成水土流失治理面积829.93平方千米,超省里下达任务的65.99%。其中,爱辉区完成137.22平方千米;孙吴县完成72.65平方千米;逊克县完成81.36平方千米;北安市完成193.53平方千米;嫩江县成201平方千米;五大连池市完成144.17平方千米。（王英男）

【工程监管】 2018年,市县水务部门两级高度重视工程质量监管和安全生产工作,严格落实省、市工作要求,建立健全工作体制机制,强化责任落实,保障工程质量和生产安全。加大工程质量监督检查力度。坚持质量至上,采取“四不两直”方式持续加大水利工程建设质量监督,2017—2018年度水利建设质量工作考核市水务局取得的考核结果为A级。2018年市水务局对北安市七道沟、嫩江县多金河治理工程等9个项目实行质量监督,对爱辉区农村饮水安全巩固提升工程等15处在建工程开展质量大检查。在工程建设过程中,不定期派出工作人员对工程实体质量现场监督检查,对工程实体质量以及内业存在的问题立即提出整改意见,并限期整改,整改不合格不予质量认证。全年共开展质量监督检查5次,提出反馈意见11份,共计100余条,有效地遏制质量问题的产生。同时参与7个工程项目的单位工程验收,对通过验收的项目进行单位工程质量等级核备,共核备单位工程18个。国务院抽查黑河市农民工工资支付考核工作中,市水务局满分通过考核。全力确保水利生产运行安全。贯彻习近平总书记关于安全生产的重要思想,落实中央及省、市安全生产电视电话会议指示精神,强化安全责任意识,深入开展安全大检查和隐患排查整治工作,组织生产安全培训,加强安全生产宣传教育,坚决杜绝重特大生产安全事故。节日、"两会"期间着重检查局直属单位象山水电厂、防汛物资库及辰能西沟水电有限责任公司,开展水利工程建设施工安全专项治理行动,开展电气火灾及危化品综合治理行动,开展"8·25火灾"安全生产大检查行动。深入各县(市、区)和重点工程开展安全生产检查30余次,检查发现一般安全隐患73处,并限期整改,确保水务系统全年无重大安全事故。举办全市水利系统安全生产培训班,邀请市安监局、辰能西沟水电有限责任公司两名专家进行授课。开展"七进""安全生产月""安全生产万里行"活动,设立咨询台现场讲解,增强坚守安全红线、推动安全发展的意识。 (王英男)

【推进改革】 2018年,全面做好机关事业单位和国有企业改革,按照黑河市委改革方案,进一步明确方向,理清职能,理顺关系,聚焦主业集中发力,按时完成机关事业单位工作。稳步推进象山水电厂等国有企业改革,激发企业内生动力。贯彻落实《推进农业水价综合改革的意见》,全市已编制完成万亩以上中型灌区量测设施建设规划,确定将爱辉区宋集屯灌区和北安市做为全市试点灌区和试点县(市),全面推进试点区域农业水价改革。爱辉区宋集屯灌区已投资30万元,建设完成量测水设施建设,并已开展数据量测工作;北安市投入资金15万元,完成主星、东胜干渠量测水设施建设。 (王英男)

气　　象

【概况】 黑河市气象局编制51个,其中,参公编制20个,事业单位编制31个。处级领导职数:局长1职,副局长2职,纪检组长1职;科级职数:科长9职,副科长11职;局机关为参照公务员管理的事业单位,内设机构:办公室、人事教育科、行政执法科、计划财务科、业务科技科5个职能科(室)。同时,设立气象台(专业气象台)、黑河市气象科技服务中心、黑河市气象技术装备中心(后勤服务中心)、黑河市气象局财务结算中心、黑河市雷电防护中心5个直属事业单位。2018年末,在编人数48人,其中,参照公务员管理人员18人,事业单位人员30人。2018年,全市气象工作被黑龙江省气象局评为综合考评优秀达标单位,公众气象服务满意度全省13个地市位列第三,气象现代化指标评分以99.51分进入全省前列,初步实现阶段性气象现代化。北安市气象局完成地源热泵供暖建设。嫩江县、逊克县气象局完成台站绿化工作。

2018年,黑河市气象局加强岗位练功和对县局的业务培训与指导,测报、预报、网络等基础业务质量稳定,未出现重大错情。重新修订完善短时临近业务岗位职责与流程,规范短时临近预报预警发布内容,细化预警范围,增加短临天气发布实时检验内容,整体提升短时临近预报预警的服务能力。年内市气象台发布气象灾害预警信号48期,暴雨、暴雪及大风预警信号准确率均是100%,出色完成业务目标任务。

领导班子成员:

局　　长　崔立国

副 局 长　纪庆路　邱海龙

纪检组长　王占秋

(吴继合)

【业务培训】 2018年5月初,黑河市气象局邀请黑龙江省气象台短时临近业务专家为市、县以及部分农场台站业务人员系统授课强对流天气判识和中尺度分析方法,受训人员的短时临近业务能力得到提升;普遍开展人影作业人员培训,培训炮手和火箭手169名;嫩江县、爱辉区、孙吴县、逊克县等局举办气象信息员、协理员和新型农业经营主体气象防灾减灾培训班,518名气象信息员及乡镇负责人参加培训。 (吴继合)

【应急管理】 2018年4月中旬,黑河市气象局重新制定气象部门内部《应急联系手册》。5月,为保障预警信息及时准确发送到政府部门相关单位,全面更新政府部门气象灾害预警信息服务对象信息,并完成备案工作。成立市气象局灾害现场气象应急监测小组,配备应急观测装备。分别于6月15日、11月30日,开展灾害现场监测与信息传输实战演练和暴雪灾害监测及预警演练活动,北安市局、孙吴县局参与地方政府组织的森林防火或安全生产事故政企联动应急演练,通过一系列演练提升应急气象服务保障和监测及预警发布能力。 (吴继合)

【气象服务】 2018年春秋两季防火期间,黑河市气象局发布专项报告62期,森林火险预警信号5期,防火期内未发生重特大灾情。9月上旬末在早霜出现前连续三天以重要气象信息对外及时发布预警预报,为农业防灾减灾提供有力保障。黑河市气象局制定《人工影响天气作业服务周年方案》,开展《人工影响天气现代化建设三年行动计划实施情况终期评估》。对春季严竣的森林防火气象形势结合抗旱工作,抓住有利天气条件,提前部署,爱辉区、孙吴县、逊克县等局作业点多次开展大规模联合增雨作业,效果明显,有效降低森林火险等级，缓解农业旱情，其中爱辉区局春季森防人工增雨作业过程在央视新闻节目播出。2018年，开展生态修复型人工影响天气增雨作业25次。 （吴继合）

【防雷监管】 2018年7月9日至8月2日，黑河市气象局按照“两随机一公开”抽查工作细则，对市辖区内32家防雷重点场所、单位开展防雷安全执法检查。通过现场查看、翻阅档案、问询等方式对各防雷重点单位的防雷装置检测情况、防雷相关制度、雷电灾害应急预案、现场警示标识等进行检查。被检查单位防雷装置检测结果均为合格。对部分单位存在防雷相关制度不完善、没有在相应位置悬挂防雷警示标识等问题，检查组责令限期整改。 （吴继合）

【服务“三农”】 2018年，北安、孙吴、逊克、爱辉4个县（市、区）列为“三农”气象服务专项实施县。黑河市气象局组织“三农”实施县局赴黑龙江省内外先进县局实地考察，学到专项工作经验，并依据项目实施方案，开展基层气象防灾减灾标准化建设，发展直通式智慧化农业气象服务，提升农业气象服务能力和水平；组织气象信息员培训和评比，开展乡村气象防灾减灾宣传活动；与涉农部门签订合作协议，建立联动机制，联合发布为农气象服务产品。 （吴继合）

【行政审批改革】 2018年3月5日，根据《黑河市人民政府关于优化建设工程防雷许可工作的通知》精神，黑河市气象局与市城乡建设局签订“防雷许可调整工作交接书”，将所承担的房屋建筑工程和市政基础设施工程防雷装置设计审核、竣工验收行政许可正式移交，黑河市气象局不再承担房屋建筑工程和市政基础设施工程防雷装置设计审核、竣工验收行政许可工作。到4月底，全市所有县（市、区）气象部门全部完成交接。 （吴继合）

【对俄交流】 2018年6月6日，俄滨海边疆区水文气象及环境监测局代表团到黑河考察气象工作。考察团先后参观考察新一代天气雷达天线塔、民航气象站、市气象台、爱辉区气象局。俄代表团表示要加强俄滨海边疆区和黑河的气象业务联系，同时邀请黑河市气象局在合适的时机赴俄滨海边疆区访问交流。这次考察为黑河与俄远东地区开展气象相关业务交流奠定基础。 （吴继合）

【气候概况】 2018年1—12月，黑河市年平均气温略高，其中，2月平均气温异常低，4月、10—12月气温异常高。全市年均降水量较常年偏多，降水异常现象频发，其中，4月和12月降水异常少，6月和9月降水异常多，其他月份降水量处于正常状态。全年日照时数正常，作物生长关键时期日照条件略有不足，但好于上年。2018年全市的气象灾害主要有冬季持续严寒、寒潮、暴雪，春季高火险，盛夏暴雨洪涝和风雹天气，秋季早霜和道路结冰。2018年全市平均积温多于常年，作物生长关键期存在明显低温寡照时段，盛夏洪涝和风雹灾害对局地作物造成不利影响，但整体的农业气象条件较好。

降水。全市年降水量比常年偏多。2018年平均年降水量634毫米，平均比常年偏多23%，比2017年偏多26%，是1981年以来历史年降水量第四位。其中，北安市年降水量704毫米、比常年多34%，是1981年以来历史第四位；嫩江县年降水量611毫米、比常年多27%，是1981年以来历史第五位。

气温。全市年平均气温比常年略高。2018年平均气温为1.8℃，比常年偏高0.9℃，与2017年持平，是1981年以来历史高温第五位。其中，孙吴县比常年偏高1.7℃，嫩江县比常年高1.1℃，其他各地年均气温比常年高0.3℃～0.8℃。

日照。全市年平均日照时数正常。2018年平均日照时数2538小时，接近常年略少67小时，比2017年多148小时。作物生长季（5—9月）日照时数1163小时，比常年少74小时，比2017年同期多81小时。爱辉区日照条件较为充足，其他地区生长季有不同程度的寡照现象，日照时数比常年少13～160小时。

【主要气候事件】 2018年度的主要气候事件是冬季持续严寒、寒潮、暴雪，春季高火险，盛夏暴雨洪涝和风雹天气，秋季早霜和道路结冰，这些气候事件给当地公众生产生活均造成不同程度的影响。

持续严寒。1月中下旬受持续强冷空气的影响，全市平均气温较常年同期显著偏低，其中，下旬各地气温较常年同期异常偏低4.2℃～9.2℃，比2017年同期平均低7.6℃。1月各地最低气温低于－30℃的日数6～17天，各地最低气温低于－35℃的日数2～8天；各地极端最低气温在－37.6℃～－42.7℃之间，均达到近五年来最低。

寒潮。受强冷空气影响，2月11日清晨黑河大部地区出现寒潮天气。各地最低气温下降，其中，五大连池市48小时最低气温下降14.5℃，降至－38℃；其他地区最低气温在－31℃～－36℃，降幅在4℃～8℃之间。11月冷暖空气对峙活动频繁，全市最低气温48小时降幅在10℃左右；12月5日全市出现了寒潮天气，各地48小时降温幅度达20℃，剧烈波动的气温严重影响人们的出行和体感舒适度。

春季高火险。春季高火险集中期降雨特少、气温特高、且大风天气增多，导致本市各林区火险等级持续偏高，尤其偏西偏北的林区有效降雨量长期不足，森林火险气象等级一度居高不下。截至5月末，市气象局与市防火指挥部共联合发布森林火险预警信号5期、21次，覆盖42天，其中，森林火险黄色预警信号28天、森林火险橙色预警信号14天。

暴雨洪涝。6月16日，爱辉区和孙吴县出现暴雨天气，两地24小时降雨量分别达到88.2毫米和59.0毫米，由于前期农田土壤含水量已接近饱和，暴雨导致部分农田发生洪涝灾害，据涉情部门统计，孙吴县有5645公顷农田受灾，其中，成灾面积3328公顷，绝产面积577公顷，受灾人口5567人，直接经济损失571万元。7月全市局地强降雨天气多发,其中,24日夜间全市共有23个乡镇降雨量达到暴雨(12小时降雨量在30毫米以上),59个乡镇达到大雨。据各地农委和民政部门统计,截至8月中旬末,全市约有11.88万公顷农田受到涝灾,其中,成灾面积7.11万公顷、绝产面积3.81万公顷。9月3日,五大连池市出现暴雨天气,城区24小时降雨量达110.9毫米,另有2个乡镇24小时降雨量超过100毫米。此次暴雨刷新五大连池市单日降雨最大记录。降雨天气导致五大连池市地区土壤水分长期过饱和,对秋收进度有一定不利影响。

风雹天气。6月22日13时许,市区及爱辉区附近乡镇出现冰雹天气,最大冰雹直径在3厘米左右。冰雹天气导致居民车辆、民居、路灯等公共设施损毁严重。从本地2家保险公司(人保财险和平安保险)了解到,因冰雹而产生的车损理赔案件500多件,直接经济损失超过100万元,按照出险率估算,受损车辆超过1000辆。7月1日爱辉区上马厂乡出现冰雹天气,观测到最大冰雹直径达5厘米左右,导致当地部分农田受损减产。7月9日,五大连池市兴隆乡、新发乡、莲花管委会等多地出现短时强降雨,并伴有冰雹。7月19日中午11点30分,五大连池市和平镇和安村遭遇百年不遇的狂风暴雨,观测到最大风速达28.3米/秒、达10级狂风,村内30户民房房盖被大风卷走。镇内水泥高压线杆被刮倒,树木折断,农田大面积倒伏,风雨天气导致和平镇全部停电。据民政、农委统计全市共有1.29万公顷作物受到风雹灾害。

暴雪。10月26—28日,黑河市区出现降雪天气,28日10时30分黑河市气象台发布暴雪蓝色预警信号,其中爱辉区降雪时间持续较长,降雪量大,至10月29日8时,爱辉区的积雪深度已达15厘米。11月9—10日,全市再次出现较强降雪天气,其中过程降雪量逊克县21.7毫米(积雪深度达18厘米)、北安市11.6毫米(积雪深度9厘米)、孙吴县9.1毫米(积雪深度8厘米)、五大连池市7.1毫米(积雪深度5厘米)、嫩江县和爱辉区在3毫米以下。黑河市气象台于11月9日14时发布全市(嫩江县除外)暴雪黄色预警信号,提前为交通及城市管理、电力、供水等部门防范暴雪灾害提供气象支持。

早霜。9月8—9日清晨,全市大部分地区出现轻霜天气,但因全市大部分作物处于成熟期,且轻霜持续时间较短,因此仅山区部分作物的产量形成受到影响。

道路结冰。10—11月气温波动剧烈,降水相态混合多变,是道路结冰现象的高发时期,黑河市气象台于10月13—15日、10月26—30日、11月9日先后发布道路结冰黄色预警信号4期共11次,预警有效时长140余小时。由于预警准确信息发布及时,当地交通部门提前采取有效管控措施,避免因恶劣天气而给人民群众出行带来的不利影响。

(吴继合)

【气候对农业的影响】 2018年,作物生长的关键期全市雨水丰沛、积温充足,虽然生长前期因低温寡照和洪涝导致光合效率有所降低,但在后期得到有效弥补,8月光热配置条件较佳,大田作物产量快速累积,对产量形成有利。

(吴继合)

【气候对林业的影响】 2018年春季树木返青期持续高温少雨天气,极大程度延缓了林区植被返青速度;4月降水量特少,不利于林业育苗护苗,也增加树木枯亡率,不利于森林资源保护;5月之后降水天气增多,适宜的温湿条件使林区植被含水量得以升高,利于林区植被生长。夏季降水偏多,利于林区土壤涵养水分;夏季整体的温度和日照条件适宜,树木生长较为旺盛;气象条件未导致林区发生雷击火、大范围林木病害,有利于森林资源的保护。入秋之初,黑河市普遍出现较大降雨,林区植被和土壤水分充足,林区湿度相对较高。加上当年秋季大风天气偏少,10月之后,降温天气明显,降雪过程频繁,积雪覆盖区域面积大,总体气象条件有利于秋季森林防火工作开展。 (吴继合)

【气候对旅游的影响】 2018年春季前期干燥大风、野外植被荒芜,不适宜观光游览,春季后期气候宜人适合山林观光徒步活动的举办,盛夏降雨多、对游客游玩观赏活动体验略有不适影响,8—10月全市风和日丽、气候舒适,利于各地旅游资源的深度开发和公众体验。冬季本地气温虽然寒冷,但雾凇和降雪天气丰富了本地冰雪资源,再次吸引大批游客来此体验冰雪旅游项目。本地特色的寒地试车活动也增加外来人员,繁荣旅游等第三产业的蓬勃发展。

(吴继合)

【气候对人体健康的影响】 2018年春季冷暖空气活动频繁,阶段性升、降温明显,对人体健康有一定的不利影响。大风天气所携带的花粉、灰尘也增加鼻炎病发率。春季后期天气多为风和日丽,适宜公众开展户外运动。夏季前期降雨偏多、强对流天气频发,对公众开展户外活动有不利影响,但夏季整体气温较为平稳,炎热天气比上一年少,空气质量持续优良,人体舒适度较高。8—10月天气多为晴好、温湿条件适宜,气候对人体健康有益,秋季后期开始气温波动大、天气干冷,对人体健康有一定不利影响,且隆冬气温偏高,不利于杀灭病毒菌孢,呼吸道病毒感染率有所上升。

(吴继合)

【气候对交通的影响】 2018年初,降水过程少且局地性突出,各地主干交通路段的积雪能够及时清除,未给铁路、公路、机场等交通运输渠道带来不利影响。秋季路面存雪较早,中等量及以上降雪出现次数多,境内高速受降雪、结冰现象影响,多次分时段关闭,一定程度影响公共交通出行。同时降雪、路面结冰天气同样增加了城区道路管护工作量。但冬季降雪特少,路面无积雪存留,对交通管理有利。

(吴继合)

【气候对水资源的影响】 2018年4月,全市降水特少、气温特高,黑河站开江日期为4月25日,比常年提前2天,开江水位89.74米，开江期间黑龙江流域内水位均低于警戒水位、水势平稳。整个雨季(6—9月)全市降雨量特多，受本地降雨及上游来水影响，7月24日黑龙江洪峰到达黑河站，水位96.15米，为1971年以来历史第四位洪水。但本地中小河流并未出现明显汛情，各地水库蓄水正常，能够满足灌溉、发电、观赏等各种需求。黑龙江黑河段全面封江日期为11月22日，封江水位89.42米，比上一年低0.60米。

（吴继合）

黑龙江省农垦北安管理局

【概况】 黑龙江省农垦北安管理局(以下简称“北安管理局”)位于中国综合自然区划的兴安岭至长白山区，小兴安岭主脉由北向南纵贯垦区东部。所属15个农场分别位于小兴安岭西南麓、西北麓和中段北麓。地理坐标是：北纬47°48′~50°21′，东经125°54′57″~129°03′。行政区划位置属黑河地区，东邻嘉荫县，西到嫩江县，南起海伦市，北到黑河市。东西宽234千米，南北长281千米。15个国有农场分成南、北、中3片，跨越黑河市、伊春市。区域内交通畅达，哈黑铁路(哈尔滨至黑河)、齐齐哈尔至北安铁路、黑大公路(黑河至大连202国道)和绥北高速(绥化至北安)、吉黑高速(吉林至黑河)、碾北(碾子山至北安)、鹤嫩(鹤岗至嫩江)四条公路贯穿垦区西南北部。管理局机关设在北安市。

北安管理局属松嫩平原黑土带的边缘，是世界三大黑土带之一，黑土层厚，土地肥沃。2018年，北安管理局辖区总面积8986.16平方千米，占全省垦区总面积的1/5，其中，耕地32.42万公顷，林地13.05万公顷，草原8.16万公顷，水面1.3万公顷。总人口187548人。年度实现国内生产总值100.3亿元，比2017年增长6.2%。实现企业利润1893万元，连续4年保持盈利。居民人均可支配收入达到23479元，比2017年增长3.23%。

领导班子成员：
党委书记　局长　刘新华(2018.11止)
党委副书记　徐树清
副局长　柳毅
纪委书记　祖国杰
宣传部部长　郝正学
组织部部长　张雅梅
人民武装部政委　李永涛(2018.4任)

（付维秋）

【土壤墒情监测】 2018年，北安管理局根据辖区内土壤类型质地、降水特点、地形地貌和种植制度，赵光、龙镇、建设、红星、格球山5个农场建立国家级和总局级土壤墒情监测站，其他农场建立管理局级土壤墒情监测站。以农场为基本单元，根据气候类型、地形地貌、作物布局、灌排条件、土壤类型、生产水平等因素，选择有代表性的农田，建立5个以上农田监测点。测定不同层次土壤质地、容重、田间持水量等指标。在关键农时季节和发生旱涝灾情时，加大重点作物、重点区域监测频率和密度。同时调查观测气象、作物表象、干土层厚度、田面开裂、灌溉、农事操作等相关数据。及时发布土壤墒情信息，推进因墒种植、因墒灌溉，实现农业高效用水，为农业抗旱减灾、指导科学灌溉、节水技术推广提供信息服务和技术支撑，提高管理局旱田作物单产水平。监测作物以玉米、大豆、马铃薯和小麦等主要粮食作物为主，兼顾经济作物，每月10日和25日开展常规监测，发布墒情信息。管理局全年监测240次，采集数据1000余个，发布土壤墒情信息240余条，提出生产建议160余条。指导玉米、大豆等旱田作物适墒播种面积30.66万公顷。

（李　扬）

【测土配方施肥】 2018年，北安管理局推广测土配方施肥面积33.20万公顷，实现了对粮食作物种植面积的全覆盖。采集土壤样品6000余个，分析项次40000余次。11个项目农场，建立土壤养分丰缺指标与施肥指标体系，完成耕地地力评价工作，建立场域耕地资源信息管理系统；基本配齐测土配方施肥专家咨询系统。（李　扬）

【耕地质量提升】 2018年，北安管理局按照《黑龙江垦区2018年耕地保护与质量提升促进化肥减量增效项目实施方案》的要求，确定建设农场为耕地保护与质量提升促进化肥减量增效项目示范实施单位。建设农场以科学发展为引领，围绕“控肥增效”，促进有机质提升和农业可持续发展。全年建设农场耕地保护与质量提升促进化肥减量增效项目补贴资金200万元，重点探索玉米与大豆秸秆还田技术和施用有机肥，培肥地力，改善土壤理化性状，增加土壤有机质含量，为农业实现高产高效奠定坚实的基础。农场推广秸秆还田技术，提高秸秆资源化利用率，避免秸秆焚烧造成环境污染。同时，开展3414试验和肥料利用率试验，采集化验土样500个。应用测土配方施肥技术，施用有机肥，减少化肥施用量10%以上，土壤有机质含量较上年提升5%，改善农产品品质，促进了农业提质增效。

（李　扬）

【年度气候】 2018年，农作物生长季(3—10月)的气候特点是：气温偏高、降水偏多、日照时数偏少、积温偏高、回暖稍早、无霜期长、高温多雨的年份。3—10月全局平均气温为11.2℃，历年同期为9.8℃，比历年同期高1.4℃。比上年同期高0.2℃。3—10月全局平均日照时数为1787.7小时，历年同期是1803.9小时，比历年同期少16.2小时，比上年同期多18.8小时。3—10月全局平均降水量为632.0毫米，历年同期是511.7毫米，比历年同期多120.3毫米，比上年同期多119.4毫米。3—10月≥10℃的积温全局平均为 2481.0℃,历年同期是 2225.3℃,比历年同期高 255.7℃,比上年同期低 34.9℃。终霜全局平均在 5 月 8 日结束,历年同期是 5 月 22 日,比历年同期早 14 天,比上年同期早 17 天。初霜全局平均出现在 9 月 9 日,历年同期是 9 月 15 日,比历年同期早 6 天,比上年同期早 16 天。无霜期全局平均为 121 天,历年同期是 115 天,比历年同期多 6 天,比上年同期少 3 天。2018 年农业生产期间春季融雪快,整地播种提前。盛夏多雨、高温利于作物生长发育。

(李 扬)

【农业】 2018 年,北安管理局农业现代化水平不断提高,调整种植结构、改善品种结构,实现粮食总产 21 亿千克,比 2017 年增产 2.75 亿千克,增长 32.6%。共投资 1.9 亿元,更新机械 975 台(件),田间综合机械化作业水平达到 98.8%。玉米收割台专利技术的应用,实现秸秆收割、放铺、聚垄、打包全程机械化。5 个现代示范奶牛场产奶牛年均单产达到 9 吨,其中尾山农场金澳示范奶牛场单产达到 10.5 吨。科技园区落实试验项目 666 个,获得总局科技成果奖 2 项,新技术示范推广 2.77 万公顷,成果转化成效明显。

(李 扬)

【工业】 2018 年,北安管理局工业实现全口径销售收入 180187 万元、工业增加值 67490 万元、实现利润 10374 亿元。依据国家《产业政策调整目录(2011 年)》相关规定,淘汰落后产能 24 门以下黏土砖生产企业,关停 6 家。二龙山农场和赵光农场生物质发电项目开工建设。2018 年北大荒亲民有机食品有限公司销售各类有机产品 6300 吨,实现销售收入 6320 万元,净利润 159 万元。为加大线上销售力度,公司成立电商部,规范价格体系、整合线上销售,先后开设京东旗舰店、天猫专营店以及拼多多旗舰店,店铺的单日销售量突破万元,2018 年线上销售突破 1000 万元。"有机酸菜"在第十二届中国国际有机食品博览会获参展产品金奖,"亲民"品牌列为黑龙江省轻工品牌培育计划入选品牌。公司销售网络已覆盖 15 个省(市),区域代理商 27 个,销售门店 3700 余家,在京东、天猫等网络商城开设旗舰店,有机酸菜出口到美国、日本、加拿大等国家。临沭北大荒柳编工艺品有限公司经营的柳编及布艺产品赢得众多国内外客商的青睐和认可。2018 年,产品远销日本、新加坡、泰国、马来西亚、土耳其、韩国、加拿大、以色列、荷兰、波兰、法国、立陶宛、西班牙等 25 个国家和地区。公司出口产品共 420 个集装箱,出口创汇 650 万美元,实现销售收入 4100 万元。黑龙江龙绿食品有限公司 2018 年共销售玉米 233640 穗,金额 554160.74 元,其中出口玉米 27042 穗,金额 67573.8 美元,2018 年公司实现扭亏为盈。

(李 扬)

【林业】 2018 年,北安管理局实现林下经济总产值 7.27 亿元,其中天运山产品等龙头加工企业产值 10540 万元,六大产业基地产值 60571 万元(新增产业项目产值 3275 万元),其他产业产值 1589 万元。采集以蕨菜为主的山野菜等山产品 1.12 万吨,创产值 14329 万元。栽培食用菌 299 万袋,创产值 1144 万元。林下养殖生态鸡 19.6 万只、创产值 1540 万元,养殖生态鹅 70.6 万只、创产值 6068 万元;林下养殖生态猪 2.45 万头、创产值 3939 万元,林下养殖肉牛 1.3 万头、创产值 12063 万元,林下养殖羊 3.37 万只、创产值 3208 万元。拥有苗木繁育基地 35 个,其中民营 26 个;基地育苗总面积 411.53 公顷,总产苗量 1813 万株,创产值 6648 万元。全局林果达成面积 546.93 公顷,其中,当年新植面积 60.53 公顷,创产值 646 万元。北药种植达成面积 269.66 公顷,其中,当年种植面积 73.8 公顷,创产值 3735 万元。

(李 扬)

【商务】 2018 年,北安管理局持续推进商务、旅游工作,外贸进出口保持平稳,实现外贸出口 0.14 亿美元,全局各农场共对接落实经济技术合作项目 11 项,利用国内到位资金 0.73 亿元,境外种植面积共 600 公顷,种植大豆,收获大豆 0.09 万吨,输出劳务 5 人,2018 年,接待旅游人数 11.32 万人次,实现旅游综合收入 0.2 亿元。

(李 扬)

【改革工作】 2018 年,北安管理局党委贯彻落实集团(总局)党委关于农垦改革的各项任务,成立 9 个专项工作组,明确 30 项重点工作,明晰职责,落实责任,扎实推进分公司工商注册登记,有序推进农场生产经营和办社会职能机构、人员、资产、债务、财务核算"五分开"改革,以及民政、教育、编办等系统行政权力和职能移交工作。6 月 28 日,完成黑龙江北大荒农垦集团总公司北安分公司工商注册登记工作。6 月 30 日,所有农场完成"五分开"工作,农场有限公司领导班子和社会事务部所有人员全部调配到位。7 月 30 日,所有农场完成农场有限公司工商注册登记工作。公检法移交工作全面完成;民政系统移交已经拟定框架协议,报总局审查;编制工作中"机关群团赋码职能""事业单位登记管理职能"已上交到总局编办;教育系统移交工作已经与地方政府全面展开对接,签署移交框架协议工作正在落实;其他系统行政权力和职能移交工作也在积极推进。

(李 扬)

【财务管理】 2018 年,北安管理局通过严把预算编制、审核、执行关,共减少企业经费性及项目支出 1.2 亿元;开展控债化债工作,负债总额净下降 7.2 亿元,回收以前年度欠款 2.7 亿元。2018 年,资产总额达到 81.7 亿元,负债总额 61.6 亿元,资产负债率 75.4%,比 2017 年末净下降 3.06 个百分点。

(李 扬)

【民生事业】 2018 年,北安管理局 14 个供热企业实行市场化运营,物业管理水平进一步提升,服务质量逐年提高。154 个历史遗留工程全部完成竣工验收备案工作,完成不动产首次登记 4.2 万户,占 98.2%。严厉整治师德师风,教育教学规范有序。卫生计生工作在垦区年度考核中名列前茅,被评为“全省精神卫生工作先进集体”。连续两年,全局共投资8368万元,改建农村公路62.5千米;投资6520万元,完成18个小型水利工程和水毁工程项目;投资500万元,解决襄河农场、龙镇农场5075人饮水安全问题;认真落实中央环保督查组“回头看”整改工作,生态环境保护工作进一步加强;发放低保金6286.7万元,新增就业6254人,为15038人申请灵活就业保险补贴3113万元,最低生活保障标准从每人每月560元提高到600元,低保人员医疗救助比例提高到政策范围内住院自费部分的95%。精准扶贫工作大力推进,全局353户、762人全部实现脱贫。全局纳入全国工会帮扶工作管理系统的困难职工由2016年的411户988人减少到5户14人。红色边疆农场、龙镇农场和逊克农场、建设农场先后于2017年和2018年实现脱贫摘帽。美丽乡村建设进一步推进,职工群众生活品质不断提高。 (李 扬)

【生态文明建设】 2018年,北安管理局落实生态文明建设各项制度和任务要求。通过总局对管理局2017年度生态文明建设和环境保护目标责任制完成情况的考核验收,管理局被总局授予“2017年度垦区生态文明建设及环境保护目标考核优秀单位”称号。完成对各基层单位2017年度生态文明建设和环境保护目标责任制完成情况的考核验收,并将考核结果在全局进行通报。制定2018年度生态环境保护工作目标和考核实施细则及具体措施,为管理局生态文明建设的制度设计和落实管理提供有效途径。协调政策法规局将生态文明建设和环境保护列入2018年国有农场经营者基薪考核项目,切实将生态文明建设和环境保护纳入农场党政领导班子和领导干部的实绩考核评价体系。 (李 扬)

【社会综合治理】 2018年,北安管理局推进“七五”普法工作,法律服务工作力度进一步增强,依法治理能力逐步提高。启动扫黑除恶专项斗争,打掉1个涉恶团伙,连续15年保持省委省政府命名的“平安局”荣誉。矛盾纠纷排查调处工作机制不断健全完善,及时解决职工群众反映的各类突出问题。严格落实信访工作“两级三责”工作机制,信访总体形势稳中向好。认真落实安全生产“党政同责、一岗双责、齐抓共管、失职追责”要求,全年安全生产无事故。 (李 扬)

黑龙江省农垦九三管理局

【概况】 黑龙江省农垦九三管理局(以下简称“九三管理局”)始建于1949年9月,位于黑龙江省西北部,地处小兴安岭南麓向松嫩平原过渡的丘陵漫岗地带。行政区域在嫩江县、讷河市和五大连池市境内(其中,哈拉海农场在齐齐哈尔市境内)。地理坐标为北纬48°37′~50°04′,东经124°25′~126°23′,全局总控制面积5645平方千米,其中,耕地252800公顷,草原95333.3公顷,林地88000公顷,水面10000公顷。属寒温带大陆季风气候,年平均气温0.4℃,降水量500~600毫米左右,有效积温1900℃~2270℃左右,属四、五、六积温带。无霜期在100~120天左右。

下辖鹤山、荣军、大西江、红五月、尖山、七星泡、嫩江、山河、嫩北、建边、哈拉海等11个国有农场,82个农业管理区。截至2018年末,全局家庭户数量达到5.5万户,同比减少2.6%。人口自然增长率为-2.7‰,全局常住人口数量14.2万人,同比减少2.3%,其中,农场常住人口数量11万人,同比减少2.6%。全局从业人员达到7.4万人,同比减少2.7%,其中,在岗职工3.31万人,同比减少6.4%。2018年,全局实现国内生产总值90.5亿元,比上年增加5.6亿元,可比价增长7.1%。农业总产值38.7亿元,同比增长10.9%;工业总产值25.1亿元,同比增长10.6%;建筑业总产值12.5亿元,同比减少4.5%;交通运输业总产值6.5亿元,同比增长5.7%;商业批发零售饮食业总产值20.4亿元,同比增长4.2%。

领导班子成员:
党委书记 局长 王晓春
副 局 长 张宏雷 邸洪军 范学斌
工 会 主 席 耿 昧
宣 传 部 部 长 王正非
九三经济开发区管理委员会总工程师 李国军
组 织 部 部 长 厉宝昌
政 治 委 员 秀 泉

(王 胜)

【种植业】 2018年,九三管理局农作物种植面积252050公顷,其中,玉米种植面积80627公顷、大豆种植面积128399公顷、杂粮种植面积18098公顷、杂豆种植面积597公顷、马铃薯种植面积3987公顷、饲草种植面积5122公顷、其他种植面积15220公顷。粮食平均公顷产量5872.5千克,粮食总产量14.37亿千克。组织实施重点科技试验、示范、推广项目59项,其中,农业部农垦总局科技项目2项,管理局重点科技项目57项。全局农机总动力50万千瓦,拥有大型农机具9500余台(套)。 (王 胜)

【畜牧业渔业】 2018年,九三管理局奶牛存栏30910头,上交乳品企业生鲜乳8262.08万千克;肉牛存栏17643头,出栏15273头;生猪存栏25743头,出栏86595头;羊存栏31153只,出栏40761只;禽存栏87170只,出栏686661只;肉产量1276万千克,禽蛋产量128.95万千克。 (王 胜)

【水利】 2018年,九三管理局有水库28座,3座中型水库,20座小(1)型水库,5座小(2)型水库,水库总库容14471万立方米,兴利库容6155万立方米,防洪库容3022

万立方米,水土保持综合治理面积57930公顷。2018年,完成水利发展资金项目1800万元,完成工程量11万立方米,完成各类建筑物47座,其中,农桥4座,农涵31座,排水闸1座。 (王 胜)

【工业】 2018年,九三管理局有工业企业数量270家,其中,大豆加工企业21家,年加工大豆能力1.2亿千克。2018年,全局完成全口径工业销售收入25.3亿元,同比增长6.62%;实现工业增加值6.68亿元,同比增长6.5%;实现全口径利润7890万元,同比增长6.13%。加工大豆6000万千克,大豆加工业达产率为51%。完成工业园区建设项目总投资6800万元。 (王 胜)

【交通运输】 2018年,九三管理局投资871.53万元,完成大西江农场至4队农村公路建设项目,建设里程5.93千米,路面宽6米;投资438.01万元,完成大西江农场至1队农村公路建设项目,建设里程2.88千米,路面宽6米;投资940.8万元,完成鹤山农场至跃进一队农村公路建设项目,建设里程6.88千米,路面宽6米。全局完成客运量27万人次,客运周转量1541万人千米;货运量100万吨,货运周转量11450万吨/千米。落实国家新能源政策,引导、鼓励和支持广大道路客运经营者更换新能源车,更新宇通E8电动公交车4辆;投资40万元,新建"充电桩"3个,完善新能源汽车的配套服务设施。 (王 胜)

【通信】 2018年,公司光纤入户改造工作完成,九三管理局地区已基本进入全光网时代。全局本地网通信线路市话电缆总长度170.45皮长千米,同比减少63.67%;光缆线路1602.02皮长千米,同比增加0.06%;程控软交换总容量33072线;光纤传输设备12套;行业办公网12个。 (王 胜)

【旅游】 2018年,九三管理局推进农旅融合发展,以"红色文化游""知青怀旧游""生态农业游""农业科技游"等为主的旅游业健康发展。全年吸引游客19.3万人次,收入1.4亿元,同比分别增长7.2%和24%。 (王 胜)

【政法综治】 2018年,九三管理局推进综治中心和"雪亮工程"建设,夯实基层基础工作。重点打造局、场、区三级综治中心实体化、规范化建设,全局25个综治中心建设已全部完成。投入300余万元,加大"雪亮工程"建设力度。2018年度被总局综治委评为社会治安综合治理暨"平安建设"优秀单位第一名。 (王 胜)

【教育】 2018年,九三管理局有各级各类学校20所,其中,农场学校16所:包括九年一贯制子弟校6所,小学6所,初中4所;管理局局直有中小学校4所:包括小学、初中各1所,高中2所;青少年宫1所,全局共有公办幼儿园13所,其中局直2所,农场11个。全局在校(园)学生总计12938人。2018年高考,九三一中参加考试601人,一表本科进段263人,进段率43.67%;二表本科进段540人,进段率89.85%,有2名学生被北京大学和清华大学录取,创造建校以来的最好成绩。 (王 胜)

【医疗卫生】 2018年,九三管理局共有各级医疗机构101个,其中,三级乙等医院1个;一级甲等医院12个;各类卫生所50个,包括农场管理区、居民组卫生所48个,社区卫生服务站2个,局直社区卫生服务中心1个,个体诊所17个;学校校医室20个。截至2018年末,全局共有卫生技术人员1074人。管理局局直中心医院共有卫生技术人员587人。其中,有高级职称140人,中级职称114人,初级及以下职称218人。其他医疗机构共有卫生技术人员487人。其中,高级职称91人,中级职称193人,初级及以下职称185人。 (王 胜)

【住房和城乡建设】 2018年,九三管理局新开工的单位工程施工个数34个,比上年增加10个。当年单位工程竣工个数16个,比上年减少6个。年内房屋建筑施工面积和竣工面积分别达到9.67万平方米和11.7万平方米,分别比上年下降12.8%和下降13.3%。新建及改建住宅5.8万平方米,城镇化率85.2%。城镇基础设施建设:2018年,硬化道路0.6千米。更新改造供热管线1.8千米。植树0.32万棵。 (王 胜)

【经济指标】 2018年,九三管理局实现地区生产总值90.5亿元,同比增长7.1%。连续两年增幅位于垦区前列,增速比国家增加0.5个百分点,比省增加2.1个百分点,比垦区增加3.1个百分点。其中,第一产业增加值27亿元,同比增长12.5%;第二产业增加值11.1亿元,同比增长1.1%;第三产业增加值52.4亿元,同比增长6.4%,三次产业比重为29.8:12.2:58。粮食综合生产能力达14.35亿千克,同比增长31.6%。实现社会消费品零售总额20.2亿元,同比增长4.1%。居民人均可支配收入2.2万元,同比增长7.5%。 (王 胜)

【民生工程】 2018年,九三管理局民生类项目投资同比增长3.3%,城镇面貌、民生福祉得到大幅提升。全局民生工程投入3.44亿元,同比增长5.5%。其中,投资1.37亿元用于局直环路新(扩)建工程(二期)、无障碍通道、综合基础设施等工程,百姓出行更加便捷;投资1.08亿元实施危旧房改造、市政设施改造等工程,促进城镇建设提档升级;投资0.6亿元实施城区亮化、绿化工程,优化人居环境。推进生态城镇建设,全局建设6座生活污水处理厂,生活污水处理率达60%以上,生活垃圾无害化处理率达到100%。完善公共交通基础设施,购置新能源客车,新建公交候车亭43个。局直环路新(扩)建工程(二期),项目加宽道路

2.26千米,加宽后机动车道总宽度24米,两侧各2.5米人行道。2018年5月开工建设,12月建设完工并投入使用,累计完成投资6036万元。局直小城镇综合基础设施建设项目,改造人行道2977.96米,打水源井4眼,改造供水管道8470米,安装供热管道1714米,排(雨)水管道1135米,浇筑路灯基础40个,购置安装智能信息监测系统4台(套)、无负压设备1套等。项目总投资1472.53万元,其中,财政拨款1088万元,配套资金354.58万元。项目主体工程已基本完毕。 (王 胜)

【居民收入】 2018年,九三管理局居民收益稳步增长,八大类消费支出呈现不同程度的增长。2018年末,全局居民储蓄总额达到475863万元,比上年增加64929万元,同比增长15.8%。居民人均储蓄额达到3.35万元,同比增加0.53万元,同比增长18.8%。全局人均可支配收入达到2.2万元,同比增长7.5%。2018年,全局在岗职工平均工资达到3.33万元,同比增加0.18万元,同比增长5.7%。

(王 胜)

【党建工作】 2018年,九三管理局继续深入实施“北大荒堡垒工程”,落实好党内组织生活基本制度,创新基层党建工作机制,全面提升基层党组织组织力,全局创建垦区北大荒堡垒工程党建示范点6个,2018年垦区党建现场推进会议在九三管理局召开。在垦区率先使用推广豆都九三智慧党建云平台,《党的生活》专题采访并刊发九三智慧党建工作经验。 (王 胜)

林 业

【概况】 黑河市林业局是市政府的工作部门,正处级单位,主要负责全市林业及其生态建设的监督管理。贯彻实施国家林业及其生态建设的方针政策、法律法规,组织开展森林资源、陆生野生动植物资源、湿地和荒漠的调查和动态监测及承担林业生态文明建设的有关工作。截至2018年末,黑河市林业局共有行政编制29个,工勤编制2个;班子成员5职:局长1职、副局长2职、副调研员1职、市林产品经销处处长1职;内设机构13个,科级职数:科长14职(含林业总工程师1职)。直属单位24个,其中,正处级全额拨款事业单位2个:黑河航空护林站、嫩江航空护林站;副处级全额拨款事业单位1个:黑河市林业科学院;副处级差额拨款事业单位1个:黑河市林产品经销处;正科级行政编制单位1个:黑河市森林公安局;正科级全额拨款事业单位1个:黑河市中俄林业科技合作园区;正科级参照公务员管理事业单位1个:黑河市林木种苗管理站;正科级参照公务员管理事业单位1个:黑河市森林病虫防治检疫站;正科级全额拨款事业单位6个:黑河市林业基金管理站、黑河市林火监测中心、黑河市森林防火稽查支队、黑河市野生动物救护站;黑河市湿地保护管理中心、黑河市林业信息中心;正科级自收自支事业单位10个:黑龙江平山省级自然保护区管理局、黑龙江干岔子省级自然保护区管理局、黑河市机械化森林消防大队、黑河市平山林场、干岔子林场、头道岭林场、卡伦山林场、古东河林场、西岗子实验林场、黑河市建华林场。现有干部职工622人,其中,局机关22人,工勤2人,直属单位598人。全局现有党员202人,占职工总数的31%。

2018年12月19日,根据《黑河市机构改革方案》,组建市林业和草原局。将市林业局的职责,以及市农业委员会的草原监督管理职责,市国土资源局、市住房和城乡建设局、市环境保护局等部门的自然保护区、风景名胜区、自然遗产、地质公园管理职责等整合,组建市林业和草原局,由市自然资源局统一领导和管理。不再保留市林业局。黑河市林业和草原局于2018年12月21日揭牌。

领导班子成员及副处级以上领导干部:
党委书记 局长 鲁 铭(2018.12止)
副 局 长 向 进 高裕民
调 研 员 张景文(2018.12止) 刘广龙
工 会 主 任 卢锦华
副 调 研 员 杨月平 祝春林 胡会芝
黑河市林产品经销处处长 谢孝坤

(朱蕴超 王思佳)

【森林防火】 2018年,黑河市林业局按照市委、市政府的工作部署,坚持责任追究机制和“三个确保,不发生人为森林火灾”的总目标及“宣传教育到位、火源管理到位、科学布防到位、物资储备到位和应急扑救到位”,坚持高一个标准、严一层要求、早一步发动,强化部署、细化措施,全力抓好森林防火工作。全年累计投入防火资金9000余万元;投入防扑火力量5700余人,按照网格化预案实施兵力靠前驻防;投入防火通信设备2063部、灭火机3462台、宿营装备3391套、防火专用车辆684辆,投入航空护林飞机27架,开展巡护作业712架次;进行媒体宣传5100余次,建立宣传街229条,出动宣传人员3.5万人,印发宣传品130万份。春秋“两防”期间,市级包片领导深入所包责任区40余次,6个市级督查组、市林业局牵头森林防火指挥成员单位组成的5个检查组、市森林防火稽查支队兵分多路,相继深入一线开展明查暗访2000余次,检查单位5000余个。经过全市上下共同努力,取得连续25个防期未发生重特大森林火灾,实现连续5个防期零火灾记录的历史性突破。春防期间,支援扑救大兴安岭地区越界火阻击战,得到省委、省政府的充分肯定,全市有6个单位被授予省级“先进单位”称号。 (朱蕴超 王思佳)

【造林抚育】 2018年,黑河市林业局以森林面积稳定增长、林分质量不断改善为目标,坚持实施生态修复工程。持续推进"三北"防护林体系建设和中央财政补贴造林工程,开展新一轮"绿化黑河大地行动"。完成造林绿化任务0.40万公顷,其中,人工造林0.14万公顷、封山育林0.26万公顷,超额完成省厅下达造林任务0.01万公顷。积极强化森林资源培育,完成森林抚育任务1.71万公顷,开展林冠下补植造林0.09万公顷,打造省级森林经营样板基地0.03万公顷。

(朱蕴超　王思佳)

【资源保护】 2018年,黑河市林业局严格征用占用林地管理,当年审核审批使用林地项目7项。组织开展打击"三毁"、保护林蛙和非洲猪瘟疫情监测防控等专项行动,持续加大森林资源保护力度。当年共处理各类涉林案件206起,其中,刑事案件55起、行政案件151起,行政处罚169人,共收回林地121公顷,补种树木1749株,罚款130万元,没收木材27立方米,申请并强制拆除违法使用林地建房案件1起,有效打击涉林违法犯罪行为。开展保护野生动植物宣传和鸟类环志工作,出版发行《黑河市珍稀濒危野生动植物》,在全市范围内开展专项执法巡查12次,解救鸟类30余种800余只,打掉多个采集囤积、网络贩卖兴安杜鹃犯罪团伙;成功破获一起网络收售珍稀野生动物制品案件,案值800余万元,被中央电视台、黑龙江省电视台等媒体专题报道,市森林公安局被授予集体二等功。

(朱蕴超　王思佳)

【产业发展】 2018年,黑河市林业局贯彻落实市委、市政府创建农业绿色发展示范区战略部署,主动聚焦示范区建设,积极发展壮大林产经济,努力构建多元化产业格局。当年,全市新增林果面积0.07万公顷、北药0.25万公顷、黑木耳4670吨,全年林业总产值实现64.4亿元,增长16%。有序推进爱辉区二站林场和嫩江县四十里河林场两处全市农业绿色发展示范区试点。积极参与市政府组织开展的"招商之冬"活动,梳理了8大类100个招商项目,设计总投资57.8亿元,其中,超亿元项目20个。

(朱蕴超　王思佳)

【国有林场改革】 2017年年底前,全市各地均将改革方案上报省国有林场改革领导小组审批。各地根据批复正式印发改革实施方案,并积极做好林场属性确定、人员编制核定、事企分开和社会保障等改革各项工作,全面完成主体改革任务。2018年,全省国有林场改革评估验收组到黑河市开展评估验收工作,查阅各县(市、区)改革内业材料,并选取3个县的6个林场进行实地检查和测评,黑河市直属及各县(市、区)国有林场改革工作在全省评估验收中的平均得分97分,被评为优秀档次。

(朱蕴超　王思佳)

【林业科技】 2018年,黑河市林业局推进生态站建设,五大连池城市森林站投入使用,实现监测数据实时传输存储。平山山地森林站完成基础建设和设备调试并已实现试运行。蓝靛果忍冬和黑穗醋栗2个林木良种通过省林木良种委员会审定,《欧洲荚蒾育苗技术规程》省级地方标准发布实施,《几种阔叶观赏树种引种的研究》等3个课题通过省林业专家鉴定,达到国际先进和国内领先水平,另有多项研究成果获市政府科技进步一、二等奖。积极与俄开展林业合作交流,当年组织互访2次,引进苗木2万多株,品种80个,采种15份。与中国林业科学院共同编撰《五大连池森林氧吧监测与森林康养研究》,将由中国林业出版社出版。

(朱蕴超　王思佳)

工　业

工业和信息化

【概况】　2018年，黑河市工业和信息化委员会坚持以习近平新时代中国特色社会主义经济思想为指导，认真贯彻落实习近平在深入推进东北振兴座谈会重要讲话和视察黑龙江重要指示精神，紧紧围绕市委六届三次全会及市委经济工作会议确定的主要任务，以坚持工业稳中求进为总基调，以大力推进供给侧结构性改革为主线，抢抓机遇落政策，合力攻坚解难题，务实担当优环境，承继了工业经济稳中向好的运行态势，为提升全市经济总量起到了有效的保障作用。2018年，全市规模以上工业实现增加值同比增长16%，高于全省13个百分点，增幅位列全省第1位，成为五年来发展速度最快、发展质量最好的年份。

2018年12月19日，根据《黑河市机构改革方案》，组建市工业信息科技局。将市工业和信息化委员会、市科学技术局除知识产权管理职责以外的职责，以及市人力资源和社会保障局的外国专家管理职责、相关部门承担的军民融合相关职责等整合，组建市工业信息科技局，加挂市外国专家局牌子。不再保留市工业和信息化委员会。

领导班子成员及副处级以上领导干部：

党委书记　主任　倪雪松

副　主　任　王利民(2018.8止)　刘兴洲　张　革

工　会　主　任　杨　杰

副　调　研　员　邱学红

（陈凤海）

【监测分析】　2018年，黑河市工业和信息化委员会抓监测，掌握运行态势。补充完善工业经济运行监测月报内容，充分利用省工信委工业经济监测平台，准确把握工业经济运行形势，增强运行调控的针对性和有效性。规上工业生产用电量118819万千瓦时，同比增长2%。地方铁路运输累计完成运量262.3万吨，同比增长37.3%。全市工业完成固定资产投资同比增长15.8%。　（陈凤海）

【企业培育】　2018年，黑河市工业和信息化委员会抓存量，提高经济总量，注重规下企业培育。加大年销售收入1000万~2000万元的成长型企业扶持力度，入规企业数量实现逐年增加，黑河龙江化工等4户企业申报规上材料已报送统计部门。开展停产半停产企业盘活工作，已盘活龙江化工、北安忠民粮油等停产半停产企业15户，黑河中兴饲料有限公司盘活工作正在推进中。　（陈凤海）

【项目建设】　2018年，黑河市工业和信息化委员会抓项目，厚植经济增量。北安象屿、洛克矿业、多宝山铜矿二期、翠宏山矿业等项目建成投产，极大地拉动了全市工业经济发展。　（陈凤海）

【扭亏增盈】　2018年，黑河市工业和信息化委员会抓扭亏，增强运行质量。开展专题帮扶亏损企业扭亏增盈工作，逐户分析企业亏损原因，及时帮助解决困难和问题。全市规上亏损企业22户，亏损面19.8%，同比减少6.3个百分点；亏损企业亏损额17943万元，同比减少5199万元。

（陈凤海）

【精准服务】　2018年，黑河市工业和信息化委员会抓要素，实施精准服务。以电力直接交易和解决企业倒贷难为重点，开展专项服务。为多宝山铜矿等企业争取电力直接交易电量4.55亿千万时。完成了关鸟河水泥、黑河热电厂等8户企业2019年电力直接交易的新准入工作。全市在省电力直接交易平台企业达到13户。　（陈凤海）

【向上争取】　2018年，黑河市工业和信息化委员会抓争取，释放政策效应。全年共向上争取资金达4780万元。其中，西岗子煤矿等11户企业新增规上奖励550万元、完达山等2户企业智能车间改造奖励资金共400万元、多宝山铜矿等3户企业节能改造节能奖励资金共300万元、北安象屿流动资金奖励贷款贴息500余万元、争取省工业投资基金项目定向增发红河谷汽车测试3030万元。（陈凤海）

【职工培训】　2018年，黑河市工业和信息化委员会抓培训，提高员工素质。先后举办企业家与企业文化建设、行为、思维模式和优秀企业的管理与运营模式等4次培训班，

共培训企业经营管理人员700余人次,将“龙江千名企业家培育计划”和“龙江企业家发展计划”落到实处。(陈凤海)

【试车产业】 2018年,黑河市工业和信息化委员会抓试车,培育新型经济。黑河市被中国汽车工业协会授予全国唯一的“中国汽车寒区试验基地”称号。中国黑河汽车寒区试验场项目有序推进中。(陈凤海)

【民生工作】 2018年,黑河市工业和信息化委员会抓民生,促进福利共享。抓煤炭保供。作为牵头部门,组织召开专题会议,全面布置煤炭保供工作,与县(市、区)签订保供责任书,多次深入到企业督导落实储煤工作。负责监测的4户热电联产企业储煤均达到省政府要求。抓创业创新。复制了小微企业科技创业园经验,分别在北安市、五大连池市和嫩江县推广创业园工作模式。4户创业基地新增入驻企业64户、就业人员1037人。其中,四类群体中大学生就业达400人。抓燃煤小锅炉淘汰工作。对2017年全市6户企业7台已淘汰的10蒸吨以下燃煤小锅炉进行专项检查,确保淘汰工作彻底不复燃。(陈凤海)

【安全监管】 2018年,黑河市工业和信息化委员会抓安全,保障生产秩序。按照市政府要求,在做好春运安全有序运行和应急管理工作的同时,认真组织开展地方铁路道口监护管理和民爆行业的监管工作,实现了生产安全运营。(陈凤海)

【县域经济】 2018年,黑河市工业和信息化委员会抓县域经济,促进特色发展。引导各县(市、区)利用资源优势抓产业、促招商、上项目,县域经济加快向差异化发展。黑河市抓县域经济的做法受到省工信委的表扬。(陈凤海)

电 力

【概况】 2018年,国网黑河供电公司总供电面积8.45万平方千米,担负着黑河市、齐齐哈尔市4县、26个国营农场、13个驻军农场、松花江林业管理局所属两个林业局的供电任务。本部设置12个职能部门,分别为:办公室、发展策划部、财务资产部、安全监察质量部(保卫部)、建设部、审计部、人力资源部、党群工作部(工会、团委)、监察部(纪委办公室)、电力调度控制中心、运营监测(控)中心、农电工作部。设置二级支撑机构8个,分别为:运维检修部、营销部、经济技术研究所、物资供应中心、综合服务中心、培训分中心、信息通信分公司、项目管理中心。直管供电企业3家,分别为:国网北安供电公司、五大连池供电公司、药泉供电公司。代管县供电企业9家,代管农垦(森工)供电局17家。2018年底,26家供电企业成为国网黑龙江省电力有限公司的全资子公司,并委托国网黑河供电公司管理。

领导班子成员:
总 经 理 党委副书记 王相君
党委书记 副总经理 莫 河
副总经理 孙立志
纪委书记 工会主席 李国立
副总经理 宋剑白 郑中南

(梁金韬)

【人力资源】 2018年,国网黑河供电公司职工人数1068人,同比减少71人;全员劳动生产率完成37万元/人·年(剔除利润),同比增长5.7%。落实十项通用制度,促进内部市场人员合理流动,有效缓解超缺员矛盾。深化全员绩效管理,建立卓越绩效与全员绩效考核联动机制。2018年新增专项绩效考核奖励,全年累计发放绩效奖金1130万元,最大同层级收入差距达到1.06倍。畅通员工职业发展通道,建立领导职务序列、职员职级序列、专家人才序列多元职业发展通道,聘任各级职员18人,各类专家和专业技术资格119人,通过职业技能鉴定101人;注重人才培养,充实青年骨干人才及班组长后备队伍,分层开展各级各类人员培训,全年组织培训班32个,培训人次达5613人次,培训率完成95.63%。(梁金韬)

【电网结构】 2018年,国网黑河供电公司辖区电网分为500千伏、220千伏、110千伏、35千伏、10千伏。其中,500千伏换流站1座,220千伏变电站9座,110千伏变电站30座。500千伏输电线路1条,长度286千米;220千伏输电线路16条,长度1182千米;110千伏输电线路51条,长度1502千米。主电源分为国网和俄网,联网的小火电厂5个、小水电厂10个。供电区通过500千伏兴黑线、220千伏海北线与绥化电网相联,通过220千伏拉嫩甲线、拉克线与齐齐哈尔电网相联,通过220千伏多加线、呼黑线与大兴安岭电网相联,通过220千伏布爱甲乙线、110千伏布黑线与俄罗斯电网相联。(梁金韬)

【电网建设】 2018年,国网黑河供电公司完成含九三在内的227座变电站、789条线路的设备参数、各时点负荷数据及其他社会经济、电源概况等相关数据收集整理。开展500千伏安北变电站220千伏送出等重点工程可研报告编制。完成2019年(国网)综合计划专项储备,合计储备项目373项。完成2019年(农网)综合计划专项储备,合计储备项目377项。推进了21项农网35千伏及以上电网工程项目前期工作,确保工程项目顺利列入2019年投资储备。完成了黑河500千伏换流站主变增容改造等7项工程建设用地、征林批件等工作。深入各县及时对接政府,主动服务,完成367个光伏扶贫电站接网可研编审并实现接网发电。全年新开工、续建电网工程共62项,累计投资2.66亿元，严格按计划完成500千伏换流站主变扩建、220千伏北安变增容等重点工程的竣工投产，有力保障了地方电力需求。（梁金韬）

【电网调度】 2018年，国网黑河供电公司深刻分析制约电网稳定运行的各类风险，精心编制年度运行方式，开展重要线路、重要区域的运行方式分析。圆满完成黑河换流站检修期间运行方式调整及有序用电，保证了500千伏黑河换流站检修期间黑河电网安全稳定运行。加强对代管县调的专业延伸管理，统一制定了地县电网运行方式和设备停电计划，规范代管县调调控操作、事故异常处理、月度停电计划等内部业务流程。适应县级调度集约化管理需要，研究制定代管县调管理提升方案。完成农网改造工程"地县一体化"自动化部分建设，确保调度自动化数据按时上传。（梁金韬）

【电力营销】 2018年，国网黑河供电公司全面落实省公司优化电力营商环境报装接电专项治理23条，顺利通过黑河市深化机关作风整顿优化营商环境调研督导组检查。严格执行业扩报装业务线上办理要求，坚决杜绝体外循环和"三指定"情况，进一步规范服务行为、缩短接电时间、降低接电费用。积极服务重点项目，主动向市委、市政府汇报公司电网发展、供电服务等方面工作情况，为各项工作开展创造有利条件。加强市场管控，有效制止逊克某企业的违法违规转供电行为，确保了辖区用电市场不被侵蚀。针对不同成因制定个性化的催缴措施，代管供电企业历史陈欠电费全部收回。按周下发台区线损计算结果，有序治理异常台区线损，对波动性指标做到提前管控，在黑龙江省"营销台区同期线损管理"对标中排名第一。成立营销稽查大队，进一步加大反窃电治理力度。稳步推进营配贯通，及时治理异常数据，营配贯通高压一致率100%，停电信息报送应用率100%。制定"互联网+业扩"等4个"互联网+营销"方案，便民服务有声有色。迅速落实"专项治理23条"，针对《黑河市关于在服务大厅及窗口岗位深入推进"四零"承诺服务创建工作实施方案》要求等逐条进行梳理，全面开展整治工作。实施"一证受理"，积极落实国网公司"先接入后改造"业扩报装工作要求，在5个国网直供营业厅设立用户智能体验区。注重服务人员技能提升，在省公司营销调考中获团体第一名。严格执行投诉业务月分析、通报、考核制度，常态化开展明察暗访，保持供电服务质量管理高压态势。（梁金韬）

【经营管理】 2018年，国网黑河供电公司先后承揽五大连池光伏发电工程、逊克诺宝电厂工程、北国明珠二期用电工程、国昌热力工程、逊克宝山电厂工程，累计合同金额达6053万元，极大缓解了公司经营压力。经过近5个月的努力，顺利完成承装（修、试）电力施工许可证届满续期工作，为公司发展提供了前提保障。完成损益性预算－41269万元，比预算指标－42405万元减亏1136万元；固定成本完成48751万元，与调整后指标持平。科学编制下达年度预算，及时修订部门成本费用内控方案，规范列支渠道，统筹安排生产经营各项资金支出。全年可控费用支出9461万元，同比增加777万元，增幅8.94%，全面完成省公司下达的可控费用限额指标，强化各项限额费用日常报销管理，业务招待费、公务用车、会议费、团体会费等费用同比下降17.28%。（梁金韬）

【科技项目】 2018年，国网黑河供电公司严格项目申报流程和实施过程管控，对2018年度科技项目实施全过程管控，提高项目实施质量，确保资金使用符合预算，加强项目实用成效，确保实施后项目成果使用效果。着力开展环保精益化管理。逐项推进工作落实，实现了"两个百分之百"。积极提升科技专业服务支撑水平。以建立职工创新工作室、参与各类创新活动等方式，提升公司整体科技服务水平。精心培育44项管理创新项目，9个优秀项目分获全省管理创新一、二等奖，项目质量为历史最优。（梁金韬）

【农电管理】 2018年，国网黑河供电公司加强工程施工过程管理，工程管理实行一周三报、物资到货周报制，并与各县电业局签订《国网黑河供电公司安全生产责任状》《中心村改造升级工程和机井通电工程责任状》，有力地推动工程施工进度。加强工程建设质量管理。严格按照工作要求，加强工程实施各项环节工作质量规范管控，把优质工程的建设要求贯穿到工程每个环节。加强工程现场安全管理。优化作业安排，强化作业方案编制，完备现场安全措施，严格各级人员到岗到位，加强现场安全监督管理。积极推进全能型和星级供电所建设。成立公司农电划转工作领导小组，班子成员对农电划转工作进行分片包保，一并解决了历史遗留的涉及国网农网的8万平方米土地确权问题，如期完成划转申报材料初审，注重同步推进专业管理延伸，工作成效得到省公司肯定。（梁金韬）

【党建工作】 2018年，国网黑河供电公司全面推进"旗帜领航·三年登高"对标管理年工作，扎实开展"党员身边无违章""双学双融"等主题活动，打造"党委工作室"亮点名片，高质量承办省公司深化党的建设工作推进会议。启动"黑河公司企业文化引领工程"，形成具有黑河公司特色的管理、安全、服务等七大文化建设模块，以企业文化强力驱动精益化管理高质量提升。聚焦"四风"新动向，成立督察组常态开展明察暗访35次，处理"虚隐顽"等22项问题，推动"两个责任"全面落实。持续开展健康体检、走访慰问、生产生活设施完善及各类文体活动，职工满意度不断提升。顺利召开五届六次职工代表大会。（梁金韬）

【企业荣誉】 2018年，国网黑河供电公司保持"全国文明单位"称号，先后获"全国'安康杯'竞赛优胜单位""省公司文明单位""省公司先进基层党组织""省公司电费收缴先进单位""省公司农电国有产权无偿划转工作突出贡献先进单位”“黑河市现代化创新成果先进单位”等称号,各部门、各单位在地市级及以上先优评选、专业竞赛、文体竞技中获奖共计59次。

(梁金韬)

煤　　炭

【概况】 黑河市煤炭生产安全管理局成立于2010年6月,行政级别为正处级。单位主要职能包括:依法对全市煤矿开发建设、生产安全、经营及综合利用实施全过程监督管理。负责全市煤矿安全生产监督检查和管理工作,监督检查全市煤矿企业贯彻执行安全生产法律法规、规章规程、标准和安全生产条件、设备设施安全及作业场所职业卫生等规定的情况;参与煤矿生产安全事故调查处理。黑河市煤炭生产安全管理局下设5个事业单位:黑河市煤矿安全监察执法支队、黑河市直煤矿驻矿安全监管大队、黑河市煤矿安全监控中心、黑河市煤矿瓦斯防治办公室、黑河市三级煤矿安全培训中心。2018年全市完成原煤生产量471万吨,缴纳税金4.6亿元。

2018年12月19日,根据《黑河市机构改革方案》,组建市应急管理局,加挂市煤炭生产安全管理局牌子。

领导班子成员及副处级以上领导干部:

党委书记　局长　郑友庆

工　会　主　任　李佳顺

总　工　程　师　郑善文

副　　局　　长　张金平

副　调　研　员　徐荣江

(刘海东)

【安全生产】 2018年,黑河市煤炭生产安全管理局制定了全年煤矿安全监管分阶段工作计划,进一步加强煤矿安全生产监管工作。认真开展煤矿安全执法检查工作,进一步加强驻矿监管、执法巡查及安全生产专项检查工作力度,完善和制定《现场检查方案》《安全监察执法支队管理制度》,针对不同煤矿企业的实际情况,细化监管重点和责任分工,严格执行驻矿监管人员现场监管制度,加大执法巡查频次,有针对性地开展专项检查行动。对每个开工煤矿实行24小时不间断监管。组织执法巡查人员924人次,深入煤矿进行执法巡查132天,下达责令整改指令书17份,查出隐患问题129条,整改126条,查处市直煤矿安全生产违法案件4起,约谈煤矿企业法人和负责人9次。组织实施煤矿全国“两会”期间安全检查、煤矿复产复工验收检查、重点整治和打击非法违法专项检查、煤矿综合整治专项检查、国庆节期间安全检查、职业病危害防治专项检查等专项检查行动6次,派出检查人员143人次,检查煤矿53矿次,发现问题287条,已整改285条。通过严格的监管措施,有效杜绝了使用假图纸、隐蔽工程、私挖乱掘等违法违规行为的发生。

(刘海东)

【隐患排查】 2018年,黑河市煤炭生产安全管理局加强煤矿隐患排查治理监督工作,督促各产煤县(市、区)及市直各煤矿企业建立完善煤矿安全隐患排查治理制度,建立隐患排查治理台账,实行隐患排查闭合管理。把瓦斯治理和水害防治作为监管工作的重点,认真贯彻落实《煤矿防治水规定》和《黑龙江省煤矿老空水防治工作规定》,定期对交换图进行审查,组织煤矿对矿井隐蔽致灾因素进行补充技术分析,在全市生产煤矿建立防尘供水系统,配备测尘仪并建立测尘制度。

(刘海东)

【化解煤炭产能】 2018年,黑河市煤炭生产安全管理局按照省委省政府的要求,在充分征求各产煤县(市、区)政府及市直相关部门的意见基础上,起草《黑河市煤炭行业淘汰落后产能化解过剩产能专项整治工作实施方案》,经市政府市长办公会审查通过上报省专项整治工作领导小组办公室审查。按照专项整治工作相关要求,引导相关煤矿企业有序退出产能。2018年8月,引导2处计划外关闭煤矿退出产能,退出产能30万吨。以专项整治工作为契机,在淘汰落后产能的同时积极发展优质产能,根据全市煤矿建设项目实际情况,积极推进煤矿项目建设工作,帮助符合条件的煤矿推进扩储提能前期手续办理工作,督促已开工的煤矿建设项目根据政策及时调整项目建设计划,加快项目建设进度,确保黑河市煤炭优质产能有序释放。2018年,全市煤矿建设项目开工4处,推进5处拟扩储提能煤矿项目前期手续工作。

(刘海东)

【复工复产验收】 2018年,黑河市煤炭生产安全管理局按照省煤管局《关于切实做好春节后煤矿复工复产验收工作的通知》和国家煤监局煤矿复工复产“八不准”要求,起草《黑河市2018年煤矿复工复产验收工作方案》,并严格按照方案要求组织实施全市煤矿复工复产验收工作。按照省政府安委会《关于印发黑龙江省煤矿安全生产综合整治工作方案的通知》要求,于2018年7月初,完成13处煤矿重新复产复工验收工作。

(刘海东)

【信访工作】 2018年,黑河市煤炭生产安全管理局按照“创建平安黑河、构建和谐社会”的总体要求,进一步健全信访工作机制,完善工作制度和工作措施,紧紧围绕煤矿安全监管中心工作,努力提高信访工作效率,及时化解各种矛盾,为群众排忧解难。2018年,受理了同工煤矿、富宏煤矿、东方煤矿欠薪信访案件,接访人员150多人,所有信访案件全部办结,及时帮助农民工解决煤矿企业拖欠工资等问题,群众反映良好。

(刘海东)

城乡建设·环境保护

城 乡 建 设

【概况】 2018年,黑河市城乡建设局机关公务员编制23个,工勤编制2个,在岗人员21人,其中,处级干部13人,科级干部7人;工勤人员1人。共设9个科室(党委办、办公室、计财科、人教科、建管科、村建科、招标办、行政执法监察科、住宅产业办),局直属基层企事业单位共9家,其中,包括国有企业1家(黑河市建筑勘察设计院),全额拨款事业单位7家(黑河市工程质量监督站、黑河市建筑安全监督管理站、黑河市建设信息中心、黑河市建设工程造价管理站、黑河市二次建筑装饰装修管理办公室、黑河市墙体材料改革领导小组办公室、黑河市散装水泥办公室),自收自支事业单位1家(黑河市工程质量检测中心站),职工总数97人。黑河市城乡建设局设党委,下辖黑河市房产局等2个党总支,黑河市规划局等11个支部,共有党员151人。

2018年12月19日,根据《黑河市机构改革方案》,将市城乡建设局更名为市住房和城乡建设局。市住房和城乡建设局加挂市人民防空办公室牌子。不再保留市城乡建设局加挂的市房产局牌子。

领导班子成员:
党委书记　局长　郑义俭
副　局　长　刘永强　王佳红
　　　　　　胡景涛　(2018.11止)
总 工 程 师　杜孟军

(王　瑜)

【优化营商环境】 2018年,黑河市城乡建设局对房地产领域信访问题依法履职专项巡察,切实担负起整改主体责任。通过一把手走流程、班子成员带班、制订整改问题台账、广泛征求意见建议等措施,全面推进政务服务事项标准化审批工作。制订《集中整治窗口服务突出问题专项工作实施方案》《窗口岗位深入推进"四零"承诺服务创建实施方案》《推进政务服务事项标准化建设实施方案》。全部政务服务事项(46项)全部集中到政务服务中心窗口统一受理,通过黑龙江省建筑市场监管公共服务平台(黑龙江省建筑一体化平台)办理,建设项目从报建到施工许可审批全流程,通过串联改并联审批环节从9个精简为5个;前置要件从62个,减少为36个;各类证明材料从5个减少为2个;行政审批用时从法定的49个工作日压缩至11个工作日(不含专业机构技术性服务时限)。承接省住建厅安全生产许可证委托下放事宜,防雷图纸审查整合纳入施工图审查环节。实行专人负责、跟踪问效、提前介入、容缺后补、指导代办、材料邮寄等措施,先后对市政工程、棚户区改造、桥头区建设、索道建设等政府重大项目、民生项目开辟绿色通道。

(王　瑜)

【建筑市场巡查】 2018年全市有在建项目149项,建筑面积297.05万平方米,总投资46.29亿元,其中,黑河市区在建项目27项,建筑面积64.34万平方米,投资10.13亿元(公建9项,建筑面积6.28万平方米,投资1.89亿元;住宅17项,建筑面积57.94万平方米,投资8.23亿元)。新建项目91项,建筑面积141.57万平方米,投资21.66亿元,其中,黑河市区新建项目15项,建筑面积27.93万平方米,投资4.52亿元(公建6项,建筑面积1.81万平方米,投资0.65亿元;住宅8项,建筑面积25.99万平方米,投资3.85亿元)。全面实行"两场联动"的管理模式,加强人员身份的管理,从企业资质管理、工程项目招投标、施工许可办理等环节加强对从业人员身份核查,通过项目开工前约谈各方主体主要负责人员、签订责任状、实行施工现场管理人员到岗履职罚分制等措施,有效地加强了市场主体的履职尽责能力;加强工程款拨付过程管理,推行工程项目施工过程结算,通过对工程款拨付过程、资金使用及材料设备采购租赁主体进行严格审查,有效地治理违法、违规情况的发生。针对监理市场和从业人员存在的问题,下发《关于加强建设监理市场管理有关要求的通知》,重点开展监理"到岗、履职、尽责"专项检查,组织开展监理从业人员上岗执业培训,对全市近300名监理从业人员进行培训,90%的人员通过执业资格考试,有效地提高监理从业人员的业务能力和水平。

(王　瑜)

【劳务市场整顿】 2018年,黑河市城乡建设局继2017年在全省建筑领域率先实行农民工管理实名制的基础上,2018年市区新建工程农民工管理实名制实现3个全覆盖:劳务用工实名制管理全覆盖、农民工工资专户设立全覆盖、农民工工资保障金缴纳全覆盖。2018 年 3 月，代表黑龙江省接受国家农民工工资支付工作检查组现场检查，全部在建的 11 个项目有 10 个接受检查，全部检查项目均为满分。在全省“治欠保支”电视电话动员会上，省委常委、副省长贾玉梅给予黑河市通报表扬。（王　瑜）

【诚信体系建设】 2018 年，黑河市城乡建设局按照省、市有关文件要求，全面开展全市建设领域诚信体系建设工作，成立专项领导小组，制定诚信体系建设实施方案，建立健全黑河市城乡建设领域“红黑名单”管理制度、守信联合激励和失信联合惩戒制度以及企业、从业人员信用档案等各项信用建设规章制度和工作流程。按照城乡建设工作职责，所有行政许可全部实行 7 天内“双公示”；加强信用纪录采集、查询及应用工作，公开企业信息和在建工程信息，指导黑河市建筑业协会积极开展企业信用评价工作；开展“改善建筑营商环境，推进诚信黑河建设”等诚信主题教育宣传活动。（王　瑜）

【绿色建筑推广】 2018 年，黑河市城乡建设局新建工程严格执行《国家建设标准强制性条文》和《民用建筑节能设计标准》的有关规定，全市新建公共建筑按照节能 50% 标准进行设计、施工，居住建筑按照节能 65% 标准进行设计、施工，施工图建筑节能审查率达到 100%；大力推广绿色建筑，政府投资的各类公共建筑、单体建筑面积超过 2 万平方米的大型社会投资公共建筑强制执行绿色建筑设计标准，截至 2018 年 11 月底，全部完成省下达的 15 万平方米推广绿色建筑的任务指标。（王　瑜）

【招标投标监管】 2018 年，黑河市城乡建设局加大宣传教育力度，增强招投标法治意识。始终把招投标的法治宣传工作摆在重要的位置来抓，充分利用广播、电视、报刊、网络等媒体和采取组织培训、座谈等多种形式加强宣传教育。严格依照法定程序做好开标、评标、定标工作，做到应招尽招，依法定标；进一步规范招投标行为，完善招投标运作体系。严格执行招投标法律法规和市委市政府的相关规定，坚持“统一进场、管办分离、规则主导、全程监督”的工作思路，凡是符合统一进场的项目，必须无条件的进场招标，接受监管，与监察、财政、审计等职能部门协调配合，严厉打击故意规避进场招标的行为。招投标监管部门与招标人坚持惩防并举，努力规范投标行为，注重对各投标文件相互比对，发现雷同一律予以否决。严查弄虚作假、串标围标、资质挂靠等违法违规行为，做到惩一儆百，从而有效地减少和杜绝违法违规招投标现象。加强投诉管理，2018 年受理投诉 4 项，健全投诉处理制度，缩短投诉处理时间，处理结果得到投诉人的认可，保证广大投标人的合法权益。2018 年，市区招投标共 69 项，其中，施工招标 53 项，中标额 6.64 亿元（公开招标 19 项，中标额 3.86 亿元，邀请招标 34 项，中标额 2.78 亿元）；监理邀请招标 8 项，中标额 332.03 万元；勘察设计招标 2 项，中标额 133.4 万元；设计招标 6 项，中标额 565.05 万元。（王　瑜）

【工程质量监管】 2018 年，黑河市城乡建设局推进质量标准化工作，通过现场观摩会互相交流经验，达到“比、学、赶、超”的效果，督促企业提高创建精品工程意识，进一步提升全市整体工程质量水平。全面落实“监理报告制度”，督促监理认真履行责任。采取“双随机、一公开”和“四不两直”的监管模式，开展日常监管和专项检查。认真执行“三项制度”，全面落实质量责任。围绕落实各方主体质量责任，强力推行质量终身责任承诺和竣工后设立永久性标牌制度。通过细化责任分工、建立联系台账、召开现场分析协调会等措施推进“陈欠工程”房证办理和验收备案工作。安排专人认真负责处理用户质量投诉，解决群众关注的难点问题。全市共接待质量投诉 18 起，已办结 18 起，投诉办结率 100%。其中，市区接待质量投诉 1 起，办结 1 起。（王　瑜）

【安全监管】 2018 年，黑河市城乡建设局以防范遏制重特大事故为重点，坚持问题导向，全面加强建筑施工安全专项整治，严格落实各项安全责任和措施，积极开展安全宣传、教育、培训，全市全年实施监督工程 106 项，有效组织安全检查 327 次，提出安全隐患问题 670 项，落实消除安全隐患问题 670 项，实施行政处罚 2 项，全市安全生产标准化工地创建率达到 100%，全年未发生较大以上安全生产事故，安全生产形势持续保持平稳。（王　瑜）

【建筑节能】 2018 年，黑河市城乡建设局以“禁实限粘”推动新型墙材发展为目标，坚持墙材革新和资源综合利用相结合，多措并举，积极推广节能利废、绿色环保、满足建筑功能的新型墙体材料。制发《黑河市墙改工作目标责任考核实施细则（2018 年本）》，对各县（市）墙改工作目标落实情况进行检查督导，对“禁实限粘”工作进行抽查，保障黑河市墙材革新工作的正常进行。积极做好新材产品标识应用工作。截至 2018 年 11 月末，新增新材产品标识登记备案企业 1 家，新增新材产品注册商标企业 1 家。全市共有新材生产企业 21 家，新材产品标识登记备案达到 100%，现场检查标识标注率符合文件规定要求。全市“禁实”工作已取得成效。通过开展“禁实”检查，黑河市本级、北安市、孙吴县、五大连池市、嫩江县、逊克县已全面实施“禁实”工作。截至 2018 年 11 月末，全市完成新材生产比 97.5%，完成新材应用比 98.64%；完成技改项目 1 项（逊克县蒸压加气混凝土砌块项目），完成省办下达的新材生产比 92%、新材应用比 95%、技术改造 1 项目标任务。其中，黑河市本级完成新材生产比 93.12%；完成新材应用比 95%，完成省办下达的新材生产比 92%、新材应用比 93%的目标任务。（王　瑜）

【村镇建设】 2018 年，黑河市城乡建设局针对全市危房改造的实际情况，多措并举，攻坚克难，全力以赴做好住房安全保障工作。当年完成全市改造任务2224户，分别为北安市1858户、嫩江县141户、逊克县94户、孙吴县57户、五大连池市47户、爱辉区27户。强化监管，保证质量。建立三级负责联动机制，完善危房改造质量管理责任追究、监理和告知制度，全面实施市级督查、抽查，县级全覆盖式检查，严格按照省住建厅规范性文件要求施工，“即不降低标准，也不吊高胃口”，做到应修尽修，应改尽改。针对省脱贫攻坚第六督查暗访组反馈的问题，到城郊乡曙光村魏某家，现场查看房屋状况和实际改造情况，基本符合鉴定C级标准，已修缮完工。开展农村人居环境整治三年行动——“三清理”专项行动。制定《黑河市今冬明春农村人居环境整治“三清理”专项行动方案》，于11月2日召开黑河市农村精神文明建设暨农村人居环境整治“三清理一绿化”专项行动推进会议。全市共召开专题会议4次，发放宣传资料6300余份，悬挂横幅220条，制作宣传板170块，张贴宣传标语220余张。各县(市、区)共出动保洁车辆170余次，清除卫生死角260余处，清理沟渠17千米，柴草垛205处，清运垃圾172吨，拆除无人居住危房409处，基本解决公路沿线主要村庄脏、乱、差的现状。按照省住建厅D级危房改造新建时需配建室内厕所的要求，将农村厕所改造与危房改造相结合，同步推进。全市完成新建配建室内厕所355座，其中，逊克县155座、北安市119座、嫩江县100座、五大连池市73座、风景区8座。全市现有8个全国重点镇、2个国家级特色小镇、3个中国少数民族特色村寨、1个中国传统村落和2个省级特色小镇培育对象，瑷珲镇正在全力申报国家级特色小镇。五大连池镇正在建设火山博物馆、生态矿泉产业示范基地项目。瑷珲镇污水处理站项目管网设计已经完成，进行招标前期准备工作。 (王　瑜)

【依法行政】 2018年，黑河市城乡建设局开展行政职权事项梳理工作。按照市政府改革要求，已将行政处罚事项全部移交市城市管理综合执法局，7项行政审批纳入政务服务平台办理，实现网上审批。进一步严明落实权力进清单的纪律要求，编制履职流程图，对行政不作为、乱作为，造成不良后果的，严格按照有关规定追究行政责任。深入推进“法治建设年”工作。深入推进“双随机、一公开”工作，健全完善“双随机、一公开”工作制度，将其纳入重要工作日程，确定完善随机抽查事项清单和市场主体名录库以及行政执法人员名录库，明确抽查内容和抽查方式，进一步规范市场执法行为，建立随机抽取检查对象，随机选派执法检查人员的双随机抽查机制。 (王　瑜)

【优化散装水泥发展环境】 2018年，黑河市城乡建设局围绕着水泥产业结构调整目标，全面构建散装水泥市场网络建设，从使用环节入手，优化散装水泥销售布局，散装水泥供应量保持平稳发展态势。2018年1—10月份，全市散装水泥供应量42.33万吨，比上年增加6.24万吨，实现水泥散装率47%，散装水泥使用率36.52%，累计完成预拌混凝土供应量26.69万立方米，保持良好发展势头。 (王　瑜)

【规范装饰装修市场秩序】 2018年，黑河市城乡建设局加强建筑装饰装修企业行为的管理，把整顿装饰市场秩序与加强企业管理结合起来。加大对在建装饰装修改造工程的巡查力度。建设单位在开工前，必须申请领取开工告知，未依法取得开工告知的，不得开工。当年共受理建筑装修改建工程报建25起，其中，手续材料齐全的17起，给予出具开工报告手续，其余8起工程报建手续正在办理中。对待群众投诉问题，采取落实责任人、跟踪问效、限时办结等措施，全年共受理群众投诉案件(含市长热线转接投诉案件)15件，办结15件。 (王　瑜)

【工程造价管理】 2018年，黑河市城乡建设局把“服务型”作为工作的主线，着力提高服务水平，以服务促管理，有效推动各项工作的开展。共完成施工合同备案41项，劳务合同备案24项。当年全市招标控制价备案工程共计4项(不含使用黑河市财政资金的项目)。及时做好建筑工程结算备案工作。在备案工作中，做到资料齐全的当日办结，资料不齐全的，做到一次性告之，使此项工作能顺利完成。当年备案28项。共接待工程造价业务咨询12人次，协调工程造价纠纷12起，文字复函5份。编制《黑河市2018年建筑安装等工程结算指导意见》和《2018年黑河市建筑材料市场信息价格》，为建设工程招投标、为发承包双方办理工程预结算提供依据。 (王　瑜)

【党建工作】 2018年，黑河市城乡建设局党委坚持从严治党，全面提高党委执政能力。抓好全面提升，统筹推进各基层党建工作。围绕强化监督，切实加强党风廉政建设。深化机关作风整顿优化营商环境工作，以苦练内功、增强本领、优化环境、服务发展为重要内容，推动再造工作流程、提升干部素质能力。局党委坚决不回避矛盾、不遮掩问题，主动诚恳接受巡察组反馈意见，严肃认真对待房地产领域信访问题依法履职专项巡察，切实担负起整改主体责任。

(王　瑜)

房产管理

【概况】 2018年，黑河市房产管理局事业编制48个；处级职数：局长1职，副局长2职，房屋征收办公室主任1职，副调研员2职；科级职数：正科级9人，副科级7人，主任科员2人，副主任科员3人。内设机构8个，分别是：房屋征收办公室、办公室、财务科、法规科、行业培训科、房屋管理科、产权产籍科、网络信息科。直属机构5个，分别是：物业管理站、房屋租赁管理所、房屋测绘所、住房保障工作办公室、物业维修资金管理中心。

2018年12月19日，根据《黑河市机构改革方案》，将市城乡建设局更名为市住房和城乡建设局。不再保留市城乡建设局加挂的市房产局牌子。

领导班子成员及副处级以上领导干部:
局　　长　井振库
副 局 长　赵千里　阮剑桥
房屋征收办公室主任　徐景艳
副调研员　赵新平　蔡维砚

(钟福宽)

【市城区历史遗留项目不动产权证办理】　2018年,黑河市房产管理局贯彻省委办公厅、省政府办公厅《关于进一步做好回迁安置和不动产权证办理工作的意见》精神,在市政府加快办理不动产权证领导小组的领导下,本着尊重历史、实事求是、统筹协调、部门联动的原则,按照先易后难、急事急办、特事特办的方式,研究解决办法,全力破解办证难题。共计88个历史遗留未办证项目,均已研究推进,其中,53个项目、涉及居民1.5万余户已具备办证条件,正在不动产登记中心办理登记;35个项目、涉及居民9100余户正在相关部门完善办证手续。召开专门会议,研究解决不动产权证办理问题。2018年,共有23个项目在不动产登记中心办理登记,涉及居民6226户、62.46万平方米,超额完成计划任务。力争在2019年底前基本解决市城区历史遗留办证问题。对疑难问题,领导小组本着民生为主、担当免责的原则,采取办证与相关验收分离的措施,先行为百姓办证;同时,请市纪委监委把关,对相关事项备书。

(钟福宽)

【信访专项整治工作】　2018年,省交办给黑河市的问题63件,其中,涉法涉诉9件、无理访7件。市和各县(市、区)专项整治领导小组及相关责任单位,认真贯彻落实全省房地产领域信访问题专项整治和监督检查工作会议精神,按照全省专项整治工作方案要求,采取切实有效措施全力推进,取得阶段性成果。已办结63件,办结率100%。按照全省专项整治工作领导小组要求,全市诉求合理和部分有理访化解率已达标。为了尽快解决省交办的黑河市房地产领域信访问题,加大疑难案件推进力度,制定明确的工作方案和解决时间表、路线图,并积极争取信访群众的理解和支持。做好考核验收准备工作。按照全省专项整治工作组办公室要求,按照检查验收标准,提前做好自检自查,确保办理的案件真实有效,实现"案结事了人和"。(钟福宽)

【保障性安居工程建设】　2018年4月,黑河市房产管理局与省政府签订的《目标责任状》中棚户区改造任务调整为:全市改造棚户区5980户,39.05万平方米。2018年,全市完成改造棚户区3718户,27.33万平方米,为计划的62.17%。其中,黑河市、北安市、嫩江县、孙吴县、五大连池市均按计划或超计划完成棚户区改造任务;逊克县完成改造棚户区543户,2.79万平方米,为计划的17.81%,未完成部分,结转到2019年度棚户区改造任务。嫩江县计划购买公租房500套,3万平方米,预计2019年9月交付使用。黑河市城区现有申请公租房轮候家庭223户,所需资金的请示已呈报市政府。全市计划发放住房租赁补贴23340户、发放住房租赁补贴资金8421.03万元。2018年初,黑河市房产管理局组织召开市城区住房保障工作会议,完善住房租赁补贴申报审核流程、调整补贴标准。在15个社区发布住房租赁补贴的申报通知,经认真审核,将合格名单在社区进行公示,共发放3189户、1148.04万元,做到应补尽补。

(钟福宽)

【房地产市场监管】　2018年,黑河市房产管理局共审核发放商品房预售许可证6件,预售套数1163套,预售面积15.89万平方米。审核发放房地产开发企业资质证书47个(含新办、转正、变更、延期)。结合黑河市城区住宅建设的实际,充分考虑商品住宅库存情况,草拟《黑河市城区房地产发展规划(2018—2020)》;为加强房地产市场监督,草拟《黑河市城区房地产开发建设审批管理实施意见》《黑河市房地产开发业务办理流程》;对黑河市城区房地产开发市场情况开展调研。根据省住建厅《关于印发〈全省开展打击侵害群众利益违法违规行为房地产市场乱象专项行动工作方案〉的通知》要求,对市城区19个房地产开发企业和5家建设单位进行执法检查。对个别房地产开发企业明码标价板块缺失的责令整改;对12家违规代收住宅专项维修基金的房地产开发企业和建设单位,下发《追缴通知单》,并与市公安局、爱辉区人民法院协调,研究解决的办法。(钟福宽)

【城区物业管理】　2018年,黑河市房产管理局转发《黑河市市容和环境卫生管理条例》(以下简称《条例》),召开市城区各物业企业参加的会议,发放《条例》,对相关内容一一做了解答,对物业服务环境卫生整治起到积极作用。并对物业服务范围内的小区进行全面检查、划清相关责任边界、对发现的问题进行现场指导,将《条例》落到实处。2018年,黑河市房产管理局按照市政府环境卫生综合整治常态化的指示精神,加强对市城区物业企业的监管,针对"春节"和"两会"期间安全生产、住宅楼房安全隐患排查清理、"爱国卫生月"活动、消防工作迎检等工作,多次召开物业工作会议和下发工作通知,对物业企业全面部署具体要求。用以会代训的形式对物业企业就服务相关知识进行培训,开展"张灯结彩过大年"、春季环境卫生整治、安全生产暨消防知识观摩会等活动,树立物业企业服务意识,提高物业企业服务水平。黑河市房产管理局组织进行5次全面检查,将西部棚改小区和老旧敞开式物业小区列入重点监管范围,全方位进行监管,不定期进行抽查,发现问题及时整改,确保物业服务小区服务情况良好。市人大将《黑河市物业管理条例》列入2018年立法调研项目,先后组织多层次、多角度立法座谈和调研,对立法的必要性、目前存在的问题、解决问题的有效办法进行全面深入的研讨。积极学习先进经验,交流研讨物业管理方法,破解物业管理难题,为《黑河市物业管理条例》的出台迈出坚实的一步。

(钟福宽)

【旧楼改造及公共安全治理】 2018年,黑河市政府办公室印发《2018年市城区老旧住宅楼房维修改造实施方案》,维修项目包括:屋面平改坡、外墙维修、地沟内供暖自来水管线更新、排水系统维修、楼梯间更换门窗及粉刷等。共维修改造老旧住宅楼房103栋,为计划的114.44%。为解决住宅楼房公共安全隐患问题,黑河市房产管理局组织召开由街道、社区、物业企业负责人参加的住宅楼房安全隐患排查清理动员会,发动相关单位(以社区网格长为主)联合组织排查,包括春季高空悬冰、张裂外墙皮、倾斜女儿墙等高空安全隐患。同时,向广大群众宣传普及安全隐患的危害和法律责任,发动群众开展安全隐患自查工作,提高广大群众安全防范意识。2018年共清理安全隐患293处,确保了广大群众生命财产安全。2018年收取3322户房屋维修资金1771.87万元,支付1941户房屋维修资金191.68万元,严格按照使用流程办理,做到公开透明、合理使用,维护好业主的权益;针对群众反映开发商代收住宅专项维修资金的问题,通过专项检查、送达《追缴通知单》,已对4家房地产开发企业和建设单位追缴住宅专项维修资金288.80万元。

(钟福宽)

【房屋征收拆迁】 2018年,黑河市房产管理局推进黑河口岸浮箱固冰通道道路连接线工程中央街至长发路地段房屋征收项目,已对未签订协议的3户被征收人经爱辉区法院裁定市政府责城市执法局牵头实施强制拆迁。启动龙科街道路延伸及附属市政设施工程和黑河冰球馆项目前期征收程序。配合市城管执法局推进第四中学北侧道路拆迁项目,已对未签订协议的9户被拆迁人经爱辉区法院裁定实施强制拆除。推进黑河学院二期建设用地D区106户房屋征收工作,为选择产权调换的被征收人办理入户手续;对未达成协议的已送达《房屋征收补偿决定》,继续开展政策宣传和协商工作,对最终12户未达成协议的,依法履行征收程序。推动并基本完成黑河学院二期建设用地E区一砖厂住宅楼房屋征收项目收尾工作,在市房产局多次协调和相关部门的支持配合下,推进解决回迁中的具体问题,集中时间为选择回迁安置的被征收人办理了入户手续。

(钟福宽)

城乡规划

【概况】 2018年,黑河市城乡规划局行政编制12个,工勤编制1个;处级领导职数:局长1职,副局长2职;科级职数:科长4职,副科长2职。内设机构4个,分别为综合科、规划审批科(行政审批科)、测绘地理信息局、规划监察科。

2018年12月19日,根据《黑河市机构改革方案》,组建市自然资源局。将市国土资源局、市城乡规划局的职责,以及市发展和改革委员会的组织编制主体功能区规划职责,市水务局、市林业局的资源调查和确权登记管理职责等整合,组建市自然资源局。不再保留市国土资源局、市城乡规划局。

领导班子成员及副处级以上领导干部:

局　长　于　泳

调研员　崔战友

副局长　王建辉　梁秀萍

(刘建栋　王媛媛)

【规划编制】 2018年,黑河市城乡规划局根据市委、市政府确定的重点工作任务和《黑河市2018年政府工作报告》《黑河市2018年民生工作报告》,积极推进重点工作任务落实。科学调整城市总体规划,谋划市区中央步行街提升改造、滨江景观大道区域规划设计工作。推进黑龙江大桥桥头区、跨江空中索道区市政基础及配套设施规划工作。启动石材、农机市场规划,优化城市空间布局。做好建设龙科街延伸段、浮箱固冰通道连接段、土产路、逸夫中学北侧"断头路"、大黑河岛环路的规划工作。规划设计二道豁洛水景公园、老通江街文化长廊公园、西部休闲公园、民国特色仿古街公园,拓展城市公共游园空间。开展城市规划体验馆的布展更新工作。

(刘建栋　王媛媛)

【规划许可】 2018年,黑河市城乡规划局召开城乡规划委会议1次,审查城市规划编制、建设项目选址及设计方案总计33项。依据城乡规划和行政许可法法律、法规,核发规划选址意见20项,核发建设用地规划许可15项,总用地面积66.03万平方米;核发建设工程规划许可35项,总建筑面积41.41万平方米,城市道路1419延长米,市政管线1600延长米,检查井42座。

(刘建栋　王媛媛)

【规划监督】 2018年,黑河市城乡规划局全力确保工程建设按规划实施,进一步完善规划监察长效机制,建立"监察全覆盖、监管分担区、主动监察与现场核验相结合、日巡查与周例会相结合、严格责任追究"等监管机制,与24个监管单位签订规划监察承诺书;按照"两随机一公开"的要求,建立行政执法检查人员名录库、规划监察执法建设项目目录库和开发企业名录库,对市区在建52个项目开展规划监察。对开工建设项目实施规划验线16个,完成24个建设项目规划实地验收核实,依法出具规划认定意见2份。认真贯彻落实省委、省政府关于做好房地产市场信访工作的要求部署,积极配合专项整治小组办理房屋产权证工作,加大处罚力度,加快推进落实。对于需要通过司法程序推进办理的项目,已向人民法院申请强制执行。完成规划办理历史遗留项目11项。

(刘建栋　王媛媛)

【测绘管理】 2018年,黑河市城乡规划局完成辖区测绘资质单位和年度测绘成果汇交及年报统计工作;进行全市测绘资质单位测绘成果质量监督检查工作,配合省测绘地理信息局进行综合执法工作;完成市区2000大地坐标系转换工作;为黑河市争取到2018年度边远地区、少数民族地区基础测绘专项补助经费项目:黑河市1:1000比例尺地形图生产,申请补助经费65万元。 (刘建栋 王媛媛)

【城建档案工作】 2018年,黑河市城乡规划局加强城建档案管理,签订竣工档案责任书6份,完成竣工档案验收11项,装订档案779卷(册),核发竣工档案合格证7个,对社会提供查档利用318卷(册)。 (刘建栋 王媛媛)

【机关建设】 2018年,黑河市城乡规划局发挥党组管党治党的主体责任,进一步加强基层党组织建设;开展整顿机关作风优化营商环境工作,取得较好成效;办理好年度人大代表建议和政协委员提案,接待调处好人民群众信访事项,及时排查化解矛盾,积极维护社会稳定,特别是做好重要敏感时期信访稳定工作;积极推行政府权力清单、责任清单制度,深化完善流程再造,向社会公开;规划进驻政务服务中心窗口运行,"两集中、两到位"改革到位,开展"互联网+政务服务"工作,规划监察执法积极推行"两随机、一公开"工作机制;加强法制建设,认真宣传贯彻城乡规划及相关法律、法规;认真贯彻落实市委、市政府关于做好房地产市场信访工作的要求部署,积极开展房地产领域信访问题专项整治工作。组织城市规划体验馆对外接待6000余人次,展示城市规划建设成果。 (刘建栋 王媛媛)

城市管理行政执法

【概况】 2018年,黑河市城市管理综合执法局是负责履行市政公用设施运行管理、环境卫生管理、城市园林绿化管理、城市公共空间秩序管理、市政公用行业应急管理职能,行使住建领域全部行政处罚权和市场监管、环境保护、交通管理、水务管理方面部分行政处罚权的政府组成部门。

黑河市城市管理综合执法局内设科室14个,具体为办公室、执法监察科、政策法规科、市容环境科、建设项目管理科、市政设施管理科、公用事业管理科、园林管理科、行政审批科、信访科、考评办公室、计划财务科、人事教育科、党委办公室。行政编制28名。领导职数:局长1职,副局长4职,科长14职。局属参公事业编制执法大队13个,事业编制165名。全额事业单位6个(黑河市市政建设管理处、黑河市园林管理处、黑河市环境卫生管理处、黑河市排水事业管理处、黑河市城市园林绿化科研所、黑河市数字化城市管理监控中心),事业编制222名。国有企业4个(黑河市热电有限责任公司、黑河市自来水有限责任公司、黑河市洁城生活垃圾处理厂、黑河市净城医疗废物处理厂),代管全民所有制企业1个(黑河市恒顺消防服务保障中心)。行业监管企业2个(黑河龙江环保治水有限公司、黑河市中燃燃气公司)。

领导班子成员及副处级以上领导干部:
党委党组书记 刘 洋
局 长 朱智勇
副 局 长 唐永竹 李 伟 刘忠国
吴立臣(2018.8任)
调 研 员 李成斋
副 调 研 员 张青海 王 锐 李铁民

(孟 亮)

【项目建设】 2018年,黑河市城市管理综合执法局以补齐城市设施"短板"为重点,加快推进市区道路、广场、照明设施、污水管线、燃气线路的新建改造项目。道路建设方面,完成大黑河岛跨江索道区道路工程、龙科街延伸段及附属市政设施建设工程前期准备工作。浮箱固冰通道工程中给排水和道路建设项目,官渡路、兴华街、兴隆街等3条道路沥青铺装及部分巷道口改造项目均完成工程招标。第四中学北侧"断头路"项目土地征转、房屋拆迁工作有序跟进,项目地块内剩余房屋拆除率达到67%。环城西路人行步道铺装工程正加紧进行设计图审。广场建设方面,完成大黑河岛岛头广场及附属设施建设项目立项及招标前期工作。大黑河岛中心广场建设工程如期竣工并交付使用。沿江公园改造工程除2处下江踏步因气候因素结转2019年施工外,其他分项工程全部完工。照明设施建设方面,完成通江路、铁路街等4条街路老旧路灯粉刷和广兴路、兴林街路灯更换项目招标及合同签订工作。污水管线建设方面,启动魁星路污水管线建设施工,敷设管线430余米。燃气线路敷设方面,完成中压管网和燃气进户线建设工作。

(孟 亮)

【市政公用】 2018年,黑河市城市管理综合执法局立足于保民生、促发展,全力推动市政公用行业健康发展。供水方面,解决安全供水"最后一公里"问题,完成市区28栋楼体老旧地沟管线改造,受益群众1300余户。管网漏损控制进一步加强,排查修复管网漏点362处,漏损率降低8%。加快水表出户和智能化改造进程,安装更换智能水表6400余块。完成省环保督查问题整改,水源地新增界标、警示牌等标识76处,建成小区远传流量监测点37个。有效应对水质异味突发事件,完成取水头投加活性炭设备建设。加强消防供水保障,检修市区29处消防水鹤,安装智能控制设备,提高火灾应急处置能力。排水方面,引进上海KGE高压喷头设备,疏通市区排水管网104千米。加大市区污水泵站检修和市区排水设施巡查力度,更换雨水篦子、排水井盖等设施200余处,抢修雨水口和检查井43座。成功应对"6·16"强降雨恶劣天气,及时启动防洪强排，减轻市区内涝损失。污水处理方面，采购安装总磷总氮在线监控设备，严格按照操作规范和要求实施污水达标处理，全年处理污水880万吨。供热方面，定期开展“冬检”“春检”和特种设备专项安全大检查工作，处理采暖期用户漏水事件478户，处置地沟漏点107处，抢修Ⅰ级、Ⅱ级管网进户线及支线泄漏40处。市区完成老旧供热管线改造9.6千米，启动余热回收建设项目，增加供热能力5兆瓦。2018年冬季开栓供热以来，市区1058万平方米房屋供热运行稳定。道路桥梁照明养护方面，累计扶正路缘石5000余延长米，修复黑白色路面、砂石路面5500余平方米，人行步道1.8万平方米，沥青灌缝13万延长米等，人行道降坡600平方米，裸露地面治理446平方米。对九曲桥、大岛桥完成粉刷和限高、限重标牌设置，道路桥梁设施完好率保持在96%以上。及时修复各类照明故障1.4万余处，更换各类照明老旧灯具1.8万个，电缆3120延长米。消除“6·22”冰雹灾害导致照明设施安全隐患316处。市区路灯亮灯率始终保持在98%以上，重要路段达到100%，设施完好率达到95%以上。燃气方面，开展安全生产运营检查4次，入户安检500余户，入户管网建设覆盖53个小区、2万余住户。并对7户商服工程完成施工送气。（孟　亮）

【环境整治】　2018年，黑河市城市管理综合执法局以巩固国家卫生城复审成果，力保通过国家园林城复审验收、争创全国文明城为目标，深入推进城乡环境综合整治。秩序管控方面，实施整治行动108次，出动执法人员1800余人次，查处、取缔各类违反城市管理法规行为1.1万起，暂扣经营器具200余件（套）。拆除违法建筑172个、约2900平方米，市区违建存量消除20%。严格建筑残土车辆管理，拉网式排查市区建筑工地，查扣建筑物料遗撒车辆110台次。环卫保洁方面，探索市、区两级卫生责任主体一体化保洁管理模式，逐步接管了原爱辉区政府负责的居民区卫生保洁工作。对138个小区、149条巷道实行精细化保洁，累计出动保洁员2700余人次，车辆1600余车次，清运各类垃圾7.9万吨。继续推行市区街路等级管理，实行夏季“早5晚9”、冬季“早6晚8”全时段保洁，全面推行“20分钟”散落垃圾清除制，完善层级责任追究和奖惩制度。启动“春风”“夏净”“秋扫”“冬清”环卫保洁“四季”行动，通过机械设备与人工保洁相结合的方式，反复清刷垃圾压缩站、公共候车厅和市区54条主次干道24次。对15座水冲公厕、19座移动环保公厕、23座垃圾压缩站等全部完成检修。坚持“以雪为令、雪停即清”的原则，全力实施冬季清雪保畅工作，累计出动清雪设备266台次，外运冰雪2.1万立方米等。垃圾处置方面，累计处置生活垃圾8.48万吨，建成垃圾填埋场防护网1830米，垃圾渗滤液反应池3000立方米，处置垃圾渗滤液1.6万吨，达标排放1.2万吨。严格市区74家医疗机构医疗废物收集处置程序，累计处置医疗废物386吨，垃圾无害化处理率达到100%。启动全市餐厨垃圾收集工作，累计收集处置餐厨垃圾957吨。生活垃圾处理厂按省环保督察组要求完成环保验收，3处存量垃圾治理方案也经省环保督察组审核。（孟　亮）

【园林绿化】　2018年，黑河市城市管理综合执法局绿化提质增品项目圆满收官，大黑河岛绿化恢复工程全部完工，绿化面积8.9万平方米，栽种乔木2132株、灌木1.9万丛，硬化铺装1.2万平方米。在水一方广场种植花卉1.1万平方米。体育公园建成并投入使用，新增运动、商服、水景等区域8500平方米。绿化养护精心到位，累计浇灌解冻水780吨，树木施肥4785千克。绿化苗木病防做到全覆盖，喷洒药物达623千克。市区树木涂白2次，消耗生石灰1.8万千克。深入实施五色草立体绿化、“鲜花上街”工程，主要街路设置大型花架、立体花柱等20个，摆放木质花箱280组，安装垂吊牵牛11.8万株、四季海棠240盆，种植汉麻1000余平方米。园区设施维护全面细致，累计维修广场地面、甬道路面1200余平方米，绿篱栅栏8900米，改造升级公园座椅115把，增加仿生态座椅6套，市区各广场增加健身设施40余处。科研成果积极推广应用，在深入调研基础上引进了中华樱花、垦绥垂柳、光辉海棠、西南丁香等乔灌木13种，蓝亚麻、黄花鸠尾等花卉7种，有效改善黑河市绿化形式单一、植物配置不丰富、色彩搭配贫乏的现状。绿化科普深入开展，与市区小学结成“绿色课堂”护绿教育基地，相继开展“玻璃瓶里的植物秘密”“显微镜下的五彩世界”等科普知识进课堂活动5次，实现“爱绿护绿从娃娃抓起”的绿化宣教目的。（孟　亮）

【惠民服务】　2018年，黑河市城市管理综合执法局聚焦优化营商环境，从规范队伍建设、推进城市立法、发挥政策引导、优化“窗口”服务、拓宽民意反映途径、完善服务设施六个层面聚力创新，努力提升服务能力和水平。深入推行城市管理“721”工作法，开展城管系统法治建设年暨“强基础、转作风、树形象”活动，培训执法人员234人，出台制度规范4个，全面落实行政执法责任制。加大城市立法和宣传力度，起草《城市供热管理办法（草案）》，加大对《黑河市市容和环境卫生管理条例》的宣传力度，印发各类宣传品6000余份。签订《五包六保责任书》1500余份，拓展社会参与城市管理覆盖面。践行“诚信黑河”建设工作要求，颁布实行城管信用体系建设方案、“红黑榜”制度、联合惩戒制度等。着力提升“窗口”服务效能，全面落实“四零”服务承诺践诺，简化办事程序2项、减少申报材料13件、办理时限压缩70%，从根本上解决办事“多次跑”“往返跑”问题。扎实开展“一把手”走流程活动，提出优化服务流程举措2项。全年累计接待申请群众1200余人次，办结行政审批事项681件。完善城管“12319”热线功能，实现365天24小时不间断服务。全年受理、办结群众热线举报案件分别为2551件、2505件，办结率达98.2%。实地接待群众来访2000余人次，受理信访案件1500余件，办结率、满意率分别为99.5%、100%。受理人大代表和政协委员意见建议55件，满意率100%。健全完善便民服务设施，增加便民公共自行车站点1处,增配锁车器站点10处、90个锁车桩,还采用了无线通信物联网系统,配备便民公共自行车维修、调度车辆6台,提高了车辆调派能力。早市场完善便民服务台功能,配置了公平秤、临时休息座椅、应急药物等,切实营造优越舒适的购物环境。　（孟　亮）

【党建工作】 2018年,黑河市城市管理综合执法局按照市委六届51次常委会议精神,市城管执法局撤销党委,成立党组。下设二级党委1个、党总支5个、党支部20个,党员总数520名。2018年,聚焦"创边疆特色党建,促黑河全面振兴"主题,结合城管实践提出"破难题、补短板、重创新、增活力"的党建工作思路,通过实施党建"五化"举措,纵深推进城管党建工作。推进"两学一做"学习教育常态化制度化。深化作风整顿持久化,扭住优化营商环境的关键点,从发挥管理职能、规范执法行为、提升服务水平上入手,多管齐下、综合施策,深化作风整顿。对梳理出的7个问题全部整改到位,并制定长效规范措施。创新载体多元化,结合廉政建设、爱国教育、弘扬中华传统美德等,创新党建活动载体,相继开展"5·10"思廉日警示教育、慰问困难党员群众、"重走抗联路"纪念建党97周年主题党日、庆"七一"大合唱及"环卫工人节"专场慰问演出等活动,激发广大干部职工的工作热情,集聚工作合力。注重打造品牌示范化,局机关全力推进省级文明单位标兵创建工作,系统内精心打造了环卫处"创边疆特色党支部"、园林处"学习型党支部",结合召开党建工作会议,组织参会部门集中参观学习,使城管系统先优集体真正成为引领方向的鲜明旗帜。党建宣传规范化,紧跟新媒体时代步伐,巩固党建宣传"主阵地",积极抢占舆论"制高点",开辟"黑河城管"微信公众号,完善城管网站建设。　（孟　亮）

环 境 保 护

【概况】 2018年,黑河市环境保护局机关编制13个,其中,公务员编制12个,工勤编制1个。内设5个科室:办公室、计划监督管理科、宣教法规科、自然保护科、生态建设办公室。下设4个事业单位:参公管理单位环境监察支队(人员编制13个)、全额事业单位环境监测中心站(人员编制23个)、应急与信息中心(人员编制3个)、辐射与危险废物管理中心(人员编制2个)。

2018年12月19日,根据《黑河市机构改革方案》,组建市生态环境局。将市环境保护局的职责,以及市发展和改革委员会的应对气候变化和减排职责,市水务局的编制水功能区划、排污口设置管理、流域水环境保护职责,市国土资源局的监督防止地下水污染职责,市农业委员会的监督指导农业面源污染治理职责等整合,组建市生态环境局。不再保留市环境保护局。

领导班子成员及副处级以上领导干部:

局　　长　魏学敏
调 研 员　范炯光
副 局 长　陈广华　王德武　王高峰
副调研员　万　莉

（黄　晋）

【中央环保督察整改】 2018年,黑河市环境保护局围绕中央环保督察反馈意见以及省有关工作要求,把推动督察整改工作作为一项重要的政治任务,及时落实责任,全面加强督导,统筹推动整改工作落实。成立黑河市环保督察整改工作领导小组,全面统筹整改工作组织协调。先后组织召开了全市迎检工作动员会议、中央环保督察"回头看"推进会议、案件会审会、4次专题会议,对整改工作进行研究部署。积极督促指导各县(市、区)、各有关部门加快处理督察组交办的信访案件。共向省协调联络组报送8批次、697份材料。在《黑河日报》、黑河电视台刊发和播出信访案件公示、办理情况44期,在黑河政府网、黑河新闻网刊发各类公示、信息84条,向省协调联络组上报情况专报14期。督察组向黑河市转办28批次,共57件信访案件,已全部办结。对上述信访案件责令整改66家、立案处罚25家、罚款197.895万元。制定"回头看"整改方案。10月,对照督察组反馈意见要求,对存在的问题进行分类梳理,结合具体整改问题提出2大类19个方面的强化措施,并制定整改方案和整改措施清单,全力推进反馈问题整改。　（黄　晋）

【大气污染防治】 2018年,黑河市环境保护局强化统筹部署,全力打好打赢污染防治攻坚战。加快推进建成区燃煤小锅炉淘汰。由市环保局、市工信委、市城管综合执法局、市市场监管局联合开展市本级建成区燃煤小锅炉"清零"专项行动。截至11月,市本级建成区淘汰燃煤小锅炉19台,完成年度任务的73%。同时,启动县级城市建成区淘汰燃煤小锅炉工作。各县(市、区)已淘汰燃煤小锅炉20台,提前完成年度任务。深入开展有效解决秸秆露天焚烧。建立禁止秸秆露天焚烧"四级"网格化监管体系,9—11月,黑河市共成立777个秸秆禁烧督查(巡查)组,出动46720人次,车辆11022台,对全市秸秆禁烧四级网格开展全覆盖、不间断督查(巡查)。发放通告2000余份,省级宣传海报1000余份,各县(市、区)分别印发《秸秆禁烧从我做起——致广大农民朋友的一封信》21万余份,《致学生的一封信》5万余份,制作并悬挂宣传条幅5500条,制作宣传旗帜6万面,印制海报、图板等6万余张,制作音频、视频、发布网络信息700余条,出动宣传车辆500余台次。经生态环境部卫星环境应用中心提供的秸秆露天焚烧火点遥感监测数据,黑河市行政区域范围内未发现秸秆露天焚烧。完成小金厂集中式饮用水水源地整改任务。3月,开展全市集中式饮用水水源地环境保护专项行动。5月,生态环境部到黑河市进行水源地督导检查,爱辉区小金厂集中式饮用水水源地需要整改问题共13项。为确保全面完成整改任务，多次组织召开工作协调会，制发整改方案，下发问题督查通知，将存在问题落实到各相关责任部门。年内13项问题全部按时限完成整改。深入实施水污染防治。制发《黑河市2018年度水污染防治重点工作实施计划》，完成2016年中央环保督察21个水源地整改任务；完成2017年度县级以上集中式饮用水水源地评估，并对部分乡镇农村集中式饮用水水源地开展基础信息采集。联合市商务局共同下发《黑河市加油站地下油罐防渗改造工作实施方案》，强力推进加油站地下油罐防渗改造，85家地下油罐防渗改造已累计完成48家。编制完成《黑河市畜禽养殖禁养区划分方案》，并在5月底按照省政府要求，完成禁养区4家养殖场搬迁。开展土壤污染防治工作。制发《黑河市土壤环境保护工作方案》，组织开展全市重点行业企业用地调查，确定31家重点行业企业用地。全力推进五大连池市被污染耕地治理与修复试点项目和嫩江县城南垃圾厂环境污染治理项目。扎实开展污染源普查工作。制发《黑河市第二次全国污染源普查工作方案》，组织召开视频培训会和动员部署会，以及清查阶段和入户调查阶段培训班。完成入户清查5254家，最终确定纳入普查925家，已完成入户调查数据采集和填报，正在进行数据审核和专网报送阶段。

（黄　晋）

【优化营商环境】 2018年，黑河市环境保护局营造良好氛围，深入开展作风整顿和优化营商环境。加强组织领导。成立市环保局深化机关作风整顿工作领导小组，先后印发专项整治工作方案和通知等，编印《黑河市环保局内部制度规范》，制定了18项业务流程图，为规范工作流程，理顺责权关系，提供遵循和保证。深入基层解决问题。建立健全市环保局基层调研制度，局领导班子成员200余次赴各县（市、区）环保部门、企业开展调研和检查，积极为企业解决实际问题，促进问题尽快解决和整改。同时，先后深入爱辉区网通社区，听取社区居民对环保工作的意见和建议，召开“关注民生、征求民意”和沟通民意接受社会监督座谈会，针对提出的具体环保问题，立即组织调查核实，切实做到件件有落实，事事有回音。继续深化“放管服”改革。提高审批效率，调整审批权限。县级审批权限由原来18类114项调整到45类152项。组织召开项目环评报告专家审查会。截至10月末，完成21个项目环评文件审批和13个项目环保验收。指导配合市煤管局推进煤炭矿区规划环评编制工作，完成全市7个园区规划环评的审查意见。为重点项目开辟“绿色通道”。坚持服务优先，对列入市级以上重点项目的，开辟“绿色通道”。提前对黑宝山和西岗子煤矿矿区规划、北安市温氏生猪、国投象屿北安30万吨燃料乙醇项目，以及黑龙江大桥桥头区基础设施等重点项目，加强政策咨询和技术指导，提出指导性意见，最大限度压缩环评报告受理工作时间。（黄　晋）

【生态环境保护】 2018年，黑河市环境保护局落实落靠责任，进一步加强生态环境保护。落靠环境保护主体责任。成立黑河市生态环境保护工作领导小组，建立黑河市生态环境保护工作联席会议制度、黑河市禁止农作物秸秆露天焚烧工作联席会议制度。制发《黑河市生态环境损害赔偿制度改革实施方案（试行）》，召开大气、水污染防治专题工作会议和禁止农作物秸秆露天焚烧工作联席会议，研究部署生态环境保护工作，为打好污染防治攻坚战提供切实组织保障和制度保障。按时完成生态红线划定。共组织召开7次生态红线划定推进会议，相继与大兴安岭地区、伊春市、内蒙古自治区等相邻省区市进行红线对接，形成《黑河市生态保护红线划定方案》和技术报告，已上报省环保厅和省发改委，同全省红线方案对接，实现一条红线管控重要生态空间。加强自然保护区综合监管。印发《黑河市“绿盾2018”自然保护区监督检查专项行动工作方案》，召开全市自然保护区协调议事组联席会议，组织市直有关部门联合开展全市自然保护区监督检查，共同推进自然保护区监督检查专项行动常态化。积极推进自然保护区问题整改。已整改完成69项，剩余31项正在有序推进中。（黄　晋）

【环保执法】 2018年，黑河市环境保护局坚持严格执法，不断提升环境执法监管水平。始终保持执法高压态势，进一步健全完善环境执法随机抽查等监管制度。相继开展了秋冬季大气污染防治、水源地整治、黑土地污染防治、煤炭行业环境保护整治等专项行动。截至10月末，全市共计下达行政处罚41件、罚款442.047万元，查封扣押12件、限产停产8件、移送公安行政拘留3件。共计出动执法人员6470次、执法车辆2208台次、检查企业2736家次。对各县（市、区）下达《环境违法问题监察通知书》16份，下达《责令改正违法行为决定书》320份。共受理群众投诉来信来电278件，同比上年增加76件。处理率和结案率均为100%。

（黄　晋）

【环保基础建设】 2018年，黑河市环境保护局夯实工作基础，持续加强环保基础能力建设。完善改版局门户网站，建立“黑河环保”微信公众号，促进环保信息公开，全年审核发布各类信息654条，推动全市环境信息和政务公开化。以“6·5”世界环境日为载体，发放“美丽中国，我是行动者”宣传海报300余份，与市直机关工委开展“解密黑河蓝”环保开放日活动；邀请市直60多名环保小记者到空气监测点和实验室进行参观。组织环境执法人员深入社区开展环保法律法规宣传活动。按照生态环境部统一部署，在黑龙江黑河市国控断面建设水质自动监测站，为保障建设顺利进行，多次就水站建设召开工作协调会议，由专人监督工程进度和质量，历时70余天，在7月20日完成建站任务。（黄　晋）

交通·邮电·无线电

交 通 运 输

【概况】 黑河市交通运输局行政编制25个,工勤人员编制3个;处级领导职数:局长1职,副局长3职,总工程师1职;科级职数:科长9职,副科长2职。内设机构9个,分别为:办公室、党委办、综合规划科、政策法规科、工程建设管理科、安全监察科、人事教育科、财务审计科和交通战备科。下辖市公路管理处、道路运输管理处、航务管理处和公路工程质量监督站4个行政事业单位。

领导班子成员及副处级以上领导干部:
党委书记　局长　王殿东
党委副书记　副局长　刘廷刚
副局长　张有朋　白建辉(2018.6任)
总工程师　王　林
调研员　石耀辉(2018.6任)
副调研员　尤万林　祝长山
杨　朝(2018.3任)
市道路运输管理处处长
市口岸汽车运输管理站站长　陈桂菊
市公路管理处处长　于庆国
市航务管理处处长　刘玉芳
市公路工程质量监督站站长　白建辉

(徐伟军)

【交通运输项目】 2018年,黑河市政府高度重视交通运输项目建设,2018年政府十件大事中涉及黑河市交通运输局两件,分别为跨黑龙江索道和国道丹阿公路黑河至卧牛湖段新建工程(滨江景观大道项目)。主动对接国家"一带一路"倡议,积极参与"中蒙俄经济走廊"建设,国际经贸大通道建设取得重大突破。黑龙江大桥于4月末顺利复工。按照中俄省州长两次会谈精神,推进跨黑龙江索道项目前期各项工作。中方具备开工条件,俄方重新选定投资企业并取得用地手续,因俄方项目设计尚未通过国家审批鉴定,暂未开工。在交通运输部调整压缩国省道项目建设"十三五规划"的情况下,丹阿公路黑河至卧牛湖段改扩建工程(滨江景观大道)纳入交通运输部国省道建设"十三五"规划,可研工作已基本完成,正推进环评、初设、施工图设计等前期工作。推进五汤公路沾河至太平台段改扩建工程(旅游路)项目建设。按照黑龙江省交通运输厅要求,先行推进沾河至逊克大平台段建设,已完成可研报告编制工作。黑河口岸物流园区一期项目(黑河公路货运枢纽站)完成投资3250万元。总建筑面积10744平方米,含服务楼2208平方米、车库2212平方米、仓储库2945平方米及附属用房等全部建设完成。与黑龙江省龙运集团就项目二期工程进行对接,达成初步合作意向。此外,国道逊孙公路逊克口岸至逊克(靠山村)段续建项目顺利复工,累计完成投资2954万元,占计划总投资的63.3%。国道嫩双公路前进至嫩讷界段45.7千米改扩建项目于10月初开工建设,当年完成投资3550万元。 (徐伟军)

【交通运输规划】 2018年,黑河市交通运输局充分利用国家和黑龙江省"五大规划""冰上丝绸之路""守边固边的指导意见"等所释放的政策效应,切实发挥规划的引领带动作用,科学规划交通运输发展,解决交通运输事业长远发展问题。推动城市公共交通和出租车发展,编制完成《黑河城区公共交通发展规划》,征求相关部门意见,并报市长办公会议审议。科学合理规划港口布局,开展《黑河港总体规划》修编工作,征求市直相关部门和规划涉及的4个县(市)政府意见,并通过市法制办审核。为提高县道网对区域经济社会发展的服务保障水平,组织各县(市、区)编制完成《县道公路网规划》,并报市政府批准。至2030年,黑河市县道将从现有19条229.7千米增加至37条901.5千米,全部升级改造为三级以上公路。 (徐伟军)

【公路管养】 2018年,黑河市交通运输局实施公路全寿命周期养护。组织召开全市干线公路养护现场会暨管理工作会议,印发《养护管理实施细则》《日常养护管理百分考核细则》等管理办法,养护决策科学化、技术进步和管理规范化水平进一步提高。在省公路局主办的"工匠杯"全省普通干线公路养护技能竞赛中,黑河市取得第二名。开展省级示范公路建设。建成养护工区5个、综合服务区6处、便民服务区12处、应急停车区185处,公路服务设施网络初见雏形,公路服务水平进一步提升。养护计划较好完成。全年共完成国省干线公路小修保养1371千米、桥梁12385

米/274座,投资7141万元,全市公路技术状况指数(MQI)稳定在80以上,优良路率78%,实现公路网络安全畅通。

(徐伟军)

【"四好农村路"建设】 2018年,黑河市交通运输局把"四好农村路"建设,作为服务"三农"、交通扶贫的重要抓手,按照"建好是基础、管好是重点、护好是关键、运营好是核心"的工作思路,扎实开展各项工作。2018年修建农村公路138.8千米,全市乡镇通畅率100%,行政村通车率98.1%,新改建农村公路一次交工验收合格率98%以上,建好、管好、护好的目标基本实现。 (徐伟军)

【规范交通运输市场】 2018年,黑河市交通运输局加大治理车辆超限超载工作力度,与市公安局联合印发《关于治理车辆超限超载联合执法工作常态化制度化的实施意见(试行)》,建立交通运输、公安部门联合执法机制,扎实开展以春融期和源头治理为重点治超工作。截至11月末,全市共出动路政执法车辆1311台次,路政执法人员4199人次,检查检测运输货车53341台次,查处29台超限车辆,劝返38台,卸货1580.64吨,超限超载率控制在1.8%以下。通过延伸或变更路线等方式,解决爱辉区西沟村(老青屯)、盘肠沟村、南窑地村、二道泉子村4个行政村通客车问题,基本做到应通尽通。加大运输市场整治力度,开展打击非法从事道路旅客运输经营行为专项整治工作。截至11月末,共出动运政执法人员1000余人次,执法车辆500余台次,检查运输企业80余次,查扣非法营运车辆26台,查处违规经营行为240余起,切实维护经营者和群众合法权益。加强涉外运输车辆安全生产监管,全年共查验涉外运输车辆20652台次,为黑河市涉外运输生产提供安全保障。截至11月末,黑河口岸有效运期253天,中俄双方运输货物总量27.43万吨,比上年同期增长61%,涉外运输形势向好。 (徐伟军)

【重点领域改革】 2018年,黑河市交通运输局推进行政体制改革。配合黑河市委组织部完成机构改革调研工作,进一步明确工作职能,为下步机构改革奠定基础。完成《关于深化改革推进出租汽车行业健康发展的实施方案》和《黑河城区网络预约出租汽车经营服务管理实施细则》起草及征求意见工作,报市政府市长办公会审议。推进城乡客运公交一体化改革。为服务市域旅游发展,由企业先行垫资开通了黑河至锦河大峡谷、黑河至中俄民族风情园旅游客运专线,完成黑河至瑷珲镇公交化改革。特别是在安全监管难的情况下,完成黑河至孙吴城际客运班线的公交化改造工作,为黑龙江省距离最长的城际公交线路,交通运输服务水平进一步提升。 (徐伟军)

【交通系统安全】 2018年,黑河市交通运输局坚持"预防为主、标本兼治、安全发展"的方针,抓好道路运输、水上交通、工程建设领域安全生产工作,先后7次召开安全生产会议,下发文件、信息30余件,检查运输企业18家、客运场站18个,发现各类隐患和问题21项,下发限期整改通知书2份,已全部整改到位。由于监管措施得当、舆论宣传到位,黑河市运输企业安全生产意识进一步提高,市本级未发生交通安全生产事故。扎实做好信访维稳工作,多年来信访量大、群体访、缠访不断的被动局面得到扭转,国家及省"两会"期间,全系统实现零上访。 (徐伟军)

【自身建设】 2018年,黑河市交通运输局推进"两学一做"学习教育常态化制度化,召开中心组学习会7次、理论研讨会2次,开展庆祝建党97周年、参观廉政教育基地、慰问系统职工等主题党建活动,党员干部理想信念进一步增强。开展深化机关作风整顿优化营商环境工作,完成市委巡查问题整改及"回头看"工作,队伍素质明显提升,工作作风明显转变,基层党建明显加强,涌现出优质服务典型张安琪、拾金不昧值班站长何建华等一批先进典型,党员先锋模范作用得到有效发挥。 (徐伟军)

黑河黑龙江大桥

【概况】 黑河黑龙江大桥筹建处规格为正处级,隶属关系为市直,内设7个科室:办公室、计财科、铁路桥筹建办、对外工作联络科、经营管理科、总工办、工程科。人员编制17个,实有人数14人。领导职数:处级职数3职,实有2人;科级职数11职,7正4副,实有5正1副共6人。

2018年12月19日,根据《黑河市机构改革方案》,将市黑龙江大桥筹建处更名为市跨境交通基础设施保障中心,单位性质和人员身份不变。

领导班子成员:

处　长

副处长　于　洋(正处)　刘颂今

(刘湘冀)

【黑龙江大桥项目进展】 2018年,中俄双方境内大桥项目工程稳步推进:中方工程完成大桥全部钻孔桩基础125根,墩台身8座,引道土石方56万立方米,同时完成合资公司办公楼、附属用房等,累计完成投资4.12亿元,占概算总投资5.66亿元的73%。俄方工程完成大桥全部钻孔桩基础100根,墩台身4座,引道土石方670万立方米,钢梁试顶推27米,卡尼库尔干岔河桥1座,累计完成投资11.4亿元,占总投资19.05亿元的60%。大桥项目整体累计完成投资15.52亿元,占项目整体总投资63%。 (刘湘冀)

【跨江空中索道项目】 2018年,中方完成项目选址、土地预审、环境评估、节能审查评估登记、安全评估等前置要件办理并得到批复。完成项目可研的编制工作,并在黑河市发改委完成备案立项。完成两国索道新口岸设立批复和索道塔架、站房及联检大厅的地质勘探工作。联检设施建设已完成前期人防、防雷、消防、文物、地震部门审批工作。新口岸开放可研报告编制完成,通过黑龙江省口岸委的专家评审,并上报国家口岸委审批。完成项目勘察、设计招标工作。中俄双方确认通航净空高度标准,并获得交通运输部的批复。完成海关、边检等联检部门人员机构设置、人员编制、基础设施要求的组织上报工作。完成施工临时用电的选址及采购工作。联检大厅的施工图设计以及图纸审查工作,已获得审查合格书。项目用地性质变更及征地拆迁工作、设备选型以及工艺、技术条件确认工作、监理招标工作完成。根据俄阿州、黑龙江省会谈要求,完成合资公司的注册工作。发改委境外投资备案工作完成。俄方完成项目选址、备案工作和索道塔架、站房及联检大厅的地质勘探工作,取得项目设计所需要的地质数据;联检设施的初步方案设计工作。（刘湘冀）

铁　路

【概况】 黑龙江省黑河铁路(集团)有限责任公司(以下简称“黑河铁路公司”)前身为黑河地方铁路局,组建于1986年,1989年12月14日正式投入运营。管辖的线路南起国铁滨北线龙镇站北至黑河站,途中穿越五大连池市、孙吴县,全长240千米。2001年经黑龙江省政府批准,在省工商局登记注册,改制更名为黑龙江省黑河铁路(集团)有限责任公司。2018年,黑河铁路公司已开通全国货物直通运输业务,开行黑河—哈尔滨的K7031/2次、K7033/4次、K7035/6次和黑河—齐齐哈尔的4083/4次及黑河—大连的2209/2210次共5对旅客列车,同时各车站出售全国各地联票。拥有东风4B型内燃运用机车12台,25G型空调客车36辆,25G型客车发电车3辆,25B型客车25辆,自备货车73辆,信号设备为6502电器集中联锁设备,站内移频电码化为ZPW-2000R型,轨道车2台,轨道吊车2台。年运送货物120万吨,年运送旅客120万人次。

2018年,黑河铁路公司隶属于黑河市政府,是国有独资铁路运输企业,注册资本3亿元,总资产81108万元,总负债76721万元,所有者权益4387万元。员工1849人,其中,运营主业1805人,退养人员44人。下设黑河中心站、孙吴中心站、客运段、工务段、机务段、车辆段等6个生产站段,9个职能处室。

领导班子成员:
党委书记　董事长　总经理　陈英武
副总经理　邵玉首
工会主席　李东志
铁路公安局长　郭　军
铁路集团政治部主任　吕爱华
副总经理　兰　瑜
总工程师　李　枫
工副业总公司经理　王少军
总经济师　兰仁刚

（王立军）

【生产经营】 2018年,黑河铁路运输货物139.8万吨,完成计划的107.5%,同比增长10.1%。货物周转量完成16662.1万吨千米,完成计划的92.5%,同比下降17.7%。旅客发送77.1万人次,完成计划的98.8%,同比增长2.7%。旅客发送周转量完成15350.2万人千米,完成计划的101.7%,同比增长5.6%。总收入实现15332.9万元,比上年增加3794.8万元,同比上升32.9%。运输收入13347.8万元,完成计划的124.7%,同比增收3206.4万元,上升31.6%;货运收入5544.7万元,完成计划的114.3%,同比增收913.4万元,上升19.7%;客运收入7803.1万元,完成计划的133.4%,同比增收2293.0万元,上升41.6%;营业外收入1395.2万元,其他业务收入589.9万元。总支出17185.5万元,同比增加2786.3万元,上升19.4%。上缴税金226.2万元。利润-1852.6万元。（王立军）

【安全生产】 2018年,黑河铁路安全制度建设深入推进,开展行车规章制度及作业办法专项整治活动,修订11项安全管理制度。发生责任一般D类事故2起,无责任列车一般C类及以上事故,无责任货运、火灾爆炸、劳动安全事故,无路外伤亡事故发生,实现安全生产5079天,实现第四个安全年。（王立军）

【客货运输】 2018年,黑河铁路实现增开K7036次旅客列车。7月1日,由哈铁局担当乘务的另一组K7033/36次列车改为黑河铁路担当。12月7日,黑河铁路公司担当乘务工作的K7031/2次普通旅客列车升级为新型空调旅客列车,改善列车服务硬件条件,增加客运收入。第三阶段调整铁路列车运行图,实现K7034/35次在哈站到发,方便旅客出行,运输总收入创历史新高。全年完成运输收入13347.8万元,创建局以来最高纪录。（王立军）

【集装箱运输】 2018年11月,黑河铁路公司与宁波信风海运物流公司开通集装箱铁海联运业务,至年底共装运集装箱200箱;首次实现20英尺干散货物集装箱过境俄罗斯,开辟国外运输新通道。（王立军）

【节支降耗】 2018年,黑河铁路公司节约煤水电成为常态。全年共节支18.5万元,同比下降11.0%。优化运输组织,合理调整运行图,加强公务招待管理,自己动手、技术革新和修旧利废。（王立军）

【职工生活】 2018年，黑河铁路公司职工生产生活条件和企业归属感进一步提高，职工工资连续11年逐年增长。自2018年1月起，在岗职工月收入增加150元，退养职工月收入增加95元。工龄工资发放标准由每人每年2元上调到3元。 （王立军）

【党建工作】 2018年，黑河铁路公司学习宣传中共十九大精神、习近平总书记系列重要讲话。组织“学习贯彻十九大，不忘初心跟党走”座谈，“我向组织交答卷”座谈，举办“学习中共十九大新党章知识竞赛”等活动。企业文化建设精彩纷呈，注重典型示范引领，干部作风建设取得明显成效。 （王立军）

民　航

【概况】 黑河机场下设综合业务部、安全办公室、财务部、航务部、运输部、地面保障部、安检站7个部门，员工105人，公安分局正式移交地方管理。2018年，共完成旅客吞吐量180905人次，同比增长20%，超额完成年初制定的运输生产任务。

领导班子成员：
党委书记　经　理　李勇飞
副 经 理　胡艳茹　何金英　洪　钧

（李　峰）

【运输生产】 2018年，黑河机场分公司争取政府资金支持，巩固北京、上海航线正常运营。上海航线经过培育，客源明显增长，5月2日成功引入成都航空国产ARJ21飞机运营黑河—哈尔滨航线。积极倡行中国服务，精心打造“经哈飞”服务品牌，为旅客提供快捷顺畅的中转服务，加强服务人员礼仪培训，突出不正常航班条件下的旅客服务，创建客运“向日葵”明星班组，提高服务技能，提升黑河机场服务品质。 （李　峰）

【机场建设】 2018年，机坪扩建工程顺利竣工，新建2个C类机位，机位紧张问题得到解决。更新导航设施工程和推进巡场路改造工程。 （李　峰）

【安全生产】 2018年，黑河机场分公司开展“强三基专项行动”“安全生产月”“平安机场建设”“中小机场安全整治”“机坪专项整治”等活动，营造安全氛围。顺利通过机场使用许可证换证安全审计，强化落实安全生产责任制，开展贯穿全年的中小机场安全整治和安全检查，确保国家大型活动期间安全平稳。开展以“航站楼消防灭火及旅客疏散”为内容的应急综合演练，提高机场应急处突和联合作战能力。全年未发生机场原因造成的事故征候，确保黑河机场安全形势平稳。 （李　峰）

港　务

【概况】 黑河港务局有限公司有在职职工221人；处级领导职数：总经理1职，党委书记1职，副总经理3职；科级职数：部长10职，副部长12职。内设10个部门和单位，分别为：运输事业部、港口事业部、综合办公室、财审部、经贸事业部、人力资源部、安全技术部、纪检监察室、工会、党工部。

领导班子成员：
总 经 理　宋永明
党委书记　黄凤泉
副总经理　邹立新　王　威　张　凯

（陈　琪）

【指标完成】 2018年，黑河港务局有限公司全年实现客运量30万人次，货运量33万吨，港口吞吐量42万吨，集装箱吞吐量超过8000箱。各项指标均创历史最好水平。 （陈　琪）

【货物运输】 2018年，黑河港务局有限公司与哈尔滨信合实业等大、中、小客户签订进口粮食及其他货物的船舶运输及港口服务协议，市场份额明显增加。先后签订《黑河港与北京华油工程物流公司AGPP项目P2标段普货港口服务及船舶运输协议》《北京华油工程公司AGPP项目P2标段普货黑河至俄罗斯自由城国际货运代理协议》《黑河港与中远海厦门物流公司AGPP项目P3标段普货港口服务及船舶运输协议》《中远海厦门物流与黑河港场地使用协议》《中石油天燃气垫船租用协议》《俄罗斯农业联合粮食集装箱运输协议》《俄罗斯农业联合体大豆油集装箱运输协议》《黑河丰泰公司进口俄粮集装箱运输协议》等，初步实现港口出口大宗货物的支撑。 （陈　琪）

【国际旅客运输经营】 2018年，黑河港务局有限公司维护市场国企运输地位，确定以保安全、促通畅、强服务、树形象、调班期、降成本的经营理念抓好客运生产。在稳定价格，塑企形象，促进效益等方面取得明显成效。以零事故、零投诉、零滞留旅客的运输业绩得到黑河市政府及口岸、旅游等部门的高度认可。 （陈　琪）

【生产经营】 2018年，黑河港务局有限公司更新港机设备补港机老旧短板，购置安装40吨和10吨固定门机各一台，使黑河港港口装卸能力得到大幅提升，港口综合效益大幅度增加。夏季为国家东线天然气管道工程运输工作人员，实现气垫船全季运输。与同江港联手开辟并扩大逊克滚装运输市场,实现逊克至波亚尔科沃间滚装运输规模性发展。与俄罗斯农业联合体建立良好运输合作关系,涉足境外大豆贸易,探索以贸促运模式,年内实现贸易额506万余元。 (陈 琪)

海 事

【概况】 2012年,中华人民共和国黑河海事局(以下简称"黑河海事局")经中央机构编制委员会办公室批复成立,为黑龙江海事局正处级分支机构。黑河海事局的前身是黑龙江港航监督局黑河分局。根据法律、法规的授权,黑河海事局负责对黑龙江黑河段水域实施水上安全监督管理,防止船舶污染水域,实施口岸开放监管,维护辖区通航安全秩序,同时承担黑河市水上搜救中心的日常工作。

根据黑龙江海事局《关于印发中华人民共和国黑河海事局主要职责机构设置和人员编制规定的通知》精神,黑河海事局设立办公室、财务会计处、指挥中心(搜救中心办公室)、船舶监督处(危管防污处)、船员管理处5个内设机构,设立政务中心作为处室办事机构,设立黑河海事局爱辉、漠河、逊克、呼玛海事处4个派出机构。黑河海事局管辖范围包括黑河、大兴安岭2个地市以及黑龙江省北安农垦管理局所属15个农场、大兴安岭林业管理局所属10个林业局和黑河市境内的2个林业局。管辖黑龙江干线自黑中739千米以上至黑龙江上游894千米处,管辖界江里程1151千米。

辖区现有航运企业13家,登记在册船舶252艘,在册船员总数862人。吞吐量百万吨级以上港口1座,30万吨级以上港口2座,千吨级泊位10个;锚地11处;过江电缆5处;中俄输油管道1处,冬季浮箱固冰通道2处;船坞7处;国际气垫船停泊营运区1处。辖区乡镇舢板船245艘,已登记231艘,检验发证93艘;乡镇渡船19艘,渡口19道。在建的重大水上安全监管工程为中俄黑龙江大桥。

领导班子成员:
局 长 曲维洋
政 委 袁云岭
副局长 张 敬 李晓峰 徐景晨(2018.8止)

(王 勇)

【安全监管】 2018年,黑河海事局狠抓安全治理,确保辖区安全形势持续稳定。持续改善通航环境,不断落实"3+1"精准监管模式,强化重点时段、重点水域监管,加强对流凌期、游览旺季、节日长假等时段指导,不断提高巡航工作质量。加强船舶监管力度,保障黑河—布市黑龙江浮箱固冰通道的安全营运和安全拆解,开展辖区船舶的安检工作,提升船舶安全设施和安全管理水平。针对辖区独特的气垫船监管,与CCS黑河办事处联合开展2018年"平安冰舟"中俄气垫船安全隐患专项整治行动。强化航运公司安全管理,协助辖区航运企业开展安全管理体系内部培训,就公司运行和完善安全管理体系提出具体建议。提升应急反应能力,开展辖区应急待命点建设,坚持24小时领导带班的应急值班,根据节假日特殊时期做好重点水域的执法力量部署。全年辖区未发生水上交通险情和事故。 (王 勇)

【海事服务】 2018年,黑河海事局贯彻服务地方经济社会发展举措,全面推动服务升级。服务国家重大项目建设。在中俄东线天然气管道盾构工程方面,落实旅客实名制,动态掌握每日进出境人员的个人信息,加强船舶安全监管。在黑龙江大桥工程方面,牢固树立"一切为了大桥建设"的理念,严格落实黑龙江海事局"四个一"要求和"六个机制",加强施工区域的监控管理,确保施工、通航两不误。努力提高口岸通关效率。不断完善与海关、边检等联检部门国际航行船舶联合登临检查工作机制,发挥海事部门国际航行船舶联合登临检查召集单位的职责,组织各单位按照"信息互换、监管互认、执法互助"的要求开展登临检查工作,提高港口口岸查验能力和服务水平。在黑河市"六一"中俄儿童互访、"中俄文化大集"、五大连池"圣水节"等大型涉水活动中主动进行监护,确保活动圆满举行,助力黑河市全国文明城市、国家卫生城市创建。 (王 勇)

【应急演习】 2018年,黑河海事局发挥龙江海事对俄合作桥梁和平台的区位优势,密切对俄合作。全面落实与俄阿州紧急情况总局签订的2018年合作计划,深入推进年度合作有关事宜,共同承办2018年中俄界河应急联合演习。与呼伦贝尔海事局签署联合巡河巡航机制备忘录,与当地环保部门联合开展"保护母亲河"系列活动,提升预防预控溢油应急事故的能力。与五大连池市政府合作,共同完成山口湖景区水上应急联合演习。 (王 勇)

【文化建设】 2018年,黑河海事局重视文化建设,引领队伍发展。强化文明单位创建,认真做好省级文明单位标兵重新命名迎检各项准备工作。强化典型培树,黑河海事局获"全国交通运输文化建设优秀单位"称号,李建国获全国"感动交通"年度人物,爱辉海事处入围"郑和航海风云榜",获全国交通运输行业文明示范窗口和全国海事系统第三批"三化"好形象好品牌先进集体。组织并参加上级各类文体活动,为确保黑河海事各项工作任务圆满完成注入活力和动力。 (王 勇)

邮 政

【概况】 中国邮政集团公司黑河市分公司隶属于中国邮政集团公司黑龙江省分公司领导和管理,内设综合办公室、人力资源部、党委党建工作部、工会办、财务部、市场营销部、集邮与文化传媒部、金融业务部、渠道平台部、服务质量部、机要通信分局，根据集团公司“一体两翼”经营发展战略安排，在省分公司的领导下，中国邮政集团公司黑河市分公司于2018年10月12日成立中国邮政集团公司黑河市寄递事业部，内设市场部、运营管理部、服务质量部。2018年12月，中国邮政集团公司黑河市分公司下辖5个县(市)分公司，公司有干部职工345人，其中，本科以上学历134人，专业技术职称34人。

领导班子成员：
总 经 理 高广忠(2018.12止)
刘剑波(2018.12任)
副总经理 郭军鹰(2018.11止)
施洪仁(2018.11任) 张 驰 关春艳
(刘 炎)

【业务发展】 2018年，中国邮政集团公司黑河市分公司按照省公司的战略部署，以党建为统领，以提高经济效益为中心，以发展高效业务为重点，着力开发转型新业务，注重拓展平台功能，提升网点产能效益，强化科学规范管理，改善通信服务质量，加强干部队伍建设。稳中求进，主动适应经济发展新常态，融入地方发展战略，创新发展模式，提升核心能力，实现建平台、增能力、强管理、转方式、提效益的协调推进。全市(含县公司)有综合服务平台804处、便民服务681户、办理储蓄业务网点54个、ATM机45台。开办的业务种类包括函件、快递包裹、报刊发行、储蓄汇兑、分销物流、代理保险、集邮等。2018年，共实现业务总收入18119万元。 (刘 炎)

【平台建设】 2018年，中国邮政集团公司黑河市分公司加大推进综合公共服务平台建设力度，通过实施多站合一、业务叠加发展策略，加快便民服务站、助农服务站建设，全市累计建设综合服务平台804处。便民服务站新建站点4处，便民服务站总数达到681处，网点活跃度为43.3%，邮乐购站点新建站点13处，累计建设邮乐购站点573处，自营邮乐购超市在全市内共建设5家。 (刘 炎)

【国际业务】 2018年，中国邮政集团公司黑河市分公司加大国际邮件投递建设力度，于12月份国际小包作业场地进驻园区，进驻后对作业区域重新进行划分，增加收寄和封发台席，规范和优化安检流程操作，处理能力进一步提升，能够满足日均5000件的处理能力，随着境内外各环节时限的不断优化，国际小包的寄递更加顺畅和高效，得到用户的认可。 (刘 炎)

【合作项目】 2018年，中国邮政集团公司黑河市分公司积极应对转型发展，融合发展，贯穿常规性、阶段性、节日性等项目与政务、商务、校园类市场相融合，实现因地制宜的健康稳定发展格局，承接省公司重点项目43个，与社保、石油、农村电商等合作项目形成常态化运作，与公安交管、中铁、中盐、塔邮合作项目有突破性的进展，全年共开展自创项目21个。深入与旅游部门、宣传部门、文化部门合作，继续开展创新经营，结合生肖文化，挖掘地域特色，提升罕达汽猪肚河知名度，成功向集团公司申请“罕达汽镇猪肚河生肖原地邮局”，成为全省三个生肖原地邮局之一。中国邮政集团公司黑河市分公司主动融入地方经济、文化、旅游等产业领域建设，全面开展多行业多领域的战略合作，大力支持政府发展服务百姓，深入开展“三农”服务，主动参与市委、市政府举办的各项社会活动，赢得政府、合作伙伴的多方认可，提升企业在地方经济中的地位。 (刘 炎)

【便民服务】 2018年，中国邮政集团公司黑河市分公司加强农村便民建设，使村民不出村，就可在便民服务站内享受寄信、订阅报纸杂志、小额助农取款、购买优质农资和生活消费品、代交话费农电费等邮政服务。切实提高网运整体运作水平，同过严抓指标管控，合理规划区域内邮路，改变邮路运行频次、减少邮路运行成本，切实提高合规作业水平，整体运行质量指标和运行效率得到有效提升。
(刘 炎)

中国联合网络通信有限公司黑河分公司

【概况】 中国联合网络通信有限公司黑河分公司(以下简称“中国联通黑河分公司”)是中国联合网络通信有限公司黑龙江省分公司在黑河市设立的分支机构，下辖5县1区6个县级分公司。全市在岗员工1029人，公司拥有固定资产原值19.74亿元。承担黑河市159万人口的通信服务和通信保障工作，建成具有国际先进水平、高带宽、立体式、智能化，能够满足语音、数据、图像、视频等业务需求的现代化智能通信网络，充分满足社会日益多样化的信息需求，为地方经济建设提供移动通信、互联网、固定电话等全业务通信产品和信息服务保障。

领导班子成员：
党 委 书 记 总经理 林晓辉(2018.9止)
李 斌(2018.9任)
副 总 经 理 王乃臣 纪学英(2018.1任)
总经理助理 王 伟(2018.9任)
(岳春鹏)

【业务发展】 2018年，中国联通黑河分公司以“做好基础通信服务”为中心，以“公司效益及员工利益增长”为目标，围绕市场及客户需求,加快推进互联网化运营,推进经营业绩提升。2018 年,公司向国家上缴税收 2041.27 万元。

(岳春鹏)

【服务工作】 2018 年,中国联通黑河分公司围绕“一切为了客户、一切为了一线、一切为了市场”总体要求,深入推进“倒三角”服务支撑体系建设。以解决客户与一线问题为导向,聚焦 NPS 口碑改善,深入推进服务下沉及流程再造,重建服务领先优势,重塑一流服务品牌。(岳春鹏)

【基础设施建设】 2018 年,中国联通黑河分公司以支撑地方经济发展及客户通信需求为导向,实施精准投资,加快网络建设,持续开展网络优化,不断提升网络服务能力;以助力城市信息化建设为导向,顺应“互联网+”发展趋势,主动融入地方经济社会发展大局,助力“数字黑河”建设;遵照行业标准,按照市委、市政府及行业主管部门要求,全力做好网络及信息安全工作,保护广大用户的合法权益,切实履行基础电信企业应承担的社会责任。(岳春鹏)

【通信保障】 2018 年,中国联通黑河分公司完成专业应急演练 12 次;开展黑河联通防汛应急通信保障演练,提高应急保障和联动调度综合能力。完成第九届中俄文化大集通信保障工作。

(岳春鹏)

【企业文化】 2018 年,中国联通黑河分公司巩固文明单位创建成果。按中共中央精神文明建设指导委员会《关于深化群众性精神文明创建活动的指导意见》要求开展各项创建工作,组织员工参加地方文明交通志愿服务活动。推动企业建家工作,开展“送温暖”等活动,支出慰问金 19.8 万元,开展文体活动 30 余次,不断提振团队士气。(岳春鹏)

中国移动通信集团黑龙江有限公司黑河分公司

【概况】 中国移动通信集团黑龙江有限公司黑河分公司(以下简称“中国移动黑河分公司”)主要经营移动语音、数据、宽带、IP 电话和多媒体业务,与世界绝大多数国家开通国际自动漫游业务,网络通达世界五大洲,是黑河市最大的的电信运营企业。2018 年,公司深化落实“四轮驱动”,以客户为中心,渠道为载体,宽带、数字化产品及信息化项目为突破点,智慧经营和创新发展为手段,提升网络质量,提高客户满意度,巩固区域市场的主导地位,截至 2018 年末,资产规模超过 10 亿元,客户规模近百万,基站总数超 3000 个,员工共计 542 人。

领导班子成员:
总　经　理　朱石华
副 总 经 理　白世成　张力哲　张喜波
总经理助理　董生杰

(安凤刚)

【经营指标】 2018 年,中国移动黑河分公司全年通信服务收入达到 4.6 亿,收入增幅领先行业超 4 个百分点,收入份额达到 58%,客户份额近 70%,4G 客户渗透率达到 70%。

(安凤刚)

【营销渠道】 2018 年,中国移动黑河分公司新建渠道网点超 80 家,全区各类实体渠道总数达到 900 家,深度合作渠道网点超 300 家,深度合作率达到 57% 以上。

(安凤刚)

【工程建设】 2018 年,中国移动黑河分公司投资近 1 亿元,新建 4G 基站近 80 个,扩容 4G 基站超 180 个;物联网二期工程新建 LTE-FDD 基站超 630 个,GSM 替换基站超 150 个,完成全部 NB 基站开通,新建 2 部 BSC,退网 5 部华为 BSC。2018 年,综合业务区管线工程新建光缆超 80 千米、管道近 6 千米;新建专线节点超 280 个;家庭宽带工程建设超 4.3 万线,达产超 5.3 万线。(安凤刚)

【网络建设】 2018 年,中国移动黑河分公司现网交换网络容量 350 万,共有 15 部网元,分别为 3 部 MSC-SERVER、4 部 MGW,8 部 BSC,其中,3 部爱立信 BSC 负责黑河市区、嫩江县基站管理,5 部华为 BSC 负责控制五大连池市、北安市、孙吴县和逊克县的部分基站。截至 2018 年末,黑河移动传送网光传输设备近 3000 端,按照设备级别划分,二级干线传输设备 30 端,本地网传输设备超 2900 端,其中,本地 PTN(分组传送网)设备超 2400 端,本地数字传送、光传送设备达到 200 端,本地同步数字体系设备近 300 端。光缆总长度超 18000 千米,其中,二级干线光缆近 2800 千米,本地网汇聚层光缆超 2600 千米,本地网接入光缆近 13000 千米。通过 2018 年的 4G 网络建设和优化,4G 覆盖率和驻留比均有大幅提升。(安凤刚)

【应急通信保障】 2018 年,中国移动黑河分公司坚持“安全第一、常备不懈、以防为主、全力抢险”的通信保障工作方针,立足于防大汛、抗大灾、保障重大赛事、重大节日的通信畅通,坚持以人为本,科学防控,有效保障通信设施和通信线路安全。建立应急队伍架构,增加应急支援分队,明确应急保障队伍人员,积极开展应急演练,2018 年先后开展森林防火应急通信保障演练、枢纽楼瘫痪应急演练、冰冻雨雪应急演练、重大活动演练等多项应急演练,并开展五大连池圣水节、黑河坤河乡库木勒节、北安市运动会、中俄文化大集开幕式、荧光夜跑、逊克首届“中国农民丰收节”等多次应急通信保障工作,出色完成各类应急通信保障任务。

(安凤刚)

【网络优化】 2018年,中国移动黑河分公司传送网优化:截至2018年末共计完成16个挂牌端口整治工作,4次对3个OTN环进行平坦度调整,按季度对业务进行倒换测试,多次对OTN波道平坦度进行参数优化,使OTN网络运行更加平稳。按季度对PTN汇聚层以上设备进行主备机盘倒换测试。为满足业务发展需求并解决流量拥塞,共完成28个PTN接入环网GE至10GE优化扩容工作,有效保证全市家庭宽带高速发展的业务需求。PTN网络本地网使用94端PTN690对汇聚层PTN660替换,利用95端6PTN650设备替换县区内PTN640设备,为5G建设提前进行传输部署。开展4G网络优化,重点开展驻地优化工作。为提升4G客户满意度和领先度,降低投诉数量,提高热点区域投诉解决率,于2018年3月开始,带着解决问题、能力下沉、校验管理三项任务,开展全区范围内的驻地优化工作,深入一线,扎实开展工作。驻地优化项目组历时162天,行程19000余千米,现场实地勘察村屯近280个,弱覆盖问题点近700处,累计处理4G投诉170余件,解决热点投诉区域近80处。在提升网络质量和用户感知的同时,还提升各县(市、区)分公司维护人员自主处理网络问题的能力,校验投诉、代维、铁塔三方面的管理体系。为提升4G手机上网满意度,开展容量分析、覆盖分析、干扰分析、驻地优化、流程梳理、品质宣传等工作,与此同时加强投诉管控,抓热点,抓闭环,提升投诉处理效率。2018年,累计解决投诉热点问题近380个,4G万用户网络投诉比1月至12月总体呈下降趋势,其中4月、9月、11月、12月达到1.5的优秀值,手机上网满意度领先值达到4.2。完成基站搬迁近40处,解决弱覆盖区域近20处。完成高增益天线替换超340处,弱覆盖楼宇解决率超96%,弱覆盖村屯解决率超86%,均达到挑战值。完成4G扩容近230个,容量问题小区解决率99.9%。完成超80个小区的干扰排查整治工作。

(安凤刚)

【获得荣誉】 2018年,中国移动黑河分公司获省委宣传部"全省十佳和谐企业"、省公司2018年度"班组示范单位"称号;获黑河市总工会2017年度"民主管理先进单位"、黑河市企业联合会"全市50强企业"称号;徐峰、肖业伟2人获2018年度"集团级优秀班组长"称号,蔡蓉获省公司2018年"先进生产者"称号,王丹获省公司2018年度"巾帼明星"称号。

(安凤刚)

中国电信股份有限公司黑河分公司

【概况】 2018年,中国电信股份有限公司黑河分公司(以下简称"中国电信黑河分公司")秉承"用户至上、用心服务"的理念,坚持机制创新、管理创新和技术创新,以更强的实力,更新的面貌,展现新世纪、新电信的新形象,为黑河市经济社会的可持续发展做出更大的贡献。中国电信黑河分公司设8个运营管理部室:办公室(纪检监察部、安全部、工会)、财务部、人力资源部(党群工作部)、网络运行维护部、销售及渠道拓展部(宽带运营部)、市场部、政企客户部、客户服务部;5个生产操作中心:采购中心、综合服务支撑中心、政企客户营销中心、新业务中心、直属营销中心;辖北安市、嫩江县、五大连池市、逊克县、孙吴县5个市(县)分公司。

领导班子成员:

党委书记 总经理 霍 彬

副总经理 林春人

总经理助理 王 鼎

(田红红)

【经营指标】 2018年,中国电信黑河分公司通信服务收入9300万元,通信客户规模达13万以上,市场份额占10%。

(田红红)

【网络覆盖】 2018年,中国电信黑河分公司的4G网络已覆盖到黑河市所有的县域、大乡镇、主要行政村、重点高速及省道,VOLTE已试商用,并且随着网络的不断扩建,网络覆盖将继续扩大。

(田红红)

【营销渠道】 2018年,中国电信黑河分公司新建渠道网点40家。至2018年末,全区各类实体渠道总数达到278家。

(田红红)

【创新发展】 2018年,中国电信黑河分公司全面落实省公司经营策略,做好属地执行,努力实现有效益的规模发展。聚焦宽带业务,推进营销模式转变,实现业务发展由等客上门向精准营销转型。拓展新兴业务市场,推动收入结构转型,重点业务实现突破。提升基础服务能力,聚焦行业应用产品,保障业务持续健康发展。网络能力和质量稳步提升,助力前端业务发展。聚焦移动业务,推进发展模式转变,实现业务发展由成本拉动向终端引领转型。

(田红红)

【党建工作】 2018年是"党建质量提升年",中国电信黑河分公司以学习贯彻落实中共十九大精神为主线,持续深化巩固党建工作成果,深化落实党建主体责任,制定下发党建任务清单16类47小项,召开党委会60次,研究议题93项,其中专项研究党建工作17项,重点开展中共十九大精神"大学习、大宣传、大落实",强化"三基"建设,将思想政治工作融入日常,提振干事创业的精气神,强化支部的战斗堡垒作用,集中组织开展党员培训7次,各支部以"一部一品"为载体,组织开展党员先锋系列主题实践活动24次,重点攻坚项目22项,累计拉动收入31.61万元,有效促进生产经营和党建思想政治工作深度融合。

(田红红)

无线电管理

【概况】 黑河无线电管理处为黑龙江省工业和信息化厅派出机构,正处级建制,无下属单位,行政编制4个,工勤编制1个。2018年末,干部职工人数5人。

领导班子成员:

处 长 冉 姝

(孟照东)

【执法检查】 2018年,黑河无线电管理处在黑河辖区各地公安刑侦大队、广电局的协同配合下,共取缔"黑广播"7起,查处无线电干扰5起。对辖区内无线电发射设备销售市场进行执法检查,告知销售商销售除微功率(短距离)无线电发射设备外的其他无线电发射设备,应当办理销售备案,销售商自行登录销售备案网站进行实名注册。未办理销售备案的,将根据《中华人民共和国无线电管理条例》进行处罚。

(孟照东)

【边境无线电管理】 2018年,黑河无线电管理处开展国际协调7次,22个频点,分别为俄罗斯频率协调函MC-800、MC-1177、MC-1198、MC-1237、MC-1704、MC-2399、MC-2671。

(孟照东)

【专项活动】 2018年,黑河无线电管理处完成专项行动8次,分别为:全省"两会"无线电安全保障工作;8月在大庆举办的黑龙江省全省运动会的无线电安全保障工作,顺利完成主会场及周边的无人机管控工作;8月31日至9月5日配合省局站完成在黑河举办的"2018年全省无线电系统技术演练比赛"并取得团体并列第一名。

(孟照东)

【宣传活动】 2018年8月31日,黑龙江省无线电管理系统共计110余人、16辆无线电监测车,沿黑河市繁华街道巡街宣传《中华人民共和国无线电管理条例》及相关法规、规章。在黑河市区世纪广场大屏幕上循环播出无线电宣传片,制做20块宣传板、设置咨询台,分发无线电宣传漫画书和无线电条例宣传单。邀请黑河日报社记者、黑河电视台记者全程采访。

(孟照东)

【考试保障】 2018年,黑河无线电管理处共完成考试保障10次,分别为公务员笔试、公务员面试、会计专业资格考试、卫生专业技术资格考试、高考、会计专业技术中级资格考试、国家统一法律职业资格考试、执业药师资格考试、成人高考、中小学教师资格全国统一考试提供保障,共派出保障人员100余人次,出动监测车辆18台次。

(孟照东)

金　融

中国人民银行黑河市中心支行

【概况】 中国人民银行黑河市中心支行是中国人民银行在黑河市设立的正处级分支机构，隶属中国人民银行沈阳分行。截至2018年末，全辖在职职工229人。其中，中心支行机关人数111人。处级领导职务任职情况为行长1人，副行长3人，纪委书记1人，工会主任1人。正科级领导职务（科长）任职人数为11人。正科级非领导职务任职人数为2人。副科级领导职务（副科长）任职人数为19人。副科级非领导职务任职人数为2人。内设机构16个，分别是：办公室（党委办公室、后勤服务中心）、货币信贷管理科、金融稳定科、调查统计科、会计财务科、反洗钱与支付结算科（营业室）、科技科、货币金银科、国库科、内审科、人事科（党委组织部）、征信管理科、外汇管理科、宣传群工部（宣传部、机关党委办公室、工会办公室、团委）、纪委监察室、保卫科。

领导班子成员：
行　　长　李贵斌
副 行 长　闫晓春　王明亮　陶正宇
纪委书记　高　森
工会主任　刘　君

（张文岳）

【金融形势】 2018年，黑河市金融机构本外币各项存款余额811.0亿元，排名全省第九位。同比增长7.7%。当月减少20.5亿元、减幅2.5%；1—12月增加58.2亿元、增幅7.7%。各项存款当月新增较多主要由住户存款当月增加所致，同时受住户存款及广义政府存款新增量较上年同期增加较多的影响，各项存款1—12月新增幅度创三年内新高。各项存款增速较年初大幅增加且整体波动较大，12月存款增速大幅增长主要受当月存款同比增加较多所致。其中，住户存款增速较大；广义政府存款及非金融企业存款增速趋缓。黑河市本外币各项贷款余额557.8亿元，排名全省第九位，2018年减少28.1亿元，减幅4.8%；当月减少10.2亿元、减幅1.8%。黑河市各项贷款大幅下降的主要原因为农发行去库存收回“临储粮”贷款及贷款投放趋缓；工行收回大型企业到期银团贷款27.5亿，其中，17.5亿短期贷款，10亿元中长期贷款；受季节因素影响，四季度农户粮食丰收，当年大豆补贴增长和粮食收成较好双因素的共同带动，农户手中资金充足，还款积极导致黑河市住户贷款大幅减少。

（张文岳）

【货币政策】 2018年，中国人民银行黑河市中心支行组织完成地方法人金融机构宏观审慎评估（MPA）工作，评估合格机构数量与上年同期持平，评估结果客观合理，充分发挥逆周期引导和防范系统性风险的作用。灵活运用存款准备金、再贷款等工具，保持流动性合理充裕，全年四次降准释放资金逾3亿元，累放支农再贷款21.3亿元、扶贫再贷款2亿元，带动银行机构投放贷款248.3亿元，为实体经济发展注入活力。引导金融机构科学合理定价，全市贷款加权平均利率同比下降0.55个百分点。小微企业贷款和涉农贷款加权平均利率同比分别下降1.08和0.29个百分点，有效降低实体经济融资成本。发挥信贷政策引导效能，为“扶弱扶创”提供资金支持。全年累计发放创业担保贷款6411万元，支持1116名创业就业人员从事微利项目。

（张文岳）

【金融业务创新】 2018年，中国人民银行黑河市中心支行推进农村金融产品和服务创新。鼓励金融机构开设“无还本续贷”、农场土地收费权质押、新三板股权质押等特色贷款品种，引导督促金融机构针对绿色产业发放无抵押无担保信用贷款。全市5大类20余项农村创新金融产品余额45亿元，同比新增10.4亿元，增长30.1%，受益农户和企业范围不断拓展。推动民营小微企业金融服务工作。引导金融机构设立小微企业金融服务中心，开通民营小微企业金融服务绿色通道，提高金融服务民营小微企业质效。制定“金助民企小微”系列活动方案，引导金融机构围绕“进企业、破难题、优服务、助发展”主题，通过中俄边境银企对接会、金融服务对接会、专项培训会及专题座谈会等形式，实现企业融资诉求同金融产品的无缝对接。做好金融精准扶贫工作。积极向上级行申请扶贫再贷款资金，自脱贫攻坚工作开展以来，累计争取扶贫再贷款资金7亿元，全部用于孙吴县脱贫摘帽工作，并做好扶贫资金的动态跟踪监测和效果评估工作，孙吴县

5月9日,中国人民银行黑河市中心支行举行"中国梦、劳动美"主题演讲比赛

已于2018年9月29日脱贫摘帽。金融市场管理不断加强。指导农商行完成大额存单业务的发行和报备工作,全年累计发行大额存单3期,笔数1649笔,金额7.05亿元。完成嫩江农商行开办代销贵金属业务的审核工作,全市代理贵金属销售额实现零的突破。　(张文岳)

【金融稳定】 2018年,中国人民银行黑河市中心支行贯彻落实防范化解金融风险攻坚战部署,做好央行评级工作,准确衡量地方法人金融机构真实经营状况,深入分析风险点和风险传递路径。做好存款保险信息系统测试,加强对投保机构的风险管理。开展银行风险应对能力测试,与黑河农商银行、花园街派出所联合开展防抢劫预案演练活动。加强地方金融监管协调,积极参与黑河市涉嫌非法集资风险专项排查、整治虚假违法金融广告、清查打击"套路贷"违法犯罪、互联网金融风险专项整治等金融风险排查活动。深化"两管理、两综合",指导嫩江县幸福村镇银行完成"开业管理"备案、存保投保手续办理等对接工作。完善重大事项报告制度,发挥"重大事项报告"在金融风险监测评估和维护金融稳定中的积极作用。推进特定非金融机构反洗钱监管工作,与金融办和房产局制定联合监管机制,切实做好防范特定非金融机构洗钱与恐怖融资风险工作。

(张文岳)

【金融服务】 2018年,中国人民银行黑河市中心支行加快推进金融服务体系建设。持续优化支付环境,加快建设移动支付便民示范工程,在公交、医疗健康、公共缴费等六大民生领域实现全面突破,辖区70.8%的商户开通手机PAY(支付),43.2%的商户开通二维码业务,全年累计交易97万笔、交易额5198万元。引导金融机构拓展银行卡服务范围,助农取款业务稳步增长。嫩江县、北安市、五大连池市共办理助农取款127.3万笔,金额4.9亿元,同比增加1.4亿元。加快征信体系建设,强化信用信息安全服务水平。自助查询机实现辖区全覆盖,信用信息安全得到有效防控。推动农村信用体系建设与金融扶贫相结合,征信支农扶贫作用得到有效发挥。扎实有效地做好金融科技服务工作,加强对信息系统应急事件处置的响应,针对11月下旬黑河市运营商出现网络中断的突发状况,及时启动应急预案,反应及时、处置得当。加强国库管理,完成税务机构改革相关衔接工作,保证改革平稳过渡,国库科被省总工会授予"工人先锋号"称号。优化发行基金零头款管理,创新提出可视化透明包装袋的思路。在辖内1个中心支库、4个支库进行先期试点,得到上级行的肯定。　(张文岳)

【外汇管理】 2018年,中国人民银行黑河市中心支行推进贸易投资便利化,提升服务实体经济水平。创新外汇管理,积极应对中美贸易摩擦,提升农产品进出口贸易规模。允许大豆回运企业办理"多进口差额报告",全年报告金额1779万美元,保证了大豆进口规模的不断提升。服务与监管并重,推进黑龙江大桥项目建设。畅通资金汇划渠道,实现项目贷款资金出的去,还贷资金回的来。累计发放贷款9.1亿元人民币,汇出境外投资资本金60笔,金额1.3亿美元。辖内首家个人本外币兑换特许机构正式营业,办理兑入、兑出业务折303.8万美元。加大外汇领域违法违规行为查处力度,查处违规问题20笔、金额422万美元。跨境人民币结算清算路径更加便捷,规模和覆盖范围不断扩大。黑河辖内8家银行共20家分支机构开办了跨境人民币业务,办理跨境人民币业务的激活企业326家,比年初增加51家。人民币累计结算量9.7亿元,同比上升8.1%,其中,对俄人民币结算量9.6亿元,占比达99%。　(张文岳)

中国银行业监督管理委员会黑河监管分局

【概况】 中国银行业监督管理委员会黑河监管分局(以下简称"黑河银监分局"),依据《中华人民共和国银行业监督管理法》的规定及原银监会的授权,根据法律、行政法规规定的条件和程序,审查、批准银行业金融机构分支机构的设立、变更和终止;负责对银行业金融机构的高管人员实行任职资格管理;对银行业金融机构的业务活动及其风险状况进行非现场监督,建立监督管理信息系统,分析评价银行业金融机构的风险状况;对银行业金融机构的业务活动及其风险状况进行现场检查;建立银行业金融机构监督管理评级体系、风险预警机制和突发事件发现、报告责任制度。12月27日,按照黑龙江银保监局统一部署,中国银行保险监督管理委员会黑河监管分局正式挂牌成立,属于中国银行保险监督管理委员会的派出机构,履行所在地市银行业和保险业监督管理职能。2018年末,黑河银保监分局共有职工55人,其中,分局机关46人,监管组9人。

领导班子成员及副处级以上领导干部:

局　　长　许海东

纪委书记　裴学印

副 局 长　常　毅

调研员　刘佳生

（敖小飞）

【资产负债】　2018年，黑河银行业金融机构资产余额1250.14亿元，比年初减少50.37亿元，下降5.39%，增幅同比回落11.37个百分点。负债总额1207.92亿元，比年初减少51.5亿元，下降4.09%，增幅同比回落9.44个百分点。从结构上看，资产端受监管规范同业业务等因素影响，主要同业资产规模萎缩明显，余额108.7亿元，比年初减少107.01亿元，下降49.61%，占资产总额比重为8.69%，占比下降7.9个百分点；各项存款增势稳定，占比逐步提升至66.27%，比年初提高7.3个百分点。（敖小飞）

【存款贷款】　2018年末，黑河市银行业金融机构各项存款余额为800.47亿元，比年初增加57.78亿元，增长7.78%，增幅同比提高1.63个百分点。个人存款增长较快，新增存款定期化趋势明显。个人存款余额595.42亿元，比年初增加64亿元，增长12.04%，增幅同比提高5.5个百分点。其中，定期、结构性存款及协定、协议存款等高成本存款增长明显，合计比年初增加40.19亿元。单位存款小幅下降，单位存款余额205.03亿元，比年初减少5.91亿元，下降2.8%。2018年末，黑河市银行业金融机构本外币各项贷款余额557.16亿元，比年初减少28.04亿元，下降4.79%，增幅同比回落8.71个百分点。因市场化收购贷款资金回笼和粮食去库存影响，政策性银行粮食贷款大幅减少；银行业机构不良贷款处置力度增强，不良贷款下降明显。从期限结构看，短期贷款、中长期贷款下降明显，分别比年初减少35.27亿元和11.02亿元；票据贴现大幅增长，比年初提高165.30%。从行业投向看，“批发和零售业”“交通运输、仓储和邮政业”“农、林、牧、渔业”“电力、热力、燃气及水的生产供应业”分别比年初增加21.95亿元、12.77亿元10.98亿元和8.66亿元。分机构看，政策性银行、大型银行信贷规模下降明显，分别比年初减少28.62亿元、13.89亿元；农小机构，贷款余额比年初增加14.3亿元，增长13.16%。2018年末，黑河市银行业不良贷款实现“双降”，余额20.36亿元，比年初减少1.54亿元；不良贷款率3.65%，比年初下降0.09个百分点。不良贷款处置不断增强，2018年，共处置不良贷款4.28亿元，同比增加0.57亿元，其中，收回现金1.86亿元，收现率43.48%；核销2.31亿元，核销率54.05%。（敖小飞）

【服务实体】　2018年，黑河银监分局有效对接地方经济，围绕“十大新体系”，全面了解融资需求信息，完善政银信息平台，提高信息共享时效性，提升贷款投放的有效性。督促辖内各家机构加强与上级行的汇报沟通，争取政策支持，提高黑河地区授权、授信额度，尤其是争取小微企业信贷投放计划与不良贷款核销指标。引导银行业金融机构向中俄黑龙江大桥、跨江索道、机场建设、多宝山铜矿、棚户区改造等重点建设项目投放贷款。（敖小飞）

【普惠金融】　2018年，黑河银监分局引导黑河市银行业金融机构大力支持光伏发电、汉麻种植、肉牛养殖等特色项目，扩大贷款抵押范围；创新“小微快贷”“网贷通”等信贷产品；主动对接金融办、扶贫开发办等部门助推扶贫攻坚，深入开展普惠金融宣传，组织开展“金融知识进万家”、金融知识进校园等系列主题活动，增进银行业金融机构之间的交流互动，为群众了解金融、识别风险，筑起坚实的桥梁，整体上树立黑河市银行业良好的社会形象，进一步优化黑河市金融环境。（敖小飞）

【风险防控】　2018年，黑河银监分局加大现场检查查处力度，对违规银行机构罚款172万元，责令机构处理相关责任人。继续巩固“不敢违规、不想违规”态势，倒逼银行业提升合规意识，消除风险隐患。非现场监管的风险预警能力增强。建立非现场监管联席会议机制，及时发现并积极采取监管措施，停办1家机构互联网金融贷款业务，将风险处置在萌芽中，原黑河银监分局法人机构非现场监管工作获黑龙江银监局认可并作经验介绍。全力强化信用风险管控，做实信贷资产质量分类，化解潜在不良贷款、防止新增不良贷款。加大案件防范化解力度，妥善处置某行疑似存在抵质押权证虚假贷款案件；开展案件风险排查和督导，对自查发现问题及时进行整改。高度关注资金业务风险，对部分资金业务实行按日监测、按月分析、按季进行风险提示的连续监测机制，及时有效化解风险隐患。（敖小飞）

【整治乱象】　2018年，黑河银监分局整治地方金融乱象果断有效。筑好“隔离墙”，遏制社会金融乱象。加强对金融消费者宣传教育，提高公众识别能力。密切与处非办、公安、市场监督管理等部门配合，坚决打击线上线下投资理财公司、小贷公司等类金融机构非法集资行为，遏制交叉金融风险。（敖小飞）

【保险行业监管】　2018年，黑河银监分局对辖内保险业市场现状开展摸底调查。机构改革前夕，在了解辖内保险业发展概况基础上，深入分析困扰保险行业多年的陈规陋习和近年来伴随行业环境改变而滋生的新情况、新问题。为日后全方位的功能监管、行为监管铺路。截至2018年末，黑河市共有保险机构22家，其中，财险机构12家，寿险机构10家。全辖保险从业销售人员（营销员）13516人，同比增长9.51%。全市实现保费收入339773.8万元，同比增长5.97%。其中，财产险业务保费收入100393.86万元，同比增长11.03%；寿险业务保费收入239379.94万元，同比增长4.23%。全市累计发生赔付支出97134.69万元，同比增长5.72%。其中，财产险业务赔款支出66709.99万元，同比下降12.4%；人身险业务赔款支出30424.70万元，同比增长62.77%。（敖小飞）

【推动高质量发展】　2018年，黑河银监分局将风险防范化解“纵横”延伸，纵向到法人顶层设计，横向到他行同类业务,及早介入干预,矫正各种偏离,遏制风险累积,力促良性发展。化解法人机构风险,定期对信贷、同业业务进行风险评估,要求机构真实反映信贷资产质量,将同业业务纳入统一授信管理。化解关注类贷款突增风险,加强对机构窗口指导,推动辖内机构落实资产分类管理,将逾期90天以上贷款分步骤全部计入不良。严格控制新增,健全不良贷款责任追溯机制,重点关注重点机构不良贷款化解及清收工作。狠抓公司治理,督促机构加强对股东股权、关联交易、信息披露、利润分配、案件防控等管理,激活机构发展内生动力。

(敬小飞)

中国工商银行股份有限公司黑河分行

【概况】 2018年,中国工商银行股份有限公司黑河分行(以下简称“工行黑河分行”)净利润1.29亿元,税前利润1.69亿,国有四大银行同业排名第一位,省内行长绩效排名第四位。

中国工商银行股份有限公司黑河分行兴林支行营业大厅

领导班子成员:

行　　长　詹　嵩

副 行 长　王　岩　吕纯刚　陈晓红

纪委书记　肖　飞

(王晨旭)

【净利润】 2018年,工行黑河分行实现拨备前利润16508万元,同比减盈1974万元,全省排名第六位;净利润实现12935万元,同比减盈1096万元,全省排名第三位。

(王晨旭)

【存款业务】 2018年,工行黑河分行从时点情况看,本外币全部存款余额118.45亿元,全省排名第九位,较年初增长7.72亿元,全省排名第六位。工行黑河分行储蓄存款时点余额71.11亿元,较年初增长7.39亿元,同比多增3.56亿元,规模创近十年历史新高。对公存款时点余额47.18亿元,较年初增长0.79亿元,四行占比37.04%,同业排名四行第一位。其中,公司存款时点余额9.77亿元,较年初增长1.38亿元,时点增量全省排名第二位,计划完成率全省排名第一位。机构存款时点余额37.41亿元,四行排名第一位,较排名第二的农行多14.1亿元。日均余额41.33亿元,较年初增长4.22亿元,完成省行计划的440%,全省排名第一位。

(王晨旭)

【中间业务】 2018年,工行黑河分行实现中间业务收入5186万元,全省排名第七位,人均中间业务收入排名第三位。

(王晨旭)

【资产质量】 2018年,工行黑河分行不良贷款余额1459万元,比年初下降5860万元,不良贷款率0.34%,比年初下降0.85个百分点。其中,法人不良贷款零不良;个人不良贷款余额1459万元,较年初增加58万元,不良贷款率0.88%,较年初上升0.05个百分点;信用卡不良余额319万元,较年初增加83万元,不良贷款率1.46%,比年初上升0.39个百分点。超额7590万元完成省行不良余额控制计划,超额8079万元完成省行逾期贷款余额控制计划,超额0.32万元完成省行账销案存资产清收处置计划,超额204万完成省行不良贷款清收处置计划。

(王晨旭)

【零售业务】 2018年,工行黑河分行大零售综合贡献度持续提升。旺季营销创佳绩。在省行开展的旺季营销活动第一阶段评比中,银行卡专业获二等奖;私行专业获三等奖。代发工资单位新增123户(还原后),增量全省排名第四位,完成全年计划的84.8%,计划完成率全省排名第三位;信用卡客户7.2万户,净增0.8万户,有效客户4.6万户,净增1.2万户,计划完成率均列全省第三位;无卡客户精准营销渗透率3.63%,全省排名第一位;新拓互联网有效场景2个,计划完成率全省排名第一位。银校通项目完成系统上线7户,且全部实现获客交易,缴费人数近千人,缴费金额54.73万元。个人住房贷款规模稳步增长。全年累放个人住房贷款29854万元,余额138594万元,较年初增长8707万元,完成省行计划的108.83%,计划完成率全省排名第三位,余额、累放四行排名第一位。

(王晨旭)

【信贷资产】 2018年,工行黑河分行以从严治贷为宗旨,保持信贷资产质量的基本稳定,信贷风险整体可控。个贷逾期贷款压降效果明显。个人贷款不良率0.45%,全省排名第四位;个人贷款逾期率0.64%,个人住房贷款不良率0.07%,全省排名第一位。信用卡透支不良率

1.58%,全省排名第四位。抓住总行政策机遇,经过全行共同努力创新实施了全国首笔表内不良贷款本金减免业务。成功将全行唯一一户法人不良贷款进行了清收转化,卸掉了20余年来压在全行员工头上、长期制约分行发展的沉重包袱,实现轻装上阵,为全行的稳健发展夯实基础。

（王晨旭）

【创新业务】 2018年,工行黑河分行推动普惠金融服务手段创新。嫩江支行成功办理全省首笔票据池质押融资业务,全年累放710万元。五大连池支行、中央街支行与工会合作,为企业贴息贷款。孙吴支行、中央街支行成功办理经营快贷8万元和48万元,填补辖内《网上小额贷款》业务的空白。实现远程金库值守,释放本行工作人员的同时,节省守护外包服务费用95.88万元。技术支持中心组织完成黑河各级法院案款、公积金"双贯标"业务上收等7个科技项目,为全行各项业务的顺利开展提供可靠的运行保障和技术支持。

（王晨旭）

【国际业务】 2018年,工行黑河分行国际业务取得新进步。多项指标创历史新高,同业排名、绩效得分双提升。实现跨境人民币结算量44704万元,全省排名第二位,同业排名第一位;实现中间业务收入310.76万元,全省排名第四位,同业排名第一位。全省专业考核排名第一位,首次超越哈尔滨分行。

（王晨旭）

中国建设银行股份有限公司黑河分行

【概况】 中国建设银行股份有限公司黑河分行(以下简称"建行黑河分行")有员工325人,内设部门14个,下辖4个县(市)支行、3个城区支行和1个分理处。

领导班子成员:

行　　长　张道建(2018.7止)

　　　　　刘世强(2018.7任)

纪委书记　王劲松

副 行 长　王可敬

合 规 官　李金忠

（王　超）

【经营成果】 2018年,建行黑河分行税前利润实现6732万元,完成计划的70.22%;实现经济增加值4402万元,完成计划的68.16%;主营业务收入16441万元,完成省行计划的87.98%。

（王　超）

【资产业务】 2018年,建行黑河分行本外币各项贷款余额8.45亿元,贷款余额及新增当地四行排名第三位。其中,对公贷款正增长,同业四行第一位,二级行第二位。个人类贷款负增长。

（王　超）

【负债业务】 2018年,建行黑河分行本外币全口径存款时点余额73.28亿元,新增0.49亿元。一般性存款日均余额73.68亿元,新增1.37亿元。对公存款明确行领导及各级负责的增存组织责任,安排专人实施存款目标客户落实与推进,积极推进"大走访,大营销活动",组成多部门参与的营销团队,主动实施存量和增量客户的需求挖掘,多方式促进存款增长;房改金融存款加大系统营销及金融科技投入力量,对公积金中心、住房维修基金管理部门通过科技系统营销,解决业务痛点,重点做好公积金跨行资金归集、公积金委托贷款的资金承接、大额存单等产品营销;个人存款实现公私联动,承接源头资金,狠抓客户和商户场景建设,形成闭环,汇集资金流量。结合差异化定价政策,稳固存量客户资金,加强产品主动组合销售,撬动高净值个人客户资金。做好高净值客户、私人银行客户维护及服务,提升客户综合产品贡献度。

（王　超）

【客户拓展】 2018年,建行黑河分行对公客户拓展方面:大力做好结算账户营销工作,夯实结算业务基础,提升结算条线客户"无效变有效"。搭建企业级营销平台,实现体系化获客活客。深化与金融办、行业协会等合作,开展孵化器类企业账户营销,加快"账易行"和"账户地图"等获客工具推广。同时,结合供应链金融、生态圈拓展和支付结算场景建设,精耕细作上下游客户,增强客户黏性;个人客户拓展方面:加快拓展重点客群,深入推进综合金融服务,加强临界有效客户营销,突出各层级临界客户转化和提档升级;强化客户产品覆盖,增加存量客户资产、负债类产品营销渗透,提升客户黏性;稳健拓展优质年轻客群,做好高消费客户经营拓展。

（王　超）

【基础建设】 2018年,建行黑河分行做好营业机构装修改造、智慧柜员机布放和创建"劳动者港湾"工作。全年完成兴华支行、中央街支行、五大连池自助银行和新成立的黑河分行财富中心4个机构装修改造和回迁;深化物理渠道转型发展,促进网点综合效能提升,整治低效自助设备,累计调剂存取款一体机15台;全辖投放智慧柜员机50台,智慧柜员机布放网点覆盖率100%;全辖14个营业机构完成"劳动者港湾"挂牌工作。开展营业网点"优质服务提升活动",持续开展营业网点物理环境专项整治工作,确定每月10日为营业网点"环境美化日",参与总省行组织各项业务技能大赛活动,锻炼员工队伍。

（王　超）

【风险管理】 2018年,建行黑河分行加强风险管理,用好风险监测,找对症状。从"资产质量、减值支出、信贷结构、经济资本"四个维度进行剖析;强化风险预防,防治未病。坚持"稳健服务实体经济是防范风险根本举措"原则;深化全面风险管理,下对药方。继续完善全面主动的风险管理,实施差别化、精细化管理,提升风险管理价值创造贡献。

(王 超)

【内控管理】 2018年,建行黑河分行全面强化内控合规管理,夯实遵规守纪良好基础,统领管理职责,筑牢合规基础,树立"管业务要管住人,管住人要管好思想"的观念和意识,惩防并举,重在预防;整治违规违章,开展深度排查。全面建立"部门抓条线、条线对部门负责"的双向机制,主动发现违规、阻断风险;治理市场乱象,规避监管处罚。深化银行业市场乱象治理,全面组织排查,落实即查即改;融入经营活动,管控洗钱风险。完善反洗钱工作规章制度,持续做好客户身份信息补录和涉敏国家(地区)账户上报工作。坚持"平安建行"创建主题,抓细"五化建设",深入开展"安全生产改革年"活动,提升安全生产监管和管理水平,全面加强社会治安综合治理,贯彻落实"扫黑除恶"专项斗争工作,实现"四无"目标。

(王 超)

【企业文化】 2018年,建行黑河分行发挥党委组织、宣传、企业文化建设以及工会、共青团等组织作用,传递正能量,培养员工的企业文化认同感与归属感,汇聚转型发展力量。确定切实、可行的培训计划,加强员工培训,提高员工素质,确保培训效果,提高培训资源的使用效率,全年组织现场培训24期,1454人次。强化企业文化教育工作,举办各类主题征文、宣传教育和文体活动,陶冶员工的情操,释放员工压力,鼓舞员工士气。重视生活困难的老党员、老干部和困难员工的帮扶和救助工作,开展丰富多彩的文体活动,丰富生活困难的老党员、老干部精神文化生活。做好员工关爱工作,以《进一步关心关爱员工实施意见》为指引,全面落实关心关爱举措,让广大员工感受到建行大家庭的温暖。

(王 超)

中国农业银行股份有限公司黑河分行

【概况】 2018年,中国农业银行股份有限公司黑河分行(以下简称"农行黑河分行")深入贯彻中国农业银行股份有限公司黑龙江省分行党建和经营工作会议精神,以党建为统领,以三项综合营销活动为契机,牢牢把握"稳健、有效"原则,贯穿"一二三四五"工作思路,认真落实"五大工程"部署,加快转型,优化机制,狠抓增收创效,守住风险底线,党建取得成效,业务经营实现稳健有效发展。现有各类营业机构38个,其中,分行营业部营业室1个,县(市)支行5个,城区支行1个,二级支行(翻牌支行)29个,分理处2个。分行机关内设部室15个,在岗员工792人。

领导班子成员:

行　　长 祁景隆(2018.6任)

纪委书记 陈继明

副 行 长 王 革 张庆丰 白 鑫(2018.6任)

(韦 星)

【经营成果】 2018年末,农行黑河分行各项存款余额147.5亿元,较年初增长12.4亿元。各项贷款余额23.6亿元,较年初增长2.2亿元。全行营业收入3.5亿元,同比增加1814万元,计划完成率102.7%;实现拨备前利润1.4亿元,同比增盈1229万元,计划完成率101.2%;中间业务收入实现5845万元,计划完成率107.6%。成本收入比60.48%,较上年下降1.4个百分点。

(韦 星)

【服务"三农"】 2018年,农行黑河分行累计投放农贷4212笔,9.3亿元,其中,投放惠农e贷1421笔,1.8亿元,发放惠农贷便捷贷1笔。降准口径普惠农贷增量全省排名第一。有效惠农卡增加5.5万张;金穗惠农通服务点终端上线570户,计划完成率100.4%;服务点聚合码上线581户,计划完成率101.9%。惠农通服务点乡镇覆盖率100%,村屯覆盖率98.6%。累计营销社会保障资金、公共事业收费、惠农补贴等各类涉农代理项目86个,累计代收资金0.4亿元,累计代付4.6亿元,账户归集资金1.1亿元。

(韦 星)

【风险防控】 2018年,农行黑河分行完成不良贷款处置2699.5万元,计划完成率188.4%,全省排名第二;现金清收不良贷款1869.5万元,计划完成率全省排名第二。县域支行纪委书记全部专职化;重点账户综合对账率100%,电子对账签约率97.6%,万元以上单位结算账户支付密码器覆盖率99.1%。按季召开案例警示教育大会,开展合规文化宣讲4次,提升全员案防意识。各类检查发现问题218个,问题整改率100%。

(韦 星)

【企业文化】 2018年,农行黑河分行创新"党建+"工作模式,深入开展"三深入结对子"活动,组织开展"不忘初心、牢记使命""弘扬爱国奋斗精神、建功立业新时代""解放思想推动高质量发展大讨论"等活动,全行获总行优秀共产党员称号1人,省行优秀党务工作者称号1人,省行优秀基层党组织1个。实现支行集中配餐、集中物料配送、集中清洗牌匾、集中加配钞、集中司法查询上收,减轻基层一线的压力。发放前台人员、新入行大学生补贴118万元,帮扶困难员工55人次,落实帮扶资金33万元;募集救助经济困难重病员工2人,落实慰问金10万元。成功举办首届全辖职工趣味运动会、第四届职工羽毛球比赛和全市乒乓球比赛,家园文化日益浓厚。

(韦 星)

中国农业发展银行黑河市分行

【概况】　中国农业发展银行黑河市分行（以下简称“农发行黑河市分行”）成立于1996年10月22日，下辖市分行营业部、嫩江县、北安市、五大连池市、逊克县和孙吴县支行6个营业机构。市分行机关下设办公室、资金计划部、政策性业务部、创新与投资业务部、信贷与风险管理部、内控合规（法律事务）部、财务会计部、信息科技部、人力资源部和监察部10个部室。2018年末，全辖共有156名干部职工。

领导班子成员：
行　长　孙庆新
副行长　张玉成　隋庆才　顾　欣（2018.4任）

【经营成果】　2018年，农发行黑河市分行全年累计投放贷款25.26亿元，年末贷款余额292.59亿元，比年初下降28.62亿元。各项存款日均余额11.31亿元，同比增加0.8亿元。不良贷款0.05亿元，同比增加0.05亿元，不良贷款率0.016%。全年实现收入14.3亿元，各项支出13.77亿元，收支扎差后账面利润0.53亿元，同比减少0.39亿元。

（杨永兴）

【信贷支农】　2018年，农发行黑河市分行围绕服务乡村振兴，坚持创新发展，充分发挥支农骨干作用。聚焦粮食安全，做大做强粮食产业这篇大文章。积极支持政策性粮食收购，认定水稻最低价收储库点19户，启动11户；转变观念，以粮食收购贷款信用保证基金为抓手，支持企业开展市场化收购。全年累计投放各类粮食收购贷款19.58亿元，同比多投放3.70亿元；收购粮食46.52万吨，同比多收购4.12万吨。围绕市委年初农村工作会议精神，积极支持黑河绿色有机农业产业发展。促请市政府设立黑河市绿色有机农业产业贷款风险补偿基金。省行对农发行黑河市分行依托补偿基金办贷进行批复，同意按照不超过补偿基金总额的10倍予以信贷支持。全力支持农业全产业链发展。投放2.14亿元支持北安市宏维农业物产有限公司和华升食品有限公司4.75万公顷粮食规模化经营；审批1亿元支持北安市华升食品冷链物流项目建设；投放1.8亿元支持北大荒垦丰种业公司良种繁育。聚焦脱贫攻坚，为乡村振兴打牢坚实基础。融入国家“一带一路”倡议，审批4亿元支持中俄跨江索道观光及配套基础设施旅游扶贫项目建设；支持农村贫困人口居住区基础设施建设，成功营销全省首笔PPP项目0.64亿元爱辉区农村公路改扩建工程，实现投放0.59亿元；支持北安市、嫩江县和五大连池市村级光伏扶贫电站建设，投放光伏扶贫贷款1亿元；强力推进棚户区改造贷款业务，抓住最后政策窗口期，审批逊克县和五大连池市棚改项目2个，金额5.31亿元，投放0.15亿元。

（杨永兴）

中国银行股份有限公司黑河分行

【概况】　中国银行股份有限公司黑河分行（以下简称“中国银行黑河分行”）是中国银行所属境内二级分行，内设综合管理部、人力资源部、监察部、财务与运营部、风险与内控合规部、公司金融部、国际结算部、个人金融部、营业部9个部门，下辖北安、嫩江、五大连池3个县级支行，黑河开发区支行、黑河中央街支行、黑河西兴路支行、黑河东兴路支行、北安兴安街支行、北安中央路支行、北安东直街支行7个经营性支行，共11家营业网点，在册员工248人。截至年末，中国银行黑河分行实现营业净收入6818万元，同比减少246万元，下降3.5%。拨备前利润1490万元，同比减少957万元，下降39.1%。净利润727万元，同比增加650万元，增长839.3%。

领导班子成员：
行　　长　亓立民
纪委书记　张立涛
副 行 长　刘效斌　刁庆武　滕永强

（赵凯富）

【资产业务】　2018年，中国银行黑河分行本外币资产总额36.69亿元，较年初增加1.29亿元，增长3.7%。人民币贷款余额8.13亿元，较上年增加1.86亿元，增长29.7%。其中，公司贷款余额1.24亿元，较上年增加0.5亿元；个人贷款余额6.09亿元，较上年增加1.06亿元。四大行市场占有率8.5%，较上年增加2.8个百分点，增长排名四大行第二位。坚持住房贷款的核心产品地位，拓展优质开发商、优质楼盘和优质客户，新签约合作楼盘以及已合作续签楼盘共20个。累计个人贷款投放1.98亿元，新增市场份额90%以上。公司贷款以沾河腾创（公司+合作社）为目标客户，向黑龙江省北安农垦云峰旱田农作物种植专业合作社等四家农业种植合作社投放贷款2714万元，并向地方重点项目多宝山铜业投放贷款1亿元。不良额、不良率实现“双降”。不良资产余额1408万元，较上年下降363万元；不良率1.7%，较上年下降1.1个百分点。

（赵凯富）

【负债业务】　2018年，中国银行黑河分行本外币负债总额36.43亿元，比年初增加1.32亿元，增长3.8%。本外币各项存款余额34.53亿元，较年初增加2.88亿元；市场份额为8.1%，较年初上升0.19个百分点。坚持早谋划、早布置，制定存款“开门红”竞赛方案，开展存款开门红活动。

开展全员营销劳动竞赛，实施业务产品积分制考核、业务信息奖励机制、定点帮扶机制，把存款作为全员营销的重点产品大力推进。加强组织推动，定期召开存款工作推动会议，交流营销经验，研究下一步工作措施。各机构、各网点群策群力、积极营销，条线管理部门勤考核、勤通报，形成了深厚的发展氛围。根据客户需求开展差异化营销，充分利用大额存单、聚财通、步步高、结构性存款等优势产品拉动存款增长。　（赵凯富）

【贸易金融】 2018年，中国银行黑河分行发挥贸易金融优势，大力拓展国际结算业务。完成国际结算量25342万美元，同比增加36.2%；跨境人民币业务29171万元，同比增加193.4%；实现非息收入52.87万元，同比增加74.9%；三项指标同比增长领先全省，受到省行表扬。市场份额55.9%，较年初增加15.76个百分点。　（赵凯富）

【客户拓展】 2018年，中国银行黑河分行以项目拉动客户数量，为业务可持续性发展打牢根基。抓账户、拿资质，成功取得北安财政国库集中支付代理资格。截至12月末，行政事业客户508户，较年初增加195户。行政事业存款余额4.31亿元，较年初增加0.66亿元；日均余额4.11亿元，较年初增加0.55亿元。加快推进"联名卡"项目，实现批量获客。与黑河市总工会合作推出"工会会员联名卡"。中国银行黑河分行通过联名卡实现工会法律援助、帮扶受助资金、劳模津贴等金融支付结算服务的同时，还提供免除工本费、年费、小额账户管理费等优惠政策，累计发卡5000张。"华富超市会员卡"也成功进入发卡阶段，累计发卡1601张，成为获取客户的重要来源。此外，成功营销公积金"双贯标"信息系统上线的公积金缴存、国土局矿业基金、黑河众联医药等项目，为公司存款增长打下良好基础。　（赵凯富）

【重点产品】 2018年，中国银行黑河分行推动信用卡业务转型，以ETC卡为载体，拓展信用卡客户。以政府机关和教育、医疗等事业单位以及代发薪客户为目标客户，加大优客分期业务宣传力度。按照分期交易额的千分之八配置市场费用，指导客户购车、装修等消费时使用信用卡分期消费。当年新增大额专项分期1134万元，计划完成199%，全省排名第二；新增卡户分期3703万元，计划完成102.9%，全省排名第四。实施手机银行倍增发展计划，提高活客能力。发展手机银行是新一届总行党委提出的新战略，也是转型发展的必然选择，从员工抓起，人人成为手机银行的体验者、使用者、宣传者、推广者。加强通报、点评过程管理，采取厅堂、外拓形式同步开展营销。广大员工发动亲友，积极参与，形成"人人使用手机银行、人人推广手机银行"的良好氛围。　（赵凯富）

【普惠金融】 2018年，中国银行黑河分行加强网点渠道建设，优化网点布局，改善客户体验。开展西兴路支行营业用房维修改造，改善服务环境，提升员工办公条件客户服务体验，提高电子渠道迁移率。新建五大连池支行。五大连池支行是黑龙江省2018年新建的4家普惠型县域机构之一，得到了黑河市委市政府和银监部门的高度重视和大力支持，被市政府列入《关于进一步加强金融工作的意见》重点推进。11月1日，五大连池支行成为中行首家正式开业的普惠型县域经营机构。加大普惠金融工作服务力度。设立普惠金融服务中心，专门负责小微企业金融服务工作。小微企业贷款余额4162万元，较年初增加1666万元；户数68户，同比增加10户，全面完成两增两控和定向降准工作指标。　（赵凯富）

【风险管控】 2018年，中国银行黑河分行开展行内控案防体系建设年活动。重点抓实"三项"教育活动，严防"四类"风险事件，关注"五个"业务领域，排查"六种"违规行为。开展案例巡回宣讲、参观反腐倡廉警示教育基地等活动，使干部员工深刻汲取教训，警钟长鸣。开展银行业市场乱象自查工作。严格落实银监部门工作要求，从公司治理不健全、违反宏观调控政策等8大项22个方面进行自查自纠，对存在的问题进行整改，对有关责任人进行问责，受到银监部门的充分肯定。开展员工异常行为排查工作。通过省行异常数据排查，对查实的员工个人网络消费贷款违规流入股市和为他人过渡资金、出借账户等问题进行问责，给予行政处分或经济处理，起到惩戒和警醒作用。加快不良资产化解。加大催收力度，坚持以自主清收为主，诉讼清收为辅，应收尽收，进一步化解存量不良资产。截至12月末，实现个人不良贷款现金清收149.16万元，银行卡不良现金清收99.07万元。　（赵凯富）

【品牌形象】 2018年，中国银行黑河分行参加2018中俄边境城市展览会，进行对俄金融服务项目推介，引起强烈反响。通过认真组织、精心布展、积极宣传、强力推介，共接待来访中外客商100余人次，发放宣传资料500余份，推广特色金融产品，提升品牌形象，扩大社会影响力。驻外领馆、中俄地方政府领导参观中行展台并给予积极评价。完成分行办公楼电梯和县支行办公楼维修工程，提升对外形象，改善员工的工作环境。辖内各机构均成立职工食堂，解决员工的后顾之忧。坚持为退休员工举办欢送会，慰问患病员工，春节前开展困难职工、困难党员慰问活动，让员工感受到组织的温暖。建立行史馆，做到展示现在、规划未来，增强员工的荣辱感和使命感。　（赵凯富）

交通银行股份有限公司黑河支行

【概况】 2018年，交通银行股份有限公司黑河支行（以下简称"交行黑河支行"）在黑河市区设有1个物理网点，1个离行式自助银行,3个离行单台设备。交行黑河支行除行长室外,设有办公室、营业室、公司部3个部门,共有员工23人,其中,班子成员3人、办公室2人、营业室11人、公司部7人。

领导班子成员:
行　长　苗洪林
副行长　吴树发　董立涵

(刘海艳)

【创新发展】 2018年,交行黑河支行面对复杂变化的经济金融形势,积极优化调整内部结构,努力克服内外环境产生的各种困难,不断夯实发展基础,支行不断创新营销模式,通过开展银企座谈会、产品推介会、节日专项营销、组织团队深入居民社区和大市场集中销售以及通过报纸集中宣传等多种方式进行营销展业,使支行的客户基础和业务规模不断壮大。建立以发展为核心的营销队伍、以绩效为核心的考核机制,明确安全、稳定、合谐的发展原则,在坚持规范经营、防范风险的前提下,实现各项业务稳步发展。截至2018年末,支行各项存款余额5.8亿元,较年初增长1.4亿元;人民币各项贷款余额2.2亿元;全年实现经营利润740万元,计划完成度110.61%。全年没有不良贷款,资产质量保持良好。(刘海艳)

【社会责任】 2018年,交行黑河支行在实现自身发展的同时,还本着"立足黑河、服务黑河"的理念,支持地方的经济建设,满足企业和个人的融资和消费需求,先后支持了热电厂、黑河学院等国有企事业单位以及凯歌家电、黑河商厦等一批极具潜质的中小企业发展,积极响应中央提出的支持"两大平原"建设的号召,在省分行的大力支持下,支持了市涉农重点招商引资企业——黑河中兴牧业有限公司,发放了首笔奶牛抵押贷款,累计为该企业投放1亿余元用于采购饲料,支持了中兴牧业发展,通过中兴牧业的饲草采购带动青储贮、燕麦等农业种植户的发展,有力促进农民增收。截至2018年末,交行黑河支行累计发放3000余笔下岗再就业贷款和1700余笔住房贷款及其他消费贷款,支持失业人员、大学生及其他符合条件且有创业需要的人员进行创业和消费。此外,支行还积极参与冰雕大赛、周末大舞台、向社会福利院捐赠等公益活动,深入宣传征信、反洗钱、防范假币技巧,普及金融知识,增强公众的金融风险防范意识。(刘海艳)

【文明服务】 2018年,交行黑河支行加强服务管理,形成以客户、第三方神秘人、上级管理部门和支行自考自评的"四维度"考核评价体系,并建立起奖罚分明的专项考核制度。定期召开例会,通过回放录像、分析点评等方式总结每名员工的服务工作情况。加强业务学习,深入开展岗位练功,并通过互相学习交流和派出学习培训等方式提升员工的综合服务能力。在网点建设中充分体现人文理念,开设爱心窗口,增设爱心座椅、监督投诉电话、无障碍通道、轮椅、婴儿车、便民箱、充电器、饮水机、雨伞等设施;划分出儿童娱乐区、公共教育区、贵宾等候区、机动车停放区;小心地滑、小心台阶和防电讯诈骗各种温馨提示齐全醒目;注意美化网点,合理放置花草,给客户营造温馨舒适的办事环境。大力推进金融电子化,加大自助服务渠道建设,不断改进系统,优化操作功能,打造立体化多媒体服务平台。黑河支行连续四年被中国银行业协会评定"中国四星级银行网点",正在为打造五星级银行网点做准备。(刘海艳)

【依法经营】 2018年,交行黑河支行认真落实上级行和监管部门的信贷投放政策,审慎选择客户和项目,严格按流程发放贷款。加强信贷资金投向监控,加强对合作商的考核和监控。持续优化信贷结构,健全各类防控措施,不断防范信贷风险,全年实现了无不良、无逾期的目标。认真落实风险防控责任制,签订案件防控责任状。高度重视信用风险、操作风险和道德风险,严格按照监管部门和省分行要求及时评估、提示并防控业务运行的风险点。认真开展各项风险排查、常规检查和突击检查工作,宣讲案防工作的重要性和必要性,提倡员工之间互相监督和警示,杜绝违规行为,防范"飞单"等风险事件发生。认真落实"七个严禁"规定,加强宣传教育,组织开展好员工失范行为排查工作,通过面谈、侧面了解、个别家访等形式对员工的思想和行为进行掌控,制止员工参与民间借贷和非法集资行为,不但严格要求员工遵守规定,还对客户进行风险提示,高度警惕现阶段民间借贷和集资等社会融资活动的风险转嫁。持续抓好安全保卫工作,坚持查、防、改并举,明确安保责任,不但同行内各岗位员工签订安全责任状,而且还同租用支行房产的单位签订防范责任状,建立起联防机制。认真开展防火和防抢专项演练,对一些私用电器和电路不规范的问题进行整改,对离行式单台设备进行四角加固,有效消除安全隐患。

(刘海艳)

【企业文化】 2018年,交行黑河支行建设好员工活动室,购置跑步机、台球、乒乓球等设施,搭建起员工健身的舞台。以图板为载体,将员工工作学习、生活娱乐的精彩瞬间进行展示,彰显员工的风采。通过举办徒步走、郊游、游戏、参观、节日聚会娱乐等方式,缓解员工的工作压力,陶冶情操。关爱退休员工,建立了专门的活动场所,开展文体活动,丰富退休员工的业余生活。开展党建活动,深入推进支部建设,不断增强党支部的凝聚力、向心力和战斗力,"和谐交行"建设初见成效。(刘海艳)

黑河农村商业银行股份有限公司

【概况】 黑河农村商业银行股份有限公司(以下简称"黑河农商银行")是经中国银行业监督管理委员会批准于2011年

1月28日成立的具有独立法人资格的股份制商业银行,注册地在黑龙江省黑河市,注册资本人民币13亿元。机关内设18个部门和1个经营管理中心,外设21个直属支行和10个分理处。以股权链接的形式下辖管理孙吴、北安、逊克、嫩江、五大连池5家县级农商银行,经银监会批准黑河农商银行在哈尔滨香坊区、富锦市、安达市、嫩江县发起设立4家村镇银行,员工总数2300余人。截至2018年末,资产总额353.02亿元,较年初减少70.32亿元,减幅16.61%。存款余额219.73亿元,较年初增加11.64亿元,增幅5.59%。贷款余额110.04亿元,较年初增加9.08亿元,增幅8.99%。存、贷款规模始终稳居全市各家金融机构首位。实现拨备前利润5.30亿元,同比减少1.16亿元,减幅17.96%。2018年上缴利税1.53亿元,始终保持全市纳税大户地位。

领导班子成员:
董 事 长　安久龙
行　　长　姜立忠
纪委书记　监事长　朱金库
副 行 长　徐家辉　安永江

(马　宁)

【服务地方经济】 2018年,黑河农商银行聚焦经济增长动能转换和供给侧结构性改革下的多元化金融需求,主动服务地方经济,多措并举"保增长、促转型、惠民生",不断提高服务实体经济质效。成功举办全市农商银行系统助力民营企业和"三农"经济发展100亿元授信签约大会,为民营企业和"三农"经济降低成本、破解难题出实招、办实事、求实效。共为"三农"和民营企业381户授信,授信总额度达到148亿元,彰显助力民营企业和"三农"经济发展本色,积极践行服务黑河全面振兴、全方位振兴的责任担当。全流程、全要素支持农业生产,助推现代化大农业发展,全年累计投放支农贷款78.87亿元,为39150户农民提供金融服务,支持面和市场份额占全市有信贷需求农户、合作社的90%以上,有效发挥"三农金融服务主力军"作用。始终坚持服务民营企业和小微企业,为不同阶段、不同需求的民营企业提供定制化综合金融服务,助力地方中小民营企业茁壮成长。全年累计为1491家中小微企业投放贷款25.08亿元,累计投放城镇居民个人贷款19.21亿元。贯彻落实各级党委、政府关于做好扶贫攻坚工作的指示,积极履行社会责任,努力向金融扶贫"精准发力、精准施策、惠农利民"的目标努力,全市15162户建档立卡贫困户,对接率、录入率、确认率全部达到100%,对5万元以下贫困户贷款实行免抵押、免担保的"双免"政策,扶贫贷款余额4.58亿元,贫困户受益户数1.24万户,为全市扶贫攻坚工作做出积极贡献。　(马　宁)

【助力边贸】 2018年,黑河农商银行国际业务坚持以助力边贸为中心,优化业务流程,提高服务质效,加强业务营销,参加"俄罗斯中国2018年金融关系主要趋势"第七届国际会议,作为唯一参会并做主题发言的中国银行,在与会俄罗斯银行中产生积极反响,年内与多家排名前15位的俄罗斯银行开展互访,就开立账户、相互授信、国际结算等业务合作达成意向。为数十家企业办理国际结算业务,全年国际结算量达6044万美元,较上年增长268.62%。国际业务在快速发展的同时,业务合规性不断提升,在2018年度银行执行外汇管理规定情况考核中被评级为"A类银行"。

(马　宁)

【转型发展】 2018年,黑河农商银行加快转型发展步伐,力促"走出去"发展战略落地生根,初步形成立足本土、辐射龙江,内涵做精、外延做强的板块化、集团化经营模式新格局。11月,发起设立的哈尔滨幸福村镇银行、嫩江幸福村镇银行、富锦幸福村镇银行、安达幸福村镇银行相继开业,标志着"走出去"发展战略取得重要阶段性成果。

(马　宁)

【企业文化】 2018年,黑河农商银行与普惠金融联席会合作举办"论道漠河光耀北极"活动第二季"大零售战略转型"研修班,来自全国农商、农信系统的30余家同行与会,该活动成为业内较为知名的交流平台,黑河农商银行的业界知名度进一步扩大。践行企业社会责任,先后参与黑河市首届"赏冰乐雪、灵动黑河"主题雪雕大赛、第九届中俄文化大集巡游活动、文明交通志愿服务活动月等多项社会活动10余次,冠名"第三届瓜王争霸赛暨地方特色绿色农产品大集"活动。员工兴趣小组"扮靓"员工业余生活,先后开展趣味运动会、徒步竞走等多项活动,为员工搭建学习、交流、竞赛、休闲的平台。　(马　宁)

【企业荣誉】 2018年,黑河农商银行各项监管指标持续优化,稳居全省农信系统前列,被国家银保监会评为"标杆农商银行";被中国外汇交易中心授予"中国外汇交易中心最大进步会员奖";获2018年黑河市第二届"乐冰乐雪在黑河"主题小微雪雕大赛三等奖;被中共黑河市爱辉区委员会、黑河市爱辉区人民政府授予"爱辉区社会治安综合治理暨平安建设先进集体";被黑河市爱辉区社会治安综合治理委员会授予"全区社会治安综合治理先进集体";被黑河市企业联合会评为"黑河市企业管理现代化创新成果先进单位"、获"黑河市企业50强"排序首位;被全国地方金融22次论坛评为"中国地方金融十佳农商银行"。

(马　宁)

中国邮政储蓄银行黑河市分行

【概况】 2018年,中国邮政储蓄银行黑河市分行(以下简称"邮储银行黑河市分行")全面贯彻落实中共十九大精

中国邮政储蓄银行黑河市分行营业网点

神，立足本地实际，围绕加快转型和发展，正视困难与挑战，积极应对，抢抓机遇，创新举措，狠抓落实，经营工作整体平稳，管理工作不断强化提升。全行实现营业收入22446.87万元，实现净利润0.39亿元。全行总资产102.05亿元，同比增长7.6%。各项存款余额93.9亿元，同比增长5.74%。各项贷款余额25.45亿元，同比增长1.43%。不良贷款率2.49%，较2017年下降0.49个百分点。

领导班子成员：

行　长　周文韬

副行长　王晓东　贾建国　岳　俭（2018.10止）

武　钢（2018.10任）

（英　杰）

【负债业务】　截至2018年末，邮储银行黑河市分行全口径各类存款余额83.27亿元，同比增长6.26%。其中，自营个人储蓄日均余额达到24.9亿元，实现净增0.5亿元，同比增幅2.05%。截至2018年末，公司存款余额10.8亿元，较同比增长0.19亿元，同比增幅1.88%。市场占有率为5.35%。日均余额达到10.96亿元，较年初减少2871万元，降幅1.52%。（英　杰）

【资产业务】　2018年，邮储银行黑河市分行坚持服务“三农”、服务社区、服务中小企业的战略定位，自觉承担“普之城乡，惠之于民”的社会责任，围绕黑河市委、市政府的经济工作重点，结合地方区域经济结构和产业布局特点，充分利用网络、资金、政策等优势，创新业务品种，完善金融服务，全心助力黑河地方经济的发展。零售贷款余额总量达到25.45亿元，年增2.33亿元，全年放款超过18亿元。邮储银行黑河市分行着力结构调整，优化小额贷款业务，紧跟农垦改革进程，重点推进与各平台、企业的深入合作。2018年实现放款9.21亿元，较2017年减少4.68亿元，年末结余5.16亿元。加大消费贷款投放，积极满足全辖居民消费融资需求，截至2018年末，累计放款4.35亿元，余额年净增2.66亿元。立足地方，支持小微企业发展，全行不断提升队伍能力，强化流程管理，截至2018年末，小微贷款结余5.55亿元，较年初增加2.66亿元，增幅6.13%，极大程度助力全辖小微企业的发展。“两增两控”“人行定向降准”“精准扶贫”等各项政治指标全面完成。“两增”方面，统计口径结余贷款户数1906户，完成比例100.32%；净增4207万元，完成比例140.23%。“两控”方面，新发放贷款加权平均利率控制在监管要求目标内，统计口径内不良贷款余额、不良率双降。精准扶贫贷款实现净增449万元，结余3656万元。其中建档立卡贫困人口贷款结余2370万元，产业扶贫贷款余额实现1530万元。（英　杰）

【中间业务】　2018年，邮储银行黑河市分行践行企业使命和服务理念，发挥城乡网络全覆盖的优势，做好储蓄、汇兑、代收代付、结算等关系民生的基础金融服务，履行“百姓银行、绿色银行”的承诺。个人保险业务，保费新增6亿元；自营理财保有量9.07亿元；全口径代收付交易410万笔，交易金额70.02亿元。其中，自营代收付交易191万笔，交易金额30.99亿元。（英　杰）

【银行卡业务】　2018年，邮储银行黑河市分行全口径卡发11.46万张，卡片结余125.73万张，卡户存款余额40.54亿元。其中，2018年自营卡发43769张，卡片结余50.16万张，卡户存款余额142893.5万元。信用卡业务实现质量并重。全年累计发卡11869张，创历史新高，本金不良率、年化损失率保持低位。截至2018年末，信用卡发卡11869张，较2017年增长67.36%，结存客户数2.8万户，同比增长27%。信用卡交易笔数58.97万笔，交易金额8.61亿元，同比增长55%。（英　杰）

【电子银行业务】　2018年，邮储银行黑河市分行紧跟网络金融发展趋势，强化电子银行渠道建设，电子银行分流客户的功能逐步显现。全行电子银行总替代率91.86%，2018年新增电子银行客户数6.48万户，累计客户数量超40.03万户。其中，自营电子银行客户数新增2.37万户，累计客户数量超17.68万户。手机银行激活率达到71.73%，同比提高5.57%。（英　杰）

【风险防控】　2018年，邮储银行黑河市分行全年清收移交不良贷款3560万元，核销5486万元，贷款不良率2.49%，较年初下降0.49个百分点，不良额较2017年末下降1100万元，不良额及不良率实现“双降”，资产质量整体可控。有序开展市场乱象整治专项活动，针对存在问题，提高风险防控的针对性，业务发展的合规性，筑牢合规经营的底线。“三道防线”建设和履职能力持续提升，各条线配合、银邮配合严格控制风险的效果初步显现。各类活动持续延伸，创造合规经营良好环境。有序开展案防工作，保持案防高压态势，及时发现堵塞风险隐患，持续保持“零案发率”案防目标。推进业务自律、风险管理、检查监督等案防体制建设得到有效加强，银邮联席机制、警示教育工作、案防责任落实,资金安全监管,安保管理工作得到有序运行,安全合规的企业文化逐步形成。内部风险和声誉风险得到有效控制。组建贷后监测团队,持续开展授信后评估工作,进一步排查了业务发展的风险点,夯实信贷业务管理基础。不断完善优化审查审批工作流程,授信管理能力持续提升。保全清收力度不断增强,新增逾期实现有效控制。(英　杰)

【企业文化】 2018 年,邮储银行黑河市分行企业文化建设不断深入,工会文体活动持续开展,乐业乐活的工作氛围日益浓厚。畅通了企业与员工的沟通渠道,夏日送清凉,寒冬送温暖送关怀的活动,得到一致好评。逊克县支行获“2017 年全国邮政系统先进集体”称号;逊克县支行团支部获评“2017 年度黑龙江金融系统五四红旗团委(团支部)”称号;2017 年度中国银行业文明规范服务评选活动中,黑河市通江路支行获“中国银行业文明规范服务五星级营业网点”称号,北安市支行营业部获“中国银行业文明规范服务四星级营业网点”称号。(英　杰)

龙江银行股份有限公司黑河分行

【概况】 龙江银行股份有限公司黑河分行(以下简称“龙江银行黑河分行”)于 2010 年 9 月成立,全辖已建立营业机构 9 个(分行营业部、九三支行、北安支行、嫩江支行、农安支行、爱辉支行、五大连池支行、墨尔根支行、兴安支行)。分行机关内设三农业务、公司业务、个人业务、小企业信贷中心、运营管理、风险管理、资金财务、综合 8 个部门。黑河分行现有员工 164 人。其中,高管人员 4 人,中层干部 40 人,中共党员 75 人。

领导班子成员:
党委书记　行　长　吕英华
副 行 长　纪检书记　工会主席　何　田
副 行 长　刘　力　付建东

(王剑锋)

【金融服务】 2018 年,龙江银行黑河分行把金融服务列为重点关注内容,并针对柜面服务制定相应检查考核措施,依据《龙江银行柜面服务手册》《龙江银行服务礼仪教科片》等规范服务文件,按月对前台柜员的规范服务监控录像进行抽查,按季度到支行现场检查服务情况。随着龙江银行黑河分行营业机构的增加,各项业务开展也越来越全面。为更好地服务好地方百姓,不断地更新金融服务。按照业务开展情况,为支行陆续配备业务扫描仪、账户验印机等机器设备;开发运营监控系统,反洗钱系统、风险预警系统。每半年对全辖网点的各项营业设备进行全面的维护,随时处理各支行反映的问题,为前台业务的顺畅办理做好保障工作。(王剑锋)

【服务地方经济】 2018 年,龙江银行黑河分行立足于服务黑河人民,支持地方经济发展。在各项存款余额不高的基础上,拆借资金加大对地方企业及个人的信贷支持。支持黑龙江大桥建设。龙江银行黑河分行是中俄界河桥项目独家授信银行,共为大桥项目授信 19.05 亿元,用于中俄界河桥俄方施工。为政府积极打造营商环境助力,密切关注和跟进黑河保税物流中心(B 型)项目 2 亿元;黑河市热电厂技术改造项目 1.5 亿元;嫩江盛烨热电有限责任公司收购项目 2 亿元等。(王剑锋)

【外汇业务】 2018 年,龙江银行黑河分行考虑对俄企业、对俄项目结售汇时的时限要求及成本要求,关注资金市场动态,准确选择卢布购汇时机,兼顾价格优势及效率,并通过多家银行咨询,确保资金充裕。2018 年,龙江银行黑河分行结售汇总额约 1.24 亿美元,为中俄贸易提供支持。(王剑锋)

【服务农业】 2018 年,龙江银行黑河分行发放涉农贷款,加大对农民专业合作社等新型经营主体的扶持力度。考虑到大部分农民专业合作社无法提供银行机构认可的有效担保,龙江银行黑河分行以省农担和省鑫正等担保服务资源为契机,鼓励各支行大力发展担保公司 + 银行 + 借款人的贷款模式。涉及北安市、嫩江县及孙吴县,如孙吴县桦林现代农机专业合作社、嫩江县科洛镇石头沟村合发种植专业合作社、嫩江县开亮现代农机专业合作社、北安市东胜现代农机专业合作社。以客户需求为导向,助力地方企业发展。支持的涉农企业及农业组织涉及北安市、五大连池市、嫩江县、孙吴县及爱辉区,包括黑龙江省北安农垦洪铭面业有限公司、五大连池市华滨农副产品有限责任公司、嫩江县鸿兴面粉有限公司、孙吴县桦林现代农机专业合作社、黑河市爱辉区七二七林场等。为更好地帮助农村妇女拓展致富渠道,支持农村妇女创业、就业,通过与地方政府相关部门搭建合作平台,发放小额担保贷款,帮助农村妇女圆创业致富的梦想。(王剑锋)

【支持扶贫】 2018 年,龙江银行黑河分行为全面贯彻中央扶贫开发会议精神,响应地方政府及上级管理部门号召,将金融扶贫工作列为重点工作。分、支行分别建立扶贫工作小组。分行三农主管行长任扶贫工作小组组长,前、中、后台各部门负责人、相关人员为组员,全面领导分行开展扶贫相关工作,扎实、稳步推进各地扶贫工作。指定黑河爱辉支行作为黑河市省级贫困县孙吴县金融帮扶机构,品种涵盖中小企业贷款、三农贷款、个人消费贷款。要求各支行对建卡贫困户、妇女创就业能手,或能够带动贫困人口致富或吸纳贫困人口就业的农业企业、合作组织等新型经济主体进行主动扶持,全面帮扶。(王剑锋)

【服务中小企业】　2018年,龙江银行黑河分行加强与政府、商业平台联系,支持地方重点项目。通过与黑河各市县的工信委、工商联、商务局、小企业联合会等政府职能部门的紧密联系,对黑河市重点项目进行积极的储备,并实行客户名单制管理,将经过筛选的目标客户落实专人进行跟进营销,先后为黑河热电厂、北安东北亚购物公园、嫩江时代广场、嫩江鸿兴面粉、五大连池风景区日源供热有限公司等解决了多家企业的融资难题。（王剑锋）

【“双创”工作】　2018年,龙江银行黑河分行贯彻政府“大众创业、万众创新”精神,增强为民服务意识,践行“龙江人自己的银行”的社会责任,不断提升小微信贷支持地方经济发展力度,积极进行业务开展。先后与就业局、妇联等职能部门合作开办就业贷款、自主创业贷款、大学生创业贷款,解决部分客户融资难的问题。小微信贷支持大批百姓商贸等民营小微企业经营发展,小微企业取得较好的经济效益和社会效益情况,扩大民生企业的生产规模,解决企业融资困难的需求。（王剑锋）

【金融业务创新】　2018年,龙江银行黑河分行加强金融创新与服务,支持实体经济发展,研发制定多款符合客户实际需求的信贷产品,主要包括贷款期限长、月还款压力小的“物业贷”贷款,一次授信、循环使用、随借随还的“循环贷款”,无需抵押的“生意贷”贷款等,得到广大客户的一致认可和好评。（王剑锋）

中国人寿保险股份有限公司黑河分公司

【概况】　中国人寿保险股份有限公司黑河分公司(以下简称“中国人寿黑河分公司”)下辖县级支公司5个、参照远郊综合性支公司管理的城区机构2个。本部内设个险销售部、团体业务部、银行保险部、健康保险部、财务会计部、综合管理部、人力资源部、监察审计部(纪委)、教育培训部、客户服务中心共10个部门,全辖现有签订劳动合同员工193人。全市系统共有销售人员2907人,其中,个险条线销售人力2270人;银保条线销售人力474人;团险条线销售人力163人。

领导班子成员:
总 经 理　黄亚辉
副总经理　耿　辉　侯春雨　于　淼

（刘一丽）

【业务发展】　2018年,中国人寿黑河分公司实现总保费收入8.12亿元,缴税(含代扣代缴)1437万元,助推黑河经济发展。2018年实现首年标准保费5627.26万元,首年新单保费1.4亿元,短期险保费3241.81万元。2018年中国人寿黑河分公司持续推进保险转型升级,保障型产品3200.52万元,险种结构进一步优化。（刘一丽）

【社会责任】　2018年,中国人寿黑河分公司履行保单责任,服务客户4万余人次,个人承保31611件,全年理赔(不含大病保险)10000余件,赔付金额9700余万元。履行大病保险理赔责任,承保黑河市城乡居民大病保险76.96万人,大病理赔受理1.31万件,受益4491人,已赔款大病保险金2743万元。其中,建档立卡人员涉及560人,赔款355.78万元;低保等贫困人口涉及案件4758件,涉及人数1572人,总赔款金额为867.08万元。提高服务实体经济能力,服务年金客户25户,累计规模4000万元,服务职工2000余人。助力精准扶贫,承保全辖6个县(市、区)贫困人口小额保险业务,为26694人贫困人口,提供10.92亿元的风险保障,实现对贫困人口的全覆盖;承保逊克县、五大连池市、爱辉区4550贫困人口疾病住院兜底医疗保险,为其提供2067.3万兜底医疗保障。（刘一丽）

【内控与风险防范】　2018年,中国人寿黑河分公司履行风险防控责任。党委履行主体责任,纪委履行监督责任,各部门落实部门责任。全面发挥好合规管理“三道防线”的作用,强化风险管理重心下沉到县支公司和职场,守住风险底线,不碰监管红线。严格防控重点领域风险。持续做好风险排查,对非正常退保、销售误导、非法集资、投诉、洗钱、舆情等重点风险常抓不懈,形成上下联动、齐抓共管的工作机制。扎实做好排查疏导、及时处置工作,确保不发生系统性区域性风险。持续推进各级各类检查发现问题的整改工作,确保整改到位。继续推进县支公司经济责任审计工作。对因工作不力,处置不当,造成大规模非正常退保或客户投诉的单位,严肃追责。（刘一丽）

【公益事业】　2018年,中国人寿黑河分公司热心公益事业,辖下各机构响应政府精准扶贫号召包扶贫困户,为北安市海星镇岚光村捐赠1万元进行乡村建设,为村民送去鸡雏、饲料,鼓励村民通过劳动脱贫致富。持续组织开展为贫困户捐衣捐物送温暖活动。积极参与助学捐赠、贫困生捐赠。为孙吴县正阳乡中心校捐建“书香小屋”,支持教育事业。连续多年为黑河市公安民警求助基金会捐助,每年捐助公安英烈特困民警救助基金5万元,解决因公牺牲、致残公安干警的家庭困难。节日慰问敬老院、福利院,赠送慰问品,同时还送去精彩的文艺节目,丰富老人和孩子的文化生活。（刘一丽）

中国人民财产保险股份有限公司黑河市分公司

【概况】 2018年，中国人民财产保险股份有限公司黑河市分公司（以下简称“人保财险黑河分公司”）实现保费收入25305.7万元，完成省公司计划的104.9%，同比增长26.1%，超市场增速16.2个百分点，市场份额上升3.2个百分点。其中，车险保费收入8753.6万元，完成年计划的100.9%，同比增长14.1%，高于市场增速1.9个百分点；农险保费收入12703万元，完成年计划的108.7%，同比增长30.2%，高于市场增速23.5个百分点；商业非车险保费收入3253.7万元，完成年计划的102.5%，同比增长59.2%，高于市场增速29.2个百分点；大病保费收入595.4万元，完成年计划的101.8%，同比增长0.6%。

领导班子成员：
总 经 理
副 总 经 理　凌明臣　邹增海　范志标
总经理助理　王富源

（王立成）

【车险业务】 2018年，人保财险黑河分公司强化督导，帮助基层解决发展思路不清和发展举措不利问题；强化政策引导与严格考核，全力提升续保率；优化资源配置和政策支持，全力提升车商渠道产能；开展经常性特色营销活动，全力开展业务竞赛；加大续保团队人员招聘、培训和考核力度，努力提高人均产能；广泛宣传和利用“人保V盟”等新兴展业手段，提升业务获取能力，推动车险快节奏发展。

（王立成）

【商业非车险】 2018年，人保财险黑河分公司通过挂钩考核，全力维护续保存量业务；契合政府职能发挥，开展扶贫保险、责任险、意外险和综治险等业务；发挥口岸优势，全力拓展关税履约保证险、小微企业出口货物信用险和境外中资企业保险等；通过邮政、银行、交叉销、农网渠道等，深度拓展城乡分散性业务；利用手机销售系统，助推适销险种较快发展；在风险可控前提下，大力发展助贷险业务，确保商业非车险发展目标顺利完成。

（王立成）

【农险业务】 2018年，人保财险黑河分公司推动农险扩面增品稳步开展。争取地方财政补贴指标，2018年承保政策性种植业增收6.13万公顷，保费2679万元；围绕黑河中兴牧业、北安宜品努卡乳业和孙吴肉牛养殖保险，全力做好企业服务对接，同比增收192万元；强化与北安分公司合作，持续扩大玉米、大豆期货保险，增收保费216万元，为全年目标完成奠定坚实基础。

（王立成）

【客户服务】 2018年，人保财险黑河分公司提升服务能力，推广线上销售新手段，满足客户方便快捷的个性化需求；落实客户经理制，实现全流程的无缝对接和服务；推进无纸化理赔和“警保合作”一站式理赔服务落地；规范投诉处理流程，有效化解矛盾，彰显公司形象，助力业务发展。

（王立成）

【强化管理】 2018年，人保财险黑河分公司控制市公司机关固定类费用支出，支持一线业务发展；实施销售费用精准投放，发挥最大效能；严格执行省公司查勘、理赔有关规定，严防跑冒滴漏，严控成本支出；全面落地“余杭模式”，在法院设立调节服务窗口，加大调节力度，合理降低赔付；加大未决案件清理，夯实经营成果，车险、商业非车险创利能力稳步提升。

（王立成）

【宣传培训】 2018年，人保财险黑河分公司坚守底线，确保公司合规经营稳健发展。开展监管形势宣导，强化合规意识，坚持警钟长鸣；开展有针对性培训，全面掌握国家监管政策；全面签订《依法合规经营承诺书》，实行一票否决；坚持经常性自查督导，不留漏洞和死角，为公司向高质量转型发展提供有力的保障。

（王立成）

口岸·商务·旅游

口　　岸

【概况】 2018年，黑河口岸整体运行畅通、高效、平稳，进出境人员和进出口货物均不同程度增长。进出境人员87.9万人次，同比增长16.1%；进出口货物57.9万吨，同比增长51%，黑河口岸货运量赶超1993年54.3万吨的最高纪录，创黑河口岸开通31年来最好成绩。

黑河市人民政府口岸办公室（以下简称“市口岸办”）为正处级单位。2018年末，行政编制11个，职工人数8名；处级领导职数3职，实配4名；正科级职数4职，实配职2正1副；内设机构3个，分别为：政秘科、旅管科、货管科。

领导班子成员及副处级以上领导干部：

口岸工委书记　口岸办主任　张　静

口岸工委副书记　杜海滨（调研员）

口岸办副主任　梁永生

张大庆（2018.3任）

（郝连江）

【优化通关环境】 2018年，市口岸办优化通关环境，促进黑河口岸贸易和通关便利化。按照市委要求，市口岸办牵头对口岸通关环境进行专项整治。制定《黑河口岸通关环境专项整治方案》，召开口岸系统深化机关作风整顿优化口岸营商环境动员大会。对口岸系统责任心不强、通关流程不优、交通运力不足、通关成本过高、申报时间长等问题进行专项整治。通过深入改进作风、强化纪律养成、提高工作效率、深化简政放权、优化工作流程、压缩通关时间等措施，口岸通关环境持续改善。口岸各部门根据自身工作特点，采取“单一窗口”申报、降低过磅车辆查验率、取消出口果蔬“卫生证书”和“品质/重量证书”查验、取消入/出境货物通关单申报、取消“进出境运输工具监管簿”日常签注、启用“关检”融合后的新版报关单、“舱单归并”申报、开通2条全省首家边检入境自助查验通道、取消旅客“卫检证”查验等多项措施。单一窗口主要申报业务量11970单，覆盖率已达到85.2%，超过年初既定目标70%。全力压缩进出口货物通关时间，进口海关通关时间1.82小时/票，累计压缩比92.2%。出口海关通关时间0.19小时/票，累计压缩比41.37%。完成压缩通关时间超出三分之一既定目标。针对黑河口岸进口量最大的商品——大豆按“三同”处理，即同一天、同一发票、同一进口企业的原则合并进境车次做批申报，大幅降低申报批次，提速通关。2018年，黑河口岸进口大豆30万吨，占进出口总量的52.6%，同比增长62.2%，通关时长比上年度压缩一半以上。　（郝连江）

【提效降费】 2018年，市口岸办清理口岸收费，公示进出口货物收费目录清单。为深入贯彻落实国家及黑龙江省口岸工作会议精神，市口岸办牵头组成黑河口岸清理收费工作小组，制定《黑河市清理口岸收费工作方案》，召开黑河市清理口岸收费工作小组会议，共同研究和制定清理黑河口岸收费工作方法和计划。经市物价监督管理局调研督察组实地检查和确认后，市口岸办制定“黑河口岸进出口货物收费目录清单”，清单外收费一律取消。同时，将“目录清单”在省电子口岸网站、省商务厅网站和市政府网站以及口岸货运现场进行公示，有效促进价格监管，增加收费透明度。

（郝连江）

【项目建设】 2018年，市口岸办推进黑龙江大桥口岸联检设施建设工作。黑河黑龙江大桥口岸联检设施项目占地28.4万平方米，投资估算约2.97亿元，总建筑面积约4.3万平方米，口岸设计年过客能力为285万人次，年过货能力为620万吨。口岸联检区域由旅检大楼、出境货检楼和入境货检楼3个主体构成，口岸联检区域功能齐全，布局合理，流程简单。2018年已完成建设用地规划、国土、选址、可研编制、立项、征地、项目设计等项工作。8月，建设场区的土石方工程开工，实行24小时轮班作业，11月初完成土石方回填34.1万立方米，清理腐殖土10.1万立方米，清理淤泥1.3万立方米。2018年完成部分主体基础土方开挖和越冬防护工作，为2019年春季复工打好基础。

（郝连江）

【对俄合作】 2018年，市口岸办加强对俄协调力度，提高口岸通关效率。多次赴俄与其口岸相关部门进行工作会谈，推动俄方进一步转变观念、提高工作效率。俄方派员赴中方口岸实地调研，积极采取措施、转变观念、加快验放速度、将冬季运输期每天的车辆验放速度由50余辆增加至

230余辆。在货运抢运期时,延长货检工作时间,进一步方便外经贸企业,促进通关便利化。在夏季中方出境人员高峰时,为中方旅游、公务人员提供单独的查验厅进行验放,加快中方旅客通关效率。 (郝连江)

【口岸服务】 2018年,市口岸办加强口岸服务建设,提升口岸服务水平。延长口岸工作时间,满足客货运需求。为了给中外旅客和外经贸企业提供更加宽裕的进出境时间,促进旅游和外经贸事业发展,经与俄方多次会谈达成共识,并按照《国家口岸办关于黑河水运口岸试行临时工作时间的复函》要求,黑河口岸于2018年5月15日至6月15日将黑河—布市口岸工作时间调整为07:00时—21:00时。调剂充实人员、延长照明时间、更新运输工具、保障后勤服务、加强安全运输,为此次调整工作时间提供有力保障。

(郝连江)

【规范制度】 2018年,市口岸办规范口岸工作制度,提高口岸服务水平。为规范口岸秩序,营造文明、和谐的口岸环境,市口岸办与各部门积极配合,实行主管领导带班制,切实加强对口岸现场的管理和监督。对口岸一线进行联席检查和明察暗访,发现问题就地反馈所属单位予以改正。进一步明确车辆、船舶和各岗位工作人员提前的进场时间,确保旅客正点验放。在大岛洽谈会、中俄边境城市展览会、文化大集、"六一"儿童节互访、"三八"国际劳动妇女节互访等大型活动期间,提前召开口岸通关协调会,明确任务、落实责任、开足通道,随时解决出入境团组和中外嘉宾通关中遇到的问题,为对俄交流活动的顺利开展保驾护航。国家和省级重要团组进出境时,及时协调俄方口岸,真正做到安全、及时、便捷通关。"十一"旅游黄金周期间,提前与旅游部门衔接,互换信息,制定预案,协调各部门做好旅客接待及安全运输工作,保证黄金周旅客运输安全。 (郝连江)

黑河海关

【概况】 2018年,按照国家机构改革精神,国家质量监督检验检疫总局的出入境检验检疫管理职责和队伍划入海关总署。自4月20日起,出入境检验检疫系统统一以海关名义对外开展工作。2018年末,黑河海关与出入境检验检疫局机构正式合并。

中华人民共和国黑河海关(以下简称"黑河海关")正科级内设机构12个:办公室、人事政工监察科、综合保障科、综合业务科、稽查科、旅检一科、旅检二科、旅检三科、通关、物流监控科、查验科、电子商务监管科;黑河海关行政编制为80个(不含缉私警察编制)。领导职数:关长(正处级)1名,副关长(副处级)2名。内设科级机构领导职数28名,其中,正科级11名,副科级14名。实有人员70人(含有2名工人和3名2018年新录用公务员,不含缉私警察)。

黑河海关缉私分局设4个科室:办公室,缉私科,情报技术科、法制科。领导干部职数:局长(正处级)1名,政委(正处级)1名,副局长(副处级)1名,编制13个,实有10人。

领导班子成员:
关　长　赵城臣(2018.12止)　石金峰(2018.12任)
副关长　曾宪才　苑立彬　公彦超
黑河海关缉私分局领导班子成员:
局　长　曾宪才
政　委　吴佳祥(2018.5止)　纪新华(2018.5任)

原黑河出入境检验检疫局正科级内设机构14个:办公室、人事科、政工科、财务科、法制科、通关业务科、卫生检疫科、动植物检验检疫科、食品检验监督科、检验监管科、综合业务科、保税区监管科、口岸查验监管科、油气检验监管科。副处级办事处1个:大黑河岛办事处。原黑河出入境检验检疫局行政编制68个。领导职数:局长(正处级)1名,副局长(副处级)5名。办事处:主任(副处级)1名。科级职数37名,其中正科级24名,副科级13名。实有人员63人。

下属事业单位2个(正科级):原黑河出入境检验检疫局检验检疫综合技术中心、机关服务中心。原黑河出入境检验检疫局事业编制为39个。科级职数16名,其中,正科级9名,副科级7名。实有人数32人。

2018年原黑河出入境检验检疫局领导班子成员:
局　长　张有才
副局长　陈　波　时晓杰　杨德臣　韩建国　李　波

(于小寒)

【机构改革】 2018年4月20日,黑河出入境检验检疫局以黑河海关名义对外办公,实行"主要领导总带班,分管领导口岸现场带班"工作模式。6月1日,顺利完成取消"入/出境货物通关单"工作。8月1日,办理哈尔滨关区首票关检融合整合申报报关单。推进"查检合一"联合作业模式,联合查验272票货物。统筹兼顾办公室、专用库房、机房等用房需求,10月23日提前完成集中办公工作。 (于小寒)

【监管】 2018年,黑河海关共监管进出口货物57.9万吨,同比增长51%,其中检验检疫货物8437批。进出口总值36亿元人民币,同比增长21.3%。监管进出境运输工具4.6万辆艘/次,同比增长26.6%。监管进出境人员87.8万人次,同比增长12.8%;健康体检监测3792人次。审核进出口报关单13927份,同比增长27.4%。两税入库3亿元,同比增长10.1%。主动梳理作业流程、加强沟通联系、深入企业政策宣讲,推进改革措施落地。电子支付税款比率达99.89%,自报自缴比例为95.76%。大力推进国际贸易"单一窗口"标准版应用,"单一窗口"报关率达85.2%。9月27日,成功办理关区首票新一代税费电子支付税单。

10月1日，新一代电子支付全面转换。优化通关环节、指派专人专项督导及时处置异常报关单、利用即时通信工具加强关企互动。承办中美辐射探测设备运行检测研讨会。签发原产地证书2023份，减免关税186万美元；产地证无纸化申报覆盖率达100%；对符合条件的进口大豆企业实施“合批报检、快速通关”新模式，减少报检批次6485批，降低通关成本逾19万元，节省通关时间1080小时。排查出有传染病症状者130人，确诊传染病7例。截获旅客携带禁止进境物3046批、3472.2千克，同比分别增长69.79%、26.91%。 （于小寒）

【缉私】 2018年，黑河海关开展打击走私“国门利剑2018”“洋垃圾”走私行动以及“蓝天2018”“清风2018”“国门勇士2018”缉枪等专项行动、打击濒危物种走私专项行动，加大办案力度，打击走私整体效能不断提升。 （于小寒）

【服务地方发展】 2018年，黑河海关实行每周7天、无午休工作制，全力为中俄东线天然气管道建设提供监管、服务，12月28日中俄东线天然气管道过境段工程全部完工。全程跟踪服务中俄黑龙江大桥、黑龙江跨江索道建设，就跨境经济合作区和保税物流中心（B）型的建设、管理和远景发展及时提出海关监管要求与建议。国检试验区入境维修/再制造业务顺利通过能力评估，工程机械入境维修业务已获批开展。辖区企业生产的玉米蛋白粉和喷浆玉米皮出口量突破2万吨。3月5日起，简化输俄果蔬随附官方检验检疫证书，缩短检验放行时间70%以上。全程指导江西油菜籽加工企业通过总署现场考核。积极开展统计咨询服务工作，加强统计分析。 （于小寒）

【对俄合作】 2018年，黑河海关与俄布市海关举行两次工作会谈，双方重点就打击毒品和濒危动植物制品走私、探讨建立快速通报反馈渠道、及时通报查缉情况、天然气项目与监管结果互认项目通关问题等方面达成广泛共识。办理“中俄海关监管结果互认”项目进出口货物111笔/2466吨。 （于小寒）

【业务培训】 2018年，黑河海关制定业务培训方案，组织关检13名授课教师开展专题培训580余人次。吸纳协管、协勤人员分批次开展全员准军事化集训。内务督查工作小组在全关范围内组织开展11次检查。认真落实保密工作领导责任制，严格执行保密工作制度，组织全员保密学习、测试3次。 （于小寒）

【党建工作】 2018年，黑河海关制定《黑河海关学习宣传贯彻中共十九大精神工作方案》，发放学习资料，集中学习宣传贯彻习近平新时代中国特色社会主义思想和中共十九大精神。深入学习2018年全国海关关长会议、全国海关全面从严治党工作会议精神，指导全年各项工作。细化党建任务清单，建立党建工作台账。通过“政治生日”提醒、座谈讨论、闭卷答题、重温誓词等形式激发党员学习兴趣。以支部为单位开展形式多样的“做新时代的不懈奋斗者”主题党日活动。开展“一支部一品牌”创建工作，破解党建工作难点，第一党支部被海关总署党委评为“基层党建培育品牌单位”。机构改革期间，建立联席会议等党建工作联系机制，开展纪念建党97周年主题党日活动暨“两优一先”表彰大会和“不忘初心，牢记使命，新海关新作为”庆“七一”促党建文化成果展。成立文明单位争创联合领导小组，统一争创方案，明确争创目标及责任。强化“一岗双责”、一票否决和责任倒查等制度性约束，有机结合监督检查与谈心谈话。认真贯彻落实中央“八项规定”防止“四风”反弹工作要求，坚决开展治理酒驾醉驾工作，组织开展全关层面集中廉政教育53次。 （于小寒）

商　　务

【概况】 2018年，黑河市商务局核定行政编制24个，其中，工勤人员编制4个。处级领导职数：局长1职，副局长4职。机关科级职数：科长15职，副科长1职。现有职工22人。隶属事业单位2个，分别是黑河市政府驻阿州经贸代表处、俄罗斯东欧经济研究所，核定事业编制11个，实有16人。内设15个科室：办公室、人事和老干部管理科、政策法规科、规划科、市场秩序科、市场体系建设和流通业发展科、市场运行与消费促进科、对外贸易科、贸易发展促进科、对外经济合作科、信息化科、互贸区管理科、大黑河岛公共事业管理科、党委办公室、电商科。

领导班子成员及副处级以上领导干部：
党委书记　局长　玄兆力
副　局　长　吴　波　李彤光
　　　　　　倪　娜（2018.8任）
　　　　　　高振林（2018.1任）
驻俄阿州经贸代表处主任　于春利
副调研员　李丽聪

（王旭辉）

【对外贸易】 2018年，全市对外贸易进出口总值完成444745.29万元，同比增长19.1%，比全省同期进度低17.31个百分点，超出上年对外贸易进出口总值71177.83万元。其中，进口328857.97万元，同比增长21.5%，超过上年全年进口总额58171.91万元；出口115887.32万元，同比增长12.6%，超过上年全年出口总额13005.93万元。进出口贸易额列全省第四位，占全省贸易比重的3%，进出口增幅排全省第六位。对俄贸易完成413768.42万元，排全省第三位，同比增长17.8%，占整体贸易额度的93%。其中，出口完成85187.22万元，同比增长3.6%；进口328581.2万元，同比增长22.1%。对其他国家贸易完成30976.9万元,同比增长39.3%。边境小额贸易完成379080.84万元,同比增长17.5%;一般贸易完成60729.12万元,同比增长65.83%;其他贸易完成2145.26万元,同比下降84.2%。对俄贸易完成413768.41万元,同比增长17.8%。

(王旭辉)

【互市贸易】 2018年,黑河市互市贸易区共接待俄方简化手续人员152100人次,同比上升23%;民贸进口货物4064.1吨,实现2143.55万元,同比分别上升18.06%和2.86%;民贸出口额完成1312.4万美元,同比下降32.48%。

(王旭辉)

【粮食进口】 2018年,粮食进口大幅增长,粮食进口48.98万吨94474万元,同比分别增长74%和51%,分别占全省比重的29%和23%,其中,大豆进口42.6万吨89336.8万元,同比分别增长52%和44%,分别占全省比重的27%和23%;小麦进口6.234万吨5137.2万元,同比分别增长4649%和1674%。木材进口58.87万立方米48808.77万元,同比分别下降17%和26%;纸浆进口9.31万吨51755万元,同比分别增长388%和517%;电力进口31.22亿千瓦时91634万元,同比分别下降3.4%和2.5%;农副产品进口116790.93万元,同比增长36.6%。

2018年黑河市进口主要商品一览表

表6 单位:万元

排名	商品名称	总额	同比%	占比重%
1	农副产品(含列名产品)	116791	37	36
2	粮食	94474	51	
3	大豆	89337	44	
4	电力	91634	-3	28
5	纸浆	51755	517	16
6	木材	48809	-26	15
7	食用植物油	14384	115	4

(王旭辉)

【机电产品出口】 2018年,机电产品占出口份额较大。机电产品出口79505万元,同比增长41.1%。其中:汽车出口158辆5040万元,同比分别下降34%和32%;服装出口47万元,同比下降99.6%;鞋类出口414万元,同比增长192%;农副产品出口完成21755万元,同比下降8%;纺织制品5723.8万元,同比增长203%。

2018年黑河市出口主要商品一览表

表7 单位:万元

排名	商品名称	总额	同比%	占比重%
1	机电产品(含列名产品)	79505	41	69
2	电缆	27032	53	23
3	农副产品(含列名产品)	21755	-8	19
4	纺织制品	5724	203	5
5	塑料编织袋	5078	353	4
6	汽车	5040	-32	
7	钢材	3401	-14	3
8	船舶	1108	972	1

(王旭辉)

【经营企业】 2018年,黑河市经营企业同比增加。有业绩的边贸企业228家,比上年同期增加4家;超亿元企业9家,比上年同期增加3家;超千万元以上、亿元以下的企业50家,比上年同期增加16家;超百万元以上、千万元以下的有81家,比上年同期减少2家。

（王旭辉）

【对俄合作】 2018年,黑河市对外贸易合作平台建设进一步拓宽。按照《黑河市扶持边贸企业发展优惠政策》的规定,对2017年下半年符合支持条件的29家企业兑付2020万元扶持资金。完成大岛经贸洽谈会展览工作,承办首届黑河进出口商品订货会,完成参加首届进口博览会黑河市交易分团组织、筹备和参会工作。黑河—布市跨境经济合作区申建工作稳步推进。2018年4月,委托商务部研究院编制完成《黑河—布拉戈维申斯克跨境经济合作区规划》,并上报省商务厅;5月在北京召开由国家6部委专家参加的跨境经济合作区可行性研究专家评审会。形成跨境经济合作区关于财税、金融、投资、口岸、贸易、土地、人才等7个方面较为完整的政策争取体系;引进上海月星集团等战略投资主体,与上海月星集团签署战略合作协议,开展跨境产业投资合作已经达成多项重大合作意向,部分项目进入到启动实施阶段。中俄两国地方间形成合力推进,达成申建跨境经济合作区共识。对俄合作项目深度对接。新增境外投资备案项目4项,新增投资总额1800万美元。其中,境外农业种植项目3项,商贸物流项目1项。投资地点全部在俄阿州。推进对俄合作重点项目建设进程。梦兰星河能源股份有限公司阿穆尔—黑河边境油品储运与炼化综合体项目已进入实施阶段并取得实质进展;萨哈(雅库特)共和国油田区块勘探开发项目已取得4个特许油田区块地下资源利用许可证;黑河市金鹰经贸有限公司在俄阿州阿尔哈拉锑矿开采加工项目前期勘探勘查工作完成,与"中北科技集团股份有限公司"达成合作协议。做好考核评定准备。继续推动阿州别列佐夫卡境外石化建材加工园区、黑河北丰中俄阿穆尔农业(畜牧)产业园区、和兴商贸物流园建设,研究国家和省对境外园区的认定考核标准和办法,指导配合企业完善建设方案,争取将黑河市境外园区评为省级重点示范园区,争取政策资金支持。 （王旭辉）

【商贸流通】 2018年,黑河市社会零售额同比增长8.3%,位居全省第一,其中,城镇增长8.2%,农村增长8.5%,批发增长9.5%,零售增长11.6%,住宿增长12.8%,餐饮增长9.5%。2018年,黑河市在黑龙江省率先将本地区全部限额以上商贸企业纳入统计平台,纳统率达100%,受到省商务厅统计工作督导组通报表扬。加强样本企业数据督报及替换,加强信息泵的数据上传,加大节日市场监测工作,完善"商务预报"平台的应用、更新和维护工作。快递业发展迅速,货运业稳步发展,全市已建成商贸物流园区8个,货站企业达60家;推进城乡高效配送体系建设,重点依托市级平台"瑷珲e购"新零售联采中心配送体系,推进城乡高效配送体系建设,对乡村超市配送食杂商品的同时,将电商包裹配送,并把乡村农特产品带往城市,通过电商平台出售,真正实现农村最后一公里消费保障。开展大型商业中心、农产品批发市场和农副产品冷链物流企业调查。全面启动二手车企业备案,做好报废汽车企业升级改造工作,2018年上半年21家企业共计交易2370台,交易额实现5420万元。积极做好成品油零售经营资格审批权委托下放法定程序制定工作,按照省商务厅的要求起草《黑河市成品油经营企业指引手册》,制定《黑河市成品油管理审批程序》,稳妥处理省厅下放移交事项。 （王旭辉）

【电子商务】 2018年,黑河市电商网络交易额12.5亿元,交易额比上年增长20%。黑河市电子商务产业园区由4个增加到5个,新增的逊克县电子商务产业园区主推农林山产品和逊克玛瑙及鄂伦春手工艺品。5个产业园区电子商务总交易额11.2亿元,入驻企业99家,解决就业人数4283人。市级平台"瑷珲e购"重点打通了城乡高效配送物流的新零售联采业务和推进了本地农特产品销售为主的自建平台电商业务,并与五大连池、北安、孙吴实现平台对接;"黑河大豆网"已开辟四个模块,供求信息量达400余条,已实现线下大宗农产品2000吨,销售额达7280万元。2018年8月与徐州雨润集团签订5万吨大豆销售协议。为有效地实施黑河市"一带一路"发展,加快推进黑河市电商发展,制定《2018年黑河市"一带一路"电子商务人才培训实施方案》。面向黑河市6个县(市、区)和五大连池风景区组织4类人员培训,培训330人,有效提升黑河市电商人才综合素质。 （王旭辉）

【市场监管】 2018年,黑河市商务局发挥"12312"市场监管公共服务平台作用,认真做好春耕、秋收成品油市场专项整治工作。结合全省成品油专项整治工作,2018年继续开展全市春秋两季成品油市场专项整治工作,多次牵头组织市政府成品油市场专项整治工作组对各县(市、区)成品油市场专项整治工作进行督导检查,严厉打击整治成品油市场违规违法行为,保证市场秩序;开展双层罐改造工作;加强安全生产监管,深入开展重要节假日、重要时段安全生产大检查、大整治专项行动,圆满完成国家应急管理部牵头组织的省级政府消防工作考核迎检工作。 （王旭辉）

【行政许可】 2018年,黑河市商务局抓实"服务项目流程再造"工作,商务局9项行政服务项目,全部进行梳理优化,完成网上录入,进入市政务服务大厅,实行一个窗口统一受理。承诺时限压缩了62天,压缩环节16个。2018年,市行政服务大厅商务局窗口,共受理"对外贸易经营者备案"行政审批207份,其中,新备案125份,变更备案82份。 （王旭辉）

贸易促进

【概况】 中国国际贸易促进委员会黑河市委员会(以下简称"黑河市贸促会"),在黑河市委、市政府的正确领导下,在省贸促会的关心指导下,深入学习贯彻落实习近平新时代中国特色社会主义思想和中共十九大精神、习近平在东方经济论坛上讲话精神和视察东北讲话精神、省委十二届四次全会和市委六届五次全会精神,完成市委市政府重点工作任务,完成全年贸易与投资促进工作。

2018 年 12 月,黑河市贸促会设会长 1 职、副会长 1 职、正科级 2 职、副科级 2 职,内设机构 2 个:法律事务部、展览信息部,核定事业编制 6 个,实有人员 7 人。黑河市贸促会下辖县(市、区)贸促会 6 个、管委会贸促会 2 个,即:爱辉区贸促会、北安市贸促会、嫩江县贸促会、五大连池市贸促会、孙吴县贸促会、逊克县贸促会;五大连池风景区贸促会、黑河边境经济合作区贸促会。黑河市贸促会与各贸促会存在业务指导关系。

领导班子成员:
会　长　张俊鹏
副会长　孙广洲

(史居权)

【展会承办】 2018 年,黑河市贸促会成功承办 8 次大型展会。在首届中国进口博览会期间,由中国会展(会奖)产业交易会组委会、《会展财富》杂志和《中国节庆》杂志联袂中国会展大数据中心、中国主办者联盟和“一带一路”会奖目的地联盟共同举办的“2018 年度中国会展(会奖)产业年度评选金手指颁奖盛典”于 11 月 7 日在上海举行。黑河市在此次评选活动中,获“最具影响力会展城市”奖项,全国共有 10 个城市获奖。5 月 21—24 日,在黑河市成功举办以“中俄地方合作交流年、黑河—布市中俄边境旅游开通 30 周年”为主题的大黑河岛国际经贸洽谈会。邀请来自国内外的政府团组、专家学者和参展客商共计 620 人参会。省委常委、副省长贾玉梅出席会议,并会见俄阿州政府第一副主席杰久什科一行。会议期间举办大黑河岛经贸合作论坛暨黑龙江省俄罗斯东欧中亚学会年会、中俄边境城市发展潜力暨合作项目推介会、中俄边境银企对接会、中俄健康产业投资合作项目对接会、黑河跨境电子商务产业园区“京东云仓”项目揭牌。本届洽谈会吸引广大客商关注,对外宣传影响深远,媒体报道数量再创历届新高。5 月 18—20 日,以“中俄地方合作交流年”和黑河—布市中俄边境旅游开通 30 周年”为主题的阿州国际洽谈会在俄布市成功举办。黑河市政府代表团和来自省内外及各县(市、区)近百家企业组成的中方经贸代表团 200 多人共同参加此次经贸活动。洽谈会期间,中俄客商对外贸易签约 10 项共 6700 万美元。6 月 15—19 日,组织参加第二十九届哈洽会。黑河市获省会展事务局颁发的“优秀组织奖”和“优秀布展奖”两项大奖。对外贸易签约 8 项共 34500 万美元,境外投资项目签约 8 项共 3800 万美元;引进内资项目 12 项,人民币 24.9 亿元。黑河市与各县(市、区)共同参展,还设置时尚文化展位、跨境电商展位及其他展位。第五届中俄博览会于 7 月 9—12 日在俄罗斯叶卡捷琳堡举行。黑河市代表团圆满完成参会各项工作任务,布展参展、招商宣传、对接洽谈、项目签约都取得丰硕成果。黑河市 3 家本土企业与俄企业签订合作项目,合同金额达 2800 万美元。在博览会期间,黑河市代表团参加省政府及省直有关部门组织开展的经贸活动 7 项,开展商务交流对接活动 15 项,发放各类对外宣传资料 1300 份。黑河市首次获中俄博览会组委会颁发的“积极参与奖”称号。组织参加 2018 黑河首届中俄进出口商品订货会,承担 25 个展位 225 平方米的参展任务。在订货会上,参展企业与国内外客商签约金额达 835 万元,现场销售金额达 52 万元。9 月 6—8 日,在哈尔滨参加第五届中国国际新材料产业博览会。市委书记秦恩亭等出席开幕式,与上海市和厦门市参会代表团,就两地开展经贸合作进行交流。按照省政府统一部署,圆满陪同上海市和厦门市参会代表团的任务。9 月 14—18 日,在哈尔滨参加第六届黑龙江绿色食品产业博览会,共展出 36 个参展展位,面积达 324 平方米。与国内 38 家企业、单位签订合同金额达 1123 万元,现场销售达 45 万元。获省会展事务局颁发的“优秀组织奖”和“优秀布展奖”称号。这是黑河市参加绿博会连续两年同时获两项大奖。9 月 28 日至 10 月 2 日,组织参加云南腾冲第六届边境贸易交易会。设置 12 个展区,540 多个展位,黑河地产参展商品销售额约 50 余万元。

(史居权)

【绿色食品推介】 2018 年,黑河市贸促会以各类展会为平台,提升黑河市绿色食品影响力和知名度。全年共组织黑河市 60 多家绿色食品企业,携带 1000 余种展品,随同省贸促会参加江苏淮安食博会、第十九届中国(上海)国际食品及饮料博览会、第七届中国(广州)国际食品食材展览会、第十九中国·青海绿色发展投资贸易洽谈会、第十三届东亚国际食品交易博览会、2018 年第六届中国(绥芬河)国际口岸贸易博览会、第六届四川农业博览会、2018 中国—拉美贸易投资展览会等全国重点品牌展会,参展面积达 360 平方米。为黑河市绿色食品企业走出去展示推介特色产品,洽谈对接合作伙伴,寻求更多合作共赢机会奠定了基础。组织推介对接活动,拓展绿色食品市场营销和推广。在第二十九届哈洽会期间,联合省贸促会、省绿色食品展销协会共同在哈尔滨举办绿色产品推介对接恳谈会。与微谷电子商务有限公司签订《黑河市绿色食品市场推广战略合作协议》,为黑河市绿色食品市场推广搭建优质平台。组织全市 20 余家绿色食品企业到黑河市微谷电子商务有限公司参观考察,并与该公司共同举办绿色食品企业对接座谈会。邀请外交部前驻马来西亚商务参赞张应文为企业作题为《培育中小型企业发展国际化经营》专题讲座。市贸促会积极宣传推广新项目,灌输绿色食品抓“源头”理念。经联络和推荐,促成市政府专门组织包括各县(市、区)主管领导、相关部门一行 30 余人到哈尔滨参观考察一家利用酵素生物技术发展绿色循环农业的企业——黑钻极光新能源科技有限公司。经对接洽谈,全市的秸秆还田试点工作已经全面展开,各县(市、区)都划出 33.33 公顷至 66.67 公顷土地作为秸秆还田试点，为下一步种植、养殖全产业链推开做好准备。争取省贸促会支持，为绿色食品市场推广创造条件。市委书记秦恩亭专程到省贸促会进行拜访，常务副市长孙恒义2次与省贸促会进行交流沟通，争取省贸促会在《全省绿色食品市场推广三年工作方案》中，将黑河作为全省绿色食品推广的试点城市进行重点扶持和倾斜。市贸促会专程赴省贸促会进行取经，着手起草《黑河市绿色食品营销协会章程》，谋划营销协会的组织架构和会长人选。建立企业信用档案，成立企业信息联络微信群。及时发布参展信息，为企业争取免费展位。 (史居权)

【对俄交往】 2018年，黑河市贸促会加强与俄罗斯商协会与企业的交流合作。落实中俄元首在东方论坛上达成的共识，倡导并邀请阿州商协会与黑龙江省外埠商协会首次共同举办中俄商协会座谈交流对接会；与阿穆尔州投资局举行工作会谈，双方达成签署战略合作协议意向，开展密切合作；接待俄联邦工商会法律事务司副司长扎瓦茨基·阿列克谢一行来访，就开展国际商事法律合作事宜合作开展工作会谈；受邀参加阿州工商会换届改选大会，并邀请新当选的会长尤里到黑河进行工作会谈；与来访的萨哈（雅库特）共和国工商会代表团进行交流，组织中俄企业开展对接洽谈；与俄阿州中小企业协会举行工作会谈，协助在国内宣传推广跨境服务中俄企业职能；与俄阿州工业家企业家联合会举行工作会谈，联合开展宣传推介活动，共同组织培训活动；与布市国际合作中心举行工作会谈，共同商讨创新合作模式，为中俄企进入对方市场提供精准对接；与阿州俄中贸易商会进行交流洽谈，了解开展跨境服务贸易情况，双方达成签署战略合作协议意向；走访阿穆尔之桥国际法律财务服务中心，支持该企业宣传推介跨境服务中俄企业职能；陪同阿州展览公司赴烟台、大连两地，对第13届烟台东亚国际食品博览会和第32届大连进出口国际食品展览会进行参观考察；在大黑河岛洽谈会期间，积极组织阿州工商会、中小企业协会、布市国际合作中心、阿州外商投资服务中心参会；促成布市国际合作中心与中俄友好医院签订合作协议；帮助俄方企业与国内企业开展进口蜂蜜合作、在国内采购LED设备搭建桥梁。协助俄布市“市属国际合作中心”办理首席代表变更手续。成功引荐哈尔滨炫彩文化发展有限公司建设“黑河俄罗斯油画城”项目，扶持企业开展跨境服务和跨境消费；组织巴西乳酪企业到黑河对建设奶酪厂项目进行投资考察，安排参观黑河中兴牧业公司、瑷珲对俄进出口加工基地（工业园区）、合作区二公河工业园区，与市直部门进行座谈，并与市政府初步达成合作意向。 (史居权)

【对外交流】 2018年，黑河市贸促会开展精准对接，搭建交流平台，举办中俄商协会座谈交流对接会。为贯彻落实中俄两国元首在第四届东方经济论坛上达成的共识，创新合作思路、开展精准对接，为中俄企业搭建交流合作平台。11月23—24日，由市贸促会发起倡导，经省商务厅区域合作处协调，与黑龙江省外埠商协会共同举办的中俄商协会座谈交流对接会，在哈尔滨市召开。会议围绕“服务贸易、促进合作，缔结中俄友好商会”主题，省商务厅区域合作处、市贸促会在会上致辞讲话，俄阿州工商会、阿州中小企业协会、阿穆尔金桥国际商务服务中心代表分别在会上作专题推介。黑龙江省河南商会、上海商会、河北商会、山东商会、外来投资企业协会等代表前来参加会议并作发言交流。中俄双方就抓住机遇，共享远东发展新机遇，开创东北亚美好未来进行深入研讨，就开展建材、农业、化工、旅游等项目合作开展深度交流。会场气氛热烈、聚焦需求、务实对接，达到了服务贸易、促进合作，增进友谊的目的。12月22—23日，广东省东莞市政府代表团到黑河市考察推介，市贸促会负责活动组织和接待工作。与东莞市政府积极联络，精心安排各项活动，细致做好接待服务工作。组织东莞市政府代表团开展调研，与黑河市有关部门、企业座谈。东莞市大朗镇与爱辉区政府签署友好合作框架协议；东莞市大朗镇毛织管委会与黑河华富公司签署合作协议。

(史居权)

【商事法律服务】 2018年，黑河市贸促会全面加强商事法律工作，为企业提供商事法律服务。12月19日，在市职教中心为全市外经贸企业举办商事法律业务培训讲座。共组织30多家外经贸企业以及爱辉区、合作区商务局的人员参加。邀请黑龙江有伦律师事务所、北京大成（哈尔滨）律师事务所合伙人、黑河仲裁委员会仲裁员为企业授课。此次培训主要讲解企业如何提高国际贸易法律意识、与俄罗斯开展贸易需掌握的法律知识、如何解决贸易纠纷、仲裁服务的优势等方面的法律知识。参加培训企业表示，对涉外贸易中法律意识进一步提高，对贸易纠纷、摩擦的解决方式有全面系统的了解，有效解决企业经营中遇到的具体问题。走访法律专业委员会的法律委员，与他们探讨如何为外经贸企业提供商事法律服务，并共同到企业进行走访调研，了解企业经营中遇到的法律问题，企业对法律服务有哪些需求，有针对性的为企业开展法律服务和培训活动。全年走访法律委员4家，到企业调研10余次。积极参加国家组织举办的“经贸摩擦机构北部地区会议”商事法律活动，受邀出席在上海举办的首届中国国际进口博览会配套活动“进口促进、法律合作”论坛。年内协助黑河丰泰公司、黑河冠鸣公司、农耕大健康、燕麦香酒业等企业办理商事证明书、原产地证等12份。 (史居权)

【重要活动】 2018年，黑河市贸促会积极参加全国贸促系统举办的各项重要活动。受邀参加在鄂尔多斯举办的系统会展联盟第十一次会议，与来自全国20余家地方、行业贸促会的负责人，就贸促系统的资源整合、会展业绿色环保、会展人才教育等问题进行深入交流和探讨。加强各区域间的交流与沟通，受邀参加在珠海举行的第十二届中国—拉美企业家高峰会及中国—拉美贸促机构和商协会圆桌会。

来自中国贸促会及50余家地方贸促会及拉美和加勒比地区24个国家41家贸促机构和商协会代表参会。与会中拉贸促机构和商协会代表们围绕新形势下中拉贸促机构新使命和“一带一路”倡议下中拉经贸合作新机遇等议题进行广泛而深入的讨论,并共同发布《中国—拉美贸促机构和商协会珠海宣言》。市贸促会作为中国国际商会理事会理事之一,受邀在北京参加中国国际商会理事会会议,参与审议中国国际商会理事会成员调整并表决,参加商会大讲堂等各项会议活动。 (史居权)

【自身建设】 2018年,黑河市贸促会紧紧围绕市委、市政府重点工作安排部署,找准切入点和着力点,通过深入调查研究,广泛采集社情民意,先后向市委、市政府递交建立地方合作示范区、炒热黑龙江大桥经济、在大黑河岛建立中俄服务贸易创新(示范)园区、引进江南大学在黑河建设农林产品孵化基地、加大秸秆利用新模式的推进、关于中俄合作氮磷钾复合肥项目、建立北京外国语大学黑河俄罗斯语言学院等建议。党组坚持党要管党,从严治党,认真抓好自身建设。坚持“一岗双责”、一把手负总责,带领党员干部严格执行中央八项规定,扎实做好党建工作、政治生态建设工作、意识形态工作、保密工作、党风廉政建设工作,“七五”普法工作、廉政文化建设工作、精神文明建设等工作。开展深化机关作风整顿优化营商环境等教育活动、解放思想推动高质量发展大讨论、“法治建设年”活动和党纪国法教育暨警示教育等活动,各项工作取得较好的效果。按照《中共中央关于加强和改进党的群团工作的意见》和省贸促会改革总体思路,制定市贸促会机构改革的意见和建议(讨论稿),经过征询相关部门意见,改革方案经市委深改领导小组通过后正式下发。 (史居权)

粮食流通

【概况】 2018年,黑河市粮食局核定行政编制21个,工勤人员编制3个。处级领导职数:局长1职,副局长2职;科级职数9职。内设机构8个:办公室、调控科、行业指导科、仓储物流管理科、财务审计科、人事教育科、法规监督科、党委办。截至2018年末实有人数:行政17人,工勤3人。其中:局长1人,副局长3人,副处级管理干部1人,副调研员2人,科长7人,主任科员1人,副主任科员1人,科员1人,工人3人。

所属机构3个:黑河市盐务管理局(正科级)人员编制6个,科级领导职数2个。截至2018年末实有人数3人,其中:局长1人,副局长1人,科员1人。黑河市粮油检验监测站(正科级,另挂牌黑河市军粮供应办公室)人员编制5个,科级领导职数2个。截至2018年末,实有人数3人,其中:站长1人,副站长1人,科员1人。

领导班子成员及副处级以上领导干部:

党委书记 局长 秦晓健

副 局 长 孙振海 张文军 白宝忠

副处级管理干部 杜 萍

副 调 研 员 肖贵群 刘 萍

(关银珲)

【粮食购销】 2018年,黑河市粮食局按照市委、市政府建设全域绿色农业发展示范区的要求,开展黑河绿色有机农产品市场营销品牌创建工作,组织具有黑河地域特色绿色优质的品牌企业嫩江县十六膳、金珠宏业、四合大豆油、五大连池合兴矿泉米业有限责任公司、泉润矿泉稻种植农民专业合作社等企业宣传推广黑河优质绿色农产品,并按销区企业需求发展特色种植,采取订单收购、预约收购的方式,逐步实现农民粮食由“种得好”向“卖得好”转变,由“卖得好”倒逼“种得更好”;加强产销合作,组织企业参加首届国家粮食交易大会,福建、广州、重庆等地粮食交易会,强化与销区粮食管理部门及粮食企业的产销对接,与中粮集团、申粮集团、重粮集团、川粮集团、北大荒集团等大型粮食企业建立稳定的合作关系,签订购销意向性协议360余万吨;通过黑龙江省粮食交易市场黑河分中心网络平台,引导企业、农民开展“互联网+粮食”交易,在网上寻找新客户,帮助农民粮食卖得出、卖上价、增收入;探索尝试期货贸易,建成两家期货交割库,逊克县两家企业已经开始玉米期货贸易,价格为1700元/吨,数量为8000吨。2018年,全市累计收购秋粮410.4万吨,其中,水稻11.7万吨、小麦25万吨、玉米272.5万吨、大豆101.2万吨。2018年,全市地方国有粮食购销企业政策性利润实现3119万元,其中,300万元以上的户数为2户;市场化经营性利润实现114万元,30万元以上的户数为2户。共计实现利润为3233万元。

(关银珲)

【粮油工业】 2018年,黑河市粮食局按市委、市政府要求制定《黑河市加快推进“粮头食尾”“农头工尾”实施方案》;粮食加工运行指标完成良好。2018年全市完成粮食加工工作目标原料消耗137万吨,完成销售收入42亿元,分别完成全市“两头两尾”全年目标的117.3%和141.4%。加大招商引资力度,加快建设大型粮食加工企业,投资18亿元的国投30万吨乙醇加工项目正式落户北安,预计2019年年底建成投产,年加工玉米达90万吨。五大连池市绿色大米开发项目已基本完成日处理1000吨稻谷加工生产线安装工作。孙吴县10万吨玉米饲料加工项目正在办理征地等开工前的各项手续;主动为企业解决难题,争取政策支持,落实各类粮食加工补贴政策,2018年累计为符合条件的企业申请玉米、大豆加工补贴近1000万元,增加企业的经营效益,增强企业的生产积极性。 (关银珲)

【优质粮食工程建设】 2018年,黑河市共争取国家及省项目建设资金3355万元用于优质粮食工程建设。黑河市产后服务体系建设试点县北安市5家企业及五大连池市1家企业争取省级补助资金用于设施建设、购置仪器，提升产后服务中心开展“五代”业务的能力；推进粮食安全质量监测体系建设，争取中央财政补助资金1700万元，用于完善各级粮油监测站建设；争取中央财政补贴资金1000万元用于嫩江县“大豆示范县”建设。（关银珲）

【粮食统计】 2018年，黑河市粮食局执行《中华人民共和国统计法》和《国家粮食流通统计制度》，通过加强对6个县（市、区）从事粮食统计和粮油市场价格监测工作人员的业务培训，保证及时、准确上报各类粮食流通统计报表，确保统计数据质量，统计覆盖面达到95%以上。开展乡村居民存粮调查，按照《黑龙江省粮食局办公室关于做好2018年度乡村居民户存粮专项调查工作的通知》精神，召开视频工作会议，部署乡村居民户存粮专项调查工作。全市乡村居民上年产量318.31万吨，出售量314.98万吨，期末库存3.33万吨。（关银珲）

【市场监测】 2018年，黑河市粮食局加强粮油市场监测，对国家和省级价格监测点进行优选调整，现有国家级5个监测点、省级16个监测点及省信息中心8个监测点，共29个监测点对全市进行价格监测，每周一固定汇总并上报监测点粮油价格情况，为国家和省提供黑河市区域内的粮食价格信息，为国家制定粮食收购价格和宏观调控提供可靠依据。（关银珲）

【粮食应急保障】 2018年，黑河市粮食局完善粮食应急储备，按照《关于启动市级储备粮收购工作的通知》要求，市级储备粮26630吨实储到位；保障军粮供应，贯彻落实全省军粮会议精神，加强质量管理，执行军供粮源统筹制度，做好库房和部队网点储粮情况定期检查工作，做好部队的走访慰问活动。2018年，省粮食局对2017年度全市军粮工作目标情况进行考核验收，5个站中，1个站评为优秀，4个军粮站获达标；加强盐业市场监管，构建食盐安全监管体系，重点整顿春节、“五一”国际劳动节、“十一”国庆节期间食盐市场秩序，开展“防治碘缺乏病日”宣传活动，确保全市人民吃上放心食盐。（关银珲）

【收储政策】 2018年，黑河市粮食局执行国家粮食收储政策。2018年，全市准备收储能力432万吨，秋粮收购启动前组织全市涉粮企业对机械设备进行检修，对业务人员进行培训，达到设备完好，提高政策的执行能力，满足秋粮收储需要；完成2018年水稻收储库点的认定工作，全市共计上报库点20户，经省粮食局、省农发行、中储粮黑龙江分公司三家批复，全市20户企业取得收储资格，并在《黑河日报》公示；抓好企业规范化管理，全市共有16个粮库参加规范化管理工作考评，确定规范化管理达标企业16户，其中，标兵企业1户，标兵县1户。（关银珲）

【粮食安全考核】 2018年，黑河市粮食局加强与各相关部门的综合协调，协调市考核工作组各成员单位开展2017年度粮食安全市长责任制考核自评工作，形成《黑河市人民政府关于2017年度粮食安全市长责任制考核自评情况的报告》，组织开展对县（市、区）考核工作，会同市考核工作各成员单位制定对各县（市、区）政府的考核指标和评分标准，指导各地开展自评，组织市相关部门进行评审和联合抽查工作，形成对各地的综合评价结果。（关银珲）

【规范秩序】 2018年，黑河市粮食局规范粮食流通市场秩序，完成各项政策性粮食检验工作任务，全年共检验监测样品386份（批次），代表粮食53.9万吨。其中，最低价稻谷169份，代表数量26.2万吨，省、市地方储备160份，代表数量27.7万吨，检验军供成品粮（小麦粉、大米）57批次。做好质量调查和品质测报及卫生安全监测工作，完成2017年度政策性收购稻谷质量安全样品的采集和集并工作。推进依法治粮，加强法治宣传教育，落实全市粮食行业法治宣传教育“七五”规划，组织开展秋粮收购“监督检查、护农增收”重点推进行动，督导政策性粮收储库点严格规范执行敞开收购政策和质价标准，遵守粮食收购守则，全市没有发生压级压价、“打白条”等坑农害农和“转圈粮”等损害国家利益问题。（关银珲）

【安全储粮和安全生产】 2018年，黑河市粮食局加强库存粮食管理，确保库存粮食安全。督促各地及企业全面落实安全储粮主体责任和部门监管责任，严格按照《粮油仓储管理办法》和《粮油储藏技术规范》要求，做好检温、粮情检测和三级保粮制度工作，切实做到有粮必有人管，管粮必管安全，一级抓一级，一级对一级负责，切实做到“谁储粮、谁负责”“谁坏粮、谁担责”，保障库存粮食质量良好，数量真实，储存安全，确保不出现粮食安全隐患；加强粮食行业安全生产行业监管和指导工作。建立健全安全生产领导机制，指导各县（市、区）粮食行政管理部门在开展安全生产和消防安全检查的基础上，做好“两节”“两会”等重要时点的安全生产工作，认真开展各类安全生产专项检查，认真落实安全生产业务培训。（关银珲）

供销合作

【概况】 2018年，黑河市供销社行政编制21个，工勤人员编制3个；处级领导职数：主任1职，副主任2职，派驻纪检组副组长1职，监事会主任1职；科级职数：科长6职，副科长3职。内设机构6个，分别为：政秘科、综合科、合作指导科、经济发展科、农副产品科、财务审计科。截至2018年12月末，全系统购进总额20.5亿元；销售总额21.0亿元；实现利润2077万元。

2018年12月19日,根据《黑河市机构改革方案》,将市供销社更名为市供销合作社联合社。

领导班子成员及副处级以上领导干部:
主　　任　栾晓波(2018.5止)
　　　　　李百青(2018.8任)
副 主 任　宋祥国　仇　野
监事会主任　丁　霞
副处级干部　徐　军(2018.12任)

(张建国)

【综合改革】 2018年,黑河市供销社推动综合改革各项政策措施的组织落实,全力争取市县两级党委政府支持,6个县(市、区)相继出台本地供销社综合改革方案。组织召开黑河市供销合作社一届二次理事会工作会议和一届三次理事会、监事会工作会议,增(替)补一届理事会理事,制定全面深化综合改革三年发展规划,明确任务目标,细化推进措施。(张建国)

【基层组织】 2018年,黑河市供销社全系统利用基层社资产、经营网络与农民合作社合资合作,促进两社共同发展。爱辉区供销社"互联网+"产业园区,已有17家农民合作社入驻。嫩江县供销社在人口集中,经济相对发达,交通便利的伊拉哈镇、双山镇、霍龙门镇、白云乡新建4个基层社。孙吴县供销社引导帮扶汉麻产业农民合作社组建联合社,五大连池市供销社引进投资企业与兴隆乡玫瑰花种植合作社对接,开发玫瑰花系列产品,积极扶持壮大新兴产业。

(张建国)

【社有企业】 2018年,黑河市供销社推进社有企业现代管理制度改革,促进实行混合所有制资本结构,鼓励社有资本与其他各类资本相互融合。嫩江县供销惠农农资连锁有限公司与嫩诺农业服务有限公司共同出资2000万元,成立黑龙江嫩诺农业服务有限公司,依托惠农公司90家分公司的销售渠道,为全县农业经营主体提供质优价廉的农资产品。爱辉区供销社为企业搭建"互联网+"园区发展平台,16家企业整体发展态势良好,其代表企业"亮亮米业"大米和杂粮网上销售额800万元,"兵易购"网上销售额500万元,"百世快递"实现物流运送35万件。

(张建国)

【农资供应】 2018年,黑河市供销社印发《关于做好2018年化肥淡储工作的通知》,要求县、乡供销社及所属农资企业把做好化肥等农资供应作为参与乡村振兴战略的重要举措,督促企业严格把控质量,坚决从源头杜绝假冒伪劣农资从供销社渠道流入市场。针对2018年化肥市场受成本推动上涨的新情况,多措并举,实现化肥市场有序平稳供应。与工商、质检、公安等部门紧密配合,开展农资打假专项治理行动,确保农民用上优质放心肥。备春耕生产期间,全系统免费培训新型经营主体600人,测土配方3000余单,发放各种宣传资料9000余份,供应化肥19万吨,占全市总量56%。推广使用农家肥1万吨,销售有机肥6350吨,同比增长8倍。(张建国)

【电子商务】 2018年,黑河市供销社全系统以线上线下融合为切入点,持续推动互联网与全系统实体经济深度融合,加快发展农村电子商务,努力打造供销社新的竞争优势。"瑷珲e购"与黑河大豆网按照一个团队(微谷公司),两个平台(瑷珲e购和大豆网)互联配套,搭建豆类及杂豆销售平台。3月,黑河大豆网手机App上线运行。4月,以黑河市诚通经贸有限公司等7家社会企业为支撑的商品联合采购中心在"瑷珲e购"产业园区成立。10月,在全省供销系统改革推进会上,爱辉区供销社就发展电子商务工作进行经验交流。"瑷珲e购"在农村建立15个生产基地,3个物流中转点,5个交易点,15家线下便利店,在杭州、郑州设置2个前置仓。全系统网上销售和线下实体销售总额4000万元,带动农民增收300万元。(张建国)

【项目建设】 2018年,黑河市供销社按照国家产业政策、投资方向和重点,围绕国家支持的领域,不断谋划有市场前景的新项目,争取获得更多的政策性资金支持。市本级围绕黑河市绿色农业发展的大局,依托丰富的农作物秸秆资源为基础原料,深度谋划聚乳酸(PLA)一体化工程中试线建设项目。中俄果蔬冷链物流园区项目纳入到黑河市谋划储备项目,报省赴广东招商。爱辉区供销社申报"供销e家"爱辉区互联网运营中心项目,落实项目资金500万元;无人机参与农业植保、配肥项目已经与供销集团公司达成意向性协议。(张建国)

【农产品营销】 2018年,黑河市供销社发挥系统4家农产品流通市场的主导作用,通过招商驻场经营、场地出租、直接经营等多种形式不断强化服务功能,极大拓展了销售渠道。黑河微谷电子商务公司带领农产品生产企业、农民合作社,组织地方绿色有机农产品参加上海举办的全国优质农产品博览会、哈尔滨农产品展销会,扩大黑河市优质特色农产品的宣传推介。"瑷珲e购"电子商务平台与各县级平台对接,打造绿色农产品购销网络,全力畅通销售渠道。与徐州雨润集团等大型农产品流通企业洽谈协商,谋划推动地方农产品交易平台、种植基地建设。截至2018年12月末,全系统农产品经营额为7.5亿元。(张建国)

【扶贫攻坚】 2018年,黑河市供销社按照市政府精准扶贫工作部署,组织指导各县(市、区)供销社主动与帮扶点对接,走访包扶农户,了解贫困户生产生活情况,因地制宜研究扶贫解困办法。逊克县供销社制定具体帮扶计划,做到多帮助、勤指导、办实事。2018年又有4户EPS模块结构住房完工,妥善解决了贫困户的住房问题。五大连池市供销社为莲花山村4户贫困户解决米面等生活问题,帮助寻找致富门路，联系就业渠道，贫困户的生活得到明显改善。孙吴县供销社包扶奋斗乡阿象山村16户贫困户，通过送温暖、送政策、送产业等帮扶措施，贫困户全部脱贫，已通过省和市、县多个检查组检查验收。（张建国）

石油销售

【概况】 中国石油天然气股份有限公司黑龙江黑河销售分公司（以下简称“中石油黑河分公司”）隶属于中国石油天然气股份有限公司黑龙江销售公司管理，是石油成品油销售终端企业，发挥着向黑河地区供应成品油、润滑油、非油商品的主渠道作用。中石油黑河分公司经历重要历史沿革，于1985年2月上划黑龙江省石油公司，1998年6月上划中国石油天然气集团公司，1999年7月进行股份制重组。中石油黑河分公司下设综合办公室、财务部、人力资源部、党群纪检工作部、质量安全工程部、业务运作部6个部门；下辖市区、北安、嫩江、五大连池、孙吴、逊克6个片区。截至2018年12月，全区系统共有职工554人，其中，中共党员219人，8个党支部，运营加油站60座，全年成品油销售总量实现18.23万吨。

领导班子成员：
经　　理　王国生
党委书记　丁胜强
副 经 理　洪松涛　冉　东

（刘方亮）

【主营销售】 2018年，中石油黑河分公司以加油站为半径开展市场需求摸底，细分核心市场、竞争市场、潜力市场。畅通内部沟通渠道，实现市场信息、营销政策的快速传递。强化直批销售。调整直批定价方案，适度、有序下放直批价格优惠审批权，提高市场反应速度和竞争力。制订直批销售盈亏平衡点和分品种的价格底线，努力减少负效销售，四季度直批毛利实现326万元。柴油价格到位率同比提高1.67%；新增客户69个，增量5900吨。突出零售工作。坚持以零售为核心，落实四季主题促销、节假日个性化促销，重要阶段专题促销30余次，将每月“10惠”升级为“逢10有惠”，活动日增量明显，全年纯枪销量139871吨，高于全省平均水平1.48个百分点。研究“油卡非润”一体化营销策略，减少挂牌直降，由挂牌价直降向用卡折扣转变。整顿市场环境。收集“三黑”违法行为线索，配合政府相关部门开展各类检查41次，查扣大小油槽车11台，查封非法储油点6个，查扣油品258.5吨，奖励提供线索人员3000元，清理商标侵权社会站9座，维护了企业品牌形象，有效遏制“三黑”行为，巩固市场份额。（刘方亮）

【网络建设】 2018年，中石油黑河分公司打造精品网点，把网络发展作为增强竞争力的战略性举措，与商务局沟通联系，积极推进“油头化尾”工作。全年加油站一体化改造12座，新租赁加油站1座。（刘方亮）

【安全生产】 2018年，中石油黑河分公司推进加油站HSE标准化建设工作，落实各级人员安全管理责任，逐级签订安全环保责任书，坚持严抓严管、敢抓敢管的高压态势，对管理缺位、有令不行、失职失责等问题从严惩治，做到警示有力、烙印深刻。坚持源头防范，杜绝设计、设备的先天性不足，以及人的“三违”行为，全年开展安全联系点工作42次，常态化检查310次，严格承包商“五关”管理，强化施工现场安全监管，全年开展施工现场检查72座次，处罚违规作业5人次，罚金17000元。以“质量月”主题活动为契机，营造人人热爱质量事业，关心质量效益，参与质量改进，支持质量提升的良好氛围，增强质检能力。强化油品强检、自检，抽取油样96批次。接受省公司抽检12批次，省市场监督管理局抽检50批次，合格率均达到100%。与政府联合举办政企联动应急演练，聘请黑河消防安全培训中心讲师，为机关员工普及消防知识，以系统内的工业亡人典型事故案例和安监系统的事故案例为警示，组织开展安全经验分享、事故大讨论等活动，深刻汲取事故教训，进一步引发全员共鸣，提高全员HSE意识。（刘方亮）

【合规管理】 2018年，中石油黑河分公司将持续创新与规范执行相统一，加强服务体系建设，落实《加油站管理规范》，打造“强大现场”，全面推进加油站“6S+服务”管理。强化神秘顾客访问、日常稽查及投诉管理，引导员工提高服务质量和效率，全年神秘顾客访问得分较好。加强风险管控。持续抓好内控体系建设，规范业务流程，严肃合同签订、印鉴使用程序，防范经营风险，达到依法治企的目的。利用信息化手段，加强刷卡套现、脱机加油、资金回笼等关键点风险防控，全年处理刷卡套现套票等违规人员18人。规范财务管理。深化预算引领作用，增强预算编制科学性，完善预算考核激励机制，加强预算执行过程管控，以效益最大、费用最低为目标，建立月度预算方案优化模型。强化费用管控，细化费用科目，严把执行进度，费用总额控制预算范围之内。盘活闲置资产，加大低效无效资产处置力度，报废处理302项资产，处置闲置资产5项。（刘方亮）

【企业文化】 2018年，中石油黑河分公司组织员工参加市文明交通志愿服务活动，开展“弘扬石油精神，展示良好形象”员工健步走活动，丰富员工业余生活，增强员工的凝聚力和向心力。充分发挥群团纽带作用，开展扶贫帮困工作，累计发放慰问金4.8万元，帮扶困难员工5人次。落实维稳工作各项要求，妥善处理不稳定因素、劝返重点人员，维护公司大局稳定。关心员工收入，创新考核激励模式,形成有效激励与业绩增长的良性互动,全年员工收入平均增幅12%,一线员工平均增幅22%。关心关爱一线员工,开展冬送温暖和夏送清凉活动。关心关爱员工,安排员工健康体检,送员工生日蛋糕,员工的幸福感、获得感、荣誉感大幅增强。　　(刘方亮)

烟草专卖

【概况】 2018年,黑河市烟草专卖局(公司)内设机构17个:办公室、营销中心、物流中心、信息中心、专卖稽查支队、专卖监督管理科、内管派驻办公室、审计派驻办公室、财务科、人事科、党建工作科、综合计划科、纪检监察科、安全管理科、政策法规与体制改革科、审计科、群团工作科。截至2018年末,全市系统从业人员186人。下辖嫩江、北安、五大连池、孙吴、逊克5个县(市)局(分公司)。

领导班子成员:
局　　长(经　理)　张宝忠
副 局 长(副经理)　孙连君　刘天生　孙玲玲
纪检组长　李　颖

(陈　浩)

【卷烟销售】 2018年,黑河市烟草专卖局(公司)以“稳销量、提结构、增税利”为目标,全力以赴消化社会库存,调整市场状态,经济运行稳中向好,市场基础更加扎实,完成年度各项经济运行指标:卷烟销量45117箱。其中,黑龙江省地产卷烟品牌销售14441箱,占总销量的32%。卷烟销售收入实现99112万元(含税)。利税总额实现21068万元,同比增加321万元,增长1.54%。　　(陈　浩)

【专卖管理】 2018年,黑河市烟草专卖局(公司)保持市场监管高压态势,集中力量查市场、查源头、堵渠道,严打卷烟走私活动,专卖打私打假实现新突破:全市系统共查办涉烟案件492起,案值88.06万元,收缴违法卷烟104.19万支,加大与公安、海关等部门的联合执法力度,与公安部门破获网络案件2起,涉案金额达到200余万元,拘留12人,判刑4人,有效净化市场环境,打击涉烟违法行为。

(陈　浩)

【企业管理】 2018年,黑河市烟草专卖局(公司)落实黑龙江省烟草专卖局(公司)精益管理的各项要求,以全面预算为切入点,梳理流程、完善制度,在各项成本费用管理上,挖掘潜力,向管理要效益。同时,按照省局巡察组反馈意见和建议,在物流费用、物资采购、工程维修、车辆管理和食堂采购等方面,重新建立健全制度、规范审批流程、细化管理措施,全面提升企业规范管理水平。　　(陈　浩)

旅　　游

【概况】 黑河市旅游发展委员会是市政府组成部门,承担规范旅游市场秩序、监督管理服务质量、维护旅游消费者和经营者合法权益的职责;负责组织指导全市旅游教育培训、全市旅游整体形象宣传和境内外重大推广活动;负责指导协调全市旅游资源的开发和保护,制定旅游总体规划、专项规划及产业规划并实施。行政编制10个。领导职数:主任1职,调研员1职、副主任2职,科长6职;内设机构6个,即办公室、行业管理科、规划发展科、市场开发科、人事教育科、产业促进科。直属事业单位3个,即黑河市旅游执法大队、黑河市旅游信息中心、黑河游客中心。黑河市旅游执法大队核定事业编制6个,正科级职数1个,副科级职数1个;黑河市旅游信息中心核定事业编制4个,正科级领导职数1个;黑河游客中心核定事业编制6个,正科级职数1个。2018年12月末,机关及直属事业单位全体干部职工25人。2018年,全市共接待国内外旅游者1152.6万人次,同比增长18.9%,旅游收入100.6亿元,同比增长22.5%。

2018年12月19日,根据《黑河市机构改革方案》,将市旅游发展委员会的职责,以及市文化广电新闻出版局除新闻出版管理以外的其他职责等整合,组建市文化广电和旅游局。不再保留黑河市旅游发展委员会和黑河市文化广电新闻出版局。黑河市文化广电和旅游局于2018年12月21日揭牌。

领导班子成员及副处级以上领导干部:
主　任　李泽国
调研员　孙永刚
副主任　叶林生　张　敏

(王　佳)

【项目建设】 2018年,黑河市结合国务院新发布的《关于促进全域旅游发展的指导意见》,进一步完善《黑河市创建国家全域旅游示范区工作方案》,推动全域旅游示范区的建设。完善《黑龙江黑河中俄边境旅游试验区建设实施方案》《黑龙江黑河中俄跨境旅游合作区建设实施方案》,推动中俄跨境旅游合作有序开展。2018年,重点推进旅游项目16个,完成投资7.6亿元。完善全市自驾车营地项目10个,其中,爱辉区小新屯自驾休息驿站已完成投资64万元;富拉尔基自驾休息驿站,完成投资700万元。2018年,向上争取到位国家旅游发展金补助地方项目资金85.1万元,包括旅游厕所项目资金2017年30.3万元,2018年54.8万元。全年建设完工旅游厕所32座。黑河市先后启动黑河市旅游标识牌一期、二期建设项目。在黑河主城区和通往主要景区、口岸、车站、游客中心建设标识牌,一期项目建设争取到位国家旅游发展金150万元,7 月已完成 56 块旅游标识牌安装工作。8 月启动第二期项目,投资 110 万元,并于年底前全部安装完毕。为增加旅游商品的影响力和供给力,组织各县(市、区)参加“2018 黑龙江省旅游商品成果展示创意设计大赛暨第十三届中国黑龙江国际文化艺术产业博览会。大赛中嫩江十六膳食品获金奖,北安乌鱼绣获铜奖,爱辉区桦树皮套壶、嫩江十六膳食品获群众喜爱奖。同时,黑河市旅游委获“优秀组织奖”。引进黑河龙海船运有限责任公司开发黑龙江(界江)游船项目,投资 1000 万元建造 3 艘新型旅游客船及游船码头附属设施,在中国旅游日举行通航首游仪式,6 月 1 日正式通航。积极与市国投公司及北京中金闽能、珠海市旅游企业招商对接,力争引进有实力旅游企业落地黑河。 (王 佳)

【行业监管】 2018 年,黑河市旅游发展委员会严把旅行社、星级饭店、A 级景区评定审批关,不断壮大旅游载体,2018 年,全市新增 5 家经营境内、入境旅游业务旅行社;6 家旅行社分社;6 家服务网点;晋升边境旅行社 8 家;晋升三星级饭店 2 家;晋升为国家 AAA 级旅游景区 2 家,晋升为国家 AA 级旅游景区 1 家。根据《黑河市促进旅游业发展奖励办法》,为旅行社组织出入境旅游申报奖励,调动了旅游企业的工作积极性。开展全市旅游市场秩序专项整治行动,围绕损害旅游业整体形象和游客、社会反映强烈的突出问题,以广告、合同、经营资质为重点,抓好旅行社的规范管理,有效遏制不合理低价、强迫消费、违反合同约定、非法经营等扰乱旅游市场秩序的违法违规行为。贯彻实施星级饭店标准,进一步提高星级饭店服务的标准化、规范化水平,切实维护星级标准的权威性。倡导旅游企业诚信经营、自主承诺活动,培育旅游企业诚信意识、品牌意识、优质服务意识,切实保障旅游者和旅游经营者合法权益,营造群众满意的健康和谐旅游环境。全面落实安全生产责任制,与各县(市、区)及市直旅游企业签订《安全生产责任状》。加大监督检查力度,开展旅游企业安全检查,以旅行社安全生产责任制落实情况、旅游团队事故应急预案的制定情况、旅游团组接待时的食品卫生状况和住宿安全状况、旅游租车合同,星级饭店消防安全制度、消防设施、员工安全生产和教育培训状况为重点,把各项旅游安全措施落到实处,切实保障旅游安全。 (王 佳)

【旅游服务】 2018 年,黑河市旅游发展委员会整合串联全市旅游资源,宣传五大连池风景区 + 黑河市 + 俄罗斯布市 6 日“黄金旅游线”。打造“黑河·我的极致远征”跨境自驾旅游品牌。通过整合黑河特色冰雪旅游资源,举办中俄跨境元旦徒步大赛、中国·瑷珲 2018 寒地试车旅游节、百万青少年上冰雪活动、瑷珲上元节等十余项特色活动,掀起全民旅游的热潮。开发黑河旅游微信小程序,打造线上黑河自驾旅游宣传及产品预订平台。开发明信片邮寄、VR 实景体验、智能照片打印、智能充电、黑河特产展示、旅游智能展示等黑河旅游数字化展示平台,全新设计制作黑河旅游冰箱贴、纪念币、行李牌、玩偶等多种宣传纪念品,深受游客喜爱,打造全国领先的展示及服务功能。黑河游客中心实行叫号分流管理制度,执行先叫号、后照相、再办理,团队、游客分别办理的全新模式。应对旅游旺季到来,同口岸办合作,实行名单排序报送制度,为旅行社提供 24 小时名单封单服务,解决黑河口岸出境秩序问题。 (王 佳)

【宣传促销】 2018 年,黑河市旅游发展委员会与中国青年旅行社战略合作,开展“黑河·我的极致远征”跨年冰雪嘉年华、“五大连池冰上狂欢节”、逊克大平台雾凇摄影比赛等多项活动。与龙广传媒合作,举办“冰雪穿越”2018 龙广听友黑河体验之旅等活动。配合央视中文国际频道,于 2018 年除夕在五大连池直播《传奇中国节——春节》,无缝衔接央视春晚。借助黑河旅游(上海)体验店,与上海春秋国旅强化合作,于 3 月中旬组织上海—黑河旅游首发团。在世纪广场电子屏循环播放黑河旅游宣传片,通过黑河出租车车顶灯箱制作黑河旅游宣传广告。在黑河市与珠海市结对的大背景下,两地旅游部门和企业分别在两地召开旅游推介会,共同研究旅游投资、客源互送等问题,推介会后珠海华美达国旅开通首趟广东赴黑河旅游专列。与“4 + 1”城际旅游联盟城市合作,在重庆、厦门、苏州等五地举办联盟夏季旅游产品推介会,进一步叫响黑河旅游品牌。加大对俄宣传促销,参加第八届“中俄远东国界”论坛,并作“中俄协作中的跨境旅游线路和产品”推介。赴俄萨哈(雅库特)共和国参加“寒极节”,加强两地旅游企业间交流和合作。与陕西广播电视台家庭生活频道《全能星宝贝》栏目组对接,于 2018 年 7 月起陆续从陕西省向黑河市发送研学旅游团。举办“2018 华泰杯国际彩虹跑活动”。参加央视《魅力中国城》第二季,全省唯一两战两捷的地级市,黑河市获“十佳魅力城市”称号。2018 年,自媒体平台共发布信息 2600 余条,对重大旅游工作会议、彩虹跑、《魅力中国城》竞演、中国旅游日系列活动等进行全程多角度报道。其中,新浪微博最高阅读量达 15.9 万余次,黑河旅游微信平台最高阅读量 1.8 万。与北京融媒互动信息有限公司、Facebook、新浪微博、百度、腾讯等多家公司进行合作,向全国各主要城市及俄布市、伊尔库斯克 2 座城市精准投放黑河旅游广告。2018 年,共投放黑河旅游宣传广告上百组、集中广告宣传 100 余天、累计展示次数 900 余万次、点击人数超过 400 万次,使黑河市成为黑龙江省第一个完成海外营销策略的旅游城市。黑河旅游官方微博在“东北三省最具影响力旅游委(局)微博”中,位居全省旅游局微博首位,全省旅游政务信息报送及采用量黑河名列全省第一,在第二届东北旅游新媒体峰会上黑河获“2018 东北三省最值得去的旅游目的地”奖项。 (王 佳)

社会事业

科学技术

【概况】 黑河市科学技术局行政编制10个,工勤编制1个;处级领导职数:局长1职,副局长3职,调研员1职,副调研员1职;科级领导职数:科长6职。内设机构6个,分别为:办公室、发展计划与政策法规科、农村科技与知识产权成果科、社会发展与国际合作科、高新技术与科技园区科、科技招商科。直属事业单位3个,分别为:市科技情报研究所、市科技干部进修学院和黑龙江黑河国家农业科技园区筹建办。2018年12月19日,根据《黑河市机构改革方案》,将市工业和信息化委员会、市科学技术局除知识产权管理职责以外的职责,以及市人力资源和社会保障局的外国专家管理职责、相关部门承担的军民融合相关职责等整合,组建市工业信息科技局,加挂市外国专家局牌子。不再保留市科学技术局。黑河市工业信息科技局于2018年12月21日揭牌。

领导班子成员及副处级以上领导干部:
局　　长　戴春雷
调 研 员　孙长杰(2018.3任)
副 局 长　郭志峰(2018.5任)　顾岩海　叶宏岩
副调研员　周金辉

(王　雷)

【科技体制改革】 2018年,黑河市科学技术局按照“放管服”和科技体制改革的工作部署,组建科技服务队,编制《科技创新创业政策汇编》《科技创新创业政策摘要》,组织全市130余家企业集中开展《深化科技体制改革实施方案》《大力促进高新技术成果产业化的意见》《深化人才发展体制机制改革激励人才创新创业实施办法》等政策解读以及科技型中小企业研发费用加计扣除、高新技术企业所得税减免以及创新券认领、技术交易后补助和科技型中小企业评价、科技企业孵化服务机构建设等业务培训活动。先后争取省级科技企业孵化器和研发费用后补助资金70万元;落实院士工作站、省级工程技术研究中心、专家工作站和高新技术企业奖补资金305万元;兑现高新技术企业和科技型企业所得税减免与研发费用加计扣除资金239万元。为有效激发科技人员和科技企业创新创业活力起到积极的促进作用。全市建成各类科技企业孵化服务机构9家,孵化面积6万余平方米,在孵科技型小微企业和创新团队143家(个);全市66家企业在国家科技型中小企业平台注册,新申报高新技术企业4家,新培育创建科技型中小企业73家,超额完成年度目标。

(王　雷)

【科技创新】 2018年,黑河市科学技术局依托爱辉区旅游委建立黑龙江省首家服务区域经济社会发展的非企业类黑河市爱辉区“胡焕庸线”院士工作站,依托院士工作站建立黑河虚拟卫星地面工作站;依托黑龙江长乐山大果沙棘开发有限责任公司成立了黑河市首家省级大果沙棘工程技术研究中心,相继研究开发沙棘冰酒、沙棘油等系列产品,并获得外观设计专利4项、实用新型专利6项,企业的技术创新能力和产品市场竞争力得到进一步提升;在大豆、汉麻、水稻、乳品、饲料等领域相继建设一批技术研发机构,企业技术创新的主体地位逐步增强,为产业升级提供有力的技术支撑。孙吴北纬四十九大豆院士工作站已完成大豆高产技术攻关应用示范面积0.45万公顷,平均增产21.7%,创同区域大面积大豆亩产新高,同时带动全市高产高效技术模式应用面积33.33万公顷以上,大豆平均亩产同比提高18.7%,有力促进黑河大豆产业的高效可持续发展;黑龙江中昌汉麻院士工作站院士专家团队与黑河市中昌汉麻健康产业研究院联合开展“治疗Ⅱ型糖尿病降血糖药物的研制”项目开发,列为省级重大科研计划,争取到位省级专项资金100万元。

(王　雷)

【产学研合作】 2018年,黑河市科学技术局加强产学研合作服务载体建设,搭建黑龙江省“科淘网”黑河科技成果转化平台,编印了《科技成果转化项目册》《秸秆“五化”利用科技成果汇编》,面向省内外高校、科研院所征集各类科技成果1000余项,梳理发布各类科技成果400项,签订各类科技成果转化技术合同7项,实现技术交易额761万元。开展产学研合作对接活动,相继组织全市50余家企业,采取线上、线下相结合的方式,分别与黑龙江省农业科学院、哈尔滨商业大学和黑龙江省中医药科学院等高校和科研院所,进行科技成果转移转化合作对接,黑河市第一人民医院与黑龙江省中医药科学院合作开发的“小浆果术前代餐品"完成中试,预计2019年实现规模化生产。国投公司、爱辉区对俄进出口园区与省中医药科学院大健康科技创新团队,联合组建黑河参豉大健康产业有限责任公司和黑河好食育健康产业有限责任公司,共同开展"黑河祖研中医调理中心""酵豆系列科技成果产业化开发""针对风寒湿骨痛的特色医疗旅游康养基地建设""豆豉改善骨质疏松系列健康产品开发"等产学研合作项目建设。酵豆系列科技成果产业化开发项目第一批30款产品落地投产。

(王　雷)

【科技交流】 2018年,黑河市科学技术局以"科技传承、携手共进"为主题,成功举办"2018中俄青少年科普文化交流活动",100余名中俄青少年参加交流活动,央视新闻移动网全程直播主体活动,央视《朝闻天下》和新闻客户端等栏目和媒体对活动进行了报道,产生良好的宣传效果和社会反响;承办第五届(2018)中国科学数据与人工智能大会,来自国内外400余位专家学者参加会议,中国科学院院士郭华东、赵国屏等专家学者在大会上作主题报告,对宣传黑河、推介黑河,进一步拓展高层次专家和科技创新人才引进渠道起到积极的促进作用;开展与珠海科技合作对接,依托两地科技企业,分别就大豆、小浆果等农林系列产品开发和共同搭建黑河绿色食品营销平台,联合建立科技企业孵化器达成初步合作意向;按照"市委书记进校园活动"的统一部署,市科技局与哈尔滨商业大学食品工程学院签订科技合作共建协议,梳理有关生物肥料、有机饲料和农林产品加工等科技成果98项,征集各类技术需求11项,编印《哈尔滨商业大学科技成果转化项目汇编》,为深入推进校地、校企科技资源共享、成果转移转化和项目合作开发奠定了基础;开展农业科技项目推介与合作对接,组织遴选黑河市农业科技项目先后参加省绿博会和第25届中国杨凌农业高新科技成果博览会,通过图片展板、影像播放、成果展示、资料发送和现场讲解等形式,集中开展农业成果展示、农林产品推介和科技项目对接活动,为广泛宣传黑河区位、生态和资源优势,全面拓展跨区域农林产业科技合作渠道起到积极的促进作用。 (王　雷)

【知识产权保护】 2018年,黑河市科学技术局利用知识产权宣传周和大黑河岛经贸洽谈会,采取图板展示和现场咨询等方式,广泛开展面向公众的知识产权业务培训和政策宣传;开展知识产权进校园和黑河小学知识产权试点校建设活动,采取知识竞赛、主题演讲和专题班队会等形式,集中开展面向小学师生的专利知识宣传普及活动;以"倡导创新文化、尊重知识产权"为主题,组织黑河学院300余名中俄高校师生,集中开展中俄大学生知识产权文化交流专题讲座活动;承办"振兴东北老工业基地知识产权培训班",各县(市、区)科技局和科技型企业知识产权工作人员130余人参加培训;组织开展专利保护"春风""秋雨"行动,重点针对大型商场和电子商务领域,就商品假冒专利和规范专利标注进行了专项检查,全年查处专利案件69件。年度专利申请量532件。

(王　雷)

社会科学

【概况】 2018年,黑河市社会科学界联合会(以下简称"市社科联")推进落实社科联改革工作。按照市委和省社科联的部署,完成社科联改革工作,黑河市社科联改革方案由黑河市委印发。

市社科联是市委领导下的群团组织,是党委政府联系广大社科工作者的桥梁纽带。2018年12月,市社科联编制数为5个,实有人数5人。领导职数2个:主席1职、副主席1职。内设秘书长、编辑部主任各1职。

领导班子成员及副处级以上领导干部:
主　　席　吴玉燕(2018.5任)
副 主 席　张玉龙
副处级干部　王　涛

(张玉龙)

【经贸论坛】 2018年,市社科联在大黑河岛经贸洽谈会期间,完成承办"2018大黑河岛经贸合作论坛暨黑龙江省俄罗斯东欧中亚学会年会"工作。市委书记秦恩亭出席开幕式并作主旨发言,市委常委、宣传部部长马春波主持开幕式;黑龙江省社会科学院党委书记周峰作主旨发言,黑龙江省社会科学院副院长吴海宝出席开幕式,黑龙江省俄罗斯东欧中亚学会会长刘爽出席开幕式并发言;俄布市副市长科索拉波夫致辞。黑龙江省俄罗斯东欧中亚学会会员和中、俄两国高端智库专家学者60余人参加论坛。

(张玉龙)

【文化论坛】 2018年,市社科联为贯彻落实省委常委、副省长贾玉梅关于"发挥驿站'红色之路、文化之路、文明之路、生态之路'的优势,做好驿站文化旅游这篇大文章"的指示精神,进一步挖掘黑龙江古驿站文化,发展驿站文化旅游产业。6月11日,在嫩江县举办黑龙江省首届古驿路历史文化与旅游发展论坛。黑河市政府副市长陈晓杰、黑龙江省旅游委规划发展处处长张杰、黑龙江省社会科学院研究员魏国忠以及哈尔滨、大庆、齐齐哈尔、黑河、大兴安岭等古驿路沿线城市的60余位领导和专家学者参加此次活动。各地专家学者,结合本地独特旅游资源,对驿站文化进行深入研讨,围绕站人文化的内涵、古驿路历史文化与旅游发展融合等问题,提出许多有价值的意见建议。 (张玉龙)

【智力引进】 2018年8月,市社科联按照市委的要求,邀请国务院发展研究中心欧亚社会发展研究所内政室主任、新华社驻莫斯科分社前副社长盛世良,中国社科院情报院院长张树华,中国石油大学博导、能源问题专家庞昌伟,黑龙江省社科院东北亚与国际问题首席专家刘爽等4位全国知名专家学者到黑河考察,并参加黑河市委、市政府召开的专题咨询会,为黑河社会经济发展献计献策。

(张玉龙)

【理论研讨】 2018年,市社科联认真做好代市委、市政府组织全市社会科学优秀科研成果评奖活动。与中共黑河市委宣传部共同在全市开展纪念改革开放40周年研讨活动。全市理论工作者和各级领导干部共提交论文50余篇,经专家评审最终评选出一等奖8篇,二等奖10篇,三等奖12篇。为深入挖掘黑河历史文化资源,丰富黑河文化内涵和人文精神,委托相关人员开展"清末民国初瑷珲(黑河)口岸"研究。在省社科联支持下,开展黑河跨境旅游合作区建设和黑河跨境文化合作区建设的课题研究。(张玉龙)

【学会工作】 2018年,黑河市社科联对所属学会在业务上加强指导关系,在组织上完善管理,对学会开展的学术活动给予支持,帮助学会开展好学术研讨会和年会。2018年12月,市直社科类学会组织共计21个。其中,社科联所属学会直属学会2个,联系的社科类学会组织19个。黑河市社科联组织学会人员开展了冰雪文化、民俗文化研究,积极探讨向产业化发展路径和措施;组织黑河市历史研究会人员到黑龙江下游的6个县(市)收集关于抗日内容的资料和考察史迹;组织社科联2人和黑河市历史研究会1人参加齐齐哈尔市全国"江桥抗战"专家研讨会。(张玉龙)

【社会服务】 2018年,黑河市社科联开展"科普之冬"等社会科学知识普及、宣传工作。按照省社科联要求,围绕市委、市政府中心工作,充分发挥社会科学工作者智力优势和科普生力军作用,自2017年12月至2018年5月,面向农业、农村、农民,开展社会科学普及活动。为讲好黑河历史故事,展现黑河文化魅力,增强黑河文化自信,筹划编撰《黑河地方历史文化通览》,编撰大纲已通过评审,编写工作正在有序开展。(张玉龙)

【黑河学刊】 黑河市社科联于1981年创办《黑河学刊》,是国家新闻出版署批准出版的国内公开发行刊物。2018年,按时完成《黑河学刊》出版发行工作,共编发稿件500余篇,文字量240余万字。(张玉龙)

地 震 监 测

【概况】 黑河市地震局为参公管理事业单位,主要承担地震监测预报、震害防御、应急救援工作职能。核定编制13个,截至2018年末,实有在职人员10人;处级领导职数:局长1职、副局长1职;正处级调研员1职;科级职数:科长4职,副科长1职;副主任科员2职。内设机构4个(综合科、震害防御科、应急救援科、地震台)。

2018年12月19日,根据《黑河市机构改革方案》,组建市应急管理局,加挂市地震局牌子,按中央有关改革部署实施。

领导班子成员及副处级以上领导干部:

局　长　张宝红

调研员　王福龙

副局长　林存东

(徐晓萌)

【监测预报】 2018年,黑河市地震局加强地震监测台网运行和维护,保持监测仪器设备和信息传输系统的正常运行。牢固树立"震情第一"观念,开展震情监测跟踪等基础性工作,落实各项跟踪措施。执行宏微观异常零报告制度,按时向省地震局报送宏微观异常零报告报表。落实震情会商制度,坚持月会商、半年会商震情分析,撰写会商报告14份。积极参加全省年中、年度地震趋势会商会,对地震发生趋势提出预测意见。加强台站队伍建设,先后派出4人次参加由黑龙江省地震局组织的观测业务培训班,举办各县(市)台站流体业务培训班,台站工作人员专业技能与监测分析能力有较大提高。强化责任意识,做好监测数据分析报送工作。2018年地震台共计分析地震3773个,可定位地震741个,流体分析率100%,前兆分析跟踪分析率100%。黑河地震台在中国地震局组织的2017年度监测预报工作质量评估工作中获得监测综合评估三等奖、监测单项评估三等奖,是全省唯一获奖的地震台,取得流体观测单项水位、水温优秀、2017年度省评测震学科测震台站系统运行评比第一名的好成绩。(徐晓萌)

【监测环境保护】 2018年,黑河市地震局加大监管力度,保护地震监测设施和观测环境。对监测仪器设备进行维修更新,更新购置2台地震监测工作站,提高工作效率并保障数据的安全性和连续性,为国家局、省局的地震分析预报提供实时、准确观测数据。完成地震台院内2户居民的搬迁,增加可利用土地6000平方米。(徐晓萌)

【基础设施】 2018年,黑河市地震局对黑河地震台进行优化改造,对综合观测楼和旧二楼的122平方米旧塑钢窗进行整体更换及室内外墙壁粉刷;对多功能用房和使用十多年的综合观测楼下水管线进行更新改造;重新埋设30米上水供电线路;完成黑龙江省地震局黑河市地震应急指挥分中心建设;宏观观测植物群落建设,在地震台院内空地栽植小浆果、观赏花卉680株,绿化土地近300平方米;地震台大门前、山洞前366平方米地面硬化及24米矮墙砌筑;砌筑地震台煤场东侧35米滑坡挡墙及硬化175平方米地面;

砌筑中国地震应急搜救中心液压设备高寒试验测试平台。

（徐晓萌）

【对俄科技合作】 2018年7月，俄方地震台网派遣一名专业人员，在黑河地震台接受为期一周的地震分析处理软件培训工作，为俄罗斯二月城地震台争取一套太阳能风光一体供电系统，并已交付俄方安装使用。12月17—21日，由市地震局副局长林存东率队一行3人赴俄阿州布市出访。中方人员帮助俄方进行地震分析处理系统升级，并对俄方技术人员进行截取地震事件、数据分析处理等相关技术培训指导；双方人员就具体工作流程及细节进行交流，并共同对俄方近期数月较显著地震事件进行实战分析处理，取得良好交流学习效果。（徐晓萌）

【震害防御】 2018年，黑河市地震局做好抗震设防监督管理工作。协助推进防灾减灾安全示范工程建设，发挥示范带动作用。搞好黑河市防震减灾科普基地室展项升级建设。加强"三网一员"队伍管理和培训，提高群测群防水平。推进防震减灾科普馆升级改造，抓好科普馆3D项目实施工作。加强防震减灾宣传教育。落实黑龙江省防震减灾宣传工作要求，开展防震减灾"六进""平安中国"等科普宣传活动。推进县（市、区）防震减灾知识进公务员课堂。做好防震减灾科普馆接待服务和宣传工作，充分发挥科普教育基地的作用。（徐晓萌）

【法治建设】 2018年，黑河市地震局开展"法治建设年"和"四零"承诺服务创建工作。坚持领导干部会前学法，组织市、县地震部门行政执法人员参加全省防震减灾相关法律法规的培训，邀请市中级人民法院高级法官为全局干部职工做法律知识讲座。组织干部职工参观爱辉区人民检察院廉政教育基地，接受廉政教育，进一步增强廉洁自律、遵纪守法意识。（徐晓萌）

【应急救援准备】 2018年，黑河市地震局推进地震应急准备，对黑河市高寒环境下地震应急救援能力现状进行调研，撰写《高寒地区地震应急救援能力提升的调查与思考》调研报告1份。配合有关部门积极推进县（市）室内应急避难场所建设，嫩江县时代广场、五大连池市国际文体交流中心完成挂牌。（徐晓萌）

【应急合作】 2018年初，黑河市地震局配合中国地震应急搜救中心完成仪器装备高寒测试工作，配合中国地震紧急救援基地教官团队完成高寒适应性训练工作。邀请到黑河进行高寒适应性训练的领队教官、搜救中心培训部副主任王念法作"新时代救援一线基层党员新风貌"讲座。

（徐晓萌）

【应急演练】 2018年，黑河市地震局为提高地震灾害应急预案的规范性、可操作性和科学性，提高应急管理水平和处置突发事件的实战能力，在"5·12"防震减灾周和"7·28"唐山大地震纪念日期间，组织指导各县（市、区）相关部门、学校和社区开展地震应急疏散演练活动。市地震局组织指导爱辉区网通社区、黑河市第四中学开展演练活动。

（徐晓萌）

【知识宣传】 2018年，黑河市地震局建立和完善防震减灾科普宣传长效机制，按照"主动、稳妥、科学、有效"的原则，结合2018年防震减灾宣传教育主题，组织各县（市、区）按计划、有步骤地开展多种形式的宣教活动。"科普宣传周"等重要时段统一安排全市地震部门通过不同形式开展防震减灾知识宣传活动，深入人员密集场所、社区、学校、乡镇等地，通过摆放展板、有奖答题、科普讲座、散发传单和科普读物、提供咨询等方式大力开展宣传教育，累计发放宣传资料1万余份；开展"千场讲座"宣传活动，举办科普知识讲座6期；通过《黑河日报》、手机短信和微信、电视播放防震减灾宣传片等大众媒体进行宣传；在市区内的世纪广场、天水广场和龙滨公园内的4个爱心书亭投放《公众地震应急避险要诀》《公众防震减灾知识手册》等宣传资料400余册。利用乡镇大集，深入瑷珲镇进行宣传，开展有奖知识答题活动。完成本市"全国防震减灾科普讲解大赛"选手的选拔和讲解视频的录制、全国中小学生研学实践教育基地推荐工作。为丰富黑河市防震减灾科普教育基地的展示内容，在原有防震减灾科普馆、地震灾害模拟废墟等基础上，在黑河市科学技术协会支持下，新建室外科普知识宣传长廊。积极争取省地震局支持，编报的15万元科普馆3D影院项目，已经进入网上招投标程序。发挥防震减灾科普基地的宣传阵地作用，加强对公众的防震减灾知识教育，全年累计接待机关干部、社区居民、中小学生3000余人。完成《黑河市防震减灾志》编撰和黑河市防震减灾工作宣传片录制工作。（徐晓萌）

教　　育

【概况】 2018年，黑河市共有各级各类学校427所，其中，幼儿园290所、小学63所、初中45所、高中17所、职教中心学校8所、特殊教育学校4所。在校生126319人，教职工14733人，其中，专任教师11351人。全市有特级教师19人。黑河市教育局属政府序列正处级教育行政管理机关。主要职能是：贯彻执行党和国家的教育方针、政策和法规，贯彻执行省委、省政府制定的地方教育法规及规章制度。研究制定全市教育事业的发展规划与年度计划，组织指导和协调教育战略规划的实施。2018年局机关内设15个科室：党委办公室、行政办公室、教育研究与政策法规科、人事科、师资管理科、财务审计科、基础教育一科、基础教育二科、学前教育科、职业教育与成人教育科、体育卫生艺术教育科、语言文字应用管理科、基本建设科、学校安全办公室、教育信息化科。原对外交流科更名为学校德育科。所属事业单位15个,包括正处级建制单位4个(黑河市人民政府教育督导室、黑河市教育研究院、黑河市职业技术教育中心学校、黑河市第一中学)、副处级建制单位1个(黑河市招生考试委员会办公室)、科级建制单位10个(黑河市第三中学、黑河市第四中学、黑河小学、黑河市特殊教育学校、黑河市实验幼儿园、黑河市教育幼儿园、黑河市英才幼儿园、黑河市教育信息中心、黑河中俄青少年活动中心、黑河市学生资助管理中心)。局机关年末干部职工在编人数27人。

2018年12月19日,根据《黑河市机构改革方案》,将市教育体育局的教育管理职责,市政府教育督导室的职责等整合,组建市教育局。不再保留市教育体育局。

领导班子成员及副处级以上领导干部:

党委书记　局长　李国君

副　局　长　杨　光

调　研　员　黄凤来(2018.3任)

市人民政府教育督导室主任　李　明

副　局　长　孙希广　庞国柱(2018.5止)

孙正君(2018.5任)

(韩　杨)

【学前教育】 2018年,全市新建改扩建公办幼儿园10所,创建市级一类幼儿园3所,全市学前三年毛入园率达到85.4%,普惠性幼儿园覆盖率达到80.57%,分别高于全省5.3个、17.87个百分点。扶持普惠性幼儿园、民办幼儿园发展,出台《黑河市普惠性民办幼儿园认定及管理办法》,不断扩大普惠性学前教育资源覆盖面。早期教育试点工作取得成效,城区7所幼儿园开展0~3岁婴幼儿早期教育实验。市教育局在全省学前教育工作会议上作创建省级示范园工作典型经验介绍。 (韩　杨)

【义务教育】 2018年,黑河市创建义务教育标准化学校4所,全市义务教育标准化学校100%达标,改造薄弱学校70所。嫩江县、五大连池市(含风景区)、北安市高分通过县域义务教育基本均衡发展县省级评估验收。认真落实第二期特殊教育提升计划,全市残疾儿童入学率达92.68%。承办黑龙江省西部地区特殊教育课程改革研讨会,特殊教育教师专业化水平进一步提升。 (韩　杨)

【普通高中教育】 2018年,黑河市高中阶段毛入学率为95.7%。全市文理合计一批次、二批次以上上线率分别比上年提高3.42个百分点、3.39个百分点,全市600分以上考生比例比上年提高37.7个百分点,其中,2名考生被北京大学、清华大学录取。推进普通高中多样化特色化发展,北安市第三中学、逊克县第一中学等高中积极开展分层走班实验教学,嫩江高级中学"高效课堂"特色教学模式逐步完善,黑河市第五中学扩大艺体特长生招生规模,黑河市第一中学俄语特色突出,7名俄语学生通过国家选拔赴俄公派留学。成功举办第十一届普通高中教育教学研讨会,为与省同步启动高考综合改革奠定基础。

(韩　杨)

【职业教育】 2018年,在全市评选10个市级特色品牌专业,开展黑河市职教中心学校、五大连池市职教中心学校的示范校建设,成立现代服务业和加工制造业2个职教集团。居于省内一流的五大连池市职教中心学校汽车产教融合与维修区域性公共实训中心投入使用。嫩江县省部共建国家现代农村职业教育改革试验区试点县建设通过验收,五大连池市被评为全省"试点县"优秀档第一名。全省规模最大的职业教育现场会在齐齐哈尔市讷河市和黑河市五大连池市召开。在全省对口升学考试中,黑河市职教中心学校2名学生分别摘得护理专业和医学检验技术专业桂冠。举办黑河市职业教育活动周活动,参与师生1万余人次。全市累计完成新型职业农民、岗前技能、农民实用技术等各类培训4.52万人次。深化社区教育,爱辉区社区教育学院、五大连池市社区学院被评为全省优秀成人继续教育院校,逊克县社区教育学院的"玛瑙艺术雕刻加工与鉴赏"项目被评为"黑龙江省终身学习品牌"。 (韩　杨)

【优化教师队伍】 2018年,黑河市教育局完善师德建设长效机制,开展全市师德师风专项治理,建立违纪教师黑名单制度;成功承办全省中小学优秀教师师德师风宣讲会,引导广大教师争做"四有"好老师和"四个引路人"。提升校长教师专业能力,全市共组织各级各类校长教师培训7504人次。优化城乡师资配置,招聘特岗教师185人,向农村选派顶岗实习支教教师138人,交流轮岗城乡学校校长22人、教师942人。建立教师资格注册试点制度,嫩江县被省教育厅确定为教师资格注册试点县。 (韩　杨)

【实施素质教育】 2018年,黑河市教育局遵循和贯彻《中小学德育工作指南》,抓住价值观、课程、文化、实践等关键环节,弘扬民族精神和时代精神,深化爱国主义教育、中华优秀传统文化教育和革命传统教育,系统实施和协同推进育人工作。举办第21届全国推广普通话宣传周活动。黑河市第四中学在2018年全省中小学党建暨德育工作会上,以"视频看现场"的方式进行全省经验交流,爱辉区实验小学、第六小学教育集团上榜全国中小学德育工作典型经验名单(全省15所,黑河有2所)。强化心理健康教育,全市共创建省级中小学心理健康教育特色校7所,创建数量居全省第一。加大冰雪教育力度,把冰雪项目纳入中小学体育课必修内容,参与冰雪活动的学生达到90%以上;在全省第二届学生冬季运动会上,黑河市获得2项冠军、2项亚军、2项季军,黑河市第三中学等5所学校被教育部评为全国校园足球特色学校,全市校园雪地足球水平跻身全省第一方阵。严格保障美育课时，全市共组建美育社团415个，基本形成“一校一品”或“一校多品”的美育工作格局。有效开展校外教育，黑河中俄青少年活动中心等13家单位、爱辉区青少年活动中心等9家单位，分别被省教育厅批准为首批中小学生研学旅行试点和研学实践教育基地，市教育局推荐的瑷珲历史陈列馆被教育部评为全国中小学生研学实践教育基地，孙吴县第一中学被教育部评为中小学国防教育示范学校。加强农村留守儿童关爱保护，建立34个留守儿童活动基地。出台《黑河市教育局关于做好幼儿园与小学衔接工作的指导意见》，开展全市学前教育“小学化”专项治理行动，检查幼儿园183所。严格控制起始年级招生规模，全面消除义务教育超大班额。开展全市校外培训机构专项治理行动，督导检查校外培训机构700余所，向社会公布“白名单”。深入推进依法治教、依法治校，开展全市教育系统“法治建设年”活动，组织5.8万余名学生在教育部普法网进行宪法学习，市教育局获第三届黑龙江省学生“学宪法讲宪法”活动优秀组织奖，嫩江县教育局、爱辉区教育局及孙吴县中等职业技术学校等16所学校共同获得“先进单位”称号；市教育局在全省教育法治工作会议上作典型经验介绍。（韩 杨）

【交流合作】 2018年，黑河教育局与俄布市教育行政部门举办2018年教育领域交流与合作工作会谈、“热卡”游戏国际冠军邀请赛、中俄校长论坛等校长、教师、学生层面交流活动30余次，参与师生2.6万余人。其中，首届“冰上丝绸之路”远东中俄青少年艺术周被新华社、人民网等数家主流媒体报道。派出黑河教育代表团与珠海教育部门对接，签订对口合作备忘录，着力汲取珠海先进的教育理念和教学管理经验，切实提升黑河市教育教学水平。（韩 杨）

【优化育人环境】 2018年，全市向上争取资金2.39亿元，比上年增长5.3%。推动教育信息化建设，黑河市学校互联网接入率达到100%，其中，10兆以上带宽接入比例达到91.1%以上，普通教室配备多媒体教学设备比例达到92.2%以上，79%以上初中学生和90.6%以上教师建立个人网络学习空间，黑河小学受邀参展第三届全国基础教育信息化应用现场会，并作为黑龙江省唯一代表“课堂在融合”成果向全国展示，逊克县教育体育局作为黑龙江省四个优秀区域信息化应用案例之一，被推荐到教育部。启动第二期中小学校园“三化”建设行动计划（2018—2020年），完成城区、乡镇学校校园绿化及校园文化建设的年度目标任务。加强学校安全工作，召开全市中小学幼儿园安全风险防控工作联席会议，与市公安局联合启动黑河市预防治理校园欺凌工作，在全省首创“防治校园欺凌一键式报警”，全市154所中小学校安装报警按钮1722个点，达到了防控全覆盖，市教育局在全省教育系统保卫干部培训会上作典型经验介绍；全市累计开展防火、防震、防溺水等安全演练800余次。出台《黑河市关于加强儿童青少年近视防控工作的意见》，逊克县被教育部认定为2018年“全国儿童青少年近视防控试点县”。实施教育精准扶贫，市教育局作为唯一派驻单位代表，在全市优秀驻村干部表彰大会上作典型经验介绍。顺利完成高考、中考、教师资格等考试15次，服务考生4.5万余人，取得连续多年零责任事故、零信访事件的良好成效。（韩 杨）

【教育改革】 2018年，《黑河市贯彻落实国家、省深化教育体制机制和教师队伍建设改革的实施意见》出台，推动教育体制机制改革，推进教师队伍建设改革。开展嫩江县义务教育学校教师“县管校聘”管理改革经验调研，为全市推广“县管校聘”改革奠定基础。有序推进中考改革，在全省率先将速度滑冰项目纳入中考体育考试选测项目。积极对接高考综合改革，启动综合素质评价实验项目，黑河市第一中学和五大连池市高级中学被黑龙江省教育厅确定为全省普通高中学生综合素质评价系统试用学校。完成森工改革教育系统移交地方接收工作，共接收7所学校、3113名学生、535名教职工、538名退休人员。北安市教育局在《中国教育报》、中国教育新闻网承办的全国教育改革创新奖活动评选中，获“第五届全国教育改革创新典型案例优秀区域创新奖”。创新教研工作载体，持续开展跟踪式听评课活动，举办首届全市校本课程现场推进会，扎实推进校本课程开发与实施。在全省基础教育教学成果奖评比中，全市有11项教学成果获奖，其中，黑河市小学被黑龙江省教育厅推荐参加国家级基础教育教学成果奖评选。（韩 杨）

文化广电新闻出版

【概况】 黑河市文化广电新闻出版局核定编制22个，其中工勤编2个，截至2018年末机关人数21人。核定领导职数4职，实际配备党委书记、局长1人，副局长3人，调研员4人，副调研员1人。机关内设机构10个：办公室、党办、艺术科、公共文化科、文化市场与新闻出版（审批）科、传媒机构与宣传管理科、科技科、电影电视剧管理科、规划产业科、财务科。直属事业单位11个：黑河市人民艺术剧院、市文化市场综合执法支队、市戏剧创作评论工作室（加挂非遗保护中心牌子）、市群众艺术馆、黑河艺校、黑龙江省文物考古研究所黑河分所、市文化产业发展中心、九一三电台、潮水微波站、微波主管站、安播中心。龙江网络公司黑河分公司党务隶属文广新局党委。

2018年12月19日，根据《黑河市机构改革方案》，将市旅游发展委员会的职责，以及市文化广电新闻出版局除新闻出版管理以外的其他职责等整合，组建市文化广电和旅游局。不再保留黑河市文化广电新闻出版局。黑河市文化广电和旅游局于2018年12月21日揭牌。

领导班子成员及副处级以上领导干部：
党委书记 局 长 蔡 伟
党委副书记 调研员 杨春华(2018.6止)
调 研 员 刘 扬 王建武 苏世杰
副 局 长 李 扬(2018.1止) 冯 宇
张宝军(2018.1任)
李秀娟(2018.1任)
副调研员 王洪军

(徐方友)

【第九届中俄文化大集】 2018年6月16日至7月16日，以“加强文化交流友好合作，促进两岸两国共同发展”为主题的第九届中俄文化大集在中国黑河市和俄布市同期举办。文化大集中方开幕式首次邀请央视在白天举行，以中俄界江——黑龙江为舞台背景，充分借助自然风光，呈现了一江两国、一衣带水双子城的独特场景。增加中国武术、潍坊风筝、广东舞狮、新疆歌舞演出和中俄新人婚礼体验等一批新的文化元素，集中展现中俄不同风格的优秀文化作品和体验活动。新设阿穆尔河畔的童年——国际青少年声乐比赛、中俄美食文化展、中俄婚礼展示体验、横渡黑龙江等11项活动，还共同组成中俄国际乐团在两岸巡演，并举办中俄民众巡游狂欢、俄罗斯模特表演等一系列活动，让更多的民众亲身感受中俄多元文化的独特魅力。增设“网络大集”版块，在北京、上海、广州等10多个国内城市选拔20名网红，在各大新闻媒体、直播平台对第九届中俄文化大集进行预热宣传、现场直播、短视频推介。第九届中俄文化大集开幕期间，由央视著名主持人鞠萍带领《大手牵小手》节目现场录制团队同台亮相黑河世纪广场舞台。 (徐方友)

【文化活动】 2018年，黑河市文化广电新闻出版局开展系列大型文化活动。中央电视台《东西南北贺新春》大型综艺节目在黑河设立分会场进行拍摄录制。该节目2018年春节期间在央视CCTV-1、CCTV-2循环滚动播出。据统计收视率排在全国之首，充分展示了边疆地区的发展成就，全方位呈现了黑河美丽的自然风光、文化底蕴、民俗风情。举办黑龙江省第四届“书香中国·龙江读书月”暨2018年“书香黑河”全民阅读活动启动仪式，以“读古韵·读家乡·读中国”为主题的诵读表演成为最大的亮点。黑河市被省全民阅读活动领导小组授予“黑龙江省全民阅读示范城市”。录制完成《少年中国说》，参加黑龙江省中小学生中华经典诵读大赛并取得好成绩。举办“振兴乡村文化·创造美好生活”——黑龙江省第三届农民文化艺术节(五大连池片区)展演开幕式暨黑河专场文艺演出，并参加全省第三届农民文化艺术节展演，深受全省广大观众好评。在中国生态第一县——逊克县的江畔广场举办首届“中国农民丰收节”黑河主会场颁奖文艺演出，来自全市各县(市、区)农民文艺骨干参加演出，受到现场观众的热烈欢迎，优秀节目参加黑龙江省颁奖晚会。组织黑河市社会文化团体积极参加省级赛事。黑河群星合唱团获黑龙江省庆祝改革开放40周年大型歌咏比赛一等奖，北安市秧歌队获“歌舞庆丰收文明新龙江”黑龙江省首届秧歌大赛一等奖，黑河市文广新局获优秀组织奖。以“春雨工程”为平台，与广东省友好城市开展文化交流与合作。5月30日，广东省业余作曲、编剧、编舞家一行24人组成的采风团来到黑河开展群众文艺创作采风文化交流活动。7月6日，由广东省文化厅厅长带队，近60名文化志愿者到黑河，以“大讲堂”“大展台”“大舞台”为载体开展文化活动，并为黑河观众献上一台精彩的文艺演出。11月21—25日，在黑龙江省文化和旅游厅的组织下，黑河市文化志愿者分队到广东省开展“文化惠民大舞台、大讲堂、大展示”等文化活动，其中，俄罗斯油画展受到广东市民的普遍欢迎，对深化黑河市与广东友好城市间文化交流与合作起到了积极推动作用。举行2018中俄边境城市展览会暨黑河市大黑河岛国际经贸洽谈会《拥抱新时代》专场演出、庆祝黑龙江省“第二十二届环卫工人节”专场文艺演出和“潮涌龙江·再出发”黑河市庆祝改革开放40周年文艺晚会，均受到高度好评。

(徐方友)

【公共文化基础设施建设】 2018年，黑河市文化广电新闻出版局克服困难，公共文化服务体系效能明显提升。全市共有市级艺术馆1个，县级文化馆6个，图书馆6个。其中，五大连池市文化馆达到国家二级馆标准，孙吴县文化馆达到国家三级馆标准。共有乡镇综合文化站65个，文化广场350个，文化活动室428个，社区文化中心21个，社区图书流动站32个。农家书屋578家，实现全覆盖。

(徐方友)

【公共文化服务】 2018年，黑河市文化广电新闻出版局开展“城市之光”“金色田野”系列文化活动和“结对子、种文化”暨文化志愿者服务活动。市直组建“红色文艺轻骑兵”小分队，在全市开展送文化下基层等文化活动和各类慰问演出106场；以市群众艺术馆为阵地，同时深入到各县市、乡镇、村屯以及部队、社区、企业等陆续开展声乐、器乐、主持、舞蹈、美术、书法、摄影、灯光音响等系列文艺辅导培训88期，受众人数23.5万人次。发出各类活动微信链接204期，为加快黑河跨越发展、建设现代化新黑河，发挥较好的文化引领作用。各县(市、区)文化活动丰富多彩。五大连池火山圣水节，爱辉区库木勒节、古伦木沓节、瑷珲“上元节”、逊克县的“红玛瑙”艺术节、俄罗斯族巴斯克节，以及“嫩江之夏”“红色北安”“孙吴百花艺术节”等深受当地群众喜爱的文化品牌活动创新开展，在服务当地经济社会发展，特别是在推进全域旅游建设上发挥文化引领作用。

(徐方友)

【非物质文化遗产保护】 2018年，黑河市非物质文化遗产保护工作取得新进展。在文化部公布的第五批国家级非物质文化遗产代表性项目代表性传承人名单中，黑河市非遗项目“鄂伦春族摩苏昆”代表性传承人孟淑珍和“鄂伦春族狍皮制作技艺”代表性传承人葛长云正式成为“国字号”传承人。收录国内学者发表的有关摩苏昆研究论文30篇，出版《鄂伦春族摩苏昆研究论文集》。创作完成鄂伦春族原生态音乐情景剧《艾么汗乌娜吉的亲事》。组织黑河市非遗精品先后到丹麦、俄罗斯等国参加8次重大展会，取得较好社会效益。全市已挖掘非物质文化遗产项目国家级4项、省级23项、市级47项。

（徐方友）

【文艺创作】 2018年，黑河市共创作舞蹈作品8个、歌曲作品14首、小品3个。其中，黑河市群众艺术馆创作的大型模特与舞蹈《蓝青瓷》在第九届中俄文化大集开幕式、闭幕式演出，获俄阿州文化档案部颁发的优秀荣誉证书。逊克县创作的小品《生日》《亲亲我的宝贝》分别获黑龙江省第十五届“群星奖”一二等奖，其中，小品《亲亲我的宝贝》包揽全省比赛的最佳编剧奖、最佳表演奖、最佳组织奖，并获得公安部举办的第四届全国公安系统相声小品大赛三等奖、最佳编剧奖。北安市原创歌曲《阿姆呼鲁托克索》和《欢乐的初伏节》参加第二届全国少数民族优秀声乐作品评选并入围。北安歌剧《薪火》剧本在国家核心刊物《文艺生活》上发表。

（徐方友）

【文化招商】 2018年，黑河市文化广电新闻出版局通过积极招商，引进哈尔滨炫彩文化发展有限公司在大黑河岛国贸城建成“黑河俄罗斯油画城”，进行俄罗斯油画现场创作、展览展销，为把黑河打造成中国俄罗斯油画集散地作出有益的探索。

（徐方友）

【文化交流】 2018年，黑河市文化广电新闻出版局以中俄合作地方交流年为契机，对外文化交流工作取得新突破。组织中俄国际乐团在黑河首次举办“起航2018新春音乐会”；赴安徽省安庆市参加“首届中俄——天柱山文化旅游交流节”；走进孙吴县、北安市、五大连池市、五大连池风景区进行巡演，丰富基层群众的文化生活；应俄布市文化局邀请，参加布市庆祝世界反法西斯战争胜利暨抗日战争胜利73周年“胜利之音”国际乐团音乐会。组织艺术剧院舞蹈团队赴泰国参加由中国文化部、泰国旅游体育部、泰国国家旅游局、中国驻泰国使馆共同主办，中国对外文化集团承办的第十四届2018“泰国欢乐春节”文化演出活动。应阿州文化与民族政策部邀请，组织中俄国际综合艺术团成员及茶艺展示、书法国画、非遗精品展等赴俄符拉迪沃斯托克参加“第四届东方经济论坛”，是论坛活动中唯一参加文化活动的中方代表团，为论坛圆满成功助力，增色添彩，也让黑河走向世界，让世界看到魅力十足的新黑河。与俄布市共同举办“阿穆尔河（黑龙江）畔的童年”第五届国际现代青少年才艺大赛展演，中俄双方各派35人团队参加比赛。

（徐方友）

【严格执法】 2018年，文化市场发展与新闻出版管理工作稳步推进。深入开展“扫黄打非”工作，切实加大打击侵权盗版、保护知识产权力度。联合教育部门开展“绿书签行动”，在黑河第一中学和黑河实验小学发放绿书签800余张，图书1000余册，活动海报500余张。开展执法巡查工作，并发放禁烟标识、卫生管理条例180份，签订服务承诺书45份。邀请黑龙江省推进使用正版软件工作联席会议办公室专家对黑河市开展正版软件工作进行培训。对逊克县、嫩江县和北安市文物相关违规单位进行检查，并提出责令整改意见。率先完成文化市场综合执法改革任务，组建“同城一支执法队伍”——市级文化市场（文物）综合执法支队，增加2名人员编制，核定新增的执法工作经费。组织全市执法人员岗位大练兵比武竞赛理论测试培训班，全市40余名执法人员参加培训，有效提高执法人员综合素质和业务技能。

（徐方友）

【广播电视】 2018年，市区所辖10个微波站完成数字化改造。经过努力，西峰山、罕达汽、多宝山3个覆盖偏远山区的无线数字地面电视发射台建设完成，已经开始试播无线地面数字电视节目，13个地面发射站点全部完成无线数字地面电视覆盖工程并通过省局技术验收。数字广播节目开始试播。黑龙江省广播电视监测中心黑河分中心建设完成。5—10月，完成全市农村公益数字电影放映6936场。开展辖区广播电视频率整治工作。完成辖区173名广播电视新闻记者证年审工作。

（徐方友）

新闻工作者协会

【概况】 2018年，黑河市新闻工作者协会（以下简称“黑河市新协”）认真贯彻省、市文件精神，紧紧围绕市委、市政府中心工作，结合部门职能、工作实际，通过创新工作、上下协作，充分发挥新闻协调作用，实现传播黑河发展好声音，讲好黑河好故事，把习近平总书记的讲话精神和省委、市委精神落到实处的工作目标。

黑河市新协是以全市各新闻单位为团体会员的群众团体，接受市委宣传部领导，为正处级单位，领导职数2职：主席1职，副主席1职，副调研员1职，编制8个。内设通联报道科科长1职、副科长1职；正科级新协秘书长1职。

领导班子成员：

主　席　焦秋明

副主席　张德存

（李翎旭）

【新协工作】 2018年，黑河市新协严格遵循习近平总书记关于新闻宣传工作指示，履职尽责，开展新协工作。高质高效做好市本级媒体采访协调工作。全年协调安排四大班子会议及领导活动200余次。新协严格履行新闻协调制度,认真落实好每一次采访工作安排,坚决杜绝漏采错采漏报等情况发生,有力地保证全市政令畅通、政策顺达,为全市社会经济健康发展提供坚强的舆论保障。以三项教育为平台,定期下发三项学习教育通讯,积极开展市本级媒体从业人员三项教育。要求新闻从业人员时刻牢记新闻舆论工作必须讲政治,坚持党性原则,坚持马克思主义新闻观,坚持正确舆论导向,坚持正面宣传为主。做到"高举旗帜、引领导向,围绕中心、服务大局,团结人民、鼓舞士气,成风化人、凝心聚力,澄清谬误、明辨是非,联接中外、沟通世界"。尤其是注重一线采编人员政治意识、大局意识、服务意识的提升。认真评选黑河好新闻,发挥创作引领作用。从全市发展大局出发,坚持高标准评选主题鲜明、内容充实、语言生动、贴近基层的优秀作品。市委宣传部、市新协于3月开展年度好新闻奖评选活动,对全市各新闻单位和广大新闻工作者在2017年度广泛深入基层、深入一线,采写、创作出的大量新闻精品进行评选。专家评委对参评的109件作品进行认真细致的评定,评选出57篇获奖作品,其中,一等奖11篇、二等奖17篇、三等奖29篇。同时推荐优秀作品参加省记协组织的好新闻评选活动。开展黑河市优秀新闻工作者评选工作。为进一步加强新闻队伍建设,鼓舞和激励全市新闻工作者多出精品,多出人才,更好地为黑河全面振兴发展服务。市委宣传部、市新协共同组织开展了2018年度优秀新闻工作者评选活动,王月梅等16人被授予"黑河市2018年度优秀新闻工作者"称号。开展每年一次的记者节庆祝活动。利用记者节举行表彰或开展丰富多彩的庆祝活动,以增强新闻工作者的社会荣誉感、责任感、使命感。为进一步激发全市广大新闻工作者建功立业的积极性和创造性,展示新闻工作者爱岗敬业、无私奉献的精神风貌,促进新闻工作更贴近实际、贴近生活、贴近群众,市新协配合市委宣传部与有关部门共同举办庆祝第十九个记者节表彰和演唱会。（李翎旭）

【媒体接待】 2018年,黑河市新协接待中省及境外媒体,坚持服务至上、热情友好的原则,并积极服务协助外埠媒体进行采访。秉承"绿水青山是金山银山,冰天雪地也是金山银山"理念,在配合外埠媒体完成采访选题同时,抓住时机不断地向他们推介黑河社会经济发展的"亮点""重点""焦点",以达到"多、快、好、全"的宣传推介黑河的"金山银山""冰天雪地"。6月27日,第九届中俄文化大集活动中,接待《中国文化报》《黑龙江日报》、新华社、中新社、新华网、人民网、凤凰网、新浪、网易、东北网等15家媒体20余人次,他们采用视频、文字、图片、网络直播相结合的方式,宣传文化大集盛况。截至6月30日共推送刊登原发稿件120篇。新浪网观看量168.9万人次,直播点击量104.3万次。微博三平台同步直播,网络浏览量近700万次。高端高效的宣传报道,再次提升黑河在国内外的知名度,使黑河再次成为万众瞩目的焦点。习近平总书记提出龙江发展振兴,要做好"四个坚持""五个要发展"。因此市新协积极转变宣传思路,克服人手少、设备弱、平台缺等困难,由重宣传数量向重宣传质量转变。宣传重点聚焦在全市重点工作和亮点工作上、民生和农林等基础性产业上、中俄能源项目及黑河和布市文化产业交流活动上。配合外宣办参与组织、筹备黑河国际彩虹跑新闻发布会和第九届中俄文化大集的新闻发布会,负责策划、接待"范长江香港传媒学子龙江行"大型采访活动和黑龙江—阿穆尔州—香港青年论坛。经过各部门的配合及全体同仁努力,采访活动圆满成功,香港《大公报》上利用4个独立版面,前后刊发20多篇文章对黑河进行深层次、多角度的宣传。在2018 CGTN全国中俄语言大赛黑河选区参赛工作中,通过宣传上的精心策划、宣传片的精益要求、高度负责地为黑河参赛选手进行及时有力地后勤保障,黑河选手顺利通过海选、预赛、半决赛,并在央视俄语频道的传播平台多次播出。同时还把《魅力中国城》黑河战队相关活动进展情况在Instagram、Vk、Facebook等境外网站发布,积极传播了黑河声音,展示黑河大美的城市形象。8月,接待香港《大公报》传媒采访团对黑河的集中采访;9月,接待新华社、环球杂志社对黑河改革开放40周年的采访。（李翎旭）

【自身建设】 2018年,黑河市新协深入学习贯彻中共十九大精神,认真落实习近平总书记关于进一步纠正"四风"、加强作风建设重要批示和对黑龙江省重要讲话精神,严格贯彻省第十二次党代会和省委十二届二次全会作出的作风整顿部署,按照市第六次党代会、市委六届三次全会关于作风建设的工作要求,集中整治突出问题导向、深化改革创新、增强本领、优化环境,为推动黑河全面振兴,建设现代化新黑河提供作风保证。3月,黑河市新协召开深化机关作风整顿优化营商环境思想动员会,按照单位实际情况制定出整顿机关作风实施方案,从领导干部做起,从小事小节抓起,突出问题导向,再造工作流程,提升素质能力,集中解决形式主义、官僚主义、能力不足等影响营商环境的突出问题。6月,制作《新闻工作者协会业务知识手册》和《新闻工作者协会业务知识题库》,加强领导干部和本单位全体职工的业务理论学习,引导干部职工努力填补知识空白、经验盲区、能力弱项,大力提高谋事、干事、成事本领。

（李翎旭）

广播电视

【概况】 黑河广播电视台是市级财政全额预算拨款正处级事业单位。内设党委办公室、行政办公室、总编辑办公室、总工程师办公室等16个机构。核定编制156个,实有127人,台聘任人员14人。其中,正科级15人,副科级14人。专业技术人员占职工总数的84%。其中,高级职称46

人,中级职称55人。下设广播电视广告中心、黑龙江文广传媒有限责任公司和黑河双子印象文化交流有限责任公司3个台属独立法人企业,及与黑河国投集团合作注册成立的霓裳国际传媒股份公司。

领导班子成员:
党委书记　台长　赵　明
总　　编　　辑　潘丽波
副　　台　　长　于清江　吴林生(2018.1任)
工　会　主　席　任子辉

(初永海)

【新闻宣传】 2018年,黑河广播电视台围绕市委、市政府中心工作适时开辟宣传专题专栏40余个,制作专题片10余个220分钟;在省级以上媒体发稿279条,同比增加110%。其中,在央视发稿98条,同比增加130%;在省台《2018年十三地市发稿综合排名》中名列第三,在《新闻联播》发稿排名第二。特别是与央视新闻频道和新闻移动网合作,直播报道黑河达到创纪录的60分钟。2017年度省重点精神文明建设产品专项引导资金支持项目——电视纪录片《丝路印象双子城》摄制完成并播出。全力策划推出《党风政风热线》栏目,得到社会高度关注。 (初永海)

【交流合作】 2018年,黑河广播电视台以"中俄两国地方交流年"为契机,加强与俄方媒体的交流合作,在央视俄语频道发稿28条,阿州新闻网站刊载150余条。以广电信息网站为载体,组建新媒体"专班",承担新闻节目上线、在线直播、回看查询等任务,直播第九届中俄文化大集开幕式、首届农民丰收节。为保证媒体融合建设的技术人才支持,依托"广电视听创意创新专家工作站",聘请北京大学陆地和中国传媒大学柴芦径两位教授及省台专家讲学,并在媒体融合建设中提供技术指导。 (初永海)

【设备更新】 2018年,黑河广播电视台以政府集中采购和分散采购方式,更新电视发射、摄制编辑和广播直播、网络直播设备,特别是网络直播王、12路广播直播调音台、视威无线高清图传、索尼4K大画幅摄像机和无线通话系统等设备,填补该类专业技术设备空白。当年技术设备投入达125万元,是2017年19.6万元的6.4倍,大大提升节目制作生产能力,改善安播条件,提高工作效率和质量。截至年底,新闻综合、公共频道播出时长17520小时,FM103.8频率播出时长6750小时,无线电视发射转播时长14196小时,均实现零停播率的安全播出目标。 (初永海)

【基础设施建设】 2018年,黑河广播电视台投资30万元改造消防设施,消除火灾隐患;投资30万元维修屋顶,解决漏雨问题;利用融资开通机动车道,结束"有门找不到,临街无路走"的历史;2018年度省委宣传部文化事业建设费、文化产业专项资金和重点精神文明产品专项扶持资金到位100万元,市级财政匹配资金80万元,固定资产投资累计完成970万元,是2010年广电中心建成以来最多的一年。

(初永海)

【产业经营】 2018年,黑河广播电视台面对传统广告市场持续断崖式萎缩的局面,积极探索新型产业发展模式。与北京光线传媒合作,完成电影《我在未来等你》在黑河的拍摄任务,承办"致爱·家国"网络主题宣传活动颁奖典礼,举办少儿电视春晚,推动与西安沣镐嘉艺影视公司联合摄制电影《永远的记忆》前期工作等。依据财政部《事业单位国有资产管理暂行办法》《黑龙江省事业单位国有资产出租和对外投资管理暂行办法》,利用闲置多年的2号演播厅及附属用房,以固定资产投资入股的方式,与国投集团合作,融资600万元,成立霓裳国际传媒股份公司,注册资本1000万元。一期投资896万元,启动《中俄广播电视文化交流中心》建设,将2号演播厅打造成集食、宿、排练、演绎、摄录和户外大屏幕广告为一体的综合演播剧场。该项目投资、融资合作,开创了事业单位国有资产投资的先河。依托2号演播厅举办《中俄风情秀》驻场演出58场,接待观众7000余人次。赴河北省安国市、广东省珠海市和黑龙江省哈尔滨市演出,累计收入60万元;"两节"期间,2号演播厅利用率达到80%。针对广告中心和文广公司企业税费包袱沉重,信用等级下降情况,为保证广告经营业务正常开展,经多方协调,成立双子印象公司,将在职人员和经营业务划转到双子印象公司,当年广告经营收入实现87万元,同比增长77.5%。 (初永海)

报　纸

【概况】 《黑河日报》是黑河市委机关报,创刊于1946年8月1日,是黑龙江省创办最早的地市级党报。拥有纸媒《黑河日报》《黑河晚刊》,网络媒体有黑河新闻网、《黑河日报》手机报和"两微一端"("今日黑河"微信、《黑河日报》官方新浪微博、"今日黑河"移动媒体客户端App),开通《黑河日报》电子版。《黑河日报》为周五刊,对开四版,一版为地方和国内国际综合要闻版,报道市委、市政府中心工作和国内国际重要新闻;二版为综合新闻版,报道政治、经济、文教、卫生等新闻;三版为系列专刊版,属专版、专题类版面;四版为时事、广告版,报道国际、国内的时事新闻和刊发各类广告。

黑河日报社是《黑河日报》出版单位,是中国地市报研究会常务理事单位、黑龙江省报业协会理事单位。黑河日报社属财政差额定补事业单位。报社编制120个,领导职数6职,党组书记、社长1职,党组副书记、总编辑1职,党组成员、副总编辑2职,党组成员、副社长2职。内设机构28个,党总支1个。有正科级职数29职、副科级职数17

职。2018 年末有在岗人员 105 人(编制内 91 人、合同制职工 14 人),离退休人员 71 人。

领导班子成员:
社　　长　刘金恒(2018.5 止)　朱昊民(2018.5 任)
总 编 辑　詹大伟
副 社 长　李长军　王洪菊
副总编辑　张武奎(2018.10 止)　吕　晶
　　　　　邢　爽(2018.10 任)

(牟利明)

【新闻宣传】　2018 年,黑河日报社持续做好中共十九大精神贯彻落实宣传。开设“学习贯彻中共十九大精神”“武装新思想进入新时代踏上新征程书写新篇章”“在习近平新时代中国特色社会主义思想指引下——新时代新气象新作为”专栏,报道全市上下特别是基层单位以中共十九大精神为指引,推动经济社会发展的新举措、新招法、新路子。刊发各类稿件 110 余篇,形成宣传强势,充分发挥党报舆论引领和思想阵地的作用。深入做好习近平总书记在深入推进东北振兴座谈会上的重要讲话和在黑龙江省考察时的重要指示精神宣传报道。开设“牢记总书记嘱托振兴发展谱新篇”“牢记总书记嘱托振兴发展谱新篇——访谈”专栏,宣传黑河市各地各部门学习贯彻的行动和好的经验典型。“十一”国庆假期不停刊,确保宣传报道及时跟进。全年共编发相关稿件 110 余篇,转发省报评论员文章 10 篇。开设“纪念改革开放 40 周年”“改革开放 40 年沿边开放 30 年继往开来普新篇”专栏,报道全市各地各部门相关纪念活动和黑河翻天覆地、历史性、根本性成就;晚刊开设“我与改革开放 40 年”专栏,以百姓视角体现改革开放、沿边开放给黑河人民带来的福祉,刊发各类报道 80 余篇(幅)。转发新华社、《黑龙江日报》等媒体稿件 49 篇。开设“深化作风整顿优化营商环境”“改进作风谋发展优化环境促振兴”“重塑投资营商新环境”3 个专栏,共推出各类报道 130 余篇、宣传标语口号 50 余次。开辟“创建农业绿色发展示范区”专栏,推出《黑土地上劲吹“绿色风”——黑河绿色农业发展见闻》《让千里沃野绽放“绿色”新希望——黑河市大力推进农业绿色发展示范区创建》等重点报道 29 篇。开设“脱贫攻坚进行时”“扶贫攻坚在一线”专栏,推出 80 余篇报道,充分报道黑河市各地在精准扶贫工作中的办法、举措及取得的成果,为黑河市按时完成脱贫任务提供良好的舆论氛围和精神动力。开设“民生实事盘点”“改善民生增进福祉”“建设美丽乡村”等专栏,围绕激发创业创新活力、提升公共服务能力、提高群众生活水平、加强和创新社会治理等方面组织民生报道。开设“春来早备耕忙”专栏,做好各地各部门、农村和广大农民抢前抓早筹集春耕生产情况和首届丰收节宣传报道。春秋两季森林防火期间,做好森防专栏报道及防火命令、宣传标语口号、公益广告、火险等级刊发工作。开设“加强环境整治建设文明城市”“城乡环境红黑榜”两个专栏,对全市爱国卫生活动安排部署、推进情况、取得成果进行宣传,同时做好监督报道,共发稿件 40 余篇。推出“有效解决秸秆露天焚烧攻坚战”专栏,集中推出焚烧工作安排部署、经验成果,配合宣传口号、公益广告,营造阶段性浓厚舆论氛围。(牟利明)

【网络媒体】　2018 年,黑河日报社在新闻宣传中,注重日报、晚刊、微博、微信、客户端等多种媒体的资源整合、内容融合,新闻宣传呈现出立体化、无缝隙的格局。黑河新闻网紧紧围绕市委、市政府中心工作,组织策划的重点报道选题和重大宣传战役,各相关版块及时登载各级党委政府相关新闻、各项政策解读、评论等,传递党委、政府声音。“今日黑河”的三个平台进入平稳发展期。根据权威数据“新榜”等统计数据,“今日黑河”新媒体指数仍居黑河市以及全省地市报社所办微信公众号前列。圆满完成黑河“两会”、元宵节系列活动、超级蓝月亮、界江冰球赛、彩虹跑、《魅力中国城》黑河竞演、省运会、大黑河岛经贸洽谈会、大项目建设和中俄文化大集等重要报道活动的宣传报道。举办“爱鸟路上与你同行”大型公益宣传活动,《魅力中国城》短视频大赛。

(牟利明)

【对外宣传】　2018 年,黑河日报社围绕市委中心工作,抓住黑河经济亮点,搞好对上报道策划和选题。实行对上报道奖励机制,设立对上报道一、二、三等奖,每年年终进行表彰奖励。截至年底,在中央和省级以上媒体发稿 400 余篇(幅)。

(牟利明)

【内部管理】　2018 年,黑河日报社实行编辑部周、月例会,记者站季会制,全面落实月、季岗位工作目标考核机制,严格质与量的管理,充分发挥各项规章制度的激励作用,奖勤罚懒,不断提高全社各个工作岗位、工作环节的工作效率和质量,促进各项工作的深入开展。调整广告经营策略,坚持稳定原有大客户、挖潜中小客户、不断发展新客户、深入开发新媒体客户等方式,积极拓宽广告创收渠道。特别是针对新媒体广告客户群开展全面的广告推介,使新媒体广告刊载量实现可喜的突破。加强管理,不断提高报纸出版的安全性。定期对办公楼进行安全检查,并更新了部分监控设备。对原有库房进行改造,用于存放出版废油墨桶,提高生产安全性和环保工作质量。对印刷车间进行维修,提高设备运行和报纸出版安全。强化教育管理,打造优良新闻工作者队伍。在编辑出版过程中,严格按照“三审”制,严把各个环节关口。对微信、微博、客户端及网站等新媒体,采取与党报“一个标准、一把尺子、一条底线”的标准严格管理。强化新闻业务培训。先后编写了《中共十九大报告自测 100 题》《新闻报道中的禁用词(第一批)》《中国新闻工作者职业道德准则》等业务培训内容。利用每周一例会制,每周有目的性地开展知识短训,做到积少成多。及时开展警示教育,强化新闻工作者职业道德养成,不断提高全体编采人员的政治意识、责任意识、职业精神和职业道德。积

极引智开展培训，请上海高斯工程师到报社就报纸印刷技术、设备维修与保养开展培训。 （牟利明）

文 博 图

【概况】 黑河市文物管理办公室行政编制2个，处级领导职数：主任1职，副主任1职；科级职数：科长3职。内设机构3个，分别为：办公室、文博科、图书馆科。直属单位黑龙江省考古研究所编制6个，科级职数：所长1职，副所长1职，与黑河市文物管理办公室合署办公。黑河市文物管理办公室直属管理黑河博物馆。6月，黑河市文物管理办公室工作由市文化广电新闻出版局分管。2018年12月19日，根据《黑河市机构改革方案》，将市文物管理办公室职能并入新组建的市文化广电和旅游局。不再保留市文物管理办公室。

领导班子成员：

主　任　吴玉燕（2018.5止）

（查云玲）

【文物保护】 2018年，黑河市文物管理办公室启动第七批全国重点文物保护单位嫩江县墨尔根至漠河古驿站驿道遗址国保保护规划的编制工作。第五批全国重点文物保护单位《瑷珲新城遗址保护总体规划（2015—2035）》已通过省级评审。"黑龙江省级文物保护单位瑷珲海关缉私队旧址修缮工程"和"国家级抗战纪念设施孙吴日本侵华罪证陈列馆遗址保护区建设项目"顺利完工。完成全国重点文物保护单位和省级文物保护单位保护标志的树立工作。重新核定各级文物保护单位和不可移动文物名录。完成嫩江临江乡猛犸象化石点建档工作和省级以上建筑类文物保护利用和安全情况的调查。全国重点文物保护单位保护范围和建设控制地带矢量图划定工作基本完成，上报省文化和旅游厅审核。启动第八批全国重点文物保护单位的申报工作。为落实《国务院办公厅关于进一步加强文物安全工作实施意见的通知》要求，确保全市文物安全，组建检查组对辖区内各级文物保护单位、博物馆开展文物安全巡查检查专项行动。先后对卡伦山墓葬、大岭抗俄战迹地、瑷珲海关缉私队旧址等各级重点文物保护单位和瑷珲历史陈列馆、黑河知青博物馆、黑河博物馆、黑河旅俄华侨纪念馆文物库房进行安全检查。全面掌握黑河市文物保护工作和"一法一例"贯彻落实情况，按照黑河市人大常委会年初监督计划安排，于7月下旬先后深入到嫩江县、北安市实地调研相关工作落实情况，并形成专题调研汇报。贯彻落实《黑龙江省文物法人违法案件专项整治行动（2016—2018年）方案》和黑河市人民政府办公室《关于进一步加强文物安全工作的通知》，深入开展文物法人违法案件专项整治行动，对嫩江县文物遗址进行巡查，共发现市级以上文物遗址存在违法行为4处，8处文物保护单位存在不同程度的安全隐患。根据巡查发现的违法问题和安全隐患，下发整改意见，督促责任单位采取措施进行整改。普及推广文物保护知识，增强群众依法保护文物意识，利用"5·18国际博物馆日"和"世界文化遗产日"组织各县（市、区）文博单位举办大型宣传活动。嫩江墨尔根古道驿站博物馆改陈和清代黑龙江北路驿站站官墓地的保护利用，五大连池风景区火山地质博物馆和新建五大连池市博物馆建设项目等，分别列入当地国民经济和社会发展计划。 （查云玲）

【博物馆工作】 2018年，黑河市文物管理办公室加强博物馆基础设施建设。五大连池市博物馆、五大连池火山博物馆陈列设计大纲通过省文化厅博物馆处的审核论证，工程正在实施中。瑷珲历史陈列馆被授予"黑龙江省社会科学普及基地"，在国家一级博物馆年度运行评估中，得分排名第48名。瑷珲海关历史陈列馆完善文物保护设备，争取省级文物保护设备资金20万元，采购安装消防安全系统、中央空调系统、室内外监控系统。全市博物馆新征集文物105件（套），采集193件。组织各博物馆利用馆藏资源开发创意产品，打造文化创意品牌，让文物活起来，促进文物与旅游产业融合发展。嫩江墨尔根古道驿站博物馆、孙吴日本侵华罪证陈列馆晋升国家AAA级旅游景区正在申报中。瑷珲历史陈列馆、黑河知青博物馆、北安庆华军工遗址博物馆、北安博物馆、中共黑龙江省工作委员会旧址陈列馆等5家博物馆被列为"首批黑龙江省中小学生研学实践教育基地"。组织各博物馆开展"传历史记忆、展黑土风采"主题宣传活动，讲清黑河历史，讲好黑河故事。黑河知青博物馆开通官方微信平台，定时发布博物馆展览信息；与喜马拉雅手机新媒体合作，于7月开通知青博物馆大讲堂——《树新讲知青》节目。6月24日，在上海举办知青馆全国巡展《永远的知青》上海展。组织全市各博物馆进行等级晋升申报工作，黑河知青博物馆、北安庆华军工遗址博物馆申报二级博物馆，黑河旅俄华侨纪念馆申报三级博物馆。黑河知青博物馆经省、市文物部门推荐，国家组织评选并逐级公示，被评为"2018年全国文物系统先进集体"，全省仅一家。8月14日，国家方志馆知青分馆在知青博物馆正式挂牌，全国仅两家。为提升博物馆宣讲岗位技能，发挥博物馆宣教功能，举办"黑河市文博系统讲解员大赛"。来自全市各文博单位的23名选手参加本次比赛，获得一、二、三等奖的9名优秀选手被推荐参加全省博物馆纪念馆讲解大赛，获得1个二等奖，4个三等奖，4个优秀奖。推动黑龙江省特色文化与创意设计产品的结合，提升黑龙江省文化创意设计水平，增强黑龙江省文化创意产业竞争力，组织黑河市5家博物馆参加由省文化厅举办的2018年度黑龙江省文创设计人才培训班，提升创业创意人才的综合业务能力。组织黑河市各博物馆展览策划负责人参加全省博物馆展览策划培训班。贯彻落实国家文物局《关于加强馆藏文物展陈安全工作的通知》精神，安排部署本辖区内的各博物馆开展馆藏文物展陈安全隐患大排查工作。统计调研黑河市村史馆建设情况,开展非国有博物馆藏品备案工作。

(查云玲)

【图书馆工作】 2018年,各县(市、区)图书馆通过举办读者座谈会、印制《中华人民共和国公共图书馆法》宣传册、宣传单,利用网站、微信、电视台等媒体深入开展《中华人民共和国公共图书馆法》学习宣传活动。在孙吴县、五大连池市、爱辉区开展图书馆总分馆制建设试点工作,因地制宜探索符合黑河实际、具有推广价值的总分馆建设发展模式。孙吴县图书馆利用馆内设备及文献资源在铁北社区、铁路机务段、县检察院建立临时分馆,并与分馆签订总分馆制服务条例。为每所分馆挂设牌匾、配发1000册图书,并定期更换图书。爱辉区图书馆在11个乡镇、爱辉区法院、黑河消防中队、合作区公安分局设立临时分馆。对11个乡镇文化站站长进行了业务培训,并为分馆配发图书3000册。开展免费开放阅读工作。孙吴县、爱辉区、五大连池市图书馆免费开放服务经费每年足额拨付到位,三馆通过采购、接受交存及捐赠等合法方式收集文献信息,并按照国家评估标准对馆藏文献信息进行整理,建立馆藏文献信息目录,并向读者公开。孙吴县图书馆采购超星少儿阅读一体机1台,加强少儿免费数字阅读服务。爱辉区图书馆购买安装了“朗读亭”并投入使用。开展丰富多彩的阅读推广活动。在元旦、春节期间孙吴县、爱辉区图书馆分别举办“梨园贺岁百戏昇平”传统戏曲文化知识展和“明春节礼俗树文化自信——年俗文化展”。两馆还与当地新华书店合作,在书店实行百姓购书,图书馆买单“绿荫服务”工程。4—6月,孙吴县、嫩江县、五大连池市、爱辉区图书馆与当地宣传部、文广新局联合,先后承办“书香城市,阅读助力人生”诵读演讲比赛,及“振兴乡村文化,创造美好生活”诗词朗诵大赛。各县(市、区)评出孙吴县、嫩江县、五大连池市各10部,爱辉区20部获奖作品。3部作品参加黑龙江省决赛,2部获二等奖,1部获三等奖。爱辉区图书馆为长海社区分馆、西岗子高速公路收费站安装数字文化一体机各1台,让数字阅读得到更广泛的普及。孙吴县图书馆深入社区、乡镇学校,开展“雷锋在我心中——友爱互助·暖心龙江”电影放映周活动,共有4200余名师生观看了弘扬社会主义核心价值观的主题电影,引导青少年学生做雷锋精神的学习者、宣传者、实践者和传承者。 (徐 影)

档　　案

【概况】 黑河市档案局(馆)实行局馆合一的管理体制,局长兼任馆长,是隶属于市政府的参照公务员法管理事业单位。内设6个科室:办公室、监督指导科、法制与行政审批科、档案管理科、编研声像科和档案接收征集科。另设有档案学会。局(馆)核定事业编制17个;领导职数3个:局长1个,副局长2个;处级非领导职数2个;科级职数6个。局(馆)实有人员14人。

2018年12月19日,根据《黑河市机构改革方案》,整合组建市史志档案馆,将市委党史研究室、市档案局和市地方志办公室并入市史志档案馆。不再保留市档案局。黑河市史志档案馆于2018年12月21日揭牌。

领导班子成员:

局　长　程知元

副局长　雷振生　卜凡意

(何丽晶)

【档案服务】 2018年,黑河市档案局(馆)加大对重大建设项目、开发区、自然保护区、企业、社区档案的监督指导和调研力度。利用业务培训、现场指导及新媒体等多种方式,对73家机关企事业单位及县(市、区)档案业务进行指导,加快推行使用新规则立卷归档步伐。继续开展企事业单位档案规范化管理评估工作,完成中央储备粮北安直属库有限责任公司省一级单位的评估和嫩江妇幼保健院等4家单位晋升省二级的企业档案评估材料的审核工作。对市直7家国有企业的文件材料归档范围和保管期限表审定工作进行“回头看”,修改审批4家机关、事业单位文件材料归档范围和保管期限表。深入推进农村土地承包经营权确权登记颁证档案工作和精准扶贫档案工作,继续推进省级社会主义新农村建设档案工作示范县创建活动,全市65个乡镇、567个行政村全部建档。进一步规范政务服务事项工作,实现市县联动,统一事项,统一流程,为流程再造工作打下坚实的基础。加强档案利用体系建设,与孙吴县档案局联合开展跨馆查阅服务,实现了异地查档、跨馆出证。积极创建“四零”承诺服务,制定活动方案和岗位责任制,完善档案利用制度、要求和流程,1名科级干部入驻政府行政服务大厅,全面提高档案利用窗口服务水平。主动开展档案资料提供利用工作,截至年底,市档案馆提供利用档案资料3478卷(册)、8569件,接待利用者1087人次。充分发挥档案馆爱国主义教育基地功能,全年接待参观者326人次。

(何丽晶)

【档案编研】 2018年,黑河市档案局(馆)挖掘利用馆藏资源,编辑出版50余万字《黑河改革开放四十年纪实》,展示40年来全市经济、政治、文化、社会和生态文明建设的发展历程和辉煌成就。编辑完成《库玛尔路鄂伦春协领公署档案汇编》和《黑河档案精品选编(1683年—1949年)》初稿。与黑河市委党史研究室等部门联合编辑出版中俄友谊历史研究资料《档案文献资料汇编》(第二辑)。为纪念黑河改革开放40周年,与市委宣传部、市文联、黑河日报社、市摄影家协会、华泰集团共同举办“华泰杯”纪念改革开放40周年专题图片展,提供反映黑河发展进程的照片近百幅。在《黑河日报》开辟专栏,刊发黑河改革开放40年来发生的重大历史事件，在社会上引起广泛关注。利用馆藏档案编写《档案资政参考》3期，为市委、市政府和有关部门领导提供资政参考。（何丽晶）

【业务建设】 2018年，黑河市档案局（馆）加强档案资源建设，按照“应收尽收，应归尽归”的原则，持续开展档案接收和征集进馆工作。当年市档案馆接收文书档案8191件、全文数据库7487条、电子档案光盘40张。接收工伤生育保险基金和失业保险基金、案件审理和违纪案件专业档案373卷、2267件进馆。征集鄂伦春下乡定居60周年、振边酒厂、苏联远东第二方面军、对俄贸易等特色档案34（卷）册、785件，照片412张。稳步实施国家重点档案保护开发项目。积极开展库玛尔路协领公署历史研究开发与保护项目和国家重点档案文件级目录采集工作，认真实施2017—2018年度项目，征集鄂伦春特色照片、书籍史料、实物200件，完成库玛尔路协领公署全文数据5048条，购置了录音、录像等采集设备，编辑完成《库玛尔路协领公署档案汇编》。完成国家重点档案文件级目录采集7779条。各县（市、区）国家重点档案文件级目录采集项目也顺利实施。（何丽晶）

【信息化建设】 2018年，黑河市档案局（馆）为实现“存量数字化、增量电子化”的目标，制定《黑河市档案馆数字化建设实施方案》，馆藏档案、资料机读目录全部编制完成，馆藏纸质档案数字化达到40%。当年市档案馆完成全息数据录入4864条，扫描33921页，将馆藏各全宗照片档案全部进行数字化加工，录音档案完成数字转换。利用自主研发的管理软件建立民生档案专题数据库。同时，加大企业单位档案信息化建设推进力度，将黑河铁路（集团）公司、国网黑河供电公司列为数字档案室建设试点单位，并给予大力指导。（何丽晶）

【档案安全】 2018年，全市各级档案馆按照档案安全管理“十防”要求，加大投入，完善设施，健全制度，落实责任，不断强化档案实体和信息安全工作。市档案馆制定档案数据管理维护、档案数据安全保密、电子档案接收和电子档案安全保管等各项档案管理制度。对拟公开的档案、资料和开发利用的档案信息进行保密公开审查，确保档案信息安全。积极开展档案鉴定划控工作，对馆藏1988年以前形成的年满30年的黑河地委全宗档案认真鉴定，整理编制开放档案191条。通过政府招标采购完成黑河市档案馆气体灭火系统更新改造，市档案馆安全体系建设不断加强。（何丽晶）

【法治建设】 2018年，黑河市档案局（馆）不断完善档案制度体系建设，扎实开展“法治建设年”活动。市档案局制定活动方案、学习计划和各项制度，并与学习《中华人民共和国宪法》紧密结合，不断提高干部职工法治观念，营造良好的法治环境。起草《黑河市重大事项档案管理办法》，已通过法制办审核，待市政府常务会议通过后以市政府名义下发。坚持“双随机、一公开”制度，利用自主研发的“双随机、一公开”管理软件，随机抽取70个单位进行执法检查，下发整改通知书2份，取得较好效果。积极开展档案法治宣传活动，与爱辉区档案局联合开展了以“档案见证改革开放”为主题的“6·9”国际档案日宣传活动，宣传档案法律、法规知识，进一步增强公众档案意识。参加省档案局组织的“档案见证改革开放四十年”征文活动，2篇征文获省二等奖，市档案局获优秀组织奖。扎实开展档案宣传和通联工作，先后在国家、省、市新闻媒体发表新闻报道及专题文章55篇，3人获得《黑龙江档案》“2018年度优秀通讯员”称号。按时完成两报一刊的征订任务。（何丽晶）

【档案事业发展】 2018年，县级档案馆库建设力度不断加大，借助国家扶持中西部县级档案馆建设的有力契机，黑河市争取到嫩江县档案馆建设资金321万元，北安市档案馆建设资金533万元，项目建设正在积极推进中。爱辉区档案馆自筹资金完成馆库建设和新馆搬迁工作。全市档案安全防护、保护开发、接收征集和信息化等方面资金投入进一步加大，为档案事业发展提供了有力保障。（何丽晶）

【创新引领】 2018年，市档案局（馆）坚持创新发展的档案工作理念，全面推进档案工作提质增效。进一步推广完善“黑龙江省农村档案信息共享平台建设”项目，极大地方便农民利用档案信息。为配合新《归档文件整理规则》顺利实施，将“电子文件归档暨档案数字化综合信息管理系统”进行全面升级，实现从旧规则到新规则的平稳过渡。黑河市政府将档案工作纳入法治政府建设考核体系，由市档案局法治人员参与考核，并给予5分评分权限，加大档案法治工作力度。将法治政府建设考核工作中强化行政权力的制约和监督及“谁执法、谁普法”目标责任制中的普法内容落实到全市档案工作目标中，进一步强化档案法治建设责任。推进库玛尔路协领公署档案保护与开发项目的实施，完成库玛尔路协领公署满文档案整理、数字化、翻译、征集工作，最终完成《库玛尔路鄂伦春协领公署档案汇编》的编辑工作，为黑河地域鄂伦春民族历史研究提供宝贵的第一手资料，黑河特色档案得到保护和开发。为方便人民群众查档利用需要，优先整理利用率较高的黑河采金船工程处、黑河一建公司、黑河黄金公司的职工工资表、死亡职工档案等涉及民生的档案资料，积极主动帮助企业职工顺利办理工龄确认、养老保险、退休、房产公证等提供有效证明，为人民群众提供优质高效便捷的档案查阅服务。（何丽晶）

地 方 志

【概况】 2018年，黑河市人民政府地方志办公室在市委、市政府的正确领导下，在省地方志办公室的大力指导下，按照国务院《地方志工作条例》《全国地方志事业发展规划纲要(2015—2020)》《黑龙江省地方志工作规定》,完善工作机制,创新工作方法,提升工作效能,提高服务水平。内设办公室、编辑科、指导科,编制9个。

领导班子成员:
主　任　田桂珍
副主任　岳月美

(孙冬寒)

【二轮修志】 2018年,黑河市人民政府地方志办公室继续推进二轮修志进度,完成《黑河市志(1993—2005)》评议稿修改。《黑河市志(1993—2005)》分上下卷,共计34篇260余万字,全面记述1993—2005年黑河13年的发展历程,反映黑河市自1993年以来取得的重大成就,《黑河市志》的编纂是黑河文化建设的重大系统工程。2018年,市地方志办公室抢时间、抓质量推进《黑河市志》的评议稿修改和志稿的总纂工作,并多次邀请专家召开会议,征求志稿存在的问题,解决一些难点问题。在全体编辑人员的共同努力下,圆满完成终审评议工作。《黑河市爱辉区志》经过多次修改已出版发行,《逊克县志》已送印刷厂排版印刷,《孙吴县志》正在按照评审专家的意见进行修改。

(孙冬寒)

【年鉴编写】 2018年,黑河市人民政府地方志办公室围绕中心服务大局,做好《黑河年鉴(2018)》及《中国城市年鉴》《黑龙江年鉴》黑河部分的编辑工作。《黑河年鉴(2018)》围绕市委中心工作,从突出年鉴时效性、地方特色、为当代服务入手,全面记述2017年全市政治、经济、社会、文化等方面的发展情况,内容丰富,资料翔实,为各级党政机关、研究部门、社会各界了解、认识、研究黑河提供信息和资料。《黑河年鉴(2018)》已完成全部编辑工作,并上报到方志出版社完成审稿。黑河市的综合年鉴编修工作在全省率先实现了市、县两级全覆盖和一年一鉴的工作目标,在全省系统起到良好的示范作用。《黑河年鉴(2017)》获第五届全国地方志优秀成果(年鉴类)地市级综合年鉴二等奖,《北安年鉴(2017)》获县区级综合年鉴二等奖,黑河市是黑龙江省唯一市县同时获奖的地级市。 (孙冬寒)

【《新生村志》出版发行】 2018年,黑河市人民政府地方志办公室创新工作思路,保质保量开展中国名镇名村志文化工程《瑷珲镇志》发行宣传推介工作。《新生村志》作为第二批中国名镇名村志成果正式发布。《新生村志》纳入国家名志文化工程之后,中国地方志指导小组办公室在人员培训、篇目框架设计、编辑审校、书号、地图及出版等方面给予资金支持。黑河市成立专门的编委会,聘请省市地方志专家参与编纂。为保质保量完成出版任务,市地方志办公室举全办之力,在时间紧、任务重,人员少、经费少的情况下,《新生村志》经过篇目设计、搜集资料、编辑,提前完成总纂。市地方志办公室按照评议会提出的修改意见对志稿进行补充和完善后,方志出版社编辑经过多次修改并终审。经多方力量共同努力,《新生村志》于2018年12月25日在云南省德宏州芒市召开的第二届全国名村论坛暨第二批中国名村志丛书出版座谈会上出版发行。《新生村志》的出版发行对抢救和保存传统文化、乡土文化、民俗文化,充分发挥地方志存史、资治、教化功能具有重要意义。按照中指组的有关要求,协助中央电视台志在中国摄制组于6月20—22日在新生村进行全方位的拍摄,以期全面反映新生村的历史和现状。 (孙冬寒)

【培训学习】 2018年8月14日,由中国地方志指导小组办公室、国家方志馆主办,黑龙江省地方志办公室协办,黑河市地方志办公室承办的全国方志馆建设工作研讨会暨方志馆业务培训班在黑河市开幕。来自全国各省、自治区、直辖市、新疆生产建设兵团地方志工作机构,中央军委政治工作部宣传局、军事科学院解放军党史军史研究中心的代表共150余人参加开幕式。黑河市人民政府地方志办公室全力做好会务服务和保障工作,认真吸纳会议研讨成果,促进方志文化与知青文化更好地融合,为全国方志事业发展作出黑河贡献。 (孙冬寒)

【国家方志馆知青分馆揭牌】 2018年8月14日,举行国家方志馆知青分馆揭牌仪式。黑河知青博物馆纳入国家方志馆分馆,标志着知青分馆担负起存史、育人、资政的新使命。国家方志馆知青分馆的建立,作为国家方志馆建设的又一重要成果,将进一步弘扬知青文化,使知青这一鲜明的时代特殊符号镌刻在中国的史志丰碑上。

(孙冬寒)

【法治建设】 2018年,黑河市人民政府地方志办公室按照市委在全市开展"法治建设年"活动的总体要求,制定完成市地方志办公室2018年"法治建设年"活动方案,6月11日召开启动会,有计划、有力度地开展普法工作。通过开展普法款育,市地方志办公室呈现了领导干部依法决策、依法行政、依法管理,干部依法办事的良好态势。

(孙冬寒)

体　　育

【概况】 黑河市体育局于2004年3月正式挂牌,属市政府直属机构,正处级单位。黑河市体育局机关内设3个科室:办公室、群众体育科、训练竞赛科。人员编制7个,实有7人。配备局长1人,副局长1人,副调研员2人,科级干部3人。下辖5个财政全额拨款事业单位:黑河市体工队、黑河市青少年业余体校、黑河市全民健身中心、黑河市体育运动技术学校，黑河市体育彩票管理中心，均属科级建制。

2018年12月19日，根据《黑河市机构改革方案》，在市教育体育局的体育相关职责基础上组建市体育局。

领导班子成员及副处级以上领导干部：

局　　长　王爱华

副 局 长　王　威

副调研员　郝利龙　田　伟

（葛辉莹）

【全民健身】 2018年，黑河市体育局贯彻《全民健身计划纲要》，围绕“健康龙江行动”根本任务，以增强人民体质、提高健康水平为根本目标，以满足广大人民群众日益增长的健身需求为根本出发点，开展丰富多彩的全民健身活动，深受群众欢迎。2018年，全市共开展全民健身活动177项，直接参与35万人次。其中，“体彩运动季”系列活动户外类、球类、棋牌类、武术类等95项，开展冬泳健儿“零点跨越”、青少年冬令营、雪地迷你马拉松等“冰雪体育之冬”系列活动82项；举办黑河市第三届全民健身运动会，完成全民健身启动仪式、篮球赛、国际象棋比赛、大众健身操健身舞创新大赛、雪地足球赛、高山滑雪等32项群众性体育赛事。爱辉区举办中俄广场舞大赛等10余项“区长杯”赛事活动；嫩江县组织开展全民健身活动展演、春季长跑等26项全民健身活动；五大连池风景区举办2018黑龙江省五大连池环火山自行车赛等大型赛事活动；北安市、孙吴县举办县（市）级运动会；逊克县组织开展冰雪亲子运动会等20余项活动；五大连池市承办全省冰雪汽车拉力赛、乒乓球邀请赛等。2018年，全市共有8个单位、13人被省体育局授予2014—2017年度全省群众体育先进单位和先进个人的称号。组织开展“健康龙江行动”科学健身“六进入”活动，向群众传播科学健身的理念和方法。市健身操协会开展进农村、进革命老区现场教学活动；市健身气功协会开展进机关示范引领活动，带动机关干部加强身体锻炼；市国际象棋协会开展进校园活动，向市区内中小学校推广普及国际象棋。各县（市、区）按照《2016—2020年黑河市国民体质监测工作实施方案》要求，积极开展国民体质监测工作，完成国民体质监测3200余人。通过“健康黑河动起来”“今日黑河”“爱辉发布”“孙吴在线”“阅美连池”“今日逊克”等官方微信平台和各级政府门户网站发布赛事活动信息1000余篇，营造健康黑河动起来的浓厚氛围；中俄界江冰球赛、新年登高健身大会等品牌体育赛事在中央电视台、黑龙江电视台、《黑龙江日报》、腾讯视频、搜狐、新浪、新华网等媒体进行广泛宣传报道，不断提升黑河体育的知名度。（葛辉莹）

【“冰雪体育之冬”系列活动】 2018年，黑河市体育局依托冰雪资源，开展“冰雪体育之冬”系列活动82项，直接参与冰雪类项目达30万人次。年末，举办黑龙江省第三个“全民冰雪活动日”暨黑河市第五届“冰雪体育之冬”系列活动启动仪式。完成全国雪地徒步大会、全国新年登高健身大会等系列冰雪赛事活动。（葛辉莹）

【体育交流】 2018年，黑河市体育局充分发挥地缘优势，开展对外体育文化交流活动，取得丰硕成果。中俄体育活动精彩纷呈。1月1—3日，爱辉区与俄阿州体育协会、云南省腾冲市共同举办瑷珲—腾冲“一带一路”中俄跨境徒步大会，共有来自中俄两国1000余名选手参赛。1月14日，圆满承办2018中俄界江黑龙江国际冰球友谊赛，比赛得到省、市级领导的大力支持和广泛认可，中俄双方各派出40名队员分别进行儿童和青少年两个组别比赛，中俄界江黑龙江国际冰球友谊赛已成为两国体育交往的又一机制化项目，每年定期由中俄双方共同主办，此项赛事成为黑河市体育工作新的亮点。8月25日，中俄·瑷珲跨境持杖越野行走大会在黑河—布市举行，1000余名徒步爱好者参与。2018中俄界江黑龙江国际冰球友谊赛加大新闻媒体与互联网媒体的融合，充分发挥报刊、电视台、网络传播快覆盖面广的优势，对活动进行全方位的跟踪报道。新浪网进行三端直播（手机端、客户端、PC端），参与互动达186.1万人次，央视新闻频道《朝闻天下》、央视体育频道《北京2022》等对本次比赛进行深度报道，新闻事件曝光量7500余万条，赛事影响力不断扩大。9月22日—24日，为期三天的2018穿越大小兴安岭·中俄亲子徒步活动暨北安市首届农民丰收节启动仪式在北安市举行。本次徒步大会是2018黑龙江夏秋季十大精品赛事之一，共设北安市、孙吴县和五大连池市三站，由黑龙江省体育局、黑河市政府主办，黑龙江省登山协会、黑河市体育局、北安市委市政府、五大连池市委市政府、孙吴县委县政府承办。来自中俄双方150余个家庭500余人参加本次徒步大会。俄罗斯参赛队员最大的63岁，最小的仅5岁，除此之外，每个举办地还派出30个家庭加入队伍参与徒步。本次徒步大会采用亲子徒步的形式，从全新的视角展示了黑龙江黑河独特的夏季自然景观，将亲子、励志、成长与亲密大自然进行融合。通过中俄亲子文化和亲子教育的交流和分享，充分宣传和展示以红色之旅、胜山要塞、大湿地为代表的黑河市夏季整体生态和历史人文景观，进一步促进了体育与旅游的融合。2018年，全市完成新建城乡健身场地167处，申报2018年度省级体彩公益金项目10类294项。黑河市全民健身中心体育馆投入运营，承接大型体育赛事活动16场，近3万人次参与活动；积极争取黑河冰球馆建设资金，向上争取体彩公益金500万元；五大连池市新建的滨水新区全民健身中心投入使用，逊克县新建全民健身中心体育馆完工，北安市冰球馆完成主体工程。截至2018年末，全市建成体育场馆、体育公园、健身步道、全民健身路径、冰雪设施、足球场地、乡镇体育健身工程等17类场地设施达2312个，实现城市和农村健身设施100%全覆盖，黑河人均体育场地达到1.60平方米，基本满足了人民群众的健身需求。黑河市体育局积极引导、培育和扶持体育人群组建体育社会组织。全市共有体育社会组织292个，其中，黑河市本级体育社会组织71个、爱辉区35个、北安市25个、逊克县29个、孙吴县42个、五大连池市21个、嫩江县65个、五大连池风景区4个。积极组织黑河市国家级社会体育指导员10人、一级社会体育指导员69人、二级社会体育指导员197人、三级社会体育指导员700人参加各级培训，进一步提高社会体育指导员队伍的能力素质，增强全民健身志愿服务意识，更好地为健身群众提供服务。为全面宣传贯彻习近平总书记考察东北三省的重要讲话精神，全面加强党对体育社会组织的领导，10月27日市体育局召开全市体育社会组织党建工作推进会，会上下发《市体育局关于加强体育社会组织党建工作的指导意见》，黑河市群众健身操协会、黑河市老年体育协会等5个党支部分别就各自协会党建工作成果及经验进行交流汇报，全体参会人员参观黑河市群众健身操协会党建活动室，并对如何更好地开展体育社会组织党建工作进行交流。 （葛辉莹）

【竞技体育】 2018年，黑河市体育代表团共派出284人参加第十四届省运会23个大项261个小项的比赛，参赛项目占省运会总项目的30%，比上届省运会提高了8个百分点，参赛人数提高了近3个百分点。共获得金牌22枚、银牌33枚、铜牌38枚，奖牌总数达到93枚，创黑河市参加省运会历史上金牌和奖牌最多的好成绩。本次省运会，夏季参赛项目异军突起，打破了黑河市冬、夏季项目发展不平衡局面。短跑运动员杨涵获得青少年女子乙组400米铜牌，是黑河市有史以来在省运会该项目上取得的最好成绩。自行车项目涌现出了肖天策、陆毅和丁金玲等一批优秀运动员，特别是肖天策一人独获4枚金牌。陆地冰壶、举重、马拉松等项目也实现了奖牌零的突破。除省运会外，2018年，还组织参加省以上赛事41项次，共获得金牌3枚、银牌7枚、铜牌11枚，115人次进入录取名次。由黑河市培养输送到国家队的短道速滑运动员曲春雨和空中技巧运动员颜婷、吴树迪代表中国出战2018平昌冬奥会，汪丽娜代表中国在2018年世界女子拳击锦标赛上勇夺81公斤级冠军，成为黑龙江省拳击运动首位“女拳王”，白莉萍在全国女子拳击冠军赛上夺得64公斤级季军，创造了黑龙江省参加本次大赛的最好成绩。以备战省运会为契机，拓宽后备人才选材渠道，制定出台《黑河市体育社会组织竞技体育后备人才培训基地管理办法》《黑河市竞技体育后备人才跨界选材工作方案》《黑河市体育传统项目学校管理办法》等相关文件。命名伙伴体育青少年俱乐部等5个体育社会组织为市级后备人才基地、黑河市第五小学等10所学校为市级速度滑冰传统项目学校和北安市铁西小学等5所学校为市级冰球传统项目学校，建立一整套合理、有序、科学的体育后备人才运行管理机制。北安市创新竞技体育后备人才培养路径，主动走进学校，运动员选材走上良性发展轨道，向上一级体校输送数量和质量走在全市的前列。在积极组织参赛、扩面选材前提下，2018年，黑河市共向国家队和国家集训队输送15名短道、速度滑冰、冬季两项、越野滑雪、北欧两项等项目运动员，创黑河历史之最。同时，向省优秀运动队积极输送人才，有17名运动员被选调到省越野滑雪、雪上夏令营、自行车队进行集训，63名运动员被省及国家的越野滑雪、单板滑雪、高山滑雪、单板U型槽、滑冰队选入跨季跨界跨项选材集训，黑河市竞技体育人才培养走上快车道。组织开展全市青少年速度滑冰、短道速度滑冰、传统校速度滑冰、羽毛球、乒乓球等9项次的体育赛事，全面提高黑河市青少年体育素质和运动技术水平，为青少年体育的可持续发展奠定基础。组织参加黑龙江省十四运会传统校、俱乐部比赛5项次，获得奖牌16枚，其中，银牌8枚、铜牌8枚，22人进入录取名次。全力打造黑河市“百万青少年上冰雪”城市名片，开展上冰雪活动学校100余所，参与学生占在校生的80%以上。黑河市青少年业余体校、爱辉区教育体育局被评为2017—2018年度黑龙江省“百万青少年上冰雪”先进单位。 （葛辉莹）

【行政执法】 2018年，黑河市体育局贯彻落实省委市委关于安全生产工作的部署，加强安全生产巡查检查工作，落实好安全监管责任和防范措施，强化经营场所安全管理，严厉打击非法违法行为，对体育健身娱乐活动人员密集场所（体育馆、游泳馆、各类健身房）等重点领域进行安全监管。按照“谁主管谁负责”的原则，强化“一岗双责”，落实安全责任，1月5日深入到孙吴县亿龙滑雪场事前介入进行检查指导。按照市政府关于冰雪旅游场地安全检查通知，2月11日，与市旅游委、市场监管局、安委办组成联合检查组对红河谷滑雪场进行安全检查。检查发现：应急预案未按《应急预案编制》要求进行落实，事故应急预案无演练记录，隧道配电室无应急照明灯和安全出口无标识，在公共区域没有醒目的《滑雪者行为与安全守则》，缺少滑雪者救援信息标识。从3月19—27日分别对嫩江县、五大连池市、北安市、孙吴县、逊克县、爱辉区进行检查。检查中发现嫩江县、孙吴县对跆拳道馆、游泳馆没有给予许可和认证，督促嫩江县、孙吴县在一周之内完成体育经营许可和强制性认证，将落实任务情况反馈法规科。下发《关于做好春节期间全市体育经营场所安全生产工作督查检查的通知》。召开会议进行落实，要求直属各单位在春节期间把安全生产工作摆到突出位置，履职尽责，提前安排和部署，安排好值班人员，体育场馆要24小时领导带班值宿，手机畅通确保发生事故或遇到有紧急情况能够及时妥善处理。重新制定“黑河市危险性和一般性体育经营场所统计表”，对全市2个滑雪场、5个游泳馆、10个漂流、12家跆拳道馆、9个健身馆进行重新登记备案。转变工作作风，完善审核社团组织工作制度，简化审核流程、限时办结期限，15个工作日完成审核手续，将社团组织申报材料标准化，重新修改“筹备社团组织登记表”、制定出“关于成立黑河市体育俱乐部或体育协会的申请”和“成立体育俱乐部和体育协会章程（草案）”模板，减少承办人申报材料不符合要求、“多次跑”“往返跑”现象。5月30日前通过单位网站，公示申请成立社团组织：提交申报材料、工作流程和咨询电话。加强监督指导，严格执法规范行为。以“零推诿、零距离、零差错、零投诉”的“四零”服务为标准，结合“放管服”改革工作要求，最大程度简政放权，精简程序，减少材料，缩短时限，强化服务，优化流程，共减少5项环节，增加了2项程序，建立工作流程优化对比台账、对现有工作事项编制一次性告知单、绘制工作流程图。对现有的市级体育类社会团体确认、二级运动员确认、二级裁判员确认、二级社会体育指导员确认4项工作，编制一次性告知单、再造工作流程、绘制工作流程图。建立完善依法行政规章制度。建立全市体育经营场所安全生产人员名册和全市体育经营场所登记名册，制定“七五”普法规划实施方案、推进“双随机一公开”工作实施细则、体育项目经营场所现场检查随机抽查事项清单、黑河市体育系统2018年标本兼治遏制重特大生产安全事故工作方案、“安全生产月”和“安全生产龙江行”活动方案等，并认真组织实施。5月31日，市体育局在市全民健身中心召开全系统“法治建设年”活动动员会，对体育系统“法治建设年”活动进行安排部署。7月24日，召开局各直属单位负责人会议，传达省市文件精神，部署汛期安全工作。按照市委在全市开展“法治建设年”活动的部署，结合体育局实际，制定印发《市体育系统2018年“法治建设年”活动方案》，并组织实施。（葛辉莹）

【体育产业】 2018年，黑河市体育局在巩固龙头品牌赛事的基础上，积极挖掘全新产业赛事，加快体育产业发展步伐。成功举办2018中俄界江黑龙江国际冰球友谊赛，首次进行网络直播，央视新闻频道、央视体育频道等对本次比赛进行深度报道，新闻事件曝光量近8000万条，取得令人瞩目的新闻媒体轰动效应，更成为外交部对外推介《黑龙江8分钟》中的重要新闻事件。中俄界江黑龙江国际冰球友谊赛、横渡中俄界江黑龙江活动被评为2018黑龙江省体育旅游精品赛事。承办中国·五大连池全国徒步大会和“中国体育彩票”2018全国新年登高健身大会，来自北京市、重庆市、广东省、浙江省等17个省市和俄罗斯的登山徒步爱好者2000余人参加了活动，五大连池风景区被评为2018黑龙江省体育旅游精品线路。瑷珲——腾冲“一带一路”中俄跨境徒步大会已成功举办三届，此项活动增强中俄两国在全民健身、旅游文化、民族民俗等方面的交流合作，中央电视台、今日头条等媒体对活动进行了宣传报道；成功承办2018穿越大小兴安岭·中俄亲子徒步大会，首次将体育产业赛事由市区转移至县（市），成为县级体育产业破题的一次新尝试。活动设北安市、孙吴县和五大连池市3站，来自中俄双方150余个家庭500余人参加了徒步大会，从全新的视角宣传和展示以红色之旅、要塞、大湿地为代表的黑河夏季整体生态和历史人文景观，进一步促进了体育产业与旅游的融合，此项活动被评为2018“全国十佳体育旅游精品线路”。开展2018首届中俄跨境冰雪体育休闲之旅活动，中俄双方200余人参加在俄罗斯布市的实弹打靶和外兴安岭雪山徒步穿越活动，体验了在黑河市区的越野滑雪、滑冰，逊克的雾凇节冬泳、徒步，五大连池风景区的全国徒步大会、全国新年登高活动。承办2018中国·黑河中俄界江冰雪越野汽车挑战赛，来自全国各地的170余辆赛车、500余名选手展开激烈的角逐。举办第九届中俄文化大集“雪花啤酒杯”中俄双子城篮球季比赛，城市篮球联赛、投篮王大赛和中俄篮球争霸赛三大板块共108场的比赛燃动黑河的夏季；编制印发《黑河体育产业发展规划（2018—2038）》，组织参加2018第二届黑龙江“体育＋”博览会，全方位推介黑河市的红色文化、火山文化、驿站文化、冰雪文化和中俄文化等地缘资源优势。持续推进市场化办赛机制，2018年以品牌赛事为龙头的体育产业拉动消费2亿余元，产业促进地方经济发展的作用逐渐显现。2018年，借助俄罗斯“世界杯”的有利契机，体育彩票销售额再创新高，实现了又一历史性的突破。全市共销售体育彩票2.25亿元，比2017年同期增长86%，筹集体彩公益金1700万余元。其中，黑河市本级销售1.5亿元，增长163%；嫩江县销售1928万元，增长47%；孙吴县销售1233万元，增长17%；北安市销售2525万元，增长16%；逊克县销售931万元，下降3.27%；五大连池市销售752万元，下降6.11%；五大连池风景区销售85万元，下降22%。（葛辉莹）

【政务公开】 2018年，黑河市体育局深化政务公开，积极利用网站和官方微信平台，公布全市体育工作情况，及时发布体育工作动态信息。全年在微信平台、市体育局官方网站上刊发原创信息近400条，微信公众号图文阅读量近10万人次。（葛辉莹）

卫生和计划生育

【概况】 2018年，全市共有各级各类卫生机构1046家。其中，综合医院50家（三级乙等医疗机构3家），中医医院6家，专科医院4家（三级甲等医疗机构1家），乡镇卫生院73家，社区卫生服务中心（站）18家，门诊部6家，村卫生所（室）659家，诊所、卫生所、医务室201家，采供血机构3家，妇幼保健院（所、站）7家，疾病预防控制中心7家，结核病防治所3家，卫生监督局（所）7家，其他机构2家。共有床位7974张，卫生技术人员9740人。其中，执业（助理）医师4032人，注册护士3581人，药师（士）582人，技师（士）623人，其他922人。全市每千人口拥有床位5.01张，每千人口拥有执业和助理执业医师2.53人，每千人口拥有注册护士2.25人，每千人口拥有卫生技术人员6.11人。全市共有三级甲等医院1家（黑龙江省第三人民医院），三级乙等综合医院3家（黑河市第一人民医院、嫩江县九三农垦管理局中心医院、北安市农垦管理局中心医院），二级甲等综合医院6家，二级甲等中医医院3家，二级乙等中医医院3家。

2018年12月19日，根据《黑河市机构改革方案》，组建市卫生健康委员会。将市卫生和计划生育委员会、市政府深化医药卫生体制改革领导小组办公室、市老龄工作委员会办公室的职责，以及市安全生产监督管理局的职业安全健康监督管理职责等整合，组建市卫生健康委员会。市老龄工作委员会日常工作由市卫生健康委员会承担。不再保留市卫生和计划生育委员会。黑河市卫生健康委员会于2018年12月21日揭牌。

领导班子成员及副处级以上领导干部：
党委副书记　主任　李朝辉
党　委　书　记　李前进
副　　主　　任　孟秀云　詹宇伟　柳　云
副　调　研　员　徐美华
副　处　级　干　部　张秀琴
市爱卫办主任　王文英
市计划生育协会副会长　李　丹

（张馨予）

【健康黑河建设】　2018年，黑河市卫生和计划生育委员会开展"健康生活方式普及年"活动，组织"平衡膳食宣传周""服务百姓健康行动大型义诊周"等健康巡讲活动300余场次，开展各类健康教育科普讲座800余场，发放各类宣传材料37万余份，推出健康专题节目报道30余次，在《黑河日报》开设健康知识专栏40余期，利用微信公众平台推送健康知识信息300余条，义诊患者3718人次。（张馨予）

【医药卫生体制改革】　2018年，黑河市卫生和计划生育委员会全面完成医改阶段性任务，全市公立医院药占比（不含中药饮片）降低至26.3%，低于全省30%的全年指标要求。积极推行支付方式和人事薪酬制度改革，全市已有100个病种实行按病种收费，全年为7360名住院患者提供"先诊疗、后付费"医疗服务，极大减轻群众看病就医负担，选择嫩江县第一人民医院开展人事薪酬制度改革点，为2019年全面改革积累经验。巩固提升家庭医生签约服务，全市常住人口签约率33.5%，重点人群签约率72.5%。

（张馨予）

【健康扶贫】　2018年，黑河市卫生和计划生育委员会共完成贫困村卫生室标准化建设项目61个，全市131所贫困村卫生室全部达到标准化水平，同时为每村配备1名乡村医生。组建2对紧密型城市医联体和1对城乡医联体，全年医联体内部上转患者73人次，下转患者46人次，派驻和培训医师143人次，诊疗患者1156人次。全市7家二级以上医疗机构与孙吴县各乡镇卫生院建立对口支援关系，全年为受援单位培训54人，支援医师45人，诊疗患者3811人次，免费救治531人次，免除费用6.77万元。农村贫困人口大病专项救治比例达99.04%。全市贫困人口慢病签约率达99.56%，签约患者满意率98.52%。（张馨予）

【卫生健康服务】　2018年，黑河市疾病预防控制中心改扩建项目主体工程完工，五大连池人民医院康复中心综合楼建设项目完工。成立黑河市病案质量控制中心，全面加强医疗机构质量安全管理。选择孙吴县作为黑河市"智慧医疗"试点县，推进远程医疗服务体系建设，孙吴县域内各级医疗机构均实现与北京303医院、哈医大一院等知名医疗机构的远程对接。提升中医药服务能力，共为6.51万名65岁以上老年人进行中医体质辨识，为1.29万名3岁以下儿童家长提供中医药健康指导。开展"中医中药中国行——中医药健康文化推进行动"，共举行中医巡讲、义诊活动50场，发放宣传材料1.3万余份。黑河市连续六届获得全国无偿献血先进城市称号，"平安医院"创建工作全省排名第二。

（张馨予）

【公共卫生和疾病防控】　2018年，黑河市基本公共卫生服务项目覆盖率保持100%，居民电子健康档案建档率达84.66%，超出全省标准要求近10个百分点。全年无传染病暴发疫情报告，免疫规划"11苗"接种率保持在95%以上，出血热疫苗接种率达95.5%。2018年黑龙江省国家突发急性传染病防控队伍拉动演练暨国家队工作经验交流会在黑河市召开。黑河市疾控中心结核科被授予"全国卫生计生先进集体"称号。（张馨予）

【妇幼保健】　2018年，黑河市婚检率始终保持全省前列，艾滋病、梅毒、乙肝孕产期检测率达到99%以上，提前2年完成全省目标。全市1万平方米以上医疗机构母婴室建设达标率达到100%，提前完成全省"十三五"规划目标。市县两级均已设置危重孕产妇救治中心和危重孕产妇转诊抢救绿色通道建设，保证孕产妇抢救转运工作畅通无阻。市妇幼保健所获"黑龙江省巾帼建功先进集体"称号。

（张馨予）

【综合监督】　2018年，黑河市卫生和计划生育委员会加大违法行为查处力度，打击非法行医案件18起，没收违法所得5900元、罚款18.8万元。结合旅游市场整治，检查宾馆、洗浴、供水单位806家，合格率92.06%。黑河市卫生计生综合监督执法局将互联网技术与行政审批、日常监督有效融合，推出一系列便民服务。黑河市公共场所监督模式作为先进典型将在全省进行推广。食品安全风险监测点覆盖全部县（市、区），理化样品采样率达到120%，本地样本采集率达82.18%，大幅超过全省60%的标准。（张馨予）

【卫生应急】　2018年，黑河市卫生和计划生育委员会全面提升卫生应急工作规范化建设水平，重新修订《黑河市突发公共卫生事件应急预案》《黑河市突发事件医疗卫生救援应急预案》。每季度采用专家会商方式开展突发公共卫生事件风险评估，全年无疫情暴发及突发公共卫生事件报告。（张馨予）

【爱国卫生运动】 2018年,黑河市卫生和计划生育委员会全面开展春、秋两季爱国卫生月活动,全市200个单位、8000余名干部职工参加义务劳动。集中开展城区卫生环境专项整治,累计出动执法人员1140人次,清理流动商贩3200余人次,治理城乡结合部100余处,全市环境卫生得到明显改善。北安市、孙吴县及五大连池风景区顺利通过省级卫生城市、县、区复审验收。爱辉区成功创建国家健康示范促进区,全省健康促进县区经验交流会在黑河市召开,五大连池市、爱辉区作经验交流。 (张馨予)

【对俄交流】 2018年,黑河市卫生和计划生育委员会依托黑河市第一人民医院成立"中俄友好医院",成功加入中俄医科大学联盟,黑河市成为联盟107个成员单位中唯一一家医疗单位。黑河市第一人民医院与俄阿穆尔国立医学院、阿穆尔州州立医院开展经常性互访交流,与阿穆尔国立医学院附属心血管医院签订医疗技术协作协议。先后在黑河及布市联合举办健康发展论坛、中俄血液病学研讨会、呼吸科学术会议、中俄健康产业项目投资洽谈会等国际交流活动。 (张馨予)

【计划生育服务管理】 2018年,黑河市卫生和计划生育委员会加大两孩政策培训宣传力度,选取爱辉区、嫩江县作为全市再生育审批制度改革试点,全市已备案33例。完成1.26万名奖、特扶对象的资格认定和数据录入工作。将失独父母住院护理补助保险由每年200元提高至300元,同时开通绿色诊疗通道,计划生育特殊家庭成员在定点医疗机构享受挂号、就诊、取药、收费、结算等方面的优先服务。争取资金30万元,在孙吴县开展"救助贫困母亲行动"。 (张馨予)

【法治宣传】 2018年,黑河市卫生和计划生育委员会推进法治年建设,制发《黑河市卫生计生委"法治建设年"活动实施方案》,在全委开展"依法行政""七五"普法知识、"法制建设年"等专题知识讲座,着力提升干部职工法律素养。深化"放管服"改革,共清理卫生健康系统权利、责任清单196项,行政审批全部进驻行政服务中心办理。将母婴保健技术服务机构执业许可等四项行政审批职能下放至县级卫生健康部门。 (张馨予)

【人才梯队建设】 2018年,黑河市卫生和计划生育委员会完善人才梯队建设,培养选拔省级龙江名医3名,市级龙江名医12名,县级龙江名医21名,为乡镇卫生院招聘大学生4人,签订医学院校订单定向大学生13人,为社区卫生服务中心招聘专业技术人员26人。不断加强中医药人才队伍建设,五大连池市中医医院张玉兰工作室被评为2018年全国基层名老中医药专家传承工作室;培养选拔黑龙江省首批青年名中医2人,新一轮全国中医护理骨干培养对象1人。 (张馨予)

人力资源和社会保障

【概况】 2018年,黑河市人力资源和社会保障局有科室23个,分别为:办公室、党委办、人事科、综合调研室、法规科、规划财务科、就业促进科、人力资源流动开发科、军官转业安置办、职业能力建设科、职称科、专业技术人员管理科、劳动关系监察科、工资福利科、城乡养老保险与失业保险科、医疗与工伤保险科、基金监督科、考试录用与职位管理科、考核奖惩与培训监督科、外国专家局、信访仲裁科、行政审批科、职工档案管理科,下设5个处级事业单位和4个科级事业单位。全系统干部职工143人,其中,机关公务员43人。

领导班子成员及副处级以上领导干部:
党委书记 局长 李 波
调 研 员 王宝华
副 局 长 郝桂梅 吴 丹 谢晓奇
副 调 研 员 罗延军 王建华
马立信(2018.3任)
(康丽娜)

【就业创业】 2018年,全市新增就业1.61万人、失业人员再就业1.14万人、就业困难人员实现就业0.36万人,分别完成省定全年目标任务的111%、114%和113%。城镇登记失业率保持在3.57%以下,比省定目标低0.93个百分点。大力推进就业资金使用方向转型,累计清理近3000个公益性岗位,地方财政投入就业创业资金2012万元。开展创业培训526人,发放创业补贴19.5万元,发放小额担保贷款5715万元,发放求职创业补贴14.5万元。在黑河边境经济合作区挂牌成立"黑河市就业创业孵化基地",举办2018年"双创周"现场招聘会、创业成果展示会等系列活动,参加"中国创翼"黑龙江赛区选拔赛,北安市乌鱼绣工艺品有限公司和黑龙江十六膳食品有限公司分别获创业组三等奖和优胜奖。认真开展"就业援助月""春风行动""民营企业招聘周"和市委书记进校园专项活动,举办各类招聘会38场、提供就业岗位0.84万个、提供就业服务0.23万人次,开展就业技能培训0.7万人,发放灵活就业社会保险补贴3273万元,消除零就业家庭23户,高校毕业生就业率达到82.96%。 (康丽娜)

【社会保险】 截至2018年底,全市机关和企事业养老保险、城乡居民养老保险、基本医疗保险、失业保险、工伤保险和生育保险参保人数分别达到17.5万人、41.4万人、96.9万人、4.51万人、14万人和6.4万人。顺利完成城乡居民医疗保险管理体制整合工作。全市机关事业单位养老保险上线运行2679家,上线率达98.6%。异地就医即时结算范围由城镇职工扩大到城乡居民。积极落实社保降费稳岗措施,继续执行失业保险费减半征收政策,工伤保险费率由0.57%下降到0.49%,两项费用预计为参保单位减轻负担2333.8万元;发放失业保险技能提升补贴18人3.25万元,发放失业保险稳岗补贴351万元,受惠单位208户、职工21730人。 (康丽娜)

【人事人才】 2018年,黑河市人力资源和社会保障局完成2018年度公务员招录工作,全市新招录公务员188人。启动实施事业单位公开招聘“双百”计划,市直及各县(市、区)共提供488个专业岗位面向社会公开招聘工作人员。为教育、文化等部门引进高层次人才15人;备案离岗创业专业技术人员11名;招募“三支一扶”人员11人;完成8名援疆人员选派工作。审核申报高级职称304人,评审通过246人。组织进行国务院特殊津贴选拔推荐工作,黑河市有4人获准享受国务院特殊津贴待遇。全年举办公务员培训班54期,培训6224人次。在嫩江县人民医院开展公立医院薪酬制度改革试点工作,测算发布企业工资指导线。调整机关事业单位在职人员艰苦边远地区津贴标准,月人均增资80元;为企业和机关事业单位14万名退休人员调整基本养老金。 (康丽娜)

【劳动关系】 2018年,黑河市人力资源和社会保障局启动劳动合同备案管理系统,信息录入工作已完成70%;2018年办理劳动合同备案2.6万人次,劳动合同签订率达到95%,已建工会企业集体合同签订率达到80%以上。处理劳动争议案件544件,结案率85.5%,调解案件278件,调解率达到60%以上。受理劳动者维权投诉举报案件65件,结案率100%。巡查用人单位2042户次,为2309名劳动者讨回拖欠工资2076万元,其中,为2264名农民工讨回工资1993万元。收缴农民工工资保障金8261万元。完成国务院保障农民工工资支付考核迎检工作,黑河市清理整顿人力资源市场秩序专项工作获人力资源和社会保障部、国家市场监督管理总局联合表彰。 (康丽娜)

【人社扶贫】 2018年,黑河市人力资源和社会保障局专门成立扶贫工作领导小组,并下设就业、社保、人才、技能等5个专项工作组。全市帮助630名贫困劳动力实现就业增收,完成省定任务的123%。贫困劳动力接受职业技能培训200人,技工院校免费招收建档立卡贫困家庭应往届“两后生”7人。全市标注未脱贫建档立卡贫困人口应参保10585人,实际参保10580人,为建档立卡贫困人员报销基本医疗费1268万元、大病医疗费165.5万元。为基层招聘特岗教师185人;为贫困地区招聘引进高层次人才5人。组织市直人社职工为爱辉镇拉腰子村贫困家庭及黑河市特殊教育学校贫困学生捐款1万余元。 (康丽娜)

【优化服务】 2018年,黑河市人力资源和社会保障局全面组织开展优化服务环境工作,市直及各县(市、区)都对人社公共权力事项和公共服务事项进行了重新梳理,砍掉各类无谓证明和繁琐的手续72项,简化优化公共服务流程4项,创新改进公共服务方式8项,“最多跑一次”“一次办”“不见面办理”事项所占比重明显提高。2018年累计制发社会保障卡89.3万张,“12333”人社服务热线接听电话4305件次,并全部回复解决,群众满意率达100%。 (康丽娜)

社会保险事业管理

【概况】 黑河市社会保险事业管理局隶属于省人力资源和社会保障厅,负责全市城镇企业职工和个体劳动者基本养老保险经办工作。下辖爱辉分局、北安市社保局、嫩江县社保局、孙吴县社保局、逊克县社保局、五大连池市社保局、五大连池风景区社保局。2018年末,全市干部职工编制245个;其中,市本级(含爱辉分局)编制69个,领导班子职数:局长1职,副局长2职。中层科级职数:科长13职,副科长7职,副主任科员16职。内设机构13个,分别为:办公室、党办、人事科、县(市)指导科、基金财务科、内控监督科、稽核科、信息统计科、档案管理科、待遇审核科、社会化管理服务科、养老保险经办科、爱辉分局。

领导班子成员及副处级以上领导干部:
局　　长　魏胜华
副 局 长　戴　滢
副调研员　李连晨

(鲍宏利)

【企业养老保险】 截至2018年末,全市参加基本养老保险人员128258人,新参保人员16159人。征缴养老保险费159412万元,完成年初计划的182.5%,其中,当期征缴83832万元,完成年初计划的96%;清理历年欠费2932万元,完成年初计划5000万的58.6%。养老金按时足额发放,全市共有离退休人员111001人,共发放养老金290382万元,发放率100%。社会化管理服务稳步发展,全市所有离退休人员全部纳入社会化管理服务范围,其中,已纳入社区管理105103人,占离退休人员总数的94.7%。

(鲍宏利)

【业务能力建设】 2018年,黑河市社会保险事业管理局坚持以问题为导向,以建设优质高效服务为目标,全面加强养老保险经办业务能力建设。全面取消待遇资格集中认证。认真贯彻落实社保中心关于全面取消社会保险待遇资格集中认证文件精神。对80岁以上和行动不便的人员,持续实行上门服务,为广大离退休人员提供更加便捷高效的服务,真正使离退休人员共享社会发展成果。精简再造业务经办流程。自《黑龙江省城镇职工基本养老保险业务经办流程》颁布实行后,为进一步规范养老保险经办服务,更好地优化服务环境,不断地把业务流程进行精简。并多次组织全市干部职工进行学习、交流、讨论,充分利用参保企业公共邮箱、劳资人员QQ群,加强与群众网络互动,各类疑难问题即时解答。当年10月,配合市人社局对业务流程认真研究探讨,按照省、市政府要求对原有的流程进行再造,窗口业务精简10项。 (鲍宏利)

【便民措施】 2018年,黑河市社会保险事业管理局巩固推行灵活就业人员养老保险费批扣业务。免去参保人员排队和往返奔波之苦,减轻经办工作的压力。有近95%的个体参保人员完成账户开立和协议签订工作。全力推进网上服务大厅业务。为了给参保企业提供更加优质高效的服务,充分利用好"互联网+"平台,让"信息"多跑腿,让群众少跑路。通过"网上经办"办理的参保人员占总参保缴费人员六成以上,网上经办业务在黑河市全面铺开。全力推行领导班子和中层干部深入大厅带班制度,发挥组织协调和为民答疑解惑作用,为参保对象提供便捷高效优质服务。

(鲍宏利)

【政策宣传】 2018年,黑河市社会保险事业管理局做好养老保险政策宣传工作,把城镇职工养老保险政策宣传作为一项重要工作摆上议事日程,认真组织实施并抓好落实。3月,配合人社信息系统在黑河中央步行街开展养老保险法规政策宣传,采取设立宣传横幅、海报和深入企业及社区等多种宣传形式,宣传资料、标语、文字简单明了,通俗易懂,让群众感受到养老保险的优惠政策。全市共发放宣传单20000万余份,并通过《黑河日报》民生版专刊、黑河封面、爱辉发布、微博、微信和市区电视台等形式广泛宣传。

(鲍宏利)

民　　政

【概况】 黑河市民政局行政编制16个,工勤编制1个;处级领导职数:局长1职,副局长3职;科级职数:科长8职。内设机构8个,分别为:办公室、民间组织管理科、优抚科、市退伍军人和军队离退休干部安置办公室、救灾救济科、基层政权和社区建设科、行政区划地名管理科、社会事业事务科。

领导班子成员及副处级以上领导干部:

局　　长　刘　洁
副 局 长　单　兵　吴天才　初中华
调 研 员　陈立军
副处级干部　张守信
低保局局长　汪永堂
副调研员　辛本友

(陈思宁)

【城乡低保】 2018年,黑河市连续第十二年提高城乡居民最低生活保障标准,黑河市符合救助条件的救助对象纳入保障范围比率和保障金及时拨付到位率均达100%。在黑龙江省率先举办全市社会救助业务培训班,提升基层工作人员政策水平和业务能力。2018年,黑河市城乡低保对象新纳入5844人,清退30565人,清退人数历年最高,确保黑河市城乡低保政策的公正性、纯洁性和严肃性。2018年,全市保障城乡低保、特困人员7.5万人,大病医疗救助、临时救助2.2万人次,支出社会救助资金超4亿元。

(陈思宁)

【城乡救助】 2018年,黑河市民政局稳步提高临时救助水平。同时建立市、县(市、区)级"救急难"基金专户,加大对困难群众的临时救助力度。各市县建立主动发现机制,前移救助窗口,按照"急难"就近、就地、救急的原则,将500元以下的应急性救助直接委托乡镇(街道)实施,让救助措施灵活快捷。 (陈思宁)

【兜底扶贫】 2018年,黑河市民政局充分发挥农村低保在脱贫攻坚中兜底保障作用,对城乡低保对象、建档立卡贫困人口参加城乡居民基本医疗保险,给予60%—100%的定额资助。对于通过帮扶收入水平已超过当地农村低保标准,但仍属于低收入困难群体,给予一年过渡性低保保障。

(陈思宁)

【自然灾害救济】 2018年,黑河市共争取省拨资金1113万元,下拨口粮1509吨、社会化发放资金446万元,救助受灾群众9.7万人次,保障受灾群众基本生活。开展综合减灾示范社区创建工作。深入社区对防灾减灾基础设施、创建档案、避难场所建设、防灾减灾图版设计等方面进行指导把关。黑河市现有18个国家级、26个省级综合减灾示范社区,当年新创建完成国家级综合减灾示范社区4个,省级综合减灾示范社区3个。积极推进救灾物资储备库建设。按照中央计划投资储备库建设项目要求,积极推进嫩江县、孙吴县、逊克县、五大连池市、北安市救灾物资储备库建设。4月、9月成立工作组实地查看项目建设进度及工程相关材料,督促各建设项目按要求完工。2018年底,5个储备库建设项目主体全部完工。 (陈思宁)

【社会福利事业】 2018年,黑河市连续3年举办中俄跨国旅居养老互访体验活动,首次将五大连池养老基地作为体验地,《中国社会报》、中国网、龙江卫视、今日俄罗斯、俄罗斯卫星通讯等国内外新闻媒体分别给予报道,进一步提高黑河知名度,促进黑河市旅居养老持续升温。2018年底,全市机构接待国内外旅居老人1.8万人,其中,俄罗斯老人6000余人。2018年,全市养老机构达到114家、床位11318

张,千名老年人拥有床位数达45张,民办机构床位达到78.9%。全市有79家养老机构开展不同形式的“医养结合”服务,医养结合床位占床位总数的39%,千名老年人拥有医养结合型服务床位达到18张。全市100%的城市社区,91%的乡镇、63%的农村社区开展居家养老服务。全面落实各项福利制度,为18523名老年人发放高龄津贴2195.04万元,为896名贫困失能老人发放护理补贴78万,为2.2万名残疾人发放两项补贴2154万元。 (陈思宁)

【孤困儿童】 2018年,黑河市民政局严格落实孤困儿童救助保障政策,确保199名孤儿基本生活费按时足额发放。开展示范创建活动,将农村留守儿童、困境儿童、残疾儿童的临时照料纳入县域共享儿童福利机构。全市有农村留守儿童1611人。建立市、县(市、区)、社区三级儿童福利保障体系,在县(市、区)建立儿童工作指导中心,在城乡社区建立“儿童之家”(其中,69个城市社区全部建成儿童之家,566个农村社区中有192建成儿童之家) (陈思宁)

【福彩发行】 2018年,黑河市福利彩票发行总量1.9亿元,筹集公益金5576万元。黑河市本级资助公益项目7个,投入公益金445.75万元。2018年结转2017年福彩公益金395万元,资助公益项目5个。 (陈思宁)

【城乡社区建设】 2018年,黑河市民政局推进社区建设,截至2018年末,全市有城市社区69个,城镇社区23个;566个行政村全部启动农村社区建设。其中:城市社区有示范社区29个、精品社区15个、达标社区25个。社区实行错时服务,节假日不休息,每天接纳活动居民约6500人次。当年全市新建、改扩建城乡社区活动场所14个,其中,新建城市(城镇)示范社区5个,农村示范社区9个,新增接纳能力千余人次。 (陈思宁)

【基层建设】 2018年2月,黑河市98%的行政村完成换届工作,5月末全市566个行政村全部完成换届选举工作。第十一届村委会换届选举登记率71.5%、参选率86.5%、一次选举成功率为78.6%。496个村实行定职选举,566个村定职选举妇女委员。共选举产生第十一届村委会成员2187人。各村依法依规选举新一届村民代表、村务监督委员会,并设立村委会下属委员会。 (陈思宁)

【殡葬改革】 2018年,《黑河市殡葬改革工作联席会议制度》出台,统筹推进黑河市殡葬改革工作。开展黑河市殡葬领域突出问题专项整治行动。召开专题电视电话会议,针对自查、督查过程中发现的问题和问题清单内容限时整改。配合黑龙江大桥、中俄东线管道项目组,联合起草《迁坟公告》《迁坟协议》,确保项目顺利进行。加强殡葬基础设施建设。在全市第一家引进燃气使用,一次性完成供热、餐饮、火化的煤改气、油改气,减少殡仪馆对市区形成的环境压力。为净化市区环境,市殡仪馆和市公墓新采购安装了24口环保烧纸炉,殡仪馆新购置环保遗物焚烧炉。南山公墓新建7000平方米停车场,环路1条,解决重大祭扫节日期间车辆拥堵严重,影响秩序和安全问题。 (陈思宁)

【流浪乞讨人员救助】 2018年,黑河市民政局坚持冬季夜间巡察,开展“热夏送清凉”“寒冬送温暖”主题救助活动,对流浪乞讨人员实施主动救助、巡回救助、联合救助,救助流浪乞讨人员783人次。 (陈思宁)

【婚姻登记】 2018年,黑河市民政局强化婚姻登记服务。全市办理结(离)婚登记13609对,补结(离)婚证6032本。累计录入婚姻历史数据2万条。 (陈思宁)

【地名区划】 2018年,五大连池市兴隆乡撤乡设镇区划调整项目获省政府批准。嫩江撤县设市项目已呈报国务院审批。正在进行爱辉区政区地名用字恢复为“瑷珲”的更名工作。推进黑龙江省区划地名文化展示中心黑河展厅建设工作,展陈大纲已通过黑龙江省民政厅审核并获好评。完成第二次全国地名普查有关工作,代表全省接受民政部工作组的检查,得到工作组的肯定。 (陈思宁)

【社会组织】 2018年,黑河市登记社会组织867家,备案社会组织166家。加强社会组织党建工作,建立“三同步两纳入”机制,已有277个社会组织组建党组织,其中,单独组建党支部的138个。鼓励和引导不同类型社会组织参与脱贫攻坚,全市14个社会组织帮扶贫困户927户,投入资金和物资共计141万余元,4660人直接受益。黑河市中昌汉麻健康产业研究院特色扶贫项目作为黑龙江省典型,在民政部扶贫工作会议上向全国推广。市本级77家行业协会全部完成脱钩,提前一年完成脱钩任务。开展打击整治非法社会组织专项行动,劝退2家非法社会组织,调查和约谈涉嫌非法活动的社会组织39家;通过新闻媒体对15家“僵尸”社会组织进行公告,并列入活动异常名录。 (陈思宁)

【优抚及退役士兵安置】 2018年,抚恤定补全部达到省、国家标准,抚恤补助金社会化发放率、医疗保险参保率、义务兵家属优待金发放率均达到100%。做好2017年秋冬季退役士兵接收安置和自主就业金发放工作。符合条件的退役士兵均得到妥善安置,为自主就业退役士兵发放资金840万元。组织开展退役士兵培训工作。培训退役士兵247人,经培训院校与民政部门推荐就业161人。

(陈思宁)

【“双拥”工作】 2018年,黑河市民政局开展“双拥”国防宣传教育活动。在国家、省、市媒体刊发双拥稿件122条,其中,2篇稿件在《中国双拥》杂志刊发。对当年67名享受教育优待的军人子女优待情况进行全面审核,军人子女教育优待率100%。会同人社部门对随军家属安置情况进行了调查摸底,对符合条件的随军家属实行对口安置,不符合安置条件的320人全部实行货币化安置。组织开展走访慰问活动。市县两级民政等部门组成慰问组，慰问驻黑部队以及基层连队、重点优抚对象524户，慰问品和慰问金达74万元。 （陈思宁）

老区建设

【概况】 黑河市老区建设促进会是党委管理的非常设机构。老促会内设机构1个，即办公室，负责机关的事务工作。2018年，乡级老促会健全工作制度，形成《乡级老促会制度通则》。县级老促会人数91人，专职人员27人。

领导班子成员：
名誉会长　赵桂英
会　　长　马　力
副 会 长　闻喜才
秘 书 长　战渤涛

（刘加福）

【老区宣传】 2018年，黑河市老区建设促进会在五大连池市召开老区宣传工作会议。听取朝阳乡的经验介绍、参访朝阳乡抗联三路军史馆、在朝阳山抗联军政干校听一堂党课，拜谒烈士陵园，与会者举行重温入党誓词活动，受教育很深，启迪很大。全市又新建老区革命村史馆4处；老区宣传队伍又扩增37人，总数达173人。老区宣传会刊共出版印发宣传材料599份。 （刘加福）

【脱贫攻坚】 2018年，全市188个老区村中有48个黑龙江省定的贫困村，2018年末全部脱贫出列。人均收入最高村达17000余元，人均收入最低村4500元。在脱贫工作中，黑河市老区建设促进会抓"亮点工程"，培育、总结老区乡村各类典型经验15份，并进行有效推广。 （刘加福）

【项目建设】 2018年，黑河市老区建设促进会为老区办实事，上项目14个。投入资金40万元，拉动县级配匹投入150万元。14个老区乡村产业发展项目年末全部竣工，达产达效，受到老区人民欢迎。 （刘加福）

【老区帮扶】 2018年，黑河市老区建设促进会协调组织市直27个职能部门帮扶27个老区乡镇。帮扶部门按照各自情况实行多种帮扶举措，有力推动老区建设发展事业。市公安局、市城建局、市林业局、市发改委、市物价局等部门都有作为，取得显著效果。 （刘加福）

【调查研究】 2018年，黑河市老区建设促进会深入实际、开展调查研究3次，深入到19个老区乡镇，33个老区村，察看"亮点工程"49个，形成指导意见10个方面52条，总结典型经验5个，并印发文件指导工作。 （刘加福）

民族宗教

【概况】 黑河市民族宗教事务局行政编制10个、工勤编制1个。处级领导职数：局长1职、副局长3职。科级职数：科长4职。内设机构4个，分别为办公室、政教法规科、宗教科、经济科。

2018年12月19日，根据《黑河市机构改革方案》，市委统战部统一管理民族宗教工作。将市民族宗教事务局并入市委统战部，对外加挂市民族宗教事务局牌子。不再保留单设的市民族宗教事务局。

领导班子成员：
局　长　杜长兴
副局长　臧　丽　周玉江　刘文富(2018.5任)

（杜长兴）

【民族经济】 2018年，黑河市民族宗教事务局抓住国家实施"乡村振兴战略"、兴边富民行动和《"十三五"促进民族地区和人口较少民族发展规划》机遇，全市争取国家少数民族发展资金6824万元，同比增长22.18%，实施产业项目29项，基础设施建设项目15项，特色村镇建设项目9项。民族地区基础设施更加完善，产业结构进一步优化，全市民族乡（村）纳入农业绿色发展示范区面积2.72万公顷，吊带木耳、鲟鳇鱼、安格斯肉牛、秸秆综合利用、立体生态农业等特色优势产业稳步发展，多渠道多途径增加农民收入。圆满完成扶贫攻坚任务，小额扶贫贷款、光伏发电、"村社一体"等扶贫项目成效显著，17个全省建档立卡少数民族贫困村中16个村有序退出，北安市赵光镇前进回族村待检验收。总结市直部门对口支援41个民族村的包扶工作阶段性成果。组织召开全市少数民族特色村镇廊带建设现场推进会议，各县（市、区）主管领导、民族乡村等70人参加会议，现场观摩10个民族村的特色民居建设、民族文化保护、特色产业发展等情况，2个县（区）2个民族乡做典型发言，省民委副主任陈青、市政府副市长邓福才分别讲话，提出打造边境少数民族特色村镇廊带的任务要求和意见。开展全市民族地区经济社会发展情况调研，分别接受省人大民族工作调研和市政协少数民族特色经济发展情况考察。推荐爱辉区四嘉子乡小乌斯力满族村、逊克县新兴乡新兴鄂伦春族村、北安市主星乡红星朝鲜族村3个少数民族村纳入全省少数民族特色村镇重点建设。深入各县（市、区）开展省市少数民族发展资金项目实施管理情况监督检查工作，完善工作机制，进一步规范项目资金运行及备案管理。组织召开全市少数民族发展资金管理使用问题整改专项工作会议,对省民委、财政厅聘请第三方审计发现问题进行集中整改做出安排部署,落实整改意见。（杜长兴）

【民族团结】 2018年,黑河市民族宗教事务局精准聚焦"中华民族一家亲,同心共筑中国梦"的目标任务,以增强"五个认同"为重点,引导各族群众牢固树立中华民族共同体意识。印发《黑河市2018年民族团结进行创建活动实施方案》,深化民族团结"七进"活动。集中开展全市民族团结进步宣传月活动,下发《全市民族团结进步宣传活动通知》,市民族宗教局联合爱辉区民族宗教局举办"黑河市民族团结进步宣传月活动启动仪式暨民族团结进步走进爱辉区敬老院慰问演出"活动,送去2000余元慰问品,长海社区群英艺术团为老人们献上精彩演出。承办省民委"中华民族一家亲走进爱辉"慰问演出。赴长海社区开展民族团结进步教育"进社区"宣讲党日活动。全市累计开展民族团结进步宣传教育活动40余次,制发雨伞、围裙、宣传牌、宣传单等宣传品1.43万件(份)。创新开展城市民族工作,依托北安市设立城市社区少数民族服务站。发挥黑河市新疆籍少数民族群众服务平台作用,为少数民族群众提供经常性政策咨询和便民服务。（杜长兴）

【民族文化】 2018年,黑河市民族宗教事务局组队参加全省第九届少数民族体育运动会,获二等奖2项,三等奖5项,黑河代表团被授予"组织奖"和"体育道德风尚奖"。承办全省鄂伦春族语言培训班,成功推广鄂伦春族语言网上培训教育。邀请省电视台制作鄂伦春族非遗项目摩苏昆专题片《大山的绝响》,在黑龙江电视台文体频道《艺术龙江》栏目播出,向全省展示鄂伦春族的生活风貌和文化瑰宝。深入开展对俄人文交流活动,组织为期6天的中俄文化大集少数民族互访交流,中俄双方40人参加,并邀请国家、省民委相关负责人参加指导,丰富了活动内容,提升了交流层面,影响力进一步扩大。圆满完成中俄鄂伦春语言奥林匹克竞赛,邀请大兴安岭、内蒙古鄂伦春族自治旗鄂伦春族师生共60人参加竞赛,活动覆盖面扩大到全国鄂伦春族聚居区。指导支持满族"上元节""颁金节"、达斡尔族"库木勒节"、鄂伦春族"古伦木沓节"、朝鲜族"初伏节"等少数民族传统节庆活动成功举办,增强民族自豪感,增进各民族团结进步。成功举办全市第七期少数民族文化培训班,培训班邀请俄罗斯雅库茨克、勘察加3位老师授课,内蒙古鄂伦春族自治旗、大兴安岭地区等省内外50余名学员参加学习。（杜长兴）

【民族法治】 2018年,黑河市民族宗教事务局推进实施《全省民委系统法治宣传教育第七个五年规划(2016—2020年)》,组织召开"法治建设年"启动会议,举办《宗教事务条例》《黑龙江省法治宣传教育条例》等法治专题讲座5次。举办为期2天的民族宗教政策法规培训班,全市各县(市、区)主管领导、民族宗教干部、乡镇民族宗教负责人、宗教界代表人士、宗教活动场所负责人共280余人参加,邀请省民宗委马国力、丛立、吴非、孙志宏等就民族政策法规进行专题讲座。严格执行《黑龙江省公民民族成份登记管理办法》,变更公民民族成份13人。严格执行三级审核两级公示制度,规范审核全市120名少数民族高考生民族成份。着力解决少数民族群众生产生活困难,为全市回族群众争取清真肉食补贴58.39万元,并列入下年财政预算。切实保障少数民族合法权益,探索建立清真食品管理义务监督员制度,经法制部门备案审核,下发《黑河市清真食品义务监督员管理办法》,全市建立起8人的义务监督员队伍。开展全市清真食品生产经营大检查工作,实现全市清真食品生产、经营、管理检查全覆盖。做好新形势下民族领域安全稳定工作,完善修改《涉及民族宗教突发性群体事件应急预案》。加强网络舆情信息监测工作,指导各县(市、区)定期进行隐患性、苗头性问题排查,主动预防和妥善处理民族关系矛盾纠纷。（杜长兴）

【宗教管理】 2018年,黑河民族宗教事务局全面贯彻实施《宗教事务条例》。开展《宗教事务条例》宣传工作,推动宗教政策法规的贯彻执行。向全市5个宗教团体负责人,68处宗教活动场所负责人,62位宗教教职人员发放《宗教事务条例》,做到人手一册。落实宗教工作"三支队伍"教育培训,把宗教政策法规纳入市县两级党校主体课程,依托各级党校开展培训。坚持宗教中国化方向,积极引导黑河市宗教与社会主义社会相适应。在全市104个宗教活动场所内深入组织开展国旗、宪法和法律法规、社会主义核心价值观、中华优秀传统文化进宗教活动场所的"四进"活动;协助黑龙江省道教协会在黑河关帝庙举办全省第二届道教"玄门讲经"活动;组织黑河市基督教两会参加全省基督教社会主义核心价值观培训班暨基督教中国化讲道比赛。（杜长兴）

老龄工作

【概况】 2018年,黑河市老龄工作围绕"六个老有"(老有所养、老有所医、老有所学、老有所教、老有所为、老有所乐)工作目标,坚持"党委领导、政府主导、社会参与、全民行动"的老龄工作方针。积极协调社会各界力量,不断完善老年社会保障和社会救助制度,加快老年养老服务设施建设,大力发展老年教育、文化、卫生、体育等事业,努力创造出代际和谐、老少共融、人人共享的社会氛围。

黑河市老龄工作委员会办公室是参公事业单位,编制6个。处级领导职数:主任1职,副主任1职,实有空缺。科级职数:科长2职,实有正科1人,副科1人。内设2个科室:秘书科、综合指导科。2018年末,实有3人。2018年

12月19日，根据《黑河市机构改革方案》，将市老龄工作委员会办公室的职责整合到市卫生健康委员会。不再保留市老龄工作委员会办公室。

领导班子成员：
主　任
副主任

（屈晓莹）

【老龄福利管理】 2018年，黑河市老龄工作委员会办公室为市区老年人发放高龄津贴323.7万元，惠及2727名高龄老人。做好市区老年人交通补贴工作，为市区65周岁以上老年人发放标准每人每年60元的交通补贴，2018年全年共为12741人发放78.34万元。做好“敬老优待证”发放工作，免费为市区老年人发放黑河市“敬老优待证”2300本，全市累计为老年人发放“敬老优待证”超过5100本。

（屈晓莹）

【宣传工作】 2018年，黑河市老龄工作委员会办公室在全市范围内开展《中华人民共和国老年人权益保障法》《黑龙江省老年人权益保障条例》宣传进机关、进城乡社区、进老年公寓、进老年协会、进公共场所等宣传活动，张贴宣传海报共1600套，为老年人发放宣传册10000余本。

（屈晓莹）

【文体活动】 2018年，黑河市老龄工作委员会办公室举办黑河市第四届老年台球赛、黑河市第四届老年乒乓球赛等老年体育赛事，推动老年体育事业蓬勃发展。 （屈晓莹）

【养老服务质量专项行动】 2018年，黑河市老龄工作委员会办公室与民政等部门联合开展黑河市养老服务质量专项行动，联合下发《黑河市2018年养老院服务质量建设专项行动实施方案》，对各县（市、区）养老院服务质量建设专项行动开展进行督导和评估考核。组织动员12家牵头单位、17家配合单位，开展老年人照顾服务自查评估工作，推动老年人照顾服务工作有序开展。 （屈晓莹）

【“敬老月”活动】 2018年，黑河市老龄工作委员会办公室动员开展“敬老月”系列活动，为老年人做好事、办实事、献爱心。全市共开展“敬老月”系列活动共30项，新闻、报纸、网站、微信公众号等媒体对黑河市开展敬老爱老助老活动进行宣传报道共71次。 （屈晓莹）

【调研评估】 2018年，黑河市老龄工作委员会办公室协同相关部门单位，开展全国和本市“老龄事业和养老体系建设‘十三五’规划”贯彻落实情况中期评估工作，并形成相关评估报告，推进“老龄事业发展和养老体系建设‘十三五’规划”各项工作的有效落实。 （屈晓莹）

扶 贫 开 发

【概况】 2018年9月，黑河市扶贫开发工作办公室为更好地承担起市扶贫办在全市脱贫攻坚中统筹协调、组织指导、监督管理、反馈宣传的责任，真正发挥好“参谋部、作战室”的作用，使工作高效有序开展，决定暂成立4个工作小组，分别为：综合组、督查考评组、行业指导组和数据分析组。黑河市扶贫开发工作办公室核定行政编制6个，2018年末实际在岗行政4人。核定领导职数：主任1职，副主任2职，正科级3职。

领导班子成员：
主　任　李维波（2018.6止）　张大力（2018.6任）
副主任　苑克锋　姜作辉（2018.1任）

（张佳鑫）

【脱贫成果】 2018年，黑河市先后组织召开脱贫攻坚市委常委会、市政府常务会、市扶贫开发领导小组会议12次、6次专题推进会议和2次现场观摩联席会议，对全市脱贫攻坚工作进行部署和推进。市扶贫办坚决落实“六个精准”“五个一批”要求，扎实推进精准扶贫精准脱贫。2018年，全市建档立卡贫困户的住房、饮水安全全部达标。年初省扶贫办下达的脱贫任务是7135人，年底全市贫困人口实现退出8011人，超出省扶贫办脱贫计划的12.3%，贫困发生率由1.48%降至0.31%，全市贫困村由年初的42个降至1个，省级贫困县孙吴县顺利脱贫摘帽，孙吴县、逊克县、五大连池市、爱辉区4个县（市、区）提前出列，脱贫攻坚工作取得重大进展。2018年度脱贫攻坚各项目标任务圆满完成的同时，仍然存在扶贫干部的攻坚能力需进一步提升、脱贫成果还需要进一步巩固、部分贫困户的内生动力不足等问题。 （张佳鑫）

【扶贫帮扶】 2018年，黑河市扶贫开发工作办公室建立完善18名市级领导包扶贫困村、县级领导包扶乡镇、县直部门包扶贫困村、贫困户三级包扶帮建组织体系。市、县领导累计入村1100余天，落实基础设施、产业项目267项。252家单位对接所有贫困村，履行促产业、促增收、促稳定等“六促”责任落实。从256个党政机关、抽调381名干部组建127支驻村工作队，选派4709名帮扶干部对接所有贫困户与131个贫困村进行对接帮扶，实现贫困村派驻和贫困户帮扶全覆盖。 （张佳鑫）

【产业扶贫】 2018年，黑河市扶贫开发工作办公室以全域创建农业绿色发展示范区为载体，引导扶持贫困村、贫困户依托农业资源和生态优势，发展特色优势产业。采取龙头企业带动、扶贫资金收益、新型经营主体带动、庭院经济开发、旅游产业带动、电商销售、光伏发电等8种扶贫模式,通过建立紧密的利益联结机制,把贫困户嵌入到产业当中,增强“造血”功能和自我发展能力,促进稳定脱贫、持续增收。重点扶持北纬49度生态农业、温氏佳汇生猪养殖加工、兴犇安格斯肉牛联合社等农业产业化龙头企业,2018年共实施重点扶贫产业项目23个,总投资2.08亿元,带动贫困户6400户。建成152个村级光伏电站,装机总容量3.48万千瓦,全部并网发电,受益贫困户达到6342户。累计发放小额贷款4.35亿元,惠及贫困户1.16万户,户获贷比76.3%。全市建档立卡贫困户实现产业带动全覆盖,半数以上贫困户实现2项以上产业叠加覆盖。 (张佳鑫)

【“两不愁三保障”】 2018年,黑河市投入6532.5万元实施安全饮水提升工程,30个贫困村安全饮水问题全部解决,174个村屯、3.26万农村居民受益。以建档立卡贫困户危(草)房改造为主攻方向,通过修缮、新建、租赁等方式全面改善农村贫困户住房条件,全市2224户贫困户危(草)房改造任务全部完成。全市创新建立“城乡基本医疗保险+大病保险+民政重特大疾病救助+人身意外伤害保险”4重保障线,覆盖率达到100%。“先诊疗后付费”和“一站式”结算政策全面推行。全市应签约慢病患者6718人,已签约6718人,签约率100%,签约患者满意率100%。教育扶贫政策全部落实,对建档立卡家庭经济困难学生957名做到应助尽助,实现“不让每一个学生因家庭经济困难而失学”的目标。2018年全市各级各类学校累计为建档立卡家庭学生1701人次,发放助学资金288.7万元。 (张佳鑫)

【“三通三有”】 2018年,黑河市扶贫开发工作办公室推进贫困村通硬化路、通广播电视、通宽带。针对逊克县有4个贫困村未通硬化路的实际情况,多次向省扶贫办和省交通运输厅汇报,争取相关政策支持;投资2130.9万元,于10月13日完成平台村、新华村、宝泉村3条共计15.449千米的通村公路硬化建设;天山村被省扶贫办与省交通运输厅作为个例,同意改造原有砂石路16.21千米后脱贫出列,相关批复已正式下达,改造工程已完工。除嫩江县霍龙门村通村桥梁2019年竣工外,所有通村公路全部达标。100%的建档立卡贫困村通广播电视、通宽带,黑河市广播电视“村村通”工程被评为全省唯一先进市。解决村级缺少文化活动场所、卫生室和医生问题,全市131个贫困村,全部配齐取得乡村执业医师资格证书,具备执业资质的村医,实现标准化卫生室、村医生、文化活动场所全覆盖。 (张佳鑫)

【宣传培训】 2018年,黑河市扶贫开发工作办公室围绕脱贫攻坚最新政策解读、贫困退出基础性工作、扶贫档案管理、到户工作落实、脱贫攻坚舆论宣传、扶贫领域问题整改以及脱贫攻坚助力乡村振兴等内容,通过以会代训、专题培训、业务讲座等多种方式,进行有针对性培训。全市培训人员11779人次,其中,培训党政领导干部868人次;扶贫系统干部867人次;行业部门干部687人次;帮扶干部6091人次;贫困村干部3266人次。同时,充分调动扶贫干部积极性,市县两级累计提拔脱贫攻坚一线干部24名。开展“黑河市优秀驻村干部”“黑河市最美扶贫干部”评选活动。 (张佳鑫)

【作风建设】 2018年,黑河市全面贯彻落实中央和省委关于开展脱贫攻坚作风建设年活动的安排部署,制定关于开展扶贫领域作风问题专项治理实施方案,聚焦“四个意识”不强、责任落实不到位、工作措施不精准等方面问题开展专项治理。由市纪委、市扶贫办牵头组成专项督查组,对各县(市、区)和五大连池风景区开展脱贫攻坚专项督查,对发现的问题进行“一对一”反馈,实行销号式整改。 (张佳鑫)

县(市、区)

北　安　市

【概况】　2018年,北安市委、市政府认真贯彻落实习近平新时代中国特色社会主义思想,在市委的坚强领导下,在人大、政协的监督支持下,团结依靠全市人民,认真践行新发展理念,科学把握大势,顺应人民期待,求真务实、迎难而上,实现经济稳中有进、民生不断改善、社会和谐稳定。全年地区生产总值实现116.5亿元,同比增6.8%。其中,第一产业增加值实现32.1亿元,增长7.8%,对经济增长的贡献率为37.8%,拉动经济增长2.6个百分点;第二产业增加值实现24.0亿元,增长9.0%,对经济增长的贡献率为27.5%,拉动经济增长1.9个百分点;第三产业增加值实现60.4亿元,增长5.1%,对经济增长的贡献率34.7%,拉动经济增长2.3个百分点。三次产业比重依次为27.6%:20.6%:51.8%,较上年同期分别下降2.3个、上升0.3个、上升2.0个百分点。

中共北安市委员会
书　记　黄士伟
副书记　冯　云　李继海(2018.6止)
　　　　曹清利(2018.6任)
常　委　李兆臣　马秀慧(2018.8任)
　　　　霍德才　肖玉柱(2018.12止)
　　　　刘凤芝　庞海涛　邢　岩
　　　　王　兵
北安市人大常委会
主　任　孙金梅
副主任　王雪峰　宁文忠　崔宗利
　　　　杨　芳(2018.8止)　王春清(2018.12任)
北安市人民政府
市　长　冯　云
副市长　李兆臣　马秀慧(2018.8止)
　　　　晋文颖(2018.12任,挂职)
　　　　杨　芳(2018.8任)
　　　　郭志峰(2018.5止)　李俊忠
　　　　王兴东　孙金伟(2018.7任)
　　　　郭有志　崔光剑(2018.6止)
政协北安市委员会
主　席　代　鸣
副主席　孟庆宇　李庆华　孙旭峰

(胡婧雯)

【农村经济】　2018年,北安市统计口径农林牧渔业总产值实现34.3亿元,同比增长8.0%;农林牧渔业增加值实现22.3亿元,增长7.9%。农作物总播种面积完成21.89万公顷,其中,粮豆薯播种面积完成21.8万公顷。种植结构进一步调整优化,经济作物面积大幅度增加。粮食产量获得丰收,粮豆薯总产量达68万吨。全年大牲畜存栏5.1万头,其中,奶牛存栏2.2万头;黄牛及肉牛存栏2.8万头。生猪存栏3.5万头;羊存栏5.4万只;家禽存栏52.3万只。肉类总产量0.99万吨;牛奶产量5.71万吨。　(胡婧雯)

【工业】　2018年,北安市规模以上工业企业户数增加到36户,各项指标增速均呈两位数增长。全部规模以上工业企业增加值同比增长16.9%;全部规模以上工业企业总产值增长26.1%;全部规模以上工业企业主营业务收入增长27.2%;全部规模以上工业企业利税总额增长84.5%。市属骨干企业拉动作用突出。市属规模以上工业企业增加值增长20.0%;市属规模以上工业企业总产值增长30.1%;市属规模以上工业企业主营业务收入增长31.2%。全年资质内建筑业总产值完成5.61亿元,同比下降42.4%,建筑业增加值完成2.94亿元,下降4.9%。房屋建筑施工面积完成34.92万平方米,房屋建筑竣工面积完成34.13万平方米。　(胡婧雯)

【固定资产投资】　2018年,北安市施工项目33个,固定资产投资完成额同比增长7.1%。其中,建设项目投资完成额下降7.5%,占全部固定资产投资完成额的75.4%;房地产开发投资完成额增长107.6%,占全部固定资产投资完成额的24.6%。　(胡婧雯)

【运输和邮电】　2018年,北安市公路完成营业性客运量357万人,同比增长6.6%,完成货运量141万吨,下降7.2%;铁路全年完成旅客发送量87.8万人,增长25.8%,完成货运总发送量54.2万吨,增长21.8%;全年邮电业务总收入实现1.66亿元;年末固定电话用户数1.0万户;移动电话用户数突破27.1万户;宽带用户数5.7万户。

(胡婧雯)

【贸易】 2018年,北安市限额以上企业发展到23户,社会消费品零售总额同比增长8.3%。其中,限额以上消费品零售额增长8.0%。进出口总额完成208.2万美元,增长90.0%。(胡婧雯)

【财政和金融】 2018年,北安市财政全口径收入完成8.60亿元,同比增长3.3%。公共财政预算收入完成6.18亿元,增长5.0%,公共财政预算支出完成41.06亿元,下降0.9%。年末金融机构各项存款余额实现179.31亿元,增长1.1%,各项贷款余额实现256.91亿元,下降3.1%。

(胡婧雯)

【招商引资】 2018年,北安市落实招商项目45个,到位资金70.5亿元,其中,超亿元项目21个。实施省市重点产业项目12个,完成投资13.57亿元。红星美凯龙全球家居生活广场正式运营,30万吨玉米燃料乙醇项目开工建设,温氏畜牧一体化生猪养殖、东方华骏汽车生产销售、农产品冷链物流等产业项目进展顺利。高标准启动山口水库引水工程,推进保障性安居配套工程、通北污水处理厂、赵光净水厂等一批重大民生项目建设。(胡婧雯)

【社会事业】 2018年,北安市普通高中招生1675人,在校学生5516人;普通初中招生2346人,在校生7473人;普通小学招生1637人,在校生10377人;幼儿园入园幼儿1026人,在园幼儿4547人;中等职业教育招生312人,在校生717人,毕业生376人;特殊教育招生46人,在校生162人,毕业生27人,年末拥有公共图书馆1个,总藏书量6.51万册,博物馆3个,免费开放接待15万人。群众艺术馆、文化馆1个。有线电视用户2.1万户,电影院2个,放映影片529部,观众20.6万人。全市运动员获得奖牌74枚,其中,省级2枚。全市共有医疗卫生机构123个,床位数2953张,卫生技术人员3841人,其中,执业(助理)医师1340人,注册护士1547人。医疗机构总诊疗人次突破115.12万人次。接待游客156.11万人,旅游收入实现10.15亿元。实施"旅游+"战略,推进旅游与农业、林业、文化、体育、养生、购物的融合发展,开辟生态游、乡村游、知青游、研学游、购物游、赛事游、自驾游等旅游线路。(胡婧雯)

【人口】 2018年,北安市出生人口1790人,死亡人口2214人,人口自然增长率-1‰。年末全市总人口42.05万人,其中,城镇人口25.75万人,乡村人口16.30万人。

(胡婧雯)

【居民收入】 2018年,北安市在岗职工年平均工资实现46375元;城镇常住居民人均可支配收入实现27586元,增长6.6%;农村常住居民人均可支配收入实现14886元,增长8.6%。城乡居民人均收入倍差1.85,与上年基本持平。

(胡婧雯)

【民生保障】 2018年,北安市努力克服财政困难,民生支出占公共财政支出比例89.5%。企业职工基本养老保险金按时足额发放,城乡低保标准分别提高3%和4%,城乡特困救助集中供养标准分别提高7%和12%。实施治欠保支专项行动,农民工合法权益得到有效保障。全面开展贫困人口就医签约服务,实现市域"先诊疗后付费"和"一站式结算"服务,实施医疗新项目、新技术33个,全市85个村级卫生室全部实现标准化。(胡婧雯)

2018年北安市国民经济主要指标统计表

表8

项　目	单位	2018年合计	比上年增减%
地区生产总值	亿元	116.5	6.8
第一产业增加值	亿元	32.1	7.8
第二产业增加值	亿元	24	9.0
第三产业增加值	亿元	60.4	5.1
农林牧渔业增加值	亿元	22.3	7.9
固定资产投资完成额	亿元	—	7.1
社会消费品零售总额	亿元	—	8.3
公共财政预算收入	亿元	6.18	5.0
公共财政预算支出	亿元	41.06	-0.9
城镇居民人均可支配收入	元	27586	6.6
农村居民人均可支配收入	元	14886	8.6

(胡婧雯)

嫩　江　县

【概况】 嫩江县地处黑龙江省西北部,嫩江上游东岸,北依伊勒呼里山,与呼玛县交界;东接小兴安岭,与爱辉区、孙吴县、五大连池市毗邻;西临嫩江,与内蒙古自治区莫力达瓦达斡尔族自治旗、鄂伦春自治旗隔江相望;南连松嫩平原,与讷河市接壤。总面积15109.2平方千米,位居全省第三位。嫩江县辖9镇5乡;驻有中储粮北方农业开发有限责任公司及其所辖农场、黑龙江省九三农场管理局、11个国营农场及22个驻军农场;生活着汉族、满族、回族等25个民族,2018年末,全县总人口464733人,人口出生率为4.66‰,人口死亡率为5.9‰,人口自然增长率为-1.24‰。嫩江县气候属寒温带大陆性季风气候,全县多年平均气温在-1.4℃~0.8℃,南北温差大于2.2℃,多年平均降水量为480~512毫米,最多风向为北风,其次是南风;冬季严寒、漫长、干燥,夏季雨热同季。嫩江县是著名的麦豆主产区,被誉为"中国大豆之乡"。县属耕地面积43.22万公顷,有林地面积45.9万公顷,草原总面积16.67万公顷。水资源蕴藏总量为20.87亿立方米,其中,地表水为18.25亿立方米,地下水为2.89亿立方米。动植物资源丰富,动物主要有黑熊、棕熊、驼鹿、雪兔等28种;野生鸟类216种,分属15目44科;野生鱼类尚存46种,分属13科;主要树种有白桦、黑桦、落叶松等;主要经济植物有木耳、猴头、榛子、蕨菜等;野生药用植物有黄芪、桔梗、苦参等150余种。已发现矿产62种,能源矿产有煤矿,金属矿产有铜、金、钼、钨、铁、锌、铅、银等18种,探明储量的7种,非金属矿产有沸石、珍珠岩、大理岩、石英砂、瓷土、膨润土、石灰石等30多种。

2018年,嫩江县抢抓新机遇,迎接新挑战,落实新举措,干成一系列打基础、利长远的大事要事,撤县设市通过民政部专家评审,墨尔根通用机场正式通航,多宝山铜业等一批大项目经济拉动作用明显,经济发展保持良好势头,向上争取到位资金33.6亿元,招商引资内资到位资金34.5亿元,县域经济社会发展综合实力排名由全省第17位提升至第14位,地区生产总值由全省第13位提升至第10位。2018年,嫩江县地区生产总值实现209.38亿元,同比增长6.3%;公共财政预算收入6.52亿元,同比增长6.9%;固定资产投资同比增长7%;社会消费品零售总额同比增长8.6%;城镇常住居民人均可支配收入26069元,同比增长6%;农村常住居民人均纯收入14918元,同比增长8.4%。

中共嫩江县委员会
书　记　杨剑波
副书记　徐　峪　丁国学
常　委　李东海　李振生　刘鹤杰　刘振秀
　　　　罗永生　王立君　杜香山　贾维军
嫩江县人大常委会
主　任　张明华
副主任　孙立华　邢存进　申加英　孙永春
嫩江县人民政府
县　长　徐　峪
副县长　刘鹤杰　石耀辉(2018.6止,挂职)　李　强
　　　　徐亦剑　高传东　孟凡晶　杜丽君
　　　　王成武(2018.11任,挂职)
政协嫩江县委员会
主　席　刘剑利
副主席　邱　军　德　鹏　马　会

(于艳华)

【农业】　2018年,嫩江县以全域创建农业绿色发展示范区先行县引领农业供给侧结构性改革,充分释放嫩江生态优势、黑土优势,从需求和供给两端发力,全力做好"两端结合"大文章。以国家政策和市场需求为导向,统筹调整粮经饲种植结构,坚持稳中调绿、绿中调优。农林牧渔业总产值实现1885210万元,其中,种植业1504822万元。全年总播种面积657437公顷,其中,粮食播种面积647336公顷;全年粮食实现总产量2071348吨。种植大豆29.91万公顷、小麦5.97万公顷、玉米6.43万公顷、水稻620公顷、杂豆0.5万公顷,中草药、果蔬等其他作物3580公顷,其中,落实绿色种植面积18.73万公顷,完成市下达指标的110%。粮食总产稳中有升,达到8.23亿千克,同比增加1.35亿千克,其中,绿色种植粮食总产3.78亿千克。夯实基础固本培元。投资1.9亿元的黑土保护与利用、耕地轮作、高效节水灌溉等项目成功实施。投资5835万元的联兴乡联兴村等3个村土地整治项目和马铃薯原种繁殖场土地整治项目全部完成,投资3570万元的霍龙门乡前屯村等4个村土地整治项目完成路涵等工程建设。完成投资3600万元的海江镇塔溪乡0.33万公顷优质大豆种植基地高标准农田建设。投资3600万元的白云乡临江乡生态高标准农田项目完成路涵等工程建设及设备采购。投资2570万元完成玉米秸秆还田4万公顷、深松整地0.53万公顷。粮食生产功能区和重要农产品生产保护区划定工作全面完成,划定耕地面积21.17万公顷。认真组织实施"优质粮食工程",成功获批"中国好粮油大豆示范县"。土地流转22万公顷,规模经营28.67万公顷,转移农村富余劳动力5.2万人,实现劳务收入7.5亿元。完善体系科技兴农。继续支持2家合作联社、2家产业化龙头企业实施农村一、二、三产融合发展。通过创新金融支农方式,扶持47家新型经营主体发展壮大。5处互联网+农业标准化生产基地被评为省级样板基地。着力提升新型农业经营主体档次,引导扶持现代农机合作社转型升级30个,嘉田、光辉等5个合作社被评为省级示范社,英光、海波等6个家庭农场被评为省级规范家庭农场。落实农机购置补贴3734万元。国家级、省级农业科技示范园区建设深入推进,引进示范大豆、小麦、水稻等新品种14个,带动现代农业示范带建设18.67万公顷,推广应用新技术成果8项。特色养殖态势良好。海宏生猪养殖"两牛一猪"项目通过省级验收并投产达效。沃得利生猪养殖完成绿标申报。长福晓冬肉牛养殖探索粮改饲模式,实行种养结合,综合效益显著提升。鸿兴鹅业开发酱香卤鹅、麻辣卤鹅新产品,产业链条不断延伸。挽马配种站投入使用。河蟹养殖153.33公顷,建立稻蟹养殖试点2处。休闲渔业发展到36户376.67公顷。放养柞蚕180把,农民增收600万元。持续开展动物防疫,建立县乡村三级网格化防控体系,"非洲猪瘟"疫病防控实现零疫情。精准营销效益凸显。打造绿色品牌,实现"种得好"向"卖得好"转变,以宝全合作社、维民合作社为试点,引导合作社等经营主体组建联合社和企业集团,生产大批量、均质化的绿色农产品、功能产品,通过组团营销拓展市场。"嫩江大豆""嫩江小麦""嫩江芸豆"品牌带动效应凸显,"嫩江农科庄园"商标品牌使用项目由20项增至259项;成功申报省级绿标113个,获批后绿色品牌可达138

个,增幅4.5倍。省粮食交易中心嫩江分中心正式成立。网上营销与实体渠道线上线下齐头并进,粮食大宗交易额30.7亿元,小包装销售额5.8亿元,电商等新商业模式实现销售额6000万元。积极参加大连佳选·中国好食材大会,与佳选物联网科技平台、宜起购网络科技有限公司签署战略合作协议,24家本土企业意向签约192单,签约金额5000多万元,销售额3600多万元,成功组建嫩江绿色农产品大连展示中心。扶持引导新型农业经营主体提升价值链、延伸产业链,带动物流、包装等相关产业发展,推动"粮头食尾""农头工尾"转化。 (于艳华)

【工业】 2018年,嫩江县县属规模以上工业企业实现增加值增长15%。积极抓好规上企业培育,中储粮农技公司、金珠宏业具备入规条件,已进入申报阶段。全面落实民营经济及小微企业扶持政策,非公企业发展到15920户,非公经济实现产值155亿元、增加值69亿元、总收入162亿元、利润5.9亿元、上缴税金7.7亿元,同比分别增长3.8%、4%、4.2%、3.5%、9%。关鸟河水泥获黑河市市长质量奖提名奖;辰鹰乳业获2018中国制造年度盛典冠军企业奖;燕麦乡酒远销韩国、日本,成功进入国际市场。14个省市重点产业项目扎实推进,完成投资17.8亿元。总投资27.2亿元的多宝山铜业二期扩建项目已开机试产;红石砬水力发电项目完成厂房基础施工;上海电气生物质发电项目正办理项目前期;分布式发电市场化交易试点项目方案上报国家发改委;华安民爆项目已达到生产状态。立足打造黑龙江省西北部重要绿色农产品加工基地,扶持四合大豆、鸿兴面粉等特色优质农产品精深加工企业做大做强,全县农业产业化龙头企业发展到13家,年粮食加工转化、销售能力均达到146万吨,农产品加工产业全年实现产值4.6亿元,同比增长45%。瞄准矿产资源深度开发和综合利用打造矿业产业链,加快推进铜山铜矿、成功金矿、广拓硅藻页岩深加工等项目建设,新型矿业全年实现产值19.7亿元,同比增长28.9%;着眼于重点产业项目建设和矿业发展潜力,成功协办"2018年(第十六届)中国有色金属矿业发展论坛"。以自然优势为依托,新型清洁能源产业加快发展,光伏扶贫电站项目已投产达效。农产品加工、矿产开发、新型清洁能源产业成为拉动县域经济发展的核心动力。园区基础设施不断完善,累计完成投资4.08亿元,实现"五通一平",服务承载能力不断提升,实现产值8.71亿元、销售收入7.38亿元、利税9668万元,同比分别增长17%、7.4%、10.5%。与广东珠海高新区确定11个对接领域,深入开展交流合作。举办嫩江产业项目推介会,与知名企业集团对接,吸引客商投资嫩江。全年对接客商300人次,洽谈项目49个,落实富民种业、翔隆食品等项目19个。重点洽谈和跟踪项目15个,德朗福大豆食品加工、广州粤旺大豆深加工、深圳诺普信大豆深加工等项目正式签约。重点谋划项目16个,已列入全省项目库。成功举办"嫩江县首届农业博览会","以商招商"渠道进一步拓宽。全力盘活停产半停产企业,让老企业重新焕发生机。引进翔隆食品盘活长期停产的嵩天薯业资产;半停产的嫩江春酿酒通过开发新产品,销售形势有所好转;冰花啤酒新增罐装啤酒和饮料生产线各1条,企业效益显著提升。

(于艳华)

【服务业】 2018年,嫩江县大型农产品流通市场、商贸物流企业发展到37家,投资6.6亿元的粟象现代农业服务综合体项目完成投资2.9亿元,一期工程建设任务完成75%;投资1.35亿元的地铁北站项目完成投资9800万元,达到运营状态。推进传统服务扩量提质,餐饮商户、零售商业网点、大型农产品流通市场、商贸物流企业分别发展到1221个、9420个、6个和36个,各类市场主体发展到20752户。旅游业发展成效明显,打造集"水上乐园、农家乐、户外民俗风情帐房"等于一体的乡村旅游示范村1个;科洛火山景区成功创建省级火山森林公园,在高峰省级森林公园等景区新建水冲式旅游厕所4处,旅游品质进一步提升;成功举办黑龙江首届驿路历史文化与旅游发展论坛,十六膳食品获得全省旅游商品成果展示创意设计大赛金奖和群众最喜爱奖;旅游企业新增5家发展到11家,农家乐发展到36家,旅游商品生产厂家发展到38家;旅游人数达78万人次,同比增长17%,旅游收入达5亿元,同比增长16%。农业农村金融改革扎实推进,建成嫩江县首家村镇银行,支农方式更加灵活,农业农村金融体系更加完善。全县年末金融机构各项存款余额128.65亿元,同比增长6.9%;年末金融机构各项贷款余额113.9亿元,同比下降2.3%。 (于艳华)

【城乡建设】 2018年,嫩江县基本建设在建工程43项72万平方米,完工18项33万平方米。江湾国际、宝宏悦江国际等5个棚改项目及市政工程征迁房屋482户2.4万平方米。500套公共租赁住房配建项目开工建设。改造道路1.6万平方米,铺装步道板1.2万平方米。新建排水管网2.9千米。改造低温楼10万平方米、供热老旧管网2千米,新建供热管网7千米。发放廉租房补贴2550户867万元。城南大型垃圾中转站投入使用。供水厂改建正办理项目前期。墨尔根通用机场实现通航机型由运12向国王350提升。乡村振兴战略实施方案编制完成,农村人居环境整治三年行动扎实开展,拆除灭迹农村长期无人居住危房1520户。28个美丽乡村示范村建设累计投入资金3033万元实施自来水改造、农业面源污染整治、垃圾会战和绿化建设,聘用农村保洁员380名,硬化村内道路27千米,绿化村屯64个,人居环境明显改善。"大棚房"专项清理整治工作全面完成。投资3.3亿元的国道嫩双公路前进至嫩讷界段改扩建项目、投资1441万元的泥南公路至南街村前屯桥建设项目、投资3296万元的多宝山铜矿矿区至省道加黑公路工程项目均已完成招标,正完善相关手续。投资1703万元的16个乡级公路安保工程全部完工。投资1556.2万元完成移民后扶项目18个,发放后扶人口直补资金714.4万元。 (于艳华)

【精准脱贫】 2018年，嫩江县精准施策、狠抓落实。制定医疗、教育、住房、饮水等领域扶贫政策9项，实现政策保障全覆盖。“先诊疗后付费”“一站式”服务、“慢性病签约”服务、“三重医疗保障线”全面落实到位。建档立卡贫困学生全部获得资助，义务教育阶段无因贫辍学学生。贫困户危房改造141户、维修加固1262户，建设幸福大院5处。解决贫困人口饮水安全问题1431户。继续实施“带资入社”，累计发放小额贷款5055.9万元，年带动2441户贫困户增收，户年均收益1920元。产业扶贫扎实推进，全年投入产业扶贫项目资金6274.6万元，建设扶贫项目50个，28个村级光伏电站带动1517户无劳动能力贫困户增收，户年收益3000元；科洛地栽木耳、长福挂袋蘑菇、长江梅花鹿养殖、白云冰葡萄种植等22个项目已生产运营，带动1141户贫困户增收。社会力量持续参与扶贫，多宝山铜业、中储粮北方公司、鼎鑫小额贷款、宝全合作社等社会力量无偿捐赠款物656万元。全县精准识别建档立卡贫困户2509户4618人，2018年实现精准脱贫381户800人、贫困村出列9个，贫困发生率由0.7%降至0.34%，完成年度减贫目标；已累计精准脱贫2049户3817人、贫困村出列19个，分别完成总任务的82%、83%、95%。 (于艳华)

【民生保障】 2018年，嫩江县开展全民创业行动和就业援助行动，城镇新就业5059人，新增就业4219人，失业人员再就业2490人，城镇登记失业率3.79%。安置就业困难人员885人。为270名失业人员发放小额贷款1350万元，为4824名就业困难人员发放灵活就业社保补贴942万元。城镇职工医疗保险异地结算业务正式实施。城乡居民医疗保险实现市级统筹。城乡居民养老保险基础养老金每人每月提高到108元。城乡低保标准每人每月分别提高到556元和325元。城乡特困供养人员住院合规费用救助比例达到100%。 (于艳华)

【社会事业】 2018年，嫩江县坚持“大县办好大教育”理念，投入教育专项资金9843万元，全力推进城乡教育协调发展，墨尔根学校改扩建工程正进行内部装修；铁东学校操场建设项目完成硬化；23所义务教育学校消防设施维修完善项目稳步推进；16所义务教育学校跑道建设和校舍维修项目、全县所有义务教育学校图书及教学设备配备工作全面完成；以全省最高分通过义务教育发展基本均衡县省级督导评估认定；成功举办“远东丝绸之路”中俄青少年系列研学交流活动；实验幼儿园成功创建省级示范性幼儿园；长福、前进2所学校被评为省级冰雪特色学校；高考成绩实现八连增。“健康嫩江”行动扎实推进，投入628万元完成县级危重孕产妇和新生儿抢救中心建设；投入290万元完成惠民、兴农卫生服务中心改造；妇幼保健计生服务中心综合楼投入使用；人均公共卫生经费由50元提高到55元；480万元计生奖扶、特扶补贴全额发放；65岁以上老人全部享受免费健康体检。免费实施白内障复明手术174例；完成残疾人住房无障碍改造32户。文体事业蓬勃发展，墨尔根古道驿站博物馆改陈项目、中心村文化广场项目开工建设；多宝山无线发射转播台投入使用；体育馆完成改造并投入使用；政务服务大厅、人社服务大厅、档案馆开工建设；救灾物资储备库建设项目已完工；举办“首届农民艺术节”专场文艺演出、全民健身日展演等文体活动148场次；在省十四届运动会上获2金2银1铜优异成绩；孙智颖在省七届残运会上获女子T20级400米金牌。 (于艳华)

【社会安全治理】 2018年，嫩江县扎实推进安全生产领域改革，深入开展重点行业专项整治，有效防范和遏制重特大安全生产事故发生。完善应急管理体制机制，修订预案15个，发布预警信息273条，开展应急演练65次，应急处置能力明显提升。食品、药品、农资、特种设备等领域监管不断加强，生产、流通、消费全程监管体系基本形成。诚信体系建设有序推进，信用嫩江覆盖领域逐步拓展。强化超前防控和源头治理，完善领导干部接访下访制度，拓宽群众诉求渠道，下大气力解决群众信访问题，群众合理诉求化结率100%。推进矛盾纠纷调处，排查纠纷161件，调解成功率100%。受理法律援助案件308件，办结率100%。“雪亮工程”城市监控网络系统建设稳步推进。看守所、拘留所新建项目主体工程已完工。“扫黑除恶”专项斗争扎实开展，接到各类线索19件，公开审理恶势力犯罪团伙案件1起。依法严厉打击和惩治各类违法犯罪活动，查结治安案件609起，破获刑事案件334起，解决“执行难”案件1530起。第十一届村委会换届选举圆满完成。全省双拥模范县创建实现“六连冠”。“七五”普法通过省级中期验收。67个历史遗留未办理不动产权证项目均已达到首次登记条件。 (于艳华)

【生态建设】 2018年，嫩江县加大造林绿化力度，完成三北工程封山育林666.67公顷、人工造林106.67公顷。实施林下产品优质工程，促进林业经济与生态建设协调持续发展，西伯利亚杏、红松等经济林发展到443公顷，药材种植发展到446公顷，育苗139.67公顷，林业产业实现产值13亿元，同比增长18.8%。扎实开展湿地、草地、林地保护行动，投资1512万元的中央站自然保护区基础设施建设项目通过专家评审。森防工作全面完成，连续25个防期未发生重特大森林火灾。河长制工作全面实施，8条县级河流“一河一策”编制工作全部完成，聘用河道保洁员213名，科洛河、狼洞沟、多金河治理工程全面实施，清理河流30千米并完成堤防、护坡等基础设施建设。中央环保督察交办11件案件办结9件，2件部分属实案件正在办理。推进秸秆综合利用试点县建设，有效解决秸秆露天焚烧，建立秸秆禁烧二、三、四级网格化监管体系，实现零火点目标。城南垃圾场封场整治项目完成污染调查和风险评估。生态保护红线划定、第二次全国污染源普查全面完成。集中式饮用水水源地保护区专项整治完成问题整改16项。回收农药瓶260万只，有效预防土壤污染。畜禽养殖污染治理取得新突破，聘请省专家对40个养殖场技术指导，对18个完成配套设施建设的养殖场补贴资金60万元，全县粪污资源化利用率达70.8%，超过全省68%标准；规模养殖场粪污处理设施装备配套率达81%，超过全省70%标准。

(于艳华)

【深化改革】 2018年，嫩江县“放管服”改革有序推进，保留政务服务事项832项，取消137项；“流程再造”梳理政务服务事项832项，738项实现“最多跑一次”。取消证明事项7项，废止规范性文件15件。“土地三调”已完成招标，正进行资料收集等工作。农业农村改革全面启动，农村无争议土地全部完成确权，颁发证书4.5万本。农村集体产权制度改革清产核资工作完成。国有林场主体改革通过省检，待国家验收。省部共建国家现代农村职业教育改革试验区试点县通过省终期验收，国家级农村职业教育和成人教育示范县通过国家终期验收。深化教师“县管校聘”改革成果，实施综合量化评价并兑现教师绩效奖励工资。公立医院改革成效显著，全面推行分级诊疗，建成医共体1个、医联体12个。公立医院薪酬制度改革进入薪酬水平核定阶段。机关事业单位养老保险制度改革全面完成，上线经办率100%。商事登记制度改革推动市场发育更加有力，核发“多证合一”营业执照3888本。地方机构改革全面启动。事业单位改革、承担行政职能事业单位改革稳步实施。城市管理执法体制改革扎实推进。 (于艳华)

2018年嫩江县国民经济主要指标统计表

表9

项　　目	单位	2018年合计	比上年增减%
地区生产总值	亿元	209.38	6.3
第一产业增加值	亿元	101.6	7.6
第二产业增加值	亿元	24.8	4.0
第三产业增加值	亿元	82.8	5.4
人均地区生产总值	元	44859	8.4
粮食总产量	吨	2071348	—
固定资产投资完成额	亿元	—	7.0
社会消费品零售总额	亿元	—	8.6
公共财政预算收入	亿元	6.52	6.9
公共预算支出	亿元	49.0	5.7
城镇居民人均可支配收入	元	26069	6.0
农村居民人均纯收入	元	14918	8.4

注：地区生产总值、人口、农业、工业、金融数据均包含农垦九三管理局数据。 (于艳华)

五大连池市

【概况】 五大连池市前身是原德都县，1963年建制，1983年原德都县所属的五大连池镇划出，成立了原五大连池市。1996年撤销德都县，与原五大连池市合并成立了新的五大连池市，原五大连池市成立风景名胜区自然保护区管理局，由五大连池市代管。2000年撤销管理局成立风景区管委会，隶属黑河市政府。

五大连池市地处小兴安岭与松嫩平原的过渡地带，位于黑龙江省北部、黑河市南部，行政区划面积8745平方千米，总人口33.5万人，有汉族、满族、回族、蒙古族等28个民族，辖6镇4乡、1个街道办事处，96个行政村。区域内有五大连池风景名胜区、1个森工局、4个监狱(所)、8个国营农场、11个部队农场。

五大连池市自然资源富集，拥有独特的农林资源、矿泉资源和旅游资源。共有耕地39.67万公顷，草原14.67万公顷，林地38.87公顷，水面1.27万公顷。是全国500个商品粮基地县之一、116个基本农田保护示范区之一、国家优质专用小麦原良种繁育基地、全国北方春大豆种子生产销售集散地和柞蚕生产基地，拥有大豆、面粉、大米、鸭蛋等地理保护标识。山口水利枢纽是国家大(2)型水利枢纽工程，库容近10亿立方米，水面84平方千米，有冷水鱼48种，系列水产品已通过国家有机食品认证，具备养殖优质、高效鱼种的条件。五大连池天然矿泉是世界“三大冷泉”之一，有重碳酸和偏硅酸两种矿泉水，特别是偏硅酸矿泉水储量丰富，为矿泉白酒、啤酒、饮品、酱油、醋等系列产品开发提供了条件，1996年，被命名为“中国矿泉水之乡”，1999年，将偏硅酸矿泉水引入市区作为市民生活饮用水，五大连池成为继法国维希之后世界第二、亚洲第一个矿泉城。天然苏打水资源丰富，纯天然、品质高、分布广，具备规模开发的条件。五大连池市生态环境良好，四季气候分明，区域内的火山、湿地、矿泉、冰雪等元素构筑旅游业的独特优势。区域内有获世界地质公园、世界人与生物圈保护区两项世界级桂冠和十几项国家级荣誉的五大连池风景名胜区；以漂流、探险旅游闻名的大沾河国家森林公园，是我国最大的森林湿地；有被评为国家AAAA级旅游景区、国家水利风景区、国家地质公园、省级自然保护区的山口湖风景区，具有原始、生态、自然的特点。山口湖与世界地质公园、大沾河国家森林公园交相呼应，具备综合性旅游休闲产业开发的潜力。五大连池市先后被评为“中国十大休闲城市”“中国县域旅游品牌百强县”“中国最具投资潜力中小城市20强”“中国品牌旅游城市”“国家级生态示范区”“中国十佳文化旅游明星城市”“2016旅游业最美中国榜目的地城市”“一带一路国际健康旅游目的地”“2017百佳深呼吸小城”“全国健康促进示范县”“国家卫生城市”。

2018年,五大连池市地区生产总值实现86.2亿元,增长6.9%,其中,一、二、三产增加值分别实现52.5亿元、7.8亿元和25.8亿元,增长8%、5%和4.7%;公共财政预算收入实现2.9亿元,增长6.6%;固定资产投资增长7.1%;社会消费品零售总额增长8.1%;城镇和农村常住居民人均可支配收入分别增长7%、9.4%。

中共五大连池市委员会
书　记　王玉涛
副书记　马　勇　南　极　刘森群(2018.8挂职)
常　委　胡洪涛(2018.3任)　容玉奇(2018.10止)
　　　　宫　凯(2018.1任)　张琳丽(2018.10任)
　　　　杨志兴(2018.1止)　张松春　吴晓光
　　　　刘任龙　许洪彬　白淑艳
五大连池市人大常委会
主　任　刘孜涛
副主任　史立新　李凤生　李明岩　纪勋海
五大连池市人民政府
市　长　马　勇
副市长　杨志兴(2018.1止)　宫　凯(2018.2任)
　　　　王元武　于兴梅(2018.8止)　张怀义
　　　　郭永利　崔　凯　张　文(2018.11任)
政协五大连池委员会
主　席　黄云岭
副主席　郭振京　王　非　王　宁

(吴晓宇)

【项目建设】　2018年,五大连池市全年引进落地超千万元项目19个,其中,超亿元项目11个,总投资44.25亿元,到位资金22.6亿元,其中,实际利用省外资金18.49亿元。向上争取各类资金预计达到17.06亿元。实施重点建设项目18个,完成投资7.09亿元。科迪60万吨稻谷综合加工项目即将投产,科迪100万吨非转基因大豆加工项目完成规划选址、土地招拍挂。年产1200吨万物生大豆肽口服液项目试运行。华滨15万头生猪养殖场项目建成现代化猪舍3万平方米,年产27万吨饲料项目投入生产。热电联产项目建成供暖,2号汽轮机组运行发电。　(吴晓宇)

【农业农村工作】　2018年,五大连池市种植结构持续优化,全市总播种面积23.35万公顷,其中,绿色作物认证面积5.67万公顷,被农业农村部确定为全国绿色高质高效创建示范县。全域创建农业绿色发展示范区,总面积3.4万公顷,顺利通过黑河市验收。全力打造五大连池市国家区域性大豆良种繁育基地,大豆良种繁育基地面积达5.47万公顷,承办了中国大豆食品专用原料研讨会,与东北农业大学合作建设大豆育种技术创新中心。创建了种业联盟,富民种业、圣丰种业被评为农业产业化省级重点龙头企业。开展大豆万亩高产攻关示范区、东北春小麦"双减"实验等示范项目20余个,获批省级现代农业产业园,被省农业农村厅确定为黑土地保护利用试点县,获得项目资金1930万元。粮食生产功能区和重要农产品生产保护区划定通过省第三方初检。农机标准化水平不断提升,青山、五谷香农机合作社省级规范社创建稳步推进,承办了全国大豆生产全程机械化收获现场会,被农业农村部确定为主要农作物全程机械化创建示范县。畜牧养殖标准化、规模化程度不断提高,发展各类规模养殖场224个。龙镇天鹅湖20万只白鹅养殖项目进展顺利,出栏大鹅2.7万只。非洲猪瘟防控工作全面推进,全市未发生疫情。林产经济平稳发展,预计实现产值6.5亿元。明家食用菌加工项目新建大棚50栋,月秋食用菌合作社新建生产基地30栋、温室4个,全市食用菌种产量达600万袋。水利工程建设稳步实施,讷谟尔干流治理工程五大连池市重点段项目有序推进,投资960万元实施34个村50个自然屯饮水巩固提升工程。

(吴晓宇)

【工业】　2018年,五大连池市规模以上工业增加值预计增长12%。矿泉产业健康发展,矿泉饮品企业发展到24家,天缘泽水苏打水项目正式投产,名仁天然苏打饮品项目开工建设,北大荒矿泉水、宝泉矿泉啤酒等重点企业平稳运行,五连发矿泉水在北京高铁网络销售持续向好。山口湖众源水电厂增机扩容改造项目进展顺利,1号发电机组已完工并发电,2号发电机组即将试机。科技创新工作取得新成效,富民种子集团有限公司申报高新技术企业认定工作通过专家评审和网上公示。编制完成矿泉工业园区总体规划,产业布局进一步优化。园区入驻企业11家,集聚功能不断增强。新发园区新建一路、二路,泵站主体建设完工,中小企业创业园完成前期工作。园区预计实现产值4.7亿元。　(吴晓宇)

【旅游】　2018年,五大连池市国家全域旅游示范区创建工作有序推进,全域旅游发展规划修编完成。建立和完善"1+3"旅游市场综合监管机制,成立了旅游人民法庭、旅游警察大队和旅游市场监管大队。成功举办全域旅游手绘地图设计大赛、全民乐享冰雪汽车拉力赛、第六届玫瑰花节、全域旅游矿泉美食节等系列活动,推出了五大连池"伴手礼"等系列产品,旅游品牌不断提升。火山温泉水世界项目建设完工,山口地质博物馆投入使用,游客服务中心完成前期工作。朝阳山抗联红色景区被评为国家AA级旅游景区,并积极创建国家AAA级旅游景区,累计接待5300人次。

(吴晓宇)

【教育卫生】　2018年,五大连池市教育事业均衡发展,实验中学教学楼、科技楼竣工,社区学院、职教中心汽车实训中心投入使用,老年大学揭牌开学。第一小学鑫瑞校区完成师资配备和学生报名工作。投资1192万元为全市中小学增添教学设备,投资2243万元完成第一中学、第一小学等26所学校维修改造项目,义务教育标准化学校覆盖率达100%,高水平通过县域义务教育均衡发展省级验收。高考成绩取得突破,一表上线率、二表以上上线率均位列黑河市第一名。职业教育持续发展,省部共建国家现代农村职业教育改革试验区试点县建设通过验收,位列全省试点县优秀档次,职教中心被确定为国家中等职业教育改革发展示范学校。医疗卫生服务体系不断完善,人民医院康复中心综合楼建设完成,与北京同仁、协和等29家医院开通远程会诊业务。双泉镇龙头村、新发镇永和村等8所村级标准化卫生室投入使用。（吴晓宇）

【文化体育】 2018年,五大连池市文体事业蓬勃发展,成功举办中俄少年足球赛、首届中国农民丰收节黑龙江·五大连池分会场文艺演出、全省第三届农民文化艺术节开幕式、中国流动科技馆全国巡展黑龙江省五大连池站巡展、"赏冰乐雪"系列冰雪运动、穿越大小兴安岭中俄亲子徒步大会等大型文体活动。省级公共文化服务体系示范区创建工作有序推进,新建农村室外文体活动场所11处8000余平方米。（吴晓宇）

【城乡建设】 2018年,五大连池市城乡功能日益完善,推进路网提档升级,新建体育场路,开通朝阳大街东段,完成青山路南段和德都大街西段拓宽工程。吉黑高速龙镇互通工程建成通车,龙镇龙源街竣工通行。大宇驻车服务中心停车场二期工程建设完成,政务中心停车场投入使用。实施金鼎国际、翰林学府等4个棚户区改造项目,改造面积2.06万平方米。投资587万元购买37套公共租赁住房,解决引进人才住房问题。实施农村人居环境整治三年行动,全面开展"三清理一绿化"行动,投入415万元专项资金用于乡村保洁。龙镇、和平等省级卫生乡镇创建工作进展顺利,兴隆乡撤乡设镇,双泉镇龙头村等3个美丽乡村示范村建设扎实推进。拆除长期无人居住危旧房屋746所,改造农村危房102户。加大村屯绿化工作力度,绿化重点村屯11个。深入实施城市美化绿化亮化工程,持续整治市容环境卫生,城市管理水平不断提升。城市绿化率稳步提高,市区绿地养护面积达到13.7万平方米。（吴晓宇）

【民生】 2018年,五大连池市民生支出27.54亿元,占公共财政预算支出的92.01%。就业形势持续向好,城镇新增就业2330人,城镇登记失业率3.88%。为各类创业就业人员发放小额贷款1400万元。发放城乡低保资金6077万元,惠及14258人。发放城乡医疗救助资金676万元,救助12478人。城乡低保对象及五保户参保参合率达100%。发放重度残疾人护理补贴和贫困残疾人生活补贴392万元,为80周岁以上老人发放高龄津贴440万元,为贫困学生发放各类补贴239万元。城乡居民基础养老金和城乡居民基本医疗保险财政补助标准分别提高到每人每月108元和每人每年490元。残疾人托养中心项目主体框架完工,救灾物资储备库、殡仪馆扩建工程建设完工,龙镇龙兴社区服务中心完成内部装修,新建朝阳乡东风村、和平镇济民村等5个农村示范社区投入使用。（吴晓宇）

【政府自身建设】 2018年,五大连池市扎实推进"两学一做"学习教育常态化制度化。严守政治纪律和政治规矩,坚持重大事项请示报告制度,不折不扣地贯彻落实省市委各项决策部署。深入推进政府系统全面从严治党,严格履行"一岗双责",政府系统党风廉政建设全面加强。严格落实中央八项规定。深入开展"解放思想推动高质量发展大讨论活动",学习贯彻习近平总书记在深入推进东北振兴座谈会上的讲话和考察龙江时的重要指示精神,解放思想,转变作风,积极探索高质量发展的新路径。坚持科学民主决策,主动接受监督,46件人大代表建议、46件政协委员提案全部高质量办结,满意率100%。加强重大决策合法性审查,聘请律师作为政府法律顾问参与决策审查和风险评估。推进"互联网+政务服务"一体化建设,实施"一网、一门、一次"改革,公布"最多跑一次"事项649项、"就近办"事项91项、"网上办"事项430项、"马上办"事项197项。持续深化机关作风整顿,开展政府机构失信违诺、旅游市场、窗口服务等专项整治,严格推行"四零"承诺服务,服务效能不断提升,营商环境持续优化。（吴晓宇）

2018年五大连池市国民经济主要指标统计表

表10

项　目	单位	2018年合计	比上年增减%
地区生产总值	亿元	86.2	6.9
第一产业增加值	亿元	52.5	8.0
第二产业增加值	亿元	7.8	5.0
第三产业增加值	亿元	25.8	4.7
人均地区生产总值	元	32653	7.8
粮食总产量	吨	619561	38.0
固定资产投资完成额	亿元	—	7.1
社会消费品零售总额	亿元	—	8.1
公共财政预算收入	亿元	2.9	6.6
公共财政预算支出	亿元	29.9	-3.8
城镇常驻居民人均可支配收入	元	25409	7.0
农村常驻居民人均可支配收入	元	15127	9.4

（吴晓宇）

逊克县

【概况】 逊克县位于黑龙江省北部边陲,小兴安岭中段北麓,黑龙江中游右岸,有135千米的边境线与俄罗斯阿穆尔州米哈伊洛夫区隔江相望,行政区划面积1344平方千米,辖3镇6乡(其中,2个少数民族乡)78个行政村,5个社区居民委员会。逊克县总人口95456人(含逊克农场),其中,男性人口48007人,女性人口47449人。人口出生率5.46‰,死亡率5.69‰,人口自然增长率-0.23‰,有鄂伦春族、达斡尔族、俄罗斯族等15个少数民族,占总人口的10%。2018年逊克县地区生产总值实现30.5亿元,同比增长13.1%;固定资产投资增长5.2%;社会消费品零售总额增长8.2%;公共财政预算收入实现3.1亿元,增长13.8%,首次突破3亿元大关;城镇、农村常住居民人均可支配收入分别达到25160元、15199元,增长6.3%、8.7%。

中共逊克县委员会
书　记　姜晓刚
副书记　袁　强　杨志兴
常　委　蔡运良　王晓华　刘士忱
　　　　王凤华(2018.8止)
　　　　李　英(2018.8任)　周万发　张世海
　　　　徐延民　依培庆　经　韬(2018.8任)
逊克县人大常委会
主　任　段迎春
副主任　莫雅茹　刘金山　宋振中　李秀义
逊克县人民政府
县　长　袁　强
副县长　蔡运良　经　韬(2018.8任)　赵桂芝
　　　　朱玉辉　王春清(2018.8止)　王自东
　　　　张铁刚　宋秋田(2018.8任)
政协逊克县委员会
主　席　祁丙连
副主席　郭　宏　张　宏

(王春荣)

【农业】　2018年,逊克县以农业供给侧结构改革为主线,不断优化农业产业结构,农作物种植面积16.1万公顷,粮食总产同比增长23.2%。新增北药种植面积324.66公顷,栽植食用菌700万袋。安排畜牧养殖贷款2000万元,有效满足了畜牧养殖扩群增量资金需求;建成无害化处理窖6个;投资860万元,建成鹅雏孵化基地2万平方米、籽粒苋牧草种植基地400公顷。增殖放流各类鱼苗414.5万尾,水产养殖面积达到0.53万公顷。以全市农业绿色发展示范区创建为引领,创建试点镇1个、试点村8个,辐射带动绿色种植3.67万公顷。成功举办了农业绿色发展高峰论坛,承办了全市农业绿色发展示范区建设现场会暨首届中国农民丰收节活动。依托中俄农业科技园区,开展四大粮食作物199个品种试验示范160公顷;完成了逊克大豆等11种农产品营养检测分析。加大“三品一标”(无公害农产品、绿色食品、有机农产品,农产品地理标志)的认证力度,获得绿色、有机认证标识企业9家,涉及产品种类16个,成功注册了逊克南瓜地理商标。落实万亩大豆高产攻关示范基地0.2万公顷,新建国家级减肥增效示范区0.13万公顷,建成“三减”(减农药、减化肥、减除草剂)试验示范基地5.27万公顷,“互联网+农业”示范基地达到0.49万公顷,完成测土配方施肥10万公顷。大力推进农田水利工程建设,投资7398万元,完成土地整治和高标准农田项目3个。投资2160万元的克林生态高标准农田项目启动实施。投资1120万元的新鄂村高效节水灌溉项目建成,新增灌溉面积0.08万公顷。大豆油料生产基地项目完成工程量的50%。投资4284万元的茅兰河治理一期工程完成工程量的90%。黑龙江干流逊克段堤防达标工程,库尔滨、宝山、白石水电增效扩容项目全部完工。全面深化农业综合配套改革,完成农村集体土地确权登记颁证4.86万公顷,粮食生产功能区和重要农产品生产保护区划定8.48万公顷。农村集体产权制度改革深入推进,清产核资和产权界定全面完成。成立农业信贷担保公司逊克分公司,启动了以土地经营权、涉农补贴款、大型农机(具)、场库棚等作为反担保物,贷款综合费率(利息与担保费)不高于7.5%/年,采取村两委、乡(镇)政府、县政府主管部门逐级推荐,担保公司与银行批量授信模式,一次办理手续三年循环贷款的方式,为广大农民合作社、种粮大户春耕生产提供融资服务。发放贷款1.1亿元。完成了现代农机合作社整改,新增省级示范社4个、示范家庭农场3个,新型农业经营主体达到1550家,获批了国家级主要农作物生产全程机械化示范县。全县流转土地3.59万公顷,规模经营5.63万公顷,转移农村劳动力1.1万人,实现劳务收入1.9亿元。

(王春荣)

【项目建设】　2018年,逊克县坚持把项目建设和招商引资作为激发内生动力的重要引擎,全年实施重点项目55个,完成投资9.4亿元。招商引资实际到位资金9.03亿元。矿产资源开发实现历史性进展,东安金矿正式投产,实现产值7.66亿元,税收9384万元。投资9000万元,完成了翠宏山铁多金属矿尾矿库、160万吨选厂建设,实现产值2.3亿元,税收2021万元。库南铅锌矿、茅宝沟铁钼矿恢复生产,实现税收1079万元。以“粮头食尾”“农头工尾”为抓手,深度开发“原字号”,投资3100万元的新兴果蔬杂粮深加工项目全面完成;投资800万元,实施了丰禾大豆加工厂建设;金硕大豆加工项目一期正式投产,累计加工大豆1100吨,实现产值550万元。在秸秆综合利用上进行了有力探索和大胆实践,安排补贴资金707万元,支持秸秆离田还田;投资2000万元,建成了奇克镇四新村秸秆造粒厂;生物质发电厂、万吨级秸秆生物质综合循环利用项目快速推进,完成投资3.45亿元。以扶持新兴产业发展为重点,培育壮大“新字号”,热电联产改扩建项目完成工程量的90%。完成经济开发区北区基础设施建设,创客城项目正在进行内部装修。依托互市贸易交易中心建成电商产业园1650平方米,入驻企业34家,主营商品1000余种;全年举办电商培训班157期,培训5500人次,电商从业人员超过3800人。

(王春荣)

【经贸旅游】　2018年,逊克县深度融入“一带一路”“龙江丝路带”建设,依托国内国外两种资源、两个市场,不断做大做强对俄经贸合作。制定《逊克县扶持边贸企业发展优惠政策》,鼓励企业开展进出口贸易,对俄贸易企业达到25家。边民互市贸易交易中心投入使用,开通中俄边民互市贸易,对俄全方位合作迈出重要一步。对俄农业种植面积达到4.66万公顷。预计对外贸易进出口总额实现1.05亿元,增长51%;进出口货物5.54万吨,增长150%;出入境人数8800人次,增长152%;三项指标均创历史新高。依托“绿水青山、冰天雪地”资源优势,积极谋划特色旅游产业,投资715万元,完善大平台雾凇景区、东山森林公园、黎明滩大草原等基础设施建设,服务能力进一步增强。出台《促进出入境旅游业发展奖励办法》,开通对俄跨境旅游,国内外旅游线路达到8条。积极参加中国—东盟博览会、全国旅交会等大型推介活动,成功举办第二届“雾凇冰雪节”,逊克县的旅游宣传片在中央电视台多个栏目播出,旅游知名度全面提升,游客数量及旅游收入大幅增加。

(王春荣)

【人居生活】 2018年,逊克县以新型城镇化建设为契机,坚持强基础、补短板,不断完善城市服务功能,着力打造魅力县城。棚户区改造完成签约953户,拆迁房屋1.8万平方米,发放补偿资金2.33亿元。投资1.08亿元,实施污水处理厂改造、供水管网改扩建等“三供三治”(供热、供水、供气;污水治理、垃圾治理、大气治理)项目5个,铺设管线2万延长米,天然气入户2281户。投资1920万元,铺设滨江公园步道1.8万平方米,建成亲水平台景观4处,完成人行道铺设、城市绿化亮化等工程7处。公共自行车项目投入使用,为群众绿色低碳出行提供了便利。以乡村振兴战略为统领,大力实施美丽乡村建设,投资1635万元,安装路灯805盏、栅栏2.1万延长米,清理边沟16.5万延长米,改造农村厕所156户,建成美丽乡村示范村8个、达标村8个。投资1710万元,加强了7个少数民族村基础设施建设。农村道路质量进一步提升,投资6211万元,实施农村公路安全生命防护工程257.6千米、窄路面加宽19.7千米,改造危桥5座281延长米;投资635万元,养护农村公路934千米。丹阿公路逊克至逊孙界段改扩建工程顺利通过竣工验收。

(王春荣)

【生态建设】 2018年,逊克县深入贯彻落实习近平生态文明思想,全面加强生态环境综合治理。中央环保督查“回头看”转交逊克县的5件信访案件全部办结,对毁林、毁草、毁湿行为依法坚决严厉打击。深入开展“绿盾2018”保护区督察、“小散乱污”企业整治、污水排放等8个专项整治行动,生态环境得到有效保护。完成了49条河流“一河一策”编制工作,安排河道保洁员132人,河湖治理取得初步成效。完成生态红线划定,明确了生态环境安全底线。争取国家重点生态功能区转移支付资金3127万元。认真落实有效解决秸秆露天焚烧工作部署,建立县乡村三级网格251个,落实网格长、网格员1162人,实现了秸秆禁烧“零火点”。加大森林保护力度,人工造林、地块补植、造林抚育0.43万公顷;安排资金2516万元,加强森林防火保障能力建设,实现了连续28个防期无重特大森林火灾的目标。

(王春荣)

【社会保障】 2018年,逊克县坚持把“脱贫攻坚”作为第一民生工程,精准发力、精准施策,脱贫攻坚工作取得阶段性胜利。安排资金2762万元,硬化贫困村通村路15.5千米,铺设砂石路16.2千米。安排资金1942万元,改造贫困户危房218户,建设农村饮水安全工程20处、文化广场2800平方米。实施“宽带中国”项目8个,免费安装数字电视和地面卫星接收设备570套。光伏扶贫电站项目成功并网发电,带动贫困户增收的产业扶贫项目达到36个。累计发放扶贫小额贷款1479.5万元。全县建档立卡贫困人口547户1071人全部脱贫退出,12个贫困村全部脱贫出列。不断健全社会保障体系,发放低保、救助等各类保障资金2337万元,城乡低保、特困人员供养标准大幅提高,困难群体生活得到有效保障。制定《城镇职工基本医疗保险门诊慢性病管理办法》,及时调整城乡居民、城镇职工基本医疗保险政策,扩大医疗保险报销范围,各类保险政策更加完善。投资2800万元的殡葬服务中心正式启用;投资410万元,建成救灾储备库800平方米。山湖社区和婚姻登记站综合楼启动实施,新建改建农村社区7个。城市社区工作者补贴每月人均提高700元。招聘事业单位工作人员24人、公务员16人、政府购买服务305人。发放各类创业贷款573万元,城镇新就业1542人,城镇登记失业率3.72%。把安全发展、和谐发展理念贯穿经济社会发展始终,深入开展非煤矿山、道路交通、消防安全、食品安全等行业领域安全生产大检查和隐患排查行动,一些重点安全隐患得到彻底解决,全县安全生产形势持续稳定。制定和完善应急预案45个,组织各类应急演练500余次,全民应急意识进一步增强。严厉打击不正当竞争、侵害消费者合法权益等行为,创造了良好的市场环境。深入开展“扫黑除恶”专项斗争,坚决打击黑恶势力,社会环境风清气正。严格执行领导接访、约访制度,中央第六巡视组移交信访案件、国家和省专项攻坚行动交办案件全部办结。

(王春荣)

【社会事业】 2018年,逊克县坚持优先发展、优质发展,全力办好人民满意教育。投资4000万元,完成了逊克一中教学楼主体工程,改造义务教育薄弱学校2所。为14所学校安装了防校园欺凌一键式报警装置。建立了中、高考优秀学生奖励机制。依托教育城域网开展城乡学校对口帮扶,实现远程教学全覆盖。获黑龙江省第14届青少年机器人大赛小学、初中组双冠军,全国青少年机器人竞赛暨世界机器人邀请赛小学、初中组第三名。深化医药卫生体制改革,逐步健全完善医疗卫生服务体系,中医医院住院楼和妇幼保健院投入使用,完成了县医院手术室改造,建成基层中医馆4家。启动医养结合健康养老模式,在敬老院设立医务室,开展健康服务900余次。组建医疗共同体1个、家庭医生签约服务队10个,贫困人口和计划生育特扶家庭签约率100%。发放计划生育奖扶资金146.5万元。全面开展疫苗接种、乳腺癌和宫颈癌同时筛查、孕前优生健康检查等公共卫生服务,居民健康指数不断提升。依托区位优势和民族文化资源,深入开展对俄文化交流,赴俄罗斯参加鄂伦春民族文化交流活动,举办了中俄青少年国际象棋友谊赛。组织开展群众文化活动100余场,播放农村公益数字电影936场,切实丰富了群众文化生活。连续五年获得全省群星奖戏曲类一等奖;逊克县创编的小品获全国公安系统相声小品大赛三等奖、最佳编剧奖;兴隆村获"全国示范农家书屋"称号。（王春荣）

2018年逊克县国民经济主要指标统计表

表11

项　　目	单位	2018年合计	比上年增减%
地区生产总值	亿元	30.5	13.1
第一产业增加值	亿元	16.7	7.0
第二产业增加值	亿元	6.3	57.9
第三产业增加值	亿元	7.4	4.1
人均地区生产总值	元	31909	14.2
粮食总产量	吨	—	23.2
固定资产投资完成额	亿元	—	5.2
社会消费品零售总额	亿元	—	8.2
公共财政预算收入	亿元	3.1	13.8
公共预算支出	亿元	26.2	21
城镇居民人均可支配收入	元	25160	6.3
农村居民人均纯收入	元	15199	8.7

（王春荣）

孙　吴　县

【概况】 孙吴县始建于1937年。地处黑龙江省北部、小兴安岭北麓、黑河市中部,北邻黑河市,南接五大连池市,西连嫩江县,东与逊克县毗邻,是黑河市的重要交通枢纽。边境线长35千米,与俄阿州康斯坦丁诺夫卡区隔黑龙江相望。孙吴县总面积4318.9平方千米,2个镇9个乡(含1个民族乡)、94个行政村,2个国营农牧场、7个国有林场。总人口9.26万人,其中,城镇人口4.41万人,人口自然增长率0.32‰。有满族、达斡尔族、俄罗斯族、鄂伦春族等19个少数民族。

2018年,孙吴县国民经济平稳增长。全年地区生产总值实现16.8亿元,同比增长7.3%。全年财政总收入2.37亿元,同比增长10.7%;公共财政预算收入1.7亿元,同比增长17.2%;固定资产投资总额同比增长8.3%。

中共孙吴县委员会
书　记　代树奇
副书记　徐　钢　张　明　王洪庆
常　委　杨子亮　董士龙　刘印平　严默非
　　　　郭　文　赵　楠　秦　英　王经纬
孙吴县人大常委会
主　任　刘伟平
副主任　宋汉东　吕兆华　付文国　王清林
孙吴县人民政府
县　长　徐　钢
副县长　杨子亮　郁帮华　郭春玲
　　　　袁伟光　徐永新　孙玉国(挂职)
政协孙吴县委员会
主　席　张跃林
副主席　李艳梅　孟　尧　孙太祥

（国春青）

【农业】 2018年,孙吴县创建农业绿色发展示范区,制定启动农业绿色发展示范区建设三年规划,落实扶持意见。市级试点沿江乡重点实施"1168"工程,"一带一岛六基地"和8个养殖场全部执行绿色标准化生产。推进县级试点2个林场、18个村、17个合作社和农产品加工企业的示范创建工作,建成示范带、园区、基地19个,农业"三减"试验示范基地23个,绿色农产品种植面积突破2.66万公顷,有机认证面积170公顷。成功创建省级有机产品示范县,顺利通过国家级有机产品示范县评审初审。实施畜牧业"三年行动计划",建成标准化养殖场13个,有3个达到省部级标准。完成4个万只鹅养殖场、重挽马种马站和优质种羊场建设,畜牧业增加值增长7.4%。持续推进林产经济,完成沙棘新植和补造0.08万公顷;生产食用菌菌包762万袋,三年累计达到4500万袋;建成北药示范基地3处,新增北药种植面积400公顷,林业增加值增长19%;渔业经济稳步发展,完成《2018—2030年养殖水域滩涂规划》。新型农民合作组织发展到515个,建设合作社联社5个,农机总动力达到46.5万千瓦,综合机械化率实现96.6%,带动全县土地流转4.33万公顷,规模经营7.46万公顷。全县粮食总产达到27万吨。（国春青）

【项目建设】 2018年,孙吴县加强项目谋划工作,列入国家重大项目库储备项目182项,总投资21.2亿元。聘请专家谋划项目100个,筛选46项编入招商项目册。加强项目争取工作,争取汉麻产业园区、人民医院妇儿中心、保障性安居工程配套、移民居住区基础设施建设等项目11个,争取运转经费类、农业补贴类、项目建设类专项资金9.2亿元。加强项目建设工作,确定46项新、续建项目全部开复工,累计完成投资8.36亿元,其中,年产2万吨汉麻纤维加工、汉麻纤维产业园基础设施建设等7项省市重点产业项目进展顺利。加强招商引资工作,先后参加阿州经贸洽谈会、中国国际进口博览会、第四届江西麻博会、"哈洽会"和"绿博会"等活动,出访北京、上海、广东等11个省21个市考察对接项目,全年引进项目7项,到位资金5.8亿元。

(国春青)

【工业】 2018年,孙吴县整合园区功能,努力建设汉麻产业园区"一区四园",食品、药品加工园区累计投入1.6亿元;纤维、新材料加工园区2年投入1.3亿元,完成基础设施和标准化厂房建设。汉麻产业园区工作站被中国麻纺织行业协会第七届年会增选为常务理事单位,与斗门新青工业园区达成合作共建框架协议。天之草汉麻纤维加工项目和深圳中瑞康汉麻秆芯制碳加工项目落户园区。吉林生态和哈药集团汉麻CBD提取加工项目完成前期手续办理工作。落实《支持民营经济发展若干意见》,海峰热电新建、改造换热站3座,铺设供热管线9.2千米,进一步提升供热保障能力;天马彩钢转型汉麻产业,发展前景广阔;长乐山沙棘挂牌成立省级工程技术研究中心,与珠海科技考察团达成生产沙棘饮品和沙棘木耳合作意向;宏大制油和北纬四十九稳定生产。全县规模以上工业增加值增长10.2%。组织中小企业成立协会,定期参加展览展销,全县中小企业健康发展。落实"科技型企业三年行动",创建各类科技型企业15家,农发农业机械公司获农机研发授权发明专利2项。 (国春青)

【扶贫工作】 2018年,孙吴县坚持把脱贫攻坚作为首要政治任务,贫困发生率下降至万分之一以下,实现省级贫困县脱贫摘帽。全年整合资金4.82亿元,实施基础设施和产业项目60个。制定扶贫政策11类43条和专项扶贫方案29个,教育助学1159人次;全面兑现健康扶贫政策,新建住房225户、维修住房360户;硬化农村综合广场4.6万平方米、巷道9.1千米,栽植绿化树1.9万株,拆除垃圾房1000余户。依托新型农业经营主体,培育绿色种植业、集中养殖业等四大扶贫支柱产业,打造宅基地换产业、扶贫固定资产收益分红等十大扶贫模式,产业措施覆盖全部贫困户,全县贫困人口人均纯收入达到9269元,是国家贫困标准的2.6倍。建立脱贫攻坚长效机制和管理制度14项,制定实施脱贫攻坚三年行动计划和巩固提升方案,形成总方案与分项方案"1+N"衔接落实体系。转变作风,深入基层,宣传扶贫政策近万人次,帮助解决难题8000余件;开展"五星新农家"评选活动,2743户贫困户受到表彰。 (国春青)

【特色产业】 2018年,孙吴县汉麻、食品大豆、安格斯牛成为全市典范产业。成功举办第二届中国汉麻发展·孙吴论坛,扩大孙吴影响力。采取订单和试验示范等方式种植汉麻0.87万公顷,试验种植药用、籽用和纤维用等品种13个。发展壮大国海汉麻、万利麻业等企业和合作社,与省农科院共同组建了汉麻产业研发中心,建设汉麻种植创新基地。"孙吴汉麻"获批国家地理标志保护产品。建成麻类产品仓储交易中心,设立汉麻产业发展专项基金,筹建黑龙江(孙吴)汉麻交易中心。落实大豆"振兴计划",大力推广"互联网+企业+科研院所+合作社"发展模式。广泛选优品种,从208个试验品种中选取6个作为食品大豆品种进行种植,面积达到3.33万公顷。投入3400余万元,建成大豆油料基地3个。完成大交所在孙吴设立食品大豆交割库基础设施建设。开工建设北京中科华弈纳豆加工和豆制品综合加工项目。不断扩大邢氏食品等大豆加工企业规模。"孙吴大豆"获得国家地理标志商标。落实《孙吴县安格斯牛产业发展扶持意见》和活体抵押保单担保、设立风险基金池和养殖贷款贴息等政策,安格斯牛养殖合作社发展到22个,饲养量突破5000头。加强改良繁育技术服务,基础母牛繁殖率和犊牛成活率分别达到97%和98%以上。完成犇旺、宏顺等5个标准化养殖场建设,丁子山成为部级畜牧标准化养殖场,格翔牧业成为全省最大的安格斯基础母牛养殖场。孙吴县被中国特产协会授予"中国安格斯肉牛之乡"称号。

(国春青)

【综合改革】 2018年,孙吴县推进行政体制改革工作,全县113个单位开展"四零"承诺服务创建活动。优化办事流程,梳理确定四批"五办"事项清单639项,实现比例74.7%。深入开展防范和处置金融风险专项整治工作,营造良好的金融生态环境。全力落实县委深化改革涉及的50项任务,完成盐业体制改革、城乡居民医疗保险制度改革等工作,国有林场改革高分通过省级督察验收;推进农村集体产权制度改革、商事制度改革、医药卫生事业改革等工作,农村土地承包经营权确权登记颁证工作完成96%,村屯清产核资工作完成100%。 (国春青)

【旅游贸易】 2018年,孙吴县充分挖掘资源,不断完善胜山要塞基础设施建设,日本侵华罪证陈列馆晋档升级为国家AAA级旅游景区,有180余处二战遗址遗迹,是开展爱国主义教育的重要基地;推进沿江少数民族主题广场、文化长廊、民俗风情馆、自驾车营地建设,完善岛屿和通行设施,界江风光和民俗风情成为全域旅游节点产品;建成农家乐和度假村10余处,乡村体验游成为旅游新亮点。成立旅游摄影家协会,举办第六届中俄青少年国际夏令营活动,参加旅博会、旅交会等推介活动,进一步提升旅游知名度。全年游客接待量增长15%。大力支持12家外贸企业出口创汇,外贸进出口总额增长10%。搭建完成"生态孙吴"电子商务平台,吸收北纬四十九、黑河山水、格润生物等企业入驻,全年网上交易额实现1200万元,增长41.2%。粮油卫生监测站项目建成试运行,黑龙江省粮食交易市场孙吴分市场正式运营。

(国春青)

【城镇建设】　2018年,孙吴县以建设秀美县城为目标,投入7000余万元,统筹实施城区基础设施工程。实施红旗街整街改造工程,形成“一横一纵”城市交通框架。建成红旗桥公园,修建健身步道,在滨水公园新建滨水广场和湿地栈道工程,连通秀河景观带和滨水公园。升级改造南环路自高速收费站至滨水公园整个路段332盏路灯。城区新建改造排水管线1万延长米,栽植树木900株,种植草花和草坪1.5万平方米。开展市容市貌环境卫生网格化管理工作,建成城市管理数字化平台。加强市容市貌环境卫生整治工作,顺利通过省级卫生县城复审。推进“美丽乡村”建设工作,全面启动农村环境卫生综合整治三年行动和“三清一绿”行动,改善农村人居环境。

(国春青)

【生态保护】　2018年,孙吴县各类环保专项督察中,没有发生挂牌督办和限期整改问题。推进中央环保督察“回头看”反馈问题整改工作,露天烧烤油烟污染和屠宰场污水排放问题全部整改完毕,并建立长效机制。开展大气污染防治工作,淘汰城区燃煤小锅炉5台,157家餐饮企业安装油烟净化装置或改换清洁能源,实施加油站地下油罐改造工程,完成9家加油站油气回收治理工作。严防严控秸秆点烧现象,未发生一起火点,城区空气优良以上天数比例达到96.1%以上。开展水污染防治工作,规范污水处理厂运营,确保达标排放;制定畜禽禁养区划定方案,城区和农村集中饮用水水源水质达标率均为100%。扎实开展土壤污染防治,实施土壤污染源遥感核查,完成垃圾处理场自主验收工作并进行备案,化学危险废物和医疗废物全部实现无害化处理。开展“绿盾2018”自然保护区督察检查专项行动,红旗湿地核心区、缓冲区退耕还林126.66公顷,依法取缔清理逊别拉河11处河道采砂场,完成料场恢复植被52处。常态化整治货运车辆超限超载,查处违法运输车辆53台次。实施林业增绿增效行动,完成造林绿化0.09万公顷,连续32个防期未发生重大森林火灾。推广机械化秸秆粉碎还田等技术,秸秆还田8.66万公顷。健全环境保护“一岗双责、失职追责”制度,深入落实县乡村“河长制”,构建禁止秸秆露天焚烧三级网格化监管体系。完成生态红线划定和城区噪声功能区划分工作,推进草原资源清查4.13万公顷,有序开展第二次污染源普查和国家重点生态功能区县域生态环境质量考核工作。孙吴县获“全省环境执法大练兵先进集体”,并被推荐参加国家级先进集体评选。

(国春青)

【社会事业】　2018年,孙吴县加强教育基础设施建设,完成第一中学、民族中学、中职校和8所农村学校基础设施新建、维修和改造工作。扎实做好控辍保学工作,巩固义务教育均衡发展成果。注重提升教育教学质量,高考成绩再创历史新高。信息技术融合教学发展,互联网接入率、多媒体设备和高标准录播教室配备率均达到100%。进一步巩固国家基本药物制度、分级诊疗等系列医改政策,骨科、肛肠科等中医特色医疗技术位居全市前列,完成省级重点专科申报工作。开展文体活动,举办“中俄乐团专场演出”“山东乡音关东行”“我们永远纪念国际巡回展”等文化交流活动,以及全省第三届农民艺术节孙吴专场文艺演出和首个“中国农民丰收节”庆祝活动;开展“结对子种文化”“百花群众艺术节”等系列活动50余场次;组建“红色文艺轻骑兵”,深入村屯演出70余场次。成功举办孙吴县第26届田径运动大会,组织参加各类体育赛事30余场次。凯健地产炫动歌舞团在北京获得“盛世夕阳红”金牌,第二中学足球队在全省校园足球联赛中获得亚军,誉福足球队获得黑河市“五人制足球俱乐部联赛”冠军。

(国春青)

【民生保障】　2018年,孙吴县全年用于民生支出16.9亿元,占公共财政支出的90%。政府承诺的民生实事全部办结。完成农村道路加宽工程4个11.4千米,实施安全防护工程24个124.8千米,改造农村危桥3个,开通孙吴至黑河城际公交,城乡居民出行更加安全便捷。启动智慧医疗项目,完成孙吴县医院、社区服务中心和乡镇卫生院管理平台以及村卫生室移动终端设备的安装应用工作。天然气入户工程基本建成,庭院架空管网9千米,覆盖户数近5000户。开发房地产11万平方米,改造棚户区200户,发放住房租赁补贴1020户153万元,改善城乡居民居住条件。维护群众合法权益,妥善解决文城名苑、林海家园等6300余户不动产权证办理问题。改善医疗机构就医环境,中医养老护理综合楼投入使用,完成妇幼保健计生服务中心和社区卫生服务中心维修改造工程。在新建小区和旅游景区新建厕所9处。稳步推进就业创业工作,城镇新增就业1264人,开发公益性岗位798个,发放小额创业贷款2000万元,城镇登记失业率为3.5%。建立农民工实名制和工资保证金制度,收缴保证金300万元。不断扩大社会保险覆盖面,建立统一的城乡居民基本医疗保险和养老保险制度。完成城乡低保和特困供养提标补发工作,足额发放困难残疾人生活补贴和重度残疾人护理补贴,保障困难群体基本生活。

(国春青)

【政府自身建设】　2018年,孙吴县开展政府系统学风建设和作风建设,建立常务会会前学法制度,提升领导班子执政能力。自觉接受人大法律监督和政协民主监督,办理人大代表意见和政协委员提案90件,办结率100%。严格落实党风廉政建设“一岗双责”制度,召开廉政会议2次。全面落实法制审核和法律顾问制度,主动公开政务信息5456条。全面推进“平安孙吴”建设,开展“七五”普法工作,孙吴县被授予“全省法治县创建活动先进单位”,孙吴县司法局被授予“全国人民调解工作先进集体”。加强群众来信来访办理、矛盾纠纷排查化解工作,信访工作持续稳定。深入实施安全生产领域改革,全面落实安全生产责任制,稳步推进双重预防机制,安全生产形势稳定向好。全方位落实防控措施,有效遏制非洲猪瘟等重大动物疫情传入。边境形势持续安宁,社会大局和谐稳定。严格征兵工作,实现63年无责任退兵,居全国首位。此外,教体、交运、疾控等多项工作获得省市荣誉,侨务、水产、气象、人防、地震、档案、地方史志等工作均取得较好成绩。　　　　　　　　　　　　　　　　　　　(国春青)

2018 年孙吴县国民经济主要指标统计表

表 12

项　目	单位	2018 年合计	比上年增减%
地区生产总值	亿元	16.8	7.3
第一产业增加值	亿元	8.0	8.2
第二产业增加值	亿元	2.5	6.6
第三产业增加值	亿元	6.3	6.1
人均地区生产总值	元	18120	8.4
粮食总产量	吨	270267	31.53
固定资产投资完成额	亿元	—	8.3
社会消费品零售总额	亿元	—	8.1
公共财政预算收入	亿元	1.7	17.2
公共预算支出	亿元	18.3	6.9
城镇居民人均可支配收入	元	20687	6.4
农村居民人均纯收入	元	13271	9.3

(国春青)

爱　辉　区

【概况】 爱辉区,位于黑龙江的北部,地处北纬 49°31′~50°51′,东经 125°52′~127°39′之间,边境线长 184.3 千米,东隔黑龙江与俄罗斯阿穆尔州及其首府布拉戈维申斯克相望。全区面积 14443 平方千米,辖3镇、8乡、15个农林牧场,全区总人口近20万,有满族、汉族、回族、达斡尔族、鄂伦春族等26个民族。区内耕地11.33万公顷,人均耕地2.01公顷,是全国重要的商品粮基地。全区林业经营总面积120.33万公顷,森林覆盖率73.1%,是国家重要的木材基地。区内土特产资源丰富,品种繁多。矿产资源富集,已发现矿藏68种,其中,以煤炭和黄金储量最为丰富,煤炭普查储量11亿吨。2018年,地区生产总值实现27.8亿元,增长7.7%。一般公共预算收入首次突破2亿元大关,增长10%。固定资产投资增长7.9%。社会消费品零售总额增长8.2%。外贸进出口总额实现1.2亿美元,增长9.6%。招商引资到位资金17.9亿元。城镇和农村常住居民人均可支配收入分别实现27957元和15179元,增长7%和8.6%。

中共黑河市爱辉区委员会
书　记　张建国
副书记　周　强
常　委　关永宏　李　会　杜　鑫
　　　　容玉奇(2018.10任)　梁玉钱　王　媛
　　　　徐雅斌　郭　雷　郝春雷(2018.8任)
黑河市爱辉区人大常委会
主　任　马福森
副主任　张忠平　姜慧春　李茂铎　周景双
黑河市爱辉区人民政府
区　长　周　强
副区长　关永宏　郝春雷　赵丽华　徐子河
　　　　孟宪辉　赵青海　吕继宏　杨海东
政协黑河市爱辉区委员会
主　席　赵　伟
副主席　刘海波　姚　军　王志强

(孙运才)

【产业发展】 2018年,黑河市爱辉区投资16.7亿元实施重点产业项目20项,其中,超亿元项目10项。好食育大豆参豉深加工项目即将批量生产,北丰大豆深加工项目正式投产,绿色功能性食品产业链加快形成。永发、军金煤矿扩能改造项目稳步推进,同兴、金三角煤矿满负荷生产,振兴煤矿、争光岩金矿实现联合试运转,资源优势正加快向产业优势转变。争光岩金矿纳入规上企业重点培育对象,一五一能源集团和多铜煤矿工业增加值占规上工业增加值的48.9%,龙源电力利税总额7491万元,“煤、金、电”产业支柱地位日益牢固,规模以上工业增加值和企业利税总额分别增长15%和10%。燕麦深加工、上马厂岩金矿项目达成转让协议,林板一体化和金湾水电站项目盘活取得实质性进展,三砖厂、金力建材、鹿源春鹿业实现扭亏增盈,晟鸿达商贸公司获批贷款周转金320万元。红河谷汽车测试公司定向增发股票融资3030万元,额度全市第一,获首届市长质量奖提名奖。新培育科技型企业6家、认定高新技术企业1家、入库国家科技型中小企业平台2家,科技创新能力显著提升。赴省外招商引资9次,对接项目线索50余项,为经济发展厚植潜力、积蓄动力。　　　　　　　　　　　　　　(孙运才)

【乡村振兴】 2018年,黑河市爱辉区启动农业绿色发展示范先行区创建,投入1100万元出台扶持政策,打造市级试点2个,建成农业绿色种植示范园区12处,全区农药、化肥、除草剂施用量分别减少4%,瑷珲镇成为国家绿色食品发展中心数据采集地和全省10个、全市唯一的国家农业产业强镇,粮食生产实现“十一连丰”,粮食安全县长责任制全面落实。全力打造“瑷珲亚寒带”区域品牌,绿色食品标识增至111个,产地认证面积8.11万公顷、占耕地总面积的70.7%,“瑷珲大豆”“瑷珲面粉”进入国家评审阶段,地理标志有望实现零突破。兄弟果蔬寒地免烧节能温室试验成功,改写了冬季无地产蔬菜供应历史。19家合作社入驻“互联网+”产业园区,“瑷珲e购”建立零售终端800余家,单品经销权3700余个,线上线下销售总额8000余万元。郑州前置仓、西安分公司和杭州农产品体验店投入使用,与徐州雨润公司签订战略合作协议,爱辉农产品入驻雨润农副产品体验中心名品馆。与徐州三绿公司签订5万吨大豆产销协议,约占全区大豆年产量的50%。中兴牧业与光明乳业签订战略合作协议,西峰山牧场通过国家级现代示范奶牛场复检验收,全区马匹存栏总量稳居黑河市首位,畜牧业总产值增长3.4%。生产食用菌800万袋,繁育苗木2000万株,林业总产值增长2.4%。渔业总产量2200吨,总产值增长5.88%。种植、养殖、林产等农业产业竞相发展,筑牢了乡村振兴之基。

(孙运才)

【产业融合】 2018年,黑河市爱辉区以乡野公园为核心,链接休闲农业、特色文化等多样化资源,把项目和资金向市区至富拉尔基45千米优势区域打捆投放,形成了融合叠加效应。充分挖掘休闲农业潜力,投入5500余万元推进田园综合体建设,新建草莓棚室5.8万平方米,种植金莲花30公顷、彩色农业306.66公顷,形成了集休闲、观光、创意于一体的农业新业态。充分挖掘农产品加工潜力,初步形成以外二道沟白瓜子加工、卡伦山酿酒为代表的“小作坊”产业群,日辉、瑷珲庄园等特色旅游商品广受游客青睐,实现了“小作坊、大作为”。充分挖掘旅游业拉动潜力,投入1.1亿元升级瑷珲乡野公园,实施游船码头、沙滩浴场等45个项目,民宿、农家乐等旅游服务场所增至45家,阿穆尔庄园等主题景点成为旅游新亮点。充分挖掘特色文化潜力,启动瑷珲乡野公园中俄游园汇和全域旅游美食嘉年华活动,叫响了乡野公园旅游品牌。瑷珲上元节、库木勒节、颁金节等民族节庆美誉度不断提升,外四道沟村成为“中国美丽休闲乡村”“中国美丽乡村百佳范例”“省级乡村旅游示范点”,瑷珲村、坤河村跻身中国传统村落,爱辉区获评“新时代·中国绿水青山最佳旅游名区”。

(孙运才)

【生态建设】 2018年,黑河市爱辉区投入1000余万元整改金河食品公司、振铭颗粒厂等6件中央环保督察“回头看”反馈问题,建成市区唯一标准化生猪定点屠宰场,全面完成整改任务。扎实开展高污染燃料禁燃区小锅炉“清零行动”,完成型煤锅炉淘汰目标。全力推进秸秆禁烧和综合利用,超额完成深松整地和碎混还田任务,实现秸秆禁烧“零火点”目标,空气质量达标天数位居全省前列。投入600余万元整改小金厂市级水源地二级保护区和5个乡镇集中式水源地,建成国控断面自动水质监测站。在全市率先将河长制工作纳入实绩考评范畴,以县级满分成绩通过黑河市全面建立河长制工作验收。投入2400余万元,完成罕达汽侵蚀沟治理主体工程和上马厂0.19万公顷土地整治。投入2200余万元,完成森林抚育1.24万公顷,绿化造林91.13公顷。投入1900余万元,建成七二七中队标准化营房,维修防火路120千米、瞭望塔25座,取得连续25个防期不发生重特大森林火灾新成绩。完成胜山和公别拉河自然保护区生态破坏问题销号申请,实施生态红线划定和刺尔滨保护区区划调整,爱辉区达到国家生态区标准。投入2000余万元,理顺无物业小区及城中村、城乡结合部卫生管理机制,启动农村环境卫生整治和外三道沟村“厕所革命”试点,全市“三清理一绿化”现场会在爱辉区召开。坤河乡、西岗子镇纳入省级卫生乡镇,爱辉区成为全省农村生活垃圾治理试点县。

(孙运才)

【重点领域改革】 2018年,黑河市爱辉区启动空间规划编制工作,为爱辉区未来15年城镇发展、基础建设、生态保护绘就了规划蓝图。“两区”划定和清产核资全面完成,土地承包经营权确权登记颁证稳步推进,国有林场改革以优秀成绩通过省级验收。区供销社获省级先进单位,在全省供销综合改革推进会议上作典型发言。投入1.3亿元完成农村公路PPP项目建设,公路投融资改革走在全省前列。启动新一轮机构改革,退役军人事务局挂牌成立。提升对内合作层次。与腾冲市互派代表团参加展会,合作拍摄的《天穹南北》纪录片在央视播出,郭华东院士工作站落户爱辉区。与珠海市香洲区和斗门区、营口市鲅鱼圈区、东莞市大朗镇缔结为友好区(镇),与黑河学院签订战略性合作协议,对口合作和院区共建迈入新阶段。推进对外合作升级。对俄农业开发面积6.67万公顷,回运农产品超20万吨,北丰农业(畜牧)产业园纳入俄远东超前发展区管理,与和兴商贸物流园共同列入全省境外重点建设园区。与腾达区建成友好区,区人大与布市杜马友好互访23年,市幼儿园与雅库茨克市第27幼儿园签订友好协议。与日本高野双臂、和光食粮株式会社达成草莓出口、纳豆生产合作意向,对外开放多极化发展。

(孙运才)

【脱贫攻坚】 2018年,黑河市爱辉区全力以赴补短板、强弱项、攻软肋,打出了脱贫攻坚“组合拳”。重点推进小额扶贫贷款、光伏发电、“村社一体”等10类扶贫产业,贫困群众人均产业由1.96个增至2.17个,人均纯收入达6769元。投入6300余万元,实施民宗和扶贫项目45项,升级改造35个村安全饮水、78户贫困群众危房、15个贫困村卫生室和15个贫困村文化活动场所,千人扶贫知识测试得到市政府主要领导批示,饮水安全工程建设获得全省通报表扬。全力解决贫困群众就医、就学问题,出台建档立卡贫困人口扶贫政策,发放医疗、教育、社保等惠民资金752万元,免费为贫困群众缴纳基本医疗和商业医疗保险、养老和人身保险、房屋财产险,门诊报销提高到200元/人,门诊慢性病、大病保险和住院报销比例大幅提高,30余项保障政策筑牢了脱贫攻坚最后一道屏障。贫困村"三通三有"全部达标,贫困群众"两不愁、三保障"全面解决,6个贫困村、516名剩余贫困人口全部高质量脱贫,贫困发生率降为零,脱贫攻坚战取得阶段性胜利,初步达到了国家规定的脱贫目标。

(孙运才)

【民生保障】 2018年,黑河市爱辉区新一轮均衡性转移支付基数增长18.6%,税收收入实现1.38亿元、增长9.4%。民生支出18.2亿元、占一般公共预算支出的90.6%,同比提高3.8个百分点,承诺的"十件民生实事"全面完成。公共服务均衡发展。投入3600余万元建设教育基础设施项目40余项,投入2000余万元完成精神病院二期和疾控中心实验室建设,黑河市第二人民医院信息化建设加快推进。福龙社区用房主体工程完工,新争取社区用房4处,打造人保和博文2个示范社区,社区用房平均面积提高12%,为黑河市创建全国文明城市奠定良好基础。社会保障更加坚实。投入3550万元,提高机关事业单位职工工资、住房公积金和住房提租补贴标准,人均增长620元/月。社区工作者补贴人均提高120元/月,村支书、村主任工资提高2100元/人·年,村会计工资提高1700元/人·年,企业和机关事业单位退休人员基本养老金分别增长5%和4%。城乡居民基础养老金标准提高到108元/人·月,城乡居民医保财政补贴标准提高到490元/人·年。投入260万元为中小学在校生统一缴纳医疗保险,省内异地就医医保实现即时结算。城镇新增就业2300人,登记失业率低于全省1.06个百分点。投入200万元完成中心敬老院消防设施改造。公共安全保持稳定。维修改造危桥12座、水毁路基和路面1.86万立方米,消除交通隐患197千米。安全生产形势持续稳定,扫黑除恶、信访维稳、食品药品安全、边境和宗教管理持续加强,获评第四批"全国法治县(市、区)创建活动先进单位"。积极配合市区棚户区改造、大桥桥头区、跨江空中索道和中俄东线天然气管道等征占地工作,黑龙江大桥征占地全面完成,为市区重大工程建设奠定了坚实基础。

(孙运才)

【文体事业】 2018年,黑河市爱辉区重新启动"瑷珲"政区地名用字恢复工作,举办瑷珲历史文化论坛和中俄少数民族文化季,《瑷珲镇——英雄之城、寸土不让》纪录片在央视播出,《黑河市爱辉区志》出版发行,古伦木沓节亮点纷呈。广播电视站综合演播厅投入使用,"你好爱辉"抖音号累计播放量破10亿、跻身全国政务号前三名。参与央视《魅力中国城》竞演,助力黑河市入围"十佳魅力城市"。举办第三届少数民族运动会和第二届农民运动会,开展"区长杯"大型文体活动10余项,中俄跨境徒步大会在央视播放,国家健康促进区试点通过评估。 (孙运才)

2018年黑河市爱辉区国民经济主要指标统计表

表13

项　目	单位	2018年合计	比上年增减%
地区生产总值	亿元	27.8	7.7
第一产业增加值	亿元	10.0	8.2
第二产业增加值	亿元	8.5	11.1
其中:工业增加值	亿元	6.7	14
第三产业增加值	亿元	9.2	4.3
人均地区生产总值	元	34110	7.8
粮食总产量	吨	416274	34.4
固定资产投资完成额	亿元	—	7.9
社会消费品零售总额	亿元	—	8.2
公共财政预算收入	亿元	2.0	10
公共预算支出	亿元	20.1	-2.2
城镇居民人均可支配收入	元	27957	6.9
农村居民人均纯收入	元	15179	8.6

(孙运才)

五大连池风景名胜区自然保护区

【概况】 2018年,五大连池风景名胜区自然保护区(以下简称"五大连池风景区")全年地区生产总值6.51亿元,社会消费品零售总额1.96亿元,公共财政预算收入6301万元,同比分别增长5.5%、8.1%、6%。固定资产投资1.2亿元。五大连池风景区经济呈现稳步发展的局面。

领导班子成员及副处级以上领导干部:

党委书记　管委会主任　侯　明
党委委员　宣传部部长　宋万才
党委委员　组织部部长　刘长彦
党委委员　纪委书记　张琳丽(2018.10止)
　　　　　　　　　　郭进军(2018.10任)
党委委员　管委会副主任　卢绪光　牛明光　高　峰
　　　　　　　　　　刘　冲(2018.1任)
党委委员　副处级干部　李　峰　肖德生

(杨金辉)

【生态建设】 2018年,五大连池风景区全面贯彻生态文明思想,环境保护进一步加强。积极推进国家环保督察和"绿盾行动"反馈问题整改,拆除管理用房4处,核心区栈道转为科考和野生动物保护通道,处理疑似点位5处。生态环境保护的11个子项目,竣工9个,在建2个。完成石龙河和二龙泉保护工程。完成地质公园保护条例修编。通过省级生态红线划定审查。开展第三次国土调查、土地利用总体规划调整和第二次污染源普查。严格执行"河湖长制"管理和饮用水源保护。开展"大棚房"专项清理整治。全面启动秸秆禁烧。狠抓森防工作,实现38个防期无重特大火灾。顺利通过世界地质公园评估。　(杨金辉)

【康养产业】 2018年,五大连池风景区充分发挥资源优势,康养产业稳步发展。推进治病机理研究,完成"银屑病、风湿骨病和亚健康"课题研究伦理审批,采集录入100名志愿者康养信息,为开展治病机理研究奠定基础。将美丽景区、温泉休闲、特色饮食等多样资源与中西医疗法融合,推出了高端定制式康养旅游新模式。完成南洗泉部分设施建设。改造翻花泉泡泉设施,设立皮肤病门诊。完成国际矿泉理疗城设计等前期,正在办理生态评估报告。利用各类推介会宣传促销,发展壮大康疗颐养联盟,"候鸟式"养老态势逐步形成。2018年康养人员21.8万人次,其中,俄罗斯8.5万人次。　(杨金辉)

【矿泉产业】 2018年,五大连池风景区加快园区建设,矿泉产业提质增效。园区详规编制基本完成,水资源论证、水土保持方案、矿产压覆等前期工作有序推进,完成1300米主干路、2100米管网建设和35千伏输变电工程回购,与福爱集团、万圣集团、印象连池和区内6家小微企业达成入驻园区意向,启动省级开发区申报程序。完成功能水研发,推进成果转化。企业自主研究矿泥成分进入尾声。矿泉水品牌影响力不断扩大。矿泉鱼养殖纳入黑河市绿色发展示范区项目。矿泉鸭、果蔬、中草药种植等种养业持续发展。矿泉特色食品成为餐桌上的美食和游人乐购产品。

(杨金辉)

【旅游产业】 2018年,五大连池风景区发展全时全季全域游,旅游产业持续升温。发展VR体验、低空飞行、水上乐园、房车露营等体验项目。推出"连池恋歌"实景水秀、圣水祭民俗表演、火山斯卡拉、迷宫灯会等产品,精心打造火山圣水节,丰富体验游、文化游。举办堰塞湖冬捕、新年登高、冰上龙舟、电音之夜等冬季旅游活动,推出冰雪乐园、雪地温泉、温泊冰景园、卧虎山滑雪等产品,冰雪游不断升温。与省内42家旅游企业缔结旅游联盟。开展中小学生系列研学实践活动,接待6500人次。对涉旅企业和服务人员严格监管、定期培训,规范旅游秩序。国家级旅游度假区申报通过省专家评审,已呈文旅部待批。2018年接待游客183万人次,旅游综合收入6.7亿元,同比分别增长12%、10%。

(杨金辉)

【品牌打造】 2018年,五大连池风景区突出品牌打造和宣传营销,对外知名度明显提高。获第三届中国质量奖提名奖,是黑龙江省唯一获奖单位。入选中国优秀旅游景区和国家AAAAA级旅游景区50强名单。以246亿元品牌价值,位列黑龙江省旅游品牌价值榜首。省工疗获"南病北治、北药南用"养老示范基地。国内知名演员在《魅力中国城》为景区代言,矿泉产品和特色民俗被国人熟知。开设政务和旅游专网,开通官方抖音。在中央及省、市级以上媒体发稿500余篇,在央视4个频道播出冬季旅游宣传片,多家媒体网络直播景区重大活动。通过中俄文化大集、哈洽会、中国品牌活动日等进行推介,赴国内重点客源地开展营销。　(杨金辉)

【项目建设】 2018年,五大连池风景区狠抓对上争取和招商引资,项目建设取得实效。积极争取园区基础设施、生态停车场、污水处理厂升级等项目资金共3亿元,超出年初计划18%。16个项目纳入省级平台和国家发改委重大项目平台。完成投资1.69亿元,复工园区基础设施二期、火山博物馆布展等4个项目,新开工地质遗迹保护、省工疗康复医院、冰雪旅游开发等5个项目。加大招商引资力度,到位资金2.32亿元。与福爱集团签订年产300万吨矿泉水项目合作开发协议,与万圣集团、河南科迪、山西旭日、广州绿草人等企业达成初步合作意向。

(杨金辉)

【基础设施】 2018年,五大连池风景区加强基础设施建设,服务功能日臻完善。完成二龙眼至庆五路连接道路、水源地泵站加高、老镇污水管网和新镇污水处理厂改造工程。完成区内主次干路、桥梁等维修改造。新建垃圾填埋场投入使用。完成南北泉设施改造和水晶宫防水工程。更换景点户外解说板400余块、室内展板100余块。完成智慧旅游微信公众平台建设,开通景点网络支付功能,景区Wi-Fi信号基本覆盖。完成新老镇部分地段绿化工程,新镇亮化覆盖率达到90%。严格镇容村貌管理和整治,实现全天候保洁、垃圾桶装收集、不落地密闭运输。　(杨金辉)

【民生工作】 2018年,五大连池风景区增进百姓福祉,社会民生事业不断进步。依托水秀演出、光伏发电、青龙湖水上乐园、发行小额贷款等项目推进产业脱贫。落实"两不愁、三保障",29户贫困户搬入新区楼房,17户贫困户33人纳入农村低保、特困范围。完成剩余9户22人脱贫,建档立卡户65户140人全部标注脱贫。完成三年轮作0.07万公顷,土地流转0.12万公顷,农业"三减"66.66公顷。完成三村土地确权和龙泉、邻泉两村清产核资。非洲猪瘟防控形势稳定。三所义务教育学校晋升为省级标准化先进学校,实现了城乡义务教育均衡发展。人民医院搬进新址,更新医疗设备,医疗水平稳步提升。建成社区健身馆。百姓春晚、送文化下乡等群众性文体活动丰富多彩。养老、就业、医保等社会保障资金,以及大病救助、补助补贴、优抚、低保等社会救助资金足额兑现。解决拖欠农民工工资110万元。成立专班深入开展"扫黑除恶"专项斗争。强化反恐防范措施,开展"一标三实”采集录入、出租房屋清理登记、打击“黄赌”行动,社会治安明显向好。信访维稳和安全生产形势持续稳定。开展“四零”创建,服务审批事项由77项增加至338项,梳理公布“马上办”“网上办”“就近办”“最多跑一次”“不见面审批”等事项689项。完成老城区基础设施改造、新老镇绿化、旅游扶贫、文化广场建设等民生项目。（杨金辉）

【党建工作】 深入学习中共十九大、习近平总书记视察黑龙江省等重要指示精神。举办宣讲报告会12场、火山文化大讲堂11期。评出49位“最美景区人”、5家“文明诚信单位”。深化机关作风整顿,聚焦专项整治,抓流程再造,规范服务事项。抓实基层党组织和党员队伍建设,完成12个区直党委和73个党支部换届选举。加强廉政文化教育,提高干部行动自觉。成立市监委派出监察室,实现全区公职人员监察监督全覆盖。对12个部门、3个村党组织进行政治巡察,移交问题线索8件。加大执纪审查力度,查处违纪案件24件,处分违纪人员21人,风清气正的政治生态进一步巩固。（杨金辉）

黑河边境经济合作区

【概况】 2018年,黑河边境经济合作区在黑河市委、市政府的正确领导下,把握发展大局,紧紧围绕全年工作目标,攻坚克难,狠抓落实,主动作为,经济保持平稳较快增长、基础设施条件持续改善、特色产业发展取得新进展、改革开放持续深化。全区地区生产总值增长7%,规模以上工业增加值增长7.7%,公共财政收入增长27.4%。

领导班子成员及副处级以上领导干部:
党委书记　管委会主任　王海东
党委副书记　管委会副主任　陆海军(调研员)
党委委员　管委会副主任　沈秋辉
党委委员　管委会副主任　黑河桥头区建设开发有限责任公司董事长　杨占宏(2018.3任)
党委委员　管委会副主任　黑河桥头区建设开发有限责任公司总经理　刘致全(2018.3任)
党委委员　管委会副处级干部　柴克勤
党委委员　管委会副调研员　姜传凯　孙庆海　王德林

（李鹏亮）

【桥头区建设】 2018年,黑河边境经济合作区参与编制完善黑龙江大桥桥头区总体规划和基础设施专项规划。完成26.39公顷口岸联检区和起步区一期72.64公顷项目用地收储;完成桥头区、起步区剩余101.37公顷和64.31公顷两个地块的征收公告发布;完成了桥头区、起步区基础设施测量、地勘、可研编制,规划白松路道路及给排水施工图设计及图审等;完成了桥头区、起步区基础设施发改、规划、国土、环保等审批手续。（李鹏亮）

【产业发育】 2018年,黑河边境经济合作区鹏程碳化硼、龙江化工电石、中隆贵重金属线等顺利完成全年生产目标,农耕大豆深加工、泽博高纯荧光粉微粉项目建成试生产;10个省市重点项目全部开复工,完成投资4亿元。其中,省重点金龙港OLED有机发光材料项目完成办公楼、动力中心主体工程建设;保税物流中心(B型)海关监管区主体完工;徐工欧亚汽车零部件生产项目土建基础工程开工。市重点龙江化工IDC数据中心项目完成6000台服务器安装运行;恒华药物中间体项目、坤鹏大豆低温浓缩豆粉加工项目、银建国际货运物流中心项目工作进展顺利。创业中心入驻企业23户,实现销售收入5亿元,贵重金属线连续两年销售收入超过2000万美金。

（李鹏亮）

【对俄合作】 2018年,黑河边境经济合作区积极引进贸易主体,稳定出口规模,对外贸易进出口总额完成25.55亿元,同比增长30.36%。机电、果蔬出口,电力、农副产品进口稳步增长,新引进博生公司纸浆、信和公司俄罗斯小麦进口实现零突破。对俄合作逐步拓展升级,阿穆尔—黑河边境油品储运与炼化综合体项目完成股权转让和两国设计转换。俄罗斯萨哈(雅库特)共和国油田区块勘探开发项目完成2个井钻探工作。境外孵化器吸引4家企业入驻。

（李鹏亮）

【向上争取】 2018年,黑河边境经济合作区与省电力公司签订《黑河俄电专署供电区用电相关事宜协议书》,为园区用电企业发展提供保障;34.1平方千米产业园区优化整合方案得到省政府批复;向省商务厅和国家商务部申报黑河—布拉戈维申斯克跨境经济合作区;积极争取边合区扩区和先行先试开放升级。向上争取产业项目到位资金5174万元;桥头区建设争取地方政府新增一般债券和专项债券4.05亿元;亚洲开发银行1.5亿美元政策贷款经亚行中国国别贷款谈判会议正式通过,争取2019年列入国家发改委三年滚动规划。（李鹏亮）

人　物

市级领导人

【中共黑河市委领导】

秦恩亭　市委书记,男,汉族,1961年2月出生于山东省汶上县,文学学士。1982年8月参加工作,1985年11月加入中国共产党。2016年2月任中共黑河市委书记。

谢宝禄　市委副书记、市政府市长,男,汉族,1963年3月出生于黑龙江省哈尔滨市,研究生学历,经济师。1983年9月参加工作,1987年4月加入中国共产党。2016年12月任中共黑河市委副书记。2018年7月止。

马　里　市委副书记、市政府市长,男,汉族,1963年7月出生于吉林省长岭县,大学学历。1979年11月参加工作,1982年2月加入中国共产党。2018年7月任中共黑河市委副书记。

姚志波　市委副书记,男,汉族,1963年3月出生于黑龙江省宾县,大学学历。1979年7月参加工作,1984年6月加入中国共产党。2014年4月任中共黑河市委常委、北安市委书记。2016年7月任中共黑河市委副书记、北安市委书记。2017年7月任中共黑河市委副书记。2018年12月止。

孙恒义　市委副书记,男,汉族,1966年3月出生于黑龙江省拜泉县,经济学硕士,高级工程师。1988年7月参加工作,1988年5月加入中国共产党。2016年11月任中共黑河市委常委、市政府副市长。2018年12月任中共黑河市委副书记。

张　野　市委常委、市纪委书记、监委主任,男,汉族,1963年12月出生于黑龙江省集贤县,工商管理硕士,会计师。1981年8月参加工作,1986年5月加入中国共产党。2016年11月,任中共黑河市委常委、市纪委书记。2017年12月任黑河市监察委员会主任。

孙　飚　市委常委,男,汉族,1971年10月出生于黑龙江省克东县,哈尔滨工程大学工商管理硕士,高级工程师。1992年7月参加工作,1991年12月加入中国共产党。2018年12月任中共黑河市委常委、市政府副市长人选。

姜　杨　市委常委、市委组织部部长,男,汉族,1967年5月出生于黑龙江省大兴安岭地区,农业推广硕士。1988年7月参加工作,1994年12月加入中国共产党。2015年8月任黑河市委常委,2015年9月任中共黑河市委组织部部长。

白景新　市委常委、黑河军分区政治委员,男,汉族,1968年10月出生于黑龙江省富锦县,大学学历。1987年9月参加工作,1991年1月加入中国共产党。2015年6月任黑河军分区政委,2017年11月任中共黑河市委常委。

张崇义　市委常委、市委秘书长,男,汉族,1965年3月出生于黑龙江省北安市,工学学士,农业推广硕士。1987年8月参加工作,1986年4月加入中国共产党。2017年1月任中共黑河市委常委、市委秘书长。

徐　飞　市委常委、市委宣传部部长,男,汉族,1964年7月出生于黑龙江省黑河市,研究生学历。1982年11月参加工作,1985年9月加入中国共产党。2017年1月任中共黑河市委常委、市委宣传部部长。2018年3月止。

马春波　市委常委、市委宣传部部长,男,汉族,1970年7月出生于黑龙江省齐齐哈尔市,公共管理硕士,经济师。1992年8月参加工作,1992年5月加入中国共产党。2016年11月任黑河市政府副市长。2018年5月任中共黑河市委常委、市委宣传部部长。

赵起超　市委常委、市政府副市长(挂职),男,汉族,1968年7月出生于辽宁省兴城县,工程硕士、工商管理硕士、高级工程师。1990年7月参加工作,1995年6月加入中国共产党。2016年3月任中共黑河市委常委、市政府副市长。2018年3月止。

陈洪生　市委常委、市委政法委书记,男,汉族,1962年3月出生于黑龙江省嫩江县,农业推广硕士。1988年8月参加工作,1988年7月加入中国共产党。2012年1月任黑河市政府副市长。2017 年 11 月任中共黑河市委常委，2017 年 12 月任黑河市委政法委书记。

庞晓东 市委常委、市政府副市长(挂职)，男，汉族，1970 年 4 月出生于山西省沁源县，北京大学教育学院管理学博士，高级经济师。1992 年 7 月参加工作，1992 年 4 月加入中国共产党。2018 年 4 月任中共黑河市委常委、市政府党组成员。2018 年 6 月任黑河市政府副市长。

【黑河市人大常委会领导】

秦恩亭 市人大常委会主任，男，汉族，1961 年 2 月出生于山东省汶上县，文学学士。1982 年 8 月参加工作，1985 年 11 月加入中国共产党。2016 年 5 月任黑河市人大常委会主任。2018 年 10 月止。

蔺　波 市人大常委会主任，党组书记，男，汉族，1960 年 7 月出生于黑龙江省嫩江县。1983 年 7 月参加工作，1982 年 11 月加入中国共产党，2017 年 1 月任黑河市人大常委会副主任、党组书记。2018 年 10 月任黑河市人大常委会主任。

王长玉 市人大常委会副主任，男，汉族，1963 年 10 月出生于黑龙江省北安市，大学学历。1985 年 8 月参加工作，1994 年 6 月加入中国共产党。2015 年 2 月任黑河市人大常委会副主任。

屈树广 市人大常委会副主任，男，汉族，1961 年 10 月出生于山东省肥城县，省委党校研究生毕业。1981 年 8 月参加工作，1985 年 4 月加入中国共产党。2015 年 12 月任黑河市人大常委会副主任。

张兆华 市人大常委会副主任，女，汉族，1962 年 3 月出生于黑龙江省黑河市，大学学历。1981 年 7 月参加工作，1992 年 8 月加入中国共产党。2017 年 1 月任黑河市人大常委会副主任。

杜久武 市人大常委会副主任，男，汉族，1965 年 4 月出生于内蒙古赤峰县，工学学士。1987 年 7 月参加工作。2017 年 1 月任黑河市人大常委会副主任。

【黑河市人民政府领导】

谢宝禄 市政府市长，男，汉族，1963 年 3 月出生于黑龙江省哈尔滨市，研究生学历，经济师。1983 年 9 月参加工作，1987 年 4 月加入中国共产党。2016 年 12 月任黑河市政府代市长、党组书记。2017 年 1 月任黑河市政府市长。2018 年 7 月止。

马　里 市政府市长，男，汉族，1963 年 7 月出生于吉林省长岭县，大学学历。1979 年 11 月参加工作，1982 年 2 月加入中国共产党。2018 年 8 月任黑河市政府副市长、代市长、党组书记。10 月任黑河市政府市长。

孙恒义 市委常委，市政府副市长，男，汉族，1966 年 3 月出生于黑龙江省拜泉县，经济学硕士，高级工程师。1988 年 7 月参加工作，1988 年 5 月加入中国共产党。2016 年 11 月任中共黑河市委常委、市政府副市长、党组副书记。2018 年 12 月止。

庞晓东 市委常委、市政府副市长(挂职)，男，汉族，1970 年 4 月出生于山西省沁源县，北京大学教育学院管理学博士，高级经济师。1992 年 7 月参加工作，1992 年 4 月加入中国共产党。2018 年 6 月任黑河市政府副市长。

陈晓杰 市政府副市长，女，汉族，1965 年 9 月出生于黑龙江省北安市，研究生学历，农业推广硕士，民盟黑河市委主任委员。1985 年 7 月参加工作。2017 年 1 月任黑河市政府副市长。

马春波 市政府副市长，男，汉族，1970 年 7 月出生于黑龙江省齐齐哈尔市，公共管理硕士，经济师。1992 年 8 月参加工作，同年 5 月加入中国共产党。2016 年 11 月任黑河市政府副市长。2018 年 5 月止。

王　刚 市政府副市长，男，汉族，1971 年 1 月出生于黑龙江省哈尔滨市，工学博士，研究员级高级工程师。1996 年 11 月参加工作，1993 年 3 月加入中国共产党。2015 年 12 月任黑河市政府副市长。2018 年 5 月止。

丁兆禄 市政府副市长，男，汉族，1970 年 12 月出生于山东省日照市，农业推广硕士学位。1992 年 8 月参加工作，1998 年 6 月加入中国共产党。2018 年 6 月任黑河市政府副市长。

彭海涛 市政府副市长，男，汉族，1964 年 12 月出生于黑龙江省庆安县，理学学士。1988 年 7 月参加工作，1996 年 5 月加入中国共产党。2017 年 1 月任黑河市政府副市长。

邓福才 市政府副市长，男，汉族，1967 年 9 月出生于江苏省沛县，研究生学历。1985 年 9 月参加工作，1992 年 10 月加入中国共产党。2018 年 2 月任黑河市政府副市长。

赵起超 市委常委、市政府副市长(挂职)，男，汉族，1968 年 7 月出生于辽宁省兴城县，工程硕士、工商管理硕士、高级工程师。1990 年 7 月参加工作，1995 年 6 月加入中国共产党。2016 年 3 月任中共黑河市委常委、市政府副市长。2018 年 3 月止。

张瑾忠　市政府副市长，男，汉族，1968年4月出生于黑龙江省五大连池市，研究生学历，高级会计师。1992年7月参加工作，2004年6月加入中国共产党。2018年8月任黑河市政府副市长。

【政协黑河市委员会领导】

于凤荣　市政协主席、党组书记，女，汉族，1964年9月出生于吉林省松原市，研究生学历，法学博士，教授。1987年7月参加工作，1986年1月加入中国共产党。2016年11月任政协黑河市委员会党组书记。2017年1月任政协黑河市委员会主席。2018年12月止。

陈洪生　市政协党组书记，男，汉族，1962年3月出生于黑龙江省嫩江县，农业推广硕士。1988年8月参加工作，1988年7月加入中国共产党。2017年11月任中共黑河市委常委，2017年12月任黑河市委政法委书记。2018年12月任市政协党组书记。

赵殿举　市政协副主席，男，汉族，1958年2月出生于黑龙江省海伦县，大学学历，民进黑河市委主任委员。1976年3月参加工作。2012年1月任政协黑河市委员会副主席。

姚　龙　市政协副主席，男，汉族，1962年2月出生于黑龙江省黑河市，研究生学历，教授级高级政工师，经济师。1982年8月参加工作，1985年8月加入中国共产党。2017年1月任政协黑河市委员会副主席。

曹文兴　市政协副主席，男，满族，1963年8月出生于黑龙江省黑河市，大学学历，工程师，九三学社黑河市委主任委员。1984年8月参加工作。2007年1月任政协黑河市委员会副主席。

白树生　市政协副主席，男，汉族，1963年7月出生于黑龙江省兰西县，农业推广硕士。1979年7月参加工作，1983年11月加入中国共产党。2017年1月任政协黑河市委员会副主席。

王　锋　市政协副主席，男，汉族，1963年1月出生于黑龙江省青冈县，高级政工师。1982年8月参加工作，1984年11月加入中国共产党。2017年1月任政协黑河市委员会副主席。2018年7月止。

模范集体和人物

【2018年全国工人先锋号】

黑龙江省黑河铁路（集团）有限责任公司客运段K7033/6第一乘务组

【全国五一劳动奖章】

赵鹏举　北安市第一人民医院党总支书记、院长

【全国模范职工之家】

黑河市爱辉区花园街工会工作委员会

【黑龙江省五一劳动奖状】

黑河正兴磨料有限公司

【黑龙江省五一劳动奖章】

董宜伟　逊克县人民医院内一科主任
季大伟　孙吴县地方税务局政策法规股股长
王有千　孙吴县林业局大河口林场管护站护林工人

【黑龙江省工人先锋号】

黑龙江五大连池仙池矿泉饮品有限公司吹瓶车间
中国人民银行黑河市中心支行国库科
黑龙江省孙吴县国家税务局办税服务厅

附　　录

2018 年黑河市国民经济和社会发展统计公报

2018 年,市委、市政府以习近平新时代中国特色社会主义思想为指导,深入贯彻落实中共十九大、习近平总书记在深入推进东北振兴座谈会上的重要讲话和考察黑龙江时重要指示精神,按照省委十二届二次全会、市委六届三次全会、省市委经济工作会议部署,全面贯彻新发展理念,落实高质量发展要求,紧紧围绕“总量倍增、位次前移、跨越发展、全面振兴”的目标,创优环境,抢抓机遇,全市上下凝神聚力、务实进取,着力抓好招商引资和项目建设,积极培育经济新增长点,人民生活持续改善,经济和社会事业保持平稳健康发展,呈现“稳、进、好”的态势。

一、综合

经济总量。初步核算,地区生产总值 505.1 亿元,同比增长 7%。其中,第一产业增加值 223.2 亿元,增长 7.7%。第二产业增加值 79.5 亿元,增长 8.6%;在第二产业中工业增加值 68.7 亿元,增长 10.1%。第三产业增加值 202.4 亿元,增长 5.5%。三次产业占 GDP 比重分别为 44.2%、15.7%和 40.1%。

物价水平。居民消费价格指数(CPI)同比上涨 1.2%。从商品类别看,八大类商品价格呈“五涨两平一降”态势:医疗保健类上涨 2.8%,教育文化和娱乐类上涨 1.6%,交通和通信类上涨 1.5%,食品烟酒类上涨 1.4%,衣着类上涨 1.2%;居住类、其他用品和服务类持平;生活用品及服务类下降 0.3%。

二、农业

农林牧渔业。农林牧渔业总产值 293.6 亿元,同比增长 7.8%。农林牧渔业增加值 169.3 亿元,增长 7.8%。其中,种植业增加值 135.8 亿元,增长 8.5%;林业增加值 14.2 亿元,增长 9.5%;畜牧业增加值 14.4 亿元,增长 0.8%;渔业增加值 1.5 亿元,增长 8.6%;农林牧渔服务业增加值 3.4 亿元,增长 7.9%。农作物播种面积 129.3 万公顷,比上年增长 0.1%。完成造林面积 3053 公顷,其中,人工造林面积 454 公顷,当年新封山育林面积 2599 公顷。完成森林抚育面积 33193 公顷。肉类总产量 10.5 万吨,下降 13.5%。奶类产量 20.5 万吨,与上年持平。禽蛋产量 1.5 万吨,下降 22.8%。水产品总产量 1.9 万吨,增长 1.5%。

农业生产条件。农业机械总动力 313.5 万千瓦,同比增长 3.7%。拥有农用拖拉机 87692 台,同比增长 0.8%。农村用电量 24888 万千瓦时,下降 0.4%。

三、工业

工业生产。规模以上工业增加值同比增长 16%。其中,重工业增长 16%;轻工业增长 16%。国有及国有控股企业增加值增长 7%。中省直工业增加值增长 9%;地方工业增加值增长 17%。从产品产量看,在重点监测的工业产品中,增长较快的有:煤炭 319 万吨,增长 23.6%。下降较多的有:精制食用植物油 8992 吨,下降 55%;水泥 80.6 万吨,下降 14.7%。

规模以上工业主要产品产量

表 14

名称	单位	产量	增幅%
煤炭	吨	3190311	23.6
发电量	万千瓦时	192456	5
铜金属含量	吨	42525	27.1
铅金属含量	吨	1304	104
锌金属含量	吨	1357	13.8
小麦粉	吨	58183	-0.5
精制食用植物油	吨	8992	-55
乳制品	吨	14654	-2.2
饮料酒	千升	15267	17.9
其中:啤酒	千升	15215	18.7
饮料	吨	61938	-18.6
其中:包装饮用水	吨	40789	-19.6
水泥	吨	806231	-14.7

工业效益。规模以上工业企业主营业务收入同比增长18%,利润总额增长55.2%,利税总额增长39.6%,其中地方工业利税总额增长35.2%。

四、固定资产投资和建筑业

固定资产投资。固定资产投资同比增长7.1%。其中,建设项目投资下降4.2%;房地产开发投资增长1.5倍。投资结构有所调整。第一产业投资下降43.4%,占全部投资额的6.1%;第二产业投资增长15.1%,占全部投资额的25.8%;第三产业投资增长12.7%,占全部投资额的68.1%。商品房销售额21.9亿元,商品房销售面积59.8万平方米,分别下降1.7%和12.4%。

建筑企业。建筑业总产值21.7亿元,同比增长4.2%。房屋建筑施工面积94万平方米,下降13.7%;房屋竣工面积72万平方米,下降50.6%。

五、国内贸易

消费市场。社会消费品零售总额同比增长8.3%。按地域分,城镇社会消费品零售额增长8.2%;乡村社会消费品零售额增长8.5%。从行业看,批发业零售额增长9.5%;零售业零售额增长11.6%。住宿业营业额增长12.8%;餐饮业营业额增长9.5%。

热销商品。在限额以上批发零售企业统计的27类商品中,零售额比重较大的有:石油及制品类6.4亿元,服装鞋帽纺织品类6.2亿元,汽车类3.9亿元。增长较快的有:中西药品类增长1.2倍,化妆品类增长60.7%,家具类增长44.7%。

六、对外贸易和旅游

对外贸易。对外贸易进出口总值44.5亿元,同比增长19.1%。其中,进口32.9亿元,增长21.5%;出口11.6亿元,增长12.6%。边境小额贸易37.9亿元,增长17.5%;一般贸易6.1亿元,增长65.8%;其他贸易2145万元,下降84.2%。对俄贸易41.4亿元,增长17.8%。

旅游。国内外游客1152.6万人次,同比增长18.9%。旅游收入100.6亿元,增长22.5%。边境旅游出入境人数88万人次,增长16.1%。其中,出境人数44.1万人次,增长17.2%;入境人数43.9万人次,增长15%。边境旅游收入15.4亿元,增长15.7%。

七、交通

交通运输。铁路货运量130.9万吨,同比增长3.1%,铁路货物周转量15949万吨公里,下降21.3%;公路货运量760万吨,增长1.9%,公路货运周转量117889万吨公里,下降10%;水路货运量33.3万吨,增长48.7%,水路货运周转量319.8万吨公里,增长54.7%;航空货邮49吨,下降32.4%。完成铁路客运量138.6万人,增长2.9%,铁路客运周转量27890万人公里,增长5%;公路客运量391万人,下降13.2%,公路旅客周转量35560万人公里,下降13.9%;水路客运量29.9万人,增长13.3%,水路客运周转量239.4万人公里,增长13.1%;航空旅客吞吐量18.1万人次,增长20.1%。

八、财政金融

财政收支。公共财政预算收入34.4亿元,增长7%。其中,税收收入16.9亿元,增长13.1%;非税收入17.5亿元,增长1.7%。公共财政预算支出214.1亿元,增长1.4%。民生支出和重点支出得到保障,住房保障支出9.3亿元,增长18.4%;城乡社区事务支出16亿元,增长17.2%;社会保障和就业支出33.4亿元,增长2.3%;农林水事务支出81.4亿元,增长0.8%。

金融市场。2018年末,金融机构人民币存款余额809.4亿元,比年初增长7.7%,其中住户存款594.4亿元,比年初增长12.1%。金融机构人民币贷款余额557.8亿元,比年初下降4.7%,其中短期贷款395.5亿元,比年初下降2%。

九、教育卫生

教育事业。高等教育在校生10233人,同比增加160人。普通中学在校生51045人。中等职业技术学校在校生5243人。小学校在校生48149人。小学净入学率100%,初中净入学率100%。

医疗卫生。卫生机构1046个(含村卫生所659个)。其中,医院60个,卫生院73个,疾病预防控制中心7个,妇幼保健院(所、站)7个。卫生机构床位数7974张,比上年增加89张。卫生机构技术人员9740人,比上年减少79人,其中,医师4032人,增加2人。

十、文化体育

文化事业。年末有文化馆7个,公共图书馆6个,广播电视台6座。电视节目综合人口覆盖率97.7%,广播节目综合人口覆盖率97.9%。

体育比赛。获国家级比赛金牌3枚,同比减少1枚;银牌7枚,同比增加5枚;铜牌11枚,同比增加10枚。获省级比赛金牌22枚,同比增加10枚;银牌33枚,同比增加17枚;铜牌38枚,同比增加24枚。

十一、环境保护

环境保护。环境保护系统共有245人,各级环境监测站9个,环境监测人员66人,有自然保护区25个。城市饮用水源水质达标率为100%。全市综合能源利用效率稳步提高。单位GDP能耗同比下降3.3%。

十二、居民收入和社会保障

新增就业和居民收入。年末全市城镇新就业人员2万人,失业人员再就业人数1.1万人,城镇登记失业率3.51%。城镇常住居民人均可支配收入27957元,同比增长7%;农村常住居民人均可支配收入15268元,同比增长9%。

社会保障。城乡居民养老保险参保人数为41.4万人,企业和个体养老保险参保人数为12.8万人;城乡居民基本医疗保险参保人数为77.6万人,职工基本医疗保险参保人数为19.3万人,失业保险参保人数4.5万人。

中共黑河市委组织部 黑河市扶贫开发办公室 关于表彰全市优秀驻村干部的决定

(2018年7月1日)

中共十九大以来,全市广大基层党组织和党员干部坚持以习近平新时代中国特色社会主义思想为指导,认真落实中央和省委、市委决策部署,顽强拼搏、艰苦奋斗,忘我工作、甘于奉献,充分发挥战斗堡垒和先锋模范作用,为推动全市经济社会持续健康稳定发展、坚决打好打赢精准脱贫攻坚战做出了突出贡献。

按照中央和省委部署,2017年省直机关选派12名干部组建4支驻村工作队、市县两级机关和国有企事业单位选派381名干部组建127支驻村工作队,到全市131个建档立卡贫困村开展驻村扶贫工作,实现了贫困村驻村扶贫工作全覆盖。一年来,广大驻村干部紧紧围绕落实宣传扶贫政策、夯实产业基础、激发内生动力、建强基层组织职责任务,以对党绝对忠诚、对事业高度负责、对人民无限热爱的政治品格和高尚情怀,扑下身子、扎根基层、融入群众,在脱贫攻坚第一线,苦干实干、担当奉献,用心用情用力做好驻村扶贫各项工作,得到了社会各界和当地干部群众的一致认可和广泛赞誉,以实际行动彰显了党的先进性和纯洁性,展示了新时期党员干部的良好形象和精神风貌,涌现出一大批先进典型。

在纪念中国共产党成立97周年之际,为进一步激励全市广大党员干部投身基层、服务基层、奉献基层,在打好打赢精准脱贫攻坚战伟大实践中建功立业、奋勇争先,经市委同意,市委组织部、市扶贫开发办公室决定,授予赵亮等20名同志"全市优秀驻村干部"荣誉称号。希望受到表彰的优秀驻村干部珍惜荣誉、戒骄戒躁,再接再厉、再创佳绩。

这次受到表彰的先进个人是全市驻村干部中的优秀代表。全市各级党组织、广大党员干部特别是驻村干部要以受表彰的优秀驻村干部为榜样,紧密团结在以习近平同志为核心的党中央周围,深入学习贯彻习近平新时代中国特色社会主义思想,增强"四个意识",坚定"四个自信",树牢新发展理念,坚定实施"五大战略",坚决打赢"五大攻坚战",着力构建"十大新体系",不忘初心、牢记使命,带头爱岗敬业,带头服务群众,带头改进作风,争做合格党员和群众喜爱的好干部。全市各级党组织要认真组织开展向优秀驻村干部学习活动,宣传先进事迹,弘扬新风正气,激励广大党员干部崇尚先进、学习先进、争创先进,在市委的坚强领导下,为坚决打赢脱贫攻坚战,决胜全面建成小康社会、建成现代化新黑河做出新的更大的贡献。

全市优秀驻村干部名单

北安市(3人)

卞景峰　北安市赵光镇北河村党总支第一书记、黑河市财政局驻村工作队队长

时映辉　北安市城郊乡新华村党总支第一书记、黑河市市场监督管理局驻村工作队队长

潘国海　北安市赵光镇赵光村党总支第一书记、北安市劳动监察局驻村工作队队长

嫩江县(3人)

范　哲　嫩江县科洛镇东明村党支部第一书记、黑河市委组织部驻村工作队队长

牛兴邦　黑河市公路管理处驻嫩江县塔溪乡河北村工作队队员

沈　淼　嫩江县海江镇曙光村党支部第一书记、嫩江县妇联驻村工作队队长

五大连池市(2人)

杜光辉　五大连池市新发镇永和村党支部第一书记、黑河市职教中心学校驻村工作队队长

赵福华　五大连池市疾控中心驻五大连池市兴隆乡星火村工作队队员

逊克县(2人)

王旭林　逊克县宝山乡宝山村党支部第一书记、逊克县委组织部驻村工作队队长

栾海俊　逊克县水务局驻逊克县逊河镇沾河村工作队队员

孙吴县(7人)

赵　亮　孙吴县腰屯乡河南村党支部第一书记、黑龙江省总工会驻村工作队队长

何存健　孙吴县清溪乡清溪村党支部第一书记、黑河市发改委驻村工作队队长

叶　波　孙吴县清溪乡平顶村党支部第一书记、黑河市人民检察院驻村工作队队长

王采山　孙吴县孙吴镇河北村党支部第一书记、黑河市城乡建设局驻村工作队队长

徐成南　孙吴县红旗乡建设村党支部第一书记、黑河市堤防工程建设管理处驻村工作队队长

张建林　孙吴县正阳山乡向阳村党支部第一书记、孙吴县文化广播电视局驻村工作队队长

丛　辉　孙吴县卧牛河乡三岔河村党支部第一书记、孙吴县二门山水库管理处驻村工作队队长

爱辉区(2人)

张其军　爱辉区瑷珲镇瑷珲村党支部第一书记、爱辉区委办公室驻村工作队队长

韩　强　爱辉区张地营子乡小新屯村党支部第一书记、爱辉区教育督导室驻村工作队队长

五大连池风景区(1人)

张晓平　五大连池风景区五大连池镇青泉村党支部第一书记、五大连池风景区发改局驻村工作队队长

黑河市人大常委会关于进一步加强人民法院执行工作的决定

(2018年8月30日黑河市第六届人大常委会第十二次会议通过)

为了进一步加强人民法院执行工作,维护当事人合法权益,维护公平正义,维护法律权威,根据《中华人民共和国民事诉讼法》《中华人民共和国行政诉讼法》《中华人民共和国各级人民代表大会常务委员会监督法》等相关法律法规,作出如下决定:

一、依法执行生效的裁判,是宪法和法律赋予人民法院的重要职责。人民法院要切实加强执行工作,遵循依法、公正、廉洁、高效的原则,规范执行行为,强化执行措施,使生效法律文书得到及时有效执行。

二、人民法院要积极推进多元化纠纷解决机制,加强诉讼调解,提高当场履行率;完善保全措施和先予执行协调配合机制,减少进入执行程序的案件数量;推进执行与破产程序的衔接,将符合条件的执行案件从执行程序及时转入破产程序,依法保护胜诉当事人的合法权益。

三、人民法院要强化传唤、搜查、拘留、悬赏公告、限制出境、限制高消费等强制执行措施的运用。对纳入失信名单的被执行人,要进行公开曝光和信用惩戒。对具有履行能力但未申报财产或者申报不实、妨碍和抗拒执行、规避执行、违反限制高消费令、无正当理由拒不履行执行和解协议的被执行人,依法采取制裁措施;构成犯罪的,依法追究刑事责任。完善无财产可供执行案件退出和恢复执行机制。

四、人民法院应当主动接受人大常委会的监督,依法接受人民检察院的法律监督,自觉接受新闻媒体、社会各界和人民群众的监督,加强对执行工作的内部监督。要加强执行队伍建设,提高执行人员素质,杜绝消极执行、选择性执行、乱执行现象。对执行人员滥用职权、徇私枉法等行为,要给予相应处分;构成犯罪的,依法追究刑事责任。

五、全市各级人民政府要把支持、配合人民法院执行工作纳入法治建设目标考核体系,加快推进失信被执行人信用监督、警示和惩戒机制建设,建立"一处失信、处处受限"的信用监督、警示和惩戒工作机制。

六、全市司法机关要加强协作,加大对拒执罪和拒执行为的打击力度。对人民法院移送的涉嫌拒不执行犯罪的案件,公安机关要及时侦查,检察机关要及时提起公诉,人民法院要及时判决。公安机关不予立案、检察机关不予起诉的,要及时出具法律文书。对当事人自诉的涉嫌拒不执行犯罪案件,人民法院要及时立案、审理和判决。公安机关对人民法院决定拘留的被执行人及协助执行义务人应当及时收押,对暴力抗拒执行事件要及时处置。

七、全市国家机关、企业事业单位、社会组织及公民个人要积极配合、支持人民法院执行工作,依法履行生效法律文书,不得拖延、妨碍、抗拒人民法院执行,禁止地方和部门保护。有协助执行义务的单位和个人要积极配合、支持人民法院进一步完善被执行人财产查控机制,开通网络专线,建立健全不动产、存款、金融理财产品、证券、保险、股权、车辆等主要财产查控体系,实现对被执行人财产查控全覆盖。对不依法配合、协助人民法院执行的,人民法院应当通报其上级或行业主管部门及所在单位,并向有关部门提出对负责人或者直接责任人予以纪律处分的司法建议;情节严重的,依法予以罚款、拘留;构成犯罪的,依法追究刑事责任。

八、加强对执行不能案件的司法救助。健全司法救助制度,建立司法救助基金。调动社会力量支持司法救助,保障执行救助工作需要。对符合救助条件的申请执行人依法实施司法救助,促进被执行人确无履行能力的"执行不能"案件得到妥善解决。

九、各新闻媒体要努力营造支持人民法院执行工作的舆论氛围,积极宣传执行工作所取得的成效,依法公开发布失信被执行人信息。

十、市、县(市、区)人大常委会应当加强对人民法院执行工作的监督,通过听取和审议专项报告、开展执法检查等方式,推动人民法院依法开展执行工作。有履行和协助履行执行义务的人大代表要模范遵守生效法律文书,积极配合法院执行工作。

十一、本决定自通过之日起施行。

黑河市农业绿色发展示范区建设规划(2018—2020年)

为深入贯彻落实乡村振兴战略,适应农产品市场需求结构变化,发挥黑河农业生态资源丰富的比较优势,不断提升黑河农业产业发展的质量和水平,加快农业增效、农民增收、农村发展步伐,市委市政府决定创建黑河农业绿色发展示范区。根据《关于创新体制机制推进农业绿色发展的意见》《黑龙江省绿色食品产业发展规划(2016—2020年)》,结合黑河市实际制定本规划。

一、总体要求

(一)指导思想

以中共十九大精神和习近平新时代中国特色社会主义

思想为指导,践行创新、协调、绿色、开放、共享发展理念,以农业增效、农民增收、农村发展为核心,立足绿色生态优势,紧盯消费市场需求新变化,实施差异化发展战略,在农业全领域、全链条实行标准化绿色生产,使黑河生产的所有农产品达到国家绿色食品标准,在此基础上努力扩大有机生产规模,并积极发展功能性农产品及加工产品,把黑河全域打造成农业绿色发展示范区,使黑河成为绿色有机功能性农产品及加工产品的重要供给基地,提升黑河农业价值,实现黑河农业绿色快速增值。

(二)基本原则

1. 坚持分步整体推进建设原则。一年试点、两年推广、三年铺开。第一年以乡(镇)、林场、牧场、渔场或合作社为基本单元开展试点示范;第二年以点带面,扩大面积;第三年全部铺开,用三年左右时间在全市实现全领域、全品种、全产业链绿色生产,部分面积实现有机生产。

2. 坚持高标准绿色生产原则。全面推行绿色食品生产技术标准,引进、嫁接俄罗斯农产品生产、管理技术,向欧盟标准看齐。严格执行绿色生产质量标准体系,把种养、加工和营销各环节纳入绿色标准化管理。加强产地环境、产品质量监测、检验和质量认证管理。加快与互联网深度融合,大力发展个性化生产。

3. 坚持科技创新发展原则。强化与科研院所合作,加大科技投入,强化功能成份含量高的品种选育、绿色栽培技术的集成组装。进一步挖掘新的功能性食品,深入研究绿色功能性食品的成份、作用,研究制定功能性食品标准,开发新产业,培育新消费市场。

4. 坚持发挥市场机制原则。政府科学引导、扶持,突出市场配置资源的决定性作用,培养农业职业经理人和企业家精神,壮大新型经营主体,运用市场手段,构建新型产、加、销有机融合的产业体系、经营体系、生产体系,促进资源优势与市场融合。

5. 坚持三产融合发展原则。以农产品加工为纽带,接二连三,促进产业间相互渗透、交叉重组、前后联动、要素聚集、机制完善和跨界配置,推进一二三产有机融合,促进农业增效、农民增收和农村发展。

6. 坚持生态建设保护原则。大力推进农业生态环境保护,种养结合,建立绿色、低碳、环保的循环经济系统,促进资源节约、环境友好,为绿色生产奠定坚实基础,实现经济、社会与生态环境的可持续发展。

(三)发展目标

到2020年,农业绿色发展示范区全面建成,标准体系健全,技术集成先进,监管、追溯体系完备,在全国叫响黑河绿色有机功能性食品品牌,市场对接度好,一二三产业融合机制进一步完善,农业价值明显提升,农民收入大幅度提高,绿色有机功能性农业产业体系、生产体系、经营体系基本确立,农业综合效益和竞争力显著增强。

1. 农业绿色发展示范区全面建成。2018年,标准化绿色种植面积40万公顷;"三减"技术应用面积达到60%;农膜回收率达到60%。到2020年,标准化绿色种植面积126.67万公顷,"三减"技术应用面积达到100%;农膜回收率达到80%。绿色养殖业占比达到100%,面源污染得到有效控制,全市耕地力争达到有机生产标准。

2. 农业农村经济持续快速发展。2018年,全市农业总产值达到200亿元,农村常住居民人均可支配收入增长力争实现两位数。到2020年,全市农业总产值力争达到300亿元,农村常住居民人均可支配收入力争达到1.8万元。

3. 农产品加工水平持续攀升。2018年,全市农产品加工业主营业务收入达到31.3亿元;主要农产品加工转化率达到33%。到2020年,全市农产品加工业主营业务收入达到114亿元以上,主要农产品加工转化率达到65%。规模以上农产品加工企业自建基地拥有率达到35%。

4. 农业新业态逐步壮大。2018年,完善提升40个村屯基础设施建设,建设乡村休闲观光农业旅游示范点10个,农村电子商务销售额达4亿元以上。到2020年,完善提升100个村屯基础设施建设,建设乡村休闲观光农业旅游示范点30个,农产品电子商务交易额达到10亿元。

二、主要任务

(一)科学开展农业绿色发展示范区整乡(场)推进试点。2018年,在北安市东胜乡、嫩江县前进镇、五大连池市新发镇、爱辉区瑷珲镇、逊克县奇克镇、孙吴县沿江乡6个乡镇,以及嫩江县四十里河林场、爱辉区二站林场、孙吴县丁子山绿色农牧养殖基地专业合作社、嫩江县沃德利畜牧发展有限公司、五大连池风景区日河渔业有限公司、五大连池市山口湖鑫生富有绿色渔业开发有限公司开展试点示范,全乡(镇、场)、全生产领域、全产业链推进,构建一体化绿色生产体系。依托新型经营主体,规模推广绿色、有机生产技术,实行规模化、标准化、集约化生产,强化与市场、加工企业对接。总结完善绿色有机生产技术标准体系,绿色生产质量管理机制,产加销融合的新生产模式,支持发展的政策保障,引领黑河农业绿色发展示范区建设。2019年巩固试点建设成果,完善推广标准化绿色生产技术,扩大试点范围。2020年全域实现标准化绿色生产。

(二)切实抓好绿色生态保护。推进超坡度地、自然保护区、湿地等重点区域的退耕还林、还草、还湿,严打非法毁林、毁草、毁湿开荒行为。配套完善中兴牧业、温氏养猪、华滨生猪一体化、桦林安格斯肉牛等大型养殖场的畜禽养殖废弃物综合处理设施,建立农药、除草剂、饲料添加剂、抗菌素、激素使用负面清单管理制度,加大种植、养殖投入品监管力度,减少农业面源污染。扩大黑土地保护工程实施规模,配套大型农机秸秆粉碎、深埋还田设备,推进秸秆还田。抓好嫩江多金河、孙吴辰清河、逊克茅栏河等流域治理,建立科学轮作、耕作、施药制度,实施农业"三减"。到2020年,秸秆直接还田面积达到60%以上,畜禽粪污综合利用率达到75%,规模养殖场粪污处理设施装备配套率达到95%。

(三)着力培育新型经营主体。完善土地流转平台建设,确保土地规范有序流转,促进规模经营发展。引导、支持桦林合作社、林丰合作社、宝泉合作社等合作社采取项目合作、引进技术、市场营销策划等方式，引进高水平职业经理人，组建现代管理团队，推进合作社企业化经营。发展初选、精选加工，开发小包装产品，与加工企业合作发展农产品精深加工，形成种养加销一体的多元化经营模式。加大招商引资力度，推进在建项目建设，盘活现有闲置企业，发展农产品加工业。积极探索合资、入股等新的利益分配机制，让农民共享全产业链利益。加快北安健康产业园、黑河(孙吴)健康产业园、瑷珲对俄进出口加工基地等农产品加工园区建设，构建“北安—五大连池—孙吴—爱辉区”“嫩江—孙吴—逊克”功能食品加工走廊。

(四)努力加大农业科技投入。充分发挥黑河大豆院士工作站作用，深化与东北农业大学、黑龙江省农业科学院的合作，建立完善市、县、乡农业绿色发展示范区建设的科技支撑体系。采取委托研究、合作共用、成果转化分成、柔性引进等方式，共建、共用国内高水平专家。整合现有试验、化验仪器设备，提供必要的试验用地，保障研究、示范、推广的基本需求。引导支持合作社、企业采取技术入股、承包服务、聘用和作为科研、教学、实习基地等方式组建技术服务、研发团队，强化技术支撑。组织力量联合开展绿色功能性食品品种选育，集成组装绿色功能性食品栽培技术，开发有机肥替代、生物防治病虫害等技术。

(五)大力推广绿色标准化生产技术。建立完善绿色食品生产技术标准、产品质量标准，制定功能性农产品标准。进一步完善轮作、深翻耙(旋)的轮耕制度。推行农业投入品生产记录管理制度，严格执行种子质量标准、农机作业标准、农药及肥料使用标准、兽药和渔药使用准则、畜禽饲料及饲料添加剂使用准则。加大对农业生产者的培训指导，建立检查、抽检制度，加强生产管理，确保生产安全。到2020年，标准化绿色生产和“三减”技术应用面积实现全覆盖。大力发展“两牛一猪”标准化规模养殖，到2020年全市畜禽规模化养殖比重达到60%以上。

(六)积极推进良种引进开发和统一供种。做大圣丰种业、富民种业、大龙种业，组建现代种业集团。增强统一供种能力，到2020年统一供种面积达到播种面积的70%以上。推进科研机构与现代种业公司、合作社联合，组建育种联盟，建设产研一体开发公司，重点研发特色功能性食用大豆、玉米、水稻、强筋春小麦品种。扩大安格斯基础母牛种群；引进国外优秀种公马、建设种公马配种站。到2020年，畜禽良种化率达到80%以上。积极引进鳜鱼、鳊鱼、乌苏里拟鲶等网箱养殖品种。全市名特优水产养殖面积占总养殖面积20%以上。

(七)集中创建黑河绿色有机功能性食品品牌。采取政府、企业、合作社联合入股等方式组建市、县农产品营销公司，用好主流媒体、自媒体、微信、广告等现代手段，突出寒地黑土、绿色有机、原生态，深入挖掘农产品的功能性，集中宣传打造黑河绿色有机功能性食品品牌。引导、帮助、支持嫩江十六膳有限公司、北纬49度生态农业公司、长乐山饮品有限公司等企业采取股权重组、特许经营、契约等方式，做大“北纬49”“食佳”“十六膳”等产品品牌。建设黑河大豆网，融合“互联网+农业”高标准基地物联网设施，构建远程可视监控销售系统和绿色生产质量追溯系统，开展生产全过程展示性营销，积极组织订制营销、众筹、拍卖等新型营销模式。组织、扶持企业、合作社申请绿色有机食品认证和地理标识注册，到2020年，创建省内著名品牌5个以上。绿色有机食品认证数量达到150个，其中，有机食品认证数量达到40个。全市绿色有机食品认证面积达到46.67万公顷以上。

三、重点产业

(一)建设十大绿色功能性农产品生产基地

适应消费新变化，建立企业、合作社联合共同进入市场机制，以新型经营主体为载体，采取统一组织、区域化布局、规模化经营、标准化生产的模式，建设高标准绿色功能性农产品生产基地。

——大豆：突出生理活性物质含量高、保健功能强和非转基因的优势，发展绿色有机功能性专品种生产，建设绿色专用功能性大豆生产基地。

2018年，全市大豆种植面积81.33万公顷。其中，绿色种植面积17.2万公顷，功能性食品种植面积33.33万公顷。在黑河市大豆种植联合社、孙吴县食品大豆联社、北安宏维联合社规模推广种植黑河43、东升7号、金源55等高蛋白品种，推广大垄双行和绿色、高产、高效增产技术模式，统一供种、统一测土配肥、统一田间管理，专品种生产面积达到6.67万公顷，辐射面积23.33万公顷。

以豆豉大健康、农耕食品为龙头，在逊克团结、孙吴桦林合作社认证的有机食品基地，种植黑河36、黑河43、黑河45等品种，生产有机小粒豆0.07万公顷。

以圣丰种业、富民种业为龙头，带动山区、半山区爱辉兴安、逊克平台、嫩江富强、孙吴十里岗等合作社，种植东农40、黑河53等超早熟大豆品种3.33万公顷。

在嫩江后马鞍山、逊克团结等有机认证的合作社，发展有机大豆生产，完善网络营销平台和远程视频监控系统，面积0.43万公顷。

2019年，通过入股、组建基地等方式，推进谷神集团、科迪、黑河鑫豆农业等企业与合作社联合、合作，强化产加联结，扩大统一供种面积，全市大豆种植面积73.33万公顷。其中，绿色种植面积37.07万公顷，功能性食品种植面积46.67万公顷。

2020年，大力培育合作社内部加工企业，推进企业化经营，全面实行统一供种、统一测土配肥、统一田间管理、统一专品种收储、统一营销，全市大豆种植面积66.67万公顷。全部实现标准化绿色种植，功能性食品种植面积56.67万公顷；有机种植面积力争突破0.67万公顷。

——小麦：放大强筋优势，建设绿色强筋春小麦生产基地。

2018年，以嫩江鸿兴面粉、五大连池开发面业为龙头，在五大连池朝阳众鑫、逊克乌山、孙吴十里岗等合作社种植龙麦33、龙麦35、龙麦36等强筋品种,推广延后播种、密植防病、精肥精管技术,全市小麦种植面积达到16.67万公顷。其中,绿色种植面积8.53万公顷,有机小麦面积力争突破0.07万公顷。

2019年,推进社企联合,全市小麦种植面积达到21万公顷。其中,绿色种植面积达到18.47万公顷,有机小麦面积力争突破0.2万公顷。

2020年,推进企业产业化建设,全市小麦种植面积21.4万公顷,全部实现标准化绿色种植,有机小麦面积力争突破0.33万公顷。

——玉米:实行农牧结合、特用籽粒与鲜食结合,建设专用玉米生产基地。

2018年,以北安象屿金谷、金蛴牧业为龙头,带动北安、五大连池和嫩江南部地区及沿黑龙江第四积温区北安振江、嫩江宝全、爱辉嘉兴、逊克明星等合作社种植德美亚高淀粉、龙高3号高赖氨酸玉米,推广应用大垄通透密植、生物防治、增有机肥减化肥和化控防倒伏技术,全市玉米种植面积达到20万公顷。其中,绿色种植面积8.67万公顷,鲜食、饲用玉米种植面积达到0.73万公顷。

以北安华升食品、嫩江嫩兴蔬菜为龙头,带动北安双青、嫩江爱国、逊克丰禾等合作社种植甜糯鲜食玉米品种,应用减肥密植、生物防控技术,发展绿色鲜食玉米0.33万公顷。

依托黑河中兴牧业、孙吴鑫宇牛业、丁子山绿色农牧安格斯牛养殖等牧场,在爱辉龙翔、嫩江宝顺、孙吴桦林等合作社种植龙单13、阳光1号、龙育4号等品种,发展绿色饲用玉米0.4万公顷。

2019年,全市玉米种植面积达到21.33万公顷。其中,绿色种植面积18.67万公顷,鲜食、饲用玉米种植面积达到1.33万公顷。

2020年,全市玉米种植面积发展到22.67万公顷。全部实现标准化绿色种植,鲜食、饲用玉米种植面积达到2.47万公顷。

——水稻:利用黑龙江、五大连池等水质优良、微量元素丰富和水稻支链淀粉含量高的优势,建设高纬寒地绿色保健、糖尿病食品等绿色有机水稻生产基地。

2018年,以北安长青米业、孙吴桦林合作社、五大连池科迪稻米、桦林稻米加工、逊克占华水稻合作社等为龙头,在北安革命、孙吴桦林、北安绿源、嫩江嘉田、五大连池三合等合作社,推广水稻旱育稀植、智能催芽、钵育摆栽、覆膜除草、杀虫灯性诱剂防治病虫害等技术,推广龙粳27、龙粳31、黑粳9等品种,建设绿色功能性水稻生产基地。扩大北安东胜、五大连池双泉、爱辉西岗子蟹稻等绿色生态种养模式规模,建设绿色有机水稻种植示范区0.13万公顷,全市水稻种植面积达到1.52万公顷。其中,绿色种植面积0.67万公顷,功能性水稻面积0.67万公顷。

2019年,全市水稻种植面积达到1.53万公顷。其中,绿色种植面积1.43万公顷,功能性水稻面积0.91万公顷。

2020年,全市水稻种植面积达到1.53万公顷。全部实现标准化绿色种植,功能性水稻面积1.23万公顷。

——杂粮杂豆:挖掘杂粮营养丰富、保健功能强的优势,建设绿色有机杂粮杂豆生产基地。

2018年,依托嫩江十六膳食品、北纬49生态农业、嫩江金珠、爱辉亮亮米业等企业,在嫩江兴农、爱辉宏远等合作社,采用机械精播、大垄双行绿色生产技术,建设杂豆生产基地4.67万公顷;在北安恒兴、五大连池长庚、爱辉瑞祥等合作社推广龙杂17、齐杂722、齐杂5号等高粱品种和龙谷26等谷子品种,建设杂粮生产基地0.37万公顷。全市杂粮杂豆种植面积5.04万公顷。其中,绿色种植面积2.73万公顷,功能性种植面积5.04万亩。

2019年,提升杂粮杂豆规模化和标准化生产水平,全市杂粮杂豆种植面积发展到5.33万公顷。全部实现标准化绿色种植。

2020年,推进杂粮杂豆与其他作物合理轮作,全市杂粮杂豆种植面积6.67万公顷。全部按照标准化绿色种植。

——汉麻:坚持纤维、药用多元发展,建设汉麻生产基地。

2018年,在孙吴哈屯、平顶山、天利、永强等18个汉麻专业合作社和爱辉金丝麻业、逊克丰沃汉麻种植专业合作社种植火麻1号、庆麻1号等纤维汉麻1万公顷以上,全市汉麻种植面积1.09万公顷。

2019年,全市汉麻种植面积达到1.77万公顷。其中,纤维汉麻种植面积1.52万公顷,药用汉麻种植面积0.25万公顷。

2020年,实行企社融合,全市汉麻种植面积达到2.67万公顷。其中,种植纤维汉麻2.33万公顷,药用麻0.33万公顷。

——蔬菜:采摘休闲、设施、露地相结合,建设绿色有机蔬菜生产基地。

2018年,以北安市东北亚(对俄)现代蔬菜产业园、北安二井子蔬菜园区、嫩江绿野生态园、爱辉区幸福乡蔬菜基地为核心,以北安华升、嫩兴蔬菜加工、五大连池市惠民商贸有限公司、黑河顺兴蔬菜进出口公司为龙头,带动城市周边区域合作社和绿色有机蔬菜生产基地,抓好爱辉治冷工程大棚试验建设,发展设施、露地等绿色蔬菜生产,开展草莓、圣女果等冬季采摘品种种植。全市蔬菜种植面积1.11万亩。其中,设施蔬菜种植面积0.08万公顷。标准化绿色种植面积0.67万公顷。

2019年,示范推广治冷工程大棚,全市蔬菜种植面积达到1.55万公顷。其中,设施蔬菜种植面积0.1万公顷。标准化绿色种植面积1万公顷。

2020年,全市蔬菜种植面积达到2.33万公顷。其中,设施蔬菜种植面积0.33万公顷。全部实现标准化绿色种植。

——菌药:依托丰富的农林资源,实施标准化绿色生产,扩大食用菌生产规模,加大资源保护和培育力度,大幅提高山特产品和野生中药材采集的数量和质量。

2018年：扩大五大连池明家、逊克常胜、孙吴格润、爱辉大兵、爱辉弘沿源食用菌厂规模，完成沈阳万厦二期建设。全市绿色食用菌生产能力力争突破0.9亿袋。其中，全市食用菌工厂化生产能力达到3000万袋。以嫩江—爱辉—孙吴—逊克为重点，加快绿色北药种植基地、森林绿色食品原料基地和特色野生动植物养殖培植基地建设，建成逊克—孙吴—爱辉—嫩江绿色北药种植带。新增绿色北药种植基地面积0.47万公顷，产量1万吨。绿色功能性食用菌达到5000万袋。

2019年：提升标准化、工厂化生产水平，大力发展沙棘木耳特色栽培。全市绿色食用菌生产能力突破1.2亿袋。其中，食用菌工厂化生产能力达到5000万袋。大力推广北五味子、赤芍、防风、水飞蓟、板蓝根等优质品种栽培，新增绿色北药种植基地面积8万亩。绿色功能性食用菌达到8000万袋。

2020年：全市绿色食用菌生产能力突破2亿袋。其中，食用菌包工厂化生产能力达到8000万袋。新增北药种植基地面积0.6万公顷。绿色功能性食用菌达到1.3亿袋。

——林果：突出特色引导、基地带动，扩大特色林果业规模，建立绿色林果种植基地。

2018年：在爱辉区实施野生蓝莓抚育保护面积2.67万公顷，建设野生蓝莓抚育基地5处，集约化经营0.33万公顷，年采集量提高到5000吨；建设天然榛子林改造培育保护区0.37万公顷，建设以蓝靛果忍冬为主的蓝莓“有机标准化”种植基地面积0.67万公顷。力争新增寒地林果种植面积0.2万公顷。

2019年：稳步推进以蓝靛果忍冬、大果沙棘、红树莓为主的小浆果种植基地建设，新增寒地林果种植面积0.53万公顷，全市林果总产量达到3.5万吨。

2020年，新增寒地林果种植面积0.6万公顷，全市林果总产量达到5万吨。

——养殖业：发挥“黄金奶牛带”和“黄金玉米带”优势，科学规划，合理布局，建设特色养殖基地。

2018年：以孙吴为核心，建设安格斯肉牛养殖基地，推进广东温氏集团在北安市生猪一体化养殖项目建设和五大连池市华滨集团年出栏15万头生猪养殖项目。全市实现肉牛出栏20万头，生猪出栏80万头，马饲养量1.7万匹，家禽出栏230万羽。畜牧业产值力争实现46亿元。以五大连池风景区日河渔业有限公司为龙头，推进五大连池“矿泉鱼”养殖区建设。全市水产品产量力争达到1.9万吨，渔业产值力争实现2.95亿元。

2019年，抓好嫩江县鸿兴鹅业养加销一体产业项目。扩大五大连池矿泉鸡、矿泉鸭养殖规模。大力发展“森林鸡”养殖等禽类林下养殖。肉牛出栏22.8万头，生猪出栏110万头，马饲养量2.1万匹，家禽出栏262.7万羽。畜牧业产值力争实现47.5亿元。扩大高白鲑、哲罗鲑、细鳞等冷水性品种规模，全市水产品产量力争达到1.95万吨，渔业产值力争实现3亿元。

2020年，实现5万头安格斯基础母牛养殖规模，肉牛出栏达到26万头以上；生猪出栏达到150万头以上；马饲养量达到3万匹以上，50匹以上规模户达到100户以上；家禽出栏达到300万羽。畜牧业产值力争实现49亿元。全市水产品产量力争达到2万吨，渔业产值力争实现3亿元以上。全部实现标准化绿色养殖。

（二）构建十大农产品加工体系

——构建大豆加工产业体系

2018年：油脂、蛋白、食品和精选初加工共同推进，清选、精选加工率达到100%；精深加工量达到25.5万吨，加工转化率达到14%，实现主营业务收入3亿元。

（1）大豆油脂、豆粕加工。以非转基因低温冷榨为主要加工方式，全市加工大豆19万吨，加工转化率达到10%，实现主营业务收入2亿元。推进孙吴宏大、恒大油脂、嫩江翔河油脂、嫩江四合大豆等企业达产，加工能力力争达到35万吨。加快北安谷神、北安宏维、五大连池非转基因大豆开发有限公司、嫩江鑫合和翔隆等大豆加工项目建设，新增加工能力34万吨。

（2）蛋白加工。加快北安谷神30万吨加工项目建设，力争北安谷神年末投产，开发大豆浓缩蛋白、分离蛋白等新产品。

（3）健康休闲豆制食品加工。全市豆制食品加工能力达到4万吨，实现主营业务收入0.8亿元。推进黑河豆豉大健康、黑龙江农耕食品、嫩江四合、风景区泉冠、华泰生物科技脱水冻豆腐、黑河鑫豆农业速溶豆粉等加工项目建设，新增加工能力6万吨。

（4）精选、色选。在省级规范社配套精选、清选设备，加工能力达到120万吨，实现销售收入50亿元。到2020年，每个农机合作社全部配齐相关设备，实现大豆全部进行精选、色选。

2019年：全市大豆精深加工量达到65万吨，加工转化率达到40%，实现主营业务收入14亿元。完成北安谷神多糖、磷脂等新产品开发。黑河参豉康养中心产业项目建设完成，开发出大豆功能性食品，批量生产豆豉大健康系列保健大豆食品。

2020年：全市大豆精深加工量达到114万吨，加工转化率达到76%，实现主营业务收入42亿元以上。采取合作、入股、重组、兼并等方式，组建油脂、蛋白、食品三大产业联盟或产业集团。

——构建优质强筋春小麦产业体系

2018年：提升嫩江鸿兴面粉、五大连池开发和华滨面业加工能力，全市小麦精深加工量达到9万吨，加工转化率达到11%，主营业务收入1.9亿元。完成嫩江鸿兴有机面粉开发。

2019年：全市小麦精深加工量达到25万吨，加工转化率达到23.8%，实现主营业务收入4.6亿元。在逊克县、爱辉区各引进1个10万吨小麦加工企业。

2020年：完成逊克县、爱辉区10万吨小麦加工企业建设，全市小麦加工量达到60万吨，加工转化率达到56%，开发生产有机面粉、小麦谷元粉、小麦淀粉等系列高附加值产品,实现主营业务收入12亿元以上。

——构建绿色玉米加工产业体系

2018年:挖掘北安象屿金谷玉米加工潜力,玉米精深加工量达到75万吨,加工转化率达到47%,实现主营业务收入11亿元。争取北安中粮30万吨乙醇项目落地。加快推进孙吴宏大11万吨玉米蒸汽压片、孙吴开磷10万吨玉米饲料、北安象屿金谷玉米0.6万吨菲汀等加工项目建设。

2019年:北安象屿金谷开发喷浆玉米皮、玉米高蛋白胚芽粕、粗玉米油等高端产品,并投放市场,在嫩江县引进玉米乙醇加工项目,全市玉米精深加工量达到96万吨,加工转化率达到57%,实现主营业务收入14亿元。

2020年:全市玉米加工量达到150万吨,全部实现加工转化,实现主营业务收入25亿元。

——构建水稻加工产业体系

2018年:推进北安寒地清水米业、孙吴桦林专业合作社、逊克占华米业、五大连池矿泉暖米达产,全市水稻加工量达到3万吨,加工转化率达到25%,实现主营业务收入0.6亿元。加快五大连池绿色大米开发加工项目建设。

2019年:全市水稻加工量达到8万吨,加工转化率达到76%,并开发出米糠油、大米蛋白和淀粉,实现主营业务收入3.5亿元。

2020年,全市水稻精深加工量达到10万吨,加工转化率达到93%,实现主营业务收入4.4亿元。

——构建杂粮杂豆加工产业体系

2018年:全市杂粮杂豆精深加工量达到0.65万吨,加工转化率达到7%,实现主营业务收入0.3亿元。加快北安宏维20万吨杂粮色选加工项目建设,完成嫩江十六膳研发配方营养膳食"预熟"全谷杂粮新产品开发。

2019年:全市杂粮杂豆精深加工量达到1万吨,加工转化率达到9.6%,实现主营业务收入0.5亿元。

2020年:全市杂粮杂豆精深加工量达到3.5万吨,加工转化率达到26%,实现主营业务收入2.1亿元。

——构建雨露汉麻加工产业体系

2018年:推进辰清雅格麻业股份有限公司和哈屯天马、平顶山等17个合作社或企业达产,汉麻杆茎加工量达到7万吨,占汉麻杆茎产量的100%,加工麻皮1.7万吨,实现销售收入2.6亿元。全市加工精干麻0.1万吨,加工转化率达到9%,实现主营业务收入0.35亿元。

2019年:推进北京天之草2万吨汉麻纤维加工项目建设。全市汉麻杆茎加工量达到10.6万吨,加工麻皮2.1万吨,实现销售收入3.7亿元。加工精干麻1.1万吨,加工转化率达到57%,实现主营业务收入3.9亿元。其中,孙吴国海汉麻加工汉麻杆茎0.3万吨、北京天之草加工汉麻杆茎0.1万吨。

2020年:全市汉麻杆茎加工量达到16.3万吨,加工麻皮3.3万吨,实现销售收入5.8亿元。加工精干麻1.8万吨,加工转化率达到93.9%,实现主营业务收入6.3亿元。其中,孙吴国海汉麻、北京天之草公司各加工汉麻杆茎0.5万吨。

——构建蔬菜加工产业体系

2018年:加快北安华升2万吨蔬菜冷冻、嫩江嫩兴0.5万吨果蔬加工及冷藏保鲜、爱辉农业科技有限公司草莓项目、逊克新兴蔬菜加工项目建设。全市蔬菜冷冻保鲜加工量达到1.2万吨,实现主营业务收入1.6亿元。

2019年:全市蔬菜冷冻保鲜加工量达到1.5万吨,加工速冻蔬菜0.8万吨、油炸蔬菜0.2万吨、山特产品0.2万吨、保鲜蔬菜0.3万吨,实现主营业务收入2.9亿元。

2020年:全市蔬菜冷冻保鲜加工量达到3.1万吨。其中,北安华升加工2万吨、嫩江嫩兴加工0.5万吨,实现主营业务收入5.6亿元。

——构建林果加工产业体系

2018年:建成沿黑龙江爱辉—孙吴—逊克以蓝靛果忍冬为主,花楸、穗醋栗、大果沙棘、榛子等多品种搭配的高纬寒地特色林果产业集群,重点推进1个规模以上林果加工龙头企业,培育坚果、浆果种植和精深加工、仓储物流、电子商务等上下游相互配套的产业集群。林果加工量达到0.4万吨,加工转化率达到22%,主营业务收入达到1亿元。

2019年:全市林果加工量达到1万吨,加工转化率达到28%,主营业务收入达到3亿元。

2020年:全市林果加工量达到1.5万吨,加工转化率达到30%,主营业务收入达到5亿元。

——构建肉类加工产业体系

2018年:推进广东温氏、北安佳汇、五大连池华滨等集养殖、加工和冷链物流为一体的项目建设,重启嫩江县雨润肉制品加工项目。建设以北安佳汇食品有限公司为龙头的猪肉制品加工产业集群;在嫩江县、五大连池市和孙吴县引进肉牛、肉羊加工项目,发展冷鲜肉、分割肉、西式中低温肉制品、熏酱卤制品、生鲜调理制品、方便即食食品等产品。全市肉类总产量达到11.9万吨,规模以上肉类加工产业主营业务收入达到2亿元。

2019年:推动五大连池市肉驴养殖项目提档升级;在嫩江县、北安市和五大连池市引进家禽加工项目;建设以嫩江县为重点的马养殖加工区。全市肉类总产量达到13.5万吨,规模以上肉类加工产业主营业务收入达到2.15亿元。

2020年:全市肉类总产量达到15万吨,规模以上肉类加工产业主营业务收入达到2.2亿元。

——构建乳制品加工产业体系

2018年:推进黑龙江辰鹰乳业有限公司日加工处理500吨鲜奶扩建项目,推进企业数字化和智能化建设,建设省级数字化(智能)示范车间。开发高端婴幼儿配方乳粉、功能性中老年配方乳粉、特殊医疗配方和营养配方乳粉、特色羊乳(粉)及其制品、高端常温乳制品及巴氏奶、高活性乳酸菌饮料和高品质低温消毒奶等高附加值产品,谋划发展干酪及乳清产品。全市奶产量达到20万吨,规模以上乳制品行业主营业务收入达到7.96亿元。

2019年:全市奶产量达到22.4万吨,规模以上乳制品行业主营业务收入达到8.06亿元。

2020年:全市奶产量达到25万吨,规模以上乳制品行业主营业务收入达到8.3亿元。

四、建立强有力的营销体系

整合全市营销资源,建立全市统一的营销体系,统一打造、经营"黑河绿色有机功能性食品"品牌,占领高端农产品及加工制品市场。

(一)构建统一的黑河绿色食品营销市场体系。采取多种市场手段,整合北安宏维物产和昌泰物流、嫩江宝丰、五大连池圣丰、嫩江非转基因大豆物流交易中心、孙吴县山珍产品交易市场等资源,建设一体化黑河绿色食品营销平台,统一标识、统一宣传,扩大市场营销能力。到2020年,全市绿色有机功能性农产品市场销售量力争达到100万吨,交易额达到20亿元以上。

(二)建设绿色专营连锁店。提升完善北京京东绿安农特产品北京体验厅黑河厅、上海西郊国际北纬49展销中心、苏州黑河绿色食品专柜、无锡黑河绿色食品专营店、珠海黑河绿色食品展销专营店功能水平,组织企业入驻,推进黑河优质农产品在天津市社区开设便利店,加快推进长三角、珠三角等区域连锁店、旗舰店建设,在广州、深圳、珠海、南京、武汉等地建设连锁店、旗舰店、专营店(柜),采取联合、合作、入股等方式,在华东、华南、华中建成分销中心、配送中心。到2020年,全市绿色有机功能性农产品年销售量40万吨,销售额力争达到10亿元。

(三)建设绿色食品电子商务平台。在中机、中泰、银河等跨境电商平台上增加黑河绿色功能性农产品种类,完善北纬49商城、北安村淘、瑷珲e购、五大连池特产网、生态孙吴、嫩江电商等平台功能,建设黑河大豆网,加大网站农产品宣传力度,组织企业入驻,创建网上品牌,与"互联网+农业"高标准示范基地连接,实现远程可视监控销售。到2020年,全市有机绿色功能性农产品网上交易额力争达到10亿元。

(四)发展定制营销。示范推广人工智能、VR虚拟现实技术,开展私人定制、集团定制、全程展示营销、点对点营销,组织众筹活动。到2020年,全市众筹面积0.33万公顷,定制面积0.17万公顷,实现产值3.7亿元。

五、保障措施

(一)切实加强组织领导。各级党委、政府要高度重视农业绿色发展示范区建设工作,作为"三农"工作的头等大事纳入工作日程。各地要成立由党委、政府主要负责同志任组长的领导小组,组建办公室,实施专项推进。分管同志亲自抓,制定农业绿色发展示范区建设工作方案,明确年度工作目标。建立目标责任制,将目标任务量化、细化,逐项落实到单位和责任人,实行目标考核,定期督办检查。县、乡主要负责同志和分管同志及涉农部门的负责人都要建立工作联系点,抓出成效,指导面上工作。

(二)加大政策扶持力度。各地要调整财政支出结构,整合涉农资金,加大资金投入。制定扶持绿色有机生产、农产品营销、品牌创建、技术培训等政策,加大对重点发展的优势粮食作物、蔬菜、特色经济作物和农业减肥、减药、减除草剂及专家引进等方面的支持。落实好国家、省支持绿色生产的用地、税收、用电等优惠政策。

(三)积极争取项目支持。围绕优势产业建设、农业基础设施、新型农民培训、"三区三园"、标准化养殖场等重点筛选项目,请专业团队进行论证,编制项目可行性研究报告,做好"三区三园"规划。加大对接、协调工作力度,积极争取基础设施建设、农产品质量检测、现代农业产业园、农民职业技能培训、秸秆综合利用、蔬菜生产基地、黑土地保护试点、规模养殖等项目,增加黑河农业绿色发展示范区建设投入。

(四)建立社会化服务体系。大力推广农机作业、种子繁育、肥药供给服务的市场化、专业化,发展农业社会化服务。用好土地确权成果,发展金融服务新模式。应用互联网技术,大力发展手机App终端服务、即时网上咨询服务,发布农产品供销信息及生产资料供求信息。引导政府、金融机构、企业联合,探索建立绿色食品市场价格补偿保险机制。

(五)强化典型示范引导。组织技术人员在不同生态区建设农业绿色发展示范样板田,为农民提供学习现场。要全面系统地总结在绿色生产、科技信息服务、社会化服务、市场流通、创建品牌、基础设施、加工产业方面的典型,组织农民参观学习。充分发挥各种媒体的作用,广泛宣传典型经验和好做法、成功案例,营造良好氛围。

黑河市地下水管理保护实施方案

为深入贯彻落实《中共黑龙江省委办公厅、黑龙江省人民政府办公厅关于加强地下水管理和保护工作的意见》精神,切实加强黑河市地下水管理保护工作,结合黑河市实际,制定本实施方案。

一、总体要求

(一)指导思想

坚持以习近平新时代中国特色社会主义思想为指导,全面贯彻落实中共十九大和最严格水资源管理制度的各项要求,按照省水利厅关于加强地下水管理和保护工作的具体安排,全面开展地下水管理保护工作,以地下水开发利用不超其承载能力为前提,以实现地下水采补平衡、维系地下水良性循环为目标,坚持节约优先、注重保护、绿色发展、严格管理、有效保护、合理开发、高效利用地下水资源,严格控制地下水资源开采总量与开采强度,促进地下水资源可持续利用。

(二)基本原则

节约优先,注重保护。坚持以水定需、量水而行,尊重地下水自然规律,正确处理地下水开发利用与保护的关系,全面推动水资源节约和集约利用,保护地下水资源和生态环境。

控制总量,降低强度。落实最严格水资源管理制度,强化区域用水总量控制,加强地下水动态监测,推进地下水水量和水位双控,降低地下水开发利用总量和强度。

统筹协调,综合治理。统筹配置地表水、地下水和非常规水源,综合运用行政、经济、法律等措施,突出做好深层地下水开采地区的地下水压采工作。

落实责任,严格监管。落实各级党委和政府主体责任及相关职能部门在地下水管理保护中承担的监督管理责任。强化监测监控,推进管理改革和各项基础工作,夯实监督管理的基础。

(三)主要目标

总体目标:通过建立地下水管理保护控制指标体系、制度政策体系、行政管理体系、技术支撑体系,严格管理、有效保护、高效利用和科学监测监控地下水资源,严格控制新增地下水取水,合理调整地下水开发利用与保护格局,实现地下水可持续利用。

分期目标:到2020年,全市地下水开发利用量控制在2.94亿立方米以内;到2030年,全市地下水开发利用量控制在2.37亿立方米以内。

二、地下水管理和保护工作主要任务

(一)加强地下水资源开发利用控制

强化地下水开采总量和开采强度控制。建立市县级行政区地下水开发利用控制指标体系。坚决落实以水定产要求,全面开展产业园区、用水量较大的开发区和重大产业布局规划水资源论证、建设项目水资源论证。对取用水总量已达到或超过控制指标的地区,暂停审批建设项目新增取水。

(二)突出做好农业取用地下水管理和保护工作

1. 全面实施农业灌溉取水许可管理。灌区建设,必须申请办理取水许可证。2018年年底前,完成万亩以上灌区取水许可审批工作。农业灌溉机电井取水原则上一井一证或一个取用水人一证。探索以农村集体经济组织等为主体,实施多井一证。

2. 全面开展灌溉机电井排查。对现有未办理取水许可证的农业灌溉机电井逐一进行排查登记,符合办理条件并且水资源不超载的,办理取水许可证;不符合条件的,依法依规进行封闭或拆除。

3. 加强对涉农取用地下水建设项目管理。有关部门投入取用地下水的农业灌溉项目,需进行水资源论证,并申请取水许可。强化机井管理,严控新凿机井。

4. 强化灌溉用水计量。取用地下水灌溉,原则上要安装取水计量设施。对农业用水等暂时无法直接计量的,积极探索"按电计量、以电折水"或其他可行的核定水量的方式方法。

5. 推广水稻控制灌溉技术。开展水稻控制灌溉技术推广和培训工作,抓好水稻控制灌溉技术节水示范区建设,发挥示范区的辐射带动作用。

6. 采取综合节水措施。推进灌区节水改造工程建设,选育推广需水少的耐旱节水作物;推广管灌、滴灌等节水灌溉模式。探索建立农民利益补偿、水田生态治理的休耕模式。

7. 制定水田发展规划。根据农作物生长和水资源条件,科学布局,合理确定水田发展规模,提出水田过度发展地区休耕轮作意见。

(三)强化城镇生活、工业取用地下水管理和保护工作

1. 推进城镇和工业节水工作。通过调整产业结构,大力推广工业节水技术、节水工艺和城镇节水器具,降低供水管网漏损率,提高用水效率,压减城镇地下水用水量。

2. 提高再生水等非常规水源利用率。对具备再生水利用条件的建设项目,鼓励使用再生水作为水源。使用先进技术和工艺,提高水资源循环利用率。

3. 推进城镇地表水供水工程及供水管网建设。有条件的地区,要科学谋划、大力推进地表水供水工程,提高城镇供水管网覆盖率,逐步关闭城镇供水管网覆盖区域内自备水源井,减少集中供水水源井开采量。

4. 强化高耗水行业取用水管理。对于钢铁、水泥、电解铝、平板玻璃、船舶等产能严重过剩行业新增项目,以及采用《高耗水工艺、技术和装备淘汰目录(第一批)》中高耗水工艺、技术和装备的新、改、扩建设项目,原则不得办理新增取水许可相关手续。严格控制尿素、磷铵、电石、烧碱、聚氯乙烯、纯碱、黄磷等过剩行业新增产能的取退水。

(四)完善地下水监测站网体系

推进地下水监测站网建设。调整和优化地下水监测站网布局,增加地下水集中开采地区监测井数量,逐步达到地下水监测规范要求的站网密度。推动专用自动监测设施建设,逐步实施传输自动化,提高数据监测质量和频次。

三、保障措施

(一)加强组织领导

成立由丁兆禄副市长任组长,市水务局、市农委主要负责人为副组长,发改、财政、国土等部门及各县(市、区)政府相关负责人为成员的节约保护合理利用地下水资源工作领导小组。领导小组下设办公室,办公室设在市水务局,负责地下水管理和保护日常工作。

(二)落实主体责任

建立完善部门分工协作和行业协调机制,辖区内各有关部门建立联动机制,按照职责分工,建立健全数据、信息共享,实现互联互通,形成合力,有效保护地下水资源。加强对实行最严格水资源管理制度的考核,并提高地下水管理和保护在实行最严格水资源管理制度考核中的分值,考核结果通报党委组织部门掌握,作为评价领导班子和领导干部工作业绩的重要参考。

(三)强化地方制度政策体系支撑

建立健全地下水管理地方性法规和制度体系。各地

要因地制宜制定相关地下水管理和保护的地方性法规、政府规章或规范性文件，落实管理责任、细化管理任务、强化监管措施，为地下水管理和保护提供制度保障；要完善农业补贴等政策，研究制定、调整、完善农业生产者补贴等政策。涉及国家事权时，要做好对上争取工作；推进差异化供水水价政策，城乡供水水价要综合考虑地表水、地下水供水和地区水资源紧缺情况，以地下水为水源供水水价原则上要高于以地表水为水源的供水水价；推进农业水价综合改革，按照促进节约用水、保障灌排工程良性运行的原则，合理确定农业水价。区别粮食作物、经济作物、养殖业等用水类型，在终端用水环节探索实行分类水价。“十三五”高效节水灌溉项目区要全部实施农业水价综合改革，同步开展工程建设与机制建立，率先完成改革任务；推进累进加价制度。推行城镇居民用水阶梯价格制度和非居民用水超定额超计划累进加价制度、农业用水超定额累进加价制度，充分运用经济手段促进地下水资源节约保护和合理利用。

（四）强化地下水管理和保护工作基础支持

加强技术和资金保障。地方各级政府要积极筹措资金，重点支持节水技术创新、各种替代水源工程建设、节水改造、用水计量监控、休耕轮作等，控制地下水过量开采。鼓励、支持单位和个人加大投入，用于节约保护地下水资源工作。夯实工作基础。推进地下水管理机构及技术支撑队伍建设，支持有关地下水管理和保护方面的基础和应用研究项目，研究解决影响地下水资源管理和保护的突出问题。

（五）强化执法监督力度

强化公安局、水务局、国土局、环保局、执法局、工信委、农委等部门协作，建立地下水联合执法机制，严厉查处偷打、隐藏机井，非法开采地下水，未按规定缴纳水资源费等违法行为，以及建设项目取用地下水未批先建等违规行为，严厉查处非法开采地下水行为。

（六）加强宣传引导

充分利用新闻媒体，大力宣传地下水管理和保护与地下水压采工作的重要意义，提高社会公众保护地下水的意识和参与地下水保护工作的积极性，提高公众依法取水、节约用水的自觉性和企业实施地下水压采的主动性。

黑河市创建文明城市三年行动计划（2018—2020年）

创建文明城市是群众性精神文明创建活动的龙头工程，对于提高市民文明素质、提升社会文明程度、推动现代化新黑河建设、全面建成小康社会都具有十分重要的意义。按照市委、市政府关于推进文明城市创建的总体部署，结合黑河市实际，现制定行动计划如下。

一、指导思想

坚持以习近平新时代中国特色社会主义思想为指导，全面贯彻中共十九大和十九届二中、三中全会精神，认真贯彻黑龙江省第十二次党代会、省委十二届二次、三次全会精神，紧紧围绕统筹推进“五位一体”总体布局和协调推进“四个全面”战略布局，坚持以人民为中心的发展思想，坚持培育和践行社会主义核心价值观，不断增强思想道德内涵，持续打造都市文明圈和文明示范带，深入推进城乡统筹发展，健全完善常态长效机制，着力提升市民文明素质，着力提升城市文明程度，着力提升群众生活质量，努力建设崇德向善、文化厚重、和谐宜居的文明城市，为全面建成小康社会和全面建设现代化新黑河创造良好社会环境。

二、基本原则

——坚持问题导向，创建为民。突出市民主体地位，提升市民参与创建的自觉性、积极性、主动性。把发现问题、解决问题作为工作的着力点，坚持以人民为中心的发展思想，把人民对美好生活的向往作为奋斗目标，落实为民、利民、惠民要求，多为群众解难题办实事，真正让创建活动成为造福百姓的民生工程和群众共建共享的民心工程。

——坚持价值引领，注重内涵。着眼培养担当黑河全面振兴大任的时代新人，强化教育引导、实践养成、制度保障，在贯穿结合融入、落细落小落实上下功夫，把核心价值观要求融入到文明城市创建各个环节、渗透到生产生活各方面，塑造城市之魂，培育城市之德。

——坚持规划先行，建管并重。牢固树立“城市发展、规划先行”的发展理念，按照“抓重点、补短板、强弱项”的工作思路，强化城市规划的引领作用，加快建设智慧城市、创新城市，加强市政设施运行管理、交通管理、应急管理，提高城市科学化、精细化、智能化管理水平。

——坚持以城带乡，城乡统筹。把城市和乡村作为一个整体统筹考虑，坚持脱贫攻坚与全面建成小康社会同步安排、城市管理与乡村治理同步推进、经济社会与科教文化事业同步发展，大力开展城乡结对共建活动，助力乡村振兴战略，实现城乡协调一体发展。

——坚持注重实效，久久为功。加强对文明城市的动态管理，坚持以评促创、促建、促管，注重创建过程、保持创建经常化，注重加强基层基础创建，克服突击式、运动式、战役式做法，坚决防止形式主义、搞花架子、劳民伤财现象，持之以恒推进文明城市创建工作，确保取得实实在在的效果。

三、工作目标

以《全国文明城市测评体系》为依据，开展城市文明达标行动，着力打造黑河文明带，辐射带动城市腹地乡镇、村屯的创建工作，形成梯次推进、全域覆盖的良好创建格局。到2020年末，力争黑河市进入全国文明城市行列，有2—3个县级城市（区）进入全省文明城市行列，有1—2个县级城市（区）进入全省文明城市提名城市行列。

四、主要任务和责任分工

（一）实施市民素质提升工程，培育文明和谐的社会

风尚

1. 加强理想信念教育。深入学习宣传贯彻习近平新时代中国特色社会主义思想和中共十九大精神,引导广大干部群众在学懂弄通做实上下功夫,自觉用习近平新时代中国特色社会主义思想武装头脑、指导实践、推动工作。把习近平新时代中国特色社会主义思想和中共十九大精神作为各地各部门党委(党组)理论学习中心组学习重要内容,面向全体党员、干部开展多形式、分层次、全覆盖的学习培训,增进他们高度的政治认同、思想认同、理论认同、情感认同。深入开展中国特色社会主义和中国梦宣传教育,弘扬民族精神和时代精神,加强爱国主义、集体主义、社会主义以及形势政策宣传教育,引导广大干部群众树立正确的历史观、民族观、国家观、文化观。加强思想政治工作,用党的创新理论武装头脑,引导党员干部坚定信念、增强党性、涵养品德。

2. 加强法治宣传教育。坚持依法治国和以德治国相结合,推动全社会普遍增强法治意识、弘扬法治精神,提高人民群众的法治素养,引导全民自觉守法、遇事找法、解决问题靠法,加快推进法治黑河建设。把法治宣传教育纳入文明城市、文明村镇、文明单位、文明家庭、文明校园创建的重要内容,强化宣传教育和督查考核,引导广大干部群众尊法学法守法用法。把社会主义核心价值观融入法治建设全过程,积极开展法治宣传教育行动,深入开展群众性法治文化活动,促进法治宣传教育落到基层一线,提高全民守法意识。深入推进全民普法宣传教育,做好新修订宪法的宣传教育,引导社会各界、广大群众进一步增强法治观念。加强领导干部政德教育,做到明大德、守公德、严私德,恪守职业道德,保持政治操守。发动媒体宣传、社会宣传同步推进,营造尊法、信法、守法、用法、护法的浓厚氛围。大力弘扬社会主义法治精神,努力建设社会主义法治文化。建立健全党政机关、国有企业法律顾问和公司律师制度。

3. 加强社会主义核心价值观建设。坚持把培育和践行社会主义核心价值观作为根本任务,深入开展社会主义核心价值观进村屯、进社区、进学校、进企业、进机关、进家庭、进网络等"七进"活动,广泛开展社会主义核心价值观主题宣传活动,强化人们的情感认同和行为习惯。着力把社会主义核心价值观融入法律法规的立改废释全过程,推动社会主义核心价值观入法入规。实施黑河公民道德建设工程,推进社会公德、职业道德、家庭美德、个人品德建设,提高人民群众的道德水准和文明素养。广泛开展道德模范和"黑河好人"学习宣传活动,开展"家在黑河·践行五好"主题实践活动,运用新闻报道、基层巡讲、"故事汇"巡演、举办事迹展览等形式,多角度多层面地呈现道德模范的先进事迹,宣扬好人好事,传播善行义举。健全完善对生活困难道德模范的帮扶机制,引导人们存好心、说好话、当好人、做好事、扬好德。加强道德讲堂、"善行义举榜""身边好人榜"等阵地建设,省级文明城市、文明社区和各级文明单位身边好人建榜率达到100%。深化文明家庭、最美家庭创建,坚持以德治家、文化塑家、文明立家、科技兴家、节俭持家、和谐安家,大力抓好家庭道德建设、文化建设、环境建设和家庭教育工作,拓展"传立家风家训·凝聚道德力量"主题实践活动,力争到2020年年末,全市文明家庭创建参与率达到50%。4. 广泛开展弘扬时代新风行动。围绕讲文明、有公德、守秩序、树新风,大力普及工作生活、社会交往、人际关系、公共场所等方面的文明礼仪规范,培育社会文明风尚。大力推进移风易俗,推动殡葬改革,倡导勤俭节约、婚事新办,孝老爱亲、厚养薄葬等文明新风,有效抵制大操大办、炫富斗阔、奢靡浪费等不良风气,改变落后风俗习惯,树立现代文明理念。广泛开展"德礼满黑河"文明习惯养成教育活动,持续开展文明交通、文明旅游、文明餐桌、文明上网行动,引导人们摒弃陋习,形成遵德守礼、文明有序的文明习惯。广泛开展"讲文明、树新风"公益广告宣传,建设社会主义核心价值观示范点,努力打造一批社会主义核心价值观主题公园、主题广场、主题社区、主题学校。深化"我们的节日"主题活动,大力振兴中华优秀传统文化和地方民俗,弘扬文明风尚。

5. 加强社会诚信建设。贯彻落实国务院《社会信用体系建设规划纲要(2014——2020年)》和中央文明委《关于推进诚信建设制度化的意见》,推进诚信建设制度化,提高社会诚信建设水平,强化规则意识。完善社会信用体系建设,建立覆盖全社会的征信系统,在重点领域建立起信用记录,建设信用信息互联互通、交换共享的平台。完善诚信奖惩机制,依法建立诚信"红黑名单"制度,对守信者实行褒奖优待政策,对失信者进行联合惩戒。加强生产、税务、交通运输、电子商务等重点领域诚信建设。依法查处不讲诚信、非法传销、销售假冒伪劣等非法经营行为,建立和完善监督、投诉和处置机制,规范市场经营行为,优化市场经营秩序。深入开展诚信教育实践主题活动,大力宣传诚信典型,批评鞭挞失信败德行为,在全社会弘扬诚信守信精神。

6. 深入推进学雷锋志愿服务制度化。深入学习贯彻国务院颁布的《志愿服务条例》,以学雷锋志愿服务制度化为主线,强化专业化支撑、项目化运作、组织化规范、社区化扎根、信息化保障,不断提高志愿者注册率、组织动员率和活动参与率。持续开展"邻里守望·暖心黑河""十万高校志愿者进社区""爱心6+1"志愿服务敬老工程等品牌活动,以品牌来提升活动的影响力。规范和扶持专项学雷锋志愿服务组织发展,加大学雷锋志愿服务培训力度,探索建立政府购买服务、组织孵化、人才培养等机制。加强社区学雷锋志愿服务工作站建设,强化规范管理、明确服务项目、提高使用效率,推动志愿服务组织依法注册登记,推广应用黑龙江省志愿服务信息系统,做好志愿者、志愿服务记录证明,推进志愿服务组织的标识工作,开展脱贫攻坚志愿服务宣传展示活动,推广"社工+志愿者"的服务模式,引导群众就近就便参与志愿服务。推进农村学雷锋志愿服务工作,加强农村学雷锋志愿服务队伍建设,广泛开展学雷锋志愿服务活动,不断扩大学雷锋志愿服务的覆盖面和影响力。健全完善学雷锋志愿服务记录、考核、嘉许、回馈等长效机制,推动学雷锋志愿服务常态发展。全市志愿服务团队动员率和参与率都达到65%以上,年人均志愿服务时间达到12小时左右。

7. 扎实推进未成年人思想道德建设。围绕立德树人根本任务,以"扣好人生第一粒扣子"为主题,在中小学校广泛开展明德守礼"六个一"等未成年人思想道德教育实践活动。广泛开展"新时代好少年"学习宣传活动,培育树立新时代青少年先进典型,引导未成年人自觉践行核心价值观。深入开展文明校园创建活动,加强师德师风建设,丰富校园文化活动,营造良好育人氛围。创建文明校园的学校参与率达到100%。抓住清明节、"七一"、国庆节等重要时间节点,在未成年人中广泛开展"传承红色基因"系列教育活动,引导青少年铭记革命历史、崇尚革命英雄、继承革命事业。组织中小学校开展中华经典诵读活动,培育爱国精神,塑造美好心灵。扎实推进乡村学校少年宫项目以及县级青少年活动中心、示范性实践基地等校外活动场所建设,落实乡村学校少年宫建设三年全覆盖的要求,管好用好乡村学校少年宫,促进建设规范化、活动常态化、管理精细化。加强未成年人心理健康辅导机构建设,建立市—县—街道(社区)三级未成年人心理健康辅导站,开通心理咨询热线,开展经常性咨询服务和危机干预。

(二)实施城乡环境综合治理工程,建设整洁宜居的美丽家园

1. 推进城市基础设施建设。加强规划引领,落实主体功能区定位,划定城市开发边界,优化城镇空间布局,推动绿色城市、智慧城市、人文城市建设,构建小城市和小城镇协调发展的新型城镇化发展格局。加快推进市政基础设施建设,着力解决能力不足、质量不高等突出问题,提升城市承载力、宜居性。继续推进"三供三治"(供热、供水、供气、污水整治、垃圾整治、冰雪整治)工程建设,扎实推进棚户区改造,开展城市老旧小区综合改造,加大城镇集中供热热源建设和老旧供热管网改造。集中供热普及率达到87%。加强城市道路交通基础设施建设,实施道路改造工程,打造良好出行环境。持续加强城市道路、桥涵、排水、道路照明、环卫等市政设施、无障碍设施、公共消防设施等公共设施的建设和维护管理。

2. 加大城乡人居环境整治力度。深入贯彻落实国家《生活垃圾分类制度实施方案》和省政府办公厅《关于做好生活垃圾分类工作的通知》,加快推进焚烧发电、危险废物处理、可再生资源回收利用(含餐厨废弃物处置利用)等终端设施建设,确保分类后得到规范处置和利用。到2020年年底,参照试点城市的成功经验,基本建立生活垃圾分类相关法律法规和标准体系,形成可复制、可推广的生活垃圾分类模式。城市(建成区)生活垃圾无害化处理率达到100%。各学校生活垃圾分类知识普及率达到100%。所有医疗机构实施生活垃圾分类管理,医疗机构生活垃圾回收利用率达到40%以上。开展环境集中整治行动,重点抓好背街小巷、老旧小区、城乡结合部和"城中村"的环境治理,解决垃圾乱堆、广告乱贴、摊位乱摆、污水乱排等突出问题。严格落实环卫工人作业安全措施,加强对渣土运输车的监管。健全清雪应急机制和长效工作机制,加大清雪设备投入力度,主次干道清雪机械化率达到95%以上。

3. 加强城市管理。在全市城市管理执法队伍中开展"强基础、转作风、树形象"三年行动,进一步强化"为人民管理城市"的服务理念,落实"四个做到"的工作要求,促进严格规范公正文明执法。全面推进数字化城市管理平台建设,推动城市管理走向城市治理,打造共建共治共享的治理格局。综合运用市场、法律、行政等手段,充分运用互联网、大数据等现代信息技术,建设智慧城市、创新城市,提高城市科学化、精细化、智能化管理水平。围绕集贸市场、小餐饮店、校园周边、药店等重点领域开展市场环境、经营秩序、隐患排查治理等专项整治活动,进一步营造竞争有序、诚信经营、文明消费的市场环境。加强交通安全及管理设施建设,加强交通违法监督管理,建设防控体系,大力整治交通秩序,创造文明出行环境。倡导城市错时停车、车位共享,鼓励有条件的机关、企事业单位将内部停车设施在非工作时间对大众提供停车服务,专项推进停车服务管理。

4. 加强城市生态环境保护。树立生态环保理念,推动城市绿色发展,增强城市宜居性。推进海绵城市建设,开展海绵城市试点,加快推进雨污分流管网改造与排水防涝设施建设。加大城市黑臭水体整治力度,加快城镇污水处理设施建设,基本实现城镇污水处理设施全覆盖和稳定运行。城市污水处理率达到90%。推进大气污染防治,到2020年,黑河市城市建成区空气质量优良天数比例保持95%以上,基本控制重度及以上污染天气,各县(市)空气质量优良天数比例达到90%以上。推进城市园林绿地建设,加强公园、广场、街路、居住小区等绿化建设,打造一批生态化廊道和绿化景观,提高城市绿化水平。落实全省绿色建筑行动方案,继续加大新型墙体材料推广应用力度,推进建筑节能和绿色建筑发展,城镇新建建筑中绿色建筑比例达到20%。

(三)实施文化惠民乐民工程,共享丰富多彩的文化生活

1. 推动公共文化服务标准化、均等化。深入贯彻落实《公共文化服务保障法》,按照中央关于全面推进基本公共文化服务标准化、均等化的要求,结合实际健全完善公共文化设施运行管理和服务标准体系,不断完善覆盖城乡、便捷高效、保基本促公平的现代公共文化服务体系,推动区域间、城乡间公共文化服务均衡协调发展。开发和提供适合老年人、未成年人、残疾人、农民工、农村三留守人员、生活困难群众等群体的基本公共文化产品和服务,提高公共文化服务效能。以公共图书馆、文化馆、博物馆、社区综合文化服务中心为重点,以流动文化设施和数字文化设施为补充,完善公共文化设施服务网络,特别是要加强贫困地区的流动服务点建设,配备流动文化服务设备器材,实现流动服务常态化。深入实施文化扶贫项目,加大资金、项目、政策的倾斜力度,动员社会力量积极参与,建立文化结对帮扶机制,补齐贫困地区公共文化服务短板,盘活贫困地区文化资源,大力推动文化惠民。深入推进公共图书馆、博物馆、文

化馆(站)、美术馆、体育馆等公共文化设施免费开放,以县级文化馆、图书馆为中心推进总分馆制,实现农村、城市社区公共文化服务资源整合和互联互通,提高群众文化参与程度。加大公共体育服务设施建设力度,发展传统体育健身项目,更好地满足人民群众精神文化需求和体育健身需求。创新公共文化管理体制和运行机制,完善公共文化服务体系建设协调机制,建立群众对公共文化服务满意度评价机制,为促进公共文化服务标准化、均等化提供有效保障。

2. 丰富群众精神文化生活。坚持以为人民服务、为社会主义服务的方向,创造有利条件,搭建群众便于参与、乐于参与的平台,引导群众广泛开展各具特色、积极向上的文体活动,丰富群众文化生活。支持群众文艺骨干、民间艺人发挥作用,鼓励群众自办文化,开展多姿多彩、富有特色的文化活动,创作优秀作品,繁荣文化事业。深化"结对子、种文化"专项惠民活动,继续做好"黑河之夏""金色田野""周末大舞台"等品牌群众文化艺术活动,做大做强"乌鱼秀""红玛瑙""冰雪画"等新老文化艺术品牌。深入开展文化、科技、卫生"三下乡",推进科教、文化、卫生、法律"四进"社区以及送欢乐下基层等品牌活动,加强基层群众文化建设,为群众提供丰富的文化服务。广泛开展群众性纪念活动和民俗娱乐、全民健身、全民阅读等主题活动,提高群众参与的积极性,让群众在参与过程中提高文化修养和品位。

3. 培育各具特色的地域文化。加强城市文化建设,用建筑风格提升城市品位,用人文精神增添城市魅力,用文化生活打造城市气质。结合实施优秀传统文化传承发展工程,深入挖掘城市文化底蕴和人文特色,提升城市文化内涵和文化韵味,培育具有地域文化特色的标志性城市精神。大力传承并弘扬好东北抗联精神、北大荒精神、大庆精神、铁人精神等黑龙江优秀精神,并不断赋予其新时代丰富内涵,增强文化自觉和文化自信。全面系统研究发掘和保护传承龙江优秀传统文化,利用好特色文化资源,保护传承好文化遗产,实施好文物修复计划,加强对历史文化街区、名人故居和城市特色风貌的保护和管理,增强文化软实力、凝聚力、影响力和创造力。大力发展文化旅游,充分利用本地历史文化资源优势,规划设计具有历史记忆、地域特点、民族特色的旅游线路,引导群众在文化旅游中感知优秀历史传统文化。融通多媒体资源,统筹宣传、文化等各方面力量,实施优秀传统文化传播工程,彰显本地文化魅力,培育本地优秀传统文化品牌。

(四)实施公共服务优化工程,提升市民群众的幸福指数

1. 推进机关作风整顿。不断巩固扩大机关作风整顿成果,推动作风整顿不断向基层延伸,集中开展"三个坏把式"(坐而论道假把式、拖拖拉拉软把式、弄虚作假歪把式)"五个坏作风"(思想僵化、标准不高、效率低下、担当不足、纪律松弛)专项整治行动,重点聚焦"四风"新表现,集中解决形式主义、官僚主义、失责失信、弄权勒卡、机构臃肿、能力不足等影响营商环境的突出问题。坚持刀刃向内、勇于自我革命、坚决革除弊端,大力推进"放管服"(简政放权、放管结合、优化服务)改革,为促进就业创业降门槛,为各类市场主体减负担,为激发有效投资拓空间,为公平营商创条件,为群众办事生活增便利。

2. 优化窗口服务能力。针对服务大厅、办事窗口门好进、脸难看、事难办,办事拖拉、推诿扯皮等突出问题,集中开展专项整治行动。深入推进"四零"(服务受理零推诿、服务质量零差错、服务方式零距离、服务结果零投诉)承诺服务创建,促进执行效能更高、审批速度更快、收费标准更低、服务质量更优,建立高效透明的政务环境。学习借鉴浙江"最多跑一次"改革经验,再造工作流程,推行行政事务网上公开办理,推进线上线下融合,实行一次性告知,限时办结,打通服务群众"最后一公里"。广泛开展"创暖心服务·树满意品牌"主题实践活动,解放思想、转变观念,增强服务意识,进一步提升窗口人员文明素质,改善服务环境、服务质量和服务水平,提高群众满意率,树立良好社会形象。

3. 提高保障和改善民生水平。抓好抓实群众最关心最直接最现实利益问题,使群众获得感、幸福感、安全感更加充实。把就业创业作为重大民生工程,建立健全全方位公共就业服务体系,完善科技人才创新创业激励保障机制,积极搭建创业就业服务平台,开展职业技能培训,做好就业援助工作。强化社会保障体系建设,推进养老保险制度改革,完善统一的城乡居民基本医疗保险制度,发展社会救助、社会福利、慈善和残疾人事业,保障困难群众生活。发展公平有质量教育,推动城乡义务教育一体化发展,完善职业教育和培训体系,培养高素质教师队伍,倡导全社会尊师重教。全面深入推进"健康黑河"建设,继续解决好"看病难""看病贵"问题,支持社会办医,发展健康产业,健全覆盖全民的公共卫生服务体系,推进县域医共体建设全覆盖,为群众提供全方位全周期健康服务。增强社区服务功能,健全社区综合服务管理平台,提高服务质量,打造方便快捷生活圈。

4. 维护社会安全稳定。高度重视安全生产工作,狠抓安全生产责任制落实,创新安全生产监管执法机制,严格整治各类隐患和问题。开展重点行业领域安全专项治理,积极推进城市安全发展创建,全面提高城市安全保障水平。围绕平安黑河建设,深入推进立体化、信息化社会治安防控体系建设,坚决打赢扫黑除恶专项斗争,加大突出违法犯罪惩治力度,加快社会心理服务体系建设,加强社会治安管理,有效化解群众矛盾。抓好食品药品日常监管工作,认真开展食品药品专项整治行动,加强对食品生产、食品流通、餐饮服务消费环节、药品、保健食品、化妆品、医疗器械的安全监管,严厉打击危害群众饮食用药安全的违法行为,确保群众食品药品安全。坚决贯彻落实中央信访工作精神,及时解决群众合理诉求,把矛盾问题解决在基层,解决在萌芽,维护群众合法权益,维护社会公平正义,维护社会和谐稳定。高度重视生产安全工作,狠抓安全生产责任制落实,

创新安全生产监管执法机制，严密查处各类严重问题和隐患。对重点行业领域安全专项治理，积极推进安全发展型城市建设。切实加强消防安全工作，从严排查整治各类消防安全隐患，大力加强消防公共安全宣传教育，防止和遏制重特大火灾事故发生。

五、工作要求

一要切实加强组织领导。各县（市、区）党委和政府要把创建文明城市工作提上重要工作日程，高度重视，精心组织，坚持"两手抓、两手都要硬"的战略方针，切实担负起主体责任和领导责任。各地党政主要领导要亲自抓部署、抓督促、抓落实，加强总体谋划和工作指导，切实履职尽责，加强督促检查，确保各项工作任务落实落地。各地文明委要切实担负起牵头抓总的职责，充分调动文明委成员单位、党政有关部门、群团组织和社会各界的积极性，形成强大工作合力。要健全完善联席会议制度和联络员例会制度，加强统筹协调和信息沟通，推动工作有效落实。各级文明城市要成立创建文明城市工作领导小组，建立健全领导体制和工作机制，定期召开创建文明城市工作例会，研究落实相关工作任务。

二要加大投入保障力度。采取多种方式手段，通过多种渠道形式，加强对创建文明城市工作支持力度，不断提供物力人力财力支持。获得省级文明城市荣誉称号的县市，省里将给予适当物质奖励。要为创建文明城市工作提供充足的人力保障，加强创城干部队伍建设，注重培养适应创建工作需要，专业能力强的干部队伍。完善和落实创建文明城市工作经费保障机制，形成对文明城市创建工作的多渠道投入。积极拓宽城市基础设施建设融资渠道，吸引社会资本参与建设和运营，坚持多元化投入，努力破解城市基础设施建设资金难题。

三要推动城乡统筹发展。认真贯彻落实中央关于工业反哺农业、城市支持农村的基本方针，按照健全城乡发展一体化体制机制要求，推动创建文明城市由城市建成区向农村地区辐射延伸，推进城乡一体化发展，让城乡居民共享文明创建成果。发挥城市在资源、人才、技术、信息、服务等方面的优势，在更高层次、更广领域支持乡村振兴。通过开展军警民共建、结对帮扶等多种形式，加大对农村公共服务设施、公共服务产品的投入建设力度，打造全域化美丽城乡。动员各方资源积极参与农村贫困地区扶贫攻坚工作，加快贫困地区脱贫进程，缩小发展差距，打赢脱贫攻坚战。

四要健全常态长效机制。建立完善科学的工作机制，强化制度保障，反对形式主义，坚持久久为功，持之以恒，推动文明城市创建工作常态长效发展。健全完善测评考核机制，以《创建文明城市测评体系》为依据，坚持常态化、持久化创建理念，做好日常考核和年终测评结合，注重工作实际，让创建文明城市成为造福百姓的民生工程。健全完善动态管理机制，抓好日常创建工作督促检查，对发生党风廉政、安全生产等"一票否决"重大问题的县（市、区），及时给予相应处罚。健全完善调查研究机制，针对创建工作中出现的困难和问题，深入进行调查研究，察实情，出实招，办实事，求实效，为文明城市创建工作提供科学指导。

黑河市第四届优秀科技工作者名单

王文生　黑河铁路(集团)有限责任公司工务段副段长
王伟南　黑龙江人民广播电台九一三台台长
王怀清　北安市市场监督管理所食品检验所化验室主任
尹传明　黑河市药品检验所主任药师
孔　岩　黑河微波主管站副站长
田　丰　黑河海关高级工程师
毕国涛　黑河市第一人民医院微创外科主任
刘　娟　黑河市口腔医院副院长
刘延红　嫩江县人民医院急诊科主任
孙兰凤　黑河市水利勘测设计院设计二室主任
杜鹏飞　黑河市林业科学森林生态定位研究室主任
李巧玲　孙吴县第二中学校长
李金才　嫩江县农业技术推广中心科研所所长
李金营　黑河市农业信息中心主任
李宝华　黑龙江省农业科学院黑河分院副院长兼植保研究室主任
杨玉蓉　黑河学院教师
杨继明　黑河市环境监测中心站副站长
吴宇红　黑河市园林管理处技术室主任
张　雷　黑龙江省农业科学院黑河分院大豆育种一室兼开发科科长
张堂双　五大连池市教师进修学校物理教研员
陈　云　黑河市热电厂生产技术处处长
陈利强　黑河学院教师
邵奎仲　黑河市产品质量监督检验检测中心高级工程师
周　珩　黑河市第二人民医院主任医师
赵云彩　逊克县农业技术推广中心主任
郗德富　黑河小学副校长
徐金芝　北安市第二中学书记、校长
高慧俊　黑河市公安局科技信息化支队支队长
郭　杨　国网黑龙江省电力公司黑河供电公司助理工程师
潘雪清　黑河广播电视台总工程师办公室主任

首届黑河市市长质量奖获奖单位名单

一、黑河市市长质量奖获奖单位（1个）：

北安宜品努卡乳业有限公司

二、黑河市市长质量奖提名奖获奖单位(6个):

黑龙江红河谷汽车测试股份有限公司
北安市庆华军工遗址博物馆
黑龙江省长乐山大果沙棘开发有限公司
北安华升食品有限公司
黑龙江五大连池仙池矿泉饮品有限公司
黑河关鸟河水泥有限责任公司

第九届“黑河市青年五四奖章”集体和个人名单

一、第九届“黑河市青年五四奖章”集体:

黑河市热电厂供暖公司稽查队
黑河市爱辉区地方税务局办税服务厅
黑河市政务服务中心
黑河银监分局监管科
五大连池风景区森林消防大队

二、第九届“黑河市青年五四奖章个人:

马天驰　黑河市第一人民医院儿科医师
冯德海　黑河市发展和改革委员会　综合科科长
杜光辉　黑河市职业技术教育中心学校学生二科科长,派驻五大连池市新发镇永和村扶贫工作队长、第一书记
李铁柱　嫩江县机动车综合性能检测站检测工程师
杨　星　黑河市公安局刑事技术支队支队长
杨雪婷　黑河市政务服务中心副科长
张力哲　中国移动黑河分公司副总经理
张　慧　爱辉区新生鄂伦春族乡政府党委副书记、乡长
陈少宇　邮储银行逊克支行行长
赵　军　孙吴县宏军粮食生产专业合作社理事长

最美家庭和五好家庭

一、全国最美家庭

刘永华家庭

二、全国五好家庭

景晓华家庭
白丽梅家庭

三、黑龙江省最美家庭

王玉芝家庭
刘明启家庭
陈淑芬家庭
代义军家庭
王国强家庭
赵思雨家庭

四、龙江好母亲

卢　红

黑河市2017年度师范生顶岗实习支教工作先进集体和先进个人名单

一、先进集体(18个)

市直:黑河市教育局、黑河小学、黑河学院美术与设计学院
五大连池市:实验中学、和平镇中心小学、第一小学校、兴安学校
五大连池风景区:教育幼儿园、第二小学
孙吴县:群山乡中心学校、第二小学、沿江满族达斡尔族乡中心学校、红旗乡中心学校
嫩江县:科洛学校
爱辉区:黑河市第五小学、幸福中学、罕达汽镇学校
北安市:海星镇中心校

二、先进个人(16人)

曲兆东　黑河学院教务处副处长
王国贤　黑河学院理学院数学系主任
战书博　黑河学院音乐学院音乐表演系主任
周国忠　黑河学院教务处实践教学与设备管理科科长
张桂英　黑河学院教师
陈艳玲　黑河学院教师
周亚琴　黑河学院教师
张广建　爱辉区四嘉子满族乡中心学校校长
刘北虹　黑河市第六小学教育集团校长
李立权　孙吴县教育体育局局长
张宏臣　孙吴县红旗乡中心学校校长
沙建平　北安市杨家中心校校长
董淑杰　五大连池风景区教育局副局长
何文涛　五大连池市和平镇中心小学教导处主任
王伯锋　五大连池市实验小学副校长
尉木利　嫩江县多宝山学校校长

2018年市重点产业项目1—12月份进展情况汇总表

表15　　单位:万元

序号	项目名称	总投资	建设性质	建设起止年限	2018年计划		1—12月份	
					计划投资	年度主要建设内容	完成投资	进展情况
合计:75项,已开复工73项		2303758			800000		720067	
一	嫩江县14项(续建6项、新开工8项)	448889			168857		184673	
1	＊现代农业服务综合体	66000	续建	2017—2019	20000	完成沿街商业配套、物流区域仓储、农资展示、农机销售区建设	29000	2018年4月27日复工建设,农机农资物流区主体工程完成1.4万平方米;库房完成4000平方米,商服房完成7000平方米,锅炉房和停车场地平整工作
2	＊多宝山铜矿(二期)	272113	新建	2018—2020	70000	建设粗碎、皮带廊、磨浮主厂房、粗矿堆、中细碎及筛分车间、浓密池	99883	项目已开工建设,按计划完成土建基础工程建设任务,购置部分机械设备
3	红石砬水电站	37119	续建	2017—2019	10000	红石砬水电站厂房、尾水渠、临时工程	25000	项目9月15日复工建设,目前企业与双鸭山新时代水泥签定合作合同,6月2日首期投资款5000万元资金已到账。完成了部分水电站大坝和厂房混凝土浇筑工作
4	地铁北站	13500	续建	2017—2019	4000	两条调车线、粮食及农资专用线、煤炭货场剩余基础设施等施工	11490	项目2018年4月23日开工复建,完成钢轨铺设7.21公里,排水沟1200米,货场铺面13.08万平方米,完成两条站线铺设
5	辰鹰乳业生产线扩建	7759	续建	2017—2018	7259	年度主要建设成品库房2500平方米,2吨烘干塔、日包装50吨奶粉生产线2条	2200	2018年6月复工建设,完成成品库、地面等基础工程,到位脱硝和在线监测设备,正在进行设备安装工作
6	珍珠岩保温板生产线自动化改造	8000	续建	2017—2018	7400	厂房土建和设备安装调试	100	2018年8月开工复建,正在进行设备安装工作
7	广拓硅藻页岩深加工	10000	续建	2017—2019	3000	建烘干线1条,粗粉生产线1条,煅烧生产线1条和矿山采挖设备	1300	2018年6月复工建设,完成了双段煤气发生炉安装工作,完成回转窑试车工作。矿山建设的采矿证已批复,今年矿山建设暂不投资
8	黑龙江省德朗福食品开发有限公司大豆食品加工项目	6000	新建	2018—2019	1500	完成厂房主体工程建设任务	1500	完成厂房主体工程建设任务
9	黑龙江沃坤农业科技有限公司生物有机矿物肥项目	5000	新建	2018—2019	2000	租用厂房8000平方米,安装部分机械设备	2000	租用厂房8000平方米,安装部分机械设备
10	黑龙江省众星农业文化科技发展有限公司生物有机肥建设项目	1200	新建	2018	1200	完成全部建设内容	1200	完成厂房3256平方米,购置有机肥设备1套,发电机组1台
11	扶贫光伏电站	7000	新建	2018	7000	建设28个村能光伏电站及分布式电站	7000	项目2018年3月开工建设,目前完成了28个光伏发电项目,2018年9月14日并网发电
12	华安民爆扩能	3300	新建	2018	3300	建设厂房4466.2平方米,地面站设备1台(套)及其他附属设施,购置现场混装车6台	3300	8月中旬开工建设。目前项目已开工建设,完成了办公用房和厂房建设任务,正等待验收工作
13	铜山铜矿Ⅰ号矿体露天开采改扩建工程	8898	新建	2018	8898	采矿排土工程施工	200	目前该项目已完成可研报告、规划选址、环评、水保、地灾、压矿、防洪、地震报告编制,土地复垦已经市国土资源局批复
14	富民种子杂粮加工	3000	新建	2018	3000	厂房土建和设备安装调试	500	已完成规划选址、环评、水保、地灾、压矿、防洪、地震报告编制,土地复垦已经市国土资源局批复
二	北安市12项(续建6项、新开工6项)	528406			244036		218976	

续表

序号	项目名称	总投资	建设性质	建设起止年限	2018年计划		1—12月份	
					计划投资	年度主要建设内容	完成投资	进展情况
1	*温氏畜牧一体化生猪产业项目	120000	续建	2017—2020	40000	建设大型种猪场、饲料厂和家庭养殖场	36550	赵光养猪一场土建工程已完成,正在安装备;通北养猪场招标中,通北饲料厂办理前期手续
2	*凤凰世家城市综合体	100000	续建	2016—2019	33900	完成建筑面积4万平方米。商住楼、市民广场、娱乐城、商场、幼儿园设施	33900	工程基本完工
3	*红星美凯龙全球家居生活广场	80000	续建	2016—2019	50000	完成8万平方米内外装修	47300	一期工程(家居、建材商场、商务酒店)已建设完成并投入使用
4	*宝地温泉酒店	49576	续建	2016—2018	14786	宾馆、接待中心内外装修。水上乐园基础建设及设备采购	4876	接待中心及酒店主体框架已完成,内外装饰进行中,因企业缺少资金,工程进度缓慢
5	*农产品冷链物流体系	28780	新建	2018—2019	18000	气调保鲜库12304.38平方米和冷藏库13558.78平方米。	15000	冷藏库建设完成,气调保鲜库建设中
6	北安市宜品乳业物流中心建设项目	3000	新建	2018—2018	3000	主体工程建设。	3000	工程已基本完成
7	佳汇生猪养殖屠宰加工	46200	续建	2018	20000	完成全部建设内容。	20000	养猪基地建设工程建设基本完成
8	东方华骏汽车生产销售项目	50000	续建	2017—2018	33500	挂车制造车间、加油站、沥青混凝土搅拌站建设	33500	项目已建成,投入运营
9	海圣苏打水产品加工	30000	新建	2018—2019	10000	房屋拆迁,主体工程建设	4000	主体工程基础已建设完成
10	光伏扶贫电站	11000	新建	2018	11000	完成全部建设内容	11000	工程已完成,并网发电
11	广汽传祺汽车4S店	4950	新建	2018	4950	土建工程及设备安装	4950	项目已建成
12	奥迪4S店	4900	新建	2018	4900	土建工程及设备安装	4900	已建成,投入运营
三	爱辉区11项(续建4项、新开工7项)	237709			72300		74313	
1	*废旧矿物油综合利用	13193	续建	2017—2018	3300	完成车间建设,进行生产线安装	3890	完成生产车间主体工程,部分设备安装
2	*乡野公园	100000	续建	2016—2020	20000	二期风情小镇建设	11000	完成彩色农业种植4600亩,四嘉子采摘园10个冷棚,开通市区一外四旅游专线、黑河一瑷珲水上巴士。慢行起始广场、俄罗斯景观码头、达族小院、外四沙滩浴场等工程基本完工
3	*大豆健康食品产业园二期	17000	新建	2018—2019	7000	生产车间装修及生产线安装	5000	设备已安装调试完,食品生产许可证已核发,采购大豆原料39吨,下步实现生产
4	*金莲花种植及精深加工	8000	新建	2018—2019	5000	完成种植基地建设,推进加工项目前期	6400	完成打井20眼,机耕路1.2公里,有基础涵8座,无基础涵50道,烘干设备10台,色谱仪1台,滴灌设备10台,微喷设备10台,景观大门一座
5	军金煤矿扩能改造	30000	续建	2017—2019	8000	地下矿井拓进及地上附属设施	20728	井巷工程完成42%
6	永发煤矿扩能改造	15000	续建	2017—2019	6000	地下矿井拓进及地上附属设施	14400	因地质条件发生变化出现断层,项目进展较慢,完成井巷总工程量94%
7	国药中药饮片加工	10381	新建	2018—2019	6000	生产车间建设及生产线安装	1715	已完成征地手续
8	亚麻种植及加工项目	2000	新建	2018—2018	2000	完成种植基地及生产厂房、库房建设	1680	种植1.05万亩。完成厂房及附属用房建设,购置安装年加工亚麻原茎5000吨生产线一条
9	瑷珲古城综合开发二期	20000	新建	2018—2019	6000	建设污水处理、道路等工程	2300	完成姚福升故居复建、新城遗址保护、文化名镇等工程,桦皮画等小型艺术馆对外营业
10	新生刺尔滨河民俗旅游二期	15000	新建	2018—2019	5000	建设景区景点、道路等工程	1900	完成新生村索尔及汗河沿岸观光、新生村旅游景区附属设施完善及其他设施修缮等工程

续表

序号	项目名称	总投资	建设性质	建设起止年限	2018年计划		1—12月份	
					计划投资	年度主要建设内容	完成投资	进展情况
11	外四道沟草莓产业园项目	7135	新建	2018—2019	4000	建设免烧温室大棚及配套附属设施	5300	完成21栋免烧温室、2栋连栋温室、5栋钢结构大棚、5栋育苗温室、1000平方米冷库,并已验收
四	合作区10项(续建2项、新开工8项)	213774			78330		55103	
1	*黑河保税物流中心(B型)	38000	续建	2017—2018	16590	完成主体工程建设,年底建成	12008	7栋仓库主体工程
2	*农耕大豆深加工	10547	续建	2017—2018	2140	完成设备安装、生产线设计,年底建成	3347	完工
3	*OLED有机发光材料	31427	新建	2018—2019	16000	完成一期工程建设	10045	办公楼和动力中心主体工程
4	*汽车零部件生产项目	11000	新建	2018—2019	5000	厂房土建基础工程	1200	土建基础开槽
5	电石化工醋酸乙烯	81600	新建	2018—2020	10000	完成2个电石炉搬迁及石灰窑土建工程	5800	1台电石炉恢复生产,正在筹划启动另1台电石炉
6	IDC数据中心建设项目	5000	新建	2018	5000	完成厂房装修、设备购置安装,年底建成	5000	设备购置安装
7	药物中间体项目	12600	新建	2018	8000	完成设备安装、生产线设计,年底建成。	6000	部分设备订购,基础工程
8	高纯荧光粉微粉	4600	新建	2018	4600	完成厂房建设,设备安装,年底建成	4600	试生产
9	大豆食品加工项目	1000	新建	2018	1000	完成全部工程,年底投产	203	厂房土建基础工程
10	银建物流中心项目	18000	新建	2018—2019	10000	1平方公里区域"七通一平"土建工程	6900	土建工程
五	风景区7项(续建2项、新开工5项)	171012			24454		14345	
1	火山博物馆布展工程	8587	续建	2017—2018	5787	博物馆布展	3210	正在进行水电改造及装修天棚、吊顶、墙面装饰等基本施工。标本正在征集,制片已经开始
2	世界地质公园能力建设项目	83700	续建	2017—2021	5000	主要进行生态保护、污染源治理、环境监管能力建设等	2700	完成五池堆场建设及五池清淤一期,五池清淤二期及护岸正在进行施工,三池护岸和四池清淤正在验收
3	国际矿泉理疗城	62625	新建	2018—2021	3000	项目部分基础施工	3300	完成项目所在位置228户居民搬迁工作,并异地安置,已进行场地简单平整。完成可研编制及立项
4	庆达啤酒庄园	4933	新建	2018—2019	3000	主要进行厂房及配套设施建设	1015	完成地上物招拍挂,完成招投标
5	李二犴矿泉豆腐	6500	新建	2018—2019	3000	建设厂房	1000	厂房主体已完成
6	冬季冰雪旅游开发	3000	新建	2018	3000	完成全部工程建设	3000	完成冰雪乐园建设
7	五大连池工人疗养院康复医院改扩建	1667	新建	2018	1667	完成全部工程建设	120	完成项目前期手续及备料
六	孙吴县7项(续建2项、新开工5项)	68379			47979		37139	
1	*汉麻产业园	14000	续建	2017—2019	7100	建设污水处理厂、道路、给排水、供电等基础设施	9260	已完成2500米路面水稳层、强电正在架线完成4500米
2	*汉麻纤维加工	15000	新建	2018	15000	建设生产车间、厂房及办公附属设施,安装2条自动化生产线	14000	综合办公楼主体已完工,正在进行内部装修;生产车间、原料库房钢结构已完工,生产车间设备基础已完成,消防水池已完工,锅炉房已完工,设备采购已完成,正在陆续进厂
3	格翔玉米饲料加工	21000	续建	2017—2019	7500	建设固定形态钢板式平房仓、钢板仓、生产加工车间等生产设施及购置生产设备	1000	土地利用总体规划已批复,可研报告已编制完成,已完成批次内的征地工作
4	年产15万吨生物肥生产加工项目	4000	新建	2018	4000	改造厂房、建设展示区、化验区、办公区等附属设施及购置设备	4000	已完工
5	光伏扶贫村级电站	4379	新建	2018	4379	总装机容量4426.8KW村级光伏扶贫电站27个及配套附属设施	4379	已完工

续表

序号	项目名称	总投资	建设性质	建设起止年限	2018年计划		1—12月份	
					计划投资	年度主要建设内容	完成投资	进展情况
6	纳豆加工	6000	新建	2018	6000	土建及设备购置	500	已完成工商注册、可研报告、立项等前期手续办理;编制完成林地使用报告;订购纳豆、油脂生产设备等;正聘请省规划院进行规划设计,制作厂区平面图、效果图
7	安格斯基础母牛繁育基地(三期工程)	4000	新建	2018	4000	建设牛舍及粪污处理青贮窖等其他附属设施	4000	已完工
七	市直6项(续建2项、新开工4项)	152072			47802		37155	
1	*黑河跨境空中索道	57000	新建	2018—2019	20000	建设索道,联检大厅以及附属设施	10000	环境影响评价、项目备案、口岸设立批复等23件项目前期要件批复已完成,完成征地、拆迁、土石方工程,中方建设已具备开工建设条件。俄方已完成项目选址备案、索道塔架、站房及联检大厅地质勘探工作,三通一平建设开工
2	黑河参茸大健康产业园	5762	新建	2018	5762	装修改造完成,可以对外营业	5762	福兰宾馆外立面改造工作完成,2~5层内部室内装修工程全部完成,目前正在进行家具安装、门外步梯改造
3	富宏煤矿资源整合	49570	续建	2016—2019	10000	二段主井、二段副井风井、运人斜井的掘进,井底车场,中央水仓变电所等一、二期工程;包括机电安装工程	11000	1.土建工程已完成 2.井巷工程完成88%
4	黑河公路货运站(黑河口岸物流园区)	5000	续建	2017—2019	2740	完成服务楼、仓储库、车库、附属用房、钢棚改造及北区附属设施	2393	服务楼主体工程完成,仓储库、车库工程全面完成,附属设施、消防设施主体工程完成
5	黑龙江大桥口岸联检设施项目	29740	新建	2018—2020	8300	完成征地拆迁、土石方施工和主体工程招投标工作	7000	完成征地拆迁,正在进行土石方施工和主体工程招标
6	西沟寒区汽车试验场	5000	新建	2018—2020	1000	主体工程建设	1000	完成主体工程建设
八	逊克县5项(续建4项、新开工1项)	244949			43725		48177	
1	*聚鑫秸秆生物质综合循环利用	14054	续建	2017—2018	8054	购置安装秸秆炭化装置2套、物质炭基肥生产装置1套。其他配套公服设施一套、办公楼一栋、食堂宿舍楼一栋、造粒设备一套	8100	钢结构框架完成90%,地面浇筑合隔间矮墙砌砖完成100%,西侧大门完成80%,暖气安装完成80%,整体施工进度72%
2	翠宏山铁多金属矿	197924	续建	2012—2018	10000	井下工程、尾矿库	10175	年处理160万吨的选场设备组装已进入尾声,并且边组装边试车;井下运输管廊、9道运输皮带已一次性试车成功。产铁精粉9.74万吨,锌精粉正在试生产
3	诺宝生物质发电厂	26971	续建	2017—2018	21471	土建工程及设备安装	26502	厂区循环水管道安装、锅炉安装。110kV送出输变电工程:塔基基础施工完成16基;开关站围墙施工完成90%,主控建筑基础施工完成;构架基础完成60%
4	创客城	3000	续建	2017—2018	1600	土建工程及设备安装	800	综合楼、孵化车间、仓储库三个主体建筑已经全部完工,园区路面硬化已全部完成。人行道彩砖铺装已经完成80%,综合楼大门处台阶正在施工,近期可完成
5	光伏扶贫	3000	新建	2018	2600	完成全部建设内容	2600	9.21日实现变网发电,投人运行
九	五大连池市7项(续建2项、新开工5项)	238568			76916		50186	
1	*科迪100万吨非转基因大豆综合加工	174822	新建	2018—2020	20000	综合办公楼、职工宿舍、各加工车间、库房等生产辅助设施。		完成规划选址、土地招拍挂,正在进行设备选型、施工图设计和筹措建设资金
2	华滨生猪养殖场	14000	续建	2017—2018	10000	完成剩余工程。	10070	已投入使用,养殖育肥猪、种猪等共30000头

续表

序号	项目名称	总投资	建设性质	建设起止年限	2018 年计划		1—12 月份	
					计划投资	年度主要建设内容	完成投资	进展情况
3	国昌热电联产工程	36800	新建	2018	36800	完成全部工程	30000	主体工程已完工，汽轮机已经安装完成，锅炉安装完成，单体调试阶段已经完成，达到可以供暖要求
4	山口湖水电站增机扩容改造	6000	续建	2017—2018	3170	完成1#、2#机组的改造，橡胶坝景观桥施工、坝带安装	3170	项目已完工，试运行
5	五大连池中燃天然气利用工程	2040	新建	2018	2040	完成全部工程	2040	目前，已完成两座30m? LNG（液化天然气）储罐安装、气化设备安装、场站站区管网铺设；站区内站房、生产辅助用房、仓库、消防水池及消防设施等基础设施主体基本完成，场区地面硬化已完成，预冷设备正在安装，市政中压管网完成5公里，庭院管网完成7公里
6	光伏扶贫电站项目	2906	新建	2018	2906	完成全部工程	2906	已完工
7	五大连池华滨年生产27万吨猪饲料项目	2000	新建	2018	2000	完成全部工程	2000	已完工

注：* 为省重点项目

黑河市 2017 年科学技术奖获奖项目

科学技术进步奖

表 16

序号	项目名称	完成单位	完成人
	一等奖		
1	极早熟丰产优质抗逆广适应性食用大豆新品种黑河 51 号	黑龙江省农业科学院黑河分院	韩德志等
2	黑河市药用植物资源调查研究	黑河市森林病虫防治检疫站	谢孝坤等
3	耕地地力调查与质量评价及县域耕地资源管理信息系统的应用	逊克县农业技术推广中心	臧静淑等
4	俄罗斯小浆果种质资源引进与保存	黑河市林业科学院	李明文等
5	超早熟丰产优质抗逆广适应性大豆新品种黑河 49 号	黑龙江省农业科学院黑河分院	梁吉利等
6	黑河地区少数民族脑梗死患病率及其影响因素的研究	黑河市第一人民医院	刁艳博等
7	冠脉造影及支架植入术的临床应用	黑河市第一人民医院	杨春波等
8	自主研发脱盐乳清产品与设备	北安宜品努卡乳业有限公司	牟善波等
9	钒取代的 Kggin 型钼磷酸盐扩展结构化合物的合成及其催化性质的研究	黑河学院	代立梅等
10	黑龙江省农村档案信息共享平台建设	黑河市档案局	雷振生等
	二等奖		
1	黑河市 2014—2016 年林业有害生物普查成果及防治对策	黑河市森林病虫防治检疫站	韩小冰等
2	早熟高产优质抗病大豆新品种黑河 46 号	黑龙江省农业科学院黑河分院	贾鸿昌等
3	黑河市玉米早熟密植高产栽培技术研究与推广	黑河市农业技术推广总站	陈树文等
4	黑河地区 4 种典型天然中幼林抚育间伐效果研究	黑河市林业科学院	梁立东等
5	北安市脱毒马铃薯大垄栽培优质高产配套技术的研究、推广与应用	北安市农业科学技术推广中心	孙　莉等

续表

序号	项目名称	完成单位	完成人
	一等奖		
6	优质汉麻种植在高纬寒地种植业结构调整中的作用研究与推广	孙吴县农业技术推广中心	罗艳芹等
7	沙棘的繁育技术以及在园林工程中的应用	黑河市爱辉区林业局	杜　颖等
8	大豆高产栽培技术集成与推广	逊克县农业技术推广中心	孟　琦等
9	冷沉淀制备技术引进及其临床应用	黑河市中心血站	张国军等
10	脑卒中家庭康复指导与护理临床研究与成果分享	黑河市第一人民医院	焦迦鸣等
11	坐位外展牵引法整复肩关节脱位	逊克县人民医院骨科	毛炳师等
12	重症有机磷农药中毒急诊急救应用研究	黑河市第一人民医院	蔡丽波等
13	机采血小板技术引进及其临床应用	黑河市中心血站	张国军等
14	痛点阻滞联合侧扳法在椎管内麻醉后腰痛中的应用	黑河市第二人民医院	滕发玲等
15	玻璃钢叶片根部干纤维的维修方法	黑龙江天华风电设备制造有限公司	于　灏等
16	FeZrB　系非晶纳米晶合金的磁性能研究	黑河学院	刘　立等
17	多功能射频奶牛发情器	北安市多元畜牧机械设备有限公司	夏玉新等
18	黑河市环境质量现状研究	黑河市环境监测中心站	杨继明等
19	车辆监控系统设计中关键问题的研究	黑河学院	李伦彬等
20	基于联合学习的运动想象脑电信号特征提取和通道选择方法研究	黑河学院	赵丽艳等
21	基于 TRIZ 的计算机辅助创新系统智能性研究	黑河学院	辛明远等
22	基于 TRIZ 的高校实验设备远程防盗报警系统智能性研究	黑河学院	孙　凯等
	三等奖		
1	高纬寒地玉米田有害生物综合防控技术研究与推广	北安市农业科学技术推广中心	赵珊珊等
2	樱花引种推广试验	黑河市城市园林绿化科研所	刘　欣等
3	三箱体温室设计研究与应用	五大连池市农业技术推广中心	徐世友等
4	应用颅脑超声诊断新生儿缺氧缺血性脑病和颅内出血	逊克县人民医院	刘英莲等
5	替罗非班的早期静脉应用在急性 ST 段抬高型心肌梗死(STEMI)急诊介入治疗中的应用研究	黑河市第一人民医院	王仁财等
6	福辛普利联合叶酸片在 H 型高血压病人中的应用研究	黑河市第一人民医院	桂　薇等
7	中草药联合治疗慢性宫颈炎	逊克县妇幼保健计划生育服务中心	齐凤英等
8	新型取代杂多酸超分子化合物的合成及其结构与性能表征	黑河学院	车文实等
9	Well－Dawson　结构配位聚合物的设计合成及应用研究	黑河学院	唐　晶等
10	稀土发光材料的制备与表征	黑河学院	邱　敏等
11	计算机辅助英语发音评测系统研究	黑河学院	滕海坤等
12	基于混沌理论的瓦斯预测系统的研究	黑河学院	于光华等

国际科学技术合作奖

表 17

序号	项目名称	完成单位	完成人
1	黑农科牌大豆根瘤菌剂	黑龙江省农业科学院黑河分院	张　武等
2	中俄不同大豆品种抗旱性的研究	黑河学院	于凤丽等

索 引

说 明

1. 本索引采用主题分析法编制,按标引词首字汉语拼音字母顺序排列,首字音序相同,按第二字字序排列,依此类推。同音字按内容出现先后排列。

2. 特载、大事记、附录及概况未编索引。

3. 分目、条目标题用小五号黑体字标示。

4. 标引词后的数字表示内容所在页码,数字后的英文字母 a、b 分别表示左、右二栏。

A

B

C

D

E

F

G

H

J

K

L

M

N

T

W

X

Y

Z